Le suicide français

LE SUICIDE FRANÇAIS

프랑스의 자살

68혁명 이후 프랑스는 어떻게 자멸에 이르렀나

에릭 제무르 지음 | 이선우 옮김

틈새책방

나의 아버지에게.

차례

PART II. 1984~1992

"대의를 섬기고 봉사하자!"

PART III. 1993~2007
"아버지들은 너무 덜 익은 포도를 먹었고, 아이들의 이빨은 시큰거린다"

일러두기

- 프랑스어 고유명사 표기는 기본적으로 원어에 가깝게 표기했다. 일부 관행처럼 굳어진 표현은 국립국어원 외래어 맞춤법 기준을 따랐다.
- 책·정기간행물·신문 이름 등은 겹낫표(『 』), 소설·시·법안명·조약명과 같은 텍스트 제목은 홑낫표(「 」), 드라마·만화 같은 멀티미디어 시리즈물은 겹화살괄호(《 》), 노래·영화 제목 등은 홑화살괄호(〈 〉)를 적용했다.
- 각주에서 "[원주]"로 표기되어 있는 각주는 원저자의 것이다.

옮긴이의 말

에릭 제무르를 대통령 선거까지 이끈
『프랑스의 자살』

몇 년 전만 해도 에릭 제무르는 한국에서 매우 생소한 이름이었다. 제무르는『르 피가로』와 같은 프랑스의 유력 일간지는 물론이고, 라디오와 텔레비전에 이르기까지 모든 영역의 미디어에서 활발하게 활동해 온 대표적인 우파 언론인이자 지식인이다. 프랑스에서야 오래전부터 유명세를 타고 있었지만, 한국에서는 프랑스 대선이 이슈가 되면서야 제대로 언급되기 시작했다. 물론 프랑스에서든 한국에서든 그의 이름은 주로 자극적인 뉴스의 헤드라인을 자주 장식했다는 점을 부정할 수는 없다. 무슬림 이민자들을 향한 직설적인 인종 차별 발언 때문에 법정을 수차례 들락거렸으니 어찌 보면 당연한 일이다. 그래서인지 현재 한국 포털 사이트의 프랑스 관련 기사에 담긴 그에 대한 소개나 평가는 거의 대부분 부정적인 논조를 동반하고 있다. 한편, 이슬람에 대해 적의를 품거나 애국주의 보수라 자부하는 사람들이 그의 주장을 적극적으로 인용하며 위대한 지식인으로 추켜세우는 현상도 확인할 수 있다. 이러한 상반되는 반응은 제무르가 얼마나 논쟁적인 인물인지를 증명한다. 왕도, 대통령도, 그렇다고 세계적인 석학도 아닌 한 프랑스인의 목소리가 이 먼 곳에서도 은밀하게 퍼지고 있다는 사실은 그만큼 한국에서도 그의 담론이 때로는 위험하게, 때로는 매우 유용하게 받아들여질 수 있음을 방증한다.

사실 이미 수년 전부터 제무르는 한국에서 소리 소문 없이 회자되고 있었다. 프랑스에서 공부하던 시절 유학생들끼리의 술자리에서 종종 안주거리 삼아 이야기하며 꽤 흥미로운 인간이라는 생각 정도는 했었다. 그러나 개인적으로는 별다른 관심을 두지 않았다가, 귀국한 뒤 전혀 예상하지 못했던 기회에 그의 이름을 우연히 듣게 되었다. 감기 때문에 동네 이비인후과에 진료를 받으러 갔을 때였다. 20년이 넘도록 우리 가족의 건강을 돌봐주셨던 의사 선생님은 내가 프랑스에서 유학했다는 사실을 알고 계셨기에 자연스럽게 제무르의 이름을 꺼내셨다. 그때는 아무렇지 않은 척 웃으면서 대화를 나눴지만, 사실은 매우 놀랐다는 점을 고백해야겠다. 우선, 프랑스와 관련이 없는 분에게 제무르의 이름을 듣게 될 줄은 상상도 못했기 때문이며, 둘째로, 매우 반듯하고 따뜻한 이미지로만 보였던 의사 선생님이 제무르에 대해 긍정적으로 말씀하셨기 때문이다.

솔직히 나는 그때까지 제무르를 알고는 있었지만, 그의 책을 제대로 읽은 적은 없었다. 도대체 어디서 제무르의 논의를 이렇게 자세히 들으셨을까 궁금해졌다. 당시는 물론이고 지금도 여전히 한국에 제무르의 책은 단 한 권도 정식으로 번역된 바 없다. 더하여 영미권에도 번역되지 않았기에 프랑스어를 모르는 사람이 그의 책을 읽을 수 있는 방법은 전무하다. 그렇다면 방법은 하나뿐이다. 누군가 비공식적으로 제무르의 논의를 요약해서 퍼뜨리고, 몇몇 커뮤니티 내에서 입에서 입으로 전해지고 있었던 것이다. 그 과정에서 『프랑스의 자살』은 아주 과격한 반이슬람, 반좌파의 메시지로만 요약되고 있었다. 저서 한 권 제대로 소개되지 않은 나라에서 이런 방식으로 한 사람의 철학이 전파되는 것은 필연적으로 매우 우려스러운 왜곡을 동반한다. 제무르를 평가하는 과정에서 아무도 그의 메시지 전체를 볼 수 없기 때문이다. 지금까지 제무르를 이야기한 사람들은 그의 주장에서 비난하고 싶은 부분, 혹은 반대로 마음에 드는 부분만 편의적으로 가져와서는 마치 그것이 전부인 양 과장하는 (의도된?) 실수를 저질렀다. 본 번역의 의미는 여기에 있다. 열광을 하든, 욕을 하든 제대로 알고 하자.

그러던 중에 2022년 프랑스 대선을 앞두고 한국 언론에서 그의 이름이 부쩍 자주 오르내리기 시작했다. 하지만 변한 것은 없었다. 여전히 제무르는, 누군가에게는 입에 올리고 싶지도 않은 시대착오적인 위험한 '꼰대' 극우였고, 다른 누군가에게는 이용해 먹기 좋은 반이슬람주의 선동가였다. 제무르가 단순히 감정적 인종주의자에 불과했다면, 상당한 수의 지지 세력을 발판으로 정당을 설립하고, 이미 충분히 명성을 구축한 국민연합의 르펜이 적극적으로 손을 내밀지는 않았을 것이다. 프랑스는 이성과 논리의 나라다. 단순한 혐오만으로 프랑스의 언론계에서 이 정도로 중요하게 주목받을 수는 없다. 무식한 선동만으로 프랑스 정치계에서 떠오를 수는 없다. 명확한 철학과 그에 합당한 근거를 구축하지 못하는 사람은 좌파든 우파든 결코 인정받을 수 없는 곳이 프랑스다.

프랑스의 현재에 대한 그의 진단과 정치적 비전은 우리가 생각하는 것 이상으로 탄탄하고 논리적이며 설득력이 있다. 제무르는 몇 마디 자극적인 말로 선동하는 사람이 아니다. 그는 프랑스에 대한 깊은 고민을 담은 에세이를 꾸준히 써 왔고, 그중에서도 『프랑스의 자살』은 출간되자마자 베스트셀러에 오르면서 센세이셔널한 반응을 불러일으킨 그의 대표작이다. 이 책에는 풍부한 문화적 감수성은 물론이고, 프랑스뿐 아니라 유럽 및 세계 역사와 경제에 대한 해박한 지식이 곳곳에 드러난다. 방송에서는 과격한 혐오주의자로 비춰질지 모르겠지만, 책 속에서 그는 극우 선동가가 아니라 고상한 우파 엘리트다.

제5공화국의 거의 모든 대통령들이 졸업한 사회과학 그랑제콜 중 하나인 파리정치대학(시앙스 포)를 졸업한 제무르는 프랑스 엘리트 특유의 글쓰기 실력을 마음껏 뽐낸다. 현란하고 지적인 만연체 글쓰기의 바탕에는, 무엇보다도 프랑스라는 국가에 대한 진정성 있는 애국심이 두텁게 깔려 있다. 만약 제무르에 대한 사전 정보 없이 이 책을 먼저 읽었다면, 지적이고 교양 있는 보수주의자 정도로 생각했을 것이다. 몇 개의 단편적인 신문 기사나 블로그에서 엄청 위험할 것처럼 소개되었던 그의 목소리가 대중적인 지지를 얻을 수 있던 것은 바로 이런 이유에서다. 제무르의 논의는 국가와 민족을 최우선의 가치로 두는 진짜 우파의 철학을 보여 준다. 단언컨대, 『프랑스의 자살』은 결코 혐오의 메시지가 아니다. 프랑스라는 대답 없는 짝사랑 상대를 향한 절절한 비가(悲歌)다.

그럼에도 이 책의 번역을 맡는 것은 매우 부담스럽고 괴로운 일이었음을 고백해야겠다. 내가 속해 있는 인간관계에서 이 책을 번역한다는 것은 쉽게 받아들이기 힘든 일이었다. 실제로 번역 시도 자체를 질책한 친구도 있었고, 번역을 마치더라도 책을 선물하지 말라는 친구도 있었다. 나부터가 제대로 책을 읽기 전에는 논할 가치도 없는 인물이라고 생각했으니 충분히 이해가 되는 반응이다. 그러나 쓸데없는 호기심은 이러한 우려 속에서도 군이 『프랑스의 자살』을 옮기게 만들었다. 우선 프랑스 문화를 가르치는 입장에서 학생들에게 더 이상 나이브한 이야기를 하고 싶지 않았다. 프랑스의 정치적, 사회적 현상들을 보면서 더 이상 프랑스를 혁명과 자유의 나라, 좌파적 나라라고 미화할 수는 없었다.

2002년 대선에서 국민연합(당시 국민전선)이 선전했을 때만 해도 극우의 존재감은 하나의 해프닝으로 넘어갈 수 있었다. 수많은 외국인을 받아들이는 관용과 연대, 다문화주의의 나라라는 프랑스의 이미지는 굳건해 보였다. 하지만 지난 20년 동안 프랑스는 빠르게 변해 왔고 곪아 있던 것들이 하나둘 터져 나왔다. 과거 장마리 르펜으로 대표되는 극우파의 영향력이 미미하게 평가되었던 것과는 달리, 오늘날 극단적인 보수 진영은 더 이상 무시할 수 없는 지지 세력을 구축했다. 특히 지난 2022년 대선 결과는 좌파 담론에 지친 프랑스인들이 확연히 늘어났다는 사실을 분명하게 보여 줬다. 이번 대선에서 극우의 아이콘인 국민연합의 마린 르펜은 결선 투표에서 41.45퍼센트의 지지를 받았다. 20년 전 그녀의 아버지에 비해서는 두 배를 훌쩍 넘는 표를 얻었고, 불과 5년 전과 비교해도 7퍼센트 포인트 이상 높아진 결과다.

그리고 한편에는, 마지막까지 르펜과 연합을 논의하다가 무산되어 단독으로 출마한 제무르가 있다. 그는 1차 투표에서 7퍼센트 남짓의 득표율을 기록하여 결선 투표에는 오르지 못했다. 숫자만을 놓고 본다면 대단한 지지를 얻지는 못한 것처럼 보인다. 그러나 우파의 표가 분산되었다는 점, 그리고 국민연합이 오랫동안 프랑스 극우의 핵심이었다는 점을 생각해 본다면 그의 선전은 분명 의미가 있다. 더하여, 프랑스 언론계에서 그를 둘러싸고 일어난 엄청난 관심은, 수치만으로는 오늘날 프랑스 정치계에서의 그의 존재감을 온전히 담아낼 수 없음을 증명한다. 긍정적이든 부정적이든 오랜 시간에 걸쳐 상당한 인지도를 쌓아 왔던 제무르는 대권 출마를 선언하기도 전부터 프랑스 언론에서 2022년 대선에서 가장 중요한 인물이 되리라는 예상을 받았다. 2021년 4월에 이미 제무르를 지지하는 단체가 결성되었으며, 초가을 그의 새로운 에세이가 출간되고 출판 첫날부터 상당한 판매를 기록하면서 그의 대선 출마는 기정사실화되었다. 심지어 르펜이 아니라 제무르가 결선에서 마크롱과 붙게 될 것이라는 관측도 등장할 정도였다.

물론 우리 모두 알다시피 제무르는 대통령이 되지 못했다. 그러나 얼마 전 옆 나라 이탈리아에서 무솔리니 추종자로 알려진 극우 정치인이 총리에 오른 상황에서 제무르의 대선 재도전은 충분히 가능한 시나리오일 것이다. 다음 대선까지는 5년이 남았다. 그리고 단 하나 확실한 것은, 프랑스라는 호수에 그가 던진 돌멩이의 파장이 점점 더 넓게 퍼져나가고 있다는 사실이다.

제무르는 왜 좌파를 비판하는가

『프랑스의 자살』은 프랑스의 인문학 및 사회 과학을 전공하지 않은 일반 독자의 입장에서 읽기에 그다지 친절한 책은 아니다. 제무르는 핵심 테마로 내용을 구분하는 대신, 연대기에 따라 40여 년에 걸친 사건들에 대한 단상을 전개하는 방식으로 방대한 분량을 채운다. 이런 형식적 특징 때문에 별생각 없이 따라가다 보면 방향을 잃기 십상이다. 그래서 본문을 읽기 전에 전체를 조망할 수 있는 틀을 간단하게 제시하고자 한다.

제무르가 이 책에서 가장 자주 반복한 단어는 드골(De Gaulle)과 민족(nation)일 것이다. 이 두 단어는 동일시되기도 하고 인과 관계로 이어지기도 한다.『프랑스의 자살』은 1970년 샤를 드골의 장례식에서부터 시작하며 드골의 죽음을 아버지의 죽음, 민족의 죽음, 프랑스의 죽음으로 정의한다. 제무르는 해방 후 프랑스를 강한 국가로 만들기 위한 드골의 노력에도 불구하고 이후의 세대가 이 모든 것을 망쳤다고 평가한다. 이처럼『프랑스의 자살』은 1970년대부터 현재까지 프랑스라는 국가가 점차적으로 힘을 잃고 자멸해 왔다는 확신에 바탕을 두고 있다.

제무르가 그토록 찬양하는 드골은 철저한 민족주의자였다. 그는 제2차 세계대전에서 프랑스가 독일에 점령당했을 때 런던에 머물며 레지스탕스를 지휘했다. 파리 해방 이후 대통령이 되어 프랑스를 이끌기 시작하면서 그는 프랑스를 유럽의 최강국으로 만들고자 했고, 영국이나 독일 같은 주변 유럽 강국들은 물론이고, 미국으로부터도 독자성을 지켜내고자 했다. 이 과정에서 독불장군 같았던 드골의 스타일은 결국 68년 젊은이들의 반발을 불러일으켰지만 이는 정치적 반발이 아니라 세대 간 문화적 불일치였을 뿐이다.

드골은 비정상적인 방식으로 권좌를 지키고자 하지도 않았고, 자신의 이익을 앞세우지도 않았다. 세계화에 휩쓸리는 대신 프랑스의 국익을 수호하고자 했고, 프랑스의 군사력을 강하게 유지하고자 노력했다. 드골을 보고 있노라면, 수많은 국민을 뒤에 두고 다리를 끊고 혼자 도망가거나, 일본식 창씨개명을 한 대통령을 국부(國父)라 부르는 것이 가당키나 한가 싶다. 한국에 드골 같은 진정한 보수 대통령은 지금까지 없었다.

드골의 부재 이후의 프랑스 사회는 빠르게 변화했다. 이 책은 크게 세 개의 장으로 나뉘는데, 저자는 그중에서도 특히 드골의 죽음과 68 세대의 득세로 인해 문화적으로 큰 변화를 겪은 1970년대 사회 분석에 가장 많은 부분을 할애한다. 이 분석은 68혁명에 대한 비판 위에서 이루어진다. 『프랑스의 자살』에서 제무르는 오늘날 프랑스를 약하게 만든 원인으로, 68혁명을 주도하고 그 이후의 사회를 이끌어 온 68세대를 범인으로 지목한다. 그리고 현재까지 이르는 역사에서 드러난 68세대 좌파의 허약함과 딜레마를 조목조목 공격하고 있다.

제무르가 좌파를 비판하는 근거들은 놀라울 정도로 설득력이 있다. 좌파는 국가 공동체의 발전보다 개인주의를, 독자적인 프랑스보다 세계화의 가치를, 민족의 역사에 담긴 교훈보다 보편적 휴머니즘을 우선시했기 때문에 공격의 대상이 된다. 그런데 개인주의, 세계화, 휴머니즘이 도대체 무엇이 잘못되었다는 것인가. 심지어 좌우 나눌 것 없이 '세계화 시대'에 발맞추는 것을 당연한 의무처럼 받아들이는 한국의 풍토에서는 시대착오적으로 느껴지기도 한다. 이러한 판단의 불일치는 목표의 차이에서 발생한다. 돌덩이처럼 단단하고 강한 민족-국가를 지향하는 제무르에게 개인의 선택이 최우선에 놓이고, 국경의 의미가 없어지고, 감성적 휴머니즘을 추구하는 것은 공동체를 부식시키는 작업인 것이다. 바로 이것이 핵심이다. 제무르는 좌파의 보편주의 논리가 그의 이상적 프랑스를 망친다고 판단했기에 비판하는 것이다. 그는 68 세대 엘리트들이 오늘날 프랑스 사회를 지배하고 있으며 그들의 영향력 아래에서 경제, 사회, 문화, 가족 등 모든 영역에 걸쳐 프랑스라는 국가가 근본을 잃고 붕괴되어 왔음을 한탄한다.

제무르에게 이 좌파는 유럽 통합과 앵글로·색슨 세계주의의 폐해와 동일시된다. 드골에 대한 절대적인 지지를 바탕으로 확인할 수 있는 제무르 보수주의의 핵심은 프랑스의 절대적 우위다. 따라서 독일에게 경제적으로 추월당하고, 영국과 미국의 정치인에 휘둘리는 프랑스의 상황이 개탄스러울 수밖에 없다.

그는 자유주의 경제로 인한 양극화를 우려하고, 세계화가 초래한 프랑스의 손해를 걱정한다. 대표적인 예로, 그는 민영화된 과거 국영 기업들의 공장이 해외로 이전하면서 어려워진 프랑스 내 노동자의 삶을 돌아볼 것을 촉구한다. 좌파들이 찬양하는 세계화로 인해 결국은 프랑스의 프롤레타리아가 위기에 처하게 되었다는 것이다. 이 지점이 제무르의 논의가 가장 흥미로워지는 순간이다. 자유 시장 경제를 경계하는 우파라니 한국에서는 도저히 떠올릴 수 없는 조합이다. 한국의 관점에서 본다면 프롤레타리아에 대한 제무르의 태도는 사회주의자에 가깝다. 그는 세계화로 인해 결국 피해를 보는 것은 가장 평범한 프랑스인이라는 점을 놓치지 않으며 서민 계층에 대한 걱정과 애정을 드러낸다. '금수저'에게 무시당하고, 이민자에게 치이면서 결국 이 프롤레타리아들은 극우를 지지할 수밖에 없게 된다고 진단한다. 이처럼 제무르는 좌파적 가치라는 것이 이제는 엘리트와 부르주아, 더하여 이민자의 편에만 유리한 것이 되었다고 지적한다. 그리고 자신의 민족주의 우파 담론을 프랑스 프롤레타리아에게 바친다. 이렇게 보면, 이민자에 대한 제무르의 반감은 인종주의자의 혐오가 아니라 민족주의의 자연스러운 발현이다.

한국은 다가올 이민자 문제를 어떻게 바라볼 것인가

이민자 문제는 저자를 둘러싼 논란을 가장 크게 유발한 지점이다. 앞서 언급한 인종 차별적 발언 등으로 인해 제무르의 이민자 논의가 무조건적인 혐오로 지나치게 단순화되어 받아들여진 측면이 있다. 사실 그는 이민자의 이주 자체에 대해 문제를 제기하는 것은 아니다. 실제로 이미 오래전부터 프랑스에는 이탈리아, 포르투갈, 폴란드 등에서 넘어온 이민자들이 상당수 존재했으며, 이들의 이주와 정착에 대해서 제무르는 충분히 호의적인 입장을 취한다. 그런데 여기에는 조건이 존재한다. 유럽 내에서 온 이민자들은 종교나 기본적인 문화를 프랑스인들과 공유하는 데 어려움을 겪지 않는다. 따라서 제무르가 허용할 수 있는 외국인의 조건은 가톨릭과 그리스 로마 문명의 영향을 받아 "프랑스인의 핵심적인 특성에 완벽하게 동화한 유럽 이민자"로 국한된다. 공통의 문화적 뿌리를 가진 집단 사이에서는 일종의 신뢰가 유지되고 갈등이 발생할 가능성이 적다는 것이다. 이 구분에 따르면, 프랑스가 받아들여야 할 외국인과 그렇지 않은 외국인은 명확하게 구분된다. 이 지점에서 아쉬운 것은 '프랑스인'의 정의가 명확하지 않다는 점이다. 프랑스의 조상이라 불리는 '골루아'라는 표현만이 공허하게 반복될 뿐이다. 프랑스인과 이민자를 규정하기 시작한 시점 자체가 상당히 근거리에 위치해 있다는 점에서 이러한 구분이 의미가 있는가에 대해서는 의문이 남을 수밖에 없다.

어쨌든, 긍정적인 이미지의 이민자와는 달리 마그레브 이민자들에 대해서는 정반대의 태도를 취할 수밖에 없다. 제무르가 무슬림 이민자 유입과 관련하여 품는 부정적 감정은 두 가지 문제를 중심으로 정리된다. 첫째로는, 이민자의 정착을 받아들이는 프랑스 정부의 태도를 근본적인 실수로 지적한다. PC(political correctness)적 흐름에 동참하여 다문화주의와 다양성을 표방함으로써 프랑스 정부가 '통합(intégration)'에 주안점을 두었고, 여기에서부터 문제가 발생했다는 것이다.

제무르의 주장에 따르면, 다문화주의 관점에서 외국인의 문화를 포용하는 방식으로 행해지는 통합은 국가적 정체성을 허약하게 만든다. 이러한 이민자의 동화 실패에서 제무르는 다시 한 번 좌파에게 비난의 화살을 던진다. 다문화주의에 근거하여 이민자를 무차별적으로 받아들이는, 통제되지 못한 이민에 의해서 문화적 규범과 동질성이 파괴되고 말았기 때문이다. 고유한 출신 문화를 버리고 철저하게 프랑스적 삶의 방식으로의 동화를 결심한 외국인만이 제무르에게는 안전한 존재로 여겨진다. 그리고 여기에서 두 번째 문제가 발생한다. 프랑스 이민자의 상당수를 차지하는 무슬림들은 프랑스 문화에 스며드는 대신, 프랑스를 자신의 영역으로 만들고자 하는 의지를 보인다. 이것이 오늘날의 이민자 문제를 유발하는 원인이며, 이로 인해 프랑스인의 정체성이 흔들리는 지경에까지 이르게 되었다. 결국 제무르는 뿌리를 버리고 철저하게 프랑스적 방식에 녹아드는 '동화(assimilation, 同化)'의 필요성을 지속적으로 역설한다.

이러한 맥락에서 이슬람과의 갈등은 불가피하며 결코 해결될 수 없다. 종교 자체가 삶의 방식인 무슬림이 프랑스에 동화된다는 것은 자신의 정체성 자체를 버리는 것을 의미하기에, 그들에게 동화는 거의 불가능한 일이다. 이슬람의 교리적 엄격함이나 직역주의적 실천, 여성 억압은 당연히 공격의 대상이 된다. 이러한 이슬람의 특징들은 이슬람을 둘러싼 일반적인 논의에서 가장 비판받는 지점이기도 하다. 서구 사회 문화에 가장 양립하기 힘든 규율을 갖고 있다는 점에서 무슬림들은 비이슬람 지역에서의 적응에 어려움을 겪을 수밖에 없다. 포용적인 관점에서라면 그들의 다름을 그대로 인정하자고 할 테지만, 실제로 프랑스 내에서 이슬람 세력에 의한 여러 반사회적 행위가 일어나고 있음을 부정할 수 없는 상황에서 민족주의자 제무르가 이슬람에 반감을 가지는 것은 자연스러운 논리적 귀결로 보인다.

그는 오늘날의 프랑스는 이미 이슬람화가 진행되었기에 이민자 문제에 있어서는 실패했다고 결론 내린다. 더 이상 이슬람이 프랑스 민족에 적응하는 것이 아니라, 프랑스가 이슬람에 적응하고 있다는 것이다. 실제로 2016년 한 설문조사에서, 10대 중반에서 20대 중반 사이 젊은 무슬림의 50퍼센트 정도가 샤리아 법이 프랑스 법보다 위에 놓여야 한다고 생각한다는 충격적인 결과가 공개되기도 했다. 그리하여 제무르에게 있어서 "이슬람은 민족-국가 해체의 계시자이자 기폭제"가 될 수밖에 없다. 중세에 기독교인들이 아랍인들에게 빼앗겼던 이베리아 반도의 회복을 의미하는 표현인 레콩키스타(Reconquista, 재정복)를 프랑스어로 표현한 '르콩케트(Reconquête)'를 제무르가 정당의 이름으로 정했다는 사실은 그래서 매우 의미심장하다.

이처럼 제무르는 이슬람이라는 종교 자체와 신도들을 향해 신랄한 비난을 가하지만, 그렇다고 해서 프랑스 가톨릭 전통으로의 회귀를 주장하는 것은 결코 아니다. 제무르는 철저하게 공화주의적인 비종교성을 옹호한다. 이민자 문제를 다루는 과정에서 제무르의 정체성은 매우 확고하다. 아이러니하게도 제무르는 본인이 그토록 찬양하는 골루아가 아니다. 그는 베르베르 유대인 혈통으로 자신의 기준에 따르면 프랑스의 이방인이 될 수밖에 없다. 하지만 그는 자신이 주장하는 완벽하게 동화된 이민자의 표본을 구현해 냄으로써 이민자라는 정체성으로부터 떨어져 나온다. 심지어 유대인에 대한 거리두기마저도 보여 준다. 홀로코스트 이후 유대인이 희생자 담론을 통해서 지속적으로 권력을 유지해 왔다며 유대인 압력 단체에 대한 비판의 시선을 보내기도 한다. 그에게는 자신의 뿌리는 전혀 중요하지 않다. 자신이 지속적으로 강조하는 프랑스 민족의 성실한 일원으로 살아간다는 점만이 의미 있다.

한국 사회가 가장 걸러 들어야 할 제무르의 젠더 담론

제무르가 68혁명을 비판하는 또 하나의 지점은 여성 인권의 문제다. 1970년대부터 프랑스에서는 '여성해방운동(Mouvement de la Libération des femmes, MLF)'을 바탕으로 빠르게 여성 인권이 개선되기 시작한다. 그런데 제무르는 이러한 여성 인권 신장의 현상을 매우 감정적인 방식으로 다룬다. 그는 일터의 남성과 집안의 여성이라는 전통적인 역할에 충실한 과거 부부의 모습이 충분히 이상적이었다고 미화한다. 여성이 본능적으로 남성의 보호를 욕망하는 존재라고 단정 짓고, 여성의 욕망을 자의적으로 정리해 버린다. 이 과정에서 페미니즘, 젠더 이론 등에 대한 충분한 고찰은 동반되지 않으며, 전통적인 사회를 옹호하는 레퍼런스를 단편적으로 가져와 주관적인 의견을 강화하는 근거로 활용한다.

같은 맥락에서 그는 이혼 가정의 모습에 통탄한다. 가족 내에서 권위를 인정받지 못하거나 이혼 후 혼자 남겨진 남성들에게 연민의 시선을 보내고, 이혼을 쉽게 결심하는 여성들을 질책한다. 제무르가 자신의 주장에 대한 타당한 근거를 제시하는 데 있어서 가장 취약한 측면이 바로 이 주제다. 그는 가부장제에서도 모두가 충분히 행복했다고 굳게 믿으며 과거에 대한 향수를 드러낸다. 대부분의 이혼이 여성들의 요구로 이루어졌다는 점을 지적하면서 남성은 변하지 않았지만 "변한 것은 여성의 시선과 기준"이라고 비난의 뉘앙스로 지적한다. 그러나 왜 여성의 시선과 기준이 변할 수밖에 없었는가를 이해하기 위한 노력은 전혀 시도하지 않는다. 여성이 스스로 자기 몸의 주인임을 깨닫고 주체성을 찾아가고자 하는 모든 과정을 안정적인 전통 사회의 붕괴를 초래하는 원인으로만 돌릴 뿐이다. 가부장제에서 벗어나고자 하는 여성과 이혼 가정이 왜 잘못되었는가에 대해서는 그 어떤 합리적 근거도 제시하지 못하고 있다.

페미니즘에 이어 성 소수자 문제 역시 동일한 방식으로 다루어진다. 제무르는 전형적인 남성성을 상실한 남성에 대해 조롱의 시선을 보낸다. 이 맥락에서 동성애에 대한 명백한 혐오가 드러나며, 커밍아웃한 유명인들을 (치졸하다고 밖에는 표현할 수 없는 방식으로) 비아냥대기도 한다. 그러고는 동성애를 쾌락적 소비를 조장하는 자본주의의 확산과 같은 층위에서 연결해 버린다. 개인의 욕망에 솔직하고자 하는 성 소수자의 가시적 출현이 무절제한 소비 사회와 직결됨으로써 경제적인 측면에서 비난받을 만한 것으로 논의된다. 이와 더불어, 딩크족, 양성적 패션의 유행 등 전통적으로 규정지어진 성과 가족의 틀을 벗어나고자 하는 모든 시도도 한데 묶어 비난한다. 정상-이성애, 비정상-동성애 수준을 넘지 못하는 순환적인 견해만이 반복됨으로써 논리의 비약과 구멍을 드러낸다.

다른 논의들에서는 설득력 있는 역사적 흐름에 근거해 탄탄한 논리를 전개하고 있는 반면, 여성, 성 소수자 문제만큼은 감정적인 논조로만 일관하는 모습을 벗어나지 못한다는 사실은 제무르가 지향하는 보수주의의 가장 큰 맹점이기도 하다.

페미니즘을 포함하여 젠더 및 가족에 대한 제무르의 가치관은 분명히 시대에 역행한다. 그러나 그의 주장은 오늘날 한국에 유행하고 있는 무조건적 여성 혐오와는 결이 다르다. 제무르에게 가족은 전통적 공동체를 단단하게 구축할 수 있는 가장 중요한 단위다. 따라서 결혼이 선택이 되고, 이혼이 자유로워지며, 자손 번식의 목적에 충실하지 않은 커플 등 현 시대의 유행을 부정하는 것은 당연한 논리다. 그리고 이러한 세태의 변화는 여성의 각성으로부터 시작되었기에 이상적 가족 붕괴의 탓을 결국 여성에게 돌리는 것처럼 보인다. 그럼에도 여성과 성 소수자에 대한 비난은 딱 여기까지, 가족 담론 내에만 머무른다. 여성의 사회적 성취나 공적 영역에서의 존재감에 대한 부정적 평가는 찾아볼 수 없다.

제무르의 반페미니즘에서 여성을 향한 억울함이나 분노는 존재하

지 않는다. 그는 결코 여성을 남성의 적으로 여기지 않는다. 오히려 아
내와 어머니라는 여성의 (제무르 자신의 판단에 따르자면) 고유한 정체성으
로 복귀하여 남성과 함께 행복한 전통적 가족의 모습을 회복해 주기를
바란다. 동시에 남성들 역시 아내를 보호하고 남성성을 뽐냈던 과거의
전형적인 거칠고 대범한 이미지를 되찾기를 원한다. 결국 여성뿐만 아
니라 남성에게도 이제는 불가능한 고전적인 역할극을 수행할 것을 요
구하는 셈이다. 이렇게 본다면, 제무르의 반페미니즘 담론은 결국 남성
마저도 억압하는 것이 된다.

한국 사회가 제무르에게 주목해야 하는 이유

『프랑스의 자살』을 번역하고 싶었던 가장 큰 이유는 답답한 한국의 상
황에 실마리가 될 수 있지 않을까 하는 기대였다. 한국의 정치 지형도
는 민주주의 국가들 중에서 가장 이해하기 어려운 스펙트럼을 이루고
있다. 보수-진보, 우파-좌파를 가르는 기준이라는 것이 아예 존재하지
않는 것처럼 보이기도 한다. 그래서 각자 원하는 대로 자의적으로 스스
로를 규정해 버린 것 같다는 인상을 받는다. 우리는 20세기의 역사적
부침으로 인해서 서구에서 탄생한 다양한 정치 이념들을 충분한 고민
없이 급하게 받아들였기에 당연한 것일지도 모른다. 분단을 시작으로
급격하게 민주주의를 이룩해 오는 동안 우리는 근본 없는 기형적인 정
치 이데올로기를 너무 쉽게 내면화해 버렸다.

　'프랑스 전통과 문화에 충실한 프랑스인으로서의 정체성'이 가장
중요한 제무르가 현재 한국의 우파를 본다면 결코 보수나 우파라는 단

어를 용납하지 않을 것 같다. 제무르는 프랑스의 대표적인 우파 정치인들마저도 신랄하게 비난하거나 비꼬기를 주저하지 않는다. 선거에서의 인기나 개인적 안위를 위해 자신의 정치적 이념에 반하는 행동을 취하는 우파 정치인들의 실명을 거론하며 실망을 드러낸다.

반대로, 좌파라 하더라도 국가와 민족을 위한 선택을 했다면 당당하게 옹호한다. 그에겐 우파-좌파, 보수-진보라는 이름표가 중요한 것이 아니라 국가와 민족을 위해 행동했느냐가 판단의 기준이 된다. 그만큼 보수로서 제무르의 철학은 확고하다. 제무르는 우파 대통령이 과거 프랑스의 식민주의적 만행에 대해서 잘못을 인정한 사실을 두고 프랑스를 약하게 만드는 짓이라고 강하게 비난한다. 이 너무나도 당연하고 윤리적인 반성조차 용납하지 않을 정도로 그는 뼛속까지 민족주의자다.

제무르를 통해 알 수 있듯이, 보수는 애국과 민족을 위해 고민해야 한다. 즉, 자국의 주권과 독립적인 힘이 무엇보다도 중요하다. 하지만 한국에서 우파를 표방하는 사람들의 말과 행동에서는 애국심이나 민족주의는 찾아보기 매우 어렵다. 국가와 민족을 가장 중요하게 생각해야 할 사람들이 시위 때마다 성조기는 왜 그렇게 흔들어대는지, 일본 천황에게 충성을 맹세한 친일 대통령을 왜 찬양하는지… 이해가 되지 않는 부분들이 너무 많다. 한국에는 위안부를 인정하지 않는 극우 단체, 일제 강점기를 미화하는 극우 역사가가 존재한다는 사실을 제무르가 알게 된다면 아마도 제 정신이 아닌 나라라고 생각하지 않을까.

민족주의라는 표현은 한국에선 언제나 좌파의 논리였다. 민족주의라는 말이 등장할 때면 항상 따라붙던 것이 '좌빨', '주사파'라는 단어다. '한국 전쟁'이라는 특수한 역사로 인해서 매우 이상한 방식으로 민족주의가 마치 북한에 대한 동조, 공산주의 옹호처럼 이해되어 올 수밖에 없었음을 이해하지 못하는 것은 아니지만, 이제는 이러한 강박에서 벗어날 때라는 생각이 든다. 역사적 트라우마가 너무도 컸던 것일까. 여전히 우파에겐 우리 민족보다 미국과의 관계가 더 중요하다. 미국화, 미국 중심의 세계화는 언제나 좋은 것이었다. 하지만 한국 보수는 경제, 교육 등의 문제에 있어서는 미국을 본받고자 하면서 정작 문화적으로는 정반대의 스탠스를 취해 왔다. 미국화를 그렇게 찬양하면서 정작 전통적 유교 사상은 버리지 못한 채 (물론 전통과 관습을 옹호하는 것은 보수의 본질을 잘 지키는 것이므로 이것이야말로 우파적이라는 사실은 아이러니다.) 기이한 혼종적 가치관을 키워온 것이다. 조국보다 타국을 사랑하는 사람은 결코 우파가 될 수 없다.

한편, 스스로 좌파라 칭하는 사람들에게는 좌파라는 강박 때문에 놓치고 있는 것들을 일깨우는 계기가 필요한 시점이다. 좌파는 평등과 연대를 이야기한다. 그리고 이 절대적 가치를 추구해 나가는 과정에서 이상과 현실과의 괴리를 인식하거나 경험하지만 외면하고자 한다. 한국의 소위 '강남 좌파', 또는 '엘리트 좌파'는 이민자와 난민을 적극적으로 받아들여야 한다고 주장한다. 그들을 위해 얼마든지 기부하고 적극적으로 돕고자 하는 의지도 충만하다. 하지만 정작 내 아이의 학교에 이민자 2세들이 많아지면 전학을 고민하고, 〈범죄도시〉 같은 영화의 배경이 되는 동네나 외국인이 몰려 사는 특정 지역의 이름을 들으면 그곳에선 살기 어렵겠다고 생각한다. (이러한 머리와 마음의 불일치는 이 책에 묘사된 프랑스 좌파의 모습과 매우 닮아 있다.) 평등을 이야기하지만 내 자식에게는 수준 높은 스펙을 만들어 주기를 원한다. 공교육의 중요성을 역설하지만 내 자식만큼은 좋은 학교에 보내기 위해 사교육에 '올인'한다. 그들의 아이들은 한국의 줄 세우기식 교육을 비판하지만, 대학교의 이름이 새겨진 과 잠바(과잠)를 자랑스럽게 입고 다닌다. 586 민주화 세대든 젊은 PC든 좌파라는 명목을 유지하기 위해 정작 현실적 문제들을 외면하고 거리두기를 통해 이성만을 앞세운 채 자신을 돌아보지 못하고 있는 것은 아닌지 고민해 봐야 하는 때다.

자신을 정치적으로 정의하기 전에 도대체 보수와 진보의 가치는 무엇인지 공부하고 자신이 진정 옳다고 생각하는 방향에 대해 솔직하게 고민하는 일이 필요하다. 일관된 가치 체계를 갖추지 못한 채 매번 사안에 따라 이익이 되고 편한 것만 취하면서 자신을 그럴듯한 우파로, 또는 좌파로 규정하는 것은 너무 비겁하고 치사한 일이지 않은가. 식민주의 사관을 주장하면서 감히 극우를 표방하고, 페미니즘은 덮어두고 욕하면서 정치적으로는 좌파라 주장하고, 어려운 사람들과 더불어 사는 삶을 이야기하지만 그들과 같은 아파트 단지에 사는 건 반대하고… 한국 사회에서 쉽게 볼 수 있는 모순된 모습들이다. (지금 이 글을 쓰고 있는 역자 또한 이러한 모습에서 결코 자유롭지 못하다.) 맹목적인 한국의 우파와 좌파 모두, 이제는 거리를 두고 성찰할 때다. 근본이 상실된 정치적 이데올로기의 땅을 이제부터라도 다져나가야 한다. 『프랑스의 자살』은 이 작업을 위한 꽤 좋은 길잡이가 되어 줄 것이다.

원서로만 500페이지가 넘는 책을 단 몇 페이지로 정리하는 일은 불가능하다. 하지만 이 정도만이라도 대강의 흐름을 잡고 독서를 시작한다면 훨씬 편하게 읽을 수 있지 않을까 생각한다. 『프랑스의 자살』이라는 긴 여정을 떠나는 독자들에게 가장 부탁드리고 싶은 것은, 단순한 결론만을 떼어 내어 이야기할 것이 아니라, 그 결론에 이르는 과정을 주의 깊게 읽어 달라는 것이다. 한 문장에 꽂히기보다는 왜 이렇게 이야기할 수밖에 없었는지를 보려고 노력해 주시기를 부탁드린다. 어쨌든 고민과 판단은 결국 독자들의 몫이다. 제대로 이 책을 읽고 나면 많은 이들이 혼란에 빠질 것이다. 우파를 자부하며 제무르에게 지지를 보낼 준비가 되어 있던 독자들은 미국 중심의 세계화와 자본주의에 대한 그의 거부감 앞에 당혹스러움을 느낄 것이다. 제무르가 꽉 막힌 극우 인종주의자라고 날을 세웠던 사람들은 그가 보여 주는 자국민에 대한 사랑과 공화주의자로서 정체성을 발견하고는 멈칫하게 될 것이다. 어느 쪽이든 제무르는 여전히 사랑받기는 어려울 것 같다.

제무르의 논의는 분명 한계도 갖고 있다. 철저한 민족주의에 바탕을 두고 독립적인 프랑스를 재건하기를 꿈꾸는 것은 확실하지만, 그만큼 그의 논의는 과거와 드골의 프랑스에 갇혀 있다. 현재에 대한 진단을 바탕으로 미래를 계획하는 대신, 그는 돌아오지 못할 과거를 미화하고 불가능한 회귀를 꿈꾸는 이상주의자처럼 보이기도 한다. 더하여, 외국의 영향에서 자유로운 프랑스만의 질서를 세우자고 주장하지만 정작 그것이 무엇인지, 과연 오늘날 그것이 가능한지에 대해서는 명확하게 이야기하지 못한다. 사실 우리가 프랑스의 사정까지 걱정할 필요는 없다. 우리는 한국을 위해 이 책을 읽어야 한다. 제무르가 주목하고 있는 프랑스 사회의 여러 이슈들은 한국 사회와 닮아 있으며, 머지않아 일어날 수 있는 일들이기도 하다. 그런 의미에서 『프랑스의 자살』을 균형 있게 읽어 내는 작업은 프랑스를 넘어 한국 사회를 냉정한 관점에서 판단하는 데 도움이 될 것이다. 나아가 나는 과연 진정한 우파였나, 또는 현명한 좌파였나를 스스로 진단해 보는 기회가 될 것이다.

이 책에는 프랑스와 관련된 학문적 레퍼런스가 아주 많이 인용되어 있고, 프랑스 사회의 사소한 시사 이슈들까지 끊임없이 등장한다. 잘난 척하려고 글을 썼나 싶을 정도로 엄청난 스펙트럼의 디테일한 지식을 뽐내는 제무르의 글을 번역하는 것은 좌절의 구렁텅이와 유레카의 기쁨을 오가는 고통스러우면서도 짜릿한 지적 즐거움의 연속이었다. 프랑스의 역사, 법, 경제, 문학, 대중문화, 심지어 스포츠 전문가들과의 협업이 절실히 필요한 순간들이 매번 찾아왔다. 더하여, 조금이라도 멋진 문장을 위해 난해한 표현과 복잡한 문장을 구사하는 제무르의 글쓰기 스타일 역시 상당히 어려운 난관이었다. 프랑스어를 더 잘하는 공역자가 있으면 좋겠다는 아쉬움이 계속 들 수밖에 없었다. 하지만 여러 상황적 제약으로 인해 혼자 작업할 수밖에 없었고, 모르는 부분들은 최대한 공부하고 검색하며 고민하고 또 고민하여 완성했다. 그럼에도 부족해 보이는 부분들이 당연히 있을 것이다. 이와 관련해서는 언제든 겸허한 마음으로 조언을 듣고자 한다. 또한, 독서에 최대한 도움을 주고자 역자와 편집자가 고심하여 각주를 추가하였으니 충분히 참고하시기를 부탁드린다. 마지막으로, 교정 과정에서 꼼꼼하게 감수하고 조언하고 고민하면서 부족한 부분을 함께 채워 넣어 주신 틈새책방 홍성광 편집장님, 이민선 대표님께 진심으로 감사의 말씀을 드린다. 앞으로 다른 어떤 책을 쓰고 번역하더라도 이분들 같은 편집자는 다시 만나지 못하리라 확신한다. 욕이 절로 나는 번역 과정 동안 흥미로운 토론으로 도전 의식을 잃지 않게 격려해 준 반려자에게도 고마운 마음을 전한다.

2022년 겨울
옮긴이 이선우

머리말

프랑스는 유럽의 병자(病者)다. 경제학자들은 프랑스의 경쟁력이 추락했다고 진단한다. 평론가들은 프랑스가 쇠락했다며 입방아를 찧는다. 외교관과 군인 들은 프랑스의 대외 전략 수준이 낮아졌다며 조용히 한탄한다. 심리학자들은 프랑스의 염세주의를 걱정한다. 여론 조사 전문가들은 프랑스의 미래가 절망적이라고 내다본다. 고매한 영혼들은 프랑스의 자폐성을 규탄한다. 대학을 졸업한 젊은이들은 고국을 떠난다. 프랑스를 매우 사랑하는 외국인들은 프랑스의 학교, 문화, 언어, 풍경, 음식의 쇠퇴를 걱정한다. 프랑스는 걱정하게 만든다. 프랑스는 걱정하게 되었다. 사랑스러운 프랑스는 점점 사라지고 있다. 프랑스는 더 이상 자신을 사랑하지 않는다. 달콤한 프랑스는 쓸쓸한 프랑스로 변질되고 있다. 프랑스에서 우리는 매우 불행하지 않은가?

프랑스인들은 더 이상 프랑스를 알지 못한다. 자유는 무질서가 되었고, 평등은 평등주의가 되었으며, 박애는 모두와 맞서는 모두의 전쟁이 되었다. 운명론자인 역사학자 자크 뱅빌은 "모든 게 늘 잘못된 길로 가고 있었다"고 말했다. 민중들은 노스탤지어에 젖은 목소리로 "예전이 더 나았다"고 반박한다. 그럼에도 아무것도 바뀌지 않았다. 이 나라는 70년 전부터 평화로운 상태에 있고, 제5공화국은 50년 동안 작동 중이다. 미디어는 정보를 제공하고, 정치인들은 대립하며, 배우와 가수들은 즐거움을 준다. 큰 테이블에는 맛있는 음식이 올라오고, 비스트로 바에서는 따뜻한 커피가 나온다. 그리고 파리 여성들의 다리는 정신을 어지럽힌다.

프랑스는 역사 유산으로 지정되어 온전하게 보존된 건물의 외관을 닮았다. 하지만 그 내부는 최소한의 공간에서 수익을 내려는 업자들의 고민과 현대적 취향이 뒤죽박죽 섞여 있다.

멀리서 보면 아무것도 바뀌지 않았고, 거리는 멋지게 보인다. 하지만 가까이에서 보면 모든 것이 황폐해졌다. 전문가들의 말처럼, 아무것도 더 이상 "예전의 상태로" 남아 있지 않다. 모든 게 온전하다. 다만 이곳의 영혼만이 사라졌다. 공화국의 대통령은 책임을 지는 자리에 있지만, 더 이상 왕은 아니다. 정치인들은 말을 하지만, 사람들은 그들의 이야기에 더 이상 귀 기울이지 않는다. 미디어도 더 이상 귀담아듣지 않는다. 지식인, 예술가, 대기업의 사장, 편집자, 경제학자, 법관, 고위 공무원, 의원 들은 의심을 받는다. 말들은 그 자체로 썩어 간다. 사람들은 더 이상 가지도 않는 "교회를 짓는다". 사람들은 이혼하면서 "가족을 만든다". 사람들은 더 이상 프랑스인이라고 느끼지 않으면서 "프랑스를 구성한다". 공동체는 쪼개지고 있는데 사람들은 "함께 살아가기"를 찬양한다. 사람들은 순응하기 위해서 "재정(財政)과의 전쟁을 선포한다". 사람들은 은행들을 구제하기 위해서 "자본주의를 도덕적인 것으로 여긴다". 사람들은 거대한 것들을 살찌우면서 동시에 줄이고자 한다. 결혼 생활에서 남녀평등은 하찮은 것이 되어 가는데, 사람들은 정치에서 남녀평등을 강요한다. "불가분의 단일한" 공화국은 전에 없이 여러 개로 쪼개지고 있다.

이것은 '포템킨 공화국'[1]이다. 모든 것이 가짜다. 모든 것이 인위적이다. 모든 것이 뒤엎어졌고, 거꾸로 되었고, 와해되었다. 역사는 언제나 우리의 법전이지만, 그것은 변질되고, 위조되고, 왜곡되었다. 더 잘 되돌아가기 위해 무시되고, 더 잘 무시되기 위해 되돌아가 버린 역사. 우리는 더 이상 우리가 어디로 가는지 알지 못한다. 우리가 어디에서 왔는지 더 이상 알지 못하기 때문이다. 세상은 우리에게 우리가 증오했던 것을 사랑하는 법을 가르쳤고, 우리가 사랑했던 것을 미워하는 법을 가르쳤다.

어쩌다 우리는 이러한 상황에 이르렀을까?

대혁명에 대한 우리의 과도한 열정은 우리를 눈멀게 하고 타락시켰다. 혁명 전에 이미 천 년이 넘는 역사를 가지고 있음에도, 세상은 프랑스가 1789년에 태어났다고 우리에게 주입시켰다. 68혁명[2]은 승리했

---

1   "포템킨 마을(village Potemkine)"에서 차용한 것으로, 러시아 귀족 그리고리 포템킨이 1787년 예카테리나 2세의 지역 순방 당시, 낙후된 마을의 모습을 은폐하기 위해서 멀리서 멋있게 보이도록 마을의 외관을 위장했던 역사적 일화에서 나온 관용 표현이다. 부정적인 상황을 감추기 위한 일종의 눈속임, 겉치레를 의미한다.

2   1968년 봄, 프랑스에서 대학생들의 대규모 시위가 일어나, 5월에는 소르본 대학교를 점거하는 상황으로까지 치닫게 된다. 이 과정에서 노동자들도 합세함으로써 시위대는 광범위한 세력을 형성하기에 이른다. 그럼에도 68혁명의 핵심은 드골로 대표되는 보수적이고 억압적인 기성 질서에 대한 청년들의 반항이다. 이후 가족이나 학교 등 사회 전반에서 보수성이 약화되고 페미니즘이 부상하는 등 오늘

1968년 5월 소르본 대학교를 점거한 시위대.
© Gettyimages

음에도 사람들은 40년 전부터 68혁명이 실패했다는 사실을 우리에게
되풀이하기를 멈추지 않는다. 40년 전, 드골[3]은 민족의 아버지였고, 다
니엘 콘벤디트[4]는 유쾌한 반항아였다. 오늘날 드골은 "아니오"라고 말
하는 사람이고, 콘벤디트는 국가의 아이콘이 되었다. 우리 시대의 집단
적 상상 속에서 1968년 이전과 이후는, 미슐레[5]의 1789년 이전과 이후
와 같은 것이며, 가톨릭의 예수 이전과 이후와 같다.

　이전: 흑과 백으로 나누어져 있고, 가부장적이면서 외국인을 혐오
하며, 스스로의 세계에 틀어박혀 있고, 경계와 편견에 갇혀 있으며, 독
실한 신앙심과 엄격한 도덕에 속박된 프랑스. 금욕적이고 엄격한 의복
에 파묻힌 꽉 끼는 육체와도 같은 고단하고 순응적인 하나의 프랑스.
그것은 아버지가 아이들을 향해, 남성이 여성을 향해, 백인이 흑인을

───────────

날 프랑스가 내세우는 자유로운 사회적 가치들, 소위 좌파 문화라 일컫는 현상들
이 형성됐다. 즉, 68혁명은 기존의 정치 혁명들과는 결이 다른 철저한 '문화' 혁명
이다. 따라서 좌파 성향을 띠는 사람들에게 68혁명은 긍정적인 의미를 갖는 반면,
에릭 제무르는 68혁명이 프랑스의 전통적이고 근본적인 기강을 흔들어 놓았다는
관점에서 매우 비판적으로 평가하는 것이다. 한편, 원어에서는 '혁명'이라는 단어
를 사용하지 않고 '68년 5월'이라고 표기한다. 그러나 현재까지 국내에 번역된 책
들과 여러 연구들에서는 '68혁명'이라는 표현을 보편적으로 사용하고 있으므로
이 책에서도 '68년 5월'과 '68혁명'이라는 표현 중 맥락에 따라 적절하게 선택하여
사용할 것임을 밝혀 둔다.

3　샤를 드골(Charles de Gaulle, 1890~1970). 프랑스의 군인, 정치인. 1959년에서 1969년
　까지 프랑스 대통령을 지냈다.

4　다니엘 콘벤디트(Daniel Cohn-Bendit, 1945~)는 68혁명 당시 학생 대표 지도자로 활
　동했던 정치인이다. 독일과 프랑스 국적을 모두 갖고 있다. 청년 시절에는 극좌파
　활동에 앞장섰으며 1980년대부터는 좌파 계열 환경주의당에 소속되어 활동하고
　있다.

5　쥘 미슐레(Jules Michelet, 1798~1874)는 19세 프랑스의 역사학자다. 『프랑스사』를
　집필했다.

향해 늘 들고 있는 부당하고 잔인한 회초리 아래 있다. 그리고 가톨릭이나 공산주의라는 교회로의 반계몽주의적 편입의 영향에 놓여 있다.

이후: '백 송이의 꽃이 만개한 듯' 다양한 색, 모든 색을 띠게 되고, 유럽과 세상을 향해 문을 열고, 조상들의 굴레와 다시 달궈진 증오로부터 해방된 하나의 프랑스. 쾌락주의적이고 평등주의적인 하나의 프랑스. 모든 해방, 모든 거만함, 모든 소수 집단을 위한 하나의 프랑스. 모든 지도자들로부터 찬양되는 '새로운 태양왕인 개인'이라는 가장 작은 소수 집단까지 위하는 프랑스인 것이다.

수많은 전문 서적들은 이 이원론적인 세계관을 왜곡하고, 심문하고, 반박했다. 하지만 지식 계급의 어떠한 교묘함도, 마르크시스트적이거나 자유주의적인 어떠한 이데올로기적인 해석도, 드골적이거나 공산주의적이거나 하물며 기독교적이지 않은 기원을 가진 어떠한 이야기도 이 새로운 복음의 우월성을 의심하지는 못했다. 그것은 매스미디어, 텔레비전, 영화, 음악 등 대중문화를 통해 전파되었으며, 탁월한 효과를 발휘하며 젊은 세대를 현혹했다.

만약에 역사가 정복자들이 남긴 이야기라면, 사람들은 누가 68혁명에서 승리했는지 알 것이다. 동시대인들은 착각하고 있다. 혁명이 권력을 얻는 데 성공하지 못했기 때문에 사람들은 실패했다고 결론 내린다. 드러난 모습은 거짓이었다. 드골 장군의 헬리콥터는 바렌(Varennes)[6]

---

6   1791년, 국왕 루이 16세와 그 가족들이 국외로 탈출하려고 했으나 바렌에서 붙잡힌 일명 '바렌 도주 사건'에서 따온 비유다.

에서 멈추지 않았다. 루이 16세가 혁명 직후 프랑스를 떠났던 반혁명 군을 만나는 데 성공하지 못한 반면, 드골은 마쉬(Massu) 장군에게 합류하는 데 성공했다.[7] 68혁명의 과격파들은 유명한 군모의 캐리커처를 자랑스럽게 게시한다. '개판으로 만든 놈은 바로 그이다!'[8] 그러나 그들은 제5공화국을 전복하지 못했다. 마티뇽에서 조르주 퐁피두[9]가 콘벤디트를 추방했고 노동총동맹의 서기장인 조르주 세기와 협상했다. 그는 '총파업'의 불길을 끄고자 했으며 동시에 '문명의 위기'에 대해 논의했다. 민중의 지지를 등에 업고(샹젤리제에서 5월 30일에 일어난 유명한 시위), 드골의 권력은 상황을 회복했다. 국가는 구제받았지만 사회는 그렇지 않았다. 아무도 그것을 알아채지 못했다. 국가, 민중 그리고 사회 사이에서 근간이 분열되면서 프랑스만의 정신분열증, 무분별, 혼란이 생겨났다. 68혁명은 체제를 전복하지는 못했지만, 민중을 희생시켜 사회를 얻었다. 우리는 프레보-파라돌(Prévost-Paradol)[10]의 유명한 어록을 알고 있다. "혁명은 하나의 사회를 만들어냈고, 여전히 자신의 정부를 찾고 있다." 68혁명 세대는 1848년의 2월 혁명가들이나 국민의회 의원들보다도 더욱 교활했다. 68혁명 세대의 정치적인 패배는 본의 아

---

7   바렌 사건 당시 국경의 몽메디에서는 왕당파인 부이예 후작의 군대가 루이 16세를 기다리고 있었으나 합류에는 실패했다. 루이 16세의 체포 소식을 들은 부이예는 외국으로 망명했다.

8   68혁명 당시, 드골의 캐리커처 위에 '개판으로 만든 놈은 바로 그이다(La chienlit, c'est lui)'라고 적혀 있는 포스터가 유행했다.

9   조르주 퐁피두(Georges Jean Raymond Pompidou, 1911~1974)는 1969년부터 1974년까지 재임한 공화국민주연합 소속의 대통령이다.

10   19세기 프랑스 언론인.

1968년 5월 27일, 르노 공장 벽에 붙은 포스터.
드골 캐리커처 밑에 '개판으로 만든 놈은 바로 그이다!'라고 써 있다. © Gettyimages

니게 그들을 구했다. 5공화국은 유지되었다. 하지만 조직에는 균열이 생겼다. 내부에서부터 부패했고, 조금씩 효과가 없어졌으며, 뒤집어졌다. 아우구스투스 황제가 신성불가침한 공화정의 기관들을 건드리지 않고도 로마 공화정을 제정으로 바꾼 것처럼, 빠르게 추진된 어떤 "망탈리테[11]의 진화"는 드골의 공화국 정신의 본질을 조금씩 비워 냈다. 제도적인 겉모습은 온전하게 보존되었음에도 말이다. 대통령의 왕관은 벗겨졌지만 그를 쓰러뜨리지는 않았다. 보통 선거는 민중을 제거하기 위해 중단되었다. 공화국은 프랑스를 더욱 약화시키기 위해 끊임없이 찬양받았다. 버크[12]가 부정하지 않았을 자유주의적 반(反)혁명의 복수를 더욱 강요하기 위해 1789년은 신격화되었다.

1789년에 태어난 프랑스는 귀족에 맞선 민중, 왕에 맞선 민족, 재판관에 맞선 법, 봉건 영주에 맞선 국가, 지롱드에 맞선 자코뱅, 미신에 맞선 이성, 살롱과 궁정의 여성들의 부드러운 지배에 맞선 스파르타식 남성적 가치에 익숙한 남성들의 승리에 헌정되었다.

68혁명으로부터 태어난 프랑스는 민중에 대한 과두정치가들, 국가들에 대한 세계주의, 국가에 대한 새로운 봉건 영주들, 자코뱅에 대한 지롱드, 법에 대한 판사, 남성성에 대한 여성성의 복수를 알렸다.

그 순간, 가장 훌륭한 영혼들은 판단력을 잃었다. 68년 5월의 사태는 참신하고 깜짝 놀랄 만한 혁명이었다. 역사상 처음으로 일상의 패

---

11   망탈리테(mentalité)는 특정한 시기에 개인들이 공유하는 의식, 무의식을 말한다.
12   에드먼드 버크(Edmund Burke, 1729~1797)는 18세기 영국의 보수주의 정치인으로 보수주의의 아버지로 불린다.

자들이 득세했다. 무정부주의자들은 스탈린주의자들에게, 자유주의자들은 독재자들에게, 프루동은 마르크스에게, 파리코뮌 가담자들은 베르사유 정규군에게, 멘셰비키는 볼셰비키에게, 스페인의 무정부주의자들은 공산주의자들에게 설욕전을 펼쳤다. 콘벤디트는 조르주 마르셰를 비롯한 '공산주의자들의 개들'이 모인 시위 행렬을 사실상 물리쳤다. 이 '독일 무정부주의자'는 메서슈미트(Messerschmitt)[13]의 옛 대독협력 강제노동국을 조롱했다. 기억 속에서 학생들의 일렬 데모는 총파업을 제치고 그 자리를 차지했다.

혁명의 수호자들은 경계하는 편이 좋았다. 페미니스트들과 절대 자유주의자들의 새로운 요구 사항들은 그들의 엉성한 조직들을 내부에서부터 파괴했다. 이는 당시 내무부 장관 레몽 마르슬랭의 셀 수 없을 정도로 많은 '스파이들'의 즐거운 시선 아래 이루어졌다. 금욕적인 혁명가들의 아내들은 이 공산주의적인 혁명가들이 구현한 서양 가부장제의 궁극적인 대표자들에게 맞서 반란을 일으켰다. "무엇이 가장 오래 걸릴까? 혁명가의 스테이크를 요리하기 또는 부르주아의 스테이크를 요리하기?" 장피에르 르 고프는 주목할 만한 그의 저서 『68혁명 또는 불가능한 유산』에서 이렇게 설명한다. 1970년부터 1973년 사이에 일어난 극좌파 운동은 "다양한 파벌들의 논쟁에 맞서는 '공정한' 정치적 다양성에서는 훨씬 덜 실패했다. 오히려 성해방 운동의 확대와 뜻밖의 페미니즘의 출현이라는, 그 영향력이 크게 과소평가된 현상으로

---

13   독일 항공기 제조업체. 제2차 세계대전 당시 독일 전투기를 제작한 곳이다.

부터 극좌파 운동의 실패가 더욱 유발되었다."[14]

　이데올로기적인 관점에서 볼 때, 절대자유주의자들의 전대미문의 지배는 자유주의자들을 위한 분위기를 조성했다. 페미니스트들의 운동은 가부장제의 종말을 고했다. 그것은 바로 '금지하는 것을 금지하기', 즉 아버지와 모든 권위의 죽음을 의미했다. 공산주의자들이 국가 교육에 영향을 미치면서 1960년대에 자라난 사랑스러운 프랑스의 아이들은 국가들을 부정하는 세계주의자가 됐다.

　68세대가 만든 작품 3부작인 조롱, 해체, 파괴는 가족, 민족, 노동, 국가, 학교와 같은 모든 전통적 체계의 근간을 무너뜨렸다. 우리 동시대인들의 정신세계는 폐허만 남은 벌판이 되었다. 인문학이 거둔 지적 성취는 모든 확실성을 파괴했다. "인문학의 최종 목적은 인간을 만들어 내는 것이 아니라 와해하는 것이다"라고 1962년부터 클로드 레비스트로스가 간파한 것처럼 말이다. 때가 되면 시장은 뿌리도 문화적 동질성도 잃어버린 사람들을 노력 없이도 지배하게 되어, 한낱 소비자로 만들어 버릴 것이다. 사업가들은 가장 완강한 적들의 세계주의를 이용하여, 국경 없는 자본주의의 전적인 지배를 강요하게 될 것이다.

　장프랑수아 르벨[15]은 종종 맹목적인 반(反)마르크스주의 투쟁가이긴 했지만, 무슨 일이 일어나고 있는지를 간파한 프랑스의 보기 드문 지식인 중 한 명이었다. 아마도 이는 세대의 문제일 것이다. 그는 사

14　[원주] Jean-Pierre Le Goff, *Mai 68 ou l'héritage impossible*, La Découverte, 2006.

15　장프랑수아 르벨(Jean-François Revel, 1924~2006)은 프랑스의 철학자다.

르트르와 아롱[16]보다 20년 늦게 태어났다. 르벨은 그들처럼 혁명에 대한 전통적인 관점을 갖고 있지 않았다. 그를 세계적으로 알린 저서 『마르크스도 예수도 아닌(Ni Marx ni Jésus)』에서 르벨은 혁명은 모스크바도, 아바나도, 베이징도, 심지어 파리에서 출발한 것이 아니며, 오히려 샌프란시스코에서 시작됐다는 놀라운 직관을 보여 주었다. 혁명은 자유주의적일 수도, 그렇지 않을 수도 있다. 18세기에 프랑스 혁명이 모든 관심을 끌어당기는 데 성공했다고 하더라도 혁명은 다시 한 번 미국적일 것이다. 르벨은 우드스탁(Woodstock)에서 개인들의 혁명을 보았다. 그리고 흑인들, 페미니스트들과 게이들의 인권 운동 속에서 소수 집단들의 혁명을 보았다. 그는 1960년대 미국 대학들에서 이 둘의 결합이 전통적이고 가부장적인 사회를 쓸어버릴 수 있는 '정치적 올바름(Political Correctness, PC)'을 만들어 냈음을 깨달았다. 마르크스가 아니다. 프랑스에서 68년 5월의 혁명가들은 자본주의적인 혁명을 낳기 위해 마르크스적인 언어를 사용했다. 예수도 아니다. 가톨릭의 종교적 실천이 거의 없어지면서 포스트-기독교가 탄생했다. 그것은 '국경철폐주의'로 변색된 보편주의와 결합한, 교리 없는 기독교적 지복천년설[17]("유명한 기독교적 사상들은 미쳤다"는 체스터턴[18]의 말)의 일종이자, 자기혐오에까

---

16 레몽 아롱(Raymond Aron, 1905~1983)은 20세기 프랑스를 대표하는 우파 지식인이다. 사르트르와 함께 고등사범학교를 졸업했다. 『지식인의 아편』으로 서구 마르크시스트를 비판하며 사르트르, 메를로퐁티 등과 결별했다.

17 예수가 재림하고 죽은 의인이 부활하여 지상에 평화의 왕국이 천 년 동안 계속된다는 신앙설.

18 길버트 키스 체스터턴(Gilbert Keith Chesterton, 1874~1936)은 20세기 영국 작가 중 한 명이다. 1922년 성공회에서 로마 가톨릭 교회로 회심했다. 『정통주의』(1909), 『아

지 이르게 된 타인에 대한 사랑이다. 여전히 복음에서 비롯된 절대적인 평화주의는, 남성성과 연결되는 모든 전쟁, 갈등, 폭력에 대한 절대적인 거부로 왜곡되었다. 게다가 이 남성성은 페미니스트들로부터 모든 악을 저지른 죄인으로 규탄된다.

이러한 여성화와 포스트-기독교적인 보편주의의 파도는 여전히 가부장적인 프랑스의 방파제를 무너뜨렸다. 가부장적 프랑스는 국가의 지도자처럼 가정에서는 아버지의 권력에 기초한 것이었다.

혁명의 승리는 아버지의 죽음을 거쳤다. 모든 아버지의 죽음 말이다. 그것은 성공한 혁명의 필수 조건이었다. 발자크[19]가 썼듯, 이미 1793년 루이 16세에게 내린 사형 선고는 모든 아버지를 단두대에서 처형시킨 것이었다. 그러나 나폴레옹은 법전을 통해 아버지를 왕좌에 복귀시켰다. 150여 년의 제도적인 시행착오 끝에 드골은 국가 수장의 자리에 다시 오르는 데 성공하기까지 했다. 이것은 세기마다 이루어지는, 망가진 것들을 복원하는 작업이다.

우리 시대는 68혁명에 의해서 전부 그려졌다. 우리 조국의 새로운 얼굴을 만들어 낸 것은 18세기와 19세기 위대한 혁명적 순간들의 하찮고 때로는 패러디적인 모방에 불과한 사건들 자체가 아니다. 거기에서 만들어진 영웅담, 거기에서 얻은 교훈, 그곳에서 진가를 발휘

시시의 성 프란치스코』(1923) 등의 종교 문학 작품을 발표했다.

19 오노레 드 발자크(Honoré de Balzac, 1799~1850)는 프랑스의 작가다. '인간 희극'이라는 큰 테마 및 제목 아래 『고리오 영감』, 『사라진느』 등을 포함한 수많은 작품을 남겼다.

한 엘리트들, 그곳에서 외쳐진 슬로건들("금지하는 것을 금지한다", "공화국 보안 기동대-나치 친위대", "우리는 모두 독일의 유대인이다" 등), 거기에서 비롯된 정신적이고 문화적이고 이데올로기적인 세계가 우리 조국의 새로운 얼굴을 만들어 낸 것이다. 1789년의 파리 혁명가들이 그들의 끊임없는 이데올로기적인 변덕을 거기에 현혹된 수동적인 지방 사람에게 강요했듯이, 68혁명의 과격파들은 세계와 '이 나라'에 대한 그들의 관점을, 그들이 말한 대로, 고집 세고 체념한 민중에게 가르쳤다. 우리는 모두 68혁명의 아이들이다. 정확히 말하자면, 40년 뒤의 아이들이다. 그 '사건들'은 우리의 '예리코의 나팔'[20]이 될 것이다. 며칠 동안 반군들은 성벽 주위를 빙빙 돌았다. 그 이후로 계속 무너지는 성벽 주위를 말이다. 그리고 우리는 가장 아름다운 건축물보다 훨씬 더 우리의 폐허들을 아끼고 있다.

모라스[21]는 오래전 프랑스를 만든 40명의 왕들을 찬양했다. 이제 우리는 프랑스를 망가뜨린 40년에 대해 이야기해야 한다.

파괴자들을 파괴해야 할 때가 되었다. 해가 거듭되고, 새로운 사건이 일어나고, 공화국 대통령이 바뀌고, 법이 개정되고, 선거가 반복되고, 지식인이 새롭게 등장하고, 미디어의 헤드라인이 바뀌고, 학교 개혁이 반복되고, 계약이 갱신되고, 사장이 바뀌고, 책이 새로 출판되고,

---

20   『구약 성서』에서 예리코 성을 무너뜨린 나팔 소리.

21   샤를 모라스(Charles-Marie-Photius Maurras, 1868~1952)는 프랑스의 작가이자 정치인으로 반의회주의자이자 반혁명주의자다.

샹송이 새로 발표되고, 영화가 새로 개봉되고, 축구 경기는 매번 다시 시작된다. 이 책은 프랑스를 이룩한 가장 작은 요소들의 집요하고, 학문적이며, 즐거운 파괴에 관한 완전한 이야기다. 완전한 상실과 놀라운 해체의 이야기이며, 개인주의와 자기혐오라는 '차가운 물' 속에서의 부패에 관한 이야기가 될 것이다.

1970~1983

"역사는 우리의 법전이 아니다"

— 장폴 라보 생테티엔

1970

1970년 11월 9일

국부(國父)의 죽음

비가 내린다. 파리에 비가 내린다. 부아스리(la Boisserie)[1]에도 비가 내린다. 개선문에도, 노트르담 대성당에도, 콜롱베레두제글리즈(Colombey-les-Deux-Églises)[2]의 작은 무덤에도 비가 내린다. 삼색기로 둘러싼 관을 실은 전차에도 비가 내린다. 이 세계의 거물들과 몰려드는 평범한 사람들 머리 위에도 비가 내린다. 혼잡한 자동차들 한가운데에서 넘쳐흐르는 경찰들의 모자에도 비가 내린다. 가로등에 매달린 젊은이들 위에도 비가 내린다. 레지옹 도뇌르 수훈자들, 레지스탕스의 영웅들, 제2기갑

---

1   샤를 드골의 사택.
2   샤를 드골의 사택이 있는 마을의 이름.

사단[3]의 퇴역 군인들 위에도 비가 내린다. 미국의 리처드 닉슨, 소련의 니콜라이 포드고르니[4], 앤서니 이든[5]과 해럴드 윌슨[6], 율리아나 여왕[7]과 찰스 왕세자, 레오폴 세다르 상고르[8], 에티오피아 왕의 카키색 정복, 벤 구리온[9]의 백발과 후세인 왕의 형제의 모자에도 비가 내린다. 퐁피두 대통령의 검은 DS 자동차에도, 퐁피두 여사의 모피 모자에도, 앙드레 말로[10], 알랭 페이르피트[11], 자크 샤방델마스[12], 발레리 지스카르 데스탱[13], 에드가 포르[14] 위에도 비가 내린다.

---

3 제2차 세계대전 당시 드골의 명령을 받아 르클레르 장군의 주도로 만들어진 자유 프랑스군의 주축 부대 중 하나.

4 니콜라이 포드고르니(Nikolai Viktorovich Podgorny, 1903~1983)는 1965년부터 1977년까지 소비에트 최고간부회의 의장을 지냈다.

5 로버트 앤서니 이든(Robert Anthony Eden, 1897~1977)은 제2차 세계대전 시기에 영국 외무장관이었고, 1955년부터 1957년까지 총리였다.

6 제임스 해럴드 윌슨(James Harold Wilson, 1916~1995)은 영국 노동당의 정치인으로서 1964년부터 1970년, 1974년부터 1976년까지 총리를 지냈다.

7 네덜란드의 여왕(Juliana of the Netherlands, 1908~2004).

8 세네갈의 초대 대통령(Léopold Sédar Senghor, 1906~2001).

9 이스라엘의 초대 총리(David Ben-Gurion, 1886~1973).

10 앙드레 말로(André Malraux, 1901~1976)는 정치가이자 작가다. 제2차 세계대전 당시 레지스탕스로 활동했고, 드골 정권 하에서 문화부 장관을 역임했다.

11 알랭 페이르피트(Alain Peyrefitte, 1925~1999)는 정치가이자 학자로 드골의 오랜 친구였다. 오랜 기간 동안 법무 장관을 비롯해 주요 행정직을 맡았다.

12 자크 샤방델마스(Jacques Chaban-Delmas, 1915~2000)는 조르주 퐁피두 대통령 밑에서 총리를 지냈다.

13 지스카르 데스탱(Giscard d'Estaing, 1926~2020)은 1974년부터 1981년까지 제20대 프랑스 대통령을 지낸 중도 우파 정치인이다.

14 에드가 포르(Edgar Faure, 1908~1988)는 프랑스 급진당 정치인이다. 두 번에 걸쳐 총리를 지냈고, 제5공화국이 들어서는 과정에서 드골의 재집권을 찬성했다.

1970년 11월 11일과 12일, 파리는 세계의 중심이었다. 1919년 제 1차 세계대전의 끝을 알리는 평화 협정 서명에 이어서, 이번 세기에 두 번째 맞는 일이었다. 그리고 이는 마지막이기도 했다.

드골 장군은 자신의 마을에서 조촐하게 장례를 치러 주기를 부탁했다. 사랑하는 딸이 잠들어 있는 자리 옆에 꽃도 없이 나무 십자가와 돌멩이 몇 개가 놓인 검소한 무덤을 원했다. 대통령도, 장관도, 의회 관료도, 정부 기관도 없는… 설교 없는 소박한 미사. 그곳에는 설교가 없었다. 아마도 유일하게 존중받은 고인의 뜻일 것이다.

하지만 우리는 알고 있다. 루이 14세가 사망한 다음 날, 파리 의회에서 훼손된 그의 유언 이후, 살아 있는 자들은 더 이상 고인의 뜻을 따르지 않는다는 사실을. 가장 권력이 세고 명망 높은 사람이었다 할지라도 말이다.

콜롬베의 평화로운 마을은 거대한 캠핑장으로 변했다. 수만 명의 사람들이 도로와 특별 열차로 몰려들었고, 마을의 길에 쏟아져 내렸다. 눈물에 젖은 여자들과 아이들, 옛 훈장 수훈자들이 있었다. 정부의 고위 관료들은 특별 대우를 받지 못했다. 앙드레 말로는 자신의 영웅의 무덤 가까이에서 묵념하기 위해 군중을 헤치고 나아갔다. 알랭 페이르피트는 교회에서 앉을 곳을 찾지 못했다. 퐁피두 대통령과 자크 샤방델마스 총리는 부아스리에 오후 3시에 도착해서 14분 후에 되돌아갔다.

쇼몽(Chaumont)의 꽃 장수들은 엄청나게 바빴다. 미국과 사우디아라비아, 그리스와 베트남, 안타나나리보[15]와 다카르[16] 등 전 세계에서

---

15   마다가스카르의 수도. 마다가스카르는 프랑스의 식민지였으나 1960년에 독립했다.
16   세네갈의 수도. 세네갈 역시 프랑스의 식민지였으나 1960년에 독립했다.

1970년 11월 12일 콜롬베레두제글리즈에 묻힌 드골.
© Gérard Wurtz

주문이 들어왔다. 마오쩌둥(毛澤東)은 파리의 중화인민공화국 대사관을 통해 특별 트럭으로 여덟 개의 꽃다발을 보냈다. 장미, 달리아, 백합, 국화가 뒤섞였는데, 중국어가 쓰인 보라색 리본이 묶여 있었다.

파리도 마찬가지였다. 파리는 더 유난스러웠다. 사람들은 이 영광스러운 고인의 마지막 뜻을 존중하지 않았다. 사람들은 따르는 척 시늉은 했다. 노트르담 성당의 회랑 교차부에 장례식용 장식을 두지 않았다. 설교도 없었다. 소박한 미사, 유명한 마르티 추기경이 옛 의식에 따라 부분적으로 라틴어로 진행한 소박한 미사였다. 그리고 의식을 마무리하는 〈성모 마리아 송가〉가 울려 퍼졌다. 1944년 8월 25일, 바로 이 노트르담 성당에서 파리의 해방을 축하하기 위해 목청껏 불렀던 바로 그 송가였다. 성당은 영광의 시기 유엔 총회와 닮아 있었다. 드골은 사망하기 전에 권력을 떠났기 때문에 전 세계에서 온 이러한 존경의 표시는 사적인 것이었다. 어떠한 의전 규정도 이런 것들을 강요하지 않았다.

드골이었기 때문에 그들은 온 것이었다. 처칠의 장례를 놓쳤기 때문에, 스탈린의 장례에 참석할 수 없었기 때문에, 그리고 드골이 제2차 세계대전의 마지막 거성이었기 때문에 그들은 온 것이었다. 갑자기 마지막 거성이 죽었다니. 그들은 혼란스러웠다. 프랑스 국민, 수많은 젊은이들이 넋을 잃은 모습에 기자들은 깜짝 놀랐다. 68혁명이 겨우 2년 지났을 뿐인데!

드골은 150년 전 보나파르트에 의해 시작된 프랑스 구세주들의 영광스러운 시리즈의 막을 내렸다. 이들은 까망베르 치즈나 제브레샹베르탱(gevrey-chambertin) 와인처럼 국가적 명품이었다.

에릭 제무르가 '국가적 명품'으로 꼽은 샤를 드골 대통령.

나폴레옹은 루소의 후예였다. 병사들의 군화로 전 유럽에 나폴레옹 법전을 퍼뜨린 혁명의 아들이다. 헛되게도 그는 옛 유럽 군주제 시대의 '부르주아지의 특권'을 얻고 싶은 마음에 황제가 되었다. 하지만 이집트에서 머무를 수 있었다면, 생장다크르(Saint-Jean-d'Acre)[17]를 점령하고 알렉산더 대왕의 흔적을 따라 인더스강까지 전진할 수 있었다면 이슬람교로 개종할 준비도 했을 것이다. 드골은 모라스와 페기[18]의 후예지만 이성이 아니라 믿음을 가진 기독교 신자였기에, 추기경은 그의 죽음을, 프랑스를 하나의 종교로 만들기 위해 기꺼이 자신을 희생하려 했던 생 루이(Saint Louis)[19]에 비유했다. 국민 주권에 대한 드골의 까다로운 존중은 민주적이고 공화적인 불멸의 빛을 향한 열정 때문이 아니었다. 구시대적인 왕권신수설을 대체할 수 있는 유일한 원칙에 근거하여 정부를 세우는 것에 대한 고민에서 나온 것이었다. 우리 현대사에서 이 두 사람은 비슷한 높이로 날 수 있는 유일한 인물들이다. 드골은 뱅빌[20]의 독자였다. "영광을 제외한다면 나폴레옹이 존재하지 않는 편이 더 나았을 것이다"라고 말한 뱅빌은, 그럼에도 나폴레옹의 영광은 영원한

---

17 오늘날에는 아크레(Acre)라 불리는 이스라엘의 도시로, 1799년 이집트 원정을 떠났던 나폴레옹이 패전한 곳으로 알려져 있다.

18 샤를 페기(Charles Péguy, 1875~1914)는 프랑스의 작가다. 학창 시절 무정부적 사회주의자이자 반교권주의자였으나, 1908년 지향점이 달라져 가톨릭과 민족주의에 크게 관심을 보였다.

19 루이 9세(Louis IX)를 일컫는 표현으로, 루이 9세는 사후에 가톨릭에 의해 시성되어 성왕 루이(Saint Louis)라 불릴 정도로 프랑스 군주 중에서 가장 기독교적인 인물로 평가받는다.

20 자크 뱅빌(1879~1936)은 프랑스 역사가이자 언론인이다. 민주주의, 프랑스 혁명, 국제주의, 자유주의를 반대했다.

것이고, 그 영광은 프랑스인들에게 그들 자신과 그들 전쟁의 가치에 대해 고귀한 이미지를 부여했다고 평가했다. 그는 "나폴레옹의 군대가 프랑스인으로만 이루어져 있었을 때에는 결코 패배한 적이 없었다"고 으스댔다. 아마도 그는, 1940년의 패배로 파괴되고 짓눌리고 모욕당한 국민들의 열정을 되살리기 위해서는 나폴레옹의 영광이 과한 것이 아니라고 생각했을 것이다.

나폴레옹은 18세기의 인간으로 합리주의자였다. 그는 볼테르가 말한 시계공과 같은 신의 존재만을 믿었으며, 이것은 부하들이 그를 흉내 내지 않도록 만들기에 유용했다. 또한, 나폴레옹은 계몽주의의 냉철한 이성의 교훈을 가장 덜 경험한 두 민족의 민족주의적이고 미신적인 낭만주의를 만났을 때, 자신의 운석 같은 여정을 완성했다. 그것은 바로 스페인과 러시아였다.

드골은 19세기의 인간이었고, 1914년의 용사들─독일인들이 감탄하며 말했던 "당나귀의 지휘를 받는 사자들"─이 보여 줬던 놀라운 용맹함을 경험했다. 그리고 드골은 스스로를 겁쟁이와 비열한 자들의 무리로 생각하던 민중들을 이끌었다. 모욕당한 이 민중의 자식들은 아버지들을 나치 협력자로 취급하면서 드골의 업적을 파괴했다. 드골은 곧 다가올 시기에 패배했다. 마치 나폴레옹처럼.

프랑스와 외국의 풍자 화가들은 드골의 통치 기간 내내 아우스터리츠(Austerlitz)[21]의 태양에 다시 강해진 고독하고 거만한 드골의 모습을

---

21 1805년 12월 2일, 나폴레옹이 지휘하는 프랑스군은 제정 러시아 황제 알렉산드르 1세와 오스트리아 황제 프란츠 2세의 연합군을 아우스터리츠에서 격파했다.

그렸다. 대중의 감동과 그의 장례식의 고귀함은 1840년 12월 추위, 눈과 혹한의 바람 속에서 잿더미가 되어 귀환한 나폴레옹에만 비견될 수 있다.

이 두 사람은 유럽이 프랑스의 지배를 받아들이게 하고자 노력했고, 성공했다고 믿었다. 비록 드골 자신이 인지했던 것처럼 그는 나폴레옹과 같은 방식을 사용하지 않았지만 말이다. 그들은 영국이 대대로 내려오는 프랑스의 유일한 적이라는 사실을 의심한 적이 없었다. 앵글로·색슨 언론은 이들을 악마로 그렸다. 드골 장군의 집권 복귀는 성공적인 적법한 쿠데타였다. 그것은 19일이 필요 없을[22], 그리고 의원들을 창문으로 내쫓은 뮈라[23]도 필요 없을 브뤼메르 18일의 쿠데타였다. 드골의 제5공화국은 나폴레옹에게 위임된 10년에 걸친 통령 정부와 같았다. 나폴레옹이 끝냈다고 믿은 혁명을 드골이 마침내 유일하게 완수했다.

1814년 나폴레옹은 비탄에 잠겨 말했다. "나는 내가 무시했던 천민들에게서만 고귀함을 발견하며 내가 키운 귀족들에게서 천함을 발견한다."

---

22 바로 이어 등장할 '브뤼메르 18일의 쿠데타'에서 실질적인 중요한 사건들은 다음 날인 19일에 이루어진 것으로 알려져 있다. 따라서 이 문장에서는 이후의 부수적인 절차들이 의미가 없을 정도로 드골의 집권 복귀가 정당했다는 저자의 생각을 강조하기 위한 것으로 보인다.

23 조아킴 뮈라(Joachim Murat, 1767~1815)는 나폴레옹의 최측근으로서 말년에는 나폴리 국왕으로 재임했다. 1796년 나폴레옹의 이탈리아 원정 때 전속 부관이 되었고, '브뤼메르 18일 쿠데타' 때 중요한 역할을 했다. '브뤼메르 18일 쿠데타'는 1799년 11월 9일 나폴레옹이 총재 정부를 전복하고 군사 쿠데타를 일으킨 사건이다. 날짜를 따서 '브뤼메르의 18일'이라고도 부른다.

1969년 나폴레옹 탄생 200주년 기념 연설을 해야 했다면 무슨 말을 했어야 할지 묻는 말로에게 드골은 이렇게 응수했다. "나폴레옹과 마찬가지로 나도 내가 만들어 낸 망나니들에게 배신당했고, 우리는 같은 계승자를 가졌지. 루이 18세 말이야!"

이 두 인물은 우리가 결정적이라고 생각한 패배들인 1763년 7년 전쟁[24]과 1940년의 전쟁[25], 그리고 총재 정부와 제4공화국이라는 돌이킬 수 없다고 판단된 정부와 공공 재정의 파산 이후 프랑스 지배력의 명성을 되살려야 했다. 그들은 부채를 죄만큼이나 증오했다. 그들을 희생시켜 부유해질 수 없었던 프랑스 금융계와 영국 증권가 더 시티(The City)[26]는 두 인물을 공공의 적으로 선언했다. 나폴레옹은 고함을 치며 말했다. "거래소도 내가 차단하고, 증권사 직원들도 내가 가둔다." 드골은 덧붙였다. "프랑스의 정치는 증권 거래소에서 이루어지는 것이 아니다." 그러고는 은행들을 국유화했다. 이 두 인물은 돈에 패배했다. 그들은 그들이 맞서 싸웠던 열강의 수장들에게 누구보다도 존경받았다. 워털루 전투는 웰링턴[27]이 나폴레옹이라는 '전투의 거장'을 찬양하는 것을 결코 막지 못했다.

1970년 11월 11일, 파리행 비행기에서 미국 대통령 리처드 닉슨

---

24 1756년부터 1763년까지 진행되어 대부분의 유럽 열강이 참여한 전쟁으로 프랑스가 영국에게 다수의 식민지를 양도하는 내용의 파리 조약으로 종결되었다.

25 제2차 세계대전을 의미한다. 1940년 5월부터 6월에 걸쳐 프랑스가 독일에 점령되었기 때문에 프랑스의 입장에서 전쟁의 본격적인 시작은 1940년이라 할 수 있다.

26 런던의 금융 중심지.

27 아서 웰즐리(Arthur Wellesley, 1769~1852) 또는 웰링턴 공작은 영국 육군의 지휘관으로 워털루 전투에서 나폴레옹에게 승리를 거두었다.

은 몇몇 기자들에게 이렇게 털어놓았다. 드골은 그가 상징했던 권력보다도 더 큰 사람이었다고 말할 수 있는, 전 세계를 통틀어 매우 보기 드문 인물 중 하나라고 말이다. 닉슨은 아이젠하워, 처칠, 아데나워[28]와 드골을 모두 알았다. "이 네 인물은 모두 위대한 사람들입니다. 하지만 아마도 가장 어려운 과업을 떠맡은 사람은 드골 장군일 겁니다. 프랑스는 죽지 않았습니다. 하지만 프랑스의 영혼은 사실상 죽었습니다. 드골은 영혼이 사실상 죽어 버린 민중들의 운명을 손에 쥐고 있었습니다. […] 오직 그의 의지와 결심만이 이 영혼을 살아 있도록 보존할 수 있었습니다. […] 1958년과 1962년 사이의 내전에서 프랑스를 구할 수 있었던 유일한 사람은 샤를 드골입니다. 그가 없었다면 프랑스는 더 이상 국가로 존재하지 못했을 겁니다."

이 위대한 프랑스인을 향한 열정적인 찬사 속에서 닉슨은 정확하게 그리고 멀리 내다보았다.

프랑스는 죽어 가고 있었지만 자신이 죽어 간다는 것을 아직 모르고 있었다. 프랑스는 드골 장군이 없었다면 더 이상 존재하지 않았을 것이다. 그는 프랑스를 소생시키는 데 모든 것을 소진했다. 헛되게도 말이다. 1945년 이미 프랑수아 모리아크[29]는 '민족의 그리스도'에 대

---

28 콘라트 아데나워(Konrad Hermann Joseph Adenauer, 1876~1967)는 서독의 초대 총리 (1949~1963)를 지냈다.

29 프랑수아 모리아크(François Mauriac, 1885~1970)는 프랑스의 소설가다. 보르도 대학교 문학부에 입학하여 문학 공부를 했고, 제1차 세계대전 때 위생병으로 징집되었다가 돌아온 후 본격적으로 작품 활동을 했다. 1925년 『사랑의 서막』으로 아카데미 소설상을 받았고, 1925년 노벨 문학상을 수상했다.

해서 언급했다. 몇 년 뒤 드골 자신도 1946년 경솔하게 포기했던 정권 복귀를 더 이상 기대하지 않았을 때, 당시 그의 내각의 평범한 국장에 불과했던 조르주 퐁피두 앞에서 중얼거렸다. "프랑스의 쇠퇴는 18세기 중반에 시작된 거야. 그 뒤로는 몇 번 움찔거렸을 뿐이지. 마지막이 1914년이었고. 나는 허풍을 떤 거야. 허풍을 떨면서 프랑스 역사의 마지막 페이지를 쓸 수 있던 거지."

우리는 평범한 프랑스인들의 열정과 전 세계에서 노트르담으로 갑자기 몰려든 압도된 듯한 진심 어린 존경을 더 잘 이해할 수 있다. 드골과 함께 우리는 프랑스를 묻었다. 닉슨은 조르주 퐁피두 대통령의 전언을 작성한 사람을 그의 부서에 고용하기를 원했다. "장군은 죽었고, 프랑스는 과부가 되었다, 라니. 이처럼 아름답고 매우 프랑스적일 수가!"라며 닉슨은 경탄했다. 사람들은 이렇게 쓸 수도 있었을 것이다. 드골은 프랑스의 위로받지 못한 홀아비였다고. 그러고는 결국 그곳에서 죽게 되었다고. 드골이 사랑하는 이의 죽은 육신을 되살리는 데 실패했다는 것을 깨닫게 된 때는 68년 5월이었다. 드골 덕분에 부유한 국가에서 자유롭게 살 수 있던 이 부르주아 청년은 천년 동안 가난했던 프랑스 민중의 역사에서 유례없던 전대미문의 안락함 속에서 뒹굴며, 자신을 교육시키고 애지중지했던 드골의 얼굴에 침을 뱉고 페탱[30]에 비유함으로써 감사를 표했다. 처칠은 자유로운 민중들의 배은망덕함을 알고 있었다. 그 역시 자국 민중들의 배은망덕함을 참아 냈기 때문이다.

---

30 필리프 페탱(Philippe Pétain, 1856~1951)은 제2차 세계대전 때 프랑스가 나치에 점령되자 현실론을 들먹이며 독일과 휴전 협정을 체결하고 비시 정부를 세워 독일에 적극 협력했다. 이 일로 그는 종신형을 선고받았다.

드골의 첫 번째 반응은 나폴레옹, 카베냐크[31], 티에르[32], 클레망소[33] 같은 19세기 사람 같았다. 그는 비열한 수단을 각오하고 진압 명령을 내렸다. 오늘날 사람들은 유혈 사태를 일으키지 않았다는 점에서 경찰청장 그리모[34]를 칭찬한다. 드골에게 반대했다는 점에서 감사 인사를 받아야 할 사람은 퐁피두다. 하지만 조건 없이 소르본을 다시 열어 버림으로써 이 미래의 대통령은 굴복했으며 국가에는 지워지지 않는 나약함의 흔적을 남겼다. 이것은 망연자실할 일이었다. 우리는 여전히 그 대가를 치르고 있다. 레몽 아롱은 처음에는 총리가 옳다고 인정한 후 우리가 대가를 치르고 있음을 가장 처음으로 이해한 사람이었다. 그가 유일했다. 레몽 아롱은 다음과 같이 썼다. "정치적으로 경찰과 정부에 저항하는 학생들과 대다수 교사들의 인위적인 결합을 공고하게 만들었다는 점에서 1968년 5월 10일과 11일 밤은 대단원을 구성했다. 퐁피두는 다시 돌아왔다. 그는 내기를 했고 졌다. 그는 항복하면서 이 문제들을 종결하겠다고 단언했다. 나는 그를 비난하지는 않는다. 그 순간에는 나도 그가 옳다고 믿는 편이었지만, 이제 와 돌이켜 보면, 나는 스스로가 자

---

31 루이외젠 카베냐크(Louis-Eugène Cavaignac, 1802~1857)는 프랑스의 군인이자 정치인이다. 1848년 6월 사건을 무력으로 진압했으며, 대통령 선거에 나섰다가 나폴레옹 3세에게 패했다.

32 아돌프 티에르(Adolphe Thiers, 1797~1877)는 프랑스의 정치인이다. 파리코뮌을 진압하고 제3공화국의 초대 대통령에 취임했다.

33 조르주 클레망소(Georges Clemenceau, 1841~1929)는 제1차 세계대전 중에 수상이 되어 전쟁을 승리로 이끈 정치인이다.

34 모리스 그리모(Maurice Grimaud, 1913~2009). 68혁명 당시 파리 경찰청장으로서 시위가 절정에 이른 상황에서도 유혈 사태를 피하도록 지휘한 공로를 인정받았다.

랑스럽지 않다. 역사적으로 그는 틀렸다. 아마도 우리는 금요일에서 토요일로 넘어가는 밤이 되기 전에 굽혔어야 했다. 그날 밤 이후 항복은 다시 동요를 일으켰고 학생들의 코뮌이 만들어졌다."[35]

퐁피두는 드골식 교육법으로 이룩한 10년을 망쳤다.

나머지 모든 것은 쇼다.

5월 30일, 드골의 지지자들은 적들을 꼼짝 못하게 만들고 드골을 옹호하기 위해 무리를 이루어 샹젤리제를 걸어 내려갔다. 드골만이 아무도 모르게 고통받았다. 1940년 6월 18일 이후로 그가 구현했던 질서와 주권을 다시 세우기 위해 제5공화국을 건설했음에도, 정작 그가 그렇게나 규탄했던 거리의 권력에 빚지고 있다는 생각 때문이었다. 알렉상드르 상귀네티[36]는 다음과 같이 썼다. "장군은 이 놀라운 성공이… 프랑스 국민에 대해 그가 품어 왔던 어떤 견해의 결말이었다는 걸 매우 잘 이해했다. 우리에게 장엄하게 보이는 시위가 벌어진 날 저녁, 조르주 퐁피두라는 행복한 인간과 샤를 드골이라는 불행한 인간이 있었다."[37] 마리프랑스 가로[38]가 말했듯 "68혁명의 끝에 드골은 하룻밤 만에 프랑스를 되찾았고 거기에서 죽었다."

---

35 [원주] Raymond Aron, *La Révolution introuvable*, Fayard, 1968.

36 알렉상드르 상귀네티(Alexandre Sanguinetti, 1913~1980)는 프랑스의 정치인이다.

37 [원주] Alexandre Sanguinetti, *J'ai mal à ma peau de gaulliste*, Grasset, 1978.

38 마리프랑스 가로(Marie-France Garaud, 1934~)는 프랑스의 정치인이다. 퐁피두 대통령의 개인 고문이었고, 1981년에는 프랑스 대통령 선거에 출마했다. 1999년부터 2004년까지 유럽 의회에 재직했다.

드골은 더 이상은 결코 드골일 수 없었다. 엘바섬에서 돌아온 나폴레옹이 100일 동안 주저하는 모습과 그에게 익숙하지 않은 감정을 드러내어―자신의 환영에 불과했던 워털루 전투의 전장에 이르기까지 그랬다―측근들을 깜짝 놀라게 했던 것처럼 말이다. 드골은 좌파적으로 변했다. 그는 유고슬라비아식의 자주적인 운영을 꿈꿨다. 통일사회당의 수장인 미셸 로카르는 페이르피트에게 만일 드골이 선점하지 않았다면 '참여'라는 단어를 즐겨 사용했을 것이라고 털어놓았다. 망상적이고 이해할 수 없는 드골의 면모를 찬양하는 것은 일반적인 일이다. 만약 고난에 지친 이 노인이 그의 기준을 잃어버렸다면? 만약 만년에 그가 통치 초기부터 폴 모랑[39]이 비꼬았던 '군중을 향해 걸어가는 좌파의 사나이'가 되었다면?[40] 1969년의 국민 투표가 지방 분권, 지역화와 사회 참여를 목표로 했음을 우리는 충분히 주목하지 않았다. 이 테마들은 68혁명의 좌파 계급으로부터 나온 기독교 좌파의 페티시가 되었다. 테크노크라트적이고, 자유주의적이고, 나토 지지자이자 유럽 통합 지지자인 이 두 번째 좌파는 드골이 이루어 놓은 모든 것을 망가뜨렸다.

드골과 모더니스트 좌파의 결합이 앙시앵 레짐(Ancien Régime)으로 우리를 다시 데려왔다는 것, 그리고 이로부터 대원칙들[41]을 되살리려는 비시 정부의 일시적인 유혹으로 다시 이끌었다는 것을 기억할 수도 있

---

39 폴 모랑(Paul Morand, 1888~1976)은 프랑스의 작가이자 관료다. 프랑스 비시 정권에서 관료로 재직했다.

40 [원주] Paul Morand, Jacques Chardonne, *Correspondance*, t. I, Gallimard, 2013.

41 비시 정부는 프랑스 혁명으로 탄생한 '자유, 평등, 박애'라는 공화국의 세 가지 대원칙을 '노동, 가족, 조국'이라는 새로운 원칙들로 대체했다.

다. 이것은 레지옹[42]이라 불리는 지방들의 회귀[43], 그리고 옛날 동업 조합들과 유사했던 상원에서 의원들과 조합 운동가들의 결합을 동반한다. 이는 상원의장 가스통 모네르빌[44]처럼 엄격하게 복종하는 공화주의자의 계승자들에게는 당연히 분노를 불러일으켰다. 드골은 공화적이기보다는 군주제에 가까운 공화주의 군주제라는 위대한 업적을 완성하기를 바랄 수도 있었다. 하지만 장군은 사라졌고, 샤방델마스와 그의 '새로운 단체'와 같은 드골의 경쟁자들과 함께 68혁명의 정신에 대한 일부 드골주의적 우파의 복종만이 남았다. 드골의 사망 이튿날부터 좌파는 장군을 자신들의 편에 위치시키는 작업을 개시할 수 있었다. 그것은 파시스트, 무솔리니, 프랑코, 나폴레옹 3세를 다뤘던 방식이었다.

좌파 작가들은 위인의 육체에서 모라스의 추종자들과 보수주의자들의 흔적을 정성을 다해 지웠다. 이러한 행위를 통해 좌파 작가들은 그의 환경과 계급과 단절시킴으로써 드골을 근대주의자, 진보주의자, 그리고 "아니오"라고 말하는 남자로 만들었다. 아, 아름다운 사기로다!

---

42 레지옹은 일상적으로 지방이나 지역을 가리키는 단어지만, 프랑스 국토를 행정적으로 구분할 때 가장 큰 단위를 의미하는 용어이기도 하다. 한국의 도 개념과 비슷하다. 이후 본문에서 프랑스 지방을 행정 단계에 따라 구분하는 세부적인 정식 명칭들이 등장할 것이므로 혼동을 방지하기 위해 처음부터 원어 표현을 그대로 사용하고자 한다.

43 혁명 이후에는 하나의 통일된 공화국을 추구했던 반면, 앙시앵 레짐 아래에서는 문화는 물론 행정에 있어서도 각 지방들의 독자성이 강했다.

44 가스통 모네르빌(Gaston Monnerville, 1897~1991)은 프랑스 정치인이자 법률가다. 노예의 손자로 프랑스령 기아나에서 태어났다. 1918년 변호사가 됐고, 비시 정부 시절 페탱이 독일과 휴전 협정을 하는 것에 반대했으며, 정부와 의견이 다르거나 인종적 이유로 체포되거나 박해를 받는 사람들을 변호했다. 1959년 상원의장에 선출되어 1968년까지 재직했다.

좌파 작가들은 드골을 인권의 주창자로 만들었다. 드골은 1789년의 원칙들이 갖는 보편주의가 프랑스에게 전 세계적인 영향력을 보장해 주는 한에서만 그 원칙들을 찬미했다. 드골은 19세기 스타일의 반식민주의자였고, 알자스와 로렌이라는 '프랑스가 잃어버린 두 아이들'을 대체하는 '스무 명의 하인들'[45]을 결코 원하지 않았던 전통적이고 민족적인 우파의 경쟁자였음에도, 그들은 드골을 남쪽의 민중들을 사랑하는 위대한 식민지 해방자로 만들었다. 그들은 1967년 동맹 관계의 중대한 역전[46]에 근거하여 드골을 아랍인의 친구로 만들었다. 그는 자신의 고향이 콜롬베레두모스케[47]가 되는 걸 막기 위해서 알제리를 헐값에 팔아 치웠는데 말이다. 드골은 1945년 전쟁이 끝날 때 북유럽으로부터의 이민을 강요하고자 했지만 이는 헛수고였고, 마그레브[48]에서 대규모 이민을 받아들임으로써 드골은 그가 두려워했던 대공습을 단지 50년 지연시켰을 뿐이다.

---

45 과거 프랑스가 식민지로 삼았던 아프리카 국가들을 의미하는 것으로 보인다. 기준에 따라 약간의 차이는 있지만, 대략 스무 개 정도의 크고 작은 국가가 프랑스 식민지에 속했다. 드골은 아프리카를 식민지로 유지하는 것에 대해서 회의적인 입장을 취했다는 사실과 연결하면 뉘앙스가 이해된다.

46 1967년을 기점으로 프랑스는 아랍 국가들과의 관계 개선을 위해 이스라엘과 거리를 두는 방향으로 정책을 전환했다. 프랑스가 떠난 자리를 이후 미국이 차지하게 된다.

47 드골의 고향 이름 콜롬베레두제글리즈(Colombey-les-Deux-Églises)에서 교회를 의미하는 단어 에글리즈(Églises)를 이슬람 사원 모스케(mosquées)로 바꾼 것이다.

48 아랍어로 '해가 지는 지역'이라는 뜻의 'Al-Maghrib'에서 유래한 말로서, 오늘날 모로코, 알제리, 튀니지 등의 북아프리카 지역을 의미한다.

68혁명은 드골에 대항하는 프랑스령 알제리를 지지했던 자들의 역설적인 복수에 기여했다.[49] 역사는 드골이 OAS[50]의 옛 적들을 용서하고 사면함으로써 체스판의 이쪽 편에 있는 동맹들을 찾았어야 한다고 기억한다. 하지만 그의 패배는 훨씬 더 깊었다. 그가 알제리를 버린 다른 가장 중요한 동기는 1,000만 명의 빈곤한 아랍인들에게 있다. 그들을 프랑스 인구의 수준으로 올려놓기 위한 노력은 대단했는데, 그 노력은 프랑스의 경제 성장을 방해하는 것이었다. 당시 전문가들은 드골에게 인도차이나의 부담을 내려놓은 이후로 발전을 이룩한 네덜란드를 결정적인 예로 언급했다. 그래서 드골은 제국의 영광과 전략 지정학적인 심오함 대신 경제적이고 사회적인 진보를 선택했다. 이는 1억의 영혼으로 이루어진 하나의 프랑스에 대해 드브레[51] 같은 인물이 품었던 관점에 반대되는 발전이며, 끝나지 않는 게릴라의 엄격함에 대항하는 미국식 소비 사회의 달콤함이었다. 인도차이나와는 정반대로 프랑스 군대는 알제리 전투에서 승리했는데도 말이다. 그는 기사도적인 영웅주의를 감추기 위해 쾌락주의적인 기쁨을 더 우선했다. 그것은 존재의 희생적인 사고방식에 반대되는 소비 중심적인 물질주의였다. 이는

---

49 알제리에는 상당한 인구의 프랑스인들이 거주하고 있었고, 특히 알제리가 영원히 프랑스 영토라고 굳게 믿고 있던 현지의 프랑스 군인들은 드골의 알제리 포기 결정에 대항하여 군사적 반란까지 일으켰다.

50 Organisation de l'Armée Secrète. 알제리 독립에 반대하여 활동한 프랑스 비밀 군사 조직.

51 미셸 드브레(Michel Debré, 1912~1996)는 레지스탕스 출신으로 프랑스 제5공화국의 초대 총리를 지냈다. 제5공화국의 헌법 초안을 작성하기도 했다. 드골주의자였던 그는 대통령 선거에 직접 보통 선거를 도입하려는 드골의 계획에 갈등을 빚다가 사임했다.

1940년 드골의 공적이라는 이름으로 군대가 되살아나게 만든 것이다. 모든 것에 우선하는 최고 가치가 있었다. 프랑스의 더 큰 이익이 되리라 생각되는 것의 이름으로, 과거의 모습을 띠고 있는 모든 것에 반대했다.

드골은 프랑스 기술자들이 발견한 석유에 이어 가스라는 은총이 부패하고 형편없이 통치되고 있는 알제리를 극빈의 구렁텅이에서 지켜 줄 것이라고 믿었다. 아울러 19세기 영국에게 석탄이 가진 의미와 비견될 만한 석유 수장국 왕실의 운명을 프랑스에게 보장해 주리라는 것을 의심하지 않았다. 하물며 드골은 미국 문화와 민족적인 자아에 대한 증오로 만들어진 이 소비 사회의 아이들이 자신의 창문 아래에서 "개판으로 만든 놈은 바로 그이다!"라고 외치고, "우리는 모두 독일의 유대인이다"라고 또박또박 외치리라고는 더욱 상상하지 못했다. 그것은 프랑스 역사상 가장 수가 많은 이 세대 전체를 흔들어 놓는 일이었다. 드골이 일생 동안 싸웠던 미국적 식민화의 전조이자 민족적인 독립성을 파괴하는 세계주의 캠프 속에서 말이다. 곧이어 이 세대의 가장 전통 파괴적이고 혼란스러운 아이들이 그의 무덤에 침을 뱉으러 왔다. 『샤를리 에브도』[52]의 1면에는 "콜롱베에서 일어난 비극적 무도회, 1인 사망"이라는 냉소적인 문구가 실렸다. 금지되기가 무섭게 부활했다.

"권력은 곧 무능이다." 드골은 페이르피트 앞에서 중얼거렸다. "나

52　좌익 성향으로 풍자를 논조로 삼는 프랑스 주간 신문.

는 세상의 종말에 맞서서 프랑스를 일으켜 세우고자 노력했다. 내가 실패한 것인가?" 그는 말로 앞에서 자문했다. 말로는 『우리가 베어 버린 참나무』의 마지막 페이지에서 드골에게 잘못된 질문을 이렇게 돌려주었다. "오직 콜롬베에서의 추억과 죽음 사이에서, 죽음 앞에 선 위대한 팔레스타인 기사단처럼, 그는 여전히 프랑스라는 훈장의 위대한 주인이다. 그가 프랑스를 책임졌기 때문일까? 그가 그토록 오랜 시간 동안 프랑스가 여전히 살아 있다고 세상을 믿게 만들면서 팔 끝으로 시신을 일으켜 세웠기 때문일까?"

나는 눈 덮이고 온기 없는 부아스리 구석에서, 기독교인의 소망을 통해서만 구제된 불행하고 실망한 늙은 장군을 떠올린다.

드골이 죽기 전인 6월 4일에 채택된 법안은 "드골은 마지막 아버지였다. 그 이후에는 유모차를 미는 아버지들의 시대가 올 것"이라는 사실을 이미 예고했다.

—필리프 뮈레

1970년 6월 4일

가장의 죽음

의회 토론은 때로는 소란스러울 정도로 열정적이었다. 이 남자들의 모임은 그들의 '부권(父權)'이 법적으로 단번에 지워졌다는 사실을 인정하지 않았다. 권력의 반대말은 무능이고, 그것은 가장 추잡하고 가장 허약하게 여겨지는 것이었다. 국민에 의해 선출된 의원들은 사적인 싸움터에서 민주주의를 실추시키고 싶은 마음이 추호도 없었다. 가족에 대한 이 '합의제 정부'는 그들에게 제4공화국의 즐거움과 해로움을 모두 상기시켰다. 그들은 부부의 화해라는 명목으로 판사가 사생활에 간섭하는 것을 거부했다. 페이도[53]의 연극보다 조금 덜 우스운 '남편, 아내, 판사의 3인 동거'를 무엇보다도 규탄했다. 68혁명의 '대(大) 공포'에서 비롯된 이 보수 주류는 엘리제궁과 총리 관저에 있는 최고 책임자들이 좌파와 페미니스트라는 분노한 적들을 만족시키는 것을 이해할 수 없었다. 그들은 벌써 콜롬베의 토라진 거대한 망령을 그리워했다.

반원형 의회석의 각 열에서 군단을 이룬 가장 교양 있는 사람들은 조제프 드 메스트르[54]의 운명론적인 복음과 오노레 드 발자크의 신랄한 비난을 떠올렸다. 루이 16세 참수는 모든 아버지의 죽음을 알린 것이었다. 역사는 다시 시작되었다. 드골 장군은 제5공화국과 함께 159년에 걸친 오랜 과제를 해결하겠다고 선언했었다![55] 민족의 육체 위에 최고 아버지의 머리를 다시 얹음으로써 그는 모든 아버지의 위상을 회

---

53 조르주 페이도(Georges Feydeau, 1862~1921)는 19세기 후반 벨 에포크 시대를 풍미한, 대중 희극의 상징으로 평가되는 작품들을 만든 프랑스 극작가다.

54 조제프 드 메스트르(Joseph de Maistre, 1753~1821)는 반계몽주의를 대표하는 프랑스계 사상가로서 절대 군주정을 옹호했다. 기독교에 대한 합리적 거부가 프랑스 혁명을 초래했다고 주장했다. "모든 국민은 그 수준에 맞는 정부를 가진다"는 말로 유명하다.

55 제5공화국이 시작된 1958년으로부터 159년 전은 1799년으로 나폴레옹 1세가 쿠데타를 통해 통령 정부를 구성한 해다.

복시켰다. 하지만 1967년 피임약을 허용한 그 유명한 「느비르트 법」[56]으로, 여성주의 사회학자 에블린 쉴로(Évelyne Sullerot)가 바로 깨달은 것처럼, 드골은 여성들이 출산이라는 '성화(聖火)'를 탈취하도록 둠으로써 자신의 복권 작업을 스스로 무너뜨렸다. 그의 추락 이후, 장군은 역사가 정치와 가정이 뒤섞인 상태를 다시 찾도록 두었다. 레몽 아롱은 틀렸다. 1968년 5월의 이 '희귀한 혁명'은 가정의 한가운데에 풍기 문란한 이데올로기를 이식함으로써 가정을 날려버렸다.

어느 국회의원이 이 법안의 필요성에 대해 순진하게 질의하자 법무부 장관 르네 플레벵은 역시나 순진하게 대답했다. "가족에 행복의 개념을 도입하기 위해서입니다."

포부는 만만치 않았다. 오만한 장관의 말을 수용한다면, 세상이 시작된 이래 그 옛날 모든 가족들이 불행해야 마땅하다. 모든 가족들이 미라보[57] 같은 인간의 횡포를 경험했다. 그는 '사람들의 친구'였지만 그의 아들의 친구는 아니었다! 세대를 거치며 가부장적 가족에서 자란 아이들은 이 냉정한 아버지들의 차가운 적의를 경험했다. 린느 왕자[58]가 "우리 아버지는 나를 결코 사랑하지 않았다. 나는 그 이유를

---

56 법안을 발의한 뤼시앵 느비르트(Lucien Neuwirth, 1924~2013)의 이름을 따서 명명됐다.

57 미라보 후작(Victor Riquetti de Mirabeau, 1715~1789)은 중농주의 경제학자로『사람들의 친구 또는 인구에 관한 조약』이라는 저서로 유명하다. 이 책의 제목을 인용하여 '사람들의 친구'라는 별명으로 불린다. 프랑스 혁명의 핵심 인물인 미라보 백작 (Honoré-Gabriel Riqueti de Mirabeau, 1749~1791)은 그의 아들이다. 미라보 백작은 어린 시절부터 추한 외모 때문에 아버지 미라보 후작으로부터 사랑을 받지 못하고 매우 엄격하게 키워진 것으로 알려져 있다.

58 샤를조제프 드 린느(Charles-Joseph de Ligne, 1735~1814)는 신성로마제국 군대의 장군이자 외교관이다. 유럽 사교계에서 인기가 많았던 인물로 알려져 있다.

결코 알지 못했다. 그는 나를 인정하지 않았다"라고 말한 것처럼 말이다. 그럼에도 가족으로부터 삶의 달콤함을 경험했다고 믿었던 수많은 사람들은 잘못 생각한 것이었다. 그들은 그것을 경험하지 못한 불행하고 소외된 슬픈 무리였다. 노련한 솜씨로 남편을 포함한 가족 전체를 이끌면서 '주님과 주인'을 경외했던 모든 아내들은 순종적인 가여운 노예였다. 먼 옛날에는 가족이 사적인 행복과 사랑의 특권을 누리는 장소로 결코 인식되지 않았으며, 국민, 사회, 국가의 기초가 되도록 승인한 과세 제도로 여겨졌다는 사실을 사람들은 잊었다. 다시 한 번, 혁명의 기억은 "행복은 유럽에서는 새로운 관념이다"라는 생쥐스트[59]의 유명한 문구로 귀환한다. 따라서 아버지는 언제나 가족 행복의 장애물이었다. 남자들은 끔찍한 역사적인 책임이 있었고, 모두가 죄인이었다. 남성 족속을 이렇게 고발한 이는 분노한 페미니스트나 반항적이고 거친 소녀가 아니라, 보수 정당에서 가장 높고 부유한 장관이었다.

충격적인 한 방은 멀리서 왔다. 사람들은 생미셸 대로(大路)의 포석(鋪石)과 함께 날아든 새롭고 엉뚱한 생각을 떠올렸다. 그것은 20세기 내내 이어져 온 실마리였다. 사람들은 그것이 진보주의적이며 휴머니스트적인 좌파에서 비롯된 것이라 믿었다. 그것은 자본주의적이고 미국적인 우파에서 왔다. 그것은 시작이 아니라 끝이었다. 완성된 것이

---

59 루이 앙투안 레옹 드 생쥐스트(Louis Antoine Léon de Saint-Just, 1767~1794)는 프랑스 혁명 시대의 정치가다. 로베스피에르의 공포 정치를 적극 지지했고, 그 자신도 정적 숙청에 적극 가담했다. 냉혹한 혁명 활동으로 '공포 정치의 대천사'라는 별명을 얻었다.

었다. 괴물은 사람들이 쓰러뜨렸을 때 이미 죽어 있었다.

불과 몇 년 후, 프랑스에서 알려지지 않은 크리스토퍼 래시[60]라는 한 미국인은 『냉혹한 세상에 하나의 피난처(Haven in a Heartless World)』라는 제목의 책을 출간했다. 이 책은 40년이나 지난 후에야 번역되었다![61] 책에서 작가는 아버지와 가족이 어떻게 체계적으로 해체되었는지, 그 파란만장한 역사를 우상 파괴적이고 확신 있는 문체로 서술했다. 19세기 말부터 기업의 사장들은 테일러주의[62]로 운영되는 공장뿐만이 아니라, 가족 내에서도 노동자들의 자율권을 뺏고자 하는 의지를 보여 왔다. 이는 노동자들의 생산성을 보다 높이고, 보다 유순하게 만들기 위한 것이었다. 사회학자들은 노동자들과 사장들의 갈등이 계급 투쟁이 아니라, 개인적이고 심리적인 분쟁이었다고 설명하기도 했다. 그들은 의사, 심리학자, 정신분석가 들과 연합하여 가여운 수컷을 지속적으로 괴롭혔다. 가정의 은밀한 공간에서까지. 육체적 위생뿐만이 아니라 정신 건강에 대해서도 운동을 벌였다. 덜 계급화되고 더 민주적인 보고서

---

60 크리스토퍼 래시(Christopher Lasch, 1932~1994)는 미국의 역사학자이자 사회 비평가다. 본래 사회주의자였던 그는 말년에 가정과 종교의 가치를 역설했고 온당하고 건전한 사회적 권위와 가치관을 되살려야 한다고 주장했다. 『진보의 착각』은 이념적 순결성에 집착하는 세태를 비판하고 공동체와 노동, 가족과 종교가 지닌 가치를 재조명했던 래시의 사상을 집대성한 책이다.

61 [원주] *Haven in a Heartless World: The Family Besieged*, New York, Basic Books, 1977 ; trad. fr. Francois Bourin editeur, 2012.

62 테일러주의는 노동자들의 업무를 세분화하고 각각 정교한 시간을 배치함으로써 노동 과정의 모든 요소를 사전에 계획하는 방식이다. 즉, 노동자들은 자신에게 주어진 동일한 시간 내에 세분화된 작업만을 지속적으로 수행하게 됨으로써 효율성을 극대화시키기 위한 제조 기계로 취급된다.

들이 등장했고, 사람들은 바로 "쿨하다"고 말했을 것이다. 계약은 아버지의 지배권을 대체했을 것이다. 경제적인 계산의 합리성을 가정으로 들어오게 만들기 위해서 사람들은 전(前)자본주의적인 사고방식의 최종 잔고를 탈취했을 것이다. 소비는 박탈감을 보상했을 것이다. 노동자 계층의 사회로의 통합은 광고에 의해서 이루어질 것이다. "역사의 위대한 진보의 결과로 나타나는 것에 필적할 만한 문화적 효과에 미치는 광고의 문명 전파 영향력"에 의해서 말이다. 소비주의 프로파간다는 가부장제의 전통 문화를 약화시켰다. 광고업자, 사회학자, 심리학자 들은 여성 및 아이들과 동맹을 맺고 소비 충동을 자제하는 아버지들에 대항했다. 또한 그들은 페미니스트와 연합하여 여성들이 가정의 소비를 평등하게 누릴 수 있도록 캠페인을 벌였다. 오늘날에도 페미니즘이 거둔 성과를 두고 작은 논쟁이 벌어지면 사람들은 프랑스 여성들이 1965년까지 남편의 동의 없이는 접근할 수 없었던 그 유명한 수표책(手票册)을 여전히 떠올린다!

1969년 프랑스에서 월급제가 확정되었을 때까지 무시무시한 유혈 폭군인 노동자가 은행을 통해 주급을 받은 후에 '마누라'에게 현금으로 건넸다는 사실을 아무도 떠올리지 않는다.

부모 재교육은 바로 의사일정이 되었다. 모든 유형의 심리 치료사들은 개인의 번영에 관한 연구가 우선 되어야 하며, 거기에는 결혼 생활의 안정성도 포함된다고 설명했다. 크리스토퍼 래시에 따르면, 1920년대부터 이미 다 결정되었다. 어쨌든 미국에서는 말이다. 성직자와 입법자는 가정생활의 새로운 규범을 강요한 의사, 사회학자, 심리학자, 광고업자에 의해 배제되고 대체되었다. 성적 쾌락은 거의 충족되지 못하면서 끊임없이 요구되는 의무가 되었다. 점차 여성들과 젊은이들이 기대하던 시장으로의 통합이 이루어졌다. 이는 끊임없는 성급함과 불만족의 대가였다. 행복 추구는 모두에게 가장 중요한 문제가 되었다. 아버지는 속죄의 제물이었다.

이러한 사회 모델을 유럽으로 수출하는 것은 시간과 환경의 문제일 뿐이었다. 제1차 세계대전은 영웅들을 무명의 사람들과 다르게 꾸며 내지 않은 역사상 첫 번째 싸움이었다. 이 전쟁의 도살장에서 이뤄진 군인들의 명예 실추는 남자들이 다리 사이에 갖고 있던 부담을 던져 버릴 것을 부추겼다. 1945년 승리를 거둔 미국은 따라야 할 사회 모델이 되었다. 전후의 나치즘 배척은 몇몇 독일 지식인들이 독일 가족 내에서 나치즘의 기원을 발견하고 연구하도록 부추겼다. 특히 히틀러의 광기에 대한 독일 프롤레타리아의 (그들의 눈에는) 이해할 수 없는 복종에 대해서 말이다. 갑자기 일상적인 사회경제학적 설명들이 더 이상 통하지 않게 되었다. 오직 가족과 아버지, 이 폭군이 모든 것의 원인이 되었다. 생제르맹데프레[63]의 반란군들이 규탄한 것은 그 유명한 공화국보안기동대(CRS) - 친위대(SS) 이전에 아빠 - 친위대였다. 시몬 드 보부아르[64]로 대표되는 프랑스 부르주아 페미니스트들이 남편

---

63 파리 좌안에 위치한 생제르맹데프레 구역은 68혁명 당시 대규모 학생 시위가 일어났던 라탱 지구에 속한다. 17세기에는 계몽주의 철학자, 혁명가들이 교류하던 곳이었으며, 20세기 중반에는 사르트르와 보부아르를 위시한 문학인들과 영화감독들이 거주하거나 자주 찾는 지역으로 유명하여 좌파 지성의 상징으로 여겨진다.

64 시몬 드 보부아르(Simone de Beauvoir, 1908~1986)는 작가이자 철학자다. 1926년에 소르본 대학교 철학과에 입학했다. 장폴 사르트르와 연인 관계였고, 평생 사상을 공유했다. 1949년 그녀가 발표한 『제2의 성』은 역사적·철학적·사회적·생리적 분석

을 사장에 비유함으로써 계급 투쟁이라는 남의 옷을 입고 으스대고자 하는 모방적 열망이 나머지 원인들을 만들었다. 때때로 모든 것이 뒤섞였다. MLF[65]의 전단이 '1970년: 여성 해방의 원년'이라고 외치던 8월의 어느 날, 개선문 무명용사의 무덤을 두고 벌어진 몇몇 페미니스트들의 유명한 시위 때처럼 말이다. 그녀들은 "무명용사보다 더 이름이 알려지지 않은 사람이 있다, 바로 그의 아내다"라는 사실을 중·고등학생 같은 방식으로 상기시켰는데, 이는 무명용사의 반쪽이 뒤에 남겨져 있던 동안 그는 전선에서 죽었다는 (일화에 있어서 사실인) 팩트를 무시한 것이었다.

의회 논쟁 당시, 법 위원회의 설명 책임자인 티스랑은 다음과 같이 설명했다. "결혼한 젊은 여자는 가족 공동체를 세우고, 자식 교육의 후원자를 얻고자 하는 욕망이 있었다. 이후 여성은 자신의 직업을 통해, 그리고 현대적 정보 수단으로 얻은 더욱 폭넓은 삶의 지식을 통해 재정적 측면과 지식적 측면에서 남성과의 평등을 손에 넣었다. 그런 까닭에 결혼의 동기가 보호 때문이라는 개념을 유지하는 것은 비논리적이고 위험한 발상일 것이다. 협력의 개념을 바꿔야 한다."

드골주의자들은 시몬 드 보부아르처럼 말했다! 그들은 페미니스트들의 유물론적이고 경제학적인 반복구를 답습했다. 반(反)공산주의적인 자유주의자들은 마르크시스트적인 행보의 동반자가 됐다. 이 논

을 통해 여성 문제를 고찰한 작품으로, 전 세계 페미니즘 운동의 참고 도서가 됐다.

65　여성 해방 운동(Mouvement de Libération des Femmes)은 68혁명 이후, 1970년대 초반부터 본격적으로 전개된 프랑스 내 여성주의 운동이다.

쟁 이후 40년이 지나서야 사람들은 '보호 요구'가 전혀 사라지지 않았다는 사실을 알아챘다. 보호 요구는 여성들에 의해 더 이상 고백되지는 않았지만 집요하게 추구되었다. 여성들은 죽는 것만큼이나 괴로운 고통 속에서 그것을 포기한다. 보호에 대한 집요한 추구는 노동이나 정보가 아니다. 모성, 자식들을 보호하고 교육해야 하는 필요성과 관련이 있다. 일하지 않는 여성이라는 생각은 귀족적이거나 부르주아적인 왜곡이다. 여성은 늘 일했고, 언제나 남편의 보호를 요구했다. 평등한 두 존재의 결혼을 계약화하는 것은 남녀 관계의 미묘한 부분들을 무시한다. 지배하고자 하는 남성의 욕구는 적어도 형식적으로는 성적으로 안심하기 위한 것이다. 감탄하고자 하는 여성의 욕구는 부끄러움 없이 헌신하기 위한 것이다. 오늘날에도 여성들은 더 학력이 좋고, 대개의 경우 자신들보다 더 많은 보수를 받는 남자들과 결혼한다. 미국에서는 70 퍼센트의 흑인 여성들이 독신으로 남는다. 자신들보다 교육을 잘 받은 흑인 남성을 찾을 수 없기 때문이다. 오스카 와일드의 『도리언 그레이의 초상』에서 한 등장인물은 비꼬는 말투로 단언한다. "우리는 최근에 그들을 해방시켰지만 여성들은 주인을 찾는 노예로 남아 있다." 빌어먹을 오스카 와일드! 그는 빅토리아 시대 영국에서 동성애 때문에 유죄 판결을 받았고, 한 세기 지나서는 같은 이유로 예찬을 받았다. 그는 '여성 혐오'로 지칭됐을 그 문장 때문에 우리 사회에서 배척을 당했을 것이다. 그러나 몇십 년이 지난 후 라캉은 같은 문장을 반복하면서, "주인을 지배하기 위해서"라는 내용을 덧붙였다. 그리고 크리스토퍼 래시는 말다툼을 종결했다, "현대 여성들은 남편을 지배하고 싶은 유혹을 참을 수 없다. 그리고 만약 그녀가 지배하게 된다면 남편을 증오하지 않을 수 없다."

1970년대부터 아동 정신 의학자인 알도 나우리는 현대 가족에서 아버지의 점진적인 소멸이 자녀들에게 미치는 효과를 살펴보기 시작했다. 인류의 기원에서부터 훑어본 나우리는 아버지가 인류 역사에서 최근의 발명품이라는 것을 점차 알게 됐다. 기껏해야 3000년이라는 것이다. 근친상간을 금지하고, 충동에서 만들어진 존재인 자식과 충동을 만족시킬 운명인 어머니 사이의 융합에 장애물을 놓기 위한 중대한 발명품이었다. 하지만 아버지는 인공적이고 문화적인 창조물이다. 그는 모성적이고, 자연적이고, 저항할 수 없는 힘에 인정받기 위해 사회의 지지를 필요로 한다. 아버지는 쾌락 원칙에 맞서는 법과 현실 원칙을 구현한다. 그는 자식들이 충동을 정화시키도록 강제하기 위해서 자식들의 충동을 하나의 방향으로 정리하고, 억제하는 억압적인 가족을 구체화한다.

사회의 지지가 없으면 아버지는 아무것도 아니다. 아버지의 권력이 법에 의해 무너진 순간부터 모권제(母權制)가 지배한다. 평등은 무관심이 된다. 아버지는 법을 강요하기에는 더 이상 적법하지 않게 된다. 그는 두 번째 엄마가 될 것을 명령받는다. 내쫓기거나 거세된 '자녀에만 전념하는 아버지'는 선택의 여지가 없다. 오래전 드골은 "위엄이 없이는 권력이 없다. 그리고 거리감 없이는 위엄이 없다"고 쓴 적이 있다. 1970년의 법에서 비롯된 '부모의 권력'은 모순된 표현이다. 아버지는 서구 사회에서 추방됐다. 그런데 아버지와 함께 죽은 존재가 바로 가족이다. 40년 뒤에 '동성 부모'에 호의적인 주장들이 등장한 현실은 놀랍지 않다. 전통적인 가족은 이미 동성 부모를 만들어냈다. 엄마와 아빠 각자의 역할과 기능을 정의하기 위해 둘의 성적 차이(sexual difference)를 사람들이 더 이상 고려하지 않기 때문이다.

서구 가족의 해체는 거의 다 끝났다. 우리는 근친상간을 금지했던 법 이전의 인류로 조금씩 되돌아가고 있다. 야만적이고, 미개하고, 비인간적인 인류. 자유와 평등의 이름을 한 지옥. 행복의 이름을 한 지옥. 파스칼은 우리에게 경고한 바 있다. "천사를 만든 사람은 짐승도 만든다."

1971

1971년 7월 16일

동료들의 배신

가스통 팔레스키[66]는 반골 기질은 전혀 갖고 있지 않았다. 그는 나폴레옹의 장교들이 왕정복고 시기에 고관대작이 된 것처럼, 제5공화국 치하에서 죽음을 맞이할 때까지 권력의 통로를 자주 드나들던 레지스탕스 영웅들 중에서도 고결한 인물이었다. 게다가 팔레스키는 그가 이를 수 있는 최고의 자리인 헌법재판소장까지 맡았다. 그는 드골 장군과 미셸 드브레가 프랑스의 긴 헌법 역사에서 거의 전례가 없는 이 기관을 공들여 만들었다는 사실을 모르지 않았다. 이것은, 의회라는 사나운 개가 물어뜯는 것으로부터 집행권을 지키기 위해 아홉 개의 머리에 입마

---

66 가스통 팔레스키(Gaston Palewski, 1901~1984)는 프랑스의 정치인으로서 드골의 측근이었다.

개를 씌우는 것과 같았다. 또한, 백발이 된 드골주의의 거물들을 위한 한직(閑職)이기도 했다. 드골은 법률적 능력이 아니라 충성심을 보고 가스통 팔레스키를 헌법재판소장으로 임명했다. "나는 절대적으로 신뢰할 수 있는 사람을 원한다. 그 사람이 헌법에 대해 잘 모른다는 사실은 중요하지 않다."

그런데 가스통 팔레스키는 조르주 퐁피두를 싫어했다. '숨어 있는 자'에 대한 레지스탕스의 오랜 경멸, 하얀 손을 가진 지식인들을 위해 스스로 위험을 감수한 영웅의 오랜 경멸이었다. 그리고 이 경멸은 공화국의 새로운 대통령이 여전히 명확히 설명되지 않은 이유를 들어 팔레스키를 레지옹 도뇌르 수훈자로 인정하지 않은 뒤에는 억제할 수 없는 분노가 되었다. 퐁피두 대통령은 1971년 7월 14일 군사 퍼레이드가 끝나고 장 푸아예[67]에게 언질을 들었다, "헌법재판소는 48시간 내에 우리를 더럽힐 것입니다. 나는 방금 헌법재판소장을 만났는데, 당신에게 격분한 상태입니다."

드골이 살아 있었다면, 팔레스키는 루비콘강을 건너지 않았을 것이다. 하지만 드골 장군은 죽었다. 섭정의 분위기가 프랑스에 감돌았다. 우리 역사에서 왕국의 귀족들이 대담해져서 권력을 우습게 알고, 앙시앵 레짐의 고등법원 사법관들이 민중의 자유의 수호자라고 자처하며 거만하게 우쭐대는 시기였다. 선출된 적도 없으면서 영국 하원의원인 것처럼 구는 것이다.

팔레스키는 원하지도 않았고 심지어 이해하지도 못한 채 이 반역

---

67 장 푸아예(Jean Foyer, 1921~2008)는 드골 대통령 재임 시절 법무부 장관을 역임했다.

적인 전통을 부활시켰다. 1971년 7월 16일, 그가 내린 결정은 역사에 길이 남아 있다. 법과 관련된 모든 저작에 금빛 문자로 새겨졌다. 정치학을 공부하는 모든 학생들이 배우게 됐다. 법학자들은 페이지 아래 주석들에 감동적인 떨림을 담아 "팔레 루아얄의 현자들"[68]이라고 예찬했다. 당시 그들은 자신만의 정당한 잣대로 선을 넘은 신성 모독을 높이 평가한 유일한 사람들이었다. 프랑스에서는 아무도 법에 관심이 없다. 그럼에도 1971년 7월 16일은 우리가 국민 투표에 바탕을 두고 1789년부터 확립된 공화국의 경계를 알지도 못한 채 포기한 날이었다. 그리고 우리가 눈을 감은 채 사법적극주의[69]라는 덜컹대는 길로 들어간 날이었다.

프랑스에서 혁명들은 여름을 좋아한다.[70]

바로 그날, 헌법재판소는 결사의 자유를 규제하는, 내무부 장관의 이름을 딴 「마르슬랭 법」을 폐지하기로 결정했다. 68혁명으로부터 3년이 지났을 때였다. 헌법재판소에 따르면, 「마르슬랭 법」은 1789년 인권선언의 근본적인 원칙들에 위배되기 때문이었다. 이제 엄청난 진화에 눈을 뜬 우리가 보기에는 기준의 고결함이 약화됐다. 이 선언은 「헌법전문」에 쓰였다. 하지만 그것은 1946년의 헌법과 함께 법적인 텍스트

---

68 헌법재판소 건물은 파리 1구에 위치한 팔레 루아얄에 속한다. 팔레 루아얄에는 프랑스 문화부도 자리 잡고 있다.

69 법 해석과 판결에 있어 성문화된 법을 넘어 판사의 적극적 판단이 개입되는 것을 의미하며, 이 경우 입법부나 행정부의 활동에 대하여 법원의 사법적 통제가 가해지는 일이 발생한다.

70 1789년의 대혁명과 1830년의 혁명 모두 7월에 발생했다는 역사적 사실과 연결하여 본문에서 언급한 사건 또한 7월에 일어났음을 강조하고자 한 것으로 보인다.

로서가 아니라 철학적인 준거로 기입됐다. 술책은 교묘했고 위대한 미래에 대한 약속처럼 보였다. 판사는 1789년과 1946년의 선언에서, 나중에는 「유럽 인권 조약」을 뒤적여서 원칙들을 발견하고는 숙련된 연금술사처럼 해석하고, 변경하고, 다듬었다. 당연하게도 오랫동안 알려지지 않았지만, 판사는 그것들을 신성화하고, 해석한 후, 어쩔 도리가 없는 권력에 이를 강요한다.

몇 년이 지나면 이 모든 아름다운 원칙들은 하나의 '덩어리'를 이룰 것이고, 판사는 마치 그것이 헌법적인 가치가 있는 것처럼 존중하게 만들 것이다. 마치 그것이 신으로부터 온 것처럼 말이다. 게다가 그것은 독창적인 생각이다. 첫 번째 순례자들이 아메리카 대륙에 발을 디뎠을 때 그들은 『구약 성서』에 등장한 약속의 땅으로 들어가는 이스라엘 민족과 스스로를 동일시했다. 이스라엘인들이 파라오가 통치하는 이집트에서 도망쳤듯 그들은 왕들이 지배하는 유럽의 부패한 악취를 피한 것이었다. 약속의 땅에서 판사들은 신성법의 이름으로 선출된 사람들의 생명을 지배했다. 사울, 다윗, 솔로몬과 같은 첫 번째 왕들이 사람들로부터 권위를 인정받았을 때조차도, 예언자들은 종교법의 이름으로 군주들의 악행을 쉬지 않고 규탄했다. 열렬한 신앙심이 주입된 아메리카에서 헌법은 『성경』이며, 대법원 판사들은 작은 일에도 집착하는 예언자들이다.

미국에서는 사람들이 국가에 대항해서 종교의 자유를 수호했다면, 이와 반대로 프랑스에서는 우리의 왕, 황제, 공화국이 종교의 정치적인 영향력에 맞서 맹렬하게 싸웠다. 드골은 말했다. "프랑스에서 대법원은 바로 국민이다."

1971년 7월 16일, 이 최초의 결정을 위해 작전을 개시한 사람은 바로 상원의장이었던 알랭 포에르[71]다. 이 골수 기독교 민주당원은 기회를 틈타 태초 기독교의 반체제적인 낡은 정신을 다시 결집시켰다. 교권 옹호 세력의 기운이 팔레 루아얄의 복도를 떠다녔다.

1974년 이제 막 선출된 지스카르 데스탱 대통령은 60명의 하원 및 상원의원들에게 완전히 새로운 법을 재판소에 상정하는 것을 허용함으로써 판사들의 혁명에 첫 번째 여유를 주었을 것이다. 정치는 더 이상 정치를 놓아 주지 않는 법에 붙잡혔다. 좌파는 1981년까지, 이후에는 우파가 이것을 이용하여 합헌성의 덩어리가 번성하도록 함께 만들었다. 1985년 미테랑 대통령은 로베르 바댕테르[72]를 헌법재판소의 수장으로 임명했다. 옛 법무부 장관은 머릿속에 대법원에 대한 꿈을 한가득 담고는 팔레 루아얄에 입성했다.

신중하지만 가공할 만큼 효율적으로, 그는 미테랑 대통령과 함께 두 번이나 동거 정부를 구성한 우파 여당에 맞서 재판소가 정치적이고 법적인 전쟁의 무기가 되는 것을 받아들였다. 그는 이민 문제를 두고 샤를 파스카[73]에게 반대했다. 내무부 장관 샤를 파스카는 인구 변화

---

71 알랭 포에르(Alain Poher, 1909~1996)는 1968년부터 1992년까지 상원의장을 지냈다. 1969년과 1974년에는 대통령 권한대행직을 수행했다.

72 로베르 바댕테르(Robert Badinter, 1928~)는 변호사이자 정치가로서 프랑수아 미테랑 대통령 시절에 법무부 장관(1981~1986)을 지냈고, 이후 헌법재판소장을 역임(1986~1995)했다.

73 샤를 파스카(Charles Pasqua, 1927~2015)는 사업가이자 정치가다. 제2차 세계대전 시기에는 16세의 나이에 레지스탕스에 합류했다. 1986년부터 1988년까지 자크 시라크의 동거 정부에서, 1993년부터 1995년까지 에두아르 발라뒤르 정부에서 내무부 장관을 지냈다.

와 관련해서는 프랑스 정부의 지배력을 회복하고자 하는 야망을 갖고 있었다. 바댕테르와 재판소는 인권으로 타오른 불꽃으로 그에게 맞섰다. 판사들은 그의 권위를 빼앗았다. 파스카는 고함을 지르고, 협박하고, 양보했다. 그는 국민 투표를 통해서 프랑스인들의 논쟁을 유도하는 것을 고려했다. 그는 이렇게 국민 투표를 일반화시킴으로써, 의회의 언쟁과 대립을 무시하는 존엄한 왕을 경험했던 그 유명한 고등 법원의 옥좌를 부활시킬 수도 있었을 것이다. 그는 포기했다. 항복한 것이다. 할아버지인 루이 15세가 내쫓아 추방된 의회를 다시 불러들인 루이 16세처럼 말이다. 그의 실패는 귀감이 되었다. 우파 정치인들은 좌파 정치인들처럼 조용히 있었다. 1985년 헌법재판소는 "가결된 법률은 헌법의 존중을 받을 때에만 보편적인 의지를 나타낸다"고 설명했다. 이 웃긴 공식 아래에서 완성된 혁명은 감춰졌다. 법률에 관한 기술적인 통제(최고 규범에 대한 합치)를 하던 헌법재판소는 법률 내용에 대한 정치적인 검열을 하는 곳으로 바뀌었다.

그 이후 다수당은 헌법재판소의 검열을 예측하고, 법을 관장하는 대사제들의 기분을 상하게 할 가능성이 있는 프로젝트들을 스스로 없애 버렸다. 매우 정치적인 판사 지명 방식과 다수당의 교활한 조심성은 판사들이 터무니없는 권력을 남용하지 않고 여론에 의해 조심스럽게 수용할 수 있게 만들었다. 그러나 그들은 법률적 미숙함 때문에 대부분 국사원[74] 출신인 전문가들에 둘러싸일 수밖에 없었다. 이 전문가들은

74　국사원(Conseil d'Etat)은 프랑스 정부의 행정 자문 기관이자 최고 행정 재판소다.

이목을 끌지 않으면서도 결정적인 영향력을 행사했다. 헌법재판소의 모든 보고 책임자들은 이웃집에서 파견된 소원 심사관들이다. 헌법재판소의 서기장은 대개 미래의 국사원 부의장이다. 오랜 세월에 걸쳐 헌법재판소의 법 해석이 국사원의 해석에 무난하게 보조를 맞췄다는 사실은 놀랄 일이 아니다. 프랑스 정부의 엘리트들은 자신의 영향력을 유지하기 위해서는 모든 상황에 적응한다.

이제 정치인들은 우화 속 개 목걸이를 한 개처럼 속박을 즐기고 있는 것처럼 보인다. 예전의 늑대는 자유주의자로 보이고 싶어 한다. 2007년 니콜라 사르코지[75]는 한낱 시민들에게 어떤 법이든, 심지어 과거의 법일지라도 헌법재판소에게 이의를 제기할 권리를 허가할 자격이 있다고 믿었다. 로베르 바댕테르는 상원의원이라는 사치스러운 자리를 감사히 즐겼다. 이것은 프랑수아 미테랑이 결코 충족시켜 주지 못했던, 바댕테르의 가장 오래된 요구 중 하나였다.

1981년 10월 2일, 미테랑은 방돔 광장에 도착하자마자 기요틴을 폐기하고는, 바로 이어서 유럽 인권 법원에 개인 소송을 제기하는 것에 대한 프랑스의 승인을 결정했다. 이제 모든 프랑스인들은 외국 법원에서 모국을 공격할 수 있게 된 것이다!

이렇게 해서 좌파는 발레리 지스카르 데스탱이 착수한 업무를 완수했다. 1974년 프랑스가, 1950년에 체결된 「인권과 기본 자유의 보호에 관한 유럽 협약」을 비준한 것은 그의 주재 아래에서였다. 그러나 당

---

75 니콜라 사르코지(Nicolas Sarkozy, 1955~)는 2007년부터 2012년까지 프랑스 대통령을 역임했다.

시 '뒤쳐진 프랑스'를 지치지도 않고 경멸하는 사람들이 암시한 것과는 반대로, 그의 전임자들을 불편하게 한 것은 이 자유들의 내용이 아니었다. 스트라스부르에 있는 유럽 법원에 집행에 관한 통제권을 위임했고, 그 판례가 회원국에게 강요됐다는 점이었다. 당시 법무부 장관인 장 푸아예는 프랑스가 유럽 판사의 감독 아래 놓일 위험성을 드골에게 경고했다. 모리스 쿠브 드 뮈르빌 외무장관이 이 협약의 비준에 관심을 표명한 후 이어진 국무 회의에서 드골은 법무장관의 의도로 귀결했다. "당신의 메모를 읽었습니다. 내가 설득이 됐어요. 협약은 비준되지 않을 겁니다. 폐회합니다."

모든 흐름들이 조금씩 연결됐다. 그것은 법률가들이 '규범의 위계'라고 부르는 것이다. 우선 법률이 있고, 그다음에 조약이 있으며, 그 위에 헌법이 존재한다. 그리고 그것을 해석하는 헌법 판사가 있다. 조르주 퐁피두의 친한 친구 기 베아르[76]는 역설적이게도 같은 시기에 위대한 원칙들을 노래했다….

팔레스키가 실력을 행사한 이후, 결박이 조여졌다. 국사원과 파기원[77]은 유럽법이 국내법보다 우위에 있다고 인정했다. 그리고 유럽 법원의 권한은 국가적인 판례 위에 놓였다. 「마스트리흐트 조약」[78]의 채

---

76 기 베아르(Guy Béart, 1930~2015)는 프랑스의 가수다.

77 파기원(Cour de cassation)은 민·형사 사건의 최고 법원이다. 대한민국은 행정 재판과 민·형사 재판 모두 대법원이 최고 법원이다. 반면 프랑스에서는 행정 재판은 국사원, 민·형사 사건은 파기원으로 최고 법원이 나뉘어 있다.

78 1991년 12월 11일, 네덜란드 마스트리흐트에서 열린 유럽 공동체 12개국 정상 회

프랑스 파기원(Cour de cassation).
© Gettyimages

택을 계기로 1992년 헌법재판소는 「유럽 조약」에 부합하기 위해 헌법을 수정해야 한다고 판단했다. 최고 법률은 더 이상 최고가 아니었다. 카를 슈미트[79]는 "예외적인 상황을 결정하는 자가 군주다"라고 말했다. 그러나 이 해결책이 필연적인 것은 아니었다. 카를스루에(Karlsruhe)에 위치한 독일 연방헌법재판소는 반대의 선택을 내렸다. 독일 헌법에 부합하도록 유럽 조약을 수정하기로 한 것이다.

우리의 판사들은 누구보다도 성직자로 남아 있다. 교황권 지상주의자들. 브뤼셀 그리고 룩셈부르크는 로마로부터 멀리 떨어져 있지 않다. 그리고 「인권 선언」은 『성경』 말씀을 대신했다. 주권자는 내재성, 자연법, 정치적 올바름으로 변모된 도덕, 그리고 국가와 그 이해관계에는 문외한인 성직자의 권력으로 금도금된 철에 동일하게 속박되어 있다. 복종하라, 자랑스러운 시캄브르인[80]이여! 드골 장군은 제5공화국의 기관들을 새로운 집정 정부처럼 구상했다. 그것은 당파, 파벌, 재벌들의 놀이에 휘둘리는 정부에게 행동의 자유와 효율성을 되돌려주기 위한 것이었다. 그는 경고했다. "이것을 기억하십시오. 우선 프랑스가 있는 것이고, 다음이 정부, 그리고 마지막으로, 이 둘의 주요한 이해관계가

담에서 합의한 유럽 통합 조약. 이 조약에 따라 유럽 공동체는 유럽 연합으로 명칭을 바꿔 출범했다.

79 카를 슈미트(Carl Schmitt, 1888~1985)는 독일의 법학자다. 베를린 상업대학 정교수였던 그는 1936년 독일국가사회당에 가입했고, 국가사회주의를 옹호할 목적으로 『국가, 운동, 민족』을 출간했다. 하지만 1936년 나치 친위대(Schutzstaffel, SS)의 공격을 받아 정치 일선에서 물러났고, 1945년 미군에 체포되어 베를린 교외에 있는 포로 및 정치범 수용소에 구금됐다.

80 로마 시대에 현재 독일 라인강 동쪽에 거주하던 게르만족.

보호되는 한, 권리가 있다는 것을." 그의 죽음 이후, 우리는 피라미드를 뒤집어 놓았다. 우선 법이 있고, 이어서 국가가 있으며, 그리고 마지막으로, 공개적으로 모욕당하지 않을 때 프랑스가 있다. 법치주의에 관한 독일 애호적인 숭배는 모든 유럽 조약에서 일관되게 언급된 '권리의 우위'를 매개로 삼아 드골 정부의 주권주의적 근거를 대체했다. 단어들의 의미가 바뀌었다. 18세기에 '법치주의'는, 장 카르보니에[81]에 의하면, 법률과 판결을 스스로에게 부여하는 정부였다. 사람들은 국가로부터 개인의 자유에 대한 보호와 독단성의 후퇴를 기대했다. 이제는 완전히 반대로, '소통과 행동의 수단을 위한 인격적-정부인 척하는 권리'가 되었다.

그러나 법은 자신의 분신 없이는 결코 지배할 수 없다. 그것은 바로 시장이다. 그리하여 압력 단체들, 각종 로비들, 관료주의, 기업주의, 공동체, 마피아들이 회귀했다. 이것들은 미국인들이 그토록 찬양한 가르침에 따라, 사법 혁명이 여행 가방에 넣어 재빠르게 데려온 것이었다. 국가라는 걸리버는 그 어느 때보다도 꽁꽁 묶였다. 퐁피두는 죽을 때까지 그저 "불행을 불러온 팔레스키"에 대해서만 이야기했다.

1971년 8월 15일
재정 평가의 종말

미국인들은 선택의 여지가 없었다. 그들은 궁지에 몰렸다. 그들의 금

---

81   장 카르보니에(1908~2003)는 프랑스의 법률가다.

보유고는 태양 아래 녹았다. 무역 수지는 처음으로 적자를 기록했다. 그들은 머지않아 익숙해질 것이었다. 미국은 낭비가 심한 군주가 되었다. 어느 여름 일요일 저녁 텔레비전에서 리처드 닉슨이 달러를 금으로 교환할 수 있는 가능성이 끝났다는 소식을 알리자, 미국인들과 세상 사람들은 아연실색했다. 하지만 이 미국 대통령은 환자를 막 다루기를 원치 않는 의사처럼 예방 조치를 취했다. 공식적으로는 달러화의 평가 절하일 뿐이었다. 브레턴우즈 협정[82]의 종결은 자메이카 협정에 의해 1976년에야 인가됐다. 그러나 돌이킬 수 없는 것이 실현됐다. 달러화는 더 이상 '금만큼 좋은' 것이 아니게 됐다. 달러 왕은 죽었다.

사람들은 이러한 조치가 더 잘 부활하기 위한 것이라는 사실을 아직 알지 못했다. 드골은 1965년부터 예언했었다. 자크 루프[83]의 조언에 따라, 드골은 1944년 브레턴우즈 협약에 주어진 특권, 세계의 화폐를 때리는 '터무니없는 특권'을 규탄했다. 미국이 전쟁에서 승리하고 세계 금 보유량의 80퍼센트를 차지했을 때였다. 드골은 금본위제에 기초한 시스템으로 다시 돌아갈 것을 제안했었다. 사람들은 그의 주장을 반미주의로 비난했다. 드골은 전쟁 중에 뉴욕에 맡겨진 프랑스의 금을 본국으로 회수하고, 프랑스 은행에는 외화를 금괴로 바꾸라고 명령했다.[84]

---

82 1944년 7월, 미국 브레턴우즈에서 연합국 44개국이 모여 국제 통화 금융 회의를 열고 체결한 협정. 패권국이 된 미국의 달러를 기축 통화로 결정했고, 금 1온스를 35달러로 고정하는 금본위제를 채택했다.

83 자크 루프(Jacques Rueff, 1896~1978)는 프랑스 경제학자로서 프랑스 정부 고문으로 일했다.

84 브레턴우즈 체제에서 달러의 명목 가치는 금 1온스당 35달러다. 하지만 미국이 보유한 금의 가치보다 많은 달러를 찍어 내면 달러의 실질 가치는 떨어질 수밖에

브레턴우즈 체제의 종말을 선언한 닉슨 대통령.
© Wikipedia

10억 달러까지! 그는 독일에게 프랑스의 사례를 따를 것을 제안했다. 독일은 거절했다. 미군은 여전히 독일 땅을 점령하고 있었다. 그러나 미국이 1968년부터 베트남 전쟁 자금을 조달하기 위해 달러를 넉넉하게 찍어 내자, 본(Bonn)은 독일 마르크화의 가치를 변동시키기로 결정했다. 그리고 더 이상 달러를 받지 않기로 했다. 이번에는 프랑스가 68년 5월 사태로 인해 불안해진 탓에 동조하지 못했다. 그러나 네덜란드 플로린과 캐나다의 달러는 독일의 예를 따랐다.

미국인들은 위험성을 알고 있었다. 1931년, 그들의 누이인 영국은 같은 조건에서 폐위됐다. 열 가지 종류의 화폐가 변동하게 되었으며 그중 하나가 파운드였다. 그래서 영국인들은 여세를 몰아 금 수출 금지를 결정했다. 미국인들은 40년이 지난 후에 같은 조치를 취했다. 그것은 은밀하고도 잔인한 형태의 평가 절하였다.

오늘날 우리는 논평가, 정치가, 금융가 들을 사로잡았던 광기를 잊었다. 프랑스인들과 독일인들 사이에는 의견의 불일치가 생겼다. 발레리 지스카르 데스탱이 이끄는, 리볼리(Rivoli) 길에 위치한 창의적인 재무부가 이중 매매를 발명했다. 유럽인들은 유럽 내 통화 안정성을 회복해야 한다고 결론 내렸다. 유럽 공동체 내 무역의 강도와 공동 농업 정책에 대한 책임의 긴급성에 있어 필수적인 것이었다. 공동 변동 환율 협약을 맺은 유럽을 유로화로 이르게 만든 긴 숙고의 시작이었다. 그것

없다. 미국이 베트남 전쟁 등의 영향으로 달러를 찍어 내면서 달러 가치가 떨어지자 프랑스를 비롯한 일부 국가들이 미국에게 달러를 금으로 바꿔 달라며 태환을 요구하고, 이를 견디지 못한 미국의 닉슨 대통령은 본문에 언급된 금태환 정지 선언을 하게 된 것이다.

은 금본위제를 대체할 수 있는 인공 화폐였다.

1965년의 유명한 기자 회견에서 드골이 독일 통일을 언급한 사실을 짚고 넘어가는 것은 흥미로운 일이다. 번쩍이는 통찰력으로 드골이 보편적 화폐 질서를 회복하기 위해 최후의 노력을 하는 것 같았다. 유로마르크의 프랑스 지배로부터 벗어나기 위한 것이었지만 유로마르크는 이제 우리의 운명이 되었다.

반면 드골은 달러 왕의 죽음이 폭군 달러의 군림을 만들어 낼 것이라고는 예상하지 못했다. 미국인들은 군사적인 우위를 유지했고, 1945년 루스벨트에 의해 맺어진 사우디아라비아 동맹으로 인해 걸프의 열강들은 석유 대금으로 계속 달러를 요구할 수 있게 됐다. 미국 달러의 우세는 유지됐을 뿐만 아니라 강화됐다.

금본위제가 막을 내리자 미국인들은 무역 적자에 대한 우려에서 확실히 벗어났다. 이제 자신들이 마음껏 만든 화폐로 자금을 조달하게 되었기 때문이다. 자크 루프에게 소중한 엄청난 특권은 마음껏 진가를 발휘했다. 1982년 미국의 국제 수지가 다시 적자가 되었지만 미국인들은 개의치 않았다. 미국의 건방짐을 불평하는 유럽인들에게, 미국인들은 닉슨 대통령의 재무 장관인 존 코널리의 냉소적인 표현인 "달러는 우리 통화이지만, 당신들의 문제요"라는 말을 되풀이하며 대응하는 습관을 들였다.

우파든 좌파든 미국 정치인들은 재정 적자를 늘렸다. 우파는 세금 감면으로, 좌파는 지출로 '쌍둥이 적자'를 만들어 냈다. 이러한 광범위한 규제 완화는 유가 상승을 촉진했다. 실업과 인플레이션은 유럽 경제의 저장고를 갉아먹었다. 경제학자들은 더 이상 작동하지 않는 케인스식 방법을 버리고, 밀턴 프리드먼의 통화주의와 자유주의 이론을 채택했다. 임금 노동자들은 소중히 대해야 할 미래의 소비자가 아니라 제거해야 할 비용이 됐다. 통화의 광범위한 흐름은 통화 정책의 재국유화, 즉 화폐 세계의 분열을 야기했다. 인터넷, 컨테이너 선박, 전자 화폐 등의 기술과 무역 협상이 미국의 압력하에 국경을 허물고 국제적인 자유무역을 강요하는 순간에조차 말이다.

미국인들은 현자의 돌[85]을 발견했고, 실컷 사용할 것이었다. 2000년대에 미국 연방준비제도이사회 의장인 벤 버냉키는—당시에는 이 사회의 일반 회원이었다—미국 경제에 통제도 한계도 없이 달러를 쏟아부어서 '헬리콥터 벤'이라 불렸다.

그럼에도 불구하고 미국 경제의 경쟁력은 회복되지 않았다. 미국인들은 너무 많이 소비하고 충분히 저축하지 않았다. 이러한 소비 지상주의적 폭식증과 앵글로·색슨계 백인 개신교도 본래의 프로테스탄트 윤리와는 동떨어진 저축 불능은 미국인들의 육체를 그토록 많이 변형시키는 비만과 상징적으로 일치한다. 그것은 병든 사회이며, 자신의 충동을 통제하지 못한 채 그것을 충족시키라고 속삭이는 광고에 의해 끊임없이 장려되는 사회다. 언제나 좌절, 비난, 원한에 빠진 채 결코 더 이상 만족하지 못하는 사회다. 절대 거부당하지 않고, 항상 더 많은 것을 요구하는 아이들이다. 열정적인 잘못된 믿음으로 논의를 전환함으로

---

85 연금술에서 값싼 금속을 금으로 바꿔 준다는 가상의 물질.

써 미국인들은 그들의 탐욕을 자랑이자, 나머지 세계에 제공하는 서비스로 만들었다. 다른 세계의 생산품들을 그들이 탕진해 버리는 것이다.

프랑스인들은 아마도, 그들이 그토록 미워하기 좋아하는 그들의 거대한 보호자들과 가장 가까운 사이일 것이다. 틀림없이 그들의 저축은 비교가 되지 않지만, 그들의 소비는 시간이 지나면서 희박해진 성장의 유일한 원동력이 되었다. 미국인들처럼 프랑스인들은 지스카르 대통령의 실각 이후 균형 예산을 더 이상 경험하지 못했다. 2000년대 초부터 주 35시간 노동 시행 후, 우리의 무역 수지는 물론이고 심지어 우리의 국제 수지도 적자가 늘어나는 모양새다. 논객들은 세계화와 과도한 노동 임금 속에서 프랑스 경쟁력이 형편없어진 것에 대해 끊임없이 비난한다. 자크 루프는 국제 수지 적자에서 수출의 취약함이 아니라 저축의 부족을 보았다. 그것은 곧 과잉 소비를 의미한다. 프랑스는 미국처럼 저축을 잊었기 때문에 대외적인 적자를 겪고 있다. 특히 공공 저축이 그렇다. 프랑스인들은 국채로 상쇄한다. 미국인들처럼 우리는 더 이상 멈추지도 자제하지도 못하는, 변덕스럽고 만족할 줄 모르는 아이들이다. 누구도 우리를 향해 "아니오"라고 말한 적 없는 어린아이들이다.

1890년에 태어난 드골은 1914년 전쟁으로 인한 금전 문제 이전 유년기 시절의 축복받은 시대로 돌아가기를 아마도 원했을 것이다. 언어나 가족에서처럼 돈에 있어 질서와 안정의 시대 말이다.

지드는 자신의 소설 「위폐범들」에서 돈, 가족, 종교와 사회 사이의 긴밀한 관계를 보여 주었다. 황금은 가족에서의 아버지나 신처럼 최고의 기준이다. 재정 평가의 소멸은 아버지의 죽음이고, 아버지 하나님의 죽음이다. 지금은 아들들과 형제들의 시대이며 화폐 변동의 시기다. 제도화된 무질서의 시기다. 화폐 위조범의 시대다. "언어와 화폐는 더 이상 현실에 정착하지 않는다. 모든 것은 인위적이고, 거짓된 것이다. 단어들은 가치를 잃은 '어음'과 같다. 그리고 모두 알다시피 악화가 양화를 구축하기에, 대중들에게 진짜 동전을 제공하는 사람은 우리에게 빈말을 하는 것으로 보일 것이다. 모두가 속임수를 쓰는 세상에서는, 약장수처럼 보이는 자가 진실한 인간이다."

　미국인들은 "우리가 믿는 신 아래"라며 신성으로 그들의 모리배적인 파렴치를 축복함으로써 프로테스탄트적인 방식으로 안심하고 있다. 달러와 금의 등가 교환 종식은 제1차 세계대전으로 파괴된 19세기의 질서와 안정을 회복하기 위한 20세기 전반에 걸친 노력을 묻어 버렸다. 화폐 변동이 산업주의, 콜베르주의, 보호 무역주의의 세계, 30년의 영광으로 이룩한 이토록 프랑스적인 이 세계를 휩쓸었다. 리처드 닉슨은 아무것도 알지 못했다. 그러나 1971년 8월 15일 단호한 결정으로 그는 개방적이고, 유동적이며, 질서나 기준도 없고, 불평등하지만 역동적인 우리의 세계를 만들어 냈다. 해양과 무역 열강에 의해 강요되고 금융에 의해 지배되는 자유주의적인 자유 무역의 세계화된 세계. 이것은 역사 내내 프랑스가 무력으로 집요하게 거부하고 싸웠던 것이다. 루이 14세는 개신교도들을 내쫓고 영국-네덜란드 전쟁을 일으켰으며, 루이 15세는 로[86]의 실패 이후 볼테르주의자들과 영국에 도취한 자들

86　존 로(John Law, 1671~1729)는 스코틀랜드의 경제학자다. 루이 15세의 섭정이었던

의 자유주의 이론들을 거부했다. 나폴레옹은 대륙을 봉쇄했다. 제3공화국은 「멜린[87] 법」을 시행했다. 드골은 영국이라는 늑대를 유럽이라는 양의 우리로 들여보내기를 반복해서 거부했다.

1971년 8월 15일 이후, 목마르지 않은 당나귀처럼 끊임없이 버티면서 우리의 조국은 새로운 시대에 항복하고 양보하고 굴복해야만 했다. 절망에 빠져 마지못해서.

필리프 2세는 프랑스의 경제 위기를 극복하기 위해 존 로를 금융 책임자로 임명했다. 존 로는 프랑스 최초의 은행을 설립하도록 아이디어를 냈고, 지폐 발행을 통해 통화량을 늘려 프랑스의 경제 위기를 타개하는 데 기여했다. 양적 완화 정책의 선구자 같은 인물이다. 그러나 미시시피 거품 사건으로 인해 실각했다.

87 쥘 멜린(Jules Méline, 1838~1925)은 프랑스의 정치인으로 1896년부터 1898년까지 총리를 지냈다. 「멜린 법」은 보호 무역을 강화하는 관세법이다.

1972

1972년 2월 28일

세상을 바꾼 주(週)

리처드 닉슨은 드골을 존경했다. 헨리 키신저[88]도 마찬가지였다. 이 두 남자는 드골이 세상을 떠났을 때, 그가 너무 늦게 집권한 것을 여전히 애석해했다.

그래도 드골의 메시지가 모든 사람에게 의미가 없던 것은 아니었다. 이 두 명의 미국인은 그의 말을 듣고, 귀를 기울였으며, 본받았다.

1967년 드골이 그 유명한 프놈펜 연설에서 권했던 대로, 그들은 베트남에서의 이길 수 없는 전쟁을 끝냈다.

몇 달 전에 드골 장군은, 미국의 명령 아래 당시 서구 세계에 의해

---

[88] 헨리 키신저(Henry Kissinger, 1923~)는 미국의 외교관이자 정치학자다. 닉슨과 포드 대통령 시절 국무장관을 지냈다.

배척당하던 중화인민공화국을 프랑스가 공식적으로 인정한다고 밝힘으로써 전 세계를 놀라게 했다. 그때 드골은 국가 이익이라는 명목으로 이념적 금기를 자유자재로 다스리는 프랑스 외교의 위대한 전통을 부활시켰다. 마치 제때에 오스만 튀르크 황제에게 프랑수아 1세가 했던 것이나, 북유럽의 개신교 왕자들에게 리슐리외 추기경이 했던 것처럼.

1972년 닉슨은 드골을 따라 했다. 위대한 프랑스인에 대한 이러한 존경의 표현은 우리나라의 역사적인 쇠퇴를 의미하는 잔인한 조짐으로 드러나기도 했다. 이 미국인의 행동이 초래한 결과는 비교할 수 없었다. "위대한 나라"는 더 이상 프랑스가 아니라 미국이었다. 17세기와 18세기 프랑스가 풍부한 인구 덕분에 "유럽의 중국"으로 불렸던 영광스러운 시기를 상기하며 드골이 말했던 대로 "거인 국가"는 진짜 중국에게 바통을 넘겼다.

드골은 황제의 머리를 가졌고, 닉슨은 몸을 가졌다.

베이징에 와서 닉슨은 20세기의 역사를 반으로 잘랐다.

그는 "세상을 변화시킨 주"에 대해 말하면서, 이 모든 변화들을 자각하고 있었다.

중국과 미국의 연합은 20세기의 동맹들을 크게 뒤집어 놓았다. 닉슨의 여행은 냉전의 종말을 찍었다.

이 동맹이 진정한 진가를 발휘하려면 10년이 걸릴 것이었다. 1979년 덩샤오핑은 공산당의 사회주의와 단절하는, 중국 경제의 현대화에 착수했으며, 1980년 미국 대통령 당선자 로널드 레이건은 뉴딜의 루스벨트 모델의 역사적인 퇴장, 금융 규제 완화와 대규모 적자 재정의 시작을 의미하는 신자유주의 정책을 시작했다. 그로 인해 중국인들은 초기 무역 흑자 덕분에 자금을 조달하는 버릇이 들게 될 것이었다. 기계는 신속하고 훌륭하게 작동한다. 미국의 다국적 기업들은 중국 노동자들의 비참한 임금이라는 혜택을 누리고, 그들의 제품을 전 세계에 수출하기 위해 중국으로 공장을 이전한다. 이것은 빌 게이츠, 스티브 잡스 등과 같은 새로운 용병 자본가들의 최대 이익을 위한 것이다. 베이징은 역사상 유례없는 속도로 마오가 꿈꿨던(이 째째하고 비겁한 인간은 대영 제국을 따라잡기를 원했다!) 산업 역량을 구축하기 위해 미국 기업 경영진들의 탐욕을 이용한다. 그리고 마오는 이를 위해서 수만 명의 사람들을 희생시켰다.

당시 밀턴 프리드먼을 중심으로 하는 미국 자유주의 이론가들은 미국 대학에서 케인스주의의 늙은 수호자들을 밀어내기 시작했고, 그들의 위대한 사상을 실험했다. 유명한 '시카고 보이스'[89]는 군부에 의해 사회주의자 아옌데가 쫓겨난 1973년 칠레에 우선 영향을 끼쳤다. "보이지 않는 손"과 최소한의 정부를 주장하는 이론가들은 피노체트 장군이나 중국 공산주의자 고위층과 같은 불굴의 독재자들에게 상당히 익숙하다. 마치 시장의 "보이지 않는 손"이 대중들에게 감동을 주기 위해 절대적인 권력을 가진 "무쇠 주먹"을 필요로 하는 것처럼. 이것은 민주주의와 시장, 정치적 자유주의와 경제적 자유주의 사이의 매우 오래된 동맹을 깨뜨렸으며, 아담 스미스 이후 대리석에 봉인되었다고 여겨졌다.

---

89 케인스학파에서 시카고 대학교를 중심으로 하는 신자유주의 경제학파를 조롱하는 표현.

미국과 소련 사이의 냉전은 베를린을 반으로 갈라놓은 철의 장막으로 상징되었다. 국경은 감시되고 봉쇄되고 신격화되었다. 닉슨의 중국 여행으로 시작된 세계는 개방된 세계가 될 것이며, 국경을 폐지하고, 부인하고, 조롱하게 될 인터넷과 컨테이너 운반선, 그리고 조세 피난처의 세계가 될 것이다.

20세기의 끝은 최초의 세계화를 겪은 19세기 말의 경향으로 이렇게 다시 돌아갈 것이다. 19세기의 끝에는 또한 수에즈나 파나마와 같은 거대한 운하들의 건설과 국제 무역의 발달, 전화, 자동차, 비행기와 같은 새로운 테크놀로지의 발명, 자유 무역의 확장이 있었다. 이것들은 1945년 이래로 미국이 그랬던 것처럼, "세계의 헌병" 역할을 했던 그 시대의 금융, 산업, 제국의 열강인 대영 제국의 지휘 아래 이루어졌다.

1914년 이전의 세계와 비교하는 것은 프랑스인에게 시사하는 바가 많다. 1815년, 지배적인 해상 강국인 영국은, 또 다른 야심 찬 대륙의 열강이었지만 주변국에 불과했던 프로이센의 지원 덕분에 대륙의 경쟁자인 나폴레옹의 프랑스를 물리쳤다. 워털루에서 나폴레옹에 의해 "숲속에서 궁지에 몰린 웰링턴"을 구하고 전투의 핵심적인 향방을 바꾼 것은 블뤼허였다.

19세기 전체 역사는 오스트리아를 제거하고, 예나에서 프로이센을 모욕했던 프랑스를 박살내고, 인구와 상업의 활기에 힘입어 해양 열강의 제국적인 위치를 마침내 위협하게 된 프로이센의 지배력 증대로 요약될 수 있다. 그래서 영국은 대륙의 새로운 열강인 독일의 위협을 억제하기 위해 옛 적인 프랑스와 연합했다. 이러한 투쟁은 30년에 걸쳐 두 번의 세계 전쟁과 수백만 명의 사망자를 초래할 것이다.

한 세기 후, 영국은 미국으로, 나폴레옹의 프랑스는 소련으로, 그리고 독일은 중국으로, 유럽의… 중간 제국은 중화제국(中華帝國)으로 대체되어야 한다. 그러나 그것은 바다와 육지 간에 늘 벌어지는 동일한 대립이다.

소련이 1989년에 패배하고 1991년 파괴되면서 중국의 지배력 상승은 결국 미국을 불안하게 만들었다. 그리고 미국은 인도, 일본, 싱가포르, 호주와 같은 인민 공화국의 이웃들을 연합하기 위해 노력할 것이다.

20세기 초, 독일이 비스마르크의 교활한 신중함을 바다에 던지면서 영국 해군과 경쟁하기 위한 위대하고 야심 찬 해상 건설 정책을 개시하자 영국인들은 독일과 맞붙기로 결정했다. 2012년 중국은 첫 항공모함을 진수했으며, 그들의 배타적 해양 세력권을 중국의 바다로 만들기를 원한다.

나폴레옹은 영국이 빚에 대한 병적인 허기를 만족시키고 소중한 시티[90]를 부유하게 만들기 위해 처벌을 계속한다고, 영국을 이미 비난한 바 있다. 두 세기가 지난 후, 중국인들은 미국이 빚에 파묻혀서 월스트리트 금융의 만족할 줄 모르는 탐욕을 채우기 위해, 세계의 번영에까지 이르는 모든 것을 희생시키는 카지노 자본주의를 발전시킨다고 비난한다.

중국 인민을 향한 드골의 개방적인 태도에 이어서, 정치에 있어 여

---

90   런던의 금융 중심지 더 시티(The City).

전히 지적인 프랑스인들은 1972년 닉슨의 중국 여행으로 만들어진 다극적인 세계를 고안하고 개념화했다. 하지만 우리는 그곳에서 우리의 과거에 걸맞은 지위를 찾는 데 성공하지 못했다.

1972년 4월 6일

브뤼에엉아르투아(Bruay-en-Artois)
: 부르주아니까 유죄다

그는 키가 크고, 얼굴빛이 붉으며, 탈모가 눈에 띈다. 불손한 데다가 거만하기까지 하다. 그는 지방의 유력 인사이자, 부유한 공증인이다. 그는 토지 재산을 상속받아서 이익을 얻었다. 그는 로터리 클럽의 회원이다. 그는 북부 지방의 부르주아다. 클로드 샤브롤[91]의 영화에서 미셸 부케가 그를 연기할 수도 있었을 것이다. 그는 엄격한 가톨릭 신자인 어머니 집에서 37년째 살고 있다. 그는 이혼 진행 중인 모니크 마예르를 정부(情婦)로 두고 있다. 그는 모니크가 살고 있는 커다란 흰색 별장 뒤편 랑시쿠르 거리에 주차하는 데 익숙하다. 그곳은 광부촌의 어두운 벽돌과 그녀의 집을 구분하는 공터 가까이에 위치해 있는데 이것은 사람들, 누구보다도 까칠한 어머니의 눈으로부터 그의 비밀스러운 관계를 숨기기 위한 것이다. 그는 세간의 평판과 사랑하는 어머니의 반응에 대한 공포가 자신의 존재를 뒤흔들 것이라고는 결코 상상하지 못했을 것

---

91   클로드 샤브롤(1930~2010)은 프랑스 누벨바그를 대표하는 영화감독이다.

이다.

    예심 판사인 앙리 파스칼은 통통하고 호감 가는 50대 남성이다. 작고 수다스러운 이 남자는, 외부에는 존재하지 않는 태양을 마음에 품고 사는 북부 지방 사람들 사이에서 길을 잃은 남프랑스 사람이다. 그는 텔레비전 방송에 매우 적합한 인물로 밝혀질 것이었다. 커리어의 말년에 이르자 그는 북부 도시 베튄이 지긋지긋해졌다. 뛰어난 학생이었지만 가난한 집의 아들이었던 그는, "자신들만의 상아탑"에 갇힌 채 "대개의 경우 스스로를 과거 법복 귀족의 후손들로 간주하는" "계승자들"의 업계 안에서 소외감을 느껴 왔다. 그는 "정의와 돈"이라는 주제에 대해서 이제 막 마지막 기초를 마감한 68혁명 이후 탄생한 사법관 조합의 초기 활동가다.

    레옹 드웨브르는 우이에르[92]의 광부다. 아내 테레즈와 함께 그는 졸라의 작품에 등장하는 노동자들의 화신처럼 불행 속에서도 의연한 태도를 보이게 될 것이다.

    1972년 4월 6일 그들의 딸 브리지트의 시신은 앞서 언급한 공터에서 풍선을 가지고 놀던 두 아이들에 의해 낡은 타이어 아래에서 발견되었다. 부검을 통해 그녀가 스카프로 목이 졸렸고 도끼에 찍혔지만 성폭력을 당하지는 않았다고 알려질 것이다. 브리지트는 열여섯 살도 채 되지 않았다. 이 "민중의 자녀"에게 닥친 비극적인 죽음은 지역 언론에서 짤막한 기사로 보도될 것이다.

---

92 Houillères du bassin du Nord et du Pas-de-Calais: 프랑스 북부의 여러 광산 지역들을 통합한 국영 에너지 기업.

브뤼에엉아르투아 사건은 1970년대 프랑스의 미제 사건이다. 광부의 딸이었던 15세의 브리지트 드웨브르(Brigitte Dewèvre)가 살해당했으나 끝내 범인을 찾지 못했다. 브뤼에엉아르투아 마을은 1987년에 브뤼에라뷔시에르(Bruay-la-Buissiere)로 이름을 바꿨다. 사진은 현장 검증 모습. © Gettyimages

반면 4월 13일 목요일에 일어난 공증인의 체포는 도미니치 사건 이후 프랑스에서 한 번도 본 적 없던 미디어의 난리 법석을 촉발할 것이다. 브뤼에엉아르투아에는 리포터들이 라이브 인터뷰를 할 수 있도록 해 주는 모바일 안테나가 처음 사용되었다. 판사는 카메라가 수갑이 채워진 공증인의 체포 장면을 찍도록 내버려 둠으로써 도화선에 불을 붙였다. 범죄 현장을 재연할 때, 그는 "나는 시간을 허비하지 않았습니다"라는 말을 느닷없이 내뱉었다. 그는 "가장 거짓된 소문을 퍼트리도록 두지 않기 위해서", 그리고 "정의에 대한 자신의 생각을 알리기 위해서" 언론을 부채질했다. 그는 심판 대상에 가장 가까운 투명한 정의를 이론화한다. 신문, 라디오, 텔레비전은 매일 "소식과 특종"을 재촉받는 수많은 기자들을 보냈고 그들은 루르타비유[93]가 되어서는 어떤 단서라도 찾아내고, 필요하다면 단서를 지어내고, 조사 결과를 바꾸고, 경찰 및 사법 기관과 경쟁하고, 그들을 독촉하고, 그들을 괴롭히고, 대중들의 흥분을 불러일으키고, 자신들이 매일 쓰는 이 비극의 연기자와 해설자를 오갔다.

파스칼 판사는 그 공증인의 죄에 관한 실질적인 증거를 제시한 적이 없었다. 그는 항상 자신의 "내면의 신념"에 입각하여, 모순들, 더하여 자기 자신을 위해 선택한 죄인의 거짓말들을 몰아세울 것이다.

붉은 판사[94]들은 혁명적 정의의 이론과 관행을 만들었다. 마르크

---

93 가스통 르루의 추리 소설에 등장하는 지적인 기자 캐릭터.
94 판사의 법복은 원래 붉은 색이다. 그러나 여기에서는 68혁명의 영향을 받아 1970

스 읽기는 그들에게 법이 무엇보다도 계급 간 권력관계의 산물이라는 것을 가르쳐 주었다. 그들은 법이 빈곤층에게 봉사하도록 만들고, 법을 계급 투쟁과 혁명의 도구로 만들기로 결심했다. 결백할지라도 힘이 있다는 이유로 강자를 공격하기로 결정했다. 그리고 약자, 빈자, 젊은이, 이민자를 보호하기로 결심했다. 그들은 유죄라 하더라도 사회의 희생자이기 때문이다.

브뤼에엉아르투아 사건은 그들의 맹목적인 이론을 처음으로 실천한 것이다. 1980년대에 파스칼 판사의 어린 형제들이라 할 수 있는 또 다른 붉은 판사들은 우리 엘리트들의 증가하는 부패에 맞서는 공정한 투쟁을 불법화할 각오를 하고 대기업 사장, 정치인, 심지어 장관들까지 체포하는 장면을 계속해서 연출함으로써 그들의 이념적이고 언론적인 열반의 경지에 도달할 것이다.

19세기 산업화로 다수의 사망자가 발생하는 곳으로 낙인찍힌 이 지역에서(1979년까지 200년 동안 브뤼에엉아르투아는 파드칼레 지역의 대규모 탄광 중심지였다.) 이 작은 판사는 마오쩌둥 운동가들과 연결되고, 그들의 지지를 얻고, 그들에게 휘둘릴 것이다. 그들은 자신들이 우상화하고 이상화한 이 노동 계급에게 비비기 위해 온 자들이며, 노동 계급 안에서 그들은 "물 만난 물고기"처럼 잠수하기를 꿈꾼다.

조제프 투르넬이라는 한 광부가 현장에서 작전을 지휘한다. 그는 그 지역에 대해 잘 안다는 이유로 당시 프롤레타리아 좌파당의 마오주

년대에 등장한 극좌파 성향을 가진 판사들을 일컫는다. 이들은 판결을 내리는 데 있어 자신의 가치관에 근거한 자의적 해석을 드러냈기에, 엄격하게 법을 적용하는 '올바른 판사(bon juge)'라는 표현과 대비되어 '붉은 판사(juges rouges)'라고 불렸다.

의자들의 우두머리였던 베니 레비에 의해 채용되었다. 그는 북부 사투리인 슈티로 말하고 프롤레타리아적인 인물상을 구현한다. 그는 브뤼에 고등학교에서 학생들을 가르치는 철학 교수 프랑수아 에발드의 도움을 받는다. 그들은 둘 다 단체 지부장에 의해 조종당하고 있다. 그는 마크라는 가명으로 불린다. 마크는 작전의 이념적 순수를 보장하고, 부르주아 언론과 경쟁하기 위해 지역 언론사를 설립하는 책임을 맡고 있다. 마크의 진짜 이름은 세르주 쥘리다. 그의 신문인 『피라트』는 장폴 사르트르와 모리스 클라벨의 화려한 후원 아래 9개월 전에 설립된 『리베라시옹』 신문사의 운동권 기자들을 이용한다.

젊은 마오주의자들은 1793년, 1917년, 그리고 중국 혁명에서 비롯된 공포 정치의 반사적 행동을 그들의 이데올로기적인 유전자로 상속받았다.

로베스피에르의 공포 정치는 미덕의 이름으로 행해졌다. 마오주의자들은 "부르주아들의 돼지 같은 삶"을 격렬히 비난하며 그들에게 이상화된 노동자의 윤리로 대항한 청교도들이었다. 귀족은 타락한 악당이었고, 샤브롤의 작품에 등장하는 선한 부르주아도 마찬가지였다. 귀족들은 『위험한 관계』[95]의 발몽처럼 냉소적인 리베르탱이었고, 그들의 아내들은 거만한 창녀였다. 베튄의 골목들에서 사람들은 금욕적인 광부촌의 그림자 아래에서, 덧문이 없는 창문 뒤에서 일어난 "난잡한 파티들"에 대해 지치지도 않고 비난한다. 사법 경찰은 그 지역 "매음

---

95 18세기 프랑스 작가 라클로의 서간체 소설로 18세기 프랑스 귀족들의 사교계에서 펼쳐지는 사랑과 권력관계를 통해 당시 귀족들의 자유분방한 가치관을 보여 준다. 이 작품은 오늘날까지도 여러 국가에서 지속적으로 각색되어 영화화되고 있다.

굴"의 모든 매춘부들과 여성 지배인들이 줄지어 지나가는 것을 본다. 그녀들은 사드 후작과 친한 괴물 같은 변태의 초상화를 만들어 내며, 공증인의 성적인 요구 사항을 매우 자세하게 묘사한다. 그러나 그의 유죄 판결을 믿는 작은 판사가 소환한 이 여인들은 경찰의 압력으로 진술했다고 고백한다. 그리고 그녀들은 증언을 번복한다.

검사는 이 증언 철회들을 서면으로 기록하도록 요청하고, 법무부 장관인 르네 플레벵은 "용의자에게는 무죄 추정의 원칙이 있음"을 상기시킨다. 그러나 귀족이 태어날 때부터 혁명의 적이었던 것처럼, 브뤼에의 공증인은 부르주아이기 때문에 유죄다.

1972년 5월 1일, 『인민의 대의(La Cause du Peuple)』[96]는 "그리고 이제 그들은 우리의 아이들을 살해한다"라는 제목으로 범죄를 다룬 두 페이지를 발표한다. 그리고 "브뤼에의 범죄: 단 한 명의 부르주아가 이 일을 저질렀다!"라고 명시적인 부제를 달았다.

파기원의 형사부에 의해 7월 13일 권한이 박탈된 그 작은 판사를 변호하기 위해서 진리와 정의 위원회가 설립되었다.

마오주의 신전의 수호자들은 드웨브르의 부모를 입당시키고, 부르주아들을 향한 린치를 호소하기 시작한다. 지치지도 않고 "계급의 정의"를 규탄하며 "인민의 정의"의 출현을 요청한다. 『인민의 대의』에서 우리는 "노동자들이 굶주릴 때 1파운드의 스테이크를 먹는 공증인은 아동 살인자밖에는 될 수 없다"는 글귀를 읽는다. 1793년 『뒤셴 신부

---

96   프롤레타리아 좌파당의 기관지.

(Père Duchesne)』[97]의 몰살의 열기를 되찾은 그들은 "그렇다. 우리는 야만인들이다. 그를 조금씩 고통스럽게 만들어야 한다. 누군가 우리에게 그를 던져 준다면, 우리는 그를 면도칼로 하나씩 하나씩 잘라 버릴 것이다! 차 뒤에 묶어서 브뤼에의 거리들을 시속 100마일로 달릴 것이다. 그의 불알을 잘라야만 한다! […] 이 문장들이 야만적인가? 분명히 그렇다. 하지만 이것을 이해하려면 광산에서 120년의 착취를 겪어야만 한다"고 예고한다.

브리지트 드웨브르의 젊은 동료인 장피에르가 살인죄로 기소되었을 때, 그들은 그를 열렬하게 변호했다. 노동자의 아들은 아동 살해자가 될 수 없다. 1973년 6월 2일, 『리베라시옹』은 "브뤼에: 장피에르는 암살자가 아니다"라는 제목을 싣는다. 장피에르는 그의 진술을 번복한다. 미셸 푸코가 심한 충격을 받은 순간, 부르주아 개자식들에게 맞서는 마오주의자들의 투쟁을 무엇보다도 지속적으로 지지했던 장폴 사르트르는 "린치인가 인민의 정의인가?"라는 제목이 달린 기사에서 혁명적인 열정을 진정시키기 위해 노력한다. 그러나 베니 레비와 가까운 분파는 그에게 응수했다. "만약에 르루아[98](또는 그의 형제)가 잘못 알려진 것이라면, 민중들이 그의 인격을 탈취할 권리가 있을까? 우리는 그렇다고 대답하겠다! 부르주아 계급의 권위를 전복시키기 위해, 모욕당한 국민들은 짧은 공포의 기간을 정해서 소수의 비열하고 증오스러운 개인들을 공격해야 할 것이다. 이 계급에 속하는 몇몇 사람들의 머

---

97 혁명기 극단주의 신문.
98 브리지트의 살해 혐의를 받은 공중인의 이름이 피에르 르루아다.

리가 창끝에 흩어지지 않고는 계급의 권위를 공격하는 것은 어렵다."

브뤼에엉아르투아에서는 세 가지 정의의 개념을 둘러싸고 있을 수 없는 폭발적인 충돌이 일어났다. 마오주의자들의 민중의 정의. 민중, 아니 정확히 말하자면 관할하는 작은 판사를 위한 정의. 그리고 파리의 위대한 편집인들의 언론의 정의다. 그것들은 서로 교차하고, 서로를 강화하고, 때로는 경쟁하기도 했다.

이것은 곧 드레퓌스 사건의 축소판이 되었다. 프랑스는 두 개의 캠프로 나뉘어 서로 싸우고, 모욕하고, 공개적으로 망신을 주었다. 그 지역의 여성들은 수사관들의 차에 돌을 던졌다. 사람들은 아미엥, 랭스, 릴, 심지어 벨기에에서도 꽉 채운 중계차를 타고 그 유명한 공터를 방문한다. 드레퓌스 사건이 20세기의 출생증명서였다면, 브뤼에엉아르투아의 사건은 19세기와 21세기를 연결했다. 마오주의자들은 아직 알지 못하고 있지만, 계급 투쟁이라는 배경 뒤에서 그들은 자신들의 이익을 위하여 엘리트들의 후계자를 준비한다. 1789년에 부르주아지는 볼테르적이고 세계주의적인 귀족 정치를 단축하기 위해 민중에 기댔다. 1968년 이후에는, 국제주의적이고 자유주의적인 새로운 부르주아지는 보수적인 애국자인 옛 가톨릭 부르주아지를 내몰기 위해서 마르크스 노동자주의의 입장을 고수했다. 우리는 엘리트의 효율적인 선별을 위해서 계급 투쟁을 거친다. 파레토[99]에 이르기 위해서 마르크스를 거친다. 세

---

99 빌프레도 파레토(Vilfredo Pareto, 1848~1923)는 이탈리아의 경제학자다. 전체 결과의 80퍼센트를 전체의 20퍼센트가 책임진다는 파레토 법칙을 밝혀냈다.

르주 쥘리는 『리베라시옹』의 사장이 될 것이고, 파리의 작은 세상에서 가장 존경받고 경외받는 언론인 나으리가 될 것이다. 1980년대에 그는 마르크스적인 유물을 유럽과 자유 민주주의의 유물과 교환할 것이다. 프랑수아 에드월드는 미셸 푸코의 비서를 지낸 후에 드니 케슬러[100]와 연합하여 프랑스 보험 회사 연합의 선두에 서서, 신자유주의적인 개혁을 수호하기 위해 열정과 재능을 바칠 것이다. 베니 레비는 뮌헨에서 일어난 이스라엘 육상 선수들에 대한 테러 공격 이후 테러리즘을 포기하고, 죽어가는 장폴 사르트르 같은 인간에 의해 신을 향한 화려한 복귀로 떠밀렸다. 그 후 그는 가장 정통적인 유대교의 길을 되찾아 예루살렘에서 짧지만 파란만장한 삶을 마감할 것이다. 우리의 전(前)마오주의자들은 혁명을 결코 포기하지 않았다. 그들은 이제 노동자를 위해서가 아니라 시장을 위해 혁명을 했다. 그들은 프랑스 국민을 한 강국의 지배 아래 두는 것을 결코 멈추지 않았다. 다만 소련이나 중국의 공산주의를 미국 자유주의 제국과 맞바꿨을 뿐이다. 그들은 인권을 숭배하기 위해서 프롤레타리아의 신념을 단념했다. 브뤼에엉아르투아를 떠나면서 그들은 권력의 중심부에 정착하기 위해 소외된 가장자리를 포기했다. 이로부터 그들은 "우리는 우리가 대체하는 것만 파괴한다"고 말한 당통[101]으로부터 영감을 얻어서는 가장 먼저 옛 스승들을 추방했다.

파스칼 판사는 1989년에, 피에르 르루아 선생은 1997년에, 레옹

---

100 원문에는 다비드 케슬러(David Kessler)로 나와 있으나, 정황상 드니 케슬러(Denis Kessler)가 맞다. 저자의 착각으로 보인다.

101 조르주 당통(Georges Danton, 1759~1794)은 프랑스 혁명기의 정치가다.

드웨브르는 2003년에 사망했다. 브뤼에엉아르투아 마을은 1987년에 브뤼에라뷔시에르(Bruay-la-Buissière)로 이름을 바꿨다. 광부촌은 풍경에서 사라졌다. 브리지트의 어머니는 희망과 체념 사이를 오가며 딸의 살인범을 찾기를 아직도 기다리고 있다.

그들은 모두 자신들의 한계를 넘어서는 전쟁의 희생자들이었다. 세대, 성별, 계급을 둘러싼 전쟁이었고, 파스칼 판사와 프롤레타리아 좌파당의 옛 동지들이 승리한 전쟁이었다. 프랑스 부르주아 백인 남성은 이제부터 평생 죄인일 것이다. 모든 것에 대해 유죄이며, 절대적으로 유죄이며, 영원히 유죄이다.

1972년 4월 23일

트로이 목마를 탄 영국

그리고 밀로르[102]는 울음을 멈추었다. 드골 장군이 영국 총리 맥밀런 경에게 대영 제국의 유럽경제공동체 가입을 거부하며 에디트 피아프의 유명한 샹송의 후렴을 불러 주면서 조롱한 지 10년이 지났다. 1967년 드골 장군은 다시 한 번 거절했는데, 노래는 없었지만 주저하지도 않았다. 사람들은 조르주 퐁피두가 영국의 유럽경제공동체 가입을 후원한 이유를 이해할 수 없다. 드골이 문전박대한 이유를 알지 못한다고 해도

---

102 에디트 피아프가 1959년 발표하여 큰 인기를 얻은 샹송의 제목이자 가사에 등장하는 인물의 이름.

말이다. 사실 그 이유들은 동일하지만, 생각은 완전히 바뀐 것이었다. 이 사건에서 퐁피두는 드골에게 반대하기 위해서 행동했다.

드골은 영국과 유럽경제공동체의 이해관계가 상반된다고 생각했다. 영국인들은 전 세계로부터 오는 상품을 구매하는 데 익숙하지만, 유럽경제공동체는 프랑스 농업이 이웃 국가들을 먹여 살릴 수 있도록 하는 공동의 농업 정책에 기초를 두고 있다. 영국인들은 19세기 중반부터 자유 무역의 완강한 지지자이며, 유럽경제공동체는 유럽공동체 특혜의 상징인 대외 공동 관세로 보호되고 있다.

드골은 페이르피트에게 "공동 농업 정책과 대외 공동 관세 없이 유럽은 더 이상 존재하지 않는다"고 분명하게 말했다. 그러나 퐁피두는 영국인들이 영연방과의 교류를 유지할 것이며, 영국이 유럽경제공동체에 진입하는 것은 "유럽 요새"의 모든 관세 장벽을 점진적으로 무너뜨릴 대규모 무역 협상의 시작과 일치한다고 받아들였다. 미국인들이 라운드라고 부르는 이 협상은 복싱 경기와 같다. 유럽은 KO 상태가 될 것이다.

영국인들은 드골을 두렵게 만들었던 미국판 트로이 목마였다. 처칠은 전쟁이 끝날 때 "먼 바다와 대륙 사이에서 우리는 먼 바다를 선택할 것이다"라고 예고했다. 맥밀런 경은 1958년 재집권한 드골에게 "'유럽'을 만들지 마시오. 나폴레옹의 대륙 봉쇄령과 같단 말이오. 그건 곧 전쟁이오!"라고 경고했다.

퐁피두가 드골의 거부권을 폐지한 것은 맥밀런의 이 문장에 대한 응답이다. 그는 유럽이 더 이상 대륙 봉쇄 상태가 아니라는 것을 보여주고 싶었다. 그는 영국인들과 새로운 우호 협약을 맺기를 원한다. 그는 이렇게 보호자 미국의 호의로부터 이익을 얻을 수 있다고 믿는다.

그는 프랑스가 68혁명으로 인해 약해진 것을 알고 있다. 그는 드골이 자존심 때문에 거부했던 프랑화 평가 절하를 결심했다. 그는 프랑스의 거대 산업 역량 구축을 완료하기 위해 앵글로·색슨들과의 긴장을 완화하길 원한다. 그의 계획은, 그보다도 앞서서 영국의 우정을 구했던 프랑스의 마지막 위대한 산업 지도자 나폴레옹 3세의 계획과 비견할 만하다. 퐁피두는 또한, 1715년 루이 14세의 죽음 후의 오를레앙공, 또는 1815년 나폴레옹 몰락 후의 탈레랑[103]과 같은 계보에 놓인다. 프랑스 측에서는 무기들의 소음보다 "무난한 무역"을 우선시하는 위대한 조정자들과 교섭자들을 통해 긴장과 전쟁의 시기가 평화로 이어졌다.

드골은 "유럽경제공동체"를 프랑스 지배력에 있어서 "아르키메데스의 지렛대"처럼 사용하기를 꿈꿨고, 이것으로 워털루에서 잃어버린 제국을 복원시킬 수 있었을 것이다. 6개국으로 이루어진 하나의 유럽은 미국과 소련에 이어 세 번째 대국인 프랑스에 의해 주도되었다. 프랑스와 독일의 우정에 대한 카롤링거[104]적인 비전은 1962년 조약과 랭스 대성당에서 아데나워가 참석한 미사에 의해 거창하게 신성화되었다.[105] 드골은 아리스티드 브리앙보다는 리슐리외에 더 가까운 우정의

---

103 샤를 모리스 드 탈레랑페리고르(Charles-Maurice de Talleyrand-Périgord, 1754~1838)는 프랑스의 정치가, 외교관, 가톨릭 성직자다. 프랑스 혁명기부터 왕정복고기까지 정권을 가리지 않고 살아남아 외교관으로 활약했다.

104 카롤링거는 메로빙거에 이은 프랑스의 두 번째 왕조로 당시 광대한 영토를 지배했다. 그러나 결국 「베르됭 조약」으로 삼분할되었으며, 그중에서 동프랑크가 오늘날의 독일 영토에 해당한다.

105 1962년 7월 독일 수상 아데나워의 프랑스 공식 방문의 일환으로 랭스 대성당 미

개념을 품고 있었다. 즉, "프랑스는 기수이고 독일은 말이다." 샤를마뉴의 제국을 따르고자 한 마지막 인물의 이름은… 나폴레옹이다. 영국과 프랑스의 관계를 언급할 때 독일은 결코 멀리 있지 않다. 리슐리외는 대륙에 대한 프랑스의 지배를 강요하기 위해 독일 왕자들의 분열을 자유자재로 다뤘다. 루부아의 군대는 루이 14세의 분노로 팔라티나를 불태웠다. 프레데릭 2세 치하에 있던 과거 프로이센 동맹들은 루이 15세의 사형 집행인이 되었다. 예나에서의 빛나는 승리를 거둔 나폴레옹은 서둘러서 프리드리히 2세의 검을 프랑스로 가지고 돌아왔다. 워털루에서 미래의 승자가 될 블뤼허는 끝없는 분노로 파리에 입성하자마자 예나 다리를 불태우기를 원했다. 독일 제국은 1871년에는 베르사유궁 거울의 방에, 1916년에는 베르됭에까지 출현했다. 그리고 1940년 6월 프랑스는 붕괴했다. 세기마다 반복되는 이 장엄하고 살상적인 얽힘, 이 경외적이면서도 증오적인 상호 작용에서 르네 지라르는 그 유명한 모방 욕망 이론의 가장 끔찍한 실행을 목격했다.

독일의 철학자 피터 슬로터다이크는 드골의 제국주의적 의도를 매우 잘 간파했다. 슬로터다이크는 "대통령직에 대한 과대평가는 요컨대 엘리제궁이 유럽의 백악관이 되고 싶어 한다고 가정할 때에만 의미가 있다. 또는 보다 가까운 표본들을 떠올리자면, 베르사유와 베이루트 사이의 중개 대상이 되기를 원할 때도 그렇다"고 설명한다. 그곳에

사가 진행되었다. 같은 해 9월에는 드골이 독일에 방문했으며 이러한 흐름은 결국 프랑스와 독일의 우호적 관계를 다짐하는 엘리제 조약으로 이어진다. 따라서 1962년의 조약이라 언급된 것은 1963년 1월 체결된 「엘리제 조약」을 의미하는 것으로 보인다.

서 보통 직접 선거로 치러진 대통령 선거와 원자 폭탄이 노트르담 대성당과 나폴레옹의 대육군을 대체했다. 반면에 드골이 프랑스인과 독일인들 사이의 해로운 모방적인 얽힘을 중단하려는 의지를 품고 있다고 슬로터다이크가 확신한 것은 실수였다. 드골은 싸움꾼들을 떼어놓으려고 한 것이 아니라, 오히려 패배하고 분열된 독일에 그의 보호권을 받아들이게 한 것이었다. 그는 두 차례의 세계대전이 단 하나의 동일한 분쟁이었다고 항상 생각했다. 프랑스처럼 독일이 패배한 "30년 전쟁" 말이다. 각자 차례가 있다. 그러나 드골은 독일이 패배했기 때문에 프랑스가 이긴 것처럼 행동하기로 결정했다. 나폴레옹이 신성로마제국을 파괴한 뒤에 그리고 프로이센을 분할하기 전에 독일 연방의 수호자가 되었던 것처럼, 드골은 이후 독일민주공화국이 될 프로이센 지방에 대해서 절단된 독일 연방의 후원자인 척했다.

한때 프랑스와의 유대감을 지지하는 "라인란트 청년"의 일원이었던 쾰른 출신 친불파 콘라트 아데나워는 우정 어린 조약에 대해 호의적인 태도를 취했다. 그러나 미국인들에 의해서 만들어진 독일연방의회와 그들에게 충성하는 장 모네는 1963년 미국 동맹과 북대서양조약기구 소속의 우위를 상기시키는 서문을 추가했다. 서독 의원들은 1914년 오스트리아, 1940년 이탈리아와 맺었던 "가장 약한 동맹"의 실수를 되풀이하지 않기를 원했다. 그들은 "조부들의 유럽"에 대항하여 종말을 알렸고, "나는 베를린 사람입니다"[106]라며 텔레비전에 매우 어울릴 법한 달콤한 로망스를 불러 주러 온 젊은 유혹자 케네디에게 항복했다.

---

106 1963년 6월 미국 대통령 케네디의 베를린 연설을 의미한다.

드골 장군은 분노했다. "독일인들은 돼지처럼 행동했다! 조약은 마치 장미나 어린 소녀 같은 것이었다. 그것은 유지되는 한에서만 지속되는 것이다." 그래서 드골은 "긴장 완화, 합의, 협력"으로 가장했던 옛 배후 동맹(틸지트 조약에서 1892년 프랑스-러시아 조약까지)을 자신의 차례에 부활시키기 위하여 러시아로 향했다.

퐁피두는 이유가 있어서 정책이 실패했다고 판단하여 이 장엄한 정책에 종지부를 찍었다. 그는 빌리 브란트 독일 수상과 사이가 나빴다. 퐁피두는 독일 경제력의 위협을 두려워하기 시작하고, 영국과 대책을 모색한다. 그것은 탈레랑에게 소중한 전통적인 권력 균형의 귀환이다. 이것은 1815년 때처럼 드골의 카롤링거적인 비전의 뒤를 잇는다. 그러나 유럽의 이 균형은 과거에는 영국이었고, 이제는 미국인 해양 제국 열강의 기울어진 지배를 항상 동반한다.

후보자 퐁피두는 자신의 여당 연합에 가담시키기 위해 중도파들에게 영국의 유럽 참여를 약속했다. 이 열렬한 연방주의자들은 영국이 자기들의 이익에만 관심을 쏟고 자신의 주권에 집착한다는 것이 드러나면 후회하게 될 것이다.

하지만 시대착오적인 지점이었다. 1972년 미국인들과 확실하게 연결된 상태로, 그리고 위대한 동맹국에게 복종하며 유럽으로 들어온 것은 하나의 영국이었다. 그러나 너무 강력한 노조에 의해 약화된 것도 하나의 사회민주적인 영국이었다. 자유 무역과 세계화의 세력에게 대륙 전체를 제공하기 위해, 영국이 옛 "대륙 봉쇄령" 파괴를 완수한 것은 1979년 마거릿 대처의 등장을 동반했을 때였다.

1972년 6월 17일

대통령의 남자들

우리는 미국에서 온 사람들에 대해 모든 프랑스인이 바로 마음에 품는 거만하고 믿을 수 없는 빈정거림으로 이 놀라운 이야기를 우선 관찰했다. 그다지 인상적이지 않은 자들의 약간 경멸하는 시선. 만사 무관심하고 냉소적인 보통 프랑스인들의 "미국적인 순진함"을 비꼬는 시선.

우리는 말했다. "어른 아이 같으니, 이 미국인들!"

우리는 역사 속으로 빠져들었다. 워터게이트는 미국 신화의 근원으로의 회귀다. 그 신화는 필그림 파더스[107]들로부터 만들어진 것이다. 그들은 오래된 유럽에 대한 거부, 그 유럽의 교묘함, 냉소주의, 폭압적이고 비도덕적인 권력을 거부한다. 국가는 악이다. 거짓말, 은폐, 마키아벨리즘인 것이다.

우리는 비교했다. 우리에게 국가는 오히려 선, 즉 공익의 신성한 현현이다. 국가는 교회와 봉건 영주들로부터 우리의 자유를 보호한다. 이탈리아인들은 르네상스 시대에 우리에게 정치적 마키아벨리즘의 기초를 가르쳤다. 청년 루이 14세는 마자랭으로부터 배웠고, 프랑스 전체가 루이 14세와 함께 있었다.

국가의 거짓말은 만약 그것이 공공의 이익을 위해 봉사한다면 프랑스인들에게는 결함이 아니다.

---

107 1620년 미국으로 건너가 정착한 영국의 분리주의자들.

처음에는 무관심이었다. 1972년 6월 17일 밤 워싱턴에 있는 민주당 본부에서 다섯 명이 체포되었다. 그래서 어떻게 되었는가? 게다가 불법 침입까지 있었다… 이어서 예측할 수 없는 폭주가 일어났다. 정치 스캔들이 터졌다. 밥 우드워드와 칼 번스타인이라는 두 언론인에게 수사를 치하하는 퓰리처상이 수여되었다. 대통령 리처드 닉슨은 기소되었다. 대법원에 의해서 탄핵에 대한 소송 절차가 진행되었다. 1974년 8월 미국 대통령은 사임했다. 1975년 두 기자들이 쓴 『대통령의 남자들』이라는 책이 출간되었다. 이 책은 1976년 가랑이가 매우 넓은 바지에 넓은 깃의 셔츠, 매듭이 큰 넥타이에 장발 머리를 한 금발의 로버트 레드퍼드와 갈색 머리의 더스틴 호프먼이 출연하는 영화로 각색되기도 했다. 신화가 탄생했다. 세계적인 신화. 상징적이고, 전략 지정학적이고, 이데올로기적인 엄청난 결과가 초래되었다.

먼저 미국을 보자.

닉슨은 공화당원이다. 보수주의자다. 그는 1972년 급진 좌파와 대학 캠퍼스에서 사랑받는 조지 맥고번에게 압승하고 재선되었다. 1960년 미국 상류 사회와 엘리트들의 아이콘인 존 F. 케네디를 상대로 겪었던 마피아의 사기라는 불공정한 패배에 대해 마침내 복수했다. 그는 가장 명석하고, 가장 뛰어나고, 가장 부르주아적인 사람들에게 맞서서 "하찮은 인간"이라는 자신의 열등감을 찬란하게 극복했다. 그는 60년대의 진보주의자들에 맞서서 조용한 다수를, 동부와 서부의 젊은 엘리트들에 맞서서 근원적인 미국을 동원할 줄 알았다.

워터게이트는 닉슨에 맞서는 사회학적이고 세대적인 복수다. 미개한 아메리카 원주민에 동화된 인종주의자나 남성 우월주의자 백인 남성에 대한 복수다. "하층민의 전선"에 대항하는 "가장 지적인 자들"의 복수다. 보통 선거에 대항하는 지식인, 대학생, 페미니스트, 소수 인종, 미디어의 복수다.

닉슨은 선거에서 패배하지 않고도 쫓겨났다. 세계 최대 권력을 가진 이 대통령은 베트남의 곤경에서 미국을 탈출시키는 데 성공했다. 공산주의 중국과의 연합이라는 거대한 전복을 시작했다. 그러고는 곧 핵전쟁으로 전환될 위험이 있는 욤 키푸르 전쟁[108]을 종식시킬 것이었다. 그러나 칠레의 살바도르 아옌데를 손가락 한 번으로 뒤집은 절대 권력의 현신인 이 남자는 자신이 임명했던 몇몇 법관들에게 비굴하게 면죄부를 간청하는 처지에 놓이게 되었다. 이것은 단두대 위의 루이 16세의 모습과도 같다. 신성은 박탈되었다. 닉슨의 시작은 우리에게 있어 자유, 민주주의, 그리고 법치 국가의 승리로 찬양된다. 사실상 그의 몰락은 국민과 과반수법의 패배다. 금융가들, 전문가들, 비정부 기구들과 곧 합류할 언론인과 판사 연합에게 패한 것이다. 그들은 해외 플랫폼에 있는 것처럼 국민의 바깥에 위치한 채, 조국과 거리를 두고는, 국민과 그들의 대표자들에게 도덕적인 교훈을 가르친다. 교단의 높은 곳에 서 있는 위대한 사제들처럼 말이다.

닉슨은 루스벨트의 마지막 후계자다. 그는 뉴딜 정책의 국가적 노선을 의심하지 않았으며, 민주당 전임자인 린던 존슨에 의해 취해진 흑인들을 배려하는 사회적 조치에 대해서도 의문을 제기하지 않았다. 보

---

108 이스라엘과 아랍 국가 사이에서 벌어진 제4차 중동 전쟁. 1973년 10월 6일 시작되어 10월 25일에 끝났기 때문에 10월 전쟁으로 불리기도 한다.

수주의자이면서 케인스파였으며, 공화당원이지만 사회주의자였다. 자유주의자들은 나쁜 선례를 이용할 수 있을 것이다. 우선은 카터의 청교도적인 시골뜨기 방식, 이어서 조금 더 성공적으로는 로널드 레이건에 의해 캘리포니아에서 시작되어 워싱턴, 그리고 전 세계에 손해를 입힌 세금 반란 말이다.

닉슨은 결국 키신저의 조언을 받아들였다. 키신저는 오래된 유럽의 마키아벨리적 냉소주의의 정수이며, 메테르니히[109]와 탈레랑 사이에 있다. 죽었든 살았든 이 두 인물은 닉슨이 경멸을 감추지 않는 유일한 인간 존재들이다. 닉슨의 출발은 미국의 이상주의, 걷어차인 윌슨주의, 선한 편(언제나 미국)과 악한 편(1989년까지는 소련과 공산주의자들, 이후로는 이슬람주의 테러리스트들)에 대한 흑백 논리의 반복, 민주주의와 인권의 확산(소련에 대항하는 아프가니스탄 지원, 이어서 두 번의 걸프전과 탈레반에 맞서는 개입, 그리고 동유럽의 미국 기관들에 의해 조직된 가장 은밀하지만 효과적인 오렌지 혁명)을 위한 군사 개입의 귀환을 알렸다.

"사기꾼 닉슨"의 악마화는 미국의 고전이지만, 1914년의 전쟁이 끝난 이래로 이 나라에서 벌어진 모든 것과 마찬가지로 전 세계에 영향을 미친다. 특히 프랑스가 그렇다.

우리가 처음 보였던 조롱은 서서히 혼란스러운 감정들이 들어설

---

109 클레멘스 폰 메테르니히(Klemens von Metternich, 1773~1859)는 오스트리아의 외교관이자 정치인이다. 나폴레옹 몰락 후 유럽을 프랑스 혁명 이전으로 돌려놓는 것을 목적으로 하는 빈 체제를 주도했다.

여지를 남겼다. 거기에서 격정적인 감탄은 억제할 수 없는 증오와 뒤섞였다.

자학: "그런 일이 일어난 곳은 프랑스가 아니다."

모방: 『르 카나르 앙셰네』[110]는 내무부가 보낸 "도청원"들이 이 풍자 신문사 건물에 마이크를 설치했다고 곧 비난했다.

개념화: 프랑스는 프랑스적 전통이 당시까지만 해도 "판사 정부"라고 불렸던 미국식의 법치 국가를 갖춰야 한다.

고발: 퐁피두는 프랑스의 닉슨이다. 그는 쫓겨나야 한다. 그는 매년 봄 "즐거운 여담"을 다시 시작하기 위해 길에 쏟아져 나오는 68세대 청년들을 떠올린다.

매혹: 젊은 언론인 세대들은 이제부터 레드퍼드와 호프먼이 맡았던 역할을 연기하기를 꿈꾸게 될 것이다. "작은 판사들"과 수사관이라 불리는 기자들의 연합은 어두운 방 뒤편에서 이 청춘의 꿈으로부터 태어난다. 이 연합은 프랑스 정치인들의 인생을 뒤흔들 것이다. 지스카르 데스탱(다이아몬드), 미테랑(환경주의자들인 레인보우 워리어, 그로수브르[111] 등), 시라크(공화국 연합의 자금, 파리 시장의 비행기 티켓), 사르코지(베탕쿠르 스캔들)에 이르기까지 왕좌들을 위태롭게 만들 것이다.

---

110 『르 카르나 앙셰네(Le Canard enchaîné)』는 풍자성이 강한 프랑스의 주간지다.

111 프랑수아 드 그로수브르(François de Grossouvre, 1918~1994)는 프랑스의 정치인이다. 미테랑과 매우 절친한 사이였으며 미테랑이 직접 나설 수 없는 문제들을 은밀히 해결하는 역할을 했던 것으로 알려져 있다. 1994년 자살했다.

1972년 7월 1일

「플레벵 법」: 프랑스 내 언론 자유의 종말

"이 법조문으로 프랑스는 내가 아는 한 형법에 있어서 차별에 대한 광범위한 정의를 갖게 될 세계 최초의 국가가 될 것이다. 이것은 아주 크게 언급될 만한 가치가 있다."

법무부 장관 르네 플레벵은 으스댔다. 1918년 "옛날에는 하나님의 병사, 오늘날에는 법의 병사인 프랑스는 항상 이상적인 병사가 될 것이다"라고 했던 클레망소가 떠오른다. 플레벵은 프랑스와 프랑스 정부를 자랑스럽게 여겼고 그 점에 대해서 매우 만족했다. 그러나 인종 차별을 더욱 엄중히 처벌하기 위한 이 법의 아이디어는 사회주의 의원인 르네 샤젤로부터 나왔다. 드골파 장관은 그것을 채택했을 뿐이지만, 역사는 그의 업적으로 남겼다. 사람들은 「샤젤 법」이 아니라 「플레벵 법」이라고 부른다.

하원도 상원도 망설이지 않았다. 법조문은 두 의회에서 만장일치로 표결되었다. 이는 공화국의 자랑인 합의 투표 중 하나였다. 4분의 3이 비어 있는 국회에서 급하게 거수로 진행했다 하더라도 말이다. 그나마 출석한 얼마 되지 않는 의원들이 결석한 동료들의 위임 투표를 위해 사방으로 분주히 돌아다녔다.

취할 수만 있다면 어떤 술병이든 상관없다. 법안의 설명자인 피에르 맬레는 장중한 어조로 거의 구세주적인 시대를 알렸다. "이 법조문은 인간관계에서의 몇몇 고약한 측면들에 대항하는, 열의가 있는 사람들에 의한 아주 오랜 투쟁의 결과입니다."

이번에는 아리스티드 브리앙과 그가 1920년대에 "전쟁은 전쟁을 부른다"고 큰소리로 외친 것이 생각난다. 사람들은 선의 속에 빠져든다. 누구도 흐름을 거스를 수 없다. 누구도, 심지어 교양 있고 매우 보수적인 대통령 퐁피두조차도 말이다.

1972년 7월 1일 제정된 법은 1881년 7월 29일 언론의 자유에 관한 위대한 법률의 일환으로 새겨졌다. 그것은 이미 형사법에 열거된 범죄들에 새로운 범죄 행위들을 조촐하게 더하는 것처럼 보인다. 그러나 1881년의 언니 같은 법과 비교하면 「플레벵 법」은, 그리스의 적들에게 트로이 목마 같은 것이었다. 죽음을 초래할 헌납이었다.

1881년의 법은 몇몇 중죄와 경범죄 교사를 진압했다. 여기에 해당되는 절도, 약탈, 화재와 같은 재산 침해는 파리코뮌이 지난 지 겨우 몇 년밖에 되지 않은 자유주의 제3공화국을 분노케 했다. 1972년 7월 1일의 법은 "출신에 의해서, 또는 특정한 민족, 국가, 인종, 종교에 속하거나 속하지 않는다는 이유로" 몇몇 개인들이나 집단들을 겨냥한 "차별, 증오 또는 폭력 선동"을 리스트에 추가했다.

지명된 사람들의 집단들은 명예 훼손과 모욕으로부터 이렇게 보호된다. 이것은 1881년 법에 의해 행정 사법 기관, 군사 기관, 공화국 대통령 등에게만 부여된 특혜였다. 게다가 이 경우 형벌은 일반적인 명예 훼손의 경우보다 더 엄격하다.

의도가 순수하다 해도 이 법은 퇴보다. 이 법은 객관성이 지배하는 곳에 주관성을 도입하고, 행위가 아닌 의도를 단죄하며, 판사에게 마음과 영혼을 살펴보고 사고와 저의에 대해 고고학적으로 연구할 권리와 의무를 부여한다. 이 법은 법관에게 "형법은 엄격히 제한적인 해석이다"라는 강력한 보호법의 일반적인 원칙을 위배하도록 강요한다. 명예 훼손에 대한 권리는 진실의 예외를 예견했다. 이제 진실은 더 이상 자유를 주지 않을 뿐만 아니라 감옥으로 이끌 수도 있다.

당시 사람들은 이 인종 차별 반대법에 기뻐했다. 민족, 인종, 종교를 이유로 행하는 모든 차별뿐만 아니라 어떤 국가에 속하거나 속하지 않는다는 이유도 더한 그 법에 의해 일어날 점진적인 변화를 아무도 알아차리지 못했다. 아무도 그것에 대해 항의하지 않았기 때문에 누구도 그것을 감지하지 못했다. 음지에서는 압력 단체들이 능란하게 활동했다. 북아프리카에서 온 대규모 이민이 건설이나 자동차 회사 경영자의 이익에 도움을 주었던 시기였다. 내무부 장관 레몽 마르슬랭은 공공질서와 관련해 두려워하며 이 상황에 대해 공화국 대통령에게 불만을 토로했고, 조르주 퐁피두로부터 "그걸 요청한 건 기업 경영자들이오"라는 당당하고도 환멸스러운 응답을 받았다.

민족에 준거하여 인종 차별은 외국인 혐오라는 다른 개념으로 전환된다. 입법부에 의해 극단적으로 강요된 외국인 혐오 거부는 위험한 결과를 낳는다. 이제 프랑스인에게만 임대하고자 하는 집주인은 처벌을 받게 될 것이고, 마찬가지로 자국민 고용을 선호할 고용주도 처벌받게 될 것이다. 반면, 정부는 특정 공무원 채용에서 외국인들을 배제한다. 프랑스인과 외국인의 차별 금지 원칙은 국민의 모든 우선권을 금지하고, 국외와 국내 사이의 모든 구분을 파괴하고, 내부와 외부 사이의 경계 개념의 근간을 무너뜨린다. 애국주의를 인종 차별과 동일시하고,

프랑스인이 외국인보다 자국민을 선호하는 것을 금지한다. 당시에는 아무도 인식하지 못했지만 「플레벵 법」은 잠재적으로 전 세계적인 마그마 속에 프랑스 국민을 계획적으로 해체하는 것이다. 그것은 단결된 유럽 전체에 맞서는 전쟁의 시간이 도래했을 때 단두대에서 생을 마감한 몇몇 혁명가들에 의해 찬양된 "인류"의 되찾은 은총이다.

이 공식적인 진실을 존중하게 만들기 위해, 「플레벵 법」은 법의 처벌 기능을 공공 권력의 과도한 특권을 부여받은 단체들에게 위탁했다. 모든 부적절한 발언에 대해 공화국의 검찰과 동일한 자격으로 그들이 사법권을 이용할 수 있도록 허용했다. 이로써 국가는 모든 "탈선자"와 반대자에 대한 정치적이고 재정적인 생사여탈권을 그들에게 부여했다. 이 협회들은 소송에서 이기면 보상금을 받음으로써 이데올로기적이고, 미디어적인, 금전적 이득을 취했다. 공산당과 거기에 소속된 사회단체들이 법원에서 사상경찰을 수행하는 역할을 맡았을 때, 이러한 상황은 사라진 옛 소련을 무척이나 떠올리게 했다.

「플레벵 법」은 모든 투쟁의 어머니다. 「가이소 법」, 「토비라 법」, 「를로슈 법」, 「페르벵 법」 등 그것의 후손들은 셀 수 없이 많다. 미디어의 압력 아래 실행을 독촉받은 국회는 이 법들을 거의 만장일치로 채택했다. 창으로 무장하고 고래고래 소리를 지르는 혁명당원들에 의해 혁명적인 집회들이 만들어진 것과 같았다.

「플레벵 법」에서부터 시작해서 새로운 신성불가침의 영역이 만들어졌다. 이민, 이슬람교, 동성애, 그리고 노예제, 식민지화, 제2차 세계대전, 나치에 의한 유대인 학살의 역사가 그것이다. 프랑스, 역사, 자연에 의해 박해받고 차별받았다고 느끼는 모든 소수 집단들을 만족시키기 위해 확장되기를 멈추지 않는 광범위하고 잡다하고 뒤얽힌 영역이다.

이 소수 집단들이 「플레벵 법」에 의해 신성화된 이래, 반인종 차별 단체들은 국가의 도그마로 승격된 새로운 도덕을 옹호하는 미덕의 연맹이 되었다. 정의가 이 위험한 종교 재판에 이용되었다. "인종 차별은 견해가 아니라 범죄다"라는 슬로건이 등장했다. 인종 차별은 항상 범죄였음에도 말이다. 「플레벵 법」은 불평이 많은 사람들과 정치적 올바름에 반대하는 사람들의 입을 다물게 만들고, 모든 토론, 대립, 논쟁 위에 순응주의자 다모클레스의 칼[112]을 강요하기 위해 밀어붙여진 저 광고 슬로건으로 이제부터 요약될 것이다.

2011년, 장 라스파유는 인도에서 온 빈민 100만 명의 프로방스 해안 상륙을 이야기하기 위해 1973년 출간한 유명한 소설 『성자의 진영』의 재판(再版)을 냈다. 신랄한 「서문」에서 작가는 한 상담 변호사가 그 책에 87건의 형사상 금지 사유가 있다고 지적했음을 언급했다.

1881년 7월 29일의 법 제1조는 "출판과 인쇄는 자유롭다"이다. 이 해방의 외침은 고대 그리스, 르네상스, 계몽주의 시대 이래로 어떤 것도, 종교 교리조차도, 비판적이고 합리적인 시험을 피할 수 없도록 하기 위한 사투를 벌였던 기나긴 역사의 즐거운 종말을 알렸다고 사람들은 생각했다. 이러한 진리의 추구는 모든 제약으로부터 자유로운 논쟁

---

112 왕의 연회에 초대받은 다모클레스를 아슬아슬하게 매달린 칼 아래 앉힌 일화에서 등장한 표현으로 언제 떨어질지 모르는 칼 아래 있는 것과 같은 위기 상황이 지속되고 있음을 의미한다.

을 요청한다. 이것은 사고를 풍요롭게 만들고 지적 진보를 유도하는 공공장소에서의 사상들의 대립이다.

1960년대 미국의 대학들에서 탄생한 PC운동과 프랑스 혁명주의 극좌파의 로베스피에르적 전통의 만남은 우리나라에서 전례 없는 괴물을 낳았다. 사고, 글쓰기, 그리고 표현의 자유는 한 세기도 안 되는 역사의 여담일 뿐이다. 절대 군주들은 사라졌지만, 우리는 단지 주인만 바꿨다. 새로운 군주들이 덜 압제적인 것도 아니다. 프랑스에서 출판과 인쇄는 더 이상 자유롭지 않다.

1972년 11월 16일

그들이 말하는 것처럼,
그리고 더 이상은 말하지 않아야 하는 것처럼

오랫동안 우리는 그가 생라자르 거리에 대해 말한다고 믿었다. 그러고 나서 우리는 15구의 알려지지 않은 좁은 간선 도로인 사라자트 거리를 지도에서 찾았다. 그 샹송의 문체는 아즈나부르가 언제나 그렇듯 정교하고 정확하며 우아하다. 문학적이기도 하다. 정말 프랑스적이다. 모든 사람들은 그 위대한 가수가 여자들을 열정적으로 사랑한다는 것을, 그는 결코 동성애자가 아니라는 것을 알고 있다… 〈그들이 말하는 것처럼(Comme ils disent)〉. 노래에 등장하는 인물은 엄마와 함께 아주 오래된 아파트에 혼자 사는 노총각이다. 밤이 되면 그의 진짜 직업이 등장한다. 그는 여장을 한다. 인물은 섬세하게 묘사된다. 이는 그의 다른 노래

샤를 아즈나부르의 〈그들이 말하는 것처럼(Comme ils disent)〉 앨범.
© ebay

〈라 보엠(la Bohème)〉의 올드하고 향수에 젖은 화가가 추억을 환기하는 모습에서 이미 보여 줬던 것이다. 음반이 발매되자[113] 스캔들은 매우 빠르게 영향력을 갖게 되었다. 어떤 사람들은 "남색가"에 반대하며 불평하지만, 그의 앨범에 대해서는 그렇지 않다. 아무도 "좋은 품행"에 대해서 어떤 검열도 생각하지 않는다. 아즈나부르의 창조물은 독창적이지만, 사실은 몇몇 특별할 것 없는, 게다가 다소 상투적인 방법을 빌려 온 것이다. 그 동성애자는 엄마와 함께 혼자 산다. 그는 기쁨이 없는 사랑, 덧없는 모험을 한다. 여자들의 침대에서 대부분의 시간을 보내는 신처럼 그는 아름다운 소년과 사랑에 빠진다. 프루스트의 작품에서처럼 그리고 모든 문학에서처럼 동성애는 희망이 없다.

그럼에도 불구하고 이 노래는 지난 40년 동안 해방, 금기에 대한 놀라운 위반, 차이와 관용을 향한 찬사로 소개되었다. 변명할 필요가 없는 소년들을 위한 것이었다. 그들이 말하는 것처럼 만약 내가 동성애자라면 오직 자연만이 책임이 있기 때문이다. 문명화의 거대한 발전이다.

이 주제는 프랑스 샹송에서 거의 다뤄지지 않았다. 모리스 슈발리에가 매우 남성적인 여자가 여장 남자와 결혼하는 이야기를 담은 〈그녀는 여자다(C'est une fille)〉라는 노래를 불렀던 1920년대에는 더 자유로웠다. 1914년 전까지 카페 콩세르[114]의 왕이었던 펠릭스 마욜과 샤를

---

113 [원주] Charles Aznavour, *Comme ils disent*, 1972.
114 19세기부터 20세기 초반까지 특히 파리에서 유행했던 일종의 뮤직홀로 일반 대

트레네가 그들의 성향을 용감하게도 고백했다. 샤를 트레네는 전쟁 이후 더욱 눈에 띄지 않았으며 그의 커리어는 1980년대 성공적인 귀환에 이를 때까지 긴 침체기를 겪었다.

1940년의 패배로 프랑스가 굴욕의 원인을 찾고자 했기 때문이다. 샹젤리제를 행진하는 독일 군인들은 정복자의 자신만만한 남성성으로 압도한다. 많은 여성들이 그들의 매력에 굴복한다. "프랑스 여인은 항상 패배자를 위해 그들의 마음을 간직할 것이다"라고 파리의 건방진 젊은이들이 우스갯소리를 한다. 그들의 말에서 언어유희를 발견하기는 쉽다. 그녀의 엉덩이는 승리자의 것이다![115]

비시 정부는 "쾌락의 정신"을 비난했다. 동성애는 그들의 표적 중 하나였다. 전쟁 전에는 성적인 문제들에 관해서 프랑스에서는 전통적으로 큰 관용이 퍼져 있었다.

그러나 전쟁 내내 명령어, 원격 논쟁, 슬로건 등을 통해, 비시 정부와 런던의 레지스탕스들은 남성적인 경쟁 관계로 대립했다. 양쪽 모두 동성애자들이 눈에 띄지 않게 있어 주기를 바랐다. 그들은 박해를 당하지는 않았다. 하지만 사람들은 손에 무기를 들고 독일군에 맞서 탱크 위에 올라탄 용감한 병사들을 내세우는 편을 선호한다. 당시 레지스탕스 동성애자들은 이것을 이해하고 인정했다. 그것은 비종교적인 규칙들이 타인들을 자극하지 않도록 공공 공간에서 조심할 것을 요구하는

중이 다양한 공연을 즐기면서 술을 마실 수 있도록 운영된다.

115 패배자를 위한 그녀의 마음을 의미하는 프랑스어 표현 'son cœur au vaincu'를 언어유희를 통해 'son cul au vainqueur'(그녀의 엉덩이는 승리자의 것이다)로 변형한 것이다.

종교와도 조금 비슷한 것이다. 차별이 아니라, 하물며 박해도 아니고, 차라리 진정한 자유의 보장이다.

비시 정권에서 결혼과 관련된 가족주의적인 연설은 동성애자들이 최고의 자리를 차지하고 있는 것을 막지 못한다. 교육부 장관인 아벨 보나르는 게슈타포의 이쁜이로 불렸고, 독일군 장교들은 몽파르나스의 바 셀렉트에서 셀 수 없이 많은 동성 애인들을 만났다.

1950년대와 1960년대에 드골주의 남성성은 계속해서 정신을 지배했다. 그리고 반사회적 공산주의자들은 동성애를 부르주아적인 데카당스의 선명한 징조로 여기며 왜곡했다. 자크 브렐(〈레 봉봉〉, 1967)과 조르주 브라상스(〈명성 높은 트럼펫〉)와 같은 가장 위대한 프랑스 가수들은 청소년기의 변화 과정에서 능숙하게 알아본 최초의 동성애 경향을 악의 없이 조롱하기를 주저하지 않았다. 1968년, 페르낭델은 쾌활한 관객을 위해서 몸을 흔드는 제스처와 눈동자 굴리기를 과장되게 이용했다. 그렇게 그는 노래 〈펠리시도 그렇다!(Félicie aussi!)〉에서 보여 줬던 반복적이고 매력적인 방식으로 〈사람들은 그가 그렇다고 말한다(on dit qu'il en est)〉에 등장하는 소년을 비꼬았다.

젊은이들의 새로운 경향을 놀리면서 저항하는 어른 세대의 반응이었다. 1960년대는 매력의 코드가 사실상 뒤바뀌었다. 긴 머리카락과 꽃무늬 셔츠, 곧 남성용 하이힐과 데이비드 보위의 메이크업, 그리고 버킨과 하디 스타일의 양성적인 여성 취향이 생겨났다. 아주 오래된 문화라는 이름으로 잘록한 허리와 무거운 가슴이 매력을 끌었었다. 아마도 처음에는 인류의 번식을 위한 진화에 의해 선택된 재능이었을 뿐이다. 그렇게 수 세기가 흐르는 동안 아무도 쳐다보지 않던 엉덩이와 가슴 없는 여성들을 사람들은 아름답다고 생각하기 시작했다.

다른 한편으로는 이 양성적인 유행 그 자체가 20세기 인구의 폭발적 증가에 대한 진화적 대응은 아니었을까 자문할 수 있다. 동성애는 본질적으로 남성의 것이었다. 소녀들에 대한 소녀들의 선호는 크나큰 너그러움의 혜택을 입었다. 유대교, 기독교, 이슬람교의 엄격한 예언자들에 의해 진지하게 받아들여지지 않았기 때문이다. 이 동성애에 반대하여 던져진 일신론 종교들의 저주, 「레위기」의 "혐오"인 이 냉혹한 저주는 소규모 인간 사회와 동시대에 존재했다. 생산성이 거의 없는 농업과 끊임없는 아동 집단 사망의 시대였다. 유럽의 지친 노인들, 혼자 남겨진 그들은 인류의 영속을 더 이상 위협하지 않는 동성애를 처음으로 용인하는 첫 번째 사람들이 될 것이다.

그러나 동성애의 의기양양한 출현은 먼저 자본주의의 결정적인 진화와 연결된다. 19세기부터 1945년 이후의 재건에 이르기까지, 자본주의는 금욕적이고 검소한 성격을 드러내면서 저축과 투자를 중시했다. 성적 욕구 불만은 미덕이었고, 방탕은 낭비였다. 1970년대부터 서구 자본주의는 임금 인상과 인플레이션에 의해 축소된 이윤을 상승시키기 위하여 소비자들의 만족할 줄 모르는 욕구를 이용했다. 광고와 미디어의 경로를 통해서 쾌락주의적인 행태를 조장했다. 68년 5월 반항아들의 "자유롭게 즐기자(Jouissons sans entrave)"는 곧 광고 슬로건이 될 것이다. 애국자는 형편없는 소비자다. 소비 충동을 발생시키고 번영시키기 위해서는 인간 내부의 남성성을 파괴해야 한다. 특히 남성 동성애의 세계는 그 당시에도 그리고 오늘날에도 굴레를 벗어난

68혁명 당시 시위대가 벽에 남긴 것으로 보이는 슬로건,
'자유롭게 즐기자(Jouissons sans entrave)'. © argoul.com

쾌락과 제약 없는 성생활, 한계 없는 쾌락주의의 신전을 구현한다. 광고 장치에 의한 동성애 예찬은 전통적인 애국주의 가족을 비방하고 불법화하는 하나의 메달의 다른 면이다.

당시 동성애자들은 여전히 부르주아적인 결혼, 변함없는 사랑과 성적인 절제에 대한 구속을 비웃었다. 사랑은 무용한 속박으로 조롱받았다. 19세기 말부터 런던 동성애자들의 어둠의 왕자였던 오스카 와일드는 사랑을 "자신을 속이는 것으로 시작해서 결국 다른 사람을 속이는" 그로테스크한 로맨스로 정의했다.

마르셀 프루스트 또한 명확하게 잔인했다. 1920년대 버지니아 울프의 영국인 친구들처럼, 이 작가들과 예술가들은 68세대의 "성 해방"을 예고했다. 그리고 그들은 모범을 제시할 것이었다. 동성애자들은 점차 표본으로 변화했다. 소외성이 규범이 될 준비를 하고 있었다.

동성애자들은 단지 주변부를 벗어나기만 하는 것에는 만족하지 않았다. 그때는 사람들이 잘 이해하지 못했지만 그들은 앞으로 다가올 규범의 첨단이었다. 그것은 상업적인 규범이다. 그들은 남성들 중에서도 최고로 활동적인 소비자들이다. 그들은 여성들과 마찬가지로 선호되는 소비자층이다. 광고주들은 머지않아 이 사실을 알게 될 것이었다. 딩크족은 그들이 매우 선호하는 부류다. 동성애, 더 보편적으로는 성적 모호성, 양성성, 풍조의 여성화, 패션, 사회 분위기 등을 강조하는 것은 무엇보다도 큰 상업적 문제다.

아즈나부르의 노래가 등장하기 1년 전, 극좌파 운동가들은 동성애혁명행동전선을 만들었다. 이 단체는 페미니스트 운동의 형제이며 이 두 그룹은 "모든 것은 정치적이다(Tout est politique)"라는 68년 5월 슬로건의 산물이다. 샤를 푸리에와 같은 19세기의 몇몇 프랑스 사회주의자들의 직관을 계승함으로써 당시 일부 좌파주의자들은 절대자유주의적이고 반권위적인 가치를 격찬했다. 그들은 드골의 권력에 반대하지만, 정통 공산주의자들과 순수한 마오주의자들에게도 반대한다. 이러한 절대자유주의자들에게 동성애는 반동 억압의 상징인 가부장적 가족에 대항하는 전쟁의 무기다. 이 동성애 운동가들은 페미니스트들과 마찬가지로 보기 드문 교묘함으로 선동과 간략한 표현의 예술을 구사함으로써 미디어를 통한 활동을 증대시키고 있다. 그들은 종종 훌륭한 광고인이 될 것이다. 당시 그들은 부르주아들에 의해 노예화된 민중들과 여전히 공생하기를 원했다. 그러나 당시 공장에서 이른바 "호모"라 불린 자들은 노동 계급이 거부한다는 것을 곧 알게 될 것이다. 그들은 "마초 동성애 혐오자, 여성 혐오자, 외국인 혐오자"의 경멸적인 희화화에 빠진 사람들로부터 머지않아 멀어질 것이다. 계급 혐오와 "노동자 혐오"는 스스로 "동성애 혐오자"라 주장하는 사람들에 맞서는 PC들의 투쟁에서 끊임없이 확산되고 있다.

동성애 운동가들의 방식은 목표에 맞춰졌고 더 이상 변하지 않을 것이다. 그것은 파시즘과 유사한 권위의 거부에 근거한다. 또한, 자칭 "동성애 혐오" 압제자의 증오처럼 연민을 불러일으키기 위한 지속적인 희생화 전략에 근거한다.

수년 동안 동성애 압력 단체는 조직화되고 확장되었다. 가장 강경한 주도자들의 희생화 전략에서, 동성애 압력 단체는 동성애자들을 강제 수용소로 보냈을 비시 정부의 박해를 발명함으로써 제2차 세계대전의 역사를 다시 쓰는 수준까지 나아갈 것이다.[116] 게이는 평범한 유대인이 되기를 원한다. 세르주 클라스펠드 같은 역사가들에 의해 널리 알려진 창작의 덩어리다. 그러나 이것은 게이 압력 단체에 의해서 미개하고 겁 많은 미디어 정치의 사회에는 매우 효과적으로 강요된다.

사실 비시 정부에 의해서 통과된 유일한 구속법은 1942년 8월 6일 청년 보호와 관련된 것이었다. 이것은 오늘날 동성애의 파렴치한 범죄로 소개되고 있다. "동성애 범죄"가 프랑스 혁명 이후로 폐지되었음에도 불구하고 말이다. 비시의 법은 시대에 뒤떨어진 이 "동성애 범죄"를 조금도 복원시키지 않았다. 그러나 이성애 관계에 있어서는 나이 제한을 16세로 유지한 반면, 성인과 미성년자 사이의 동성애 관계는 법적으로 처벌했다. 그리고 유혹에 빠진 젊은이는 피해자이면서 공범으로 만들었다. 이 반(反)남색적인 구별은 제4공화국이나 드골 정권에 의해서도 의문시되지 않았다. 이것은 1980년 12월 23일 헌법재판소가 승인한 법률에 의해 갱신되었다. 그러나 "쾌락에 빠진 아이들"의 입문을 찬양하는 『리베라시옹』의 격렬한 캠페인 이후 1982년 좌파에 의해 폐지되었다.

---

116 [원주] 프랑스에서 2002년 강제 수용을 기억하기 위한 재단(FMD)이 제출한 보고서는 동성애로 강제 수용된 최소 63명의 프랑스인에 대한 조사 목록을 제시하고 있다. 22명은 알자스-모젤(당시 알자스는 독일에 포함되었다)에서 체포되었고, 32명은 강제 노동 사업의 일환으로 거주하고 있던 독일 제국 내부에서, 6명은 점령 지역에서 체포되었다.

동성애와 자본주의의 만남은 1970년대의 암묵적인 무언가였다. 무지개 깃발을 높이 든 게이 운동과 세계주의의 기쁨과 이익을 발견한 자본주의 사이에는, 국경과 한계에 대한 경멸이라는 공통점이 있다. 미소년을 향한 동성애적 매혹과 영원한 젊음을 약속하는 자본주의 사회 사이의 동맹은 완벽하다. 아버지에 대한 증오에 찬 거부는 아마도 동성애와 자본주의 사이의 근본적인 공통점일 것이다. 아버지의 법을 성적으로 위반하는 나르시시즘적인 동성애. 가족이라는 기본 단위를 둘러싸고 아버지의 이름으로 확립된 모든 한계와 제약 들을 파괴하는 자본주의. 이것은 아내와 아이들, 그리고 동시에 아이들과 아내들로 전환된 남성들을 소비 지상주의 장치에 더욱 잘 연결하기 위함이다.

자유 지상주의 극좌파와 시장 사이의 일어날 법하지 않은 동맹은 동성애적인 제스처를 통해 그리고 "망탈리테의 변형"이라는 이름 아래 이루어질 것이다.

다소 전투적인 수많은 동성애자들로 이루어진 패션, 미디어, 예술계의 기조들은, 성적 욕망을 보호하기 위해 여성-대상을 고안했던 가부장적 사회에 남성-대상이라는 그들의 비전을 강요한다. 1971년 이브 생 로랑은 그의 향수 "푸르 옴므(Pour homme)"[117]의 광고를 위해 나체로 포즈를 취하는 스캔들을 일으켰다.

여러 해에 걸쳐서 게이 압력 단체는 더 눈에 띄게 될 것이다. 게이 단체는 의미론의 전투를 성공적으로 지배할 것이다. 아즈나부르는

---

117 일반적으로 'pour homme'는 단순하게 남성용을 의미하지만, 여기에서는 향수의 이름으로 사용되므로 "남성을 위하여"라고 강조하여 번역하는 편이 더 정확해 보인다.

남색가라는 단어를 덜 모욕적인 의미인 동성애자로 대체하는 데 기여했다. 그러나 여전히 너무 "차별적인" 동성애자라는 단어는 보다 미화된 표현인 게이로 스스로 대체할 것이다. 《굿 애즈 유(Good as you)》[118]에서 볼 수 있듯이 말이다. 여기에서 평등에 대한 요구는 권력의 분명한 표현이다. 지배자들은 항상 그들의 말을 강요한다. 미국의 게이 단체는 빌 게이츠와 스티브 발머, 구글, 페이스북, 이베이 또는 피터 싱어 같은 헤지 펀드의 거물처럼 오늘날 미국 최고의 자본가들에게 자금 지원을 받고 있다. 프랑스에서는 이브 생 로랑의 사장 피에르 베르제가 1980년대 'SOS 인종 차별'에 출자하기 전 1970년대에 잡지 『떼뛰(Têtu)』를 만들었다[119]. 성별과 인종의 혼합, 이 "혼혈"은 금기 없는 사회의 종교가 될 것이다. 사회는 성별은 물론이고 민족 구분의 한계를 더 이상 용인하지 않는다. 이렇게 보편화된 문화와 언어의 혼란스러움은 거기에서 수익의 원천을 발견하는 자본주의에 의해 촉진된다.

아즈나부르가 사라자트 거리를 상기시켰던 그해에 미셸 사르두는 〈연대(聯隊)의 남색가(La folle du régiment)〉[120]를 불렀다. 사르두는 동성애자들을 놀리는 촌스러운 남자를 연기했다. 악의가 없는 대중적인 놀림,

---

118 2001년 프랑스 방송 처음으로 방영된 게이 프로그램의 제목.

119 저자가 사실 관계를 혼동한 것으로 보인다. LGBT 매거진 『떼뛰』는 1995년 창간되었다. 1979년대에는 『르 게 피에(Le Gai Pied)』라는 프랑스 최초의 동성애 관련 잡지가 창간되었으며 1992년 『르 게 피에』가 중단되고 『떼뛰』가 그 뒤를 이어받았다.

120 미셸 사르두가 부른 노래는 〈부사관의 웃음(Le Rire du sergent)〉이다. '연대의 남색가'는 이 노래에 등장하는 가사다.

그러나 성별의 혼란이 없는 전통적인 말투에 속하는 것이다. 성별은 잘 정의되어 있으면 만사가 순조롭다. 사르두는 10년, 20년, 100년 전에도 〈연대의 남색가〉를 부를 수 있었을 것이다. 이것은 여전히 지배적인 감정을 표현하는 인기 있는 대중가요다. 하지만 이럴 수 있는 시간이 얼마 남지 않았다. 반대로 아즈나부르는 〈그들이 말하는 대로〉를 통해서 다가올 시간을 알린다. 그의 노래는 떠오르는 새로운 엘리트들의 노래다. 그 노래는 어떤 변이를 나타낸다. 역사적이고 사회학적이면서 경제적이기도 하며 거의 인류학적인 변이다.

1972년 11월

작은 정원 안 분수 근처의 집

> 분수 근처의 집
> 개머루와 거미줄에 덮여
> 잼과 혼란과 어둠의 냄새를 풍긴다
> 가을, 유년기, 영원
> 주위에는 침묵이 있다
> 말벌과 새 둥지
> 우리는 신부님과 함께 가재 낚시를 갔다
> 우리는 목욕을 했다 알몸으로, 새까매져서는
> 어린 소녀들과 오리들과 함께

HLM[121] 근처의 집은

공장과 슈퍼마켓에게 자리를 내줬다

나무들은 사라졌고, 황화수소 냄새가 난다

휘발유, 전쟁, 사회

그렇게 나쁘진 않다

그리고 이것은 정상이다

이것은 진보이다.

—니노 페레,

〈분수 가까이의 집〉,《메트로노미》앨범 중에서(1971)

그것은 작은 정원이었지

대도시의 좋은 냄새가 났던

파리 분지의 좋은 냄새가 났던.

그것은 작은 정원이었지

정원용 테이블과 의자

두 그루의 나무, 사과나무와 전나무가 있던

쇼세 당탱의 마당 깊숙한 곳에.

하지만 어느 날 정원 가까이에서

---

121 공공 서민 임대 아파트를 의미한다. 이민자들이 밀집하여 사는 파리 외곽 지역에
집중적으로 지어져 있다.

재킷을 뒤집어 입은 한 남자가 지나갔다

콘크리트 꽃을 들고.

정원에서 어떤 목소리가 들려왔다 :

"부디, 부탁드려요

개발업자님

부디, 부탁드려요

이 자비를 간직해 주세요.

부디, 부탁드려요

개발업자님

제 꽃들을 자르지 말아주세요."

—자크 뒤트롱,

〈작은 정원〉,《1972》앨범 중에서(1972)

목소리들은 똑같이 달콤하고 따뜻하다. 그리고 멜랑콜리하다. 적
의도 없고 체념한 모습이다. 우리의 기억에서 이 목소리들은 뒤섞인다.
섞여 들고 교환 가능한 그 가사들처럼. 그리하여 모독당하고 가혹하게
다뤄지고 학대받은 자연을 향한 단 하나의 송가가 된다. 자크 뒤트롱에
게 작은 정원은 쇼세 당탱 가까이에 있고, 니노 페레에게 집은 분수 가
까이에 있다. 우리에게 그것은 같은 콘크리트, 같은 주차장, 같은 황화
수소다. 그들은 같은 것을 노래하고 있기에 우리는 더 이상 누가 무엇
을 말하는지 알 수 없다.

그들의 젊은이답고 무력하고, 눈물 젖고 평화로운 저항은 중요한

역사적 변화다. 계몽주의 시대 이래로, 심지어 르네상스 이래 처음으로, 발전은 행복과 분리되었다. 위대한 동맹국들은 세계 최고의 적이 되었다. 처음으로, 청춘이 좋았던 옛 시절을 그리워하게 되었다. 4세기 만에 처음으로, 과학과 기술의 발전이 인간에게 도움이 되지는 않고 오히려 해를 끼친다고 비난받았다.

그때까지는 과학적, 기술적, 자본주의적, 민주적, 철학적인 진보가 모든 것을 하나로 만들어 냈다. 좌파는 정치적으로 구현했고, 진보 진영이라는 하나의 주문(呪文)으로 요약했다. 빅토르 위고에게는 철도, 학교, 보통 선거, 아동 노동 금지, 노예제 폐지 등이 하나의 뿌리를 두고 연결된 것이었다. 자연은 동정을 받을 필요가 없었다. 자연은 우리를 그렇게 고통스럽게 만들었던 계모일 뿐이었고, 우리는 그것에 해를 가하는 것을 두려워하지 않고 결국에는 자연이 인류에게 봉사하도록 이용해야 했다.

오직 몇몇의 까다롭거나 공상적이거나 미신적이거나 관조적이거나 반동적인 정신의 소유자들만이 진보와 행복을 향한 행진에 의문을 제기할 수 있었다. 순진한 농민들은 기차가 지나가는 것을 보면서 소들의 건강을 걱정했다. 샤토브리앙이나 톨스토이의 독자들은 자연의 아름다움, 그리고 바쁘게 움직이고 서두르는 도시인들을 바라보는 소박한 명상적 사유의 도덕적 우월성을 찬양했다. 지오노 같은 사람은 농업의 영광을 잘 찬양할 줄 알았고, 기계들은 여기저기 전진했다. 무슈 오메[122]

---

122 귀스타브 플로베르의 소설 『보바리 부인』에 등장하는 약사로 지적이고 과학적인

는 역사의 방향에 속해 있었다. 자연은 왕이나 가톨릭에 연결되어 있었기 때문에 좋은 공화주의 언론을 가지고 있지 않았다. 자연은 페탱 원수에 의해 비시 정권에 영입된 후 심지어 "대독 협력"으로 비난받았다. 페탱은 "땅은 거짓말을 하지 않는다"고 말했다. 1939년에는 엔진 대령이라 불렸던 드골 장군은 전쟁이 끝난 후 프랑스의 위대함과 프랑스의 지위를 지킨다는 명목으로, 기술적이고 산업적인 진보의 여정으로 심지어 가장 전통적인 우파를 이끌었다. 조화로운 옛 국가의 풍경 위에 초래된 난장판 앞에 몇몇 놀란 추종자들을 내버려둔 채로 말이다. 프랑수아 모리아크는 『블록 노트(Bloc-Notes)』에서 "영구한 프랑스를 그토록 사랑하는 드골 장군이 어떻게 그것을 용인할 수 있을까?"라며 믿기 어렵다는 듯 물었다.

베르트랑 드 주브넬과 같은 독창적이고 우상 파괴적인 위대한 사상가들은 우리의 산업적이고 생산적인 선택을 의심했지만, 그들의 성찰은 작은 지적 집단에 갇혀 있었다. 그것은 외로운 목소리이자 떨리는 목소리였다. 낡아빠지고, 조롱당하고, 잘 들리지도 않는 목소리였다.

그러나 바로 가려진 목소리는 더 이상 기대하지 않았던 젊은 지지자들에 의해 매우 커졌다. 몇 년 전 공산주의를 신봉하는 가수 장 페라는 그의 멋진 노래 〈산이 어찌나 아름다운지!(Que la montagne est belle)〉에서, HLM에서 성장 촉진제로 키운 닭고기를 먹기 위해 그들의 훌륭

척하지만 지극히 현실적인 인물로 묘사되며 속물 부르주아를 상징한다.

한 풍경을 떠난 농부들의 소비주의적인 열망을 놀리면서 이 두 세대를 연결했다. 그러나 이 복고주의적인 우울은 여전히 생산적이고 산업적이었던 정당의 노선에 위치한 것은 아니었다. 우리는 그것을 진보주의자라 부른다.

니노 페레와 자크 뒤트롱의 샹송을 다시 부르는 장발의 젊은이들, 라르작에 살면서 아르데슈의 염소들을 사육한 이 젊은이들은 소비 사회를 거부했다. 그들이 과거에 대해 갖는 애착은 대단히 현대적이었다. 정치적으로, 그들은 어쨌든 자신들의 모든 직관에 따라 혐오했던 모라스적이고 전통주의적인 우파의 정반대에 위치하기를 원했다. 그들의 평화주의는 페탱파인 지오노("죽은 프랑스인보다 살아 있는 독일인이 되는 편이 더 낫다")가 아니라 간디로부터 영감을 얻은 것이었다. 그러나 시오니즘에 대한 그들의 혐오는 곧 고대의 반유대주의와 가까워질 것이었다. 자본주의에 대한 그들의 거부는 마르크스적인 특징을 가지고 있었지만, 실제로 돈에 대한 가톨릭 신자의 오랜 불신을 다시 보였다. 그들은 반교회적인 무신론자로 변하기 전에는 대체로 보이(걸)스카우트나 청년 가톨릭 노동자 연맹에서 어린 시절을 보냈다. 그들은 스스로 좌파, 심지어 극좌파라고도 주장했지만, 그들의 대조적인 출신의 실타래를 푸는 데 결코 성공하지 못할 것이다. 환경론자들은 오랫동안 우파도 좌파도 아닌 거만한 사람과 과격한 좌파 독단주의자 사이에서 오락가락할 것이다. 또한 정치적 타협에 대한 경멸적인 거부와 제4공화국 자유인들의 품위 있는 정치적 냉소 사이에서 방황할 것이다.

1974년 대통령 선거에서의 르네 뒤몽의 물컵[123], 브리스 라롱드의 귀족적인 가벼움, 앙투안 베슈테르의 가발로 이어지는 환경 보호주의자들의 긴 정치적 행진이 시작되었다. 이후 수십 년 동안, 오직 다니엘 콘벤디트만이 이러한 세력의 선거 잠재력을 구현해 낼 수 있을 것이다. 이는 아마도 그의 이름, 그의 역사, 그의 자유롭고 유럽적인 진화가 그와 함께 나이 든 어떤 프랑스라는 한 세대 전체의 진화를 종합했기 때문일 것이다.

그러나 드골주의적이고 퐁피두주의적인 우파는 환경주의를 자신들의 것으로 보존하고는, 좌파에게는 혁명적인 독단주의를 남기면서 즉시 이러한 모순을 이용하려고 시도했다. 조르주 퐁피두는 최초의 환경부를 설립했고, 유명하게 남아 있는 한 편지에서는 길가에 있는 나무들을 수호했다. 그러나 퐁피두가 약속한 원자력 도박은 우파(그리고 공산당)를 가장 참여적인 환경론자들로부터 분리했다.

극좌파들은 환경주의에 대한 공개 매입에 성공할 것이다. 브리스 라롱드, 앙투안 베슈테르, 나중에는 니콜라 윌로라는 적들은 극좌파들의 무자비하고 과격한 방식에 의해 무너질 것이다. 정치적 환경주의는 극좌파의 이 신기한 운동이 될 것이다. 극좌파는 도시의 프티 부르주아들에게만 호소한다. 그들은 국경을 증오하면서 세계화를 경멸하는 사람들, 전 세계로부터 자유롭게 갑자기 몰려온 외국인들과 함께하는 지역 생산품 지지자들, 자연을 위한 사전 예방 원칙(원자력, GMO, 셰일

---

123 환경 보호의 메시지를 전달하기 위해서 머지않아 물 부족 현상을 겪게 될 것이라는 경고와 함께 물 한 잔을 마시는 광고를 연출했다.

가스)은 수호하면서 사람(동성 결혼, 동성 커플의 입양)이나 국가(대량 이민, 외국인의 투표권과 심지어 피선거권)에 대해서는 그렇지 않은 사람들, 제3세계를 지지한다고 주장하면서 세계적 쇠퇴를 전도하는 사람들이다.

합리적인 사고에 있어서의 이러한 모순은 환경주의자들에게는 해당되지 않는다. 우리는 더 이상 이성의 영역이 아니라 믿음의 영역 안에 있다. 세상과 인간에 대한 혁명적인 개념을 가지고, 환경주의는 유대-그리스도교와 그리스 정교라는 두 개의 유산으로부터 태어난 인문주의에 대한 급진적인 문제 제기다. 환경주의는 서양의 이성주의적 세속화에 응답하는 세계에 다시 한 번 마법을 거는 것이다. 땅의 여신을 경배하는 신이교주의의 현대적인 형태이며, 십자가 위의 예수 그리스도를 대신하는 셀 수 없는 희생자들(이민자들, 여성들, 동성애자 등)이고, 민족과 제국을 매몰시킨 고통스러운 어머니 대지다. 인종뿐만 아니라 섹스와 젠더, 인간처럼 영혼이 있는 동물과 식물에까지 이르는 의무적이고 일반화된 혼혈은, "더 이상 유대인도 그리스인도, 노예도 자유인도, 남성도 여성도 없다"는 성 바울의 유명한 교리를 상기시키고 연장시키며 넘어선다.

1970년 미국에서 첫 번째 지구의 날을 기념했다.

니노 페레가 〈분수 근처의 집〉을 부르는 동안, 로마 클럽[124]은 제로 성장을 격찬하여 큰 소동을 야기한 보고서를 발표했다. 공식적인 보고

---

124 환경에 대한 문제의식을 가진 각국의 경제인, 공무원, 지식인 들의 모임.

서가 천연자원의 파괴뿐만 아니라, 우리의 분별력으로 빠르게 숨겨질 주제인 세계 인구의 폭발적 증가에 대하여 세계에 경고한 것은 이번이 처음이었다. 프랑스 전체가 비웃었다. 프랑스는 당시 매년 5~6퍼센트 성장률을 기록하며 종횡무진하고 있었고, 모든 국민들을 크게 만족시켰다. 프랑스는 1972년이 서구 유럽 전체에서 자동차, 세탁기, 흑백 텔레비전 등 주요 대형 기계 제품 시장이, 첫 구매에서 교체로 전환되는 해가 될 것이라는 사실은 몰랐다. 소비는 더 이상 예전처럼 증가하지 않을 것이다. 이 현상은 몇 년 먼저 미국에서 일어났고, 몇 년 후에는 일본에서 일어날 것이었다. 이 주요한 변곡을 시작으로 기업들은 자신들의 근로자를 계속해서 임금을 인상해 줘야 하는 잠재적 소비자(포드 이론)가 아니라, 지속적으로 절감해야 하는 비용으로 바라보기 시작할 것이다. 프랑스는 1972년 세계 경제 체제가 위기에 처했다는 것을 몰랐기 때문에 비웃었다. 우리는 "석유 위기"로 곧 제로 성장을 깨닫게 될 것이다. 그리고 아무도 더 이상 웃지 않을 것이다.

1973

1973년 1월 3일

콜베르주의의 조용한 종말

때늦은 명성이다. 그리고 양면적인 명성이다. 1973년 1월 3일 제정된 법률은 거의 40년 가까이 보호 무역의 미광(微光)에서 벗어나기를 기다렸다. 그것은 전나무와 색종이 조각들 사이에서 과자점 주인이 초연한 휴식을 취할 때쯤에 발표되었다.[125] 그리고 좌파 야당의 단호한 이의 신청 없이 국회에서 우선적으로 가결되었다. 당시 프랑수아 미테랑은 "반대는 단호해야 하거나 아니면 존재하지 않아야 한다"는 샤토브리앙의 가르침을 심사숙고했던, 두려움의 대상이 되는 호전적인 지도자였다. 총선이 다가오고, "친구들과 망나니들"에 의해 더렵혀진 드골 권력

---

125 크리스마스와 새해 등 축제 분위기의 연말이 지난 이후의 시기라는 의미로 보인다.

에 대한 평판은 떨어졌고, 피에르 메스메르 총리[126]는 개인적 한계와 무능을 노출했고, 학생들의 항의와 반복적인 파업이 일어났다. 좌파는 열기에 들떠 있었고, 아무것도 놓치지 않았다. 그럼에도 좌파는 아무 말도 하지 않았다.

그리고 40년 후… 블로그, 기사, 책 들이 등장했다. 우파와 좌파에서. 주권론자와 탈세계주의자, 정치인들과 경제학자들로부터. 기술적으로 모호한 법률안은 논쟁적인 별명의 매력으로 미화되었다. 그것은 「퐁피두-지스카르 법」이 되었다. 어떤 사람들은 「로실드[127] 법」이라는 별명으로 부르며, 유명한 은행에서 미래의 대통령 퐁피두가 지나온 화려한 경력을 기념한다. 우리는 갑자기 뉘싱겐 남작[128]의 발자크적 세계에 빠져들었다. 1882년, 거만한 유대교 및 개신교 은행에 의해 쇠퇴했다고 알려진 가톨릭 은행 '유니온 제네랄'의 파산을 둘러싼 오랜 분쟁의 반유대적인 어조가 표면으로 떠오르고 있었다.

당시 재무부 장관 발레리 지스카르 데스탱과 공화국 대통령 조르주 퐁피두의 암묵적인 동조로 은행들이 국가의 등 뒤에서 돈을 벌기 위해 음모를 꾸몄다고 고발되었다.

고소와 관련된 서류들이 제출되었다. 그것은 문외한들에게는 아무것도 말하고 있지 않지만, 불신 어린 번득임으로 전문가들의 시선을

---

126 피에르 메스메르(Pierre Messmer, 1916~2007)는 드골파 정치인으로 드골 대통령 아래에서는 국방부 장관을, 퐁피두 대통령 시기에는 수상을 역임했다. 아카데미 프랑세즈 회원이기도 하다.

127 로스차일드(Rothschild)의 프랑스식 발음.

128 발자크의 『인간 희극』에 등장하는 은행가.

밝히는 한 문장에 기초하고 있었다. "국고는 소유한 어음을 프랑스 은행의 할인에 제시할 수 없다." 이것은 국가가 프랑스 은행으로부터 무상 자금 조달을 금지하는 1973년 법 제25조였다. 전후 드골 장군 통치 하에서 이루어진 것이다. 보라, 우리는 검사들에게 민간 은행들이 결코 무상으로 돈을 빌려주지 않는다고 이야기한다. 은행들은 우리의 등 뒤에서 살찌고 있다. 우리를 갈취하고 우리로부터 훔쳐 간다. 2008년 서브프라임 위기 후였다. 배부른 자본가들, 뱅크스터[129]들은 감시 대상이었다. 정당한 것이었다. 국가의 엄청난 공공 적자와 한없이 깊은 부채는 은행에 지급된 막대한 공적 자금을 탕진해 버렸다. 민간 은행들은 유럽중앙은행에서는 아주 작은 이율로 돈을 빌려와서 국가에는 과도하게 높은 이율로 돈을 빌려줬다. 하지만 그들이 무모한 투기로 파산 위기에 처했을 때 국가에 손을 벌리는 것을 막지는 못했다.

현재라는 희미한 빛 아래에서, 과거의 재판은 신속하게 진행되었다.

지스카르, 퐁피두, 로실드 그리고 다른 은행가들 모두 유죄, 모두 사기꾼.

사람들은 당시 주요 상업 은행들이… 공공 기관이라는 사실을 금방 잊었다. 은행들은 드골 장군에 의해 국유화되었다. 협동조합에 속하는 은행(크레디 아그리콜, 방크 포퓔레르 등)도 상당한 비중을 점하고 있었다. 남아 있는 몇 안 되는 민간 은행들은 기다리지 않고 1981년에

---

129 뱅크스터(bankster)는 은행가(banker)와 깡패(gangster)의 합성어로, 불법 행위를 한 것으로 보이는 은행 업계 구성원을 의미한다.

공공 영역에 진입할 것이었다. 공공 은행들은 국가를 갈취할 수 없었다! 1973년에는 재정 적자가 없었다. 계좌들은 아주 잘 유지되어 있었다. 5~6퍼센트의 성장률 덕분에 우리는 고통 없이 고결할 수 있었다. 드골 장군은 균형 재정에 집착했다. 미셸 드브레는 1967년 재무부 장관으로서, 우리의 외국 채권자들에게 마지막 프랑을 상환한 것에 대해 자랑스럽게 말했다. 워싱턴에서 월납금을 없애달라고 구걸했던 제4공화국 의회 의장들의 트라우마는 여전히 그 세대 드골주의자들의 기억에 생생하게 남아 있었다.

1973년의 이 법은 이 고결한 정신 상태를 드러냈다. 우리는 프랑스 은행을 통해서 인플레이션을 촉진시키는 정부의 자금 지원을 비난했다. 1960년대 후반의 경기 과열은 가격 인상을 촉발시켰다. 이 법으로 우리는 화폐를 남발하는 조폐판을 태워 버리고 싶었다. 수년 동안, 시앙스 포(Sciences Po)[130]의 위엄 있는 교수들은, 국가가 할인율을 정하고 프랑스 은행에서의 무역 효과 재할인에 기초한 프랑스의 신용 통제 시스템은 시대에 뒤떨어진 것이라고 설명했다. 우리의 교수들은 미국식 모델과 화폐에 상당하는 미국의 자유 시장을 맹목적으로 믿었다. 그들은 서부극의 거대한 공간들에 대한 생기욤 거리[131]의 환상 속에 있었다. 그곳은 모든 것이 우리보다 위대하고 아름다웠던 미국적인 신화 속이다. 거기에서 통화 규제는 은행들에게 공채증서를 사고

---

130 파리정치대학으로 불리는 사회 과학 분야의 엘리트 대학으로 역대 대통령들을 포함해 수많은 프랑스 정치인을 배출했다.
131 시앙스 포가 위치한 거리의 이름.

파는 방식으로 이루어졌다.

미국식 모델 도입이 시급했다. 1973년의 법은 어떠한 논쟁, 분쟁, 논란도 일으키지 않았다. 우리의 정치, 경제, 대학, 테크노크라트들의 아메리칸 드림을 드러냈기 때문이다.

재정 분야에서 앵글로·색슨 모델에 우리가 매혹된 것이 처음은 아니었다. 이것은 프랑스 가톨릭 신자보다 더 창의적이고 덜 억압받은 프로테스탄트들로 구성되었을 것이라 짐작된다. 오를레앙공 필리프[132]는 스코틀랜드인 로에게 루이 14세가 남긴 막대한 부채에 대한 자금 지원을 요청했다. 나폴레옹은 한 세기 먼저 설립된 영국 은행을 모델 삼아 1800년 프랑스 은행을 설립했다. 과거 영국 은행은 넉넉한 통화 발행으로 태양왕을 상대하는 전쟁에 바로 자금을 댈 수 있었다.

하지만 어떤 것도 예정한 대로 일어나지는 않았다. 1973년 석유 파동이 일어난 후, 인플레이션은 두 자릿수의 정점까지 급등했다. 총리 공관에서 레몽 바르는 재정 적자를 아주 적은 수준으로 제한했다. 좌파는 1930년대 케인스 학파의 이론들을 부활시키면서 1981년 집권하게 되자 재정 적자라는 모터의 굴레를 벗겼고, 공공 부채는 거칠 것 없이 상승하기 시작했다. 좌파는 1973년의 법에는 절대 손대지 않았지만(아무도 걱정하지 않았다), 임금을 후려쳐서 인플레이션을 무력화했다.

---

132 오를레앙공 필리프(Philippe d'Orléans, 1674~1723)는 루이 13세의 손자로 루이 15세가 어렸을 때 섭정을 맡았다.

우파는 1986년과 1993년에 은행 민영화를 결정했다. 좌파는 재정 규제를 완화했다. 무역 세계화, 그리고 무역 세계화가 초래한 임금 하락 압력, 탈공업화, 경제 자본화, 대규모 실업과 사회 지출의 폭발, 유럽 내 조세 경쟁, 세제의 허점이 늘어난 데 따른 무분별한 소득세 징수, 적자 저지와 부채 상승 억제에 대한 연이은 정부의 무능력. 이 모든 것이 30년 동안 엉망진창이 되었다. 그리고 지나간 안정적인 세상의 유산인 1973년의 법은 이 새로운 상황에서 곪은 종기가 되었다.

하지만 그 법은 더 이상 존재하지 않았다. 지워졌다. 불사조처럼 다시 더 잘 태어나기 위해서. 단일 화폐를 창설한 1992년의 「마스트리히트 조약」은 그로부터 새로운 유럽 통화에 대한 견고한 법을 만들었다. 독일인들이 그렇게 요구했다. 우리는 그들이 1920년대의 초인플레이션에 집착한다고 말했다. 사람들은 이 초인플레이션이 프랑스군의 루르 점령에 반대하는 프로테스탄트 파업 노동자들을 지지하기 위해 바이마르 공화국 정부에 의해 촉발된 것임을 기억조차 하지 못했다. 이 프랑스 군대는 「베르사유 조약」에 따라 요청된 배상을 해결하기 위해 고집 센 독일 짐승에게 채무를 직접 받고자 한 것이었다. 우리는 히틀러를 권력으로 인도한 것은 1923년의 초인플레이션이 아니라 1930년 브뤼닝 수상의 갑작스러운 디플레이션이라는 사실을 기억하지 않게 되었다….

오래된 역사와 현대의 기억상실증.

우리는 아메리칸 드림을 후견자 독일로 바꿨다. 우리의 롤 모델이었던 미국이 그 사이에 입장을 바꾸었다는 것을 깨닫지 못했다. 연방준비제도는 무상으로 산더미처럼 쌓인 미국의 재정 적자에 자금을 지원하도록 했다. 조폐판이라는 믿을 만한 프랑스식 유물은 인터넷 시대 미국식 모더니티의 극치가 되었다!

1973년의 법은 그 시대의 산물이었다. 자유주의 이데올로기의 요람기는 우리의 지도자들이 생각해야 할 것이었다. 그때 우리는 국가는 과거의 화려함과 오만함을 포기해야 한다고 말하기 시작했다. 재건의 시대는 끝났다. 드골 장군은 죽었다. 영광의 국가는 신념을 굽혀야 했다. "가짜 화폐를 만드는 것"으로 남용한 화폐 주조권처럼 특권을 포기하기. 국가는 결국 프랑크푸르트 중앙은행가들에게 천 년이 넘은 왕권을 넘겨주게 될 것이고, 그들은 그것을 민간 은행들에 위탁하게 될 것이다. 이제부터는 한낱 일반인처럼 필요한 돈을 채우기 위해서는 은행원에게 요청해야 한다.

그 당시 국가의 이러한 쇠퇴는 대수롭지 않은 규모에 머물러 있었다. 1973년 1월 3일 제정된 법은 국고에 대한 프랑스 은행의 대출을 즉시 금지하지는 않았지만 총액을 제한했다. 총 205억 프랑 중 105억 프랑은 무이자로 설정되어 한도는 올랐지만, 아무것도 변하지 않았다. 아무도 걱정하지 않았다. 엘리제궁에서 퐁피두 대통령은 회사들의 산업 전략을 지시하기 위해 프랑스 대기업 사장들을 다시 소집했다. 리볼리 길에서, 재무부 장관 발레리 지스카르 데스탱은 루브르 궁전의 황금들 아래에서 국가 경제 생활을 좌지우지했다. 외환 제재는 은행가들이 이동할 자유를 제한했다. 광범위한 공공 부문은 국토를 일관되고 균형 있는 방식으로 정비했다. 1960~1970년 사이의 만족할 만한 10년 동안 개시된 6대 산업 프로그램인 우주, TGV, 항공, 원자력, 통신, 컴퓨터 산업 조성 계획 중에서 컴퓨터 산업 조성 계획 단 하나만 실패했다. 나머지 5개의 매우 어려운 국가적 과업은 프랑스 최대의 기업들(프랑스 텔레콤, 알카텔, 에어버스, 아레바, 알스톰)과 오늘날에도 여전히 우리나라의 경제적 부의 근본이 되는 산업의 초석을 만들어 냈다.

그러나 새로운 지배적 이데올로기는 조금씩 우리의 경영진과 테크노크라트의 망탈리테에 배어들었다. 퐁피두는 교활한 농민으로서의 신중함을 유지했다. 그러나 드골은 반대로 시장을 신뢰했다. "국제적인 자유주의를 선택했을 때에는 국내의 자유주의를 위해서도 선택해야 한다. 따라서 국가는 지배하고 수정하는 방법을 끊임없이 찾는 대신 경제에 대한 국가의 영향력을 축소해야 한다."(에릭 루셀이 쓴 드골 전기에서 인용한 발언) 지스카르는 "독일중앙은행에 보잘것없는 지위를 갖는 것"을 이미 꿈꾸고 있었다. 1980년대부터 대처와 레이건의 자유주의 혁명과 함께 이 이론의 바람이 불 것이다. 넘을 수 없는 지평선. 콜베르주의적인 초자아에도 불구하고, 아니면 우리의 엘리트들에게 그토록 비방당하고 미움받은 이 초자아 때문일까, 프랑스는 일본이나 심지어 이탈리아 같은 몇몇 국가들보다 훨씬 빨리 무릎 꿇었다. 이 국가들은 은행과 시장의 손에 놓이기를 거부하면서, 중앙은행과 국가의 저축자들로부터 (우리의 것보다 더 많은) 부채에 출자하는 것을 결코 포기하지 않았다.

1973년의 법과 함께 우리는 문을 반쯤 열었다. 우리는 과정에 착수했다. 우리는 톱니바퀴에 손가락을 올렸다. 늙은 프랑스 경제계는 고통이나 두려움 없이 죽었다. 심지어 스스로 깨닫지도 못한 채로.

1973년 1월

로버트 팩스턴, 우리의 훌륭한 스승

각 시대에는 그 시대의 이상을 요약하고 구현하는 기준이 되는 역사가
가 존재한다. 19세기에 미슐레는 드문 문학적 능력으로 하나의 동일
한 서사시적인 호흡 안에서 결합된 혁명, 공화국, 민족을 찬양했다. 그
는 프랑스의 모든 아이들에게 공화국이 가르쳐 준 역사의 대가였다. 로
버트 팩스턴[133]은 우리 시대의 미슐레다. 동료들에게 감탄을 받고, 정치
계급에 의해 숭배되며, 이론의 여지가 없는 인물이다. 팩스턴식의 논리
는 만장일치로 받아들여졌다. 그의 논리는 어떠한 반론도 겪지 않았다.
그의 논리는 위대한 미슐레의 감동적인 통찰력처럼 복음의 말씀이다.

　　제2차 세계대전은 넘을 수 없는 역사적 모태로서 프랑스 혁명을
대체했다. 그러나 팩스턴은 반미슐레적이다. 심지어 이러한 이유 때문
에 우리의 회개하는 시대가 그를 로마 교황으로 채택한 것이다. 그의
책이 1973년에 출판되었을 때[134], 레지스탕스도 아니었고 대독 협력자
도 아니었던 퐁피두 대통령이 엘리제궁에서 군림하고 있었다. 퐁피두
는 기자 회견에서 모라스를 인용하고, "프랑스인들이 서로를 사랑하지
않는 시대에" 벌어진 상처를 다시 봉합하기 위해 친독 의용대원이었던
투비에의 사면을 주저하지 않았다. 같은 시대에, 위대한 지식인 레몽

133　로버트 팩스턴(Robert Owen Paxton, 1932~)은 미국의 역사학자다. 특히 비시 프랑스,
　　파시즘 등 제2차 세계대전 당시 유럽 역사 전문가다.

134　[원주] *La France de Vichy*, 1940-1944, Le Seuil.

아롱은 자신과 동일한 종교를 가진 유대교 신자들에게 "기억에 대한 집착"을 거부하라고 격려했다. 아롱과 마찬가지로 퐁피두도 내쫓길 것이다. 1981년, 팩스턴은 다른 북미 역사가 마이클 매러스와 함께 『비시와 유대인들』이라는 책으로 상처에 다시 칼을 찔러 넣었다. 논리가 세워졌다. 이론은 변하지 않을 것이다. 그것은 책임이 있으며 동시에 유죄로 인정된 비시 정권의 절대적 악의에 기반을 두고 있다. 비시 정부의 행동은 언제나 유해하고 모든 우두머리들은 유죄다.

위대한 역사학자들은 결코 그들의 추종자들처럼 단순하지 않다. 미슐레는 종종 대혁명(9월 학살, 대공포 등)의 권력 남용에 대해서는 냉혹했고, "대국"의 허약함에 있어서는 통찰력이 있었다. 엄격한 미국인 검사는, 라발이 반유대주의가 아니었다거나, 나치의 고위 관료들이 프랑스에서 추방당한 자들의 행렬이 보여 주는 빈약한 수치에 크게 실망했다는 사실을 여기저기서 알게 되었다. 심지어, 도중에는 이따금, 우리 시대와 전쟁 시기 사이의 큰 차이를 지적하기에 이른다. 우리 시대는 인도주의적 관심과 유대인 말살에 사로잡혀 있고, 전쟁 시기는 독일 점령 아래에서 프랑스인들의 평범한 걱정으로 특징지어진다. 그 시기 프랑스인들에게 추방이라는 말은 대독 협력 강제노동국에 의해 동원된 젊은이들이 독일로 강제 출국된 일을 다시 생각나게 한다.

그러나 이 검사의 임무를 변질시키지 않는 이러한 세부 사항들은 중요하지 않다. 단 하나의 질문만이 그를 괴롭힌다. 그러나 그는 "이러한 조건 속에서 프랑스 유대인의 4분의 3이 어떻게 죽음을 피할 수 있었는지 자문할 수 있다"며 치욕 아래 질문을 숨김으로써 무시하는 편을 택했다.

질문은 10년의 추가적인 연구 끝에 등장한 그의 두 번째 저서 『비시와 유대인들』의 말미에 제기되었다. 그러나 이에 대해서 그는 간단한 대답을 내놓는다. 그 질문이 논리를 파괴하기 때문에 그는 교묘히 질문을 피할 수밖에 없었다.

그동안 세르주 클라스펠드는 그에게 연결 고리를 제시했다. 유대인들을 구한 것은 프랑스인들이라는 사실이다. 그들은 비시의 말살 기계를 오로지 그들만의 힘으로 저지한 "정의로운 자들"이다. 실제로 클라스펠드와 마찬가지로 팩스턴에게 있어서, 독일인들과 그들의 나치 이데올로기는 비시 정부의 배신에 의해 거의 지나쳐버린 지엽적인 들러리이기 때문이다.

클라스펠드의 도움으로 팩스턴식의 논리는 파괴할 수 없게 되었다. 이론의 여지가 없는 확정적인 것.

하지만 여전히 그 질문은 끈질기게 괴롭히는 채 남아 있다. 바로 그 시대부터 비열한 개자식, 반유대주의자, 밀고자의 특징 아래 왜곡되었던 프랑스인들이 만약 그러한 규모의 구출을 가능하게 했다면, 왜 우리 이웃인 네덜란드인과 벨기에인 들은 그렇게 할 수 없었을까? 정의로운 네덜란드 사람들의 수는 어쨌든 프랑스인들보다 더 많다! 그리고 네덜란드의 유대인들은 거의 100퍼센트 가까이 몰살되었다. 이 질문에 대해 팩스턴 이전의 프랑스 사료 편찬은 신성 모독이 되어 버린 대답을 내놓았다. 로베르 아롱 같은 역사학자들은, 독일의 군홧발 아래 짓밟힌 프랑스는 히틀러의 지속적인 압박에 복종했다고 회상했다. 그들은 독일의 요구에 직면하여 페탱과 라발에 의해 채택된 전략에 의한 비시 정부의 양면적인 결산표를 설명했다. 프랑스 유대인들을 구하기 위해 외국 유대인들을 희생시키기.

이 주장은 오늘날 전혀 알려지지 않고 무효 처리가 되었다. 파렴치할 정도로 관대하다. 그리고 지극히 프랑스적인 이 주장이야말로 최악의 범죄다. 그럼에도 유대인 말살에 대한 세계적인 위대한 전문가인 라울 힐베르크는 『유럽의 유대인 파괴』에서 딴말을 하지 않는다. 이 주제에 대해 서술한 모든 사람들은 최종 결정 과정에 대한 그의 분석을 되풀이한다. "독일 압력에 대한 반응에 있어서, 비시 정부는 특정 한계 내에서 파괴 과정을 유지하도록 노력했다 […]. 1942년 독일의 압력이 심해지자 비시 정부는 두 번째 방어선 뒤로 몸을 피했다. 외국 유대인들과 이민자들은 그들의 운명에 의해 버려졌고, 우리는 유대인 국민들을 보호하기 위해 노력했다. 어느 정도 이 전략은 성공했다. 한 부분을 살리기를 포기함으로써 우리는 전체의 상당 부분을 구했다."

그러나 힐베르크로부터 나온 지성적 유산의 이 부분은 알려지지 않았다.

팩스턴은 자신의 책을 다시 출판하면서 인정했다. "내가 그 당시 발언한 몇몇 판단들을 오늘날 다시 읽으면서, 나는 그것들이 너무 총체적이고 때로는 잔인하다는 것을 인정한다. 그것들은 내 조국이 베트남에서 초래한 전쟁에 대한 나의 반감에 영향을 받았다는 것을 인정한다. 그러나 내가 보기에 비시 정권이 1940년 6월의 원죄에 의해 처음부터 끝까지 더럽혀졌다고 말하는 것은 여전히 정당하다."

클라스펠드의 경우, 1996년 5월 29일과 30일 크뢰즈에서 열린 한 학회에서 발언하던 도중, 만약 그가 변호사의 경력을 마치고 역사로 돌아온다면 이는 "어느 날 사람들이 비시 정부가 유대인들을 구했다는 말을 하지 않도록 하기 위해서"일 거라고 설명했다.

명확한 이 두 발언은 2012년 요란한 언론의 침묵 속에 출판된 『비시와 쇼아』라는 책의 서문에서 언급되었다. 작가인 랍비 알랭 미셸은 저서에서 보기 드문 섬세함과 정직함으로 프랑스적인 역설을 철저히 분석함으로써 거의 자살에 가까운 놀라운 용기를 보여 준다. 그는 비시주의에 대한 초기 역사학자들의 직관을 지지하고 계승한다. 그리고 어떻게 반유대주의 세력이 "옛 프랑스 이스라엘인들"을 구하는 데 성공했는가를 보여 준다. 반유대주의자들은 편파적이고 비열하고 잔인한 유대인들의 지위를 이용해서 유대인의 사회적 영향력을 제한하고자 했다. 그리고 외국인 유대인들의 출항에 집착했다. 미국의 경우에는 라발을 먼저 떠올린다. 그는 미국인들의 거부에 맞서, 당시 독일인들이 주장한 것처럼, 유대인들을 동쪽으로 보내는 것을 받아들였다.

팩스턴은, 프루스트[135]의 작품에 등장하는 스완[136]의 방식으로 동화된 유대인들만을 용인하는 모라스적인 반유대주의자 자비에 발라[137] 같은 사람과, 유대인의 특성을 쉽게 드러내지 않기 때문에 동화(同化)[138]된

---

135 마르셀 프루스트(Marcel Proust, 1871~1922)는 20세기 전반 프랑스 문학을 대표하는 소설가다.

136 프루스트의 소설 『잃어버린 시간을 찾아서』의 등장인물로 유대인 혈통 부르주아로 묘사된다.

137 자비에 발라(Xavier Vallat, 1891~1972)는 제3공화국과 비시 정권의 극우파 정치인으로 독일 점령 기간 중 반유대주의자로 알려지게 되었다.

138 제무르는 이민자를 수용하는 양상을 통합(intégration)과 동화(assimilation)로 엄격하

유대인들이 최악의 종이라고 생각한 힘러[139] 같은 사람 사이의 근본적인 관점의 차이를 잘 알고 있었다. 그러나 그는 비시 정부의 반유대주의가 나치 말살을 능가하고 두둔하고 증가시켰다고 판단했다. 알랭 미셸은 비시 정부가 원했고 그 목적을 달성했던, 프랑스 유대인 대 외국 유대인이라는 비윤리적 교환의 효과를 보여 줌으로써 가혹한 반증을 제시했다. 팩스턴은 프랑스 경찰들의 도움이 없었다면 독일인들이 점령 지역에서 행동하지 못했을 것이라고 확신했다. 미셸은 패배한 국가의 행정부가 점령자에게 협력할 수밖에 없게 만드는 법적 의무를 상기시켰다. 그는 또한 전쟁이 끝난 후 나치 친위대 분대를 이끌고 프랑스인이든 아니든 유대인처럼 보이는 모든 사람들을 소탕함으로써 프랑스 경찰보다 훨씬 더 많은 피해를 유발한 미션을 수행한 알로이스 브루너[140]의 니스 상륙을 이야기했다. 팩스턴은 유대인들에게 자유 지역에서 노란 별을 달게 하는 것을 페탱이 거부했음을 지적했다. 미셸은 사람들이 덴마크 왕[141]에게 영원한 경의를 표하면서 그에게 감사하지 않는다는

게 구분한다. 통합이 다문화주의에 바탕을 두고 이민자 본래의 문화를 그대로 받아들이고자 하는 태도인 반면, 동화는 이민자에게 프랑스의 규범과 문화적 기준에 맞춰 변화하고 순응할 것을 요구한다. 이 두 개념의 차이는 이 책에서 반복적으로 등장한다. 제무르는 프랑스가 통합을 시도하다가 실패했다고 비판하면서 동화를 적극적으로 주장한다.

139 하인리히 힘러(Heinrich Himmler, 1900~1945)는 나치 친위대 지도자이자 유대인 학살 최고 책임자다. 잔인한 학살로 악명이 높다. 전쟁이 끝나고 연합군에 체포된 후 자살했다.

140 알로이스 브루너(Alois Brunner, 1912~2001? 2010?)는 유대인 범죄를 저지른 나치 전범으로 알려져 있다.

141 나치 점령 당시 덴마크 국왕이었던 크리스티안 10세는 덴마크 거주 유대인들에게 노란 별을 달도록 명령한 나치에게 저항하는 의미로 국왕 본인도 별을 달았다

것에 대해 거짓으로 순진한 척 놀랐다.

미셸은 비시 정권 때문에 운명에 대해 안심하게 된 프랑스 유대인들이(90퍼센트의 이스라엘인들이 이 끔찍한 해에 살아서 떠나게 될 것이다) 외국의 유대인들, 특히 아이들의 구조에 자유롭게 전념할 것이라는 사실을 지극히 거만한 태도로 증명한다. 최후의 역설은 프랑스 내 유대인 공동체의 허약함이 이처럼 매우 낮은 희생률을 달성하게 만들었다는 점이다.

미셸은 비시 정부의 명예 회복을 전혀 원하지 않았다. 그는 1940년 10월부터 이스라엘인들을 제2구역의 시민이 되게 한 유대인의 지위를 단도직입적으로 고발했다. 그러나 그는 감정과 당연한 비난을 넘어서고자 했다. 페탱 정권의 모순을 파헤치고, 필연적으로 병행할 수 없는 도덕과 정치적 효과를 구별하기 위해서였다. 그는 이원론을 불러일으킬 복잡한 역사 속으로 빠져들었다. 그는 비시 정부의 반유대주의적인 전제 사항들에 찬성하지 않았다. 그러나 즉시 해방에 대한 책임자들의 방어선을 계승했다. 우리는 프랑스 언론의 깜짝 놀랄 만한 침묵도 이해한다. 아마도 그는 프랑스인이 되어야 했지만, 프랑스에서 살아서는 안 됐다. 역사가가 되어야 했지만, 대학교수는 아니어야 했다. 유대인, 심지어 랍비이지만, 이스라엘과 미국 사이에 거주해야 했다. 이는 팩스턴의 신화를 그토록 대담하고 용감하게 무너뜨리기 위해서다. 국가 이성의 제약들을 잘 이해하기 위해서 시온주의자의 틀에 의해 규정

고 한다. 이 이야기는 널리 알려져 있으나 오늘날에는 꾸며진 이야기라는 평가가 지배적이다.

된 유대인이 되어야 했다.

　클로드 모리아크는 저서『드골을 사랑하기』에서 1944년의 장면을 묘사했다. "드골은 나의 아버지에게 설명했다. 두 종류의 레지스탕스가 존재했지만 해방 후에 둘 사이에서는 어떠한 합의도 가능하지 않았다고. '적에게 저항했던 나와 당신의 레지스탕스가 있었고, 그리고 반나치, 반파시스트적이었지만 조금도 민족적이지 않은 정치적 저항이 있었다'고…."

　팩스턴과 클라스펠드는 두 레지스탕스 사이의 싸움을 재개하여 장군의 정치적 적들에게 사후의 승리를 안겨 주었다. 그들은 자신들도 모르는 사이에 1970년대와 1980년대의 세대가 기대했던 새로운 접근 방식을 취했기 때문에 승리했다.

　팩스턴의 책을 읽을 때 사람들은 그가 비시 정부, 그리고 그 너머로, 공화국과 프랑스의 두 가지 핵심적인 특징을 비판한다는 것을 알아차린다.

　우선 주권이다. 팩스턴은 잃어버린 주권 조각들에 대한 패자들의 악착스러운 방어가 해롭다고 생각한다. 그는 비시 정부가 반유대적인 고유한 정책을 갖고자 하는 의지가 있었다는 점에서 조롱하고 비난한다. 그는 하찮은 주권을 지키고자 한 발라, 부스케, 라발의 노력을 비난한다. 클라스펠드의 말대로라면, 그들은 "반나치, 반파시스트 정치인들"의 전투 역시 거기에서 다시 시작했다. 이 정치인들은 드골이 클로드 모리아크에게 말한 대로, 국가를 회복하기 위해 노력했다는 점에 있어서는 오로지 페탱만을 부인한다.

하지만 팩스턴의 진정한 전투는 프랑스적 동화에 맞선다. 이 미국인은 그것이 제3공화국과 비시 정부를 연결한다고 당연하게 평가한다. 그는 동쪽에서 온 많은 유대인들을 포함한 외국인과 무국적자를 제거하기 위한 공화국의 노력과 비시 정부의 노력 사이의 연속성을 보여 준다. 그는 1930년대에 프랑스가 가장 많은 이민자들을 받아들였던 세계의 국가였다는 사실을 인정한다. 프랑코에 패배한 스페인 난민들의 유입이 프랑스라는 가득 찬 그릇을 넘치게 했다는 것도 받아들인다. 대중의 반유대주의가 "지하 경제"에 대해 크게 분노했다는 사실도 알고 있다.

하지만 그는 그것을 원칙의 문제로 삼는다. 만약 프랑스가 동화주의적 요구들을 포기했다면, 만약 문화적 다원주의라고 부르는 방향으로 전환했다면, 프랑스는 유대인들을 더 잘 수용했을 것이고, 나치의 말살 기계를 돕지 않았을 것이다. 그는 비시 정부의 약점을 확실하게 이해했다. 베르나노스[142]는 유명한 문구에서 매우 프랑스적인 보기 드문 반어법으로 이것을 멋지게 요약했다. "히틀러는 반유대주의를 훼손했다." 팩스턴은 비시 정부가 동화를 훼손했다고 생각한다. 그리고 그는 그 사실에 기뻐한다. 그는 정말이지 미국인이다.

그리고 그의 시간이다. 드골은 1973년에 죽은 것이었다. 프랑스의 주권은 미 제국에게 경의를 표해야만 하고 유럽 속에서 익사해야 한다.

---

142 조르주 베르나노스(Georges Bernanos, 1888~1948)는 기독교 문학을 대표하는 프랑스의 소설가다.

그리고 동화주의자인 오래된 프랑스는 공동체주의 모델에 개방해야 한다. 1980년대의 세대는 이 모델을 "다양성"이라는 반짝이는 장신구들로 곧 치장하게 될 것이다. 나폴레옹 이래로 프랑스 유대인들은 유대교의 고립주의적이고 공동체주의적인 본질을 억제함으로써 어쨌든 반대의 길로 나아갔다. 이는 1789년 국회의 연단에 오른 클레르몽토네르 백작의 연설("개인으로서의 유대인에게는 모든 것을 줘야 한다. 민족으로서의 유대인에게는 아무것도 주어서는 안 된다.")을 따르기 위해서였다.

팩스턴은 이 시대를 종결했다. 외국인 유대인들과 특히 쇼아(Shoah)[143]에서 살아남아 프랑스인이 된 그들의 자녀들은 당시 프랑스의 동화주의적 엄격함을 용서하지 않을 것이다. 옛 이스라엘인들은 공동체주의적이고 게다가 반프랑스적인 이 새로운 노선에 투덜거리면서 복종할 것이다. 팩스턴의 방정식은 이것이다. 비시 정부는 절대악이다. 비시 정부는 프랑스다. 그러므로 프랑스는 절대악이다. 이는 학교에 다니는 유대인 청소년들과 전후에 태어난 이 모든 세대 안에 촘촘한 미디어 네트워크를 타고 큰 피해를 입힌다.

프랑스 당국은 이민자 세대를 어쨌든 통합하게 만든 자신의 모델을 옹호하지 않을 것이다. 1997년 암스테르담 조약에 의해 이민자들을 유럽에서 빼기 전까지만 해도, 프랑스 정부는 남쪽에서 온 이민자의 파도에 직면하여 더 이상 국경을 거의 고수하지 않았다. "유대인들"을 강제 수용소로 보냈다는 혐의에 대한 두려움 때문이었다. 프랑스 정부는 새로 온 사람들에게 동화에 대한 증거를 달라고 더 이상 요구할 수 없

---

143   홀로코스트를 의미하는 히브리어.

을 것이다. "우리 역사의 최악의 시간"으로 되돌아가고 싶지 않다면 말이다.

영광스럽고 찬양되고 격찬받는 팩스턴의 승리는 완전했다. 벨디브 대규모 검거 사건[144]에 대한 1995년의 시라크 대통령과 2012년 올랑드 대통령의 연설과 함께, 팩스턴의 논리는 공식적이고 신성한 진리가 될 것이다. 국교가 될 것이다.

1973년 2월 22일

그녀는 달린다. 그녀는 방리유를 달린다.
그러나 어디인지 여전히 알지 못한 채

영화가 1973년 프랑스의 방리유[145]를 다뤘을 때, 외국인은 감미로운 스위스 억양을 가지고 있었다. 유행 중인 미니스커트에 의해 강조된 매력적인 긴 다리와 가장 까다로운 캐릭터들도 부드럽게 만드는 마르트 켈러의 매혹적이고 부드러운 미소. 오늘날 〈그녀는 달린다, 그녀는 방리유를 달린다(Elle court, elle court la banlieue)〉를 다시 보는 것은 우리를 18

---

144 1942년 비시 정부에서 행해진 대규모 유대인 검거 사건. 1만 3,000명 이상의 유대인들이 체포되어 대다수가 학살당했다. 종전 이후 프랑스 정부는 이 사건에 대한 책임을 인정하지 않았으나 시라크 대통령이 처음으로 이 사건에 대한 책임을 인정했다.

145 방리유(banlieue)는 사전적으로는 교외 지역을 의미하지만, 오늘날에는 파리로 대표되는 프랑스 대도시의 외곽 지역에 형성된 이민자 밀집 거주 지역으로 통용되며 빈곤과 범죄 등의 사회적 문제를 안고 있다.

영화 〈그녀는 달린다, 그녀는 방리유를 달린다(Elle court, elle court la banlieue)〉 포스터.

세기 의상이 등장하는 영화만큼이나 거의 이국적이라 할 수 있는 세계 안으로, 몇 세기 전으로 이끈다. 그러니까 방리유가 언제나 황량하고 두려운 쓰레기였던 것은 아니었다. "추방"[146]에 대한 거짓된 학문적인 어원이 뭐 대수겠는가. 방리유는 욕실, 중앙난방 등의 깜짝 놀랄 만한 도시의 편리함을 발견하고자 시골에서 올라온 가족들이나 미래의 자손들을 위한 공간을 마침내 발견한 도심의 젊은 커플이 기다리고 꿈꾸던 목적지였다. 행복한 방리유는 환상이 아니었다. 그것은 영화의 각 장면마다 존재하는 삶의 즐거움을 과시한다. 행복한 방리유는 미국의 교외 지역에 대한 환상을 품은 전후 세대의 꿈이었다. 그 꿈은 르코르뷔지에[147]의 규칙에 따라 도시를 재창조하기를 원했던 건축가들과 도시 계획가들이 고무시킨 꿈이었다.

그때부터 지리학자, 도시 계획가, 사회학자들에 의해 세워진 모든 이론들은 몇몇 이미지들로 무너진다. 그것은 높은 곳에서 내려다본 도시 계획, 계단 난간, 그리고 폭력, 패거리, 게토를 유발하는 길의 부재가 아니다. 천국을 지옥으로 바꿔버리는 폭력, 패거리, 암거래다. 환경을 만드는 것은 상부 구조를 단련하는 구조들이 아니라, 인구와 인구 변화다.

스위스인 마르트 켈러는 프랑스인의 핵심적인 특성에 완벽하게 동화한 유럽 이민자를 구현한다. 그녀의 가벼운 억양은 더 큰 매력이

---

146 'mise au ban', 직역하면 명령 포고나 소집을 의미하는 'ban'에 놓아진다는 의미인데, 여기에서 ban은 banlieue와 같은 어원을 갖는다.

147 르코르뷔지에(Le Corbusier, 1887~1965)는 스위스 태생의 프랑스 건축가다. 현대 건축을 대표하는 인물 중 하나다.

된다. 동시대에 프랑스 전역에서 모두의 인기를 얻은 영국인 페툴라 클라크나 제인 버킨, 이스라엘인 리카 자라이나 마이크 브랜트, 이탈리아계 이집트인 달리아, 벨기에인 자크 브렐, 이탈리아인 레지아나나 독일인 로미 슈나이더처럼 말이다.

"프랑스 노동자들의 빵을 빼앗으러 온" 이탈리아인들에 맞서는 19세기 노동자들의 분노는 잊혀졌다. 동유럽 국가에서 온 유대계 "프랑스 거류 외국인"에 맞서는 1930년대의 조용한 적대감도 마찬가지였다.

당시 방리유는 유럽 전역에서 온 외국인의 아이들과 시골 농민 사이의 아름다운 결합에 성공했다. 그들은 모두 가톨릭 종파이고 (그리고 젊은이들은 똑같이 비기독교화되었다), 그리스-라틴 문화에 익숙한 백인이었다. 드골 장군의 유명한 돈호법을 길게 설명할 수 있는 자들이었다.[148]

사회학자이자 정치학자인 로버트 퍼트넘[149]은 이미 다문화적인 미국 사회에 의해 초래된 혼란을 솔직하게 금기 없이 곧 분석할 것이다. 그는 몇 년 후 크리스토프 길뤼의 저서 『프랑스의 분열』에서 인용되고 계승된다. 퍼트넘은 자신이 "사회적 자본"이라고 부르는 다문화 도시에서 집단생활 요소들이 쇠퇴하고 있음을 언급한다. 그는 가장 다채로워진 사회 속에서 개인 간의 신뢰가 크게 감소하고 있음을 증명한다.

---

148 드골의 말 중에는 돈호법으로 유명한 표현들이 남아 있다. 예를 들면, 1944년 파리 해방 당시 "파리! 유린당한 파리! 부서진 파리! 학대받은 파리! 그러나 해방된 파리! 자신의 힘으로 해방된 파리!"와 같은 연설이 있다. 따라서 해당 문장은 이러한 표현에 공감하고 이 짧은 표현을 언어적으로도 이해할 수 있는 사람들이라는 의미로 읽힌다.

149 로버트 퍼트넘(Robert Putnam, 1941~)은 미국의 정치학자이자 하버드 대학교 교수다.

그러고는 다문화적 다양성이 고립과 사회의 무질서로 이어진다고 설명하면서 결론짓는다.

이 미국인의 연구는 우리나라에서는 비밀로 남을 것이다. 영화가 촬영된 당시, 그것은 프랑스의 현실과 맞지 않았다. 이제는 현실에 너무 부합한다.

〈그녀는 달린다, 그녀는 방리유를 달린다〉에서도 갈등은 존재하며, 부정되지 않는다. 하지만 무엇보다도 세대적이다. 피에 누아르[150] 출신 배우 로베르 카스텔이 연기한 공화국보안기동대는 젊은 가수 히겔린이 기타를 두드리며 연주하는 소리도, 도심 한가운데 폭음을 내며 지나가는 오토바이족의 장발도 견디지 못한다. 그러나 충돌은 여전히 눈에 띄지 않으며, 폭력도 거의 없고, 증오는 더욱 없다. 분노는 아무런 결과로도 나타나지 않고, 사람들은 아주 드물게 총을 꺼낼 뿐이다. 강간도 없고, 암거래도 없다. 사람들은 경찰을 향해 총을 쏘지 않고, 경찰서는 빽빽한 철장 뒤에 굳게 닫혀 있지 않다. 의사들도 소방관들도 교사들도 폭력을 당하지 않는다.

그 시절은 이런 무절제를 상상하지 못하는 것 같다.

젊은 버스 운전사가 매력적인 여성의 엉덩이에 음탕한 손을 스쳐도, 그 젊은 여자는 성희롱으로 고소하지 않는다. 신뢰가 유지되고 있다.

마르트 켈러는 8시까지 파리의 직장에 도착하기 위해 아침 5시에 일어나야 한다. 그녀의 사랑에 빠진 쾌락의 소리는 토요일 저녁 애무

---

150 과거 프랑스령 알제리에 정착했던 유럽계 프랑스인을 지칭하는 말.

밖에 할 수 없는 백발 이웃들의 신경을 자극한다. 여성의 유급 노동과 대도시의 유혹은 질투를 자극하고 커플들을 불안정하게 만든다. 억제할 수 없게 되어 버린 감정들의 혼란은 마르트 켈러를 자살 시도로 몰아간다. 모든 것이 잘 끝난다. 그것은 코미디다. 하지만 비극이 맴돌고 있다. 당황하고, 추방되고, 뿌리를 잃은 사람들이 느껴진다.

영화는 천국과도 같은 배경의 이면을 숨기지 않는다. 로베르 카스텔이 아내에게 세차를 위한 세제를 요구했을 때, 그는 셀 수 없이 많은 창에서 높게 날아오는 수많은 세제갑을 얼굴에 맞았다. 사람들은 자동차를 청소하기 위해 다툰다. 기차는 만원이고, 매우 드물게 다니고, 종종 파업 중이다. 무례하고 오만한 공무원들은 불평에 귀를 막는다.

그럼에도 퐁피두의 드골주의 정부는 이 문제에 대해서 걱정한 마지막 사람들이었다. 1973년 4월 25일, 파리와 방리유의 연결을 용이하게 만드는 외곽 순환 도로가 개통되었다. 그 콘크리트 덩어리들이 옛 요새들을 되살리고 분리를 단단하게 만드는 것처럼 보이긴 했지만 말이다. 그리고 바로 그 드골주의 정권은 갑작스러운 인구 유입에 의해 한계를 넘어선 방리유의 전통적인 열차를 강화하고 대체하기 위해 RER[151] 노선을 개시했다. 1981년 좌파가 출현했을 때부터 정부는 TGV 노선, 그리고 사업가와 남쪽으로 향하는 돈 있는 관광객이라는 대중을 우선했다.

---

151 Réseau Express Régional, 파리와 일드프랑스를 연결하는 급행 철도.

방리유에는 역사, 과거는 물론이고 그것과 결부되어 있는 전통이 없다. 모든 것을 재창조해야 한다. 곧 쇼핑몰들이 빠르게 성장할 것이다. 프랑스 역사상 최초의 소비자 세대는 소비라는 새로운 종교에 헌정된 대성당들을 소유하게 될 것이다. 현재 퐁피두 시대의 혼잡한 성장은 취약함과 고통을 숨기고 은폐한다. 우리는 월말을 버티기가 어렵지만 실업은 주제가 아니다. 젊은이들에게 그토록 놀림받고 비난받는 이 옛 세대는 농촌 문명에서 물려받은 전통적인 가치들과 함께, 의지할 수 있는 오래된 바위 역할을 여전히 맡고 있다. 영화는 보여 주지 않지만, 당시 방리유는 공산당에 장악되었다. 공산당은 수많은 단체들과 함께 이 대중들에게 필수적인 사회적 관계를 만들고 형성한다. 모스크바에 교황청을 갖고 있는 물질주의 교회가 쇠퇴 중인 가톨릭 교회를 대체했다. 그것은 소비 지향적인 자본주의, 자유주의적인 이데올로기들, 그리고 대규모 이민이 파괴할 준비를 하는 바로 그 세계다.

영화가 끝날 무렵, 부부는 파리에 정착했다. 영광의 30년 동안 중산 계급이 된 제3차 산업의 새로운 중간 계층이 파리 동쪽의 서민 구역에 정착한 것은 그 지역의 "젠트리피케이션"과 여전히 잘 알려지지 않은 "보보들(bobos)"[152]을 예고한다. 이 교외 지역들에는 세계 각지에서 온 다른 사람들을 위해 빈자리가 남아 있다. 그녀는 여전히 방리유를 뛰어다니지만, 그녀는 심연으로 달리고 있다. 그녀는 그것을 모르고 있으며, 심지어 상상조차 하지 않는다. 그 영화는 허약하고 순박한 이 행

---

152 보보는 부르주아-보헤미안(Bourgeois-bohème)의 앞 두 글자를 결합한 표현이다. 잘 교육 받고 안락한 삶을 살고 있으나 반(反)순응적인 성향을 드러내는 젊은이들을 지칭한다.

복의 순간에 대한 감춰진 흔적이다. 20년 후, 방리유에 대한 다음 영화의 제목은 〈증오(La Haine)〉[153]다.

1973년 7월

그토록 상냥한 이혼에 대하여

처음에 사람들은 그를 '로레트의 집'이라는 이름의 따뜻한 식당 깊숙한 곳에서 마음의 고통에 붕대를 감는 젊은 남자로 생각했다. 그 후에는 히피 모임에서 평화주의 슬로건과 "Wight is Wight / Dylan is Dylan"[154]과 같은 환각적인 음악에 도취된 사람이라고 생각했다. 1973년, 미셸 델페슈는 성장했고 성숙해졌다. 여성 잡지에서 이미 언급했듯 "결혼 문제"가 있었다.

　미셸 델페슈는 베이비 붐 세대의 출현을 보여 주는 재능 있는 인기 가수다. 그는 이 세대를 위해 노래한다. 그의 불안, 그가 발견한 것들, 그의 심장 박동, 그리고 그의 괴로움과 선택 또한 이야기한다. 이것은 세상에 대한 그의 견해다.

　깊은 감성으로 델페슈는 일반화되고 죄악시되지 않은 이혼의 윤

153　마티유 카소비츠 감독이 1995년 발표한 영화로 파리 방리유 지역에 사는 세 명의 이민자 출신 젊은이들의 이야기를 다루고 있다. 방리유의 폭력적인 문화와 이민자 2세들이 프랑스 사회에서 겪는 부적응, 차별, 그로 인한 반감 등을 사실적으로 그려낸 작품으로 당시 프랑스 사회에 큰 충격을 던져 주었다. 프랑스 이민자 영화의 고전으로 평가받는다.

154　미셸 델페슈(Michel Delpech)의 노래 〈Wight is Wight〉의 가사 중 일부.

곽을 형성한다. 서로 괴롭히거나 실수, 불륜, 집행 조서와 같은 것들을 꾸며대는 것이 아니다.

> 나의 변호사가 나로 하여금
> 너에 대해서 말하도록 하는 모습을 네가 본다면
> 그는 너에게서 변명의 여지를 찾을 수 없을 거야
> 내 인생에서 가장 아름다운 것들
> 나는 그것을 잊어야만 했어
> 나는 너를 고소해야만 했어.

> 그는 조정과 타협을 할 줄 아는 남자다.

> 우리는 우선
> 너의 부모님에게 자식을 줄 수 있을 거야.
> 그러기 위해 필요한 시간 […]
> 만약 우리 사이가 끝장난다면
> 삶은 계속될 거야
> 그럼에도 불구하고.

그는 원한, 째째함, 증오를 넘어선다. 심지어 이별을 할 때도 말이다. 부정한 아내의 남편은 더 이상 격노하거나 어리석지 않으며, 너그럽고, 축복할 줄 아는 사람이다.

너는 심지어 스테파니에게

의붓오빠를 만들어 줄 수 있을 거야

그 아이에게는 멋진 일일 거야.

미셸 델페슈는 다정한 목소리로 이야기한다. 전쟁이 아니라 평화를 만들어 낸다. 텔레비전에서 그는 당시 둥글고 부드러운 얼굴, 갈색의 길고 부드러운 머릿결, 부드러운 눈빛, 나른한 몸짓으로 등장했다. 남성이 여성으로 변신했다.

평화적인 이혼을 찬양하는 이 노래로, 비극적인 사건이나 고통 없이, 그는 법과 풍습을 앞서간다. 그는 정치인들, 사회학자들, 역사학자들보다 먼저, 프랑스를 군중 이혼의 시대에 들어서게 만든다. 그는 아버지들의 법을 거부한다. 가능하지만 억눌러진 이혼, 합법이지만 부당한 이혼, 예외로 남아야 할 이혼을 거부한다. 입법부, 법무부, 교회라는 모든 사회가 제한하기 위해 노력하는 이혼 말이다. 사회에서는 가족의 영속성이 개인의 행복보다 선호되고, "사람들은 아이를 위해서 이혼하지 않는다."

델페슈은 우리에게 완벽한 이혼, 모범적인 이혼에 대한 서정시를 노래한다. 그 당시 이러한 사고방식은 새로운 것이었고 놀랍고 즐거운 것이었다. 매우 빠르게, 이 견해는 여성 저널들, 모든 종류의 "심리학"에 의해 되풀이될 것이다. 여성 운동 또한 여성의 자유라는 미명 아래 "결혼의 사슬"을 끊었다.

이것은 망탈리테의 코페르니쿠스적인 혁명이다. 결혼이 오랫동

안 남성 족속에 의해 채워진 참을 수 없는 족쇄이자, 여성에게 있어서
는 물질적이면서도 감성적인 보호로 여겨졌다는 것을 우리가 기억하
길 원한다면 말이다. 파스칼 키냐르[155]는 『섹스와 공포』에서 잘 설명하
고 있다. 로마와 가톨릭에 의해 강요된 모노가미[156]는 남성적인 사회 속
의 여성적(페미니스트적) 주장이라고. 이 남성적 사회는 환상에 빠진
폴리가미[157]의 기쁨과 쾌락을 아직 잊지 못한 사회다.

수 세기 동안 결혼은 사회와 가족의 안정에 있어서 필수적인 제
도였다. 이것은 젊은 부부들에게 맡겨지기엔 너무 진지하다고 판단되
었다. 그럼에도 이 조정된 결혼은 중세부터 교회에 의해서 부인될 것
이다. 교회는 군주제와 귀족제에 맞서, 성직자들와 함께 "의사(意思)주
의"[158] 이론을 주장할 것이다. 트리엔트 공의회는 이 대원칙마저도 신성
시할 것이다. 신혼부부들이 그들의 애정을 따르도록 선동하면서. 그러
나 엘리트들과 부모들의 결혼 전략과 계획 경제적인 관례를 결코 뒤흔
들지는 못할 것이다. 기독교 교리와 「누벨 엘로이즈」[159]의 감상주의를
결합하는 낭만적인 19세기는 연애결혼을 모범으로 강요할 것이다. 그
리고 그 짝은 이혼이다. 사랑이 사라지면 말이다. 20세기는 이 끔찍한
커플을 정립한다. 이로부터 베이비 붐 세대는 서양 전역에서 대규모 혁

---

155 파스칼 키냐르(Pascal Quignard, 1948~)는 프랑스의 소설가다.

156 일부일처제.

157 일처다부제 혹은 일부다처제.

158 의사 표시의 효력을 결정할 때, 객관적인 표시 행위보다는 당사자의 의사를 중시
하는 태도.

159 장자크 루소가 1761년 발표한 서간체 소설.

명을 일으킨다. 1970년대 초, 무질서한 방식을 경험한 풍속의 해방은 이혼 증가로 이어졌다. 이혼의 법적인 과중함이 바쁘고 참을성 없는 세대에 제동을 건다. 가족은 개인들의 이기적 행복 앞에 복종할 것을 독촉받는다.

여성들은 이 혁명의 선봉에 서 있으며, 그녀들은 사랑의 결혼을 밀어붙이며, 사랑이 멀어질 때 "자신의 인생을 변화"시킬 수 있기를 원한다. 그녀들은 배우자가 배신하거나 자신들이 새로운 소울메이트를 발견했을 때 이혼을 요구한다. 그녀들이 사랑하는 것은 남자가 아니라 사랑이다.

「마담 보바리」에서 플로베르[160]가 훌륭하게 보여 준 것처럼 19세기 사회는 여성의 낭만주의를 속박했다. 이 천재적인 노르망디인은 이집트까지 찾아갈 정도로 매음굴과 창녀의 엄청난 애호가였다. 그는 자신의 여자 주인공과 모든 여성들의 감상주의를 경멸했기에, 루이즈 콜레[161]에게 보내는 편지에서 여성에 대해 희한하게 썼다. "그녀들은 자신의 마음을 자신의 엉덩이와 혼동하고, 달이 그들의 규방을 밝히기 위해 발명되었다고 믿는다."

플로베르가 한 세기 후에 파리에 돌아왔다면 경악했을 것이다.

보바리즘[162]은 더 이상 결함이 아니라 의무다. 더 이상 어리석은 것

---

160 귀스타브 플로베르(Gustave Flaubert, 1821~1880)는 19세기 프랑스 문학을 대표하는 사실주의 소설가다.

161 루이즈 콜레(Louise Colet, 1810~1876)는 프랑스의 여류 시인이다.

162 플로베르의 「보바리 부인」에서 유래한 용어. 환상과는 거리가 먼 시골의 단조로

이 아니라 자존심이다. 1970년대 초반의 성적 해방, 그리고 그 파트너들의 열광은 감성주의와 사랑을 마침내 완성했다고 믿었다. 여성들은 스스로 사랑 없는 욕망, 열정 없는 소비를 시험해 봤다. 대부분은 마음과 영혼에 멍이 든 채 상처받고 떠났다. 커플과 로맨스는 있는 힘을 다하여 돌아왔지만 자유와 사랑의 이름 아래에서였다. 욕망의 감퇴와 권태에 맞서, 이혼은 간통보다 더 선호되었다. 우리는 간통을 동반한 모노가미를 연속적인 폴리가미로 교환했다.

여성들은 앵글로·색슨의 개신교적이고 청교도적인 예에서 영감을 받은 이 새로운 모델에 남성들도 동조하라고 명령했다. 지배적인 담론, 그리고 나이에서 나온 그들의 충동 사이에 잡혀서 남자들은 길을 잃었다. 그들은 여성적 모델에 동조해서는 지나가는 첫 번째 욕망부터 사랑에 빠졌다고 믿거나, 이 감상적 모델을 거부하여 그들의 동반자에 의해 버림받았다. 그들은 떠나거나 또는 남겨졌다. 두 경우 모두 이혼은 이행되었다.

델페슈의 노래와 함께, 떠오르는 프티 부르주아지는 사회학적인 파괴 공작을 시작했다. 그들은 미디어적이고 문화에 대한 지배적 위치를 누렸다. 그럼으로써 모든 사회, 특히 어쩔 도리가 없는 서민 계층에게, 대립도 불행도 없는 합의한 성인들 사이의 이혼에 대한 협조적인 관점을 강요했다. 이러한 눈물 없는 이혼 신화는 현실에 대한 거부였다. 개인의 이혼이 폭력적이고 잔인한 것으로 드러난 가수 자신의

운 생활과 남편과의 관계에 실망한 주인공 엠마 보바리의 상황에서 나온 표현으로 현실 상황에 대한 불만족으로 인해 환상으로 도피하고자 하는 심리적 상태를 의미한다.

현실 말이다! 그러나 어떤 대가를 치르더라도 강요되는 것이 신화의 속성이다.

오스카 와일드는 다음과 같이 썼다. "사랑에 있어서는 언제나 고통받는 한 사람과 권태로운 한 사람이 존재한다." 이혼에 있어서는 언제나 떠나는 자와 남겨지는 자가 존재한다. 기 베도스[163]는 그가 재밌고 신랄했던 시기에, 심지어 바로 이 1970년대에, 흥미로운 격언을 남겼다. "우리는 공동의 합의로 헤어진다. 특히 그녀가 그렇다."

상호 합의에 의한 이혼은 하나의 신화다. 아이들에게 고통 없는 이혼이라는 말처럼. 아이들은 자신들을 태어나게 만든 결합에 대한 근본적이고 환상적인 장면이 찢기는 것을 무력하고 수척한 모습으로 목격한다. 1970년대에 "심리학"의 무리들은 아이들은 "아이들을 위해서 함께 있는" 부모들의 다툼으로부터 더 많이 고통받는다고 우리에게 설명했다. 이혼한 부모를 둔 자식들의 고통은 그들을 소외시키는 타인들의 시선과 그들이 갖는 "차이"로부터 오는 것이라고도 덧붙였다. 40년이 지난 후, 첫 번째 결산의 시기가 도래했다. 대규모 이혼은 이혼 가정의 아이들의 상황을 평범한 것으로 만들었지만, 아이들의 고통, 학업과 행동의 문제들은 완화시키지 않았다. 긴장과 갈등이 있다고 하더라도 견뎌내고 있는 커플들은 아이들에게 평화와 위안의 안식처와 비교되어 나타난다. 그러나 가족계획의 창시자인 에블린 쉴로처럼 전통 파괴적

---

163 기 베도스(Guy Bedos, 1934~2020)는 프랑스의 코미디언, 배우이자 시나리오 작가로도 활동했다.

인 생각을 가진 드문 사람들만이 완고하게 부정되는 자명한 이치를 오늘날 감히 상기시키고자 한다. "사실들이 확립되었다.(비난의 대상이 되었다고 느끼는 매우 많은 사람들의, 비난받아 마땅한 망설임 때문에 우리는 이 사실을 알리지 않는다.) 이혼한 부모를 둔 자녀들은 육체적인 건강과 정신적인 건강에 있어서 결혼했든 아니든 부모와 함께 사는 아이들보다 좋지 않다. 그리고 그들은 학업과 인생에서도 마찬가지로 부족한 성취를 보인다."[164]

미셸 델페슈의 이 노래는 가벼운 분위기로 급진적인 가치관의 변동을 예고했다. 개인의 자유와 번영은 가족의 안정보다 우선된다. 어른들의 개인적 이기주의는 아이들의 심리적 균형보다 우선된다. 여성의 보바리즘은 성별 사이의 관계에서 최고의 가치로 신성화된다.

그 이후로 이혼 절차를 시작한 사람들의 80퍼센트가 여성들이다. 남자들이 과거에 비해서 더 참을 수 없는 존재가 되었으리라는 사실은 확실하지 않다. 그러므로 변한 것은 여성의 시선과 기준이다. 옛날에는 남자들과 여자들은 결혼했더라도 거의 같이 살지 않았다. 노동 시간은 길었고, 수명은 짧았지만, 가족들은 퍼져 나갔다. 남자들은 카페와 공장 근처에서 그들끼리 머물렀다. 여자들도 집과 교회 주변에서 머물렀다.

여자들은 항상 부부, 사랑, 가족에 과도하게 열중했다. 그녀들은 남자들로부터 같은 감정으로 보답을 받은 적이 없었다. 남자들은 직장,

---

164 [원주] *Lettre d'une enfant de la guerre aux enfants de la crise*, Fayard, 2014.

정치, 전쟁이나 더 일상적으로는, 친구들, 축구 등과 함께 다른 곳에서 인생을 살았다. 동 쥐앙과 같은 어제의 유혹자들은, 결혼, 그리고 그들이 정복한 여자들의 임신이라는 두 가지 강박 관념을 갖고 있었다. 그들은 전염병을 피하듯 결혼으로부터 달아났으며 그들의 정부(情婦)들이 낙태하도록 강요했다. 그것은 수컷 포식자 세대들의 절대적으로 무책임한 꿈의 성취라는 페미니스트의 역설적인 운명이 될 것이다. 그녀들은 여성 해방이라는 이름 아래 "마초"라는 경멸적인 표현으로 이 수컷들을 격렬히 비난한다. 마초들은 잠자리를 위한 결혼, 일방적 포기의 끝에서의 이혼, 자유로운 낙태를 더욱 필요로 한다.

하지만 남자들은 모든 판에서 이길 수는 없었다. 직장과 임금의 세계에 통합되면서, 여성들은 남성들에게도 감정 세계에서 모험하라고 요구할 수 있다고 판단했다. 그녀들은 엄격한 정조를 요구한다. 수 세기 동안 수치심이나 위험 부담 없이 매음굴을 드나들거나 정부들을 소유했던 남자들의 성적 차이를 용인했다 하더라도 말이다. 1970년대에 그녀들은 "내 몸은 나의 것이다"라고 외쳤지만, 남자들이 그렇게 생각하는 것은 참을 수 없었다.

경제적이고 사회적인 결과는 곧 불길하게 나타났다. 이탈리아 아방가르드 작가인 조르조 만가넬리는 그의 저서 『이혼 반대』에서, 대규모 이혼이 책 구매력이 있는 중산층을 빈곤하게 만듦으로써 지적 생활을 죽일 것이라고 빈정대며 예언했다. 이혼 후의 구매력 손실은 30퍼센트로 추산한다. 여성들이 첫 번째 희생자다. 대부분 어머니가 꾸리는 한부모 가정은 1980년대 이후 떠오르고 있는 새로운 빈곤으로 타격을 입은 집단의 대부분을 차지한다.

페미니스트 운동가들은 거기에서 가부장제 자본주의 체제의 근원적인 사악함을 발견한다. 그런데 남편감으로 자신보다 높은 사회문화적 수준을 가진 남성을 고르는 것은 항상 여성이다. 여성에게 있어서 사회적 우위는 강력한 에로틱한 힘을 가지고 있다. 그것은 알베르 코엔이 『주군의 여인』에서 남성의 "죽일 수 있는 권력"이라고 과장하여 부른 것이다. 여교사는 교수 자격증을 가진 교수와, 간호사는 의사와, 비서는 사장과 결혼하기를 꿈꾼다. 반대의 경우는 드물다. 아마도 남자는 사회적 지위가 높은 여성에게 거세 불안에 시달리기 때문일 것이다.

따라서 이혼은 두 사람 중에서 경제적으로 더욱 취약한 쪽에게 정면으로 타격을 준다.

거의 40년 후, 여성주 단체들은 유책 사유로 인한 이혼의 소멸에 맞서 필사적으로 투쟁한다. 그녀들은 간통을 죄로 규정하기를 포기하는 것을 거부할 것이다. 남자는 이상적인 죄인으로, 이용당하는 사람으로 남아야 한다.

남자는 이혼에 의해 다른 방식으로 병든다. 우선은 금전 문제다. 여성의 임금 해방이 평등한 체제로 이어질 것이라고 순진하게 믿었다 하더라도 말이다. 무엇보다도 아버지로의 역할은 부정되고 파괴된다. 아이는 거의 항상 엄마에게 맡겨진다. 종종 그는 회피를 통해 그의 전례 없는 무책임을 비겁하게 누린다. 때로는 그의 존재를 아이 엄마가 지워 버림으로써 진심으로 고통받는다.

1974년, 클로드 프랑수아는 가장 크게 성공한 그의 곡들 중 하나인 〈전화가 운다(Le téléphone pleure)〉를 불렀다. 다섯 살 난 어린 소녀가 만난 적도 없는 아버지를 조롱하는 동안, 소녀의 어머니는 그의 전화를 받지 않았다.

미셸 델페슈와 같은 해에 마리 라포레는 깊고 날카로운 목소리로 아버지를 집으로 돌아오게 만들고자 했던 한 소녀의 고통을 노래했다.

> 그 여자가 예쁘다는 걸 잘 알아요
> 그녀를 위해, 당신은 가족을 잊어버리네요.
> – 마리 라포레, 〈돌아와, 돌아와(Viens, viens)〉, 1973

대중가요의 마법이다. 이혼에 관한 모든 이야기는 몇 줄의 가사로 알려졌다. 상호 합의에 의한 이혼, 아이들의 말로 표현할 수 없는 고통, 아버지의 존재에 대한 부정, 재결합한 가족 등.

모든 것이 이미 쓰였고, 노래로 불렸고, 예언되었다. 더 이상 풍속의 진화를 인정하지 않을 수 없었다. 그것은 상호 동의 이혼에 관한 1975년의 법으로 완성될 것이다.

입법자는 하나의 사회에서 두 가지 모순적인 임무를 지고 있다. 자신이 해롭다고 믿는 사회학적 진화에 저항하거나, 아니면 그것들을 동반하고 촉진하거나.

보나파르트는 「민법전」을 편찬했다. 그리고 여성의 자유를 제한했다. 이것 때문에 오늘날 그는 그토록 많은 비난을 받는다. 그때 그는 자유의 이름으로 이혼이 폭발하고 가족의 붕괴를 허용한 혁명적 시기에 반응한 것이었다. 특히 총재 정부 때. 그는 무질서에 의해 파괴된 사회를 수습하고자 했다.

68혁명 이후에 등장한 그의 먼 후계자들은 정확히 반대로 했다. 자유주의와 상대주의에 사로잡힌 그들은 거기에 순응하고 이 새로운 이데올로기와 조화시키면서 법을 세우기로 선택했다. 1972년부터 사람들은 나폴레옹 민법에 대해 정확하게 정반대의 방향을 취하면서, 합법적인 아이들과 혼외자의 아이들을 동등하게 여겼다. 입법자들은 어쨌든 거친 혁명가가 아니라 나이 들고 현명한 보수주의자들, 바로 퐁피두와 플레벵이었다. 40년 후, 대부분의 아이들은 혼외 관계에서 태어나고[165], 거의 두 쌍의 결혼한 커플 중 한 쌍은 이혼으로 끝난다[166]. 가족을 보호하기 위해 보나파르트와 「민법전」에 의해 만들어진 제도를 1970년의 「친권 폐지법」, 1975년의 「상호 동의 이혼법」으로 타도한 것은 보수적이고 자유주의적인 우파 다수당이다. 우리는 이 명백한 역설에 놀라지 말아야 한다.

우리는 미국 자본주의와 그 서구 추종자들에 의해 아버지의 형상을 무너뜨리기 위해 이루어진 파괴 공작을 목격했다. 자유 지상주의적이고 페미니스트적인 주장을 이용함으로써, 가부장적 가족의 붕괴가 사실상 가족의 붕괴를 갑자기 불러왔다는 사실은 쉽게 숨겨졌다.

---

165 [원주] 국립통계경제연구소(INSEE)에서 발표한 통계에 따르면, 2013년에는 57.1 퍼센트에 해당한다.

166 [원주] 국립인구통계학연구소(INED) 수치에 따르면, 2011년에는 46.2퍼센트였다.

카를 마르크스의 가장 신중한 독자들만이 그것을 이해할 수 있었을 것이다. "국적을 해체함으로써 자유주의 경제는 인류를 사나운 짐승들의 무리로 변화시키기 위해 최선을 다했다—경쟁 상대는 별개인가?—. 이 짐승들은 서로를 잡아먹는다. 각자의 이익이 다른 모든 이들의 이익과 같기 때문이다. 이 예비 작업이 끝난 후, 자유주의 경제가 목적을 달성하기 위해서는 한 발짝밖에 남지 않았다. 여전히 가족을 해체해야 했다."

가족, 사회, 학교, 새로운 빈곤, 심지어 주거의 위기에 미치는 결과와 상관없이, 좌파도 우파도 이 선택들로 다시 돌아가고 싶어 하지 않을 것이다. 델페슈 세대는 승리를 결코 포기하지 않을 것이다.

피루스의 승리(Victoire à la Pyrrhus)[167]. 이 세대는 서양 역사에서 결코 볼 수 없었던 가족 해체를 낳았다. 그것은 재구성된 가족이라고 불렸다. 모순 어법이다.

같은 시기에 대규모 실업의 시대가 열렸고 그 이후로 결코 끝나지 않았다. 이 두 현상들의 역사적 결합은 한 세대 후에 인류학적인 구조 상실로 이어졌다. 젊은이들의 만성적인 폭력이 바로 그것을 시사한다. 이러한 가족 붕괴는 68세대의 의지를 표출한다. 자기가 받은 유산을 물려주지 않고, 68혁명을 희귀한 혁명이 아니라 완벽한 허무주의적인 혁명을 이룬 불가능한 유산으로 만들겠다는 의지 말이다.

---

167 이기더라도 많은 희생으로 인해 결국 패배와 다름없는 승리를 의미한다.

1973년 10월 27일

It's only rock and roll[168]

그저 브뤼셀로 향하는 기차 여행일 뿐이었다. 하지만 그 이상이었다. 그저 음악 공연이었다. 하지만 그 이상의 것이었다. 그것은 롤링 스톤스의 콘서트일 뿐이었지만 그 이상이었다. 당시 사람들이 말한 대로 금지, 모험, 언더그라운드의 향기가 여행을 둘러싸고 있었다. 웃음 짓는 앳된 얼굴들은 안전한 위반, 미리 용서받은 중·고등학생 같은 허풍으로 이루어진 차분한 분위기를 과시했다. 그들은 운 좋은 사람들이었고, 그것을 알고 있었다. 그들은 오랫동안 꿈꿔 왔던 순례를 할 수 있는 기회를 가진 입문자들이었다. 평범한 사람들 가운데, 그들의 스승들을 찬양하러 가는 프랑스 가수들 중 몇몇 유명한 얼굴들을 사람들은 알아보았다. 하나의 입문 의식이었다.

하룻밤 동안 브뤼셀은 로큰롤의 메카였다.

롤링 스톤스는 마약 사용으로 유죄 판결을 받았기 때문에 프랑스 영토에는 금지된 상태였다. 당시 여전히 법이 시행되고 있었다. 1969년 약물 과다 복용으로 프랑스인이 처음 사망했다. 닉슨 대통령의 압력 아래, 퐁피두는 "나쁠 것이 없다"는 이유로 그때까지 프랑스 경찰이 무시했던 '프렌치 커넥션'[169]에 대한 관용을 포기했다. '프렌치 커넥션'은

---

168 1974년 발표된 영국 록 밴드 롤링 스톤스의 정규 음반 및 리드 싱글의 제목.

169 1930년대부터 1970년대까지 프랑스에서 미국으로 헤로인을 밀수했던 마피아 조직을 의미한다. 마르세유 마피아들이 중심이 되어 코르시카 마피아들과 손을 잡고 튀르키예에서 생산된 헤로인을 마르세유와 코르시카를 거쳐 미국으로 수출

미국인들만을 중독시켰던 것이다!

당시 롤링 스톤스는 그들의 음악만큼이나 마약 소비로 유명했다. 그들은 "마약, 섹스, 그리고 로큰롤"이라는 악마 같은 슬로건을 구현한다. 기타리스트인 브라이언 존스는 그렇게, 자신의 수영장에서 익사로 죽었다. 그들은 영국에서 소송과 유죄 판결을 쌓고 있었다. 비틀스가 중산 계급화된 계급과 음악 프로그램에 빠르게 진입한 반면, 스톤스는 결코 그들의 비행 소년 같은 의상을 포기하지 않았고 그것으로부터 상업적 수단을 능숙하게 만들어 냈다. 그들은 또한 깊이 있는 미국 흑인 음악과 밀접한 관계를 유지하고 있었다. 그 소울풍의 소리는 백인 주인들에 대한 노예들의 고통과 반란을 여전히 느끼게 했다.

스톤스는 1960년대 젊은이들의 반항적인 정신을 우스꽝스럽게 구현했다. 1969년 그들의 마지막 대규모 미국 투어는 세대적이고 정치적인 항의의 강렬한 분위기에서 펼쳐졌다. 믹 재거는 경찰차에 타는 것을 거부했는데, 심지어 경찰관들이 그를 열렬한 추종자들로부터 보호하러 왔을 때도 그랬다. 스톤스는 미국의 비행 소년 '헬스 엔젤스(Hells Angels)'[170]의 보호를 받기를 선호했다. 이 이야기는 알타몬트의 무료 콘서트에서 일어난 흑인 청년 관객의 죽음으로 끝을 맺는다. 그가 권총으로 믹 재거를 겨냥했을 때 한 '헬스 엔젤스' 멤버의 칼에 찔려 살해되었다. 한 세대의 자유주의적이고 평화적인 꿈은 알타몬트에서 끝났지만, 롤링 스톤스와 전 세계의 관객들은 이 자명한 상황을 거부했다.

하여 막대한 금전적 이득을 얻었다.

170   미국의 유명 바이커 갱단.

브뤼셀의 콘서트는 알타몬트 이후에도 모든 것이 계속된다는 것을 의미했고, 죽음 뒤에도 삶이 있었다는 것을 의미했지만, 그 삶 또한 작은 죽음이었다.

미국 투어는 뮤지션들이 지치지 않고 소비한 마약과 여성들에 둘러싸인 불안정한 여정이었다. 브뤼셀의 콘서트는 'RTL'에 의해 제공되었다. 프랑스에서 가장 중요한 이 상업 라디오는 프랑스 젊은이들에게 비행 소년들의 공연을 보여 주기 위해 기차를 대절했다. RTL은 젊은이들이 국가가 강제력을 가지고 금지하는 것들을 무시할 수 있게 만들었다. 상업적인 민영 라디오는 국가에 종속되지 않았고, 프랑스로 송신하지만 룩셈부르크인의 소유이기에 프랑스 정부를 조롱할 수 있었다.

위반은 중대하지는 않았지만 상징적이었으며, 풍속과 망탈리테의 진화를 보여 줬다. 국경은 테크놀로지와 유럽에 의해 단죄되고, 청소년 문화는 성인에 의해 지배되고, 자유주의적 반란은 자본주의에 의해 장악되었다. 국가들은 항복해야 했다. 어른들도 마찬가지였다. 청소년 세계의 문화는 더 빠른 속도로 성장했고, 돈과 관련된 문제가 되었다. 로큰롤은 확실히 비주류에서 빠져나와 시대의 공식적인 종교가 되었다.

1년 먼저, 그룹 핑크 플로이드는 음료수 '지니'와 어울리면서 좌파 반자본주의 젊은이들 역시 타락시켰다. 젊은이들은 길들여졌다. 민족들, 특히 자신들의 예외성에 그토록 관심을 갖고 있는 프랑스인들은, 이제는 하나의 세계 문화가 될 수 있는 수단을 갖게 된 이 앵글로·색슨 청소년 문화라는 법을 따라야 했다.

몇몇 뿌리 깊은 마르크시스트들만이 이를 간파했다. 로큰롤의 단순화된 리듬이 자본주의적인 근대성의 구속과 가혹함으로의 입문이 될 것이라 예고했던 미셸 클루스카르 같은 사람들 말이다. 신식 자본주의는 국경, 국가, 법, 지방어를 부정했다. 청소년기가 일생에서 최고의 시간이었기 때문에 나이 먹는 것까지도 부정했다. 클루스카르가 옳았다. 로큰롤은 기본 원형이었다. "옛날에는 전복은 전통의 반대였다. 이제 전복은 우리의 전통이다"라고 알랭 핑켈크로트[171]가 몇 년 후에 말할 것이다.

1973년 프랑스 정부는 현대화에 개방적인 보수주의자에 의해 통치된다. 그는 자유주의자지만 콜베르주의적인 사회주의자이기도 하다. 그는 프랑스를 산업화하고 노동자들을 월급제로 만든다. 이 드골주의자는 "프랑스의 독립"을 핵심적인 것으로 유지한다. 그러나 그는 유럽의 영국인을 거부하거나, 유럽 화폐에 대한 아이디어처럼 연방주의적 진보를 거부하지 않는다. 기술과 산업으로 야기된 변화에 직면하여, 조르주 퐁피두는 이미 그토록 많은 변화를 겪었던 사람들의 불안과 동요를 키우는 것을 피하기 위해 몇몇 전통적 질서를 유지해야 한다고 생각한다. 그는 극좌파, 페미니스트, 자유 지상주의자들의 모든 운동에 반대한다. 또한, 이 계획에 있어서 "오랜 속박"에 경직되어 있는 프랑스의 "사회 통제 해제"를 위해 청년의 열망에 양보해야 한다고 판단한 그의 일부 보좌관들, 재무장관 지스카르 데스탱과 총리 샤방델마스에게도 반대한다. 그러나 이 마지막 보수 성벽은 예술이 모든 대담함, 모든 위반, 모든 혁명이 반대로 허용되는 영혼의 부록이 될 수 있을 거라고

---

171   알랭 핑켈크로트(Alain Finkielkraut, 1949~)는 프랑스의 철학자다.

믿었다. 스노비즘의 절정으로, 그는 술라주[172]의 그림들과 빌모트[173]의 가구들로 엘리제궁을 장식하고, 파리 중심부에 자신의 이름을 딴 유명한 박물관을 설립했다. 그 건물의 흉측한 알록달록한 배관들은 "보부르"[174]를 버려진 공장처럼 보이게 만들었다. 그의 친구 앙드레 말로에 따르면, 그는 현대 미술을 미국식 로드 롤러[175]에 대항하여 프랑스가 대담하게 앞장서는 문화적 전투의 첨병으로 만들기를 원했다. 퐁피두는 앵글로·색슨들을 좋아하지 않았고, 프랑스 청년들이 할리우드 기계의 문화적 코드들에 열광적으로 빠져드는 것을 보면서 영화 〈무슈 갱스터〉[176]의 주인공처럼 가슴 아파했다. 그는 너무 명민한 교양인이었기에 노예화가 문화와 언어의 상실로 시작된다는 것을 모를 수 없었다. 보수주의자 퐁피두는 프랑스 청년들을 나쁜 앵글로·색슨의 예에 노출시키지 않기 위해 영국의 젊은 마약 중독자들을 나라 밖으로 묶어 뒀다. 그러나 자유주의자 퐁피두는 음반과 언론의 다국적 기업들에 과감하게 맞설 수 없었다. 그리고 유럽인 퐁피두는 하나의 거대한 시장으로 통합된 유럽의 한 가운데에서 국경 철폐에 반대하고 싶지는 않았다. 조르주 퐁피두는 모순들을 어느 누구보다도 가장 잘 구현한다. 가장 높은 지적 수준을 가졌기 때문이다. 그 모순들은 프랑스 우파와 드골주의의 잔해를 청산하게 될 것이다.

---

172 피에르 술라주(Pierre Soulages, 1919~2022)는 프랑스의 화가이자 판화가다.

173 장미셸 빌모트(Jean-Michel Wilmotte, 1948~)는 프랑스의 건축가다.

174 파리 보부르 구역에 세워진 퐁피두 센터의 별칭.

175 무거운 롤러로 땅을 다지는 중장비.

176 프랑스 영화감독 조르주 로트너가 1963년 발표한 코미디 탐정 영화.

1973년, 믹 재거는 서른 살에 접어들었다. 그는 화려하고 영감으로 넘치는 반항적인 시기의 끝자락에 살고 있었다. 그는 자신의 가장 아름다운 작품들을 연주하고, 〈Satisfaction〉, 〈Sympathy for the Devil〉, 〈Jumping Jack Flash〉, 그리고 〈Angie〉를 계속 노래하면서 남은 인생을 보낼 것이었다. 그는 남은 인생을 자신의 스무 살 때 모습이었던 반항적인 청춘을 연기하면서, 패러디 수준으로 온몸으로 모방하고 흉내 내며 보낼 것이었다. 그는 열광적인 젊은이로 보낸 이 10년을 자본화하면서 부유하게 남은 인생을 보낼 것이었다. 하지만 그는 아직 알지 못했다. 1973년 10월 27일의 콘서트는 "브뤼셀 사건"이라는 전조적인 방식으로 불리지 않았던가?[177] 재거와 그의 친구들은 이제 장사를 할 것이다. 그의 부하 키스 리처드와 함께 그들은 기적적으로 일어났다. 죽음이 그들을 원하지 않았고, 그들은 거액의 재산을 누리는 자들이 될 것이었다. 1970년대 초, 그들은 영국 국세청의 가혹함을 피하려고 프랑스에 정착했다! 이어지는 10년 동안 그들은 스타디움에서 펼쳐지는 공연의 시대를 열 것이다. 스타디움은 예술가와 그들의 관객 사이의 모든 친밀함을 이제부터 방해하겠지만, 많은 돈을 벌게 할 것이다. 재거는 영국 여왕에게 훈장을 받고 프랑스에서는 성주(城主)가 될 것이다. 재거 경(卿)은 명사(名士)가 될 것이다.

라살 장군은 "서른 살이 되도록 살아 있는 기병은 쓸모없는 인간이다"라고 말했다. 로커도 그렇다.

---

177 2016년 브뤼셀에서 발생한 연쇄 폭탄 테러도 '브뤼셀 사건'으로 불린다.

1973년 12월 27일

사람들은 브래지어를 불태우고
소상인들도 불태운다

"시대를 너무 앞서가는 것은 크게 잘못하는 것이다."[178] 이 거만한 문구의 장본인 에드가 포르는 1973년 가을 국회의장이었다. 그는 아마도 당시 "친애하는 동료들"과 싸웠던 상공부 장관 장 루아예에게 이 말을 속삭였을 것이다. 소란스러운 논쟁은 3주 동안 지속되었다.

좌파의 조직적인 반대에 다수당 일부의 도덕적 양심이 더해졌다. 자유주의자들은 1791년의 「알라르드 칙령」(한 세기 동안 노동자 조합 형성을 방해했던 「르샤플리에 법」의 쌍둥이 형제)을 부활시켰다. 우리를 비시 정권의 치욕적인 시대로 다시 데려가는 "동업 조합주의자들의 시도"에 맞서 "설립의 자유"를 지키기 위한 것이었다. 드골주의자들은 제라르 니쿠의 '비급여 노동자의 보호와 국가적 연합을 위한 조합 동맹'이 벌인 "전격 작전"의 위협적인 폭력을 격렬하게 규탄했다. 피에르 푸자드[179]의 마지막 계승자로 재결집한 소상인들은 까르푸의 설립자인 마르셀 푸르

---

178 이 문구는 직역하면 "너무 일찍 옳은 것은 큰 잘못이다."(C'est un grand tort que d'avoir raison trop tôt)다. 그런데 이 표현은 프랑스 작가 마르그리트 유르스나르(Marguerite Yourcenar, 1903~1987)가 남긴 표현과 매우 유사하다. 뒤이어 등장하는 에드가 포르가 1982년에 발표한 책의 제목으로 쓰인 문장은 "언제나 옳은 것은 큰 잘못이다."(Avoir toujours raison, c'est un grand tort)로 미묘하지만 분명히 다르다. 저자가 두 사람의 표현을 혼동하여 사용한 것으로 보인다.

179 피에르 푸자드(Pierre Poujade, 1920~2003)는 프랑스의 정치인으로, 조합을 지지했고 중소상인의 이익을 옹호했다.

니에를 비난했다. 푸르니에는 법안의 정당성을 비판하기 위해 모든 주요 신문의 수많은 페이지에 광고를 제의했다. 재정경제부 장관인 발레리 지스카르 데스탱의 친구들은 장 루아예가 산업과 상업의 소액 투자자들인 그의 지지자들에 공을 들이면서 차기 대통령 선거를 준비한다고 의심했다.(당시 사람들은 조르주 퐁피두의 7년 대통령 임기가 끝나는 1976년에 선거가 있을 것이라 생각했다.)[180] 이 투르 시장은 논쟁과 분쟁의 동기들을 마음껏 증가시켰다. 그는 1,500제곱미터가 넘는 대형 슈퍼마켓에 대한 모든 설립을 위한 행정 허가를 의무화함으로써 (1963년 마르셀 푸르니에가 생트주느비에브데부아에 설립한 최초의 대형 마트 까르푸의 면적은 2,500제곱미터였으며 400개의 주차 공간이 있었다.) "자물쇠 법"[181]을 작성했다. 그뿐 아니라 모든 수공업자들의 가게에 14세 이상 견습공들의 대거 복귀를 예고했다.

국가 교육 노조는 이 "노예로의 복귀"에 직면하여 들끓었다.

루아예는 좌파뿐만 아니라 많은 드골주의자들과 자유주의자들의 눈에도 흉악한 반동분자이자 비열한 보수주의자의 상징으로 보였다. "성 해방"과 "페미니스트"에 맞서 "가족"을 위한 그의 돈키호테적 투쟁은 가소로운 새침함에 비유되었다. 이 투쟁은 그를 "시대 정신"을 위한 하나의 원형, 하나의 캐리커처, 하나의 완벽한 표적으로 만들었다. 그

---

180 퐁피두의 임기는 1976년까지였지만 1974년 병으로 갑작스럽게 사망하면서 프랑스는 1974년에 대선을 실시하게 되었다. 후임으로는 발레리 지스카르 데스탱이 당선되었다.

181 공산주의자들의 프로파간다에 맞서서 지방을 지키고자 하는 목적으로 제정된 법의 별칭.

럼에도 장 루아예는 퐁피두 대통령의 지지를 받아들였다. 오직 퐁피두만이 프랑스의 강제된 현대화 과정이 반대항을 필요로 한다는 사실을 이해했다. 산업화는 환경부로, 고속도로는 벌목이 금지된 시골 도로로, 유럽과 세계에 대한 개방에는 애국주의 강화로, 개인적이고 예술적인 자유는 가족의 보호로, 수출에 관한 국가적인 챔피언들에는 산업과 무역의 소규모 후원자들을 보호하는 것으로 말이다.

이 계몽된 보수주의는 시대의 파괴적인 광기에 저항하기에는 아마도 너무 미세했던 것 같다.

장관은 결국 그의 소중한 「루아예 법」 표결을 얻게 될 것이다. 그는 전투에서 이겼지만, 전쟁에서는 질 것이다.

40년 후, 프랑스 전역에는 황폐의 이미지들, 전후의 폐허가 드러난다. 급조된 공장 단지에 의해서 훼손되고 흉측해지고 품격이 손상된 마을들의 입구, 요란하게 채색된 광고판의 끊임없는 행렬, 햇볕에 달궈진 채 정체된 자동차들의 엄청난 행렬이 펼쳐진다. 지오노에 의해 묘사된 프랑스 남부와 그곳의 아름다운 풍경들은 메뚜기떼의 침공을 받은 것처럼 유난히 엉망이 되었다. 유럽 전역에서 미국의 대규모 유통 조합과 자동차 조합이 파괴 작업을 실행했지만, 어느 곳도 프랑스 같지는 않았다. 마치 어떤 변태가 우리나라가 이렇게 아름답다는 이유로 벌주기를 원한 것처럼, 마치 자유주의 악마가 달랑 법 하나로 침략을 막을 것이라고 믿는 유일한 국가를 모욕하려는 것처럼 말이다.

장 뒤투르의 소설 『양질의 버터(Au bon beurre)』는 1952년에 출판되었다. 그 소설에서 상인들은 "버터를 만들기" 위해서 나치 독일 점령기의 가난과 지하 경제를 당당하게 이용한다고 비난받았다. 대량 유통은 유명한 에두아르 르클레르 같은 가장 교활한 상인들이 죄를 씻기 위해 발견한 수단이었다. 비열한 자로 영원히 낙인찍힌 다른 사람들은 집단적인 무관심 속에서 처형되었다. 게다가 "푸자드주의자들"과 "BOF(버터, 달걀, 치즈)"와 매우 운이 잘 맞는 형용사인 "편협한 소시민"[182]이라는 경멸 속에서 말이다.

케인스는 1929년의 위기를 극복하기 위해 "금리 생활자의 안락사"를 계획했었다. 프랑스 테크노크라트들은 나치 점령기 프랑스의 불명예를 씻고 소비 지상적인 현대화에 국가를 끌어들이기 위해 "상인들의 안락사" 작업을 실행했다. 인플레이션과도 맞서야 했다. 리볼리 거리의 위대한 우리 대리인들은 드골 장군이 1946년에 실행한 선택을 소화하지 못했다. 드골은 망데스 프랑스[183]보다 플레벵을 선호했고, 긴축보다는 인플레이션을 선호했다. 같은 시기에, 1948년 독일의 통화 개혁은 서민들의 절약, 그리고 인플레이션에 대한 긴장을 해소했다. 1950년대에 프랑스는 히드라의 머리를 자르지 못했다. 우리의 테크노크라트들은 1948년의 통화 개혁이 독일에서 수행했던 역할을 대형 유통업체가 맡도록 했다.

행정 엘리트들과 대형 유통업체 사이의 이 동맹은 역사적인 보복

---

182 교양이나 취향이 없고 통속적이고 편협한 마인드를 가진 사람을 부정적인 뉘앙스로 표현하는 단어 'beauf'는 버터, 달걀, 치즈의 첫 번째 자음을 결합한 BOF라는 단어와 발음이 같다.

183 피에르 망데스 프랑스(Pierre Mendès France, 1907~1982)는 프랑스의 급진 사회주의 정치인이다.

의 시간을 알렸다.

소규모 상인들은 농부들과 함께 프랑스 급진주의자가 가장 사랑하는 존재였다. 제3공화국은 1880년대부터 백화점과 여러 지점들보다 소매상을 우선시했다. 제2차 세계대전 직전까지 인구는 거의 증가하지 않았음에도 상업과 산업에서 소규모 기업주들의 수는 증가했다. 사람들은 소매상에 대한 "급진적 사회주의자"의 이 편애가 국가의 경제적 현대화를 방해했다고 비난했다. 그리고 산업 기계인 독일에 맞선 1940년 6월 군사적 패배의 근본 원인이 되었다고 비난했다.

18세기 영국은 사상 첫 산업 혁명의 공장들을 늘리기 위해 농민들을 제거했다. 스탈린은 소비에트 계획 경제에 의해서 계획된 산업적 "따라잡기"를 가능하게 만들 자본 축적을 돕기 위해 지주들을 처형했다. 전후 프랑스 테크노크라트들은 소규모 상인과 농부 들의 "탈쿨라크화[184]"를 시작했다. 대형 슈퍼마켓들은 이 "사회적 정화"의 집행자였다. 그들은 소규모 상인들을 없애버리고 농업의 산업화에서 살아남은 극소수의 농부들을 노예로 만들었다. 소상인들과 농부들은 죽어야 했다. 옛 프랑스가 소멸하기 위해서, 그리고 그들의 잔해 위에서 베이비붐으로 젊음을 되찾은 현대화되고, 미국화되고, 과거와 뿌리를 망각한 새로운 프랑스가 다시 태어나게 만들기 위해서. 최근의 굴욕들을 더 잘 지워버리기 위해서, 그리고 쾌락주의적이고 소비 지상주의적인 현대화, 과거도 기억도 없는 세계라는 젊은이의 품에 필사적으로 안기기 위

---

184 쿨라크(koulak)는 러시아 제국 말기, 8에이커 이상의 농지를 가졌던 부농을 지칭한다.

해서. 우리가 화형대에 올린 것은 프랑스의 영혼이었다. 그러나 화형식은 기쁨과 박수갈채를 받으며 이루어졌다.

르클레르, 오샹, 까르푸, 카지노와 같은 대형 슈퍼마켓들은 한 세대 만에 프랑스에서 가장 큰 부를 이뤘다. 이 특권자 명부의 믿기 어려울 정도의 방대함은 이 거대한 사회적 범죄를 기반으로 세워졌다. 창문밖으로 치욕스러운 과거의 낡은 옷을 던져버린 탐욕스러운 국가 전체의 공모와 함께.

"슈퍼마켓"과 "하이퍼마켓"이 매우 빠르게 새로운 종교의 사원이 되었다. 우리는 옛 교회들을 버리면서, 새로운 종교 사원에는 가족 단위로 서둘러 달려갔다.

그때 우리의 엘리트들은 몇 년 후 아주 비싸게 대가를 치르게 될 선택을 했다. 생산자 대신 소비자, 수출 대신 수입, 품질 대신 낮은 가격, 산업 대신 금융, 농부들 대신 농업 비즈니스를 선택했다.

루아예는 소규모 상인들을 지방 의회 의원들의 보호 아래에 두어 지킬 수 있다고 믿었다. 그는 급진주의자들과 "소상인들" 사이의 공화주의적인 계약을 갱신하려 했다. 그는 자기도 모르는 사이에 희생자를 사형 집행인에게 넘겼다. 유권자 인구 통계는 매우 빠르게 소규모 기업주들에게 불리해졌다. 새로운 중산층 급여 생활자 때문이었다. 산업화, 서비스 개발, 여성 임금 노동, 가난한 이민자 가족의 도래, 국경 개방이 이어졌다. 지역 유권자들은 그들을 능가하는 경제적이고 사회학적 변화에 의해 압도되었다. 압력은 그들에게 모순적인 방식으로 행사되었다. 그들은 서로 경쟁하는 관계가 되었다. 슈퍼마켓을 거부했던 한 작은 마을은 이웃 마을의 변화를 목도했다. 납세 기준이 무너지고, 소비자들이 시내의 소상인들마저 파산시키면서 카트와 함께 달리는 모습을 보았다. 대형 유통업체는 시장(市長)이 주저한다고 느낄 때, 주차장, 원형 교차로, 다용도실, 수영장이나 경기장 건설에 인색하게 굴지 않았다. 완강하지 못한 몇몇 당선자들은 심지어 별장이나 두둑한 스위스 계좌를 제공받는 일을 상상하기도 했다. 또는 현금을…. 상업 도시화의 대상이 된 지방의 위원회들은 처음에는 소상인들을 사악한 슈퍼마켓의 욕망으로부터 보호하는 문지기가 될 것 같았다. 그러나 늑대는 할머니를 현혹하고는 작고 붉은 두건을 씹어 먹었다. 의원들로 이루어진 위원회들은 "거수기"가 되었다.

오직 파리의 시라크주의자들만이 자랑스러운 골루아 마을처럼 저항했다. 그것은 『파리와 프랑스의 사막』[185]의 새로운 버전이었다.

1980년대부터 남서부 사회당 의원이었던 장피에르 데스트라드는 불법과 다름없는 합리적이고 체계적인 방식으로 프랑스 전역에 대형 슈퍼마켓을 유치하는 데 사회당의 자금을 지원했다. 좌파의 순진함과 비도덕주의의 혼합에 의해 열등감에서 벗어난 우파가 기운을 내고 있다. 1990년대에 위르바-그라코(URBA-Gracco) 스캔들[186]이 폭로된 후, 프랑스의 대형 유통업체는 동유럽, 남미, 동남아시아처럼 그들의 부패한 노하우를 수출할 수 있는 보다 관대한 다른 지역으로 도망

---

185 1947년 발표된 장프랑수아 그라비에의 책 제목.

186 1980년대 후반 사회당이 대형 슈퍼마켓 건설과 관련해서 기업들로부터 몰래 정치 자금을 받고, 입찰에서 특혜를 주었던 정경 유착 스캔들이다. 이 과정에서 사회당은 '위르바'와 '그라코'라는 이름의 회사를 만들어 불법 행각에 이용했다.

옹플뢰르에 위치한 까르푸 마켓 스토어. 제무르는 대형 슈퍼마켓 체인이 지방을 침투할 때 지역 정치인들이 소상인들을 전혀 보호하지 않았다고 지적한다.
© Gettyimages

갔다.

우파 정치 지도자들이 프랑스에 닥친 재난의 심각성을 알게 되었을 때는 너무 늦었다. 1996년 「갈랑 법」과 「라파랭 법」은 행정적 허가가 필요한 상점의 면적을 1,000제곱미터에서 300제곱미터로 줄였다. 헛수고다. 2000년대에 들어서면서 자유주의자들은 복수했다. 2006년 12월 유럽위원회는 유행에 맞춰 혁명적 원칙들을 다시 내놓았다. 프랑스 정부가 건설의 자유를 존중하고, 상업적 도시 계획의 권리를 도시 계획에 대한 관습법에 포함시킬 것을 요구했다. 그리고 「루아예 법」에 의해 남겨진 마지막 작은 끈을 떼어 낼 것을 요구했다. 프랑스는 망설였지만 복종했다. 자유롭게 세워질 수 있는 면적은 300에서 1,000제곱미터로 다시 늘어났다. 좌파에게 넘어간 파리는 항복했다. 그러고는 카지노와 까르푸에 의해서 널리 퍼진 "미니 마켓"이라 불리는 작은 규모의 마트들이 증가하고 있다. 수도의 마지막 자영업 대표자들은 제거되었다.

40년이 지난 후, 「루아예 법」의 결산표는 끔찍하다.

농업부에서는 매년 7만 4,000헥타르의 농지가 도시화된다고 추산한다. 15년마다 하나의 데파르트망[187]이 도시화로 사라진다.

대형 유통업체는 도시화된 면적의 30퍼센트 이상에 해당하는 140만 헥타르를 차지한다.

---

187 프랑스 행정 구역 단위로 한국의 군에 상응한다. 레지옹보다는 작고 꼬뮌보다는 큰 단위다.

매출액의 62퍼센트는 도시의 외곽 지역(어떤 지역에서는 80퍼센트에 이른다)에서 발생하는 반면, 도시 중심부에서는 25퍼센트, 동네에서는 13퍼센트가 이루어진다. 독일에서는 33퍼센트, 33퍼센트, 33퍼센트로 수치들이 더 균형 잡혀 있다.

1970년대에는 연간 50만에서 100만 제곱미터의 판매 지역을 허용했다. 1997년에는 100만이라는 한계를 초과했으며, 2000년대 들어 10년 동안에는 연간 300만 제곱미터의 건설이 이루어졌다! 상업 관련 면적은 매년 3퍼센트씩 증가하는 반면, 가구의 소비는 1퍼센트 증가했다.

대형 유통업체는 건드릴 수 없는 존재가 되었다. 난공불락이며, 오를 수 없으며, 그 존재를 보장받는다. 정부들은 미셸에두아르[188]가 텔레비전에서 크게 불평하는 소리나, 까르푸나 카지노 사장들의 은밀한 압력에 동요한다. 정책은 "구매력"을 보호하며, 대규모 유통은 "저가"를 위해 행동한다. 정책들은 실업, 특히 능력이 없는 사람들의 실업과 싸운다. 대형 유통도 마찬가지다. 민간 고용의 20퍼센트에 해당하는 300만 명의 임금 노동자들이 그곳에서 일한다. 그들은 1년에 1만에서 2만 개 사이의 일자리를 창출한다. 그리고 대규모 유통 회사에서 창출된 하나의 일자리를 위해 3개의 인근 상점 일자리가 파괴된다고 해도 어쩔 수 없다! 이러한 현상은 새로운 프롤레타리아를 졸라에게 만들어 주었다. 대부분 여성으로 이루어져 있고, 모든 힘든 일을 도맡아 하는 프롤레타리아.

---

188 미셸에두아르 르클레르(Michel-Édouard Leclerc, 1952~)는 프랑스 대형 슈퍼마켓 체인 르클레르의 회장이다.

옛 상점들이 시내 중심가에 활기를 불어넣은 것처럼, 대형 유통업체는 도시 외곽의 고동치는 심장이다. 상업은 역사적으로 상업 덕에 건설된 도시들에 기원을 둔다. 견고한 성(城)들과는 멀리 떨어져 있다. 도시에서 우리는 개인의 자유, 삶의 우아함과 즐거움이 깃든 삶의 방식에 열중했다. 도시풍은 도시적인 것과 세련된 것을 동시에 의미하지 않던가? 대규모 유통의 포식자들에 의해서 변형된 상업은 이 도회풍과 예의의 파괴자가 되었다. 시내에서는 커튼이 하나씩 닫히고, 거리는 사막화되었다. 음식을 파는 가게들이 몰락하고, 옷과 사치품 부티크들만 남았다. 도시의 상업은 체인점, "프랜차이즈"와 재력가 들의 왕국이 되었다. 대형 유통업체의 급성장을 촉진한 테크노크라트들은 그것들의 사장이 되었다.

대형 유통업체는 프랑스 경제의 대부이며, 프랑스 경제가 거부할 수 없는 보호를 보장한다. 유통 "협상자들"의 방식은 돈 콜레오네[189]의 관행과 매우 유사하다. 작은 가게의 사장이나 농부를 새벽부터 소환하고, 자물쇠가 달린 방에 가두고, 밤이 되면 그를 만난다. 그를 집요하게 괴롭히고, 협박하고, 말을 가로막는다. 나쁜 사람의 뒤를 이어 친절한 사람이 등장한다. 그가 가격을 몇 상팀[190] 내리지 않는다면 파괴와 괴로움을 약속한다…. 그 몇 상팀은 그가 얻는 이윤의 전부다. 고집 부리는 사람을 벌하고, 보이콧하고, 그의 제품을 언급하지도 않는다. 흰 장갑을 끼고 그의 목을 조른다.

---

189   프랜시스 포드 코폴라의 영화 〈대부〉의 주인공인 마피아 집단의 수장.

190   상팀(centime)은 100분의 1프랑이다.

저가라는 종교는 대규모 실업을 키운다. 대형 슈퍼마켓의 고객들 각각에게는, 자신의 일자리를 파괴하는 하나의 소비자가 있다. 대형 유통업체는 지역 편중 해소, 탈공업화, 정크 푸드의 가장 위험한 화주(火酒)다.

50년 전에는 250만 개의 농장이 있었다. 1990년에는 70만, 2013년에는 51만 5,000이었다. 2050년이 되면 프랑스에는 더 이상 농부가 없을 것이다. 농업-산업 단지만이 남게 될 것이다. 우리는 식량 수요의 40퍼센트를 수입한다. 가장 귀중한 활동인 사육, 채소 재배, 산농(山農)은 입에 풀칠하기도 힘든 반면, 대규모 곡물 생산자들은 브뤼셀로부터 많은 보조금을 받는다.

프랑스의 아름다운 풍경을 흉하게 만든 후, 대형 유통업체는 프랑스를 경제적 사막으로 만들었다. 그것은 이집트의 열한 번째 재앙[191]이다.

1974년의 대통령 선거 기간 동안, 루아예 후보의 집회는 젊은 여성들에 의해 중단되었다. 매혹적이고 도발적인 아가씨들은 충격받은 선량한 부르주아들의 면전에서 브래지어를 벗어버렸다. 그러나 그녀들은 자신들의 브래지어를 르클레르에서 샀는지 까르푸에서 샀는지 밝히지는 않았다.

---

191 『성경』「출애굽기」에 묘사된 이집트의 10가지 재앙에 빗댄 표현.

1974

1974년 4월

뻔뻔스러운 고환

그들은 아무것도 존중하지 않는다. 그들은 젊고, 재미있고, 노골적이다. 행복한 무도덕주의는 그들을 자극한다. 그들은 뻔뻔하게 훔치고 불법으로 점거한다. 영화 〈고환(Les Valseuses)〉에 등장하는 두 친구는 프랑스를 그들이 거리낌 없이 이용하는 대형 무인 판매 상점처럼 여긴다. 이 소비 사회 1세대는 각자 자신의 필요에 따라 마르크스주의 계획을 글자 그대로 적용한다. 그리고 그들의 욕구는 어마어마하고 무한하다. 감독 베르트랑 블리에는 〈이지 라이더(Easy Rider)〉와 〈줄 앤 짐(Jules et Jim)〉이 섞인 현학적인 혼합물을 공들여 제작했다. 제라르 드파르디유와 파트릭 드웨어가 분방한 성격으로 연기한 두 청년은 미국의 서부로 변모된 프랑스에서, 카페-테아트르 출신 여배우 미우미우가 연기한 여자 조언자와 함께 자유 속에서 떠돌아다닌다. 그들은 한 병의 좋은 와

인처럼, 윤리적이거나 감정적인 질문을 자신들에게 제시하지 않은 채 시간이 지나면서 깊은 우정을 나눈다. 그들은 쾌활한 무정부주의 속에서 부르주아, 가족, 조국, 노동을 비꼬면서 시간을 보낸다.

아마도 프랑스 영화에서 1970년대의 정신이 이토록 잘 받아들여진 적은 결코 없었을 것이다. 한 시대 전체가 필름 위에 구현되었다. 그 시대의 낙관주의, 쾌락주의, 자아도취, 이기주의. 젊음과 자아에 대한 시대의 숭배. 지난 세기들 동안 몇몇 소수의 특권자에게만 주어졌던 것이 한 세대 전체로 확장되었다. 이 세대에게는 더 이상 과거도 미래도 없으며, 현재, 당장, 순간만이 존재한다. 두 친구는 자기 소유가 아닌 롤스로이스와 DS[192]를 타고, 주인이 누구인지 모르는 집에서 자며, 미성년 소녀들과 관계를 맺는다. 드파르디유는 저항하는 드웨어와 비역질을 한다. 드웨어가 발버둥쳐도 소용없다. 그는 친구의 강압적인 욕망에 굴복해야 한다. 드웨어는 바닷가의 을씨년스러운 건물의 창문으로 자갈을 던지며 "빌어먹을 촌구석, 망할 놈의 나라, 어디서든 나한테 엿을 먹여!"라며 절규한다.

프랑스는 사람들이 정처 없이 빙빙 돌아다니는 증오스러운 감옥으로 여겨진다. 그리고 그 감옥은 어떤 대가를 치르더라도 탈출해야 하는 재앙의 장소로 간주된다. 질서는 위반되지 않지만, 무시되고 경멸당하고 조롱당한다. 그것은 무능하고 난폭한 헌병들과, 압제적이고 그로테스크한 가족의 아버지들과 연결되어 있다.

1950년대 흑백 영화에서 갱단들은 법을 어기지만, 그들의 영역에

---

192 시트로엥에서 만들었던 자동차 모델. 우아하고 날렵한 외관이 특징이다.

시트로엥 DS.
© Wikipedia

서는 사회의 가족적이고 가부장적인 질서를 재건한다.

1970년대의 영화에서는 반대다. 좋은 집안의 젊은이들은 불량배들의 행동을 강요한다.

마르크스주의와 페미니즘의 영향을 혼합한 이 영화는 부르주아적이고 가부장적인 질서를 공개적으로 모욕한다. 할복자살의 정신에 매우 근접한 위험한 조롱으로 영화는 질서를 불법화하는 데에 열중한다. 이 영화만이 아니다. 1971년부터 스탠리 큐브릭은 성적 상징을 드러내는 그의 인물들의 폭력을 후광으로 장식하기를 주저하지 않았다. 1972년 〈파리에서의 마지막 탱고(Le Dernier Tango à Paris)〉에서 마리아 슈나이더는 말런 브랜도에게 버터를 건넸다…. 장 외스타슈는 〈엄마와 창녀(La Maman et la Putain)〉에서 보기 드문 노골적인 대사로 삼각관계를 찬양했다. 그리고 마르코 페레리는 〈그랑 부프(La Grande Bouffe)〉에서 폭식증과 색광증이 뒤섞인 팡타그뤼엘적인 난장판 속에서 네 명의 주인공들에게 자살을 강요한다. 1973년에 상영된 514편의 영화 중 120편이 에로 영화의 범주에 속했다. 1975년 〈에마뉘엘(Emmanuelle)〉은 100만이 넘는 관객을 기록했다.

같은 시기에 위대한 지식인 미셸 푸코는 감옥, 그리고 남성과 여성을 둘러싼 성적 타자성에 근거한 "이성애주의"를 급진적인 방식으로 동시에 파괴하기 시작했다. 1975년 출판된 『감시와 처벌』에서 그는 "감옥은 무용하지 않을 때 위험하다"며 수감의 원칙조차 불법화했다. 이어서 "처벌하는 것은 거의 명예롭지 않다", "처벌에는 수치스러움이 존재한다"며 처벌 자체를 불법화했다. 1976년에 발표된 『성의 역사』의

1권 『지식의 의지』에서 푸코는 성은 국가의 규범적 힘에 의해 부과되는 문화적이고 역사적인 구성물이라고 설명했다. 푸코는 매우 명석했다. 그는 "나는 궁극적으로 포위 공격, 전쟁, 파괴를 위해 쓸모가 있는 무언가를 만든다"며 스스로를 "화약 제조자"로 정의했다.

아버지에 의해 부여된 법에 기초한 옛 질서를 파괴하는 행위는 부르주아지와 소비 사회의 규탄이라는 명목으로 행해졌다. 이것은 기만이라는 것이 드러날 것이다.

영화 〈고환〉은 이 이중적인 허무주의적 전복을 연출한다. 이 전복은 과시적인 성과 범죄로부터 반문화의 토대가 되는 요소들을 만들어 낸다. 이 반문화는 전통문화를 전복했고, 이어서 대체할 것이다.

푸코는 1984년에 죽었지만, 사후에 승리했다.

1980년대부터 이 반문화는 공식적인 문화가 되었고, 좌파가 집권하게 되면서 국가의 문화가 되었다.

이제 가족과 감옥은 증오의 동일한 대상으로 간주될 것이다. 그것들에 대한 부인은 공식적인 진실이 될 것이다.

사회 전체가 지속적으로 불안정해질 것이다. 그로부터 범죄는 강화되고, 확산되고, 증가될 것이며, 질서의 수호자들은 불법화되고, 약화되고, 신망을 잃게 될 것이다.

'프랑스론'의 애호가들인 새로운 세대들의 사회학자들은, 성의 차이처럼, 범죄는 존재하지 않는다고 현학적으로 설명할 것이다. "정직한 사람들"의 불안은 속임수, 신화, 사회적 구성물일 뿐이며, 우리가 싸워야 할 "불안감"만이 있을 뿐이라고 설명할 것이다. 관점의 이 놀라운 전

환, 이 절대적 건설주의, 프랑스인 특유의 이 거부의 문화는 더욱 악화
될 것이다. 1980년대와 1990년대부터 새로운 범죄자들 대부분이 바로
이 1970년대에 프랑스가 대규모로 받아들인 이민자 가족들로부터 나
왔다는 것이 드러나면 말이다.

그리하여 밀매업자, 도둑, 강간범 들의 집단은 신성화되어, 신식민
주의적이고 인종 차별적인 질서의 영원한 희생양이 될 것이다. 우리가
범죄라고 부르는 것을 그들은 피해자라고 부를 것이며, 우리가 피해자
라고 부르는 것을 그들은 죄인이라 부를 것이다.

두 시대, 두 세대, 두 민족 사이에는 웃음거리가 된 법에 대한 경멸,
그들이 원하는 모든 대상들, 여성들까지도 독점한 포식자들의 오만함
만이 공유되어 남을 것이다. 그리고 프랑스에 대한 증오만이 깃발처럼
남을 것이다.

1974년 5월 10일

"당신은 마음을 독점하지 못했습니다"

이 예는 미국에서 왔다. 최초의 텔레비전 토론은 1960년 리처드 닉슨
과 존 피츠제럴드 케네디를 비교하게 만들었다. 화면은 여전히 흑백이
었고, 두 경쟁자는 나란히 서 있었다. 닉슨은 진땀을 흘리고 있었고, 케
네디는 미소 지었다. 오래전부터 이 전설은 이 엄청난 땀으로부터 닉슨
이 패배한 원인을 찾았다. 미국 대통령 선거에 있어서 30만 표 차이라
는 가장 치열한 경쟁 끝에 닉슨은 패했다. 마피아가 그들의 중요한 친

구인 케네디의 부친을 위해 몇몇 결정적인 주에서 투표함을 채워 넣었다는 지속적인 루머들보다는 이 이야기가 더 듣기 좋은 것이 사실이다.

재밌게도 우연히 프랑스인들 또한 제5공화국의 가장 치열한 대통령 선거에 텔레비전 토론을 도입했다. 프랑스인들은 도입은 했으나 적응하진 못했다. 화면은 이제 컬러가 되었고 후보자들은 얼굴을 맞대고 있었다. 논쟁은 더 직설적이고, 더 생동감 있고, 더 자발적이다. 자기네 국가 원수에게 질문할 때 너무 격식을 차리는 프랑스 기자들은, 미국식 모델보다 멋을 덜 부린 토론 형식을 단숨에 떠올렸다. 아마도 프랑스인들은 잘 의식하지 못한 채로 아주 먼 전통의 혜택을 입었을 것이다. 볼테르와 루소의 살롱, 푸셰와 탈레랑의 법정, 클레망소와 페리, 조레스[193]와 클레망소의 의회 울타리에서는 가장 명석한 정신, 재치 있는 말에 대한 취향과 재능이 분쟁의 격렬함과 기운 넘치는 성질과 결합했다.

그러나 프랑스의 전통은 미국에서 수입한 음모 위에서 다시 다듬어지고, 다시 미끄러지고, 다시 짜이지 않을 수 없었다. 존 피츠제럴드 케네디는 새로운 텔레비전 매체를 위해 완벽하게 가공된 최초의 국가 지도자였다. 먼 전임자인 프랭클린 델러노 루스벨트가 라디오로의 이행을 실현한 것처럼 말이다. 그리고 클레망소의 무자비하고 빛나는 정신이 팔레부르봉[194]의 촘촘하게 메워진 실내에서 빛났던 반면, 장 조레스의 우렁찬 목소리가 학교 운동장에 완벽하게 적응했던 것처럼 말이다.

---

193 장 조레스(Jean Jaurès, 1859~1914)는 프랑스의 사회주의 정치인이다.
194 파리 7구에 위치한 하원 건물.

발레리 지스카르 데스탱은 훈련을 시작할 운명이었다. 수년 동안 그의 롤 모델인 케네디를 정상에 올려놓은 기술을 연구하기 위해 그는 대서양에서 휴가를 보냈다. 파리공과대학 졸업생다운 뛰어난 지능으로 그는 미국 대통령의 측근에서 "가장 똑똑한 인물들"의 요령과 방법을 자기 것으로 만들었다. 기하학적 사고로 텔레비전 시대에 필수적인 정교한 정신의 유혹들과 기교들을 흡수했다. 그는 FDR과 JFK 같은 미국식 스타일을 따라, 자신의 이니셜인 VGE로 서명하기까지 했다. 그는 파리의 모든 벽에 가족사진을 걸었다. 케네디가 백악관의 대통령 사무실 아래에서 찍은 사진을 통해 "재키와 함께하는 남자"이자 어린 존-존의 아버지임을 드러낸 것처럼.

프랑수아 미테랑은 같은 종류의 인간이 아니었다. 그는 미라보에서 라마르틴을 거쳐 조레스에 이르기까지 과거 공화국들을 열광시킨 위대한 의회 연설자들의 마지막 후손이었다. 그는 세련된 스타일, 감미로운 목소리, 열정적인 서정성을 가지고 있었다. 그러나 텔레비전이라는 도구는 서정적이고 심지어 문학적인 분출을 억누르는 코르셋이며, 단어에 드러나는 숫자, 이성에 기초한 이미지, 건조하고 신랄한 응답을 우선한다. 미테랑은 이러한 기술적 혁명을 아직 제대로 받아들이지 못했다. 1974년의 실패 후, 그는 "『르 몽드』의 편집자보다는 텔레비전 채널 '안테나2'의 카메라맨과 친구가 되는 것이 낫다"는 사실을 받아들일 것이다. 그는 기술적 요구 사항들과 보호 조치를 축적한 전문가들로 둘러싸일 것이다. 그는 옛날 방식인 최고의 연설가적 재능이 라이벌을 이기기에 충분하다고 믿기를 멈출 것이다. 그는 지스카르라는 오만한 경제학 교수님의 질문에 답하는 학생으로 등장하기를 거부할 것이다. 그

공화국을 열광시킨 위대한 의회 연설자들의 마지막 후손,
프랑수아 미테랑 대통령. © Gettyimages

는 모든 프랑스인들에게 드골주의자와 지스카르주의자들 사이의 내전이 한 세기 전부터 벌어진 사회주의자와 공산주의자 사이의 내란으로 받아들여졌다는 사실을 증명할 것이다. 그는 심지어 7년 후, 자신에게 "당신은 구닥다리예요"라는 말을 했던 지스카르에게, "당신은 완전히 꿔다 놓은 보릿자루가 되었군요"라고 응수할 것이다. 그러나 역사가 1974년의 이 대결에서 기억한 대답은 공들여 준비된 상대의 것이었다. "당신은 마음을 독점하지 못했습니다. 나는 당신의 심장과 같은 심장을 가지고 있습니다. 그것은 규칙적으로 뛰고 있으며 내 것입니다."

그럼에도 지스카르가 말한 것 중 가장 통찰력 있는 생각은 "내 제안은 당신의 제안처럼 중요한 사회적 행동입니다. 그러나 당신이 무너진 경제에서 그것을 실현하기를 원하는 반면, 나는 발전하는 경제에서 시작해서 이 성취들을 이룰 것입니다"라는 말이다. 지스카르는 자신이 태어난 다수파 드골주의자들의 발자취 속에서 발걸음을 내딛었다. 그들은 성장의 결실을 공정하게 분배하기 위한 극도의 고민과 함께 15년 동안 프랑스를 지배했다. 드골은 자유주의적인 제3공화국이 포기했던 사회 전체론적인 조직과 가난한 사람들의 지지로 군주제와 가톨릭 전통을 부활시켰다. 대통령 당선자 지스카르는 다소 혼란스러운 그의 정신으로 스웨덴식 사회민주주의를 참조하면서, 곧 "진보한 자유주의"라는 이상한 용어로 그의 계보를 이론화할 것이다. 그러나 그의 스웨덴 모델을 따라서 그는 1960년대의 자유 지상주의적이고 페미니스트적인 주장을 평등 만능주의와 옹졸하고 좀스러운 과세주의와 잘 섞을 것이다. 그것은 독립적이고 보수적인 유권자의 일부를 멀어지게 만들 프로테스탄트 전통의 스칸디나비아식 결합이다. 2년이 지나 1976년, 발레리 지스카르 데스탱은 그의 완강한 적이 된 전 총리 자크 시라크를 무너뜨릴 계획인 이 프로그램 뒤에서 "프랑스인 세 명 중 두 명"을 결집시키겠다는 야망을 품게 될 것이다. 시라크가 "프랑스적 노동주의"로 같은 이념적 토지를 경작하고 있었음에도 말이다. 지스카르는 '영광의 30년'이 끝난 후 거대한 중산층의 출현을 목격한 프랑스의 사회학적 진화로부터 정치적인 교훈을 얻으려고 노력한다. 이 중산층은 1975년 처음으로 노동 계급의 몫을 추월한 제3차 산업의 눈부신 발전에 바탕을 둔다.

미테랑은 당분간 연설에서 19세기 값진 계급 투쟁의 절대적인 노동자 계급 지상주의자의 모습을 유지했다. 그는 또한 1945년의 국유화와 사회 보장을 고집하면서 드골 장군의 유산을 부활시켰다. 그것은 1974년 4배의 유가 상승으로 유발되어 드러난 '30년의 영광'의 종말을 동반한 첫 번째 공격들을 견딜 대비를 하는 모델이다. 드골주의자들과 더 잘 화해하기 위해서 미테랑은 당시 그의 상대에게 다음과 같이 비난을 가했다.

"언젠가 당신은 드골 장군과 170번 만났다고 했소. 어떻게 이 숫자를 기록했는지는 모르겠지만 말이오. 그러나 당신이 정치적으로 그를 찔러 죽인 날인 1969년 4월 28일의 171번째 만남에 대해서는 말하지 않더구만. 당신이 그를 몰락시키려는 결정을 했기 때문이겠지."

그의 경쟁자와 차별화하기 위해, 미테랑은 68년 5월 과격파 학생들이 유행시킨 마르크스주의 어법 또한 이용한다. 과격해진 젊은이들을 더 잘 유혹하기 위해서다. 그리고 민족 공산주의의 공격, 그리고 사회적 배신에 대한 재판을 억제하기 위해서다. 이 민족 공산주의는 노동 계급과 지식인들의 상상 속에서는 여전히 강력하다. 반신반의하면서도 그가 할 수 있는 최고의 것을 말하는 데 어울리는 가짜 언어, 낯선 언어다. 그러나 "신은 자신의 생각을 감추기 위해 인간에게 말을 주셨다"고 말한 탈레랑의 넘을 수 없는 모델에 따라, 우리 역사상 가장 위대한 거장들에게 배운 냉소주의를 동반한 것이기도 하다. 오래된 사회주의적 모호성(균형주의? 이중 게임? 속임수? 배신?)은 이미 조레스와 블룸[195]의 것이었다. 사람들이 오직 기 몰레[196]의 것으로만 간주한다고 할지라도.

우리의 혁명적 전통, 이념적이고 문학적 대립에 대한 매우 오래된 취향, 배우들의 수사적인 재능은 계획들과 앞으로 일어날 새로운 경제 정세의 괴리를 보지 못하게 방해한다. 그리고 그들에게 임박한 선명한 현실도 보지 못하게 한다.

이 두 라이벌은 사회-민주주의자들이다. 만약 자크 샤방델마스까지 포함한다면 1974년 선거의 주요 후보 3명 모두 그렇다. 그들은 모두 총리 관저의 샤방델마스 내각에서 자크 들로르가 만들고, 총리가 좌파의 아이러니컬한 갈채를 받으며 의회에 소개한 "새로운 사회"의 추종자들이다. 그사이 "새로운 사회"는 이 "좌파의 횡설수설"에 격노한 퐁피두 대통령과 그의 주요 보좌관들의 보수적 분노를 불러일으켰다.

---

195 레옹 블룸(Léon Blum, 1872~1950)은 프랑스의 좌파 정치인이다. 장 조레스의 영향을 많이 받았다.
196 기 몰레(Guy Mollet, 1905~1975)는 프랑스의 좌파 정치인이다.

"사회는 존재하지 않고, 개인과 프랑스만 존재한다"고 퐁피두 대통령은 원고의 여백에 썼다.

퐁피두 대통령은 우리의 엘리트들이 원하는 프랑스의 이 변신에 맞서는 최후의 유일한 궁극적인 반대자다.

알랭 페이르피트가 자신의 저서 『프랑스의 악(Le Mal français)』에서 재현한 놀라운 대화에서, 대통령은 1969년부터 비범한 명석함으로 보수적인 대답을 제시했다. "나는 보수적이다. 왜냐하면 좋은 것은 유지하고 나쁜 것은 바꾸기 때문이다"라고 말했던 디즈레일리[197] 같은 가장 고상한 의미에서 보수적이다. 대통령은 말했다. "샤방이 사회에 대해 그토록 많이 말하는 이 연설에서 그가 민족에 대해 한 번도 말하지 않고, 정부의 권위에 대해서는 더 말하지 않는 것을 당신은 눈치채지 못했습니까? 그런 표현들 때문에 그가 말을 잘 못하는 것 같습니다. 그러나 프랑스는 하나의 사회가 되기 이전에 하나의 민족입니다. 프랑스는 오로지 민족으로 창조되었고, 살아남았습니다. 그리고 이 민족은 오직 그의 정부에 의해서만 구원받았습니다. 다시 한 번 오늘날 우리 눈앞에서 사회가 붕괴되고 있는데, 우리는 거의 아무것도 할 수 없습니다. 적어도 여전히 유지되고 있고, 우리를 구할 수 있는 유일한 것을 존중하고 보호합시다. 그것은 바로 정부와 민족입니다."

그리고 퐁피두 대통령은, 익숙한 능란함으로, 미국을 향한 우리 엘리트들의 매혹이라는 이 골칫거리와 관련한 어려운 문제를 가리켰다.

---

197 벤저민 디즈레일리(Benjamin Disraeli, 1804~1881)는 영국 토리당의 정치인이다. 두 차례 총리를 지냈다.

"우리는 프랑스인들이 마치 앵글로·색슨이었던 것처럼 프랑스인에 대해 말합니다. 하지만 그랬다면 알려졌을 것입니다! 게다가 거의 3세기 동안 우리는 앵글로·색슨 사회를 이상화시켜 왔습니다. 이것은 당시 첩보 기관에게 조종되었던 몽테스키외가 시작한 것입니다. 그 사회는 배금주의에다, 과두제이고, 하층민을 멸시합니다. 그리고 적어도 확고부동한 관습들을 볼 때 우리 사회만큼 보수적입니다. 그 사회는 엄청나고, 비인간적이고, 용납할 수 없는 결점들을 품고 있습니다. 그 사회는 몰락하고 있습니다. 사회 변화는 우리가 완전히 피를 바꾼다는 것을 의미합니다. 5,000만 프랑스인을 추방하고, 그들을 5,000만 앵글로·색슨으로 대체한다는 겁니다! 프랑스인들은 원래의 모습 그대로이며, 앞으로도 그럴 것입니다. 의사들은 환자에게 '선생님, 당신은 다혈질입니다. 다혈질 환자는 나와 맞지 않아요. 침울한 기질이면 당신을 더 쉽게 치료할 텐데요'라고 말하지 않습니다. 의사들은 환자가 가지고 있는 기질을 그대로 받아들이고, 어떤 것도 바꿀 생각을 하지 않고, 그들이 할 수 있는 한 치료하려고 노력합니다."

그러나 1974년 4월 2일 이후로 퐁피두는 더 이상 대통령이 아니었다. 이 연설은 아무도 더 이상 기억하지 않았다. 완벽한 3박자 왈츠를 추며, 지스카르는 미테랑의 가장 큰 이익을 위해 샤방의 프로젝트를 곧 실행할 것이다. 그렇게 해서 지스카르는 공화국을 향한 군주제의 과도기였을 뿐인 루이필리프의 비극적인 운명을 알게 될 것이다. "프랑스인들의 왕"이 공화주의자들의 수장이었던 것처럼, 지스카르의 "진보적 자유주의"는 새로운 사회의 밑받침을 만들 것이다. 전통의 굴레에서 해방된 새로운 사회는 좌파에게 바쳐질 수밖에 없었다.

지스카르는 장폴 사르트르를 감상적인 순진한 소녀처럼 찬양했다.("나는 그를 보게 되어 행복하고, 그를 귀찮게 하려고 애쓰지 않았던 것이 기쁘다. 그는 지성과 지식의 기념비다. 아침의 익숙한 일상 속에서 그의 존재는 어렴풋하게 느껴진다." 그의 책『권력과 인생』) 미테랑은 여전히 "유럽은 사회주의가 되거나 그렇게 되지 않을 것이다"라고 믿기를 원하는, 확신에 넘치는 유럽 통합 지지자다. 샤방델마스는, 그의 조언자인 들로르에 의하면, "봉쇄된 사회"를 경멸하는 사회학자 미셸 크로지에의 제자다. 이 세 사람은 – 네 번째 총사(銃士)는 곧 시라크가 될 것이다 – 전후 드골주의적 질서와 기둥들을 파괴하는 주동자들이다. 앞의 두 사람은 자각하고 있고, 다른 두 사람은 의식하지 못하고 있지만 말이다. 그들은 민족, 성장, 가족, 교육을 각자 자신의 수류탄으로 잇따라 무너뜨릴 것이다. 그 수류탄은 바로 극좌 사상, 유럽 통합 지지, 테크노크라트, 민중 선동이다. 모두가 자신의 작품을 더 잘 파괴하기 위해 드골 장군을 내세운다. 그들 모두는 베이비 붐 시기에 태어난 이 새로운 세대의 최고 대변인이 되기를 열망한다. 미테랑은 앞서 나갔다. 그는 1965년부터 이렇게 썼다. "드골 장군은 우리의 아버지들과 관련된 문제를 제기하지만, 나와 그리고 나와 함께하는 좌파들은, 우리의 아들들에 대한 문제를 제기하려고 한다." 그러나 지스카르는 그를 경멸했던 이 68세대의 헌신적인 하인 역할을 하면서 미테랑을 따라잡고, 추월했다. 반면 샤방은 여전히 레지스탕스 드골주의자의 낙인이 찍혀 있었기에 (텔레비전 캠페인 기간 동안 그의 전설적인 트렌치코트와 말로의 존재!) 그들에게 인정받을 수 없었다.

프랑스 정치계의 주요 지도자들이, 인정하지 않지만, 하나의 동일한 정치적 모델에 집중한 드문 시기다. 그것은 사회-민주주의, 정확히 말해서 프랑스 엘리트들이 신경 쓰고 있는 이념이다. 이 이념은 마지막 불꽃을 경험하고 있고, 그것의 경제적 효율이 인플레이션과 실업으로 침식되고 있고, 밀턴 프리드먼의 자유주의 아이디어들이 미국 대학에서 다시 유행하면서 그것의 지적 지배력이 약화되었지만 말이다. 그리고 새로운 세대들의 쾌락주의적 개인주의, 여성과 이민자 들의 노동계로의 대규모 진입, 제3차 산업 경제의 발전이 낡은 노동자 연대를 침식시킬 준비를 하고 있음에도 불구하고 말이다. 몇 년만 더 있으면 마거릿 대처와 로널드 레이건이 무대에 오를 것이다. 헤겔이 우리에게 가르쳐 준 것처럼 "미네르바의 새는 황혼녘에 난다."

그러나 두 후보자가 텔레비전 방송에서 2,000만 명의 열광적인 시청자들 앞에서 대립하는 동안, 프랑스는 여전히 자유주의와 집단주의 사이에서 "사회의 선택"이라는 신화를 순진하게 믿고 있었다. 사람들이 눈을 뜨기 시작하도록 만들기 위해서는 7년 후 좌파의 승리와 그 첫 번째 변절들이 필요할 것이다.

쇼는 훌륭했다. 재능 있는 결투자들이 있었다. 그들의 후임자들은 결코 그들의 수준에 도달하지 못했다. 그들은 모든 것을 감행했고, 모든 것을 스스로 허용했다. 심지어 오랫동안 유일하게 그들만이 이해했던 암호화된 암시들마저도. 자신의 상대자가 서민층의 유일한 대표자가 아니라는 것을 더 잘 입증하기 위해서 지스카르는 명확하게 말했다. "지난 일요일 선거(첫 번째 투표)에서 당신은 클레르몽페랑 시의 결과를 주목했습니다. 클레르몽페랑은 프랑스에서 가장 큰 공장들 중 하나를 갖고 있으며 사회주의적인 행정 구역입니다. 당신을 잘 알고 있으며, 저에 대해서도 잘 아는 도시입니다. 그래서 제가 누구인지, 그리고 제가 무엇을 대변하는지 아는 곳입니다. 당신은 나와 마찬가지로 클레르몽페랑 시가 당신보다 내게 더 많은 표를 주었다는 것을 주목하셨군요."

클레르몽페랑은 지스카르가 '슈' 발음[198]을 갖게 만든 오베르뉴 지역의 주도다. 그러나 당시에 그 도시는 미테랑의 정부이자 곧 마자린의 엄마가 될 안 팽조의 가족이 살고 있는 도시이기도 했다.

지스카르와 미테랑이 둘 다 여성들로 가려진 (권력자) 남성들이라는 같은 곤경에 처해 있던 것은 사실이다. 자크 샤방델마스가 자동차 사고로 사망한 전처를 살해했다고 비난하고 상습적인 유혹자로서의 바람기를 과장하는 악의적인 루머들이 돌았을 때, 미테랑은 한 친구에게 털어놓았다. "이건 불공평해. 왜냐하면 우리 셋 중에서 매일 밤 아내에게 돌아가는 인간은 샤방밖에 없거든."

토론은 여자와 같다. 최고의 토론을 우리가 가져 보지 못했기 때문이다. 시간이 지남에 따라, 우리는 1965년에 아마도 화려했을 드골-미테랑이 마주한 모습을 그리워하게 된다. 우리는 대통령 선거 1차 투표가 있기 전에 드골이 선거 운동을 거절했던 것을 기억한다. 그는 공중(公衆) 투기장에 뛰어들기를 거부했다. 결선 투표를 하게 되자, 어쨌든 44퍼센트의 득표율을 얻었음에도 사임하려고 생각했다. 이어서 그는

---

198 영어에서 s에 해당되는 발음을 sh처럼 발음하는 것을 의미한다.

다시 일어섰다. 사람들은 그에게 주어진 합법적인 방송 시간을 드골주의 저널리스트 미셸 드루아와의 대담에 사용할 것을 제안했다. 그는 따랐다. 잘 받아들였다. 그의 대답들은 연대기에 남아 있다. 그러나 그의 첫 반응은 부정적이었다. 그는 "당신들은 내가 잠옷 바람으로 TV에 나오기를 원하는군!"이라고 소리 질렀다.

드골은 모든 것을 짐작하고 있었다. 시대는 정치인들에게 역사의 대리석에서 벗어나기를 요구했다. 진심 고백하기. 베일 벗기. 옷 벗기. 평범한 인간 되기. 텔레비전은 모든 것을 민주적인 진부함으로 깎아내렸다. 이것은 본질적으로 탈신성화적인 대중 매체다. 모든 것을 볼거리로 만든다. 유명인이든 익명의 사람이든, 지도자이든 명령을 받는 사람이든, 각각 자신의 역할을 하는 배우다. 드골 역시 훌륭한 배우였다. 그러나 그의 후임자들이 홍보 전문가와 광고인 들의 조언을 따를 때, 드골은 코메디 프랑세즈 소속의 한 배우로부터 강의를 들었다. 드골은 떠났다. 쇼는 여전히 남아 있다. 미국인들이 흔히 하는 말처럼 "쇼는 계속되어야 한다."

1974년 10월 20일

뱅상, 프랑수아, 폴
그리고 다른 이들에게 종말을 고한다

그들은 거만함과 어린 시절의 순수함의 흔적이 뒤섞인 매우 남성적인 모양새로 시가를 빤다. 그들은 으스대며 거리를 걷는다. 그들은 반백의 나이와 50대의 푹 파인 주름에도 불구하고 여전히 스타일이 좋다. 그들은 크게 말하고, 몸짓을 많이 사용하며, 매혹적인 아름다운 미소를 드러낸다. 그들은 죽었고, 그것을 예감하고 있다. 모두가 그들을 위대한 승자로 보지만, 그들은 시대의 위대한 패자들이다.

〈뱅상, 프랑수아, 폴 그리고 다른 사람들(Vincent, François, Paul et les autres)〉은 1974년에 개봉했다. 이후에도 계속해서 영화를 찍긴 했지만, 클로드 소테는 퐁피두 시대 프랑스의 훌륭한 증인으로 남아 있다. 그의 주인공들은 자존심 강한 남성적 분위기를 품고 있다. 그들은 여성들을 갖지 못하면서 이해하기보다는, 여성들을 이해하지 못한 채 갖기를 선호한다. 그들은 산업화와 성장의 힘을 늦게야 발견한 새로운 부르주아지를 재현한다. 그들은 크고 작은 회사의 사장들이거나, 의사, 엔지니어, 기자, 만화가 또는 작가 들이다. 그들은 DS를 몰고 다닌다. 그러나 영원한 성장에 대한 환상은 석유 위기 이후로 사라졌다. 뱅상(이브 몽탕)은 파산 직전에 있는 회사를 구하기 위해 수백만 달러를 찾아다닌다. 그는 심장 마비로 죽을 뻔한다. 거인이 바닥에 무릎을 꿇었다. 프랑스 경제의 다윈식 현대화는 덜 적응된 자들과 덜 평범한 자들을 등한시함으로써 신체와 영혼을 망가뜨린다. 돈이 유일한 척도가 되었다. 폴(세르지 레기아니)은 형편없는 기자이며, 결코 끝내지 못한 자신의 소설들로 비웃음을 당하는 실패한 작가다. 프랑수아(미셸 피콜리)는 성공한 훌륭한 의사지만, 가난한 사람들의 의사가 되겠다는 젊은 시절의 이상을 포기해야만 했다. 농부들과 군인들의 영광스러운 과거에서 뒤늦게 빠져나온 이 프랑스 사회에서, 새로운 중산층의 성공은 쓴맛을 남긴다.

이 영화의 핵심 장면에서 미셸 피콜리는 양의 넓적다리 고기를 썰고 있다. 마치 사냥한 고기를 부족에게 제공하는 우두머리 원숭이 같다. 그는 식탁에 모인 모든 사람들의 빈정거림에 시달리다가 결국 격노하여 마침내 소리를 지른다. "나는 글을 쓰지 않는 작가, 권투를 원하지 않는 권투 선수, 그리고 아무나와 섹스하는 여자에게 모욕당하지 않겠어."

프랑스는 미국이 아니다. "승리자들"은 필요한 연대를 배신했다고 비난받는다. 프랑스는 인류학적 위계가 짓밟히는 너무 문명화된 나라다.

복싱하기를 원치 않는 권투 선수(젊은 드파르디유)는 결국 그를 두렵게 했던 상대와 어쨌든 맞붙게 된다. 그는 상대를 쓰러뜨린다. 하지만 그는 자신의 커리어를 유지하기 위해 필요한 살인 본능이 없다는 것을 깨닫는다. 그럼에도 권투는 20세기 동안 전통 사회의 영웅적 가치들을 존속시킬 수 있게 한 "고귀한 예술"이다. 그 가치들이 현대화에 의해 무시되고 버려졌다고 하더라도.

그러나 권투 선수는 기사가 자신의 말에 오르기를 포기한 것처럼 복싱을 포기한다. 그러고는 단순 기능공의 어두운 운명을 체념하고 받아들인다. 프랑스 사회는 영웅주의를 소비 지상주의로 교환했다.

승리의 싸움이 끝난 후 그들은 다시 기차를 타고 돌아온다. 남성적 무리들의 원색적인 분위기가 풍긴다. 아직 그들은 필연적으로 여성과 함께해야 한다는 진지한 생각 때문에 불안해하진 않는다. 프랑수아는 뱅상에게 자신의 아내가 다른 남자에게 떠났다는 사실을 알려 준다. 뱅상은 납득하려 시도한다. 그러나 프랑수아는 아내 일로 놀라지 않았다. 그의 아내는 오랫동안 그를 속여 왔다. 그리고 아내가 도망간 일을 자세하게 얘기하고 싶다고 한 건 바로 프랑수아다.

소테는 그의 또 다른 걸작 〈세자르와 로잘리(César et Rosalie)〉에서, 실행된 모방 욕망에 대한 화려한 작업을 부차적인 방식으로 다시 보여 줬다. 이 작품에서 그는, 『영원한 남편』에서 드러난 도스토옙스키의 방식으로, 남편과 연인 사이의 복잡하고 미묘한 상호 의존 관계를 간결하게 묘사한다. 하지만 도스토옙스키의 작품에서는 여자가 죽는 반면, 소테의 작품에서 여자는 떠난다. 1960년대의 유명한 "여성 해방"은 부부 사이의 관계를 끊었다. 남자들은 더 이상 "붙잡지" 않고, 더 이상 아내를 소유하지 않는다. 아내들은, 스테판 오드랑이 연기한 뱅상의 전처처럼, 무엇으로라도 남편을 배신하고, 누가 되었든 다른 남자 때문에 남편을 떠난다.

이러한 현대의 남성들에게는 선천적인 결함인 "죽음"이 존재한다. 프랑수아의 아내가 습관적인 불륜을 정당화하기 위해서 남편에게 노골적으로 말한 것처럼. 이 결함은 생의 도약을 여전히 계속해서 찾고 있는 여성들을 떠나게 만든다. 평화로운 시대의 남성들에게는 더 이상 존재하지 않기 때문이다.

소테의 여성들은 옛날의 순종이라는 관능적인 아름다움과 자신들이 무엇을 해야 할지 정말 모른다는 해방의 불안정한 잔혹함을 갖고 있다.

"아이들은?" 뱅상은 프랑수아에게 질문을 던졌다. 이 질문은 두 남자를 엄습하는 절망의 퍼레이드를 그려 보게 한다.

프랑수아는 그의 친구를 쳐다보지도 않고, 마치 자기 자신에게 말하는 것처럼 대답한다. "아이들은 걔네 엄마 집에 있을 거야. 나는 가끔 아이들을 볼 거야. 내가 아이들을 어떻게 해야 할까? 아이들은 나를 어떻게 대할까?"

아버지의 힘을 잃은 아버지는 자신의 적법성을 박탈당했다고 느낀다. 그는 자신의 자녀들과 대등해지고, 그들은 모두 똑같이 섭정하는 어머니에게 복종한다.

〈뱅상, 프랑수아, 폴 그리고 다른 사람들〉은 1940년 6월의 패배라는 굴욕을 없애기를 원했던 전후 세대의 실패를 나타낸다. 1945년의 해방은 되찾은 영웅주의("민중에 의해 해방된 파리!!!"), 페탱주의자들, 드골주의자들, 공산주의자들 사이의 분열을 지우고 일체를 이룬 레지스탕스, 1848년 6월, 파리 꼬뮌, 제르미날 등의 나날에 대한 오래된 계산을 청산한 계급들 사이의 연대(사회 보장)라는 자만 위에 세워져 있었다. 그리고 마지막으로, 비록 덜 받아들여지긴 했지만, 여성들의 손에 되찾아진 것(극단적이고 잔인한 상징은 머리를 짧게 자른 여성들이었다) 위에 세워져 있었다. 여성들은 독일인에 이어 미국인이라는 승리자의 품에 자신을 맡기기 위해 남성성을 잃은 패자를 파렴치하게 저버렸다. 1973년의 석유 위기, 케인스 모델의 약화, 드골주의-공산주의 기억에 대한 문제 제기, 그리고 '마지막이지만 가장 중요한', 적의 병사와 관련해서조차도 "자신의 몸을 소유할 권리"를 찬양했던 페미니스트 투쟁, 프랑스와 재건을 접합했던 애국적, 가족적, 집단적 가치들을 희생시킨 쾌락주의와 개인주의의 발전, 이 모든 것들은 〈뱅상, 프랑수아, 폴, 그리고 다른 사람들〉 세대의 쇠약과 마지막 실패를 드러냈다.

몽탕, 피콜리, 레기아니는 모두 이탈리아 이민자의 아들이었다. 너무나도 잘 동화되어 그들은 프랑스인과 그 조상인 골루아[199]의 완벽한 모델이 되었다. 그들은 라신의 언어로, 몰리에르의 재치로, 그리고 데카르트의 정신으로 말하고, 노래하고, 연기하고, 먹고 키스했다.

몇 년 후, 그들의 출신은 반인종 차별 운동가에 의해 되살려질 것이다. 그들을 수치스럽게 하기 위해서가 아니라 영광스럽게 만들기 위해서. 동화에 대한 프랑스적 상징은 그들을 감추기 위한 것이었음에도 말이다. 이것은 그들의 두 번째 죽음이 되겠지만, 그들은 여전히 그것을 알지 못한다.

〈뱅상, 프랑수아, 폴, 그리고 다른 사람들〉은 쇠퇴하고 있는 "이성애 백인 수컷"을 재현한다. 곧 페미니스트, 게이 활동가, 그리고 탈식민화 투쟁가라는 소인국 군대들이 그의 동상을 쓰러뜨리고 폐허 한가운데에서 춤을 출 것이다. 다른 것을 세울 능력도 없으면서. 이것은 〈뱅상, 프랑수아, 폴, 그리고 다른 사람들〉이 그들의 마지막 시가에 붙인 불꽃의 빛을 관조하는 허무주의적인 즐거움을 위한 것이다.

---

199 골루아(Gaulois)는 옛 골(Gaule, 영어로는 갈리아) 지방에 살던 켈트족의 일파다. 프랑스인들은 이들을 자신의 조상으로 여긴다.

1975

1975년 1월 17일

여자는 남자의 미래다

시몬 베유의 (상상의) 눈물. 의회에서 벌어지는 논쟁의 난폭함 (모두 남성들의 것이다!). 모욕, 협박, 저주 들. 모든 제안에 대해 제기되는 나치즘. 의료인 협회의 압력. (비시 정부에 의해 설립된 것이다!) "내 몸은 내 것이다"라고 외치는 페미니스트들의 시위. 거의 40년 동안 지겹게 되풀이되는 역사는 공화국의 공식적인 전설이 되었다. 반동에 맞서는 진보. 남성들의 억압에 대항하는 여성들의 자유. 무감각에 맞서는 연민. 착한 사람들은 나쁜 사람들에 대항하고, 좌파는 우파에 맞선다.

재해석되고, 새로 쓰이고, 위조된 역사. 연기의 두꺼운 커튼을 들어 올리자.

낙태를 처벌 대상에서 제외하는 법률안은 이미 퐁피두 대통령의 지난 입법부 임기 동안 제출되었다.

1973년 11월의 보비니 재판 이후, 법무부 장관은 검찰에 더 이상 낙태를 기소하지 말라는 명령을 내렸다.

정부가 제출한 법률안은 5년의 임시 기간을 설정함으로써 하나의 위선을 다른 위선으로 대체했다. 모두가 이 기간이 준수되지 않을 것임을 알고 있었다.

여성들이 마음대로 낙태할 수 있는 완전한 자유와 사회 보장에 의한 수술비 상환을 요구했던 좌파와 MLF는 시간이 지남에 따라 승리할 것이다.

그럼에도 시몬 베유는 논쟁 동안, 낙태가 "예외적" 성격을 유지하게 만드는 "억제법"에 찬성한다는 확고한 태도를 지속적으로 표명했다.

"나는 낙태에 반대하기 때문에 정부의 계획에 투표할 것이다."(베르나르 퐁스, 공화국민주연합)

"임신 중단에 대한 입법부의 허가를 정당화할 수 있는, 미래의 어머니가 겪는 비참한 상황들이 있지만, 중요한 것은 그 비참함과 허가 절차에 대한 정의다."(미셸 드브레, 공화국민주엽합)

그러나 미셸 드브레는 어쨌든 같은 드골주의 운동 소속인 자크 시라크가 이끄는 정부의 이 법률안에 투표하지 않을 것이다.

드브레는 너무 "불확실하다"고 말한다. 드골 장군의 전 총리는 도덕을 행하는 것도 아니고, 법적인 것을 행하는 것도 아니다. 그는 뛰고 있는 태아의 심장 소리도, 암스테르담에서 낙태할 수 있는 능력이 없는 한 여인의 울음소리도 듣게 하지 않는다. 그는 역사를 만들고 있다. 그는 세계적인 경쟁, 인구 통계, 국가적 관심사에 대해 이야기한다. 그는 "입법자의 역할은 풍속의 진화를 따르는 것이 아니다"라고 지적했다.

헛수고였다.

　사람들은 더 이상 그의 연설을 듣지 않는다. 그의 패배는 진정한 단절, 이념적 경계, 역사적 휴지(休止)다.

　의회에서의 이 토론은 이성이 감정에, 국가적 이익이 개인의 욕망에, 집단이 개인에, 이념이 사적인 것에, 남성이 여성에게 양보한 중요한 순간이다. 수 세기 동안 모든 문명들에서, 여성들은 방법을 아끼지 않고 출산과 거리를 두려고 노력했다. 이러한 맬서스주의적인 평범함(생계는 문화의 열악한 생산성에 의해 제한된다)과 이 생존에 대한 반사적 행동(출산은 어머니의 생명에 위험하다)은 3000년 전 인간들이 자신들이 수정 중인 무언가와 관련이 있다는 사실을 발견하게 된 이래로, "그들의 모태의 열매"를 따서 신과, 부족과, 민중과, 국가와, 노동자 계층에 제공하는 것을 결코 막을 수 없었다. 유대인의 전통에서 할례는 어머니와 아이의 분리를 상징한다. 이 찢어진 살 조각은 어머니에게 자신의 아이가 자신의 것이 아니라는 사실을 보여 주는 것이다. "내 몸은 내 것이다"를 외치면서, 페미니스트들은 1000년의 저주를 뒤엎어버렸다. 우리 아이들은 우리 소유다. 우리는 아이들에 대한 생사여탈권을 가지고 있다!

　이러한 움직임은 보편적이다. 돌이킬 수 없는 것이다. 유엔은 1975년을 여성의 해로 선언했다. 장 페라[200]는 "여자는 남자의 미래다"라고 노래했다. 그리고 연약한 남자들과 남색가들을 배척하며, 노동자주의 남

200　장 페라(Jean Ferrat, 1930~2010)는 프랑스의 샹송 가수이자 작곡가다.

성성을 찬양하는 공산주의적 종말론이, 페미니스트적이고 쾌락주의적인 대체된 메시아주의에 가담하는 것에 서명했다. 부르주아지들은 남성적인 프롤레타리아들로부터 희생자와 피착취자라는 선망의 역할을 부당하게 훔쳤다. 엘자의 죽음 이후, 아라공[201]은 마치 프롤레타리아들의 앙리 3세처럼 총신들의 궁정으로 둘러싸인 공산당 전당 대회에 왔다.

더 이상 부정되지 않을 이 문명적 전환은 프랑스 언론들이 이후로 이 사건에 독실한 숭배를 바치고 있음을 설명한다. 임신 중절은 우리 시대의 아우스터리츠[202]이고, 시몬의 눈물은 프라젠 고원 위에 서 있는 뮈라[203]의 공격이다.

이 신화적인 이야기에서 미셸 드브레는 싸우지도 못하는 상태로 울름에 갇힌 마크 장군[204]의 역할을 수행했다. 또 다른 시간, 또 다른 세계다. 당시 『르 카나르 앙셰네』에서 경멸적으로 비꼬면서 불렀던 (정신 병원의 광인에게 깔때기를 씌워서 괴상하게 치장한 모습으로) "분노한 미슈"가 되었다.

드브레가 낙태라는 단어를 들었을 때, 그는 권총도 예수 수난상도

---

201 루이 아라공(Louis Aragon, 1897~1982)은 프랑스의 시인이다. 바로 앞에 등장한 엘자는 아라공의 오랜 연인이었으며 역시 작가였다.

202 1805년 나폴레옹이 러시아·오스트리아 제국을 상대로 빛나는 승리를 거둔 전투.

203 조아킴 뮈라(Joachim Murat, 1767~1815)는 나폴레옹의 최측근으로 뛰어난 군인이었다.

204 카를 마크 폰 라이베리히(Karl Mack von Leiberich, 1752~1828)는 1805년 울름 전투에서 나폴레옹에게 패배한 오스트리아의 지휘관이다.

아닌, 계산기를 꺼냈다. 그는 계산했고 울었다. 그는 자신의 계산에 따라 프랑스가 놓치게 될 아이들을 센다. 그러고는 영원히 잃어버리고 사라질 힘을 한탄한다. 페미니스트들과 시몬 베유가 그에게 낙태는 곧 피임으로 대체될 임시적인 해결책이 될 것이라고 약속할 때, 그는 슬픈 웃음을 짓는다. 그리고 그는 옳았다. 법이 제정되고 40년이 지났지만, 프랑스적 특수성인 경구 피임약의 보편화에도 불구하고 매년 평균 20만 건의 낙태가 발생하고 있다. 이는 페미니스트들과 진보주의자들에게는 유감스럽게도, 여성이 출산과 유지하고 있는 관계의 복합성을 보여 준다. 원치 않은 임신은 있더라도 성욕 없이 이루어진 임신은 없다. 드브레와 오늘날 몇 안 되는 그의 추종자들은 800만 명(40년간 20만 명씩)의 잃어버린 프랑스인의 생명에 대한 불길한 회계를 감행할 것이다. 단지 지연된 출산일 뿐인 낙태가 있기 때문에 그들의 계산이 부분적이라는 점을 모르지 않으면서.

그러나 드브레는 트집 잡지 않았다. 그는 넓게 본다. 그는 멀리 본다. 동시대인들을 너무 높은 시각으로 바라본다. 그는 두 세기에 걸친 프랑스의 고통, 프랑스의 탄식, 프랑스의 고독, 캐나다에 살지 않는 루이 15세, 알제리에 머물지 않는 나폴레옹 3세, 6,000만 명의 독일인에 대항하는 4,000만 명만을 가진 조프르를 대표하는 마지막 인물이다. 드브레는 프레보파라돌[205]의 마지막 계승자다. 프레보파라돌은 미국, 러시아, 그리고 통일 독일이라는 미래의 거인들에 의해 프랑스가 지위

---

205   뤼시앙아나톨 프레보파라돌(Lucien-Anatole Prévost-Paradol, 1829~1870)은 프랑스의 에세이스트이자 저널리스트다.

를 잃게 될까 두려워, (알제리 정복 덕분에) 1억 명이 거주하는 하나의 프랑스를 계획했다.

드브레는 프랑스 엘리트들의 최후의 후계자다. 그들은 얼음으로 덮인 땅을 최초로 모험한 18세기 초의 "유럽의 중국"을 상상한 것에서 벗어나지 못한다. 두 세기 후, 인구 통계학자들은 이것을 "인구적 전환"이라 부르고, 드브레는 "요람의 파업"이나 "집단 자살"이라고 규정할 것이다. 전후의 베이비 붐 이후 (실제로는 1941년에 시작되었지만 비시 체제에 대해서는 아무것도 인정해서는 안 됐다), 미셸 드브레는 그의 꿈이 실현되었다고 믿었다. 그는 기뻐서 어쩔 줄 몰라 하면서 출생 곡선을 연장했다. 1965년부터 그는 곡선을 연장할 필요가 없다는 것을 쓰라린 경험을 통해 알게 되었다. 베이비 붐은 끝났고, 프랑스인들은 현대 기술을 사용하여 그들의 예전 대비책으로 되돌아갔다. 드브레는 이것을 예감했다. 그는 프랑스령 알제리를 유지하기 위해 끝까지 노력했다. 그리고 식민지 지배자의 보살핌에 의해 오랜 졸음에서 깬 프랑스령 알제리 인구는 급증했다. 오늘은 1,000만 명, 내일은 2,000만 명, 모레는 4,000만 명! 알제리와 함께하는 프랑스는 1억 프랑스인의 상한선을 뚫고 21세기의 위대한 인구 강국으로 인정받을 것이었다. 동일한 수치로, 동일한 인구 통계학적 이유로, 드골 장군은 정반대의 정책을 주도했다. 우리는 "콜롬베레두모스케"가 되었을지도 모르는 고향에 대한 그의 유명한 표현을 알고 있다. 우리는 그가 프랑스인과 아랍인을 오일과 식초와 비교하면서 뒤이어 했던 말은 덜 기억한다. "그 둘을 하나의 병 속에 섞어 보시오. 얼마 후 그것들은 분리됩니다."

미셸 드브레는 프랑스인과 아랍인을 구별하지 않는다. 그는 그의

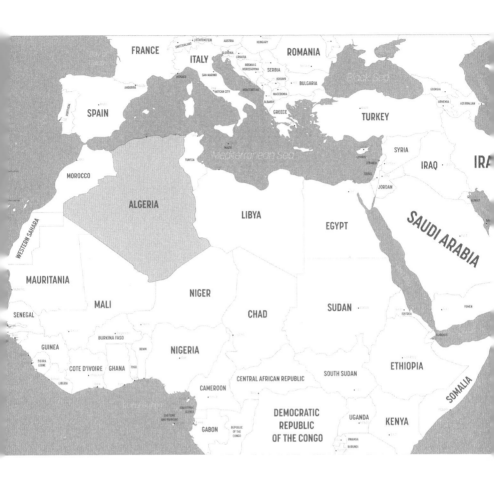

지중해를 사이에 두고 프랑스와 마주하고 있는 알제리.

© Gettyimages

스승보다 더 보편주의자다. 랍비의 손자인 그는 또한 더욱 가톨릭적이다(katholikos는 보편적이라는 의미이다). 그는 더욱 프랑스적이다. 그래서 그는 레위니옹 섬의 그의 선거구에서 온 아이들을 프랑스 산골의 농부 부부가 입양하도록 하는, 우리에게는 무모해 보이는 실험을 했다. 그는 드골의 최악의 적들과 같은 노선에 위치한다. 알제리 농부들에게서 자신의 고향 마을 로제르의 "농부들"의 형제를 발견하는 자크 수스텔[206] 같은 프랑스령 알제리 지지자들 말이다. 수스텔과 쥘 페리처럼 드브레는 도덕적 거리낌이 없는 동화주의자다. 법과 예술의 어머니 프랑스는 문명을 가져오지만, 그곳에는 신성한 말을 들을 수 있는 사람이나 민족이 없다. 서정시인 빅토르 위고는 1840년『목격담(Choses vues)』에서 "문명은 미개함을 앞선다. 빛의 민족은 어둠 속에 있는 민족을 향해 손을 내민다"라고 말했다. 이는 이제 막 정복한 알제리를 "평화롭게 하기"를 여전히 꺼리는 뷔조 장군[207]을 공격한 것이다. 모든 인류는 그들의 출신, 인종, 종교와 관계없이 "전 세계에 끼친 그리스 문명"의 메시지를 들을 수 있다.

그리고 우리는 이 사람들을 "파시스트"와 "인종 차별주의자"로 취급할 것이다! 드골 장군은 19세기 말의 모라스적인 반식민주의자들의 계승자다. 그들은 식민 지배자 좌파의 해방 신화를 결코 믿지 않았다. 드골은 프랑스가 거대한 러시아처럼 사람이 많았던 "마스토돈"[208]

---

206 자크 수스텔(Jacques Soustelle, 1912~1990)은 프랑스의 민족학자이자 정치인이다.

207 토마 로베르 뷔조(Thomas Robert Bugeaud, 1784~1849)는 원수 칭호를 받은 프랑스 장군이자 알제리 총독이다.

208 코끼리와 비슷한 고대 생물.

이었던 시기에 대한 향수에는 어쨌든 공감한다: 그러나 그에게는 "프랑스인은 프랑스인이고, 아랍인은 아랍인이다. 통합을 믿는 사람들은 가장 똑똑하다고 하더라도 새대가리다." 당연히 이것은 입학시험에서 1등을 한 ENS[209] 졸업생이자, 희귀한 방언을 여럿 구사할 줄 아는 민족학자 수스텔을 겨냥한 말이었지만, 총리 미셸 드브레를 향한 말이기도 했다.

어린 시절, 드골은 '당리 대위'[210]의 소설을 맹렬하게 읽었다. 특히 1895년에 출판된 『검은 침략』이 있었다. 이 소설은 이슬람 아프리카인들의 유럽 침략을 이야기한다… 진짜 이름이 에밀 드리앙인 작가는 세기말 민족주의 거장이자 젊은 드골의 지적 모태인 불랑제 장군[211], 데룰레드[212]와 바레스[213]의 동료였다. 그는 새뮤얼 헌팅턴이 문명의 충돌을 이론화하는 것을 예상하지 못했다.

이 논쟁들은 결코 끝나지 않았다. 그것들은 알제리 전쟁의 피에 익사했다. 그 논쟁들은 10년이 지난 뒤 다시 등장한다. 제5공화국이 드골의 집정에서 벗어나고, 새로운 정부 수장이 국가에 "현대화"의 숨결을

---

209 파리고등사범학교(École Normale Supérieure)의 약칭으로 프랑스 최상위 그랑제콜 중 하나다.

210 당리 대위(Captain Danrit)는 군인, 정치인이자 작가였던 에밀 드리앙(Émile Driant, 1855~1916)의 필명이다.

211 조르주 불랑제(Georges Boulanger, 1837~1891)는 프랑스 제3공화국을 대표하는 군인이자 정치인이다.

212 폴 데룰레드(Paul Déroulède, 1846~1914)는 프랑스의 작가이며 정치 운동가다.

213 모리스 바레스(Maurice Barrès, 1862~1923)는 프랑스의 작가이자 민족주의 정치인이다.

불어넣으려 할 때였다. 작동할 것이다. 처음 몇 개월은 스타일, 리듬, 외양의 분열이 나타난다. 지스카르는 68혁명의 개인주의자, 쾌락주의자, 소비주의자, 페미니스트의 혁명을 승인했다. 임신 중절은 이것의 가장 두드러진 상징 중 하나다. 이것은 제5공화국과의 단절임과 동시에 제3공화국과의 단절이기도 하다. 제3공화국은 제1차 세계대전의 엄청난 대량 학살 이후, 인구 통계적이고 가족주의적인 동일한 이유에서 낙태를 금지하는 1920년의 법을 제정했다.

그러나 순간을 우선하는 젊음에 의해 숨겨진 인구 통계적인 문제들은 남아 있다. 이 문제들을 해결할 수 있는 것은 이민이다. 아직 아무도 털어놓지 않지만, 모두가 그것을 생각하고 있다. 우파와 좌파, 그리고 중도파까지도. 퐁피두는 수백만의 사람들을 프랑스의 공장들에 오도록 만들었다. 석유 위기가 이 끊이지 않는 흐름을 멈췄다. 논리적으로는 후퇴가 시작되어야 했다. 이런 식으로 공화국은 매번 경제 위기가 일어날 때마다 "국민의" 일자리를 지키기 위해서 행동했다. 우리는 아무것도 하지 않았다. 우파도 좌파도 마찬가지였다. 최초의 근본적인 분열이 일어났다. 인도주의적인 이유를 위한 것이라고들 말한다. 우리는 더 멀리 나아간다. 우리는 지중해의 두 편으로 분리된 가족들을 연결해 주기 위해서 "가족 재결합 규정"을 결정한다.

두 번째 프랑스적 모순이 발생한다. 프랑스인 조상을 갖고 있는 전통적인 가족은 개인주의적인 압력 아래 "진보"라는 명분에 항복해야만 한다. 같은 시기에, 가장 시대에 뒤떨어지고, 가장 가부장적인, 즉, 가장 전통적인 마그레브 가족은 프랑스적 가족을 계승하라고 초대된다. 상징적으로 그리고 인구 통계적으로 보상하기 위한 것처럼. 그들은 프랑스 가족을 구원하러 오라고, 비어 있는 자리들을 채우라고, 프랑스 가족을 대체하라고 초청받는다.

수십만의 여성과 아이들이 그들의 농촌 마을로부터 떠나게 되었다. 남자들이 아예 없거나 거의 없던 긴 휴가 동안의 조촐하지만 평온한 삶으로부터 말이다. 현지인들의 기후와 기질이 그들을 얼려 버리는 나라의 추위 속에서 거의 알지 못하는 남편과 아버지에게 합류하기 위해서다. 즉시 사회 복지와 주거를 위한 투쟁 소동이 벌어진다. 그들의 원칙은 간단하다. 게다가 너무 단순하다. 이 사람들은 19세기에 도시로 온 농부들과 다르지 않다. 그들은 동화되어야 하고, 칫솔, 펜, 세탁기를 사용할 수 있도록, 아이들을 학교에 데려다주도록, 그리고 욕조에서 양을 도살하지 않도록 교육받아야 한다! 수스텔은 비웃어야 했다. 드브레는 즐거워해야 했다. '가족 재결합'은 프랑스령 알제리 지지자들이 드골 장군 사후에 행한 대단한 복수다.

공화국 대통령 발레리 지스카르 데스탱이 그의 빛나는 경력을 위험에 빠뜨릴 지경에 이르기까지 프랑스령 알제리의 환심을 사려고 했다면 우연일까? 오레스의 젊고 씩씩한 장교인 그의 총리 자크 시라크가 다른 ENS 학생들처럼 하룻밤 내내 장군들의 쿠데타와 분리되는 것을 꺼려했다면 우연일까?

그들의 보복은 단기간에 이루어졌다. 매우 빠르게, 인도주의적 조치가 행정적인 재앙으로 드러났다. 누구도 예상하지 못한(!) 여성과 아이들의 유입에 직면하자, 사회 서비스들은 한계를 넘어서고, HLM의 건설은 따라잡지 못하고, 빈민가들은 확장되고, 학교들은 잠식당하고, 계층의 수준은 무너지고, 이웃들은 분노한다. 휴머니즘은 사랑처럼 2년간 지속된다. 새 총리는 전임자가 품고 있는 사막에 대한 낭만주의를 공유하지 않는다. 레몽 바르는 계산하는 법을 아는 경제학자이며, 그가 해야 하는 일들의 혼란스러움을 이해한 행정부의 수장이다. 그리고 외국인의 권리를 때로는 불가피하게 엄격히 다뤄야 한다는 것을 무시하지 않는 프랑스 고위 관료다. 그는 이민이 생산 체제의 현대화에 장애가 된다고 생각하는 7차 계획(1976~1980) 입안자들의 생각을 따른다.

1976년에 제정된 법령은 가족 재결합을 중지했다. 노동 시장(그리고 실업)은 이 중단이 내세우는 이유(핑계)이다. 그러나 법령은 국사원에 의해 불법으로 선언되었다.

레몽 바르는 법으로 판사들의 반대를 극복하려 했다. 그러나 그가 이 문제에 대해서는 국회 과반수를 점하고 있지 않다는 것을 알고 놀랐다. 국회는 원칙적으로 반대하는 좌파, 시라크가 총리 공관에서 떠난 후반기를 든 공화국연합, 그리고 기독교 민주당 중도파들로 이루어져 있다. 특히 이 중도파들은 레몽 바르 입장에서는 최고의 지지자들이다. 그러나 그들은 "인류의 형제"에 대한 기독교인으로서의 자격지심, 전쟁 동안의 유대인 학살에 대한 트라우마적인 기억에 의해서 움직인다.

바르는 굴복했지만 포기하지는 않았다. 1978년 그는 가족과 함께 돌아가기를 원하는 모든 외국인들에게 1만 프랑의 수표를 지급하는 "본국 귀환 장려책"을 개시했다. 의무가 아닌 선택이라는 프랑스적인 소심함은 그 법안의 발기인들을 배신했다. 스페인인들과 포르투갈인들은 수표를 받아들고 고국으로 돌아갔다. 우리는 그들이 남기를 바랐지만 말이다. 그리고 우리가 떠나기를 원했던 마그레브인들은 움직이지 않았다.

레몽 바르는 낙담하지 않았다. 그는 알제리와 재외 자국민들의 귀환을 계획하는 협정을 교섭했다. 부메디엔[214]은 받아들였고 그들을 맞이하기 위해 알제 지역에 HLM을 건설하도록 했다. 프랑스인들은 모로코와 튀니지 당국이 뒤따르기를 바라고 있었다. 그러나 좌파인 새 외무장관이 1981년 5월에 내린 초기의 결정 중 하나는 이 협정을 적용하지 않는 것이었다. 클로드 셰이송 역시 시라크와 수스텔처럼 사막에 대한 낭만주의와 위대한 "프랑스의 아랍 정책"에 감동받은 명석한 인물이다. 그러나 1982년에는 좌파의 다른 책임자들이 10만 프랑에 달하는 수표를 가지고 귀환 장려를 재개할 것이다. 아무도 돌아가지 않을 것이다. 그리고 1983년 뵈르들의 행진[215]은 미테랑 대통령이 10년짜리 체류증을 만들도록 강요할 것이다. 이 체류증은 이민을 고용 인력풀에 적응시키기 위해 노력하는 모든 행정적이고 지리적인 제약에서 이민자들을 해방한다. 그리하여 또 다른 시대가 열린다. 1983년부터 국민전선은 정치 정세에 자리 잡는다. 그동안 이민자들은 영토에 대규모로 정착한다. 프랑스 산업계는 무자격 노동력을 그 어느 때보다도 적게 필요로 하고 있는데도 말이다.

이러한 일련의 사건들은 프랑스 엘리트들의 망설임, 아마추어리

---

214 우아리 부메디엔(Houari Boumediène, 1932~1978)은 1976년부터 1978년까지 알제리 대통령이었다.

215 이민자들의 대규모 시위. 이에 대한 자세한 내용은 이 책의 1981년 7월 부분을 참고할 것.

즘, 속마음과 자격지심을 보여 준다.

"휴머니스트들"(국가 고문들, 제2차 바티칸 공의회를 잇는 "세상을 향해 열려 있는" 주교단, 기독교 민주당원들)과 건설 및 자동차 회사의 경영자들 사이에 예상치 못한 동맹이 출현했다.

1960년대 이후, 경영자들은 그들의 회계를 위해서 마그레브 노동력을 매우 소중히 여긴다. 그들은 너무 교육받고 너무… 프랑스화된 도시인에 비해서 다루기 쉽고 온순한 농부들을 선호하면서 알제리와 모로코 시골에서 노동자들을 모집했다. 마음대로 헐값에 노동을 시킬 수 있는 자들. 그들의 상징적 대표자인 프랑시스 부이그는 가족을 동반한 그들의 "통합"을 권장했다. 몇몇 "교양 있는" 사장들은 아이들이 아버지들의 뒤를 잇는 모습을 상상했다. 19세기 말에 농부의 아들들이 공장에서 일하기 위해 온 이후로 노동자가 아버지에서 아들로 이어지는 오래된 패턴을 한 번 더 따르는 것이다.

프랑스 여성과 외국인의 "족외혼" 결혼은 오랫동안 프랑스 동화에서 가장 좋은 도구였다. 그리스-로마 유산에서 나온 문화적인 전통 속에서 아이들을 교육하고, 가톨릭의 이름과 프랑스적인 교양을 전하는 어머니. 우리는 가족 재결합의 지지자들이 이민자들의 "통합"을 촉진하기를 원한 것을 기억할 것이다. 단순하고 선한 사람들은 편입, 통합, 동화라는 단계적인 삼위일체가 중요한 것이라고 믿는다. 이 단어들은 거의 동의어이지만 말이다. 그들은 이것이 하나에서 다른 하나로 오르는, 결코 다시 내려갈 수 없는 계단의 걸음과도 같다고 생각한다. 막상 실행해 보면, 통합은 동화의 전제 조건이 아니라 정반대라는 것을 우리는 알게 될 것이다. 심지어 확고부동한 적수라는 것을 알게 될 것이다.

통합의 진전은 동화의 모든 가능성을 파괴할 것이며, 통합을 위해 동화가 소멸될 때까지 이어질 것이다. 더 이상 옛날처럼 수공업적이지 않고, 대규모로 제도화된 가족들의 재결합으로 성, 결혼, 자식 교육에 의한 동화의 수단이 무너졌다. 본고장의 문화는 어머니들을 통해 전달되는 것이다.

몇 년 만에 이민자와 프랑스의 국면은 바뀌었다. 남자들의 뒤를 이어 여성과 아이들이 왔다. 19세기 중반 이후의 전통적인 노동 이민, 좋든 싫든 간에, 위기의 시기에 고국으로 돌아가는 경제 활동과 연결된 흐름의 이민은, 정착하는 가족 이민, 이주 이민으로 이어진다. 표현은 적절하게 선택되었다. 시간이 지남에 따라 외부의 충적층들이 프랑스 땅에 쌓일 것이다. 탈공업화에 이은 지역 편중의 해소는 노동자 왕조의 기업주의 계획을 공상으로 변화시킬 것이다. 점점 더 많은 소년들은 르노나 푸조의 공정 라인 위의 아버지들처럼 프랑스인에 의해 "모욕당하는" 존재가 되기를 거부할 것이다. 외국인들은 모든 동네에서, 도시들에서, 지방들에서 다수를 차지하게 되면서 동화는 반대로 일어날 것이다. 내일의 젊은이들은 아내를 찾으러 그들 부모의 고향 촌마을로 갈 것이다. 이는 조상 대대로 내려오는 사촌 간 결혼이라는 동족 결혼의 사슬을 깨뜨리지 않기 위해서다. 그리고 프랑스의 자유주의적 이데올로기에 의해 "타락한" 젊은 프랑스-아랍인들보다 덜 반항적인 젊은 소녀를 "소유하기" 위해서다. 그리하여 이주 이민은 자생할 것이고, "가족 재결합"에 대한 행정적인 테두리를 벗어나게 되고, 다수를 이룰 것이며, 기원을 만들 것이고, 민족적 공동체를 만들 것이다. 민족 안의 민

족이 된다. 하나의 민족은 그들이 태어난 민족으로부터 점점 더 멀어진
다. "아프리카 캠프"는 후퇴해야만 하는, 침몰 중인 "사랑스럽고 오래
된 나라"에 점점 더 적대적이 된다. 나이가 들면서 지스카르적인 환상
에서 돌아온 선동가 미셸 포니아토프스키가 1990년대 초반에 예언했
듯이.

　이와 동시에 이민에 대한 미디어적이고, 문학적이고, 영화적인 시
선은 반대로 이민자들의 개인적인 인생, 그들의 아내들, 그들의 아이
들, 그들의 도덕적 가책, 그들의 원한을 계속해서 길게 늘어놓는다. 이
것은 개인들, 오직 개인들에 대한 것이며, 너무나도 인간적인 사람들을
다룬다. 자신들의 뿌리, 문화, 종교, 영웅, 탈식민주의적인 역사적 복수
에 대한 꿈을 가진 민족이라는 집단적이고 역사적인 부분은 의도적으
로 은폐하면서.

　그러나 1974년 알제리 대통령 부메디엔은 "언젠가 수백만 명의
사람들이 남반구를 떠나 북반구로 갈 것이다. 그리고 그들은 친구로서
그곳에 가지는 않을 것이다. 정복하기 위해 갈 것이기 때문이다. 그리
고 그들은 아들들과 함께 그곳을 정복할 것이다. 우리 여성들의 배는
우리에게 승리를 가져다줄 것이다"라고 예언했다. 오귀스트 콩트[216]는
한 세기도 더 전에 "죽은 자들이 산 자들을 지배한다"고 경고했다. 보수
적이고 전체론적인 발상은 진보적이고 개인주의적인 발상과 정확하게
반대된다. 이 진보적인 발상은 오늘날 어느 때보다 더 우리를 지배한

216　오귀스트 콩트(Auguste Comte, 1789~1857)는 프랑스 실증주의 철학자다.

다. 이것은 모든 것을 혼자 자유롭게 결정하는 개인, 자신의 아이를 지키거나 그렇지 않겠다고 혼자 자유롭게 결정하는 여성, 자신이 원하는 곳에 정착하겠다고 혼자 자유롭게 결정하는 이 세계의 시민인 이민자의 절대적 자유를 신뢰한다.

그리하여 『동 쥐앙』의 마지막에 등장하는 기사의 석상처럼, 오일과 식초에 대한 드골 장군의 비유에 대한 기억은 여전히 더욱 위협적이고, 더욱 끈질기게 울려 퍼진다. 명석하지만 경솔했던 자들의 머리 위로.

1975년 2월 26일
우리는 모두 뒤퐁 라주아(Dupont Lajoie)다!

그들은 못생겼다. 그들은 어리석다. 그들은 못됐다. 그들은 비열하다. 그들은 상스럽다. 그들은 음탕하다. 그들은 여성 혐오자이고, 외국인을 혐오하며, 인종 차별주의자다. 그들은 겁쟁이면서 폭력적이다. 그들이 입은 옷은 우스꽝스럽고, 그들의 쾌락은 그로테스크하며, 그들의 취미는 터무니없다. 그들은 3연승식 경마를 즐기고 카운터에서 술을 마신다. 그들은 캠핑장에서 휴가를 보낸다. 시끄럽고 품위를 떨어뜨리는 혼잡함과 바비큐 냄새에 둘러싸인 캠핑장으로 모여든다. 장 카르메와 지네트 가르생은 1970년대의 테나르디에 부부[217]를 보기 드문 재능으로

---

217 빅토르 위고의 『레 미제라블』에서 여관을 운영하는 부부. 천박하고 돈을 밝히며

연기해 낸다. 그들을 둘러싼 배우들도 훌륭하다. 서로 상대보다 더 무기력하고 저속하다. 이자벨 위페르가 연기한 코제트는 이제 막 유년기를 벗어났다. 코제트는 아버지 테나르디에의 어설픈 강간 시도에 저항하다가 죽는다. 이 인간들은 모든 것을 실패한다. 심지어 강간마저도. 짓궂은 말괄량이는 흥분한 폭력적인 늙은 여우를 "자극"하면서 살짝 도발한다. 심지어 희생자는 자신의 흰옷에 얼룩을 남긴다.

악으로 가득찬… 이 캠핑장에서, 폭력의 광기 어린 악순환를 막으려는 유일한 "휴머니스트"는… 이탈리아인이다. 수사관은 모든 것을 짐작했지만, 경찰서장이 되기 위해서 진짜 죄인들을 체포하기를 포기한다. (당연히 우파인) 장관은 이제 막 태어난 양처럼 순진하고 불쌍한 아랍인들에게 정의의 분노를 돌리기로 선택했다.

돈 몇 푼을 벌기 위해 캠핑장 가까이에 있는 한 작업 현장에 일하러 온 이 아랍인들은 영화에서 유일하게 긍정적인 인물들이다. 겸손하면서도 자신감이 있고, 가난하지만 품위 있고 매력적이고, 과묵하며, 민트차를 마신다. 그들은 아라비아의 로렌스가 쓴 책과 사막에서 바로 나온 듯한 귀족 부족을 만들어 낸다. 당시 프랑스에 상륙한 이주 노동자들은 실제로 검소한 옷차림, 조심성, 윤리적인 예의로 놀라게 만들었다. 대부분 카빌리아인[218]들은 이웃의 엄격하고 완고한 통제 아래 『코란』의 법이 적용되지 않는 세속적인 땅을 발견한 것을 은밀히 기뻐했

여러 범죄를 저지르는 악역으로 묘사된다.

218 알제리 북부의 소수 민족으로 베르베르족에 속한다. 축구 선수 지네딘 지단도 카빌리아계다.

다. 그들 마을의 공동체적 열의에 익숙한 목동이나 농부 들은 프랑스에서 인간관계의 냉담함에 괴로워했다. 자신들이 격렬한 거부 반응을 불러일으키지 않는 것을 이해할 수 없었다. 그들의 시대에 이탈리아 놈들과 폴란드 놈들은 그들이 자신들의 일과 빵을 훔쳐 간다고 판단한 프랑스 노동자들에게 같은 치욕을 겪었다. 영화에서 로베르 카스텔은 그들이 동일한 노동에 대해서는 프랑스인들과 동일한 임금을 받는다고 가슴에 손을 얹고 맹세한다. 그러나 그 돈을 받고 일하는 프랑스인들은 거의 없다고 덧붙일 수밖에 없는 처지다. 간단히 말해서, 이민자들은 프랑스인들의 일을 가져가지 않는다. 그러나 고용주가 비용을 줄이고, 프랑스인들의 임금을 낮추도록 만든다. 마르크스가 1840년에 영국 공장으로 수입된 아일랜드 노동자들에 대해 이미 분석했던, 자본주의만큼이나 오래된 법칙이다.

감독은 1970년대 초 프랑스 남부에서 저질러진 많은 인종 차별적 범죄로부터 영감을 받았다고 주장할 것이다. 그러나 언제나 그렇듯 "공동체" 사이의 대립은 일방적이지 않다. 새로 들어온 사람들의 겸손함과 일반적인 조심성은 때때로 갑작스러운 폭력의 분출로 이어졌다. 1948년부터 파리 시장은 연간 10만 건의 폭력 사건 중 절반이 마그레브인에 의해 발생했다는 점을 지적했다. 알제리 전쟁의 기억, 민족해방전선의 폭정, 민족해방전선에 의한 파리에서의 테러들과 경찰 범죄들은 여전히 기억 속에, 모두의 기억 속에 존재했다.

하지만 이브 부아세에게 현실은 중요하지 않다. 그의 영화 〈뒤퐁라주아〉에서 그는 신화를 만들었다. 이 오만한 아랍인들은 감독의 카메라와 관객의 눈에는 착취되고 경멸받는 새로운 프롤레타리아다. 반면 노동자들, 피고용자들, 영업 사원들, 프랑스인다운 정말 천박한 프티 부르주아는 공개적으로 모욕당한다. 선한 신과 악마다.

〈뒤퐁 라주아〉로 감독은 큰 상업적 성공을 거두었다. 주먹다짐이 벌어지고, 반체제주의자들이 있었고, 논쟁이 붙는 등 촬영은 다소 괴로웠지만 그럴 만한 가치가 있었다. 한 편의 영화에서 부아세는 제작자들에게 "돈벌이가 되는" 소중한 존재이자, 동시에 "좌파의 양심"을 가진 사람이 되었다. 그는 모든 것을 갖게 되었다!

그가 대중의 상처를 건드린 유일한 사람은 아니다. 종종, 같은 시기에, 재능은 그를 잔인함에서 구해냈다. 르노는 〈엑사곤(Hexagone)〉이라는 상송을 불렀는데 이 노래에서 그는 프랑스인들을 바보들의 왕으로 취급하고 있다. 카뷔는 편협하고 보수적인 소시민들을 만화로 그린다. 콜뤼슈[219]는 제라르의 아버지를 비꼰다. 그는 아들이 하시시 담배를 피운 것을 나무라지만 자신은 알코올 중독자다.

1970년대에 처음으로 반항적인 젊은이들은 귀족과 부르주아 같은 상류 계급뿐만 아니라 서민층도 비난했다. 그러나 몇 년 전에는 당시 사람들의 표현에 따라 가장 "의식화된" 운동가들은 오직 프롤레타리아, 노동자 계층, 신성화되고 숭배되고 열렬히 사랑받는 민중들만을 따랐다.

그러나 68년 5월, 젊은이들과 신화의 만남은 잘못되었다. 노동총동맹에 의해 인도된 노동자들은 극좌파들을 밀어냈다. 극좌파들은 노

---

219 콜뤼슈(Coluche, 1944~1986)는 프랑스의 희극인이다.

동자들을 가담시키려고 불로뉴빌랑쿠르에 있는 르노 공장 출구로 왔던 것이다. 노동자들은 혁명을 일으키려는 것이 아니라, 프티 부르주아적인 안락함을 얻기를 원했다. 그들은 소비 사회를 파괴하기를 원한 것이 아니라, 거기에 들어가기를 원했다. 소련에게는 권력을 주지 않아야 한다. 하지만 "가난한 자에겐 돈을 달라!"

노조 지도자들의 승리는 짧았다. 경영자 측과 공동 서명한 그르넬 협정[220]을 소개하러 로마 개선장군처럼 등장했지만, 그들의 순서가 되었을 때 르노 노동자들에게 큰소리로 야유를 받고 쫓겨났다. 몇 주 만에 프랑스 프롤레타리아는 확고부동한 적들의 삼위일체가 되었다. 젊은 극좌파들은 그들이 어설프게 혁명적이라고 판단했다. 사장들은 그들이 너무 요구가 많다고 생각했다. 그리고 공산당원 노조 운동가들인 그들의 우두머리들은 그들이 너무 반항적이라고 생각했다. 세대 전쟁이며 계급 전쟁이었다. 집단 혁명의 실패는 개인들만의 반란을 예고한다. 평등은 자유로 대체된다. "노동 계급"은 상상 속에서 알코올 중독자이자 인종 차별자이고 마초들인 프랑스인스러운 편협한 프티 부르주아 무리가 된다. 인류의 찌꺼기 같은 존재가 된 것이다. 좌파의 국제주의는 1914년 전쟁 이후 프랑스 혁명의 애국주의와 단절되었다. 이미 양차 대전 사이에, 아라공과 초현실주의자들은 삼색기, 국가와 프랑스 군대를 모욕했다. "우리는 조국을 위해 죽는다고 생각하고는 사업가들을 위해 죽는다"고 확언했던 아나톨 프랑스의 계승자들이다. 초현실주

---

220 1968년 5월 정부, 노조, 경영자 대표가 모여 임금 인상과 근로 시간 단축 등 노동자의 권리 강화에 합의한 협상.

의자들의 이 자유 지상주의 정신은 프레베르를 인용하여 "프랑스의 젖을 빠는 자들 / 달리고 날며 우리에게 복수하는 자들"을 비난했다. 그러나 1970년대에 프랑스에 대한 증오는 프랑스인들에 대한 증오의 두배가 된다. 특히 그중에서도 가장 비천한 자들에 대한 증오가 그렇다. 프랑스에 대한 증오에 프랑스인에 대한 증오가 더해진다. 팩스턴의 저서, 『슬픔과 연민』, 『밤과 안개』 등에 언급된 역사 정치적 맥락에서 전쟁, 대독 협력, 유대인 학살이라는 영광스럽지 못한 기억들이 동시에 떠오른다. 나치 독일 점령을 경험하지 못한 이 젊은이는 알지도 못하면서, 전쟁에서 패하고 나치에 협력했으며 유대인들을 내어 준 비난받아 마땅한 아버지들의 행동이 유죄라고 비난한다. 극좌파 집단들의 지도자들은 대개 유대인이다. 프랑스 국적이 아니었기 때문에 쫓겨났거나 독일인들에게 인도된 동구 출신 유대인들의 아들들이다. 이렇게 프랑스인들은 이스라엘에 대한 모든 죄악에 짓눌려 있다!

그러나 이 젊은이는 어떤 지복천년설도, 구원의 종교도 단념할 수 없다. 그는 자신이 인정하기를 원하는 것보다 더 많이 유대그리스도교의 영향을 받았다. 이민자는 그의 새로운 그리스도이자, 그로부터 새로 선택된 민족이 될 것이다. 그의 고통은 유대인의 고통일 것이다. 당연히 프랑스 민족일 그의 사형 집행인은 하나의 동일한, 무자비한 저주 속에서 혼란에 빠질 것이다.

이 세대 최고의 식자들은 자민족 중심주의가 신식민주의 범죄이며, 각자의 문화는 인류 역사의 긴 연속에서 자신의 존엄성과 가치를 가지고 있다는 레비스트로스의 생각을 받아들였다. 그들은 레비스트로스가 약간의 외국인 혐오는 "타자"의 문화에 의해 쓸리지 않게 하기 위하여 각자의 문화를 보호하는 데 필수적이라고 덧붙인 말은 듣지도, 들으려고 하지도 않았고, 이해하지도 않았다. 약간의 외국인 혐오는 인종 차별이 아니라 자의식과 자신감과 비슷한 것이다. 오래지 않아 그들은 "함께 살기"를 장려할 것이다. 동화였던 원칙을 무너뜨리고 난 뒤에. 그리고 하층민들, 약자들, 말단에 속하는 자들, 프랑스인답고 겸허한 민중들을 치욕과 웃음거리로 만든 뒤에 그럴 것이다. 이 사람들은 한 세기 전부터 서민 동네에서 벨기에, 이탈리아, 폴란드, 그리고 심지어 알제리에서 온 이민자들의 다양한 물결에 있어서 기준과 본보기의 역할을 했던 최고의 대리인들이었다.

이브 부아세의 영화 마지막에 이르면, 즉흥적으로 일어난 인종적 폭력 행위에 의해 형제를 잃은 젊은 아랍인 청년이 장 카르메의 카페로 급히 들어온다. 그는 무장을 했고, 총을 겨누고, 쏜다. 영화는 이렇게 살인의 총성으로 끝난다. 프랑스인은 죽어야 한다. 젊은 부르주아 세대는 더러운 임무를 스스로 완수할 용기가 없다. 그것은 카베냐이나 티에르, 또는 스탈린이나 마오쩌둥이 원하는 것이 아니다. 이 젊은 세대는 아랍인 이민자에게 몰살의 임무를 위임한다. 이민자는 노인들을 대체하기 위해서, 더 잘 없애기 위해서 호출된 것이다.

40년 전부터 이브 부아세는 다른 영화들을 연출했고, 〈파야르 판사〉와 같은 몇몇 훌륭한 작품들도 있다. 그러나 〈뒤퐁 라주아〉는 그의 경력에서 가장 성공한 작품으로 남을 것이다. 하나의 시대, 하나의 이데올로기, 한 세대의 영혼을 표현했기 때문이다. 그는 아랍인에 대한 거부, 타인에 대한 거부를 강력하게 고발하기를 원했다. 그는 프롤레타리아에 대한 부르주아지의 증오를 드러냈다. 그는 인종 혐오를 고발했고, 계급에 대한 그의 혐오를 드러냈다. 그는 프랑스의 외국인 혐오를 밝혀내기를 바랐으며, 파리 엘리트들의 프롤레타리아 혐오증을 폭로했다. 그는 북아프리카 원주민, 북아프리카 아랍인, 본토 흑인에 대한 거부를 조명했다고 믿었다. 그는 볼테르가 말한 천민, 카뷔가 그린 편협한 프티 부르주아, 무슈 티에르가 죽인 하층민에 대한 자신의 경멸을 표방했다. 이브 부아세는 인종 차별에 대한 영화를 만들었다고 믿었다. 실제로는 인종 차별적인 영화를 만들었다.

1976

1976년 5월 12일

가장 강한 자는 '레 베르(Les Verts)'다!

오랫동안 프랑스인들은 축구를 좋아하지 않았다. 축구는 지식인들에
겐 너무 단순한 스포츠였고, 부르주아들에게는 너무 통속적이었고, 애
국자들에겐 너무 영국적이었다. 테니스를 선호하는 탐미주의자들에
게는 너무 집단적이었고, 럭비 애호가들에게는 충분히 남성적이지 않
았으며, 자전거의 열성 팬들에게는 충분히 서사적이지 않았다. 그들이
축구를 질색하는 것은 아니었다. 그것은 가족과 함께하는 일요일의 데
이트였다. 신부가 가죽을 두드리기를 주저하지 않는 선도회의 스포츠
였다. 1930년대 이후로 최고 수준의 프랑스 선수들은 프로 선수였지
만, 그들은 결코 후원 사업에서 벗어나지 못한 것 같았다. 국제 경기에
서는, 처음에는 영국인, 이어서 독일인, 이탈리아인, 스페인인, 그리고
심지어 오스트리아인들과 대결했는데, 그들의 허약한 덩치와 예술가

적인 진솔함은 방해가 되었다. 오랫동안 축구는 11명이 뛰다가 결국에는 프랑스인들이 항상 지는 스포츠였다.[221] 프랑스인들은 쥘 리메의 월드컵, 일간지 『레퀴프』의 챔피언스리그와 같은 시합들을 발명했지만 그 시합들에서 프랑스 선수들은 결코 빛나지 않았다. 이는, 마치 단어와 정치에 사로잡힌 개념들, 육체를 경멸하고 소홀히 하는 두뇌에 대한 프랑스인들의 명성을 더 잘 입증하기 위해서인 것 같았다. 이 프랑스적인 교육은 고국에 너무 많은 대가를 치르게 했다. "워털루 전투의 승리는 이튼 스쿨의 운동장에서 이루어졌다"라는 웰링턴의 유명한 말을 믿는다면 그렇다. 1930년대, 프랑스식 의회 민주주의는 전체주의 체제들이 선전을 위한 도구로 사용하는 스포츠를 경멸했다. 우선 무솔리니의 이탈리아가 있었고, 이어서 나치 독일, 마지막으로는 스탈린의 소비에트 연방이 있었다. 프랑스가 독재 정부와 나폴레옹 정부에 대한 두려움으로 모든 제도 개혁을 거절했던 것과 마찬가지였다. 프랑스는 이탈리아, 스페인, 심지어 독일 경기장의 집단적 열정을 알지 못했다. 프랑스의 엘리트들은 평민의 국수주의적이고 호전적인 본능을 조장하는 (빌헬름 라이히에게 빌려 온 표현에 따르면) "감정적 전염병"이라고 규탄하면서, 그렇게 생각한다는 사실에 대해 자랑스러워했다. 비록 어떤 이들은 거기에서 유급 휴가 때문에 무기력해진 프랑스 민족의 쇠퇴에 대한 추가적인 증거를 내심 발견했으면서도 말이다.

---

221 잉글랜드 축구 선수인 게리 리네커가 "축구는 단순한 게임이다. 22명이 90분 동안 볼을 쫓아다니다 항상 독일이 이긴다"라고 한 발언을 변형해 성적이 저조했던 시기 프랑스 축구를 비꼬고 있다.

AS 생테티엔[222] 선수들은 초록색 유니폼을 입었다. 유니폼은 너무 빨리 성장해 버린 소년들의 날씬한 가슴에 딱 들어맞았으며, 하얀색 반바지와 매칭되었다. 그들이 달릴 때에는 펄럭였고, 땀으로 젖은 얼굴을 닦아 내는 수건으로도 사용되었다. 그들 대부분은 훨씬 어린 시절부터 클럽에서 훈련받았다. 우리는 그들에게 진지함, 엄격함, 노력, 그리고 연대 의식을 주입시켰다. 그들은 여전히 잘 완수된 노동의 가치를 알고 있는 노동자 지역에서 왔다. 골문을 지키는 유고슬라비아인 이반 쿠르코비치, 멋진 중앙 수비수 아르헨티나인 오스왈도 피아자는 딱 두 명의 외국인이었다. 당시 모든 유럽 축구팀은 외국인을 두 명으로 제한했다. 그들은 조상 대대로 내려오는 동일한 도덕성을 공유했다. 1970년대는 옛 노동자 도시의 산업적 쇠퇴, 석탄의 종말, 그리고 마뉘프랑스[223]가(家)의 몰락으로 이어졌다. 생테티엔은 언제나 리옹의 거만한 부르주아들에게 경멸받는 프롤레타리아의 교외 지역이었다. 과거의 고된 노동은 위엄을 부여했지만, 이조차 생테티엔 사람들이 여전히 이해하지 못한 이유들로 인해 그들로부터 멀어졌다. 그들이 사랑하는 축구 선수들의 성공은 이 상처 입은 주민들에게, 더 이상 기대하지 않았던 위안이 되어 주었다. 그것은 악착스럽게 따라다니는 운명에 대한 설욕이다.

---

222 프랑스 동남쪽에 위치한 작은 도시. AS 생테티엔은 1980년대 초반까지만 해도 프랑스 리그 최고 강팀 중 하나였다.

223 생테티엔 지역을 대표하는 제조 회사로 1887년에 설립되었다. 과거에는 사냥총과 자전거가 인기 상품이었다.

그 팀은 빛나지 않았다. 스테파누아[224]들은 영광스러운 스타드 드 랭스[225]의 가볍고 경쾌한 스타일로 돌아가지 않았다. 기자들은 그 스타일을 독창성 없는 "샴페인 축구"라고 칭했었다. 레 베르[226]의 플레이는 더욱 간결하고, 더욱 거칠고, 때로는 더 지루했다. 젊은 감독 로베르 에르뱅은 "토탈 축구"라는 이름 아래 몇 년 먼저 암스테르담의 운하 가장자리에서 만들어진 새로운 방법론을 도입했다. 토탈 축구는 축구의 테일러식 경영을 보여 주는 일종의 산업화였다. "모두가 공격하고 모두가 수비한다." 선수들은 표준화되고, 획일화되었다. 장발 유행까지도. 그러나 토탈 축구에서 각 선수의 희생은 너무나도 숙달되고 너무나도 빠른 단체 경기를 이뤄냈다. 경기는 눈부셨다.

생테티엔은 암스테르담의 아약스와 같은 열반의 경지에는 도달하지 못했다. 그러나 그 팀은 헌신과 희생정신으로 프랑스 축구에 이미 혁명을 일으켰다. 프랑스의 다른 축구 선수들이 팀의 결속력보다 개인의 재능과 개인기를 우선할 때 말이다.

생테티엔이 이겼다. 챔피언 타이틀도 쌓였고, 우승컵도 들었다. 그

---

224 생테티엔 출신이거나 그 지역에 거주하는 사람을 스테파누아(Stéphanois)라고 부른다. 여성형은 스테파누아즈(Stéphanoise).

225 프랑스 중북부에 위치한 도시 랭스의 축구팀을 의미한다. 이 팀은 1950~1960년 초반까지 좋은 성적을 거두며 영광의 시절을 보냈으나 1960년대 중반 AS 생테티엔이 스타드 드 랭스의 자리를 대체하게 된다. 또한, 랭스는 샴페인(상파뉴) 산지로 매우 유명하다. 이런 맥락에서 프랑스에서 이들의 축구 스타일을 묘사할 때 '샴페인 축구'라 부른다.

226 생테티엔 선수들의 유니폼이 녹색이었기 때문에 프랑스어로 녹색을 의미하는 '레 베르(Les Verts)'라고 부른다. 프랑스 국가대표팀이 파란 유니폼을 입어서 '레 블뢰(Les Bleus)'라고 불리는 것과 마찬가지다.

들은 프랑스의 경기들을 완전하게 지배했으며, 심지어 변화무쌍한 올 랭피크 드 마르세유[227]를 박살냈다. 그러나 그들은 아직 "레 베르"가 되지는 않았다. 그들을 국가적인 아이콘으로 바꾼 것은 바로 챔피언스리그다.

생테티엔은 고통스러운 변화들을 경험했다. 혹독한 패배들은 팀에게 영웅적인 복수들을 강요했다. 레 베르는 중세 기사의 한결같음으로 위업을 수행했다.

바야르[228]는 스테파누아였다. 두려움도 없고 나무랄 데 없는 바야르 같은 생테티엔 선수들은 상대방을 토하게 만들 정도로 괴롭혔다. 그들은 결승전까지 성공에서 성공으로 날았다.

그들은 결승전은 이기지 못했다.[229] 패배한 레 베르가 환희와 찬사를 받으며 샹젤리제를 걸어 내려가는 로마의 개선장군이 되어 축하받았을 때에야 사람들은 패배를 비로소 깨달았다. 그들의 성공, 그들의 목표, 그들의 성배는 이 결승전까지 도달하는 것이었고, 이는 프랑스 클럽들에게는 불가능해 보였던 것이다. 그동안 독일의 적들은 이미 두 번의 챔피언스리그 우승 경험[230]이 있었기에 결승전을 루틴으로 생각

---

227 프랑스 남부에 위치한 대도시 마르세유의 축구팀 명칭.

228 바야르(Seigneur de Bayard, 1475~1524)는 중세 시대 프랑스의 기사다. 기사에게 요구되는 모든 조건을 완벽하게 갖춘 인물로 평가받기 때문에, '두려움도 없고 나무랄 데 없는 기사'라는 수식어가 이름 뒤에 항상 따라붙는다.

229 AS 생테티엔은 1975/76 시즌, 챔피언스리그의 전신인 유러피언컵 결승에서 FC 바이에른 뮌헨에게 패배했다.

230 FC 바이에른 뮌헨은 1974년부터 1976년까지 유러피언컵 3연패를 달성했다.

1976년 5월 12일, 스코틀랜드 글라스고우 햄던 파크에서 열린 유러피언컵 결승전.
생테티엔은 바이에른 뮌헨에게 0-1로 패했다. © Gettyimages

했고, 실패를 직업적인 실수로 받아들였다. 흥분한 평론가들이 반복해서 되뇌었던 "끝까지 온 힘을 다해 싸운 후"의 그들의 가치 있는 패배는 우리의 친애하는 베르의 영광에 다시 한 번 더해졌다. 프랑스는 당시 앙크틸보다는 풀리도르[231]를, 계산적인 승자보다 아름다운 패자를 좋아했던 나라였다. 프랑스는 파리에서 모든 아이들의 업적을 축하하는—그들이 어디 출신이든—언제나 단일한 불가분의 국가였다. 바이에른 선수들은 독일연방공화국의 수도에서 그들의 승리를 축하하는 일은 생각할 수도 없을 것이다.

더 이상 예전과 같지 않을 것이었다. 진정한 대중적 열정은 유니폼, 깃발, 작은 삼각 깃발, 포스터, 심지어 음반을 파는 모든 상인들에게 이용될 것이다. "가장 강한 사람은 누구인가, 가장 강한 자는 바로 레베르다!"라는 우스꽝스러운 노래가 녹음될 테니 말이다. 그 시장은 프랑스의 알려지지 않은 연안들에 정박한다. 시장은 더 이상 떠나지 않고, 모든 것을 잠식하고, 모든 것을 타락시키고, 모든 것을 파괴할 것이었다. 더 이상 그의 먹잇감을 놓지 않을 것이었다. 그 당시 소유자들은 여전히 프랑스인이었고, 그 이름들은 다니엘 에슈테, 장뤽 라가르데르, 루이 니콜랭, 머지않아 베르나르 타피가 되었다. 프랑스의 대도시들, 파리, 마르세유, 리옹, 몽펠리에, 낭트는 밀라노, 런던, 마드리드나 바르셀로나가 되기를 꿈꿨다. 프랑스는, 오래전부터 이 스포츠에 대한 열광으로 수익을 올린 이탈리아, 스페인, 영국, 독일이라는 이웃들을 강행

---

231 자크 앙크틸과 레몽 풀리도르는 프랑스의 사이클 선수로 앙크틸이 투르 드 프랑스를 포함한 여러 대회에서 수차례 우승한 반면, 풀리도르는 만년 2인자로 여겨졌다.

군으로 모방했다. 도미니크 로슈토[232]는 샌드위치맨으로 변신했다. 그의 갈색 곱슬머리, 천사 같은 얼굴, 수줍어하는 미소는 아가씨들과 광고주들을 유혹했다. 그들은 반바지를 입은 11명의 남자들이 공 하나를 뒤쫓아 뛰는 우스꽝스러운 광경을 보통은 멸시했었다. 그의 우아한 스타일, 그를 타깃으로 계속되는 타격과 폭력, 공격에 맞서는 그의 흔들리지 않는 침착함은 경탄을 불러일으켰다. 그의 은밀한 좌파적 감성은 2년 뒤 장군들의 압제적인 유혈 정권 아래 아르헨티나에서 개최된 월드컵을 보이콧하는 것으로 이어졌다. 그러고는 "스포츠계의 바보들"에 대한 일상적인 경멸로 가득 찬 파리 미디어와 지식인 계층에서도 그에게 아우라를 주었다.

조프루아 기샤르[233]에 돈이 몰려들었다. 정치인들도 마찬가지였다. 사람들은 조르주 마르셰[234]와 프랑수아 미테랑의 토론회 속에서 살고 있었다. 노골적인 익살꾼인 이 공산주의자는 사회주의자의 존재가 패배를 유인한다고 주장했다. "자본주의가 전쟁을 유발하는 것처럼"이라고 덧붙이지는 않았지만, 그는 아마도 그렇게 생각했을 것이다. 지스카르주의 우파는 자신의 순서가 되자 축구를 향한 열정을 밝혔다.

축적된 이 재산과 영광은 손가락을 뜨겁게 만들고 머리를 돌렸다.

---

232 도미니크 로슈토(Dominique Rocheteau, 1955~)는 프랑스 축구 선수다. 1970년대에 AS 생테티엔에서 뛰었으며 '녹색의 천사'라는 별명으로 불렸다.

233 AS 생테티엔 홈 구장의 명칭. 프랑스의 기업인이자 생테티엔 스포츠 협회의 설립자인 조프루아 기샤르(1867~1940)의 이름을 가져왔다.

234 조르주 마르셰(Georges Marchais, 1920~1997)는 프랑스 정치인으로 프랑스 공산당 대표를 역임했다.

명망 높은 선수들인 미셸 플라티니나 네덜란드인 요니 렙이 지원군으로 왔다. 요니 렙은 반신(半神)들의 대장간인 암스테르담의 아약스에서 데뷔했다. 레 베르의 플레이는 더욱 화려하고, 더욱 공격적이고, 더욱 눈부시게 되었다. "레 베르"를 찬양하기 위해 파리나 리옹에서 내려온 새로운 부르주아 대중을 유혹해야 했다. 흥분되는 승리와 당황스러운 패배를 번갈아 하면서 팀의 성과는 더욱 혼란스러워졌다. 레 베르는 챔피언스리그 결승전에는 더 이상 가지 못했다.

축구팀의 회계가 비난에서 자유롭지 않다는 것이 알려졌다. 신문들의 1면에 어떤 "비자금"의 의혹이 폭로되었다. 우리는 그 은밀한 돈이 팀의 새로운 스타들에게 보수를 지급하는 데 사용되었다는 것을 알게 되었다. 노동자 본거지의 겸손한 가치들은 화려한 돈벌이의 편협한 술책들에 자리를 내주었다. 영국 역사학자 에릭 홉스봄의 "프롤레타리아의 세속적 종교"는 "사원의 상인들"에 의해 변질되었다. 이 모든 아름다운 세계는 레 베르가 반쯤 빈 경기장에서 공 하나를 쫓아 보람 없이 뛰는 무명의 생테티엔 스포츠 협회로 되돌아가면서 매우 빠르게 흩어져 버렸다.

머지않아 상처받고 버림받은 클럽 회장 장 로셰는 영광의 시절에 그가 공공연히 과시했던 그 유명한 파이프를 부러뜨릴 것이었다.

파티는 비극적인 드라마로 변했다. 녹색 천사들은 통속적인 인간들처럼 천국에서 쫓겨났다. 덜 성실하고, 덜 순진하고, 더욱 냉소적이고, 계산적인 다른 사람들이 자리를 잡을 것이다. 공화국의 대통령이 된 프랑수아 미테랑은 조프루아 기샤르 경기장에 절대로 발을 들여놓지 않았다.

1976년 12월

나쁜 생각을 하는 자에게 아비(Haby)가 있으리라

단어들은 주름을 갖고 있지 않다. 그것들은 거의 40년이 지난 오늘날에도 여전히 동일하게 사용된다. 우리가 단어를 통해 발견하는 것들은 매우 진부하다. 민주화⋯ 모두가 가장 높은 수준의 교육을 유지하는 기회의 평등⋯ 현대 국가의 힘은 그것의 지적 자본에 직접적으로 달려 있다⋯ 선택의 거부⋯. 너무 이른 진로 설정에 대한 거부⋯ 긴 협의⋯.

단일화된 중학교에 관한 「아비 법(Loi Haby)」은 넘을 수 없는 기준, 하나의 원형, 하나의 경계다. 하나의 상징이다. 당시 지르카르 대통령의 장관은 공화주의 좌파의 학교 교육 이데올로기 앞에서 우파의 최종 항복 증서에 서명했다. 그러고는 한 세기 만에 처음으로 공화주의자들의 갈증을 해소했다. 그것은 교회의 "반동적" 권위로부터 아이들을 끌어내기 위해서 공공의 간판 아래 모든 프랑스 아이들을 집결하고 단일화하는 것이었다. 시간이 지나면서, 직업 교육에 대한 사회주의자들과 인문주의자들의 경멸이 거기 더해졌다. 그것은 노예화와 소외의 장소인 자본주의적 기업에 대한 증오에 의한 것이었다. 공장은 더럽다는 생각이다. 그리고 지식에 의한 해방이라는 계몽주의의 오래된 꿈을 위한 것이었다. 오랫동안 우파는 저항했었다. 왕권과 교회의 오랜 동맹이라는 이름으로, 이후에는 국가의 산업화와 소규모 농민들의 공장으로의 이전 필요성이라는 명목으로. 그러나 공화국과 그 정당들, 지부들, 조합들은 결코 단념하지 않았다. 공화국은 공화국이 시작되기 전에 멸시당한 교회에 의해서 (남자들과 관련된 것이긴 하지만 어쨌든) 문맹 퇴치 작업이 완료되었다는 사실을 공들여 은폐했다. 문맹 퇴치를 독점적인 공로로 더 잘 가로채기 위해서였다. 공화국은 공장과 산업에서 가장 재능 있는 사람들을 뽑아서 교사로 만드는 것도 성공했다.

해방 당시 내전을 피하고 거만한 미국의 보호에서 벗어나기 위해 공산주의자들과의 어쩔 수 없는 동맹에 속아서 좌파에게 국가 교육에 대한 모든 권한을 준 것은 드골 장군이다. 유명한 「랑주뱅-발롱 보고서」[235]를 가지고 공산주의자들은 공무에 복귀한 우파가 주저하지 않고 적용할 로드맵에 서명했다. 오직 드골 장군만이 그의 고문 자크 나르본과 함께, 문서들과 각 부서 간의 모임과 의견서를 참조하여, 불가피한 "민주화"를 위해 교육의 질을 희생시키지 않을 것을 교육부 장관에게 권고했다. 드골 장군은 조합들의 요구 사항에 대한 조제프 퐁타네[236]의 항복과 조르주 퐁피두 총리의 자유주의적인 게으름에 짜증이 났다. 그리하여 그르넬 거리의 교육부에 그의 예전 정보부 장관인 알랭 페이르피트를 임명했다. 그러나 새 장관이 주최한 첫 부처 간 회의는 1968년 3월 3일에 열렸다….

게다가 드골 장군이 하는 일마다 행운이 따랐는지는 확실하지 않다. 알랭 페이르피트는 확실히 명석한 ENS 졸업생이자 가장 최근에 집권한 드골주의 지식인 중 한 명이었다. 그러나 그는 교육학 분야에 관해서는 현대성을 자부했다. 그는 경직되고 시대에 뒤떨어졌다고 생각

---

235 1947년 제출된 교육 개혁안으로 의무 교육 확대, 교육 과정 수정, 교사 양성 과정 개혁 등 교육 시스템 전반의 개혁에 대한 내용을 담고 있다.

236 조제프 퐁타네(Joseph Fontanet, 1921~1980)는 노동부 장관과 교육부 장관을 역임한 정치인이다.

한 권위적이고 위계적인 관습을 포기할 준비가 되어 있었다. 그는 미국에서 온 새로운 방법들에 심취해 있었다. 그것들은 기계 장치에 대한 아이들의 창의성과 자발성을 중시한다. 그는 미국식 방법들이 암기와 반복에 있어서 간단하다고 생각했다. 역시 1976년에 출판된 그의 책 『프랑스의 악』에서 페이르피트는 이 교육학적 근대주의를 전통적이고, 가톨릭적이며, 엄격하고, 계층화된 프랑스에 대한 전반적인 비판에 통합했다. 그는 봉쇄된 사회를 고발하고, 그것을 변화시키고, 미국화하고, 프로테스탄트화하기를 꿈꾼다.

이 공존은 「아비 법」의 첫 번째 저주였다. 처음에 이 법은 단지 집의 지붕일 뿐이었고, 초등 교육에서 시작된 교육의 오랜 노력을 중학교에서도 계속하는 것이었다. 그러나 지붕은 집의 기초를 무너뜨린 순간에도 놓인다. 아이와 아이의 자발성에 대한 숭배, 아이를 "지식을 구성하는 배우"로 만드는 활동적인 교육학을 추구하는 교사에 의해 장악된 지식의 전달 과정은 프랑스의 초등 교육을 파괴할 것이다. "세계 최고"가 되는 것을 뽐냈던 이 교육을 말이다.

40년에 걸친 정신 나간 실험이 선사한 후퇴를 두고 마르셀 고셰[237]는 이 혁명을 "낙하산 없이 공중으로 뛰어드는 것"에 비교했다.

"교육학적인" 재난들인 교육학 대가들의 몰리에르적인 전문 용어에 의해 이용된, 암기, 반복, 노력, 노동에 대한 경멸은 야심 찬 프로그램을 망쳤다.

---

237 마르셀 고셰(Marcel Gauchet, 1946~)는 프랑스의 철학자이자 역사학자다.

학교는 언제나 그랬듯이 이념적이고 정치적인 대결의 인질이었다. 우파에서 힘의 관계는, 콜베르주의적인 민족주의자들을 희생시켜 친미적인 자유주의자들에게 이익이 되는 방향으로 진화했다. 좌파에서는, 트로츠키주의, 마오쩌둥주의, 또는 자유주의 혁명가들이 스탈린주의 공산주의자들보다 우위에 섰다. 이 공산주의자들은 그르넬 거리처럼 그들의 구청에서 지식과 문화에 의한 대중적인 해방이라는 오래된 작업을 충실하게 추구했다. 자유주의자들은 프리드리히 하이에크[238]와 밀턴 프리드먼을 발견했고, 시장에 더하여 돈을 사회적 성공과 유용성의 유일한 기준으로 유지했다. 그들은 저임금 교사들과 그들의 "좌파적" 집단주의 문화를 경멸했다. "극좌파들"은 그들의 두 사상적 지도자인 미셸 푸코와 피에르 부르디외만을 맹목적으로 따랐다. 푸코는 공화주의자들의 질서는 거의 파시스트에 가까운 억압적인 권력의 위장일 뿐이라고 가르침으로써 불가피한 규율을 불법화했다. 부르디외는 1970년의 그의 유명한 책 『재생산』에서부터, 부르주아지는 그들이 최고의 사회적 위치를 독점했다는 사실을 재능으로 정당화하고, 출생과 유산에 의해서만 지배를 유지했다는 것을 감추기 위해 고전 문화와 학위를 만들었다고 반복해서 말했다. 우파 자유주의자들과 극좌파 자유주의자들 사이의 대체로 세대적이고 즉흥적인 이 동맹은 고전 문화를 파괴하기 위한 것이었다. 한 편에게는 고전 문화가 소비 충동을 자제했기 때문이고, 다른 한 편에게는 부르주아 문화를 무너뜨리기 위한 것이

---

238 프리드리히 하이에크(Friedrich Hayek, 1899~1992)는 오스트리아 출신의 영국 경제학자이자 철학자다. 20세기 자유주의의 중요한 사상가로 평가받는다.

었다. 이것은, "정도가 높아지는" 미디어의 깃발들에 의해 덮이고 감춰진, 상상을 초월하는 전통문화 상실을 낳을 것이었다.

그러나 1976년은 또한 가족 재결합이 발효된 첫해[239]였다. 가족 재결합은 사회 문화적으로 열악한 수준의 환경에서 태어난—확인되고 구제된 몇몇 경우를 제외하고—교육이 필요한 대중을 프랑스로 데려왔다. 이들은 프랑스어를 잘 구사하지 못하거나, 거의 혹은 아예 사용하지 않는다. 그들의 환경에서 학교와 지식은 가족적인 가치에 있어서 거의 칭찬받을 일이 없다.

교육 체계에 있어 가족 재결합은 글리세린에 있어 질산염[240]과 같은 것이었다. 학생들에게 끌려다닌다는 것, 그것은 학생들에게 완전한 지식 습득을 금지하는 것이었다. 사회적 환경이 학생들이 공부할 수 있도록 준비시키지 않는 경우에 그렇다. 그것은 그리하여 사회적 불평등을 줄이겠다는 목표를 품고 사회적 불평등을 증가시키는 것이었다. 읽고 쓸 줄 모르는 아이들은 단일화된 중학교로 강제로 쫓겨난다. 기술 교육에 대한 프랑스의 경멸은 이들 젊은이들이 아버지처럼 "프랑스인들의 노예"가 되기를 거부하는 것으로 변화한다. 프랑스인들의 노예라는 것은 즉, 노동자들이다. 이제 교육 기구는 그들에게 "국가적인 소설"의 기초를 심는 것을 스스로 금지한다. 그들의 자기 정체성 결여는 그들을 프랑스에 대한 증오와 이슬람 움마(Umma)[241]라는 따뜻한 품에 던

---

239 1976년 4월 프랑스 체류 외국인의 가족 재결합 관련 법령이 새롭게 발효되었다. 특정 조건하에서 해당 가족의 프랑스 입국과 체류를 허용한다는 내용이다.

240 니트로글리세린, 즉 폭발물을 의미한다.

241 아랍어로 공동체라는 의미.

져버렸다. 40년 후, 이민자 출신 청년들의 40퍼센트가 실직 상태에 처했다.

점점 더 잔인한 실패에 직면하면서 진보주의자들은 명목론적인 페티시즘과 학위라는 경멸적이고 무가치한 것에 집착했다. 학위 취득이 지식 획득을 대신했다.

단일화된 중학교는 결국 누구의 중학교도 되지 못한다. "나쁜" 학생들은 그곳에 결코 입학할 수 없다. 왜냐하면 읽고 쓰기가 부족해서 배우는 과목의 비밀을 이해할 수 없기 때문이다. 유명한 "학업 포기자들"에게 적응하는 것은, 다른 학생들을 가르치기를 그만두는 것이다. 폭력은 방리유의 중학교에 퍼져 있으며, 특권 계층은 시내의 기관에서 스스로를 지킨다. 중산층은 사립 학교에 몰려든다.

사립 학교를 공교육에 강제로 통합하는 1984년 계획에 맞서 폭발하려 했던 대중의 저항을 우리는 더 잘 이해하게 되었다. 그럼에도 그것은 단일화에 대한 오래된 과정의 거의 당연한 종말이었을 뿐이다. 그러나 좌파는 경솔하고 거만하다는 것이 드러났다. 좌파의 이상과 이익을 위해서는 우파가 이상적인 도구다.

1977

1977년 6월

〈릴리(Lily)〉가 〈르 지지(le Zizi)〉보다 낫다

그는 몇 년 동안 머뭇거리고 망설이다가, 다시 작업을 시작했다. 이 노래는 그의 장르가 아니었다. 그는 실수를 저지르고, 웃음거리가 되는 것을 두려워했다.

피에르 페레는 그때까지 〈예쁜 여름 캠프(Les Jolies Colonies de vacances)〉(1966년), 〈크리스토발 삼촌(Tonton Cristobal)〉(1967년), 〈르 지지〉 (1974년) 등의 노래를 통해 외설적이면서도 순진한 골루아의 기질을 보여 주며 엄청난 대중적 성공을 누렸다. 여성과 관련해서, 이 〈릴리〉는 얼마 전 그가 자랑했던 〈뤼세트의 엉덩이(Le cul de lucette)〉와는 매우 거리가 멀었다.

우리는 그녀가 꽤 예쁘다고 생각했어요, 릴리

그녀는 소말리아에서 왔어요, 릴리

이민자들로 가득 찬 배를 타고

그들은 모두 기꺼이 와서

파리의 쓰레기통들을 비워요.

－ 피에르 페레, 〈릴리〉, 1977.

그는 라신[242]의 비극을 쓴 몰리에르[243] 같은 사람이다. 그는 스스로 베리만[244]이라고 생각한 찰리 채플린 같은 사람이다. 그는 물론 음반 회사도 확신하지 못했기에, 싱글 레코드의 눈에 띄지 않는 B사이드에 이 노래를 교묘하게 넣는 것으로 그쳤다. 그럼에도 불구하고 성공은 대단했다. 라디오 프로그램 편성자들은 그 노래를 압도적으로 많이 선택했다. 비평가들은 열광했다. 대중이 따랐다. 비록 페레는 〈지지〉의 판매량을 되찾지는 못했지만 말이다….

이 노래는 1970년대에 구상 중이었던 프랑스적인 "정치적 올바름"의 기준이 되기 위한 모든 것을 가지고 있었다. 이민자는 매력적이고 헌신적이었다. 그녀는 프랑스를 사랑했다. 그리고 먼 소말리아에서 볼테르와 위고에'게' "모든 것이 대등하'게'" 운을 맞추는 법을 배웠다. 릴리, 그녀는 흑인들과 안젤라 데이비스[245]에게 금지된 버스들이 있는

---

242 장 라신(Jean Racine, 1639~1699)은 프랑스의 비극 작가다.

243 몰리에르(Molière, 1622~1673)는 프랑스의 희극 작가다.

244 잉마르 베리만(Ingmar Bergman, 1918~2007)은 스웨덴의 예술 영화감독이다.

245 안젤라 데이비스(Angela Davis, 1944~)는 미국의 정치 운동가로 흑인 인권과 페미니스트에 많은 관심을 갖고 있다.

미국을 여행했다. 프랑스인들이 이 미국인 인종 차별주의자들보다 더 호의적이지 않다는 슬픈 사실을 발견하기 전에.

그녀는 형제애를 꿈꿨어요, 릴리
스크레탕 거리의 호텔리어는
그녀가 도착했을 때 또박또박 말했어요
우리는 백인들만 받는다고.

기자들은 추악한 호텔리어를 찾아서 규탄하기 위해 파리 19구로 달려갔다. 당연히 그는 존재하지 않았다.
이 노래는 더 이상 작가의 것이 아니다.

페레는 이민이 풍경을 바꾸는 바로 그 순간에 이 노래를 불렀다. 사람들은 더 이상 쓰레기통을 비우기 위해 파리에 오는 것이 아니라 아버지, 남편, 형제를 다시 만나기 위해서 온다. 일본인 경영자들처럼 더욱 현대적인 기계에 투자하는 대신, 프랑스 경영자는 이민자들이 오도록 만든 후에 가족 재결합을 통해서 국가적인 노동자 계층의 붕괴를 완수했다. 노동 이민은 중지되었고, 부수적인 것이 되었다. 이민이 노래나 이야기의 주제로 변모하는 순간이었다. 대량 실업률이 불가항력으로 상승하기 시작했고, 점점 더 많은 이민자들이 실업을 감내하고 있었다. 그럼에도 아무것도 바뀌지 않았고, 이민은 여전히 국가에 도움이 되고 있다는 것을 국민들이 믿게 만들 필요가 있었다. 같은 시기에 콜뤼슈는 국경 폐쇄에 대한 농담을 했다. "걱정하지 마세요. 당신은 지금

당장 일을 하지는 않아도 될 거예요."

새로운 현실을 감추기 위해 이데올로기적인 연막이 내려졌다. 예상되는 인구 혁명을 숨기기 위해 죄의식을 느끼게 하는 장치가 움직이기 시작했다.

〈릴리〉를 통한 프랑스 국민에 대한 고발은 영화 〈뒤퐁 라주아〉가 전하는 것과 동일한 수순을 밟았다. 하지만 이브 부아세가 부딪친 지점에서 페레는 죄의식을 느끼게 한다. 부아세는 아이에게 할머니를 만나러 가라고 명령하는 아빠다. 페레는 "만약 네가 할머니를 보러 가지 않으면 할머니는 불행해질 거야"라고 속삭이는 엄마다. 민족적 이질성은 사회적 문제들을 희생시켜서 종교와 문화적 과제들을 무대의 전면으로 옮길 것이다. 1980년대에 반인종 차별주의, 그리고 공존하는 거대한 자유주의적 전환의 과제들은 우리를 두 팔 벌려 환영했다. 그러나 피에르 페레는 이 모든 것에서 멀리 떨어져 있다. 그는 진심으로 이야기한다. 대부분의 예술가들처럼, 그는 자본주의와 당시 착수된 국가적 반인종 차별주의의 "유용한 바보"다.

그의 노래는 가수들, 배우들, 작가들, 영화인들 등이 자신들도 깨닫지 못한 채 숨 쉬는 시대의 분위기를 반영한다. 〈릴리〉와 같은 음반에서 〈아이들을 귀찮게 하지 마세요(Les enfants foutez-leur la paix)〉를 들을 수 있다. 어린아이들의 솔직함과 왕처럼 자란 아이에게 보내는 이 서정시는 교육적 방법에서 진행 중인 혁명을 대중화한다.

〈릴리〉로 페레는 그를 왕으로 만들어 준 대중을 순진하게 저버렸다. 그는 좌파 부르주아 검열관들 편에 스스로 섰다. 이 특권 계급은 그의 직업 환경을 지배하면서 그때까지 그를 거만한 경멸로 바라보았다.

그것은 모욕당한 인간이 "엘리트"에게 보내는 충성의 몸짓이다. 그 엘리트에 의해서 그는 어떻게든 복원되기를 원했던 것이다. 그는 엘리트에게 그들이 요구하는 것을 주었다. 그를 사랑하는 이 프랑스 대중의 머리를 주었다. 그리고 대중에게는 인종 차별적이고 외국인 혐오적인 천민을 일그러지게 비추는 거울을 내민다.

그의 노래는 수업에서 다뤄지고, 바칼로레아의 주제로 주어질 정도로 크게 인정받을 것이다. 페레는 그가 숭배하는 스승인 조르주 브라상스[246]를 따라잡았다고 생각할 것이다. 그러나 옛 무정부주의자는 교체되지 않았다. 그는 자신의 후계자가 프랑스인들에게 죄책감을 불러일으키는 기계로 이용되기를 갈망한다. 자기혐오를 전파하여 국민들을 경직시켜서 조용하게, 과묵하고 수동적으로 만드는 기계.

---

246 조르주 브라상스(Georges Brassens, 1921~1981)는 프랑스의 가수이자 작곡가다. 시적인 가사로 유명하며 프랑스 음악계의 전설적인 존재로 평가받는다.

1978

1978년 12월 6일

몸을 바친 코셍

"민중의 역사에서 중대한 시간이 되었습니다. 숨겨진 위협을 감지할 수 있는 능력에 있어서 민중의 수호가 모든 것을 차지하는 시간입니다.

우리가 기다리고 바라던 유럽, 그 안에서 품위 있고 강력한 하나의 프랑스가 꽃피울 수 있는 유럽, 이 유럽, 사람들이 그렇게 되기를 바라지 않는다는 것을 우리는 어제부터 알고 있습니다.

모든 것이 우리가 이렇게 생각하게 만듭니다. 테크노크라트들의 말의 가면과 전문용어 뒤에서 사람들은 프랑스의 복종을 준비한다고. 사람들은 프랑스가 쇠퇴한다는 생각에 동의한다고 말입니다.

우리로서는, 우리는 '아니오'라고 말해야 합니다.

간단히 말해서 무슨 일일까요? 사실들은 간단합니다. 어떤 사람들은 사실들을 모호하게 만들어서 이득을 얻는다고 믿을지라도 말입니다.

프랑스 국민들이 그들의 투표 영향력에 대해 직접적으로 이해하지 않는 한, 직접 보통 선거로 치러지는 다음 유럽 의회의 선거는 행해질 수 없습니다. 만약 유권자들이 유럽적인 조직의 필요성에 대해 거의 논쟁의 여지가 없는 몇 가지 일반적인 원칙들을 단순하게 받아들이게 될 거라 생각하도록 유인된다면, 선거는 함정이 될 것입니다. 그렇게 얻어진 표들은 국가 이익에 손상을 입히면서, 현재의 결핍과 미래의 무절제를 동시에 정당화하는 데 사용될 것입니다.

1. 프랑스 정부는 의회의 권한은 「로마 조약」에 의해 유지되고 새로운 선거 방식에 따라 변경되지 않을 것이라 주장합니다. 그러나 대부분의 우리 파트너들은 거의 당연하게도 반대 의견을 표명하고 있으며, 그렇게 침착하게 미리 발표된 공세에 반대하여 어떠한 확신도 얻지 못했습니다. 그러나 공화국의 대통령은 최근의 기자 회견에서, 유럽 연합은 미국의 이익에 따라 지배되리라는 것을 당연하게 인정했습니다. 즉, 유럽의 기구 내에서 프랑스의 의지를 마비시키는 다수결 선거는 프랑스의 이익은 물론 유럽 이익에도 도움이 되지 않을 것입니다. 다시 말해서, 81명의 프랑스 대표자들의 표는 미국의 영향력에 지나치게 민감한 국가들의 329명의 대표들과는 반대로 거의 영향을 미치지 않을 것입니다.

그것은 대중 여론이 알아야 할 위협입니다. 이 위협은 멀리 있지 않고 추상적이지 않습니다. 그것은 열려 있고, 확실하며, 가까이 있습니다. 우리의 통치자들이 의지를 표명하는 데 이 위협을 떼어 놓을 수 없다면 내일 그들은 어떻게 그것에 저항할 수 있겠습니까?

2. 정부의 유럽 정책에 대한 찬성은 정부가 유럽경제공동체의 현

1978년의 자크 시라크.
© Gettyimages

재 악습에 대해 분명하게 긍정했다는 것을 전제로 합니다. 사실 위협받기까지 하는 공동 농업 정책을 제외하면, 이 유럽경제공동체는 오늘날 자유 무역 지역이 되려는 경향이 있습니다. 이것은 아마도 가장 강력한 외국의 이익을 위한 것일지도 모릅니다. 이 공동체는 불공평하고 야만적인 경쟁에 맞서 보호받지 못한 채 남겨진 우리 산업의 주요 부분 전체를 파괴하거나, 우리가 상호성을 인정하는 것을 경계합니다. 프랑스인들에게 경제적 노예화, 침체, 실업에 그렇게 동의하라고 요청할 수는 없습니다. 프랑스 정부의 고유 경제 정책이 나름대로 동일한 결과에 기여하는 한, 유럽과 관련된 투표를 구실 삼아 동의를 더 얻어낼 수는 없습니다.

3. 스페인과 포르투갈의 유럽경제공동체 가입 허가는, 우리의 농업 이익과 공동 기관의 운영에 있어서 사전에 해결되어야 할 매우 심각한 문제들을 야기합니다. 이미 매우 불만족스러운 상황을 악화시키고 싶지 않다면 말입니다. 그때까지는 다소 허망한 정치적 이점을 취하기 위해서 이 허가를 사실상 획득한 것으로 발표하는 일은 아주 쉬웠을 것입니다.

4. 정부의 유럽 정책은 어떤 경우에도 프랑스를 고유한 대외 정책으로부터 면제해 줄 수 없습니다. 유럽은, 더 이상 세계적으로 권위도, 견해도, 메시지도, 얼굴도 갖지 못한 프랑스의 소멸을 위장하는 데 소용이 없습니다. 우리는, 유엔안전보장이사회의 상임 이사국으로서 국제 질서에 특별한 책임을 부여받은 큰 권력의 소명에 더 이상 부응하지 않는 외교 정책을 거부합니다.

그래서 우리는 '아니오'라고 말합니다.

초국가성에 대한 정책을 거부합니다.

경제적 노예화를 거부합니다.

프랑스의 국제적인 소멸을 거부합니다.

유럽 기구에 호의적인지에 대해서는, 그렇습니다, 우리는 전적으로 그렇습니다. 우리는 다른 이들과 마찬가지로 유럽이 만들어지기를 원합니다. 하지만 프랑스가 위대한 국가로서의 운명을 견인하는 유럽적인 유럽을 원합니다. 우리는 상인들의 제국에 종속된 프랑스는 거부합니다. 또한, 내일 소멸하기 위해 오늘 물러나는 프랑스도 거부합니다.

프랑스에 관한 것이고, 프랑스의 독립과 미래에 관한 것이기 때문에, 유럽과 관련된 것이고, 유럽의 단결과 유럽의 의지에 관한 것이기 때문에, 우리는 타협하지 않을 것입니다. 우리는 그토록 많은 희생, 그토록 많은 시련과, 그토록 많은 전례들을 거쳐 우리 세대가 무지 속에서 조국의 쇠퇴를 만들지 않도록 최선을 다해 맞설 것입니다.

프랑스의 침체가 문제일 때 언제나 그랬듯이, 외국의 정당은 평화롭고 안심되는 목소리로 활동하고 있습니다. 프랑스인이여, 그것을 듣지 마십시오. 죽음의 평화에 앞서 오는 것은 무감각입니다.

그러나 프랑스의 명예가 문제일 때는 언제나 그렇듯, 포기의 지지자들과 쇠퇴의 보조자들과 맞서 싸우기 위해 모든 사람들이 일어날 것입니다.

엄숙함과 결의로, 나는 당신들에게 희망의 거대한 연합 속에서 영원한 프랑스와 미래의 유럽을 위한 새로운 투쟁을 촉구합니다.

자크 시라크
1978년 12월 6일"

1979년 유럽 의회 선거에서 자크 시라크가 이끄는 명단은 16퍼센트의 표를 얻었다. 공화국연합의 의장은 이 멋진 글을 작성한 그의 두 고문 피에르 쥐예와 마리프랑스 가로를 해고했다. 그는 이어서 그들이 자신이 약해진 상태를(차 사고로 병원에 입원한 것) 이용해 이제는 유명해진 이 코솅의 호소[247]에 사인하게 만들었다고 말하도록 했다.

　　1992년, 자크 시라크는 공화국연합의 활동가들의 야유를 받으며 「마스트리히트 조약」에 대한 국민 투표에 찬성표를 던졌다.

　　1995년에 그는 공화국의 대통령으로 선출되었다.

---

247 당시 교통사고 이후 시라크가 파리의 코솅 병원에 입원 중인 가운데 이 연설문을 구상했기 때문에 '코솅의 호소'라 불린다.

1979

1979년 1월 16일

모든 혁명은 그 자체로는 좋은 것이다

이란 혁명은 처음에는 하나의 프랑스적인 역사였다.

발레리 지스카르 데스탱은 몇 년 후 시인했다. 미국 대통령 지미 카터로부터 그가 "성인"이라 칭한 이맘 호메이니를 받아 주고 보호해 달라는 부탁을 받았다고. 한편,『르 몽드』신문은 호메이니를 "이란의 간디"라고 언급했다. 호메이니는 노플르샤토[248]의 금빛 은신처에서 그의 공공연한 적수인 이란 국왕 샤의 실각을 조직할 수 있었다. 이후 그는『타임』에 의해 1979년을 대표하는 인물로 지명되었다. 두 서방 국가의 수장들에게 친구와 동맹국의 포기는 행운을 가져오지 않았다. 카터가 흥분한 이란 군중들의 제재에 대해 보여 준 허약함, 소심함, 서투

---

248 파리에서 가까운 일드프랑스 지역에 위치한 마을.

름은 B급 영화배우 로널드 레이건에게 유리하게 작용했다. 레이건은 "미국은 돌아온다"라고 벨벳 같은 목소리로 외칠 수 있는 것을 유일한 재능으로 가진 자였다. 1979년 이란 혁명에 뒤이은 두 번째 석유 파동은 총리 공관의 바르 교수[249]에 의해서 시작된 경제 재건 노력을 무너뜨렸다. 그리고 1981년 프랑스 대통령의 패배로 이어졌다.

그렇다고 해서 우리가 이맘[250]들의 혁명과 관계를 끊지는 않았다.

1789년 이후로 모든 혁명은 프랑스의 문제였다. 선두에 선 좌파 지식인들은 자신들을 혁명적 아이디어의 영속성을 가진 자들이라고 생각했다. 그들은 어디에서 발생하든 봉기에 대해 제삼자라는 느낌을 갖는 것을 원칙적으로 거부했다. 그들은 1917년에는 러시아 공산주의자들과, 1949년에는 중국인들과, 1959년에는 쿠바인들과, 1962년에는 FLN[251]과 함께였다.

1979년, 미셸 푸코는 이란 혁명을 지지하며 등장했다.

푸코는 1970년대의 상징적인 지식인이다. 사르트르 같은 인간이 시대의 뒤를 열심히 좇고, 아롱은 회의적인 거만함으로 시대를 관조하는 데 반해, 푸코는 시대를 앞서고, 이론화하고, 동행하며, 그 가치를 인정해 준다.

1979년 5월 12일, 그가 『르 몽드』 1면에 "봉기하는 것은 무용한가?"라며 거짓으로 순진한 척하며 자문했을 때, 테헤란 혁명은 이미 손

---

249 레몽 바르(Raymond Barre, 1924~2007)는 프랑스의 경제인이자 정치인이다.

250 이슬람교의 종교 지도자.

251 국민해방전선(Front de Libération Nationale, FLN)은 알제리의 민족주의 정당이다. 1962년 알제리 독립을 주도했다.

에 피를 묻혔다. 그는 "오늘날 이맘들의 정부가 있기 때문에 반란 행위의 명예를 실추시키는 것"을 거부한다.

혁명은 그 자체로는 좋은 것이다.

반란은 어떤 결과가 초래되든 본질적으로 정당한 것이다.

심지어 낡은 종교 혁명도 그렇다. 6개월 후인 1979년 12월, 이란 헌법은 시아파를 국교로 인정하고 샤리아[252]를 법의 최고 규범으로 강제하여 이란을 하나의 교권 정치로 만든다.

그러나 프랑스 지식 계급의 반교권주의적인 진보주의는 교회 문턱에서 멈추었다. 그럼에도 푸코는 누구보다도 먼저 이해했다. 이란 봉기가 우리를 1000년 전 신앙이 뜨거웠던 중세로 데려갈 것이라는 사실을. 그리고 그곳에서는 카타리파(派)[253]와 다른 종교들을 믿는 천년지복설 신봉자들의 반란이 유럽 전역을 점령하고 더 나은 세상에 대한 평민들의 희망을 지탱한다는 것을.

그리하여, 그에 따르면, 역사는 "2세기 전부터 합리적이고 통제 가능한 하나의 역사 속에 반란을 도입하기 위한 이 어마어마한 노력을 '구성한'" "혁명"의 시대로부터 만들어진다. 동시에 프랑수아 퓌레[254]는 1789년에서 거의 2세기가 지난 후에 프랑스 혁명의 최종 종말을 선언했다. 그리고 완수되기를 바라고 그럴 거라 생각했던 러시아 혁명의 범죄적인 실패를 이론화했다. 모스크바에는 더 이상 모스크바가 없다.

---

252 『코란』을 바탕으로 한 법 체계.

253 중세 기독교의 일파. 마니교에서 말하는 영육 이원론을 취하여 금욕주의를 제창하였으나 12세기 이후 가톨릭으로부터 이단으로 규정되어 탄압받았다.

254 프랑수아 퓌레(François Furet, 1927~1997)는 프랑스 역사학자로 프랑스 혁명의 전문가다.

출발점으로 다시 돌아가기. 비합리적이고 통제 불가능한 반란들, 종교 혁명들로 돌아가기. 이슬람 차례다.

프랑스 지식인들의 뛰어난 대변인으로서 미셸 푸코는 이란 혁명을 축복한다. 프랑스 지식인들은 자신들의 영광스러운 역사를 고려하여 독보리에서 좋은 밀을 구별하고, 야비한 폭동에서 진정한 혁명을 구별할 수 있는 유일한 적격자들이다.

그것은 우연이 아니다. 이슬람은 과업의 뒤를 잇기 위한 모든 덕을 가지고 있다. 대단한 이슬람 전문가 중 한 명인 막심 로댕송에 따르면, 그것은 "신과 함께하는 공산주의"다. 보편적이고 (무슬림 남성들에게) 평등하며, 교조주의적이고 정의와 확신에 굶주려 있으며, (공산주의자들이 그들의 용어로 분열이라고 부르는) 모든 '피트나(fitna)'[255]를 피하기 위해 의심과 논쟁을 거부한다. 이슬람은 공공의 영역과 사생활 사이의 분리를 알지 못하고, 신도들의 일상생활을 명령으로 촘촘하게 엮어서 구속한다. 그것은 국가나 정부도 알지 못한다. 공산주의자들이 프롤레타리아의 국제주의의 깃발 아래 인류 전체를 끌어들이려고 하는 것처럼 칼리파의 지배 아래 전 세계의 통합을 꿈꾼다. 신자들의 공동체인 '움마'의 근원적인 의미를 설명해 달라는 요청을 받은 막심 로댕송은 대답 대신 "움마, 그것은 '위마(Huma)'[256]입니다"라는 농담을 전했다.

그리고 수니파와 시아파의 억제할 수 없는 유혈 분쟁들은 스탈린주의자들과 트로츠키주의자들 사이의 대립을 연상시키지 않을 수 없다.

255 　내란, 반란 등을 뜻하는 아랍어.
256 　인류, 인간을 의미하는 프랑스어 humanité의 줄임말

1979년 시아파 지도자인 호메이니의 지도로 팔레비 왕조를 무너뜨릴 당시,
이에 동조한 이란 군인들. © Gettyimages

샤의 실각으로 이슬람은 7세기에 그랬듯이 다시 세계적인 혁명의 불씨가 된다. 그러나 이집트와 특히 사우디아라비아를 앞장세운 수니파들은 이 세계적인 지하드의 지휘권이 대대로 내려오는 적들의 수중에 넘어가는 것을 참을 수 없다. 푸코는 이 상황을 바로 이해했다. "이 장면에는 가장 중요한 것과 가장 잔인한 것이 뒤섞여 있다. 이슬람을 현존하는 위대한 문명으로 개조하고자 하는 놀라운 희망과 악의적인 외국인 혐오의 양상들, 세계적인 쟁점들과 지역적인 적대 관계들이 그것이다. 그리고 제국주의 문제도 있다. 또한 여성의 예속 상태 등이 있다."

이슬람의 요구는 식민지 해방 초기에 이루어진 아랍 사회의 세속화를 근절할 준비를 하고 있다. 1950년대에 나세르[257]는 카이로 여성들에게 히잡을 씌우게 하자는 그로테스크한 요구를 하는 이슬람주의자들에게 빈정거림을 퍼부었다. 몇십 년 후, 그로테스크는 표준이 되었다. 그리고 나세르가 비꼬았던 이 무슬림 형제들의 후손들은 카이로에서 잠시 권력을 잡았다가 감금되고 처형되었다.

이슬람 혁명의 지휘권을 위한 시아파와 수니파 사이의 경쟁은 한계를 모른다. 이 경쟁은 테러리스트들을 무장시키고, 우리의 방리유에까지 이르는 무슬림 세계 전체의 선전 활동에 자금을 조달한다. 사우디아라비아의 살라피즘[258]과 이란의 시아파는 심각한 경쟁을 벌이고 있

---

257 가말 압델 나세르(Gamal Abdel Nasser, 1918~1970)는 군인 출신의 이집트 정치인으로 1956년부터 1970년까지 이집트 대통령이었다. 아랍권 전체에 상당한 영향력을 행사했었다.

258 서구적 근대화를 거부하고 코란에 근거한 이슬람 공동체 건설과 정의의 실현을 도모하는 운동.

지만, 지역 특유의 사고방식에 뿌리내리고 적응한 이슬람의 지역적 버전들을 뭉개 버리는 것을 함께 밀어붙이고 있다. 테헤란, 리야드, 카타르에서 지원받고 육성되는 지역 민병대의 폭력 행위는 차치하고라도, 메카를 향한 대규모 순례, 위성 텔레비전, 인터넷으로 불붙은 선교를 통해서 그들은 그 어느 때보다 더 직역주의적이고 교조주의적인 이슬람에 10억 명의 사람들을 규합한다.

1979년 말, 소련은 이란 혁명으로 불안해졌다. 적극적인 무슬림들의 국경과 집단에 매우 근접해 있던 소련은 "반계몽주의"에 맞서는 싸움이라는 명목으로 아프가니스탄을 침공했다. 나폴레옹이 시대에 뒤떨어진 스페인에 「민법」을 가져다줌으로써 은인이 될 것이라고 확신한 것처럼, 소련은 이 야만적인 땅에 문명을 진보시킬 것이라고 확신했다. 같은 원인은 항상 같은 효과를 발생시킨다. 영국인들이 나폴레옹에 맞선 스페인 게릴라들을 지지한 것처럼, 냉전의 반사 작용에 자극받은 미국인들은 공산주의 점령자에 맞서는 아프간의 저항을 도왔다.

1945년 루스벨트와 이븐 사우드[259] 사이에서 봉인된 오랜 동맹은 다시 활성화되었다. 미국인들은 다시 한 번 가장 퇴보적인 수니파 이슬람을 선택했다. 한편, 샤에 대한 그들의 비겁한 포기가 그들에 대한 이맘들의 증오를 전혀 누그러뜨리지 않았다는 것을 깨달았다. 베트남에서의 패배를 복수하고자, 그들은 오사마 빈 라덴이라는 아이를 낳고 무장시켰다.

---

259 압둘아지즈 알사우드(Abdulaziz Al Saud, 1875~1953)는 사우디아라비아의 초대 국왕이다. 서구권에서는 이븐 사우드로 알려져 있다.

2001년 9월 11일부터 알카에다는, 서구 민중과 그들의 지도자들의 호전적인 연설로 둘러싸인 상상 속에서, 독일의 적군파와 이탈리아의 붉은 여단을 대체했다. 똑같은 정치적 속셈들과 똑같은 조작적인 비밀경찰 놀이로.

이슬람 혁명은 프랑스의 정치적인 좌파 지식인 엘리트들 사이에 분열을 일으켰다. "동쪽의 큰 빛"[260]에 의해 야기된 분열에 비할 정도의 규모는 아니었지만 말이다. 독일 사회민주당원이나 프랑스의 레옹 블룸의 친구들처럼, 민주주의 이상의 이름으로 혁명적인 매혹을 거부한 자들은 미국(그리고 이스라엘)의 입장에 동조하고 그들의 오래된 진보적 앙가주망[261]을 저질스럽고 부르주아화된 서구의 인도주의 속에 녹여 버릴 수밖에 없었다. 그들의 옛 동지들은 그들을 비난했다. 테러리즘에 맞서는 싸움이라는 미명 아래 착수된 가련한 무슬림에 대한 전쟁에서 불쌍한 사람들을 배신하고 미국(그리고 이스라엘)의 우익 강경파를 따랐다는 이유였다. 첫 번째 좌파들은 이 땅의 버림받은 사람들과의 연대(連帶)를 배신한 반면, 두 번째 좌파들은 바르베스-로슈슈아르[262]를 절망시키지 않기 위해 자유의 이상을 다시 한 번 포기했다.

이슬람은 이들이 기다리고 바랐던 혁명이었다. 그러나 이 혁명은 그들의 유화적인 담론과는 정반대의 남성적이고 폭력적이며 오만한

---

260 1917년 10월 혁명에 이은 소비에트 정권의 수립을 의미한다.

261 앙가주망(engagement)은 사르트르가 주창한 개념으로 정치나 사회 문제에 자진해서 적극적으로 참여하는 것을 뜻하며 프랑스 지식인에게는 일종의 책임으로 여겨진다.

262 알제리로 대표되는 이민자들이 많이 거주하는 대표적인 파리 지역의 지하철역 이름.

움직임을 보였다. 무자비했다. 역사라는 식탁에서 요리가 다시 돌려졌다. 바스티유 함락이 로베스피에르로 이어진 것처럼, 겨울 궁전의 함락이 스탈린으로 이어졌다. 우리의 몇몇 지식인들이 난폭하고 남성적인 힘에 매혹된 계집들처럼 행동한 것은 이번이 처음이 아니었다. 1930년대에 우리는 모스크바, 로마, 베를린으로 향하는 첫 여행들이 지드[263], 로맹 롤랑[264], 드리외 라 로셸[265] 등을 얼마나 정신 줄을 놓게 만들었는지를 기억한다.

공산주의의 옛 우두머리들처럼, 이슬람 신앙의 의사들은 그들의 성스러운 법이 퇴폐적인 서구 사회를 다시 태어나게 할 것이라고 진심으로 확신했다. 라캉은 68혁명의 "사건들"이 일어나는 동안 맞아들인 학생들에게 경고했다. "너희들은 주인을 기다리고 있다. 너희들은 주인을 갖게 될 것이다."

1979년 3월 23일

철강업이 가장 먼저 무너진다

그것은 확실히 파리코뮌은 아니었다. 그러나 수도에서 노동자들의 그

---

263 앙드레 지드(Andre Gide, 1869~1951)는 프랑스의 작가로 1947년 노벨 문학상을 수상했다.

264 로맹 롤랑(Romain Rolland, 1866~1944)는 프랑스의 작가로 1915년 노벨 문학상을 수상했다.

265 피에르 드리외 라 로셸(Pierre Drieu La Rochelle, 1893~1945)은 프랑스의 작가다.

러한 폭력 사태가 터지지 않은 지는 오래되었다. 아마도 1947년 사회주의자 쥘 모슈의 공화국보안기동대(CRS)에 의해 진압된 노동총동맹(CGT)의 폭동 파업 이후로 없었을 것이다. 하지만 당시 공산주의 노동조합은 자신이 선동한 권력과 공포의 정점에 있었다. 부르주아 계급은 불안에 떨었고, 프랑스를 러시아 전차가 침략할 다음 국가로 잘못 생각하고 있었다. 30년 후, 두려움은 진영을 바꾸었다. 계급 투쟁은 존재한다. 카를 마르크스가 옳았다. 하지만 노동 계급은 이길 수 없을 것이다. 노동 계급은 이 운명을 재촉한다. 1979년, 철강업자들이 처음으로 단두대에 올랐다. 파리에서의 3월 23일 대규모 퍼레이드를 몇 주 앞두고, 평소에는 그토록 침착하고 신중한 북부와 로렌 지방 사람들은 극도로 화가 나서는 가게 유리창을 부수고, 경찰서를 습격하고, 관공서를 엉망으로 만들고, 라디오 방송국을 점거하고, 기차와 도로를 막았다. 그들은 프랑스 전체를 결집시키겠다고 예고했다. 정부는 귀머거리가 아니다. 지스카르 데스탱 대통령과 총리 레몽 바르는 자유주의적인 테크노크라트이지만 콜베르주의 전통에 젖어 있다. 모든 대규모 사회 운동은 그들의 기억 속에 68년 5월의 트라우마적이고 심지어 강박적인 기억을 일깨운다.

프랑스 우파의 두 최고 대표자들은, 우시노르(Usinor)와 사실로르(Sacilor)[266]라는 두 대기업을 예정된 파산에서 구하기 위해 1년 먼저 국

---

266 두 회사 모두 과거 프랑스 철강 산업을 대표하는 기업이었으나 하나로 합쳐졌고, 2001년에는 룩셈부르크와 스페인 회사와도 합병되어 다국적 기업 아르셀로(Arcelor)가 되었다. 아르셀로는 2006년에 인도 철강 회사 미탈(Mittal)과 합병하여 현재는 아르셀로미탈이라는 세계 최대의 철강 회사가 되었다.

유화하는 것을 망설이지 않았다. 그들은 1945년 이후로 국가, 국가 산업의 현대화, 그리고 사회적 진보를 연결하는 드골주의 원칙을 여전히 믿는다. 그들은 기술 진보에 필요한 막대한 투자를 위한 자본이 없는 프랑스 자본주의의 전통을, 언제나 그랬듯이 국가가 보완할 수 있다고 확신한다. 그들은 계획 경제의 영광스러운 시기를 경험했다. 다섯 번째와 여섯 번째 플랜의 일환으로, 1960년대에 프랑스 철강업을 노르 지방의 됭케르크, 부슈뒤론 지역의 포쉬르메르의 새로운 부지로 재배치했다. 그들은 산업부의 테크노크라트들이 써 놓은, 철강 공업의 파란만장한 역사를 상기시키는 수많은 문서들을 읽었다. 페리고르, 부르고뉴, 아르데슈, 샹파뉴의 숲에서 공급되는 목탄과 소규모 철광 주위에서 이루어진 철강 공업은 18세기에서 19세기 전반까지 프랑스 산업화의 선구자였다. 그리고 19세기 후반의 두 번째 산업화는 강철에 의해 일어났다. 철강은 거대한 철광과 석탄 광산을 보유한 로렌 지방과 졸라에 의해 후세에 전해지는 석탄의 "검은 고장"인 북쪽 지방에 속했다. 그 시기는 산업의 대성당인 거대 공장들의 시기였으며, 철강업의 황금기였다. 사람들은 철강을 위해서 프랑스, 독일, 벨기에에서 전쟁을 벌였고, 경제적 이익을 좇아 농촌의 집단 이주를 계획했다. 또한, 슈나이더, 웬델과 같은 위대한 철공소 주인 가문들이 거대 자본가의 원형이 되어 200여 가구에게 멸시받는 상징이 된 시기였다.

지르카르와 바르에게는 언제나 그렇듯 시간이 모든 것을 해결해 줄 것이었다. 적응하고 또 다시 적응해야만 한다. 현대화하고 또 다시 현대화해야 한다. 두 사람 모두 신념이 있으며 진정한 유럽인이었다. 옛날의 드골 장군과는 다르게 그들은 유럽석탄철강공동체 조약이, 우리가 1923년(루르 점령)과 1945년 두 차례에 걸쳐 시도했지만 보람이 없었던 철강을 독일이 매우 싼 값에 회수할 수 있도록 허용한 것에 대해 불평하지 않았다. 1960년대에 유럽석탄철강공동체는 관련 산업을 현대화하고 집중화하기 위한 투자에 원조를 제공했다. 이것은 미국과 영국과의 경쟁에 버틸 수 있게 했다.

그러나 지스카르와 바레의 신조는 1977년 노르 지역의 루브로알에서 우시노르의 최첨단 공장이 예기치 않게 폐쇄되면서 심각하게 망가진다.

1979년 4월과 1980년 12월 사이, 노르 지역의 드냉과 뫼르트에모젤 지역의 롱위에서 2만 1,000명의 노동자들이 해고되었다. 정부는 아낌없이 보상하고 사회적 평화를 구매한다. 좌파는 엄청난 이익을 약속하지만 1981년 집권한 후에는 전임자들과 다르게 행동하지 않을 것이다. 그들은 지스카르 정부가 국유화했던 두 기업을 합병할 것이다. 이는—여전히 더욱 거대해지는!—체급과 규모로 밀어붙이는 정책이다. 점점 더 중대해지는 투자의 요구 사항을 해결하고 부채를 줄이기 위해서였다. 그리하여 프랑스 기업이 단 하나만 남게 될 때, 룩셈부르크 회사와 합병해서 유럽 기업인 아르셀로를 만들게 될 것이다. 이 거대 경쟁은 인도 기업 미탈이라는 훨씬 더 강력한 포식자의 입속에서 2000년대에 끝날 것이다. 유럽의 철강 귀족들에게 무시당하는 미탈은 가족적 조직과 불투명한 재정으로 19세기의 자본주의를 부활시켰다.

적응과 현대화의 대가는 항상 더 비싸다. 정리 해고에 따른 사회적 비용이 든다. 또한 "철강 공업 계획"으로 엄청난 비용을 지출한 정부에게는 재정적 비용도 있다. 수백만 공적 자금의 잦은 변동으로 현기증이 난다. 최첨단 공장들이 비싸기만 하고 필요 없는 것으로 드러난다. 우리가 결코 볼 수 없을 산소 제강소들, 계획 상태로 남아 있을 광석 농축 시설로 인해 엄청난 돈이 사라진다. 철강소 주인들이 줄행랑친다. 그들은 원자력이나 은행 같은 보다 발전적인 분야에 투자한다. 수십 년 후, 사람들은 투자 자본 경영자가 된 웬델 가족을 보게 되었다. 금융이 산업을 대체해 버렸다!

같은 시기에 립(Lip)[267]의 사장은 사임하면서 환멸을 느낀 듯 말했다. "립까지만 해도 우리는 회사가 경제의 중심에 놓인 자본주의 상태에 있었다. 그 후로 우리는 금융과 돈에 대한 이자가 회사를 대체한 자본주의에 처해 있다."

프랑스와 유럽의 테크노크라트들의 과학만능주의적이고 산업주의적인 낙관론은 낡은 철강 산업이 본의 아니게 예고했던 자본주의의 진화에 맞서 산산조각난다. 이제 부의 배분을 결정하는 것은 더 이상 지하자원이 아니라 상품과 자본의 흐름이다. 검은 고장들은 항구와 대도시에서 너무 멀리 떨어져 있지만 곧 주요 도시가 될 것이다. 프랑스 정부, 그리고 영토 정비에 대한 정부의 의지주의적인 정책은 유럽의 자유주의적 명령과 세계화에 의해 무력화될 것이다. 신흥 국가들의 출현은 자본주의를 본래적 단계로 되돌아가게 할 것이다. 그것은 거리낌 없는 포식자, 노예나 명세서의 숫자로 취급받는 노동자들의 자본주의다.

---

267 1867년에 설립된 프랑스 시계 제조 회사.

철강 공업이 시작한 디킨스[268]와 졸라의 19세기 자본주의로의 회귀다. 마치 모든 것이 쇠와 강철로 (다시) 시작하고 끝나야 하는 것처럼. 그러나 그 당시 철강소 주인들은 땅과 지하, 광산, 공장 등 모든 것을 소유했다. 교회와 축구 경기장도. 육체와 영혼까지. 그들은 눈물 한 방울 흘리지 않고 떠났다. 그러고는 한 세기 동안 훌륭하고 충실한 봉사를 마친 뒤 생기를 잃고 파괴되고 황량해진 땅을 남겼다.

노동자 계급은 단지 첫 번째 희생자들일 뿐이다. '영광의 30년'으로 포식한 중산층은 약간의 자격지심을 가지고 외면했다. 그때 그들은 파티가 끝났다는 것을 알지 못했다. 그들의 차례가 오겠지만, 더 나중이 될 것이다.

그들은 수년 후, 옛 노동 계급에게 바치는 송가인 피에르 바슐레의 향수를 불러일으키는 샹송 〈광부촌들〉이나 환멸을 느끼고 입을 닫은 노동자인 〈내 아버지〉를 부른 다니엘 기샤르의 비통한 환기에 갈채를 보내며 악어의 눈물을 흘릴 것이다. 그러나 사실 산업을 결코 좋아하지 않았고, 산업화 이전의 농촌 사회에서 산업화 이후의 세계로 나아갈 준비를 하고 있는 이 프랑스는 『제르미날』[269] 시대를 그리워하지 않는다.

1978년 에디 미첼은 "그는 오늘 밤 집에 오지 않을 거야"라고 노래

---

268 찰스 디킨스(Charles Dickens, 1812~1870)는 영국 빅토리아 시대의 대문호다.

269 1885년 발표된 에밀 졸라의 소설. 19세기 프랑스 북부 탄광촌 노동자들의 비참한 삶의 모습을 그렸다.

했다. 다국적 기업에 회사가 팔린 한 간부의 절망 속으로 훌륭하게 빠져든 이야기이다. 남자는 아내에게 더 이상 아이들을 사립 학교에 보낼 수 없을 거라는 사실을 알리기 무서워서 감히 집에 들어가지 못한다. 그에겐 "실업이 외도한 남편보다 더 나쁘다." 이 간부의 우울은 이렇게 드러난다. 노동 계급은 혼자 죽지 않을 것이다.

1979년 6월 26일

작은 동지들(Petit Camarade)[270]은 엘리제궁에서 간식을 먹는다

카메라 플래시는 그를 향해서만 탁탁 소리를 냈다. 카메라는 그만을 찍었고, 기자들은 그에게만 마이크를 내밀었다. 저녁 텔레비전 뉴스에서 사람들은 오직 그만 보게 될 것이다. 엘리제궁 앞 층계에 선 사르트르. 맹인처럼 망설이는 발걸음의 사르트르. 앙드레 글뤽스만[271]과 레몽 아롱과 팔짱을 끼고 있는 사르트르. 사르트르는 드골 장군의 옛 집무실에서 지나치게 공손하고 겁먹은 지스카르 같은 인간의 환영을 받았다. "안녕하십니까, 선생님."

그러나 인정, 경탄, 감동의 이면에는 위인이 비틀거리는 것을 바라

---

270 프랑스 작가이자 철학자인 에티엔 바리리에가 1987년 발표한 에세이의 제목이다. 이 책은 '사르트르와 아롱에 대한 에세이'라는 부제가 달려 있다. 실제로 '작은 동지'는 사르트르, 아롱을 포함한 몇몇 ENS 동기들 사이에서 과거에 서로를 부르던 호칭이기도 하다.

271 앙드레 글뤽스만(André Glucksmann, 1937~2015)은 프랑스의 철학자이자 에세이스트다.

1979년 6월 26일 베트남 난민 관련 기자 회견에 참석하기 위해 엘리제궁에 들어가는 (왼쪽부터) 앙드레 글뤽스만-장폴 사르트르-레몽 아롱. © pileface.com

보는 건전하지 못하고 종종 무의식적인 즐거움이 감춰져 있었다. 단지 그가 장님이 되었기 때문만은 아니다. 상징적인 것과 물리적인 것이 합쳐지듯이, 무엇보다도 엘리제궁의 이 청중들은 지적이고 정치적인 한 인생 전체에 대한 절대적 부인, 냉혹한 패배를 인정했기 때문이다. 며칠 전 루테티아 호텔에서, 공산주의 폭정을 피해 도망친 베트남 보트피플을 위한 소중한 비자 획득을 위해 열린 기자 회견에서 사르트르는 거의 제어되지 않아 더 궁근 목소리로 "사람들은 죽을 것이고, 그들을 구하는 것은… 온전히 도덕적인 요구다… 시체들을 구해야 한다"라고 말했다. 그가 몇 년 전 카뮈에게 그토록 비난을 퍼부었던 바로 그 말이었다. 카뮈는 스탈린이나 FLN의 범죄에 대한 징징대는 휴머니즘과 여성적 감상 때문에 조롱당했고, 배척당했고, 경멸당했고, 매도당했고, 규탄받았던 것이다. 자신의 소설 『만다린』에서 그것에 대해 이야기를 할 예정이었던 시몬 드 보부아르와 함께 사르트르는 "역사의 산파로서의 폭력"이라는 카를 마르크스의 넘을 수 없는 가르침을 배신하지 않을 것이다. 그는 프랑스군에 맞서는 FLN과 그들을 도운 프랑스 운동가들을 끝까지 지지했고, GI[272]에 맞서는 베트남인들을 지지했다. 그리고 여기, 같은 사람이 부패한 정권의 전직 간부 도망자들을 구하기 위해 노력했다. 그가 예전에 "미국의 꼭두각시"라고 경멸을 담아 규정한 사람들 말이다.

이 남자는 노골적으로 냉담하고 완고한 체했다. 더욱 필사적으로. 이는 아마도 영웅들과 레지스탕스들을 만들어 낸 육체적이고 심지어 지적인 용기를 그가 전쟁 기간 동안 보여 주지 않았기 때문일 것이다.

---

272 미군 병사를 가리키는 속어.

그는 독일 점령기 동안 적어도 소극적인 대독 협력에 가까운 짓을 했다. 우리가 사르트르를 신뢰한다면, 그 기간 동안 "우리는 이렇게까지 자유로웠던 적이 없었다." "〈시테라 섬으로의 여행〉"[273]의 금지된 즐거움을 발견하는 자유를 누렸던 것이다.

나이와 병으로 피폐해진 이 백발의 쇠약한 머릿속에서 무슨 일이 일어났는지는 알 수 없다. 시몬 드 보부아르는 사르트르의 비서 베니 레비를 "노인의 생각을 조종했다"는 이유로 고발했다. 검사 측에 의하면, 분명한 증거는 몇 달 후 『르 누벨 옵세르바퇴르』[274]에서 두 주인공 사이의 대화 형식으로 이루어진 인터뷰에서 나왔다. 인터뷰 중 노인은, 무신론자였던 청춘 시절의 빛나는 실존주의 역시 부인하는 것처럼 보였다. 베니 레비가 재발견하고 있던 유대인의 일신론적 사상 세계에 겸허하고 고려된 발걸음으로 가까워지기 위해서 말이다. 프롤레타리아 좌파의 마오주의 홍위병인 과거의 피에르 빅토르[275]는 임종 직전의 볼테르를 괴롭혀서 그가 교회에 반대하여 저지른 사악한 버릇을 포기하도록 만들고자 했던 사제들의 역할을 이어받은 것 같았다. 그는 마오에서 모세로 가는 놀라운 여정을 완수함으로써 곧 예루살렘에 합류하여 그곳에서 선조들의 법을 연구하고 그곳에서 숨을 거두었다.

루테티아에서 열린 기자 회견일 저녁, "레몽, 당신에게 얼마나 큰

---

273 프랑스 로코코 화가 장앙투안 바토(Jean-Antoine Watteau, 1684~1721)의 작품 제목. 남녀의 연애와 관련된 첫 만남을 의미하는 표현이기도 하다.

274 프랑스의 시사 주간지.

275 베니 레비의 다른 이름.

승리인가요!"라며 복수심에 불타서는 미끄러지듯 다가오는 아내 수잔이, 아롱은 신경에 거슬린 듯 관대한 척 반박했다. "수잔, 치졸하게 굴지 말아요." 아롱은 사르트르에게 조롱당해 왔다. 수년간 경멸당했고, 심지어 68혁명 동안에도 모욕당했으며(사르트르는 "학생들은 완전히 벌거벗은 아롱을 보았다"고 썼다), 그 이후로도 무시당했다. 아롱은 복수를 이행했다. 이성의 인간은 혁명의 기수를 이겼고, 서구주의자가 좌파 국제주의자를 이겼다. 그는 공산주의와 혁명을 둘러싼 세기의 큰 분쟁에서 카뮈를 대신했다. 루테티아의 홀에서 사람들은 미셸 푸코 옆에 있는 피에 누아르 작가의 소산을 알아볼 수 있었다. 푸코는 친구 글뤽스만과 함께 두 선배들을 초대하여 인도주의적 명분 뒤에 집결하도록 했다. 그럼에도 아롱은 "그의 작은 동지"에 대한 복수를 완전히 즐길 수 없었다. 그는 노르말리앙[276]들의 공모로 엮인 그들의 젊은 시절을 추억하며 이렇게 동지와 인사하기를 몹시 원했었다. 아롱은 당시 사르트르가 자신에게 대답하지 않는다는 것을 모를 수 없었다. 집요한 성격의 늙은 맹인이, 그가 걷는 것을 돕기 위해 아롱이 엘리제궁 앞의 층계에서 다정하게 잡아준 팔을 떼어 냈다는 것을 아롱은 알아차리지 않을 수가 없었다. 사르트르는 아무것도 잊지 않았고 아무것도 용서하지 않았다. 사르트르는 패했고, 자신의 생각을 저버렸지만, 아롱도 마찬가지였다. 그것은 눈에 덜 띄었다. 그러나 지적이고 역사적인 패배는 그에게도 어쨌든 잔인

---

276 파리고등사범학교(ENS)의 학생들을 일컫는 표현으로 사르트르, 아롱, 푸코 모두 동문이다.

했다. 키신저의 친구이며 클라우제비츠[277]의 독자인 이 위대한 영혼 아롱은—드골이 몹시 빈정댔던 것처럼—지스카르를 나무랐다. 그가 "역사는 비극이다", "소르본의 기자와 『르 피가로』의 대학 교수"를 몰랐기 때문이다. 그는 장군의 온당치 못한 비현실성에 대해서도 비난했다. 이 6월 18일의 남자[278]가 민족 독립을 위한 전략이라는 명목으로 미국 동맹에서 멀어졌을 때 말이다. 아롱은 이 전략이 제국 진영들의 시기에는 현실성이 없다고 판단했다. 이 사람은 자신의 차례가 되자 미디어 감상주의적인 고뇌에 빠졌다. 지성과 이성의 커다란 패배였다. 그때까지만 해도 파토스와 정서가 결핍되기를 바랐던 사상의 패배였다. 이것은 그의 열정으로부터 너무 많이 멀어지게 만들었다. 그가 프랑스나 유대인들의 운명을 검토할 때, 심지어 그가 거의 믿지 않았던 개념이었다.

사르트르와 아롱 모두 이 놀라운 포기를 분석하거나 이론화하지 않았다.

그들은 좌우 분열의 종말을 한마디 말도 없이 고했다. 이 분열은 두 진영 각각의 포기를 예고했다. 우파는 국가와 정부를 버리고, 좌파는 민중과 혁명을 거부한 것이다. 좌파에서 몇몇은 지도자의 배신에 대한 비난을 감행했다. 동일한 인도주의 노선을 취했던 베르나르 쿠슈네르는 자신이 1971년에 설립했던 국경 없는 의사회에서 쫓겨났다. 좌

---

277 카를 폰 클라우제비츠(Carl von Clausewitz, 1780~1831)는 프로이센의 군인이자 군사학자다.

278 드골이 1940년 6월 18일 런던에서 BBC를 통해 독일에 맞서 국민들의 애국심을 고취시키는 첫 연설을 한 기념비적인 사건을 의미한다.

파 중 일부는 인간의 권리를 위한 혁명을 포기하기를 아직은 원하지 않았다. 그들은 공산주의적 희망의 끔찍한 잔인함을 코앞에 두게 만들었던 위대한 솔제니친을 무미건조하게 받아들였다. 그들은 텔레비전 무대에서 동일한 메시지를 또박또박 말했던 "새로운 철학자들"을 비꼬았다. 그들은 아직 포기하기를 원하지 않았지만, 그들의 시간은 카운트되었다. 사르트르의 변절은 그의 패배와 그의 임박한 죽음을 신성한 것으로 만들었다. 우파는 자유주의적이고, 유럽적이며 범대서양주의적인 전환을 시작했다. 그리고 이 비현실적 인도주의 이데올로기가 서방과 나토의 가정에 "위대한 국가"가 복귀하는 데 있어서 유인의 역할을 하리라는 것을 실제적인 방법으로 곧 알게 될 것이었다. 가톨릭이 루이 15세의 프랑스를 오스트리아와 함께하는 "동맹의 거대한 전복"으로 이끌었던 것처럼. 하지만 언제나 그렇듯이 우파에게 위반의 길을 열어 주는 것은 좌파다. 이러한 패러다임의 급진적인 변화에 착수하고, 프랑스 현실 정치에 비현실적 인도주의의 독을 주입하는 것은 실제로 총리 로랑 파비우스의 책임일 것이다. 프랑스의 현실 정치는 리슐리외에서 드골에 이르기까지 국가들만을 알았고, 스탈린이나 차우셰스쿠, 또는 아랍의 독재자들과 흥정할 때까지 체제들의 본질을 몰랐다. 1985년 아파르트헤이트 제도를 이유로 남아프리카공화국 보이콧을 전개하고, 미테랑 대통령은 받아들였음에도 폴란드 장군 야루젤스키의 방문에 감히 화를 낸 사람도 바로 파비우스였다.

사르트르와 아롱은 니체의 "정치적 올바름"과 감정적이고 미디어적인 비현실적 인도주의, 역사와 현실 정치에 바쳐진 한 지적인 생애를 선의 속에 익사시켰다. 명실상부한 이 지식인들은 그들의 요구와 그들의 이상을 뻔뻔하게 배신했다. 그들은 매클루언[279]으로 구텐베르크를 속였다.

몇 달 후, 장엄한 수많은 군중들은 그들의 위인을 물었다. 사르트르가 1979년 6월 26일에 이미 그들의 눈앞에서 죽었다는 것을, 그리고 그와 더불어 두 세기 전에 볼테르와 루소로 시작된 프랑스 지성계의 위대한 인물이 사라졌다는 것을 이해하지 못한 채.

---

279 마셜 매클루언(Marshall McLuhan, 1911~1980)은 캐나다의 미디어 이론가이자 문화비평가이며 20세기 최고의 커뮤니케이션 학자로 평가된다. 저서 『미디어의 이해』를 통해 '미디어는 메시지다', '미디어는 인간의 확장'이라는 견해를 밝혀 현대 미디어 이론에서 사용하는 '미디어'라는 단어와 가장 근접한 개념을 제시했다.

1980

1980년 10월 3일

늑대들은 코페르닉 거리를 통해 파리에 들어갔다

알제리 전쟁 이후로 파리에서 테러 행위는 일어나지 않았다. 8일 전, 뮌헨 맥주 축제에서는 폭발로 13명이 사망했고, 두 달 전에는 볼로냐 기차역에서 폭탄으로 85명이 사망했다.

 코페르닉 거리에 위치한 유대 교회에서 시간을 엄수하지 못해 종교 예배가 15분 늦게 시작되었다. 이것은 계획된 학살에서 사람들을 구했다. 그러나 격분과 분노는 조금의 지각도 참지 않는다. "반파시스트와 반인종주의자인" 젊은 유대인들의 움직임이 수도의 거리들에서 서둘러 나타났다. 다른 유대인들은 유럽 민족주의 연합의 파리 본부를 약탈하거나 뷔스 팔라디움[280] 앞에서 '네오나치'와 싸웠다. 카요 거리

---

280 파리의 유명한 클럽 이름.

에 위치한 시도스[281]의 단체 외브르 프랑세즈[282] 건물의 정면을 향해 총성이 발사되었다. 이 성난 젊은이들은 살인자들의 출처에 대해 전혀 의심하지 않았다. "극우"는 공개적으로 모욕당했다. 네오나치들! 우리는 FNE[283]의 한 일원이 테러를 자행했다고 확신했다. 우리는 아직 그것이 도발이라는 것을 알지 못했다. 늑대들은 파리로 들어갔다.

1967년 6월의 '6일 전쟁'[284] 이후, 프랑스 유대인 젊은이들 중 일부는 시온주의 수호 운동에 가입했다. 그들은 투쟁했고, 상상의 나치들에 대항하여 거리와 대학에서 주먹을 날리고 있었다. 그들은 잃어버린 세대들의 희비극적 운명을 알고 있었다. 이것은 뮈세[285]의 『세기아의 고백들』[286]에서 매우 잘 분석되었다. 이 세대는 너무 늙은 세상에 너무 늦게 도착했다. 그리고 그들이 경험하지 못한 분노와 소음의 시대가 부활하기를 꿈꾼다. 그들의 혈기는 결코 원하는 목표를 달성하지 못했지만, 보람 없지는 않았다.

나폴레옹의 대육군을 꿈꾸던 뮈세 세대는 1830년 샤를 10세를 전

281　피에르 시도스(Pierre Sidos, 1927~2020)는 프랑스 극우 정치인이다.

282　외부르 프랑세즈(L'Œuvre Française)는 극단적 민족주의를 표방하는 프랑스 극우 정치 세력으로, 1968년 설립되어 2013년 해체되었다.

283　현재 프랑스에서 FNE는 환경 단체인 프랑스자연환경(France Nature Environnement) 혹은 직업 훈련이나 일시적 실업과 관련하여 재정을 지원하는 국가고용기금(Fonds National de l'Emploi)을 의미한다. 그런데 이 두 기관은 본문의 맥락과는 맞지 않는다. 내용의 흐름을 고려한다면 극우파 정당 국민전선(FN)을 FNE로 잘못 표기했다고 판단하는 것이 가장 타당해 보인다.

284　제3차 중동 전쟁. 이스라엘의 승리로 끝났다.

285　알프레드 뮈세(Alfred de Musset, 1810~1857)는 프랑스의 낭만주의 작가다.

286　1836년 발표된 알프레드 뮈세의 자전적 소설.

복시켰다. 1970년대의 유대인 청년들은 장 물랭[287]과 함께 은신처에서 나치들을 죽이는 것을 상상했다. 또는 바르샤바 게토에서 지스카르의 동상을 전복시켰다. 우리는 지스카르가 움직여 주지 않았다고 비난했다. 우리는 그가 사냥 중인 루이 16세처럼 가만있었다고 점점 더 크게 속삭였다. 우리는 레몽 바르 총리의 어설픈 관례적 표현을 지치지도 않고 정신 분석적으로 해석했다. 유대인을 배척하는 견딜 수 없는 무의식을 찾아내기 위해서였다. "이 추악한 테러 행위는 회당에 가는 유대인들을 공격하기 위한 것이었습니다. 그리고 코페르닉 거리를 가로지르던 무고한 프랑스인들을 해쳤습니다."

테러가 벌어진 바로 그날 저녁 첫 번째 시위들이 시작되었을 때부터, 크리스티앙 보네 내무부 장관이 피해 상황을 알아보러 왔을 때 군중들은 외쳤다. "보네, 지스카르, 암살자들의 공범들."

책임 없는 공화국 대통령에게 벼락을 내리는 것은 프랑수아 미테랑의 전술적 재능이었다.

1981년의 대통령 선거 캠페인은 이제 막 시작되었지만, 미테랑은 이미 그의 경쟁자를 폭격하고 있었다. 테러 이틀 후 타르브에서, 그는 1974년 지스카르 후보자의 치안 부서 진영에 "극우 운동가"가 있었다는 사실을 상기시켰다. 『르 몽드』에서 장피에르 슈벤망[288]은 귀에 못이 박히게 말했다. "진실은, 군사비밀조직(OAS)을 거쳐 비시 정부에서 시

---

287 장 물랭(Jean Moulin, 1899~1943)은 프랑스 고위 공직자이며 제2차 세계대전 당시 프랑스 레지스탕스를 대표하는 상징적 지도자다.

288 장피에르 슈벤망(Jean-Pierre Chevènement, 1939~)은 프랑스 정치인으로 여러 부서의 장관을 역임했다.

계 클럽[289]에 이르기까지, 지스카르의 일부 간부 인사들과 프랑스 극우파 사이에 진정한 상호 영향이 형성되었다는 것이다."

경찰 노조원들은 동료들을 "네오파시스트"라고 비난했다. 경찰과 지스카르 정부를 넘어, 우리는 싱크탱크들을 섞어 버렸다. 최근 루이 포벨스의 『르피가로 매거진』에서 편안하고 익숙한 입장으로 등장했던 '유럽 문명을 위한 연구 모임'[290]이나 시계 클럽 같은 집단들 말이다.

미테랑에게 가까워진 시기에 베르나르앙리 레비[291]는 『르꼬띠디앙 드 파리』[292]에서 원점으로 되돌아왔다. "최근 인도 유럽 어족의 때로는 우생학적인 엘리트주의적인 이론들, 예를 들면 '누벨 드루아트'[293]의 뒤떨어진 이론들을 둘러싸고 사람들이 만들어 내는 모든 소란은 오늘날의 토양을 마련했다…. 『르피가로 매거진』은 어떤 의미에서는 『미뉴트』[294]보다 더 나쁘다. 수천 명의 사람들이 '유럽 민족주의 행동 연합'(FANE)[295]의 무식한 인간이나 하수인이 되지 않고도 파시스트가 될 수 있다고 생각할 수 있게 만드는 것이 바로 이 잡지다."

경찰은 궁지에 몰린 것으로 드러난 스페인 프랑코파 활동가들의

---

289 클럽 드 롤로주(Club de l'horloge)는 공적 영역에 비중을 두는 메타폴리틱적인 논의를 위한 모임으로 우파, 극우파 인사들이 속해 있다.

290 Groupement de Recherche et d'Études pour la Civilisation Européenne

291 베르나르앙리 레비(Bernard-Henri Lévy, 1948~)는 프랑스의 작가이자 철학자다.

292 1974년부터 1996년까지 발간되었던 프랑스 일간지.

293 누벨 드루아트(Nouvelle Droite)는 '새로운 우파'라는 뜻으로 유럽 민족주의적인 성격을 띠는 극우파 정치 관념의 한 사조다.

294 1962년부터 2020년까지 발간되었던 극우 성향 프랑스 주간지.

295 Fédération d'action nationale et européenne.

행적을 추적했다. 1981년 7월, 내무부 장관이 된 가스통 드페르는 경찰이 극우 세력에 대해 수사를 실행할 것을 여전히 요구했다.

그러나 가장 고집 센 사람들조차도 인정할 정도로 사실은 명백해졌다. 팔레스타인인들이 대학살을 준비한 것이다. 그들은 1982년, 로지에 거리에 위치한 유명한 골덴베르그 레스토랑 앞에서 다시 시작했다. 그러자 우리는 극우파의 경찰 급습을 비난할 수 없었다. 미테랑 대통령은 현장에 갔고, 분노한 젊은이들에게 욕을 먹으면서 떠났다.

시간이 흘렀다. 우리는 잊어버렸다. 우리는 무시했다. 베를린 장벽이 무너졌다. 슈타지(STASI)[296] 기록 보관소가 문을 열었다. 공산주의 후원자들과 주르지 하바시[297]의 팔레스타인 하수인들이 발견되었다. 하산 나임 디아브라는 사람은 캐나다에서 조용한 날들을 보내고 있었다. 프랑스 정부의 인도 요청에 응한 퀘벡 판사 앞에서, 그는 자신이 "이름이 같은 피해자"일 뿐이라고 매우 만족하며 단언했다.

우리는 그것에 대해 말하지 않았다. 아니 거의 말하지 않았다. 팔레스타인의 전략은 그럼에도 상세하게 분석될 만한 가치가 있었을 것이다. 그 전략은 "유대인 정부"로 알려진 하나의 공동체에 모인 이스라엘인과 유대인을 더 이상 구분하지 않았다. 마치 전 세계의 유대인 공동체들―특히 미국과 프랑스의 공동체들―을 자신의 운명에 밀접하

---

[296] 과거 동독의 비밀경찰.

[297] 주르지 하바시(Georges Habache, 1926~2008)는 팔레스타인 민족주의자로 팔레스타인 해방인민전선의 초대 서기장이다.

1989년 11월 독일 베를린 장벽이 무너지기 전날, 브란덴부르크 문 앞에 있는 장벽에
올라선 독일인들. © Wikipedia

게 연결한 이스라엘 정부의 효과적인 소통 행위에 팔레스타인의 민족주의가 그렇게 대응한 것처럼.

요원해 보였다. 10년 후 카르팡트라에서 유대인 무덤들이 도굴당했다. 피에르 족스 내무부 장관은 증거도 없이 극우 운동가들을 지목했다. 장마리 르펜이 고발당했다. 프랑수아 미테랑 국가 원수가 큰 관심을 기울이는 파리의 거리들에서 엄청난 시위가 벌어졌다. 1945년 이후 처음이었다.

코페르닉 거리의 테러 후 30여 년이 더 지난 2012년 대통령 선거 운동 기간 동안, 유대인 어린이들이 한 종교 학교 앞에서 살해되었다. 사람들은 파시스트, 인종 차별주의자, 반유대주의자를 비난했다. 베르나르앙리 레비는 "프랑스 정체성의 방화범들"이라고 비난했다. 니콜라 사르코지는 발레리 지스카르 데스탱의 후임자가 되었다. 언론은 칼라시니코프를 든 위대한 금발 나치[298]를 찾고 있었다. 그는 갈색 머리에 쾌활한 아랍인이고, 나쁜 짓을 일삼는 미녀 애호가였다. 그의 이름은 모하메드 메라였다. 이번에는 경찰 부서들이 너무 잘, 너무 빠르게 일했다. 그리하여 우리는 프랑스의 무슬림들과 "평화의 종교" 이슬람교와의 모든 "혼합"을 서둘러 금지했다.

---

298 칼라시니코프는 러시아의 돌격 소총 AK-47을 개발한 총기 제작자로, 본문에서는 AK-47을 의미한다. 공산주의 소련과 대립했던 나치가 러시아제 소총을 든다는 것은 형용 모순과 같은 상황인데, 프랑스 언론이 바로 그와 같다고 비꼬는 의도로 사용한 표현이다.

1980년 11월 1일

나의 아들, 나의 전투

목소리가 너무 날카롭다. 전문가들은 두 옥타브 반에 걸쳐 있는 매우 드문 팔세토[299] 음역이라고 평가한다. 양성적인 목소리, 카스트라토[300]의 목소리, 소녀의 목소리라고 문외한들은 논평한다. 다니엘 발라부안의 목소리는 그의 첫 대중적인 히트곡과는 거의 어울리지 않았다. 그 노래는 샹송에서의 라스티냐크[301] 같은 인간의 동 쥐앙적인 환상을 이야기했다. 그러나 그의 목소리는 "나의 아들, 나의 전투"와는 불안한 풍으로 오히려 어울렸다.

이 노래는 발라부안이 미셸 델페슈의 〈이혼한 사람들(Divorcés)〉에 이어 썼을 것 같은 속편처럼 보인다. 불과 몇 년밖에 지나지 않았는데 눈이 뜨였다.

고통 없는 이혼에 대한 희망 이후, 아이들을 둘러싼 전쟁이 펼쳐진다. 환상의 시간이 지나고, 현실의 시간이 온다. 헤어진 후에는 소송이 온다. 그녀는 다른 사람에게 떠났다. 그녀는 아이를 버렸다. 그녀는 다시 돌아오고, 아이를 되찾기를 원한다. 그녀는 엄마다. 그러나 발라부

---

299 가성(假聲).

300 거세 가수.

301 『고리오 영감』을 시작으로 발자크의 '인간 희극'에 속하는 작품들에 반복적으로 등장하는 인물. 파리로 유학 온 시골 출신 법대생으로 상류 사회에 진입하기 위해 고리오 영감의 딸과 어울리는 속물로 그려진다. 프랑스에서 '라스티냐크 같은 사람'이라는 표현은 출세를 목표로 삼는 야심가를 의미한다.

안은 이 낡은 철칙에 복종하는 것을 격렬하게 거부한다. "부재는 어떤 것도 방어할 수 없는 잘못이다." 엄마는 거기에 있는 사람이다. 로렌츠[302]의 유명한 거위 실험에서 거위가 과학자의 바지에 자기 몸을 비빈 것처럼, 엄마는 키우는 사람이라고 그는 말한다. 자연과 문화의 전통적인 논쟁에서, 발라부안은 문화 쪽으로 급진적인 편을 든다. 그는 개인의 자유라는 명목으로 생물학을 경멸하고 파괴하는 현대 문화주의 이데올로기를 구현한다.

발라부안은 또한 직업적이고 감정적인 삶에서처럼 패션의 유행에서도 우리의 시간을 끊임없이 괴롭히는 역할과 성별의 전도를 끝까지 밀어붙인다. 그녀는 떠났고, 그는 남았다. 그녀는 밖에 있고, 그는 안에 있다. 그녀는 방황하고, 그는 세심하게 보살핀다. 그녀는 공격하고, 그는 방어한다. "아들이 인생을 천천히 만들어 가게 하는 사람은 나다"라며 그녀는 불쑥 자신의 아들을 떠났다. 그녀는 추진력이 있고, 그는 느리게 건설한다. 그녀는 그를 폭행하고, 그에게 욕설을 하고, 그를 모욕하고, 그를 더럽힌다. 그는 모든 것을 수동적으로 받아들인다.

그녀가 나에 대해 말할 수 있는 모든 것은
그가 나를 긴장시킨 미소 옆에서 아무것도 아니다.

그리고 후렴은 궁극적인 반전을 단행한다.

---

302 콘라트 로렌츠(Konrad Lorenz, 1903~1989)는 조류의 각인 본능을 발견한 동물 행동학자다.

난 모든 걸 부술 거야

만약 당신이

내 자식에게 손을 댄다면

그녀는 떠나지 말아야 했어.

— 다니엘 발라부안,

〈나의 아들, 나의 전투(Mons fils, ma bataille)〉, 1980.

그녀는 남자이고, 그는 여자다. 〈이혼한 사람들〉 시절에 델페슈의 얼굴이 둥그스름해지고, 부드러워지고, 쇠약해졌다는 것을 사람들은 이미 알아차렸다. 발라부안을 통해 여성화가 진전되고 목소리를 얻으며 뼛속까지 들어간다. 〈나의 아들, 나의 전투〉는 자크 드미[303]의 1973년 작품 〈남자는 괴로워〉가 영화에서 보여 줬던 것을 노래로 만든 것이다. 마르첼로 마스트로야니[304]에 이어 발라부안도 아이를 낳았다!

바로 같은 해인 1980년, 미국 영화 〈크레이머 대 크레이머〉도 아내에 의해 버려진 아버지가 어머니에게 아이를 돌려주기를 거부하는 모습을 똑같이 보여 줬다. 20년 후, 세골렌 루아얄[305]은 아버지들에게 11일간의 육아 휴직을 허가했다. 남자는 평범한 엄마가 되었다.

---

303 자크 드미(Jacques Demy, 1931~1990)는 프랑스 영화감독이다.

304 마르첼로 마스트로야니(Marcello Mastroianni, 1924~1996)는 이탈리아 영화배우다.

305 세골렌 루아얄(Ségolène Royal, 1953~)은 프랑스 여성 정치인이다. 2007년 대선에 사회당 후보로 출마하여 당선이 유력했으나 결선 투표에서는 47퍼센트를 득표하여 사르코지에게 패배했다. 2007년까지 프랑스의 전 대통령 프랑수아 올랑드와 부부 관계를 유지했다.

발라부안은 그의 하찮은 예술에 대해 어떠한 환상도 품고 있지 않았다. "진지해지자. 이 노래는 실패한 교향곡에 더해진 실패한 시다. 우리는 단지 실패한 베토벤과 보들레르 같은 사람들일 뿐이다."

그는 40세에 노래를 그만둘 생각이었다.

그 후에 그는 정치를 할 것이었다.

68년 5월, 16세의 나이에 그는 이미 그의 친구들과 함께 교육 개혁에 관한 작은 백서를 썼다. 그는 국회 의원을 꿈꿨다. 그는 진보했다. 그는 그람시적인 의미에서 정치적 싸움을 주도했다. 그는 정신을 단련했고, 문화적으로 이겼다. 이 청소년 운동가는 운동가이자 청소년이 되기를 결코 멈추지 않았다.

그것이 좌파가 문화 영역을 지배하는 수준에 이르기까지 사로잡는 위대한 힘이다. 대중의 마음을 사로잡고 세뇌하기 위해서. 1980년, 발라부안은 "테러리즘으로 몰아넣을 수 있는 젊은이들의 절망에 대해" 프랑수아 미테랑에게 말을 걸면서 텔레비전 뉴스의 화면을 터뜨려 버렸다. 당시 그는 긴 검은색 외투를 입고 적군파에게 바치는 책 한 권을 팔에 끼고 여러 번 리허설을 하기까지 했다.

그는 지방 부르주아의 아들이었다. 나중에 '보보'라고 불리게 될 존재들의 선구자. 그들의 영적인 아버지. 그들에게 찬양받는 스승. 직접적인 힘 있는 '반역자'. 그는 모든 상흔을 가지고 있었다. 1983년 '7일 중 7일'이라는 방송에 게스트로 나간 그는 이렇게 표명했다. "나는 모두의 앞에서 말하고 싶습니다. 내가 퇴역 군인들을 성가시게 하고 있다고, 그리고 옛 전쟁들을 기리는 날이 되면 우리는 현재 벌어지는 전쟁들을 위해 더 열심히 시위를 할 것이라고 말입니다."

그의 마지막 히트곡은 1985년 그의 유대계 모로코인 동반자에게 바쳐진 노래 〈아지자(L'Aziza)〉(아랍어로 '미녀'라는 의미)였다. 그는 자신의 사랑 고백을 법과 국경을 무시한 반인종주의 서정시로 만들었다.

아지자 너의 노란 별은 너의 피부야.
짐을 지듯이 그것을 들지 마.
너의 힘은 너의 권리야.
[…]
네 인생이 거기 있다고 믿는다면
그것에 반대하는 법은 없어.

— 다니엘 발라부안, 〈아지자〉, 1985.

일관되고 설득력 있는 이민주의자인 그는 "아프리카의 수도 파리"를 만들기를 꿈꿨다. 〈아지자〉는 너무도 당연히 '인종 차별 SOS' 상을 받았다. 발라부안은 직접 의견을 밝혔다. "이것은 언제나 사랑 노래입니다. 인종에 대한 사랑 말이죠. 저에게는 모로코 출신 유대인 애인이 있는데 저는 그게 좋습니다…. 저는 그녀의 외모, 그녀의 머리색을 좋아합니다…. 저는 이 사랑 이야기를 통해서 생각을 나누고자 했습니다. 우리가 민족들을 사랑하거나 또는 사랑하지 않는다는 생각 말입니다. 우리는 '나는 아랍인들을 좋아해, 그들이 자기 나라에 있을 때만'이라고 말할 수는 없는 것입니다."

그의 친구 미셸 베르제는 같은 시기에 갸냘픈 목소리로 노래했다.

나는 그들을 위해 노래하고 싶다.

집에서 멀리 떨어져 있는 사람들.

그리고 그들의 눈에

아프게 하는 무언가를 담은 사람들.

—미셸 베르제,

〈집에서 멀리 떨어져 있는 사람들을 위해 노래하기

(Chanter pour ceux qui sont loin de chez eux)〉, 1985.

이 전투적이고 강렬한 외국인 혐오, 고통을 겪었으므로 신화화된 영웅으로 여겨지는 타자에 대한 이 열정은, 기다림과 자기 망각이라는 전통적인 여성적 좌절과 이렇게 결합한다.

발라부안은 1986년 초 니제르에 급수 펌프를 설치하기 위해 헬리콥터를 타고 아프리카 사막 위를 비행하던 중 사망했다. 그는 파리-다카르 랠리 덕분에 아프리카, 그 거주민들, 그 빈곤을 발견했다. 스피드광인 그는 멈춰 서고 싶었던 것이다.

그는 작은 황금 스누피를 보호하기 위해 목에 두른 어른-아이였다. 어른-아이들은 아이를 낳고, 자손을 위해 전투를 개시한다. 그리고 그들이 사랑을 발견하게 만들고, 그들에게 아내를 안겨 줄, 사막에서 온 영웅을 글썽이는 눈으로 기다린다.

1981

1981년 1월 14일

바보들을 위한 지배적 이데올로기

『프랑스의 이데올로기』[306]를 다시 읽어야 한다. 열광적이고 상투적인
문체 때문이 아니다. 테제의 필요에 따라 모든 방향에서 뒤틀려진 역사
적 진실 때문이 아니다. 베르나르앙리 레비는 자신의 최근 흰색 셔츠가
그랬듯[307] 역사적 진실을 조롱한다. 그는, "경멸스러운" 교회에 맞서 싸
움을 이끄는 볼테르의 유명한 표현을 되풀이하며 "전쟁을 한다"고 종
종 말한다. 그리고 전시에는 전시에 맞게 행동해야 한다! 사람들은 종
종 근거 있게 설명했다. BHL[308]은 마지막 단계의 프랑스 지식인을 구

---

306 1981년 발간된 베르나르앙리 레비의 에세이.

307 베르나르앙리 레비는 윗부분의 단추를 푼 하얀색 셔츠를 입는 것으로 유명하다.

308 이후부터 베르나르앙리 레비 Bernard-Henri Levy의 이니셜을 따서 BHL로 표현
하고 있으므로 그대로 반영한다.

현했다고. 기만의 조롱에 빠진 영광스러운 과거를 강생(降生)시켰다고. 사상 논쟁 대신 스펙터클 사회의 재능 있는 새싹을 구현했다고 말이다. 더 나아가야 한다. 그가 좋아하는 표현을 그에게 적용해야 한다. "BHL은 무엇에 대한 이름인가?" 그리고 이것을 위해 『프랑스의 이데올로기』를 다시 읽어야 한다. 이미 보고, 이미 읽었으며, 잘 알고 있는 듯한 느낌. 심지어 되풀되는 것 같은 인상이 든다. 언론인, 배우, 가수, TV 진행자, 몇몇 스포츠 선수에 이르기까지 미디어 사교계의 모든 지식인들에 의해 읊어진 것 같다. 『프랑스의 이데올로기』는 시대의 광고 영상이며, 바보들에게는 지배적인 이념이다.

BHL은 가공할 만한 효율성과 대단한 집요함을 자랑할 수 있다. 30년 전부터 그는 항상 같은 이야기를 해왔다.

그는 그저 잘못된 결론에 도달하기 위해 직감에서 출발했다. 스턴헬[309]과 팩스턴에 의해 안내되어, 그는 비시 정권이 전쟁 전 극우 세력의 배타적인 소굴이 아니라, 국가 혁명에서 활동한 좌파, 급진주의, 사회주의자, 그리고 공산주의자들에게 침범당하고 휩쓸렸다는 사실을 알게 되었다. BHL은 그들이 무엇보다도 제1차 세계대전 이후의 평화주의에 의해 집결했다는 것을 인정하지 않는다. (인정하고 싶지 않은 것일까?) "절대로 다시는 일어나지 않아야 한다"는 의미인 평화주의는 참호의 공포에서 탄생했다. 이것은 라발에서 셀린까지 전쟁의 앞잡이로 보이는 모든 사람들, 무엇보다도 유대인들을 목표로 삼는다. 그러나 BHL은 스승 스턴헬의 뒤를 이어, 이 비시 담합에서 프랑스식 국가사

---

[309] 지브 스턴헬(Zeev Sternhell, 1935~2020)은 폴란드 출신의 이스라엘 역사가다.

회주의의 명백한 증거를 보았다. 독일 나치즘과는 관계가 없을 뿐만 아니라, 그보다 앞서 나타나고 형성되고 단련된 프랑스식 국가사회주의. 악마는 독일이 아니라 프랑스다. 베를린이 아니라 비시다.

그리고 비시는 바로 프랑스다.

BHL은 인간 사냥, 과거 사냥, 프랑스 사냥을 시작했다. 그는 비열한 조상을 고발하는 거만한 청춘을 대표하는 검사(檢事)다. 그에게는 영광스러운 조상들에 대한 존경이나 자비가 없을 것이다. 바레스와 페기는 함께 쓰러진다. 바레스는 민족주의, 페기는 사회주의 때문에. 바레스는 사회주의를 위해, 페기는 민족주의를 위해. 반드레퓌스파인 바레스는 "유럽 최초의 국가사회주의자"다. 페기는, 적의 "신비주의 신학"을 용감하게 존중할 줄 아는 드레퓌스파였음에도 불구하고 죄가 있다. 무자비한 검사와는 달리, 그는 몇몇 사람들이 성스러운 군대에 맞서는 졸라의 잔혹한 공세에 단지 격분했을 수 있다는 사실을 이해했다. 드레퓌스를 무죄라 믿었던 자크 뱅빌의 예처럼 말이다. 두 사람은 모두 인종에 대한 금지된 단어를 사용하고, "프랑스 인종"을 환기하는 수준까지 비열함을 밀어붙였기에 유죄다. 이것은 "프랑스 인종"을 옹호하고 미화하기 위해서였다. 무엇보다 최악은 사랑하기 위해서였다는 것이다. 프랑스, 프랑스의 땅, 프랑스의 인종에 대한 이 사랑은 나치즘과 동일시된다.

그러고 나서 BHL은 더 큰 사냥감인 공산당을 겨냥한다. 그것은 그의 업적에서 가장 우상 파괴적인 부분이며, 가장 기본적인 부분이기도 하다. BHL은 프랑스 공산당(PCF)이 너무 마르크스주의적이라고 비난하는 것이 아니라, 충분히 마르크스주의적이지 않다고 비난한다. 모스크바에 너무 복종해서가 아니라 너무 프랑스적이라고 비난한다. 그의 고향, 그의 민족, 그의 작가들, 그의 언어를 너무 사랑한다고 비난한다. 모리스 토레즈[310]는 데카르트와 나폴레옹을 존경하기 때문에 손가락질당한다. 아라공은 바레스의 스타일을 격찬하고, 현대 시의 위반에 맞서 프랑스적인 12음절 시구를 지켰기 때문에 놀림을 당한다.

BHL은 폴 바양쿠튀리에[311]가 "고국에 깊이 뿌리내린" 운동가들을 "우리 고향의 풍미를 품은 이름들"이라고 칭찬했다며 신랄하게 비난했다. 그리고 바로 그 바양쿠튀리에의 말을 인용하며 덧붙였다. "왜 항상 '우리의 멋진 조국에 대한 사랑'을 억누를까? 조국을 안심하게 두어라, 거기에서 그것은 억압된 존재다. 그것은 온전히 거기에 있다, 악취를 풍기는 억압된 존재로서. 인종 차별, 외국인 혐오, 휘장, 멍청한 짓거리, 일, 가족과 조국, 그리고 근원적인 프랑스. 자라날 씨앗들과 흩뿌려진 것들의 열매들. 프랑스 공산당은 좌파에 속하지 않고 동유럽에 속한다고들 한다. 차라리 나는 공산당이 동유럽에 속하는 것이 아니라 우파에 속한다고 말하겠다."

프랑스 공산당을 "진정한 극우 정당"으로 만드는 것은 조국에 대한 그의 과도한 사랑이다!

논리는 냉혹하다. 프랑스를 사랑하면 우파와 극우다. 그리고 극우는 비시다. 그리고 비시는 벨디브의 대규모 검거 사건 그 자체다. 그리

---

310 모리스 토레즈(Maurice Thorez, 1900~1964)는 프랑스 공산당의 지도자다.

311 폴 바양쿠튀리에(Paul Vaillant-Couturier, 1892~1937)는 작가이자 정치인으로 프랑스 공산당 설립에 참여했다.

고 벨디브의 검거 사건은 유대인 말살을 상징한다. 그러므로 프랑스를 사랑하는 것은 유대인들을 몰살하는 것과 같다. 증명 완료.

BHL을 읽음으로써 드골 장군과 프랑스 공산당 사이의 전후 동맹의 본질적인 원칙을 더 잘 이해할 수 있다. 그리고 말로의 유명한 문구의 깊은 의미를 이해할 수 있다. "공산주의자들과 우리 사이에는 아무것도 없다." 애국자는 아무도 없다.

BHL은 프랑스 공산당에 맹공을 퍼붓지만 드골 장군은 살려 준다.

그는 페탱의 땅에 대한 민족주의를 라디오-장군의 육체와 분리된 애국심에 비교했다. "땅과 흙에 묶인" 페탱 원수의 국가를 장군의 국가와 비교했다. 장군의 국가는 "모든 토대와 사실상 머릿속의 땅인 모든 지리를 박탈당한 것, 그리고 성서의 예루살렘처럼 망명과 추방당한 유대감으로 굳건해진 준(準)환상을 박탈당한 것"이다. 그는 페기, 바레스, 모라스의 아이인 드골 장군에 대해 이렇게 공상 속에서 오해를 저질렀다. 드골에게는 런던으로의 망명이 강요와 고통이었다. 그는 장군을, 구둣발로 고국을 빼앗고 "내년에 파리에서"를 낭독했을 일종의 상상의 유대인으로 바꿔 버렸다. 장군은 영광스러운 원수 페탱이 그의 칼집에 다시 꽂아 준 프랑스라는 검을 손에 다시 쥐었을 뿐인데 말이다. BHL은 드골을 방랑하는 왕자로 바꿔 버렸다. 드골은 독일에 맞서서 사랑하는 오랜 나라의 중심에 있는 콜롱베레두제글리즈에 정착하기로 선택했지만 말이다. BHL은 전쟁이 끝나자마자 드골 그 자신에 의해 이미 규탄받은 실수를 반복한다. 1942년부터 의원 내각제와 무시된 자유의 이름으로 비시에 대항한 좌익 레지스탕스에 대해서 말이다. 드골이 페탱에 결코 맞서지 않은 것은 "정부를 복원했다"는 이유가 아니라, 패배를 인정해 버리고, 전쟁이 끝나지 않았다는 것을 거부했다는 이유에서였다. 페탱과 드골은 같은 전략을 갖고 있었다. 어떠한 희생을 치르더라도 프랑스는 승자 편에 속해야 한다는 것. 그들은 단지 승자의 이름에 있어서만 대립했다.

베를린 장벽이 무너지고 "세계화"가 시작되기 10년 전, BHL은 이미 국경 폐지, 자유 무역의 발전, 대량 이민, 복지 국가 파괴를 정당화할 담론을 제안한다. 그것은 세계화 이전에 자유주의적 세계화의 이념을 펼쳐 놓는다. 그것은 조화로운 국가 발전과 사회적 재분배를 조화시키려는 모든 정치적 시도를 금지한다. 그는 영광의 30년의 종말을 울린다. 사람들이 종종 비난한 것처럼, 그는 사회적 문제들을 모르지 않았다. 그는 그것들을 악마화한다. 나치즘의 불명예스러운 낙인을 찍어서.

BHL과 함께, 프랑스의 모더니스트 엘리트들은 필연적인 국가적 연대에서 벗어날 수 있는 순응적 사고를 찾아낸다. BHL은 크리스토퍼 라쉬가 분석했던 이 "엘리트들의 반란"을 구체화한다. 반란보다 더한 것, 분리다. 우리의 "BHL파" 엘리트들은 18세기 코블랑스[312]의 옛 귀족적 세계주의를 되찾았다. 그러나 거기에 비시 정부와 대독 협력을 위험하게 활용하는 짓을 더함으로써, 애국심, 고향 땅에 대한 애착, 가장 가난한 자들을 위한 배려에 대한 모든 개념을 모욕한다. 이것은 드골 장군이 시도했던 것과 정확히 반대다. 페탱으로부터 조국, 노동과 가족을 되찾아서, 그것들을 점령자에 맞서는 투쟁과 조국 해방으로 장식된 영

---

312 독일 라인란트팔츠 주의 도시 코블렌츠(Koblenz)를 의미한다. 프랑스 혁명 당시 프랑스 귀족들이 대거 망명한 지역 중 하나다.

광스러운 옷으로 감추기. 민족적인 것과 사회적인 것 사이의 효과적인 동맹을 민주적인 자유 안에서 다시 이어 가기. 민족적인 것과 사회적인 것은 19세기 나폴레옹 3세와 비스마르크가 만들어 냈지만, 파시스트, 나치, 공산주의라는 전체주의 체제가 피로 물들였다. BHL은 드골의 업적을 더 잘 파괴하기 위해 드골을 참조한다. 그의 실체를 더 잘 비워 버리고, 왜곡하기 위해 드골을 칭찬한다. 그를 더 잘 죽이기 위해서 말이다.

BHL은 자신의 화려한 경력 내내, 여전히 나치즘에 동화된 가증스러운 애국심의 모든 귀환을 고발하는 맹렬한 집요함으로 이름을 빛낼 것이다.

BHL은 전 세계 인권의 선구자가 되기를 바랄 것이다. 보스니아인부터 리비아인까지 억압받는 사람들을 위해 도처에서 싸웠지만, 프랑스인을 위해서는 결코 나서지 않았다. "그들 주위에서 이행하려 하지 않는 의무를 그들의 책에서 멀리 찾으려 하는 이 세계주의자들에게 도전하라. 이러한 철학자는 이웃에 대한 사랑을 면제받기 위해 타타르인을 사랑한다"(『에밀』, 1권)고 장자크 루소는 경고했다. 이어서 "핵심은 함께 살아가는 사람들에게 잘하는 것이다"라고 덧붙였다.

나중에 유대인의 유산을 재발견한 레비는 이스라엘 입장의 열렬한 지지자가 되었다. 프랑스 텔레비전 무대에서 평화주의와 예루살렘의 민족주의적 자부심을 번갈아 말하며. 그러나 시온주의자들의 건국 야망은 유대인들이 바레스적인 "땅과 죽음"의 달콤한 보호를 마침내 알게 만드는 것이었다. 그리고 파피요트와 카프탄의 유대인에 대한 막연한 매혹으로부터 멀어져서, 지킬 토지를 소유하고, 경작지에 매인 군인들이 되도록 하는 것이었다. 이렇게 BHL은 파리의 졸라와 예루살렘의 바레스라는 이중적인 역할을 맡는 데 익숙해졌다. 그러나 그의 효과적인 미디어 지원은 이중성에 가까운 이 양면성을 감추었다.

1981년 『프랑스의 이데올로기』가 등장했을 때, 레몽 아롱과 같은 많은 저명한 지식인들은 이 책과 저자의 주먹구구, 오류, 오해와 기만을 비난했다. 그들은 저자를 매장하고 엄청난 욕설과 경멸 아래 그의 명성을 영원히 실추시켰다고 확신했다. 그들은 잘못 생각했다. 그들은 BHL이 프랑스의 자기혐오와 프랑스 엘리트들의 분열의 "이름"이라는 사실을 이해하지 못했다. 그는 오래 지속되고 번영할 수밖에 없었다.

1981년 1월 24일

《댈러스(Dallas)》 혹은 영혼의 변화

그는 우리가 싫어했던 사람이었다. 그는 못생기고, 천박하고, 냉소적이고, 교활하고, 상스러운 사람이었다. 그는 멋진 개자식이었다. 우리는 그의 이니셜인 JR[313]과 그를 우스꽝스럽게 보이게 만드는 카우보이 모자만 기억했다. 하지만 그는 수많은 시청자들을 나쁜 남자아이에게 어

---

313 존 로스 유잉(John Ross Ewing)은 석유 부호 집안의 이야기를 다룬 드라마 《댈러스》의 등장인물로 자본주의적 천박함을 상징한다.

쩔 수 없이 유혹당한 어린 소녀들로 만들어 버렸다. 우리는 텍사스의 유전들을 둘러싼 유잉 가족과 반즈 가족 사이의 치열한 싸움을 모두 이해하지는 못했지만, 이 신사 숙녀들의 엇갈린 열정과 사생아적인 흥분에 열광했다. 섹스와 돈, 이 비결은 인류만큼이나 오래된 것이지만, 미국 텔레비전의 힘과 그 작가 팀의 재능은《댈러스》에 세계적인 신화의 아우라를 가져다주었다.

이 시리즈는 1978년 4월 2일 미국 CBS 채널에서 방영을 시작했다.

몇 달 후, 대처-레이건 커플은 자본주의에 혁명적인 활력을 돌려줄 것이었다.

프랑스에서 첫 번째 에피소드는 1981년 1월 24일 TF1에서 방영되었다. 미국에서와 마찬가지로 즉각적으로 시청자의 엄청난 인기를 얻었다. 모든 사회 계층과 모든 세대가 뒤섞여 있었다. JR은 프랑수아 미테랑과 집권 좌파를 몇 달 앞서갔다. 집권 좌파는 맹렬한 다원적 자본주의 생명론을 진정시키고, 하나로 모으고, 교화시켰던 케인스적 사회민주주의라는 코르셋을 대충 꿰매기 위한 프랑스 최후의 시도였다. 그러나 그것은 모든 부분에서 무너지고 있었다. 싸움은 몇 달 동안만 지속되었다. 대외 회계의 잔인한 현실은 프랑스 좌파들의 저항을 극복했다. 그러나《댈러스》의 대중적인 성공은 경제적이고 이념적인 포기보다도 먼저 문화적 패배를 내어 주었다.

거대한 것에 맞서는 작은 것, 거만한 승자(앙크틸)에 맞서는 아름다운 패자(풀리도르)만을 사랑했던 프랑스는 마음을 바꾸었다.《댈러스》는 1980년대의 혁명을 미리 보여 줬고 동행했다. 우리는 승자를 찬양하고 패자를 경멸하기 시작했다. 우리의 개인적 가치의 기준으로, 성공과 심지어 돈을 찬양하기 시작했다. JR은 타피[314] 이전에 하나의 모델이 되었다.

영광의 30년은 정말로 끝났다. 석유는 1973년과 1979년의 위기로 경제적 종말을 고했다. 석유는 댈러스를 통해 은유적으로, 이어질 새로운 시대를 예고할 수밖에 없었다. 만인에 대한 전쟁으로의 회귀.

장 뒤투르[315]와 같은 몇몇 우상 파괴적인 분석가나 유미주의자들은 "《댈러스》는 천재적인 연속극"이라며 이 시리즈에 감탄했다. 《댈러스》에는 발자크의 세계가 있었다. 인물들에게 부여된 악랄함, 냉소주의, 마키아벨리즘, 폭력, 탐욕, 남성 지배와 여성 소유의 수단으로서의 돈. 20세기 후반 활력을 되찾은 자본주의는 19세기의 약탈적이고 불평등한 그의 선조를 연상시켰던 것이다. 발자크와 졸라의 열렬한 팬인 위대한 미국 작가 톰 울프는 『허영의 불꽃』에서 그의 프랑스 대가들과 《댈러스》의 미국 사이에 문학적인 연결 고리를 맺었다.

그러나 텔레비전은 문학보다 훨씬 더, 그리고 할리우드만큼이나 타격을 가했다. 텔레비전은 자신의 의무를 시작했다. "문화재"는 항공에 앞서 미국의 첫 수출 거점이 되었다. 《댈러스》는 미국인들이 '소프트 파워'라고 부르는, 정신을 식민화하는 위험한 무기라는 것이 증명되

---

314 베르나르 타피(Bernard Tapie, 1943~2021)는 프랑스 재벌이자 정치인이다. 한때 아디다스와 축구팀 올랭피크 드 마르세유를 소유하기도 했다.
315 장 뒤투르(Jean Dutourd, 1920~2011)는 프랑스의 작가다.

었다. 그들은 알제리가 이란과의 분쟁에서 중재자 역할을 해준 것에 대한 감사로 이 시리즈를 제공했다. 그들의 승리는 공산주의 소비에트 연방이 냉혹한 텍사스 카우보이들에게 열광했을 때 완전해졌다. 장벽이 무너지기 전에 자본주의가 승리했다.

프랑스에서 부모들은 그들의 아이들을 수 엘런, 파멜라, 또는 심지어 JR이라 이름 붙였다. 젊은 층은 같은 시기에 문을 연 맥도날드를 향해 달려갔다. 프랑스는 미국에 이어 맥도날드 최대 소비국이 되었다. 미국의 사장들도 매우 놀랐다. 숙련된 상인들은 그때까지만 해도 고집스러웠던 우리의 지방들에 유령들의 축제 핼러윈을 도입했다. 그들의 재판에서 깡패들은 판사들을 "각하(Your Honor)"라고 불렀다.

가톨릭, 혁명, 그리고 공산주의라는 세 가지 문화의 영향을 받은 프랑스 사회는 텍사스 카우보이들 앞에서 무릎을 꿇었다.

대혼란을 받아들일 만큼 풍조는 충분히 무르익었다. 수십 년의 경제 현대화와 미국의 영향력이 그 토대를 마련했다. GI, 추잉 껌과 코카콜라, 로큰롤과 할리우드는 정신의 미국화를 위한 핵심적인 첫 단계였다. 이것들은 폴 모랑[316] 같은 사람이 1930년대에 발표한 소설 『세계 챔피언』에서 매우 잘 예고되었다. 우리는 새로운 물결을 맞을 준비가 되어 있었다.

---

316 폴 모랑(Paul Morand, 1888~1976)은 프랑스 작가이자 외교관이다.

최후의 드골주의자 마르셰

광대는 웃고 있는 가면 뒤에 눈물을 감춘 채, 슬프고 외로운 죽음을 선고받았다. 그것은 그의 저주, 그의 운명, 그의 전설이다. 캐리커처조차도. 1981년 4월 26일 일요일, 프랑스 공산당의 조르주 마르셰는 장피에르 엘카바흐[317]와 알랭 뒤아멜[318], 그의 전담 기자들 패거리를 얼마간 윽박질렀다. 그는 여전히 스펙터클을 단언했지만, 속마음은 더 이상 그렇지 않았다. 그는 대선 1차 투표에서 15.35퍼센트의 득표율에 그쳤다. 더 나쁜 것은 사회당 후보가 그를 앞질렀고, 2차 투표에서 승리할 모든 가능성을 갖고 있다는 사실이다. 마르셰는 사감이 불량한 학생을 벌하듯 그의 이름을 "미트-라아앙"이라고 발음하는 유일한 사람이다.[319] 그의 패배는 완전하다.

　1970년대에 프랑스 공산당의 서기장은, 지스카르의 가톨릭 공화국의 공식 광대라는 장식으로 조금씩 치장했다. 그는 높은 시청률과 텔레비전 쇼를 보증했다. 몇 년 안에 그는 이빨 사이로 조롱을 내뱉는 사람이 되었다. 그는 이제 두려운 사람이 아니라 웃기는 사람이다. 아직 "탈(脫)악마화"로 불리지 않는다는 점에 있어서는 최선의 상황이었다. 이윽고 이미 신뢰를 잃었다는 점에서 최악의 상황이 되었다.

317　장피에르 엘카바흐(Jean-Pierre Elkabbach, 1937~)는 프랑스의 언론인이다.

318　알랭 뒤아멜(Alain Duhamel, 1940~)은 프랑스의 언론인이자 에세이스트다.

319　마치 선생님이 잘못한 학생을 혼낼 때 이름을 강조해서 부르듯 '미트랑'의 이름을 길게 늘여서 부른다는 의미로 보인다.

아마도 1981년 4월 26일의 이 불길한 파티에서였을 것이다. 마르셰는 1978년 3월 13일 총선거가 끝난 후 『렉스프레스』[320]에 게재되었던 풍자적인 논설을 회상했다. 그것은 가장 호전적인 자유주의 논객 중 한 명인 장프랑수아 르벨이 쓴 것이었다. "프랑스 공산당은 모리스 토레즈 시대에 프랑스 제1정당이었다. 왈데크 로셰가 서기직을 맡았던 시절에는 프랑스 제2정당, 그리고 좌파 제1정당이었다. 조르주 마르셰 아래에서는 좌파의 제2정당과 프랑스 제3정당이 되었다."

1981년 대통령 선거가 끝났을 때는, 프랑스의 제4정당으로 한 번 더 강등되었다. 거기에 속하든 떠났든 당원들과 심지어 그의 반대자들까지도 예의 바르게 "당"이라고 불렀던 것은, 추월당하여 최고의 불명예에 이를 때까지 선거에서의 추락을 더 이상 멈추지 않을 것이다. 조르주 마르셰가 트로츠키주의 후보들에 의해 파멸된 후에야 멈출 것이다. 어쨌든 1978년 총선에서는 좌파가 패배했다. 모스크바는 결과에 만족했다. 그들은 미국으로부터 독립하는 데 관심을 갖고 정파들의 균형을 고려하는 드골주의 우파 후보를 언제나 선호했다. 심지어 북대서양조약기구(NATO)의 유혹에 굴복한 것으로 여전히 의심받는 중도주의자 지스카르도 사회주의자보다 선호되었다. 소련은 기 몰레[321]를 잊지 않았다.

이것은 좌파 연합의 기본적인 역설이었다. 프랑스 공산당이 너무

---

320 『렉스프레스(L'Express)』는 프랑스의 뉴스 주간지다.

321 기 몰레(Guy Mollet, 1905~1975)는 국제노동자동맹 프랑스 지부(SFIO)의 서기장에 이어 총리를 역임했다. 드골의 재집권을 찬성하고 지지했으나, 이후에는 드골 정부에 비판적인 입장으로 돌아섰다.

강하면, 좌파는 승리하지 못했다. 유권자들이 "체코슬로바키아 쿠데타"[322]를 두려워했기 때문이다. 그러나 공산당이 너무 약하면, 더 이상 무게가 실리지 않았다. 좌파는 승리했다. 그러나 사회주의자들은 자유주의적이고 범대서양주의적인 낡은 반응과 이제 자유롭게 재결합할 수 있었다. 이것이 1983년부터 일어나게 될 일이다.

1972년 사회주의자들과 공산주의자들, 그리고 좌파 급진주의자들이 공동 정부 프로그램에 서명했다. 그때 프랑스 공화당은 신화 속의 식인귀였다. 몇 달 먼저 에피네에서 새로운 사회주의 정당이 '엄지 동자' 같은 힘없는 국제노동자동맹 프랑스 지부(SFIO)[323]의 폐허 위에 만들어졌다. 사회주의 인터내셔널 앞에서 공산주의자들의 300만 표를 갈취하겠다고 약속한 미테랑의 허풍은 영악한 정치인들을 미소 짓게 하고, 진정성 있는 민주당원들을 걱정시켰다.

그리하여 공산주의는 러시아에서는 1000년 동안, 프랑스에서는 한 세기 동안 정착한 것으로 보인다. 독일이나 북유럽의 소스로 만들어진 사회민주주의가 결코 받아들여지지 않은 나라에서, 프랑스 공산당은 그들의 관례, 그들의 엘리트, 그들의 문화로 반노동자 사회를 건설하는 데 성공한 유일한 프랑스의 정치적 힘이었다. 노동총동맹이라는 중개자에 의해, 당은 경영진과 정부의 특권적인 파트너가 되었다.

---

322 1948년 체코슬로바키아 공산당이 소련의 지원으로 쿠데타를 일으킨 사건. 이로 인해 공화국이었던 체코슬로바키아는 공산당이 정권을 잡은 사회주의 공화국이 되었다.

323 프랑스 사회당의 옛 명칭.

독일이나 스웨덴식 사회민주주의를 따라, 부르주아와 정부와 함께 국가적인 부의 공유, 그리고 "노동 계급"이라는 신화에 집결한 가장 평범한 사람들의 생활 수준이 꾸준히 성장하도록 협상하고 합리화한 것이 바로 이들이다.

지정학적 계획에 있어서 프랑스 공산당은 드골 장군의 독립 정책의 위대한 동맹이다. 드골의 죽음 이후, 조르주 마르셰는 자신의 차례가 되자 두 개의 진영을 모두 지지하지 않았다. 북대서양조약기구뿐만 아니라 바르샤바조약기구와도 정중하게 거리를 두었다. 당시 언론은 유럽 공산주의에 대해 이야기했다. 이탈리아와 스페인의 공산주의자들 또한 모스크바에 대한 충성에서 해방되었고, 그들이 집권하자 바르샤바조약기구의 품 안에 조국을 융합시키기를 거부했기 때문이다. 그러나 이탈리아 공산주의자들은 나토에 대한 구속을 받아들였고, 스페인인들은 마침내 나토에 가입했다. 오직 프랑스인들만이, 드골식 전통에서, 소련만큼이나 그것을 거부했다.

드골 장군처럼 공산주의자들은 유럽 통합 기구의 건설이 팍스 아메리카나와 국가 주권 종말의 앞가리개에 불과하다는 것을 이해했다. 룩셈부르크 타협[324]을 이끈—이제 유럽경제공동체는 만장일치제도가 됐지만—1965년 드골의 "빈 의자" 정책처럼, 공산주의자들은 공동정부프로그램[325]의 법안에서 유럽 공동체의 다수결과 초국가성에 대한

---

324 프랑스가 유럽 공동체의 초국가적 권한 강화에 불만을 품고 1965년 자국 대표들을 철수시키자, 이 상황을 해결하기 위해 유럽 공동체 회원국이 룩셈부르크에 모여 프랑스의 주장을 수용한 합의를 가리킨다.

325 1972년 사회당과 공산당이 좌파 연합 노선을 구축하고 채택한 정부 개혁안을 의

준거를 없앴다.

1970년대 후반은 구세계가 종말을 늦추고 있고 새로운 세계는 출현하기 어려운 혼란스러운 시기였다. 공산주의자들은 개인주의적이고 쾌락주의적인 새로운 세대에 의해 놀림당하고 우스꽝스러워졌다. 그들은 동성애자들과 가벼운 소녀들을 격렬히 비난하는 지네트 '토레즈'-베르미슈[326]의 강요와 새침함을 더 이상 견디지 않았다. 조르주 마르셰는 스탈린주의자와 독일 협력자로 한꺼번에 비난받았다. 그가 프롤레타리아 독재를 공식적으로 포기했고, 전쟁 중에는 대독 협력 강제노동국에 의해 메서슈미트의 공장들로 떠났음에도 불구하고 말이다.

그러나 마르크스주의 이데올로기 해석은 1970년대 후반만큼 효과적이었던 적이 결코 없다. 영광의 30년의 종말과 석유 위기의 안개 속에서 새로운 세계화된 자본주의가 서서히 나타난 시기였다. 마르크스의 직관에 따라 자본주의는 자본의 더 나은 수익성을 회복하기 위해 새로운 혁명적 사이클을 시작했다. 그것은 생산과 시장의 금융화와 국제화를 바탕으로, 해방 이후부터 "노동자들의 기득권"을 제한하고 축소하기 위해 마련된 사회적 반개혁에 의해 이루어진다.

1945년 이후로 표준이 된 정규직(Contrat à Durée Indéterminée, CDI)

미한다.

326 지네트-베르미슈(Jeannette Vermeersch, 1910~2001)는 프랑스 정치인이다. 프랑스 공산당 서기장 모리스 토레즈의 아내이기도 했다.

은 1979년 비정규직(Contrat à Durée Determinée, CDD)이 만들어지면서 의문시되었다. 점차적으로 비정규직은 노동 시장에 진입하는 청년들에게 제안되는 표준 계약이 될 것이다. 한편, 튀니지와 같은 마그레브 국가들에는 최초의 섬유 공장들이 들어섰다. 노동 시장의 유연성과 지역 편중 해소라는 두 가지 움직임은 함께 등장해서는, 서로를 보완하고 강화하며 멈추지 않고 확장된다. 공산주의자들은 국가를 방패 삼아 이 자유주의적 공격을 막으려고 한다. 그들은 "프랑스 제품을 생산하고 구매하기"의 예찬자 역할을 한다. 레지스탕스 이후로 애국심은 옛 세계주의 정당에게 더 이상 겁을 주지 못했다. 그것은 심지어, 바삭바삭한 역설이지만, 새로운 철학을 받아들인 멋쟁이 '왕당파'들이 국수주의를 공격한 것과 마찬가지다.

1977년 프랑스 공산당은 기업들이 프랑스 영토 내에 투자하도록 강요하기 위한 대규모 캠페인을 시작했다. 그들이 "조국에서 일하고 살 수 있도록" 만들기 위해서였다. 그러나 그 당시 정치, 경제, 언론의 엘리트들은 오직 먼 바다의 신선한 공기와 자유 무역의 탐욕스러운 냄새만을 따랐다. 그러자 공산주의자들은 사회주의자들에게 공동 정부 프로그램을 재협상하도록 압력을 가하기로 결정했다. 미디어적인 겉치레("릴리안, 짐을 챙겨!"[327])와 전략적 속셈(프랑스 공산당은 1978년 총선에서 좌파 연합의 패배를 야기하고자 한다)을 넘어, 마르셰는 한 번 더 시도한다.

---

327 이 문장은 1980년 마르셰가 텔레비전 프로그램에 출연했을 때 남긴 유명한 말의 일부로, 릴리안은 마르셰의 아내 이름이다. 그의 당시 발언은 정확히 다음과 같다. "저는 제 아내에게 말했지요. '프랑수아 미테랑이 좌파 공동 프로그램을 버리기로 결정했어. 짐을 챙겨, 우리는 파리로 간다!'"

콜베르-드골주의의 전망에서, 프랑스 산업의 손실로 몰아갈 프랑스 경영자의 세계주의적인 시도를 억제하기 위해서 정부를 이용하고자 한 것이다. 30년이 지난 뒤 지스카르는 프랑스 산업 손실의 영향력을 예상하지 못했다고 고백할 것이다.

공산주의자들이야말로 유럽이 프랑스의 나토화와 자유주의적인 반개혁을 연결 고리로 삼고 있다는 것을 잘 알고 있다. 미국화와 자유화는 자신의 도착을 알리는 세계화의 두 가지 양식이다. 여기에서 유럽은 트로이의 목마다. 엘리트들과 경영자를 민중의 위협에 방치함으로써 민주적 기능뿐만 아니라 노동자의 사회적 보호를 보장하는 것은 국가 주권이다. 이 민주적 목 조르기를 풀 유일한 방법은 국가 주권의 한도를 넘는 것이다. 경영진과 결정권자들을 불안해하는 민중들로부터 떨어뜨리기 위해서 말이다. "유럽 공동체 건설"은 1789년에 탄생한 이 혁명의 전통을 끊기 위한 절대적인 무기가 될 것이다. 혁명은 프랑스와 유럽의 엘리트들을 여전히 두렵게 한다. 68혁명으로 완성된 19세기가 그렇게 멀지 않기 때문이다.

1979년 유럽 의회 선거 때, 공산주의자들은 국가 주권의 이름으로 시장의 유럽에 맞서 공격을 주도했다. 텔레비전 토론에서, 시장의 유럽을 제지하기 위해 국가 주권을 찬양한 공화국연합(RPR)의 시라크, 드브레와 이데올로기적이고 심지어 개인적인 공모를 맺음으로써. 이 공모는 순진한 자들과 무식한 자들만을 깜짝 놀라게 했다. 이 최초의 유럽적 캠페인은 드골주의자들과 공산주의자들이 전쟁을 하는 동안 봉인된 동맹의 마지막 표명이 될 것이다. 하지만 드골주의자 명단은 16퍼센트라는 모욕을 당하게 될 것이다. 한편, 공산주의자들은 20.6퍼센트의 득표율로 그들의 전통적인 입장을 그럭저럭 유지할 것이다. 마르셰는 유럽 의회 의원으로 선출되어 1989년까지 계속할 것이다. 코셍의 호소가 실패한 후, 공화국연합은 즉시 죽지는 않을 것이다. 그러나 드골주의의 유산을 서둘러 버리고 배신할 것이다. 강이 바다로 흘러 들어가는 것처럼 섞여 버리기 전에. 중도파, 유럽 통합 지지자와 지방 분권론자 명사들의 당인 오랜 경쟁 상대 프랑스민주연합(UDF)의 암호명일 뿐인 대중운동연합(UMP)의 한가운데에서 말이다. 프랑스 공산당은 조금씩 말라 죽을 것이다. 그러나 레지스탕스의 유산을 버리고 배신함으로써 부활하지는 않을 것이다.

그리하여 마르셰는 승패를 걸고 막판 승부를 벌인다. 이 1979년 연말에, 우리는 모스크바의 붉은 광장에서 생중계된 텔레비전 스크린에서, 크게 웃고 있는 그의 모습을 목격한다. 아프가니스탄에 대한 소련의 군사 개입을 자랑스럽게 지지하면서 말이다. 승자, 독일 협력자의 오만함에 가까웠다고들 말할 것이다. 그 효과는 파국적이다. 프랑스 공산당 서기장은 수년간의 "유럽 공산주의자들의" 노력을 하나의 영상으로 무너뜨렸다. 카불의 러시아 전차는 부다페스트나 프라하의 러시아 전차를 떠올리게 한다. 소련 제국주의는 프랑스 공산주의자들의 축복으로 활기를 되찾은 것처럼 보인다. 다시 한 번, 냉전의 구세계에 대한 하나의 에피소드로 여겨지는 것이 사실은 새로운 세계의 토대가 되는 사건이었다는 점을 당시에는 아무도 깨닫지 못했다. 아프가니스탄에 대한 개입은 이란 혁명에 대한 대답이다. 소련의 무슬림들은 동요하기 시작했다. 소비에트 사회주의 연방은 서방과 싸우기 위한 공산주의적 전체주의의 전초 기지에 있는 것이 아니다. 그것은 새로운 이슬람 전체주의와 싸우기 위한 서방의 전초 기지들에 있다.

미국은 2001년 9월 11일의 테러가 일어날 때까지 그것을 이해하는 데 13년이 걸릴 것이다.

마르셰는 당시 아프가니스탄을 지배한 이슬람교의 엄격주의를 규탄했다. 여성들이 베일을 쓰지 않고 거리를 걸을 권리와 어린 소녀들이 학교에 갈 권리에 대한 것이었다. 당시 프랑스 우파는 그를 야유하고 조롱했다. 그때 그는 이 논쟁들이 10년 후 프랑스 우파에 의해 바로 그 아프간 이슬람교도들에게 맞서는 나토의 공격을 정당화하기 위해 재개될 것이라는 사실을 몰랐다.

러시아 제국의 끝에 위치한 이슬람과의 싸움이 조르주 마르셰가 전략 지정학적으로 의문을 품게 만든 것인지의 여부는 알려지지 않았고, 아마도 결코 알려지지 않을 것이다. 센강가에 이슬람이 갑자기 수장되었다는 의문 말이다. 반면에 공산당의 세력이 강한 교외 지역의 모든 의원들은 수개월 전부터 그들의 서기장에게 그들 지역의 주택 단지에 무수한 마그레브 가족들이 준비되지 않은 채 갑작스럽게 도착하는 바람에 끔찍한 결과를 야기하고 있다고 경고해 왔다.

거기에서도 역시, 거기에서 한 번 더, 마르크스적인 이데올로기 해석으로 공산주의자들은 그들의 눈앞에서 일어나고 있는 일을 이해할 수 있었다.

많은 프랑스 노동자들은 이 침략적인 혼잡함을 견디기 어려웠다. 노동자 계급의 당은 그들을 강력하게 옹호해야 했다.

1980년 12월 24일, 비트리쉬르센 마을의 시장은 말리 노동자들의 집을 불도저로 파괴하라고 명령했다. 폴 메르시카[328]는 가능한 한 많은 이민자들을 비트리로 이송한 인근 생모르데포세 시청의 정책을 비난했다.

1981년 2월 7일, 몽티니레코르메유의 시장인 로베르 위는 한 모로코 가족이 아이들에게 마약을 팔았다고 고발하고, 그들의 창문 아래에서 적대적인 시위를 벌였다.

조르주 마르셰는 1981년 1월 6일 『뤼마니테』[329]의 1면에 파리의 이슬람 사원 교구장에게 보내는 긴 편지를 발표했다. "프랑스 정부와 고용주들에 대해 말하자면, 그들은 대규모 이민을 이용합니다. 우리가 옛날에 현대 노예들로부터 착취하고 수탈한 노동력을 손에 넣기 위해 흑인 매매를 실행한 것처럼 말입니다. 이 노동력은 그들이 더 큰 이익을 얻게 하고, 임금, 근로 및 생활 조건, 이민자든 아니든 모든 노동자의 권리에 더 큰 압력을 가할 수 있도록 만듭니다. [⋯] 현 위기에서 이민은 고용주들과 정부를 위해서 실업, 저임금, 열악한 근로 조건, 이민자는 물론 프랑스인까지 포함하는 모든 노동자에 대한 억압을 악화시키는 수단을 구성합니다.

그것이 바로 우리가, 새로운 노동자들을 실업 상태로 밀어 넣고 싶지 않다면 이민을 중단해야 한다고 말하는 이유입니다. [⋯] 나는 분명하게 말합니다. 공식적이고 비밀스러운 이민을 중단해야 합니다. 하지

---

328 폴 메르시카(Paul Mercieca. 1932~)는 프랑스 공산당의 정치인이다.
329 『뤼마니테(L'Humanite)』는 1904년부터 발행된 프랑스 좌파 일간지로, 1994년까지는 프랑스 공산당의 공식 기관지였다.

만 연방 독일의 수상 헬무트 슈미트가 했던 것처럼, 이미 프랑스에 있는 이주 노동자들을 강제로 추방해서는 안 됩니다."

편지에서 그는 한술 더 떠 교구장에게 비판받았던 비트리 시장의 반응을 정당화했다. "실제로 지스카르 데스탱 선생과 고용주들은 수많은 행정 단위에서 이민자들을 거부하거나 몇몇 도시들에 이민자들을 집중시키기 위해 그들을 몰아냅니다. 특히 공산당이 이끌고 있는 도시들 말입니다. 이렇게 해서 서로 다른 전통, 언어, 삶의 방식을 가진 노동자와 가족들은 게토라고 불러야 할 곳에 몰아 넣어진 상태가 됩니다. 이것은 다양한 국가들에서 온 이민자들 사이에 긴장감을 조성하고 때로는 충돌을 일으키기도 합니다. 이것은 프랑스인들과의 관계를 어렵게 만듭니다. 집중화가 매우 거대해질 때 […] 주택 위기가 악화됩니다. HLM은 심각하게 부족하며 프랑스인 가족들은 그곳에 들어갈 수 없습니다. 빈곤에 처한 이민자 가족들을 위한 필수적인 사회 복지 부담금은 노동자와 피고용자들로 가득 찬 자치 단체의 예산으로는 감당할 수 없게 됩니다. 교육도 무너지고 있어서 아이들은 학교 교육을 따라잡기가 더욱 어려워지고 있습니다. 이민자 아이들은 물론이고 프랑스 아이들도 말입니다. 의료비 지출은 높아져서 […] 위험 수위에 도달했습니다. 경영자와 정부의 인종 차별 정책이 만들어 낸 참을 수 없는 상황을 끝내지 않으면 더 이상 충분한 해결책을 찾을 수 없는 것입니다."

그는 1981년 대통령 선거 운동이 시작되자 그 기간 동안 매 토론회마다 이 주제를 반복했다. 침몰된 프랑스 프롤레타리아를 감동적이고 재주 있게 수호하면서.

하지만 공산주의자들은 다시 혼자가 되었다. 우파 언론『르 피가로』와 좌파 언론『리베라시옹』은 합심하여 공산당의 "인종 차별"을 비난했다. 지스카르 데스탱의 텔레비전, 그리고 미디어적이고 예술적인 좌파의 고매한 영혼들은 공동의 적의 몸을 짓밟기 위해 동맹을 맺었다.

마르셰는 용감하게 싸웠지만 웃음거리가 되었고, 모욕당했으며, 쓰러졌다. 공산당은 정부가 「보네 법」과 「스톨레뤼 법」으로 구상한 국경 폐쇄 정책에 반대하는 대가를 톡톡히 치렀다. 그의 타고난 세계주의는 그의 후천적인 애국심을 배신했다.

피에르 쥐캥[330]이 미디어 정치의 일제 사격 속에서 조르주 마르셰가 물러서도록 설득한 정치국의 비밀회의 후에, 프랑스 공산당은 항복했다. 이민에 맞서 싸우기를 포기했다. 이 패배는 영구적인 흔적을 남겼다. 마르셰는 두 개의 판에서 패배했다. 하나는 관대함, 젊음, 세계주의적 형제애였고, 다른 하나는 "프랑스 민중"의 이익과 생활 방식이었다. 마냥 깨끗하고 양면적인 미테랑의 사회당은 이 급변으로부터 모든 이득을 모았다. 노동자들은 새로운 노동 계급 정당인 "아름다운 사람들" 앞에 굽히지 않는 새로운 선구자들을 찾았다. 찾는 데 시간이 오래 걸리긴 했지만, 그들은 유권자 대이동을 시작했다.

마르셰는 도박을 했고, 졌다. 불가피한 일을 향한 이 경주에서 공산당 서기장은 숙명적인 순간을 늦추기 위해 모든 노력을 기울일 것이다. 그는 자신이 소유한 모든 국가적인 수단을 다 이용했다. 그는 프랑

---

330 피에르 쥐캥(Pierre Juquin, 1930~)은 프랑스 공산당원이었으나 1980년대 이후로는 환경 관련 정당에서 활동한 정치인이다.

스의 독립, 국가와 민중의 주권, 프랑스 산업, 프랑스 급여 생활자들의 생활 수준, 프랑스 노동자들의 근로 조건, 프랑스 국민의 단결까지 유지하기 위해 애국적 열정을 높이려고 노력했다.

마르셰는 자신의 저서 중 하나인 『현재의 희망』에서 다음과 같이 썼다. "나는 프랑스 전 지역을 가 봤다. 나는 우리나라 여성들과 남성들의 근본적 열망은 자신들의 집에서 자유롭고 행복하게 사는 것이라고 증언할 수 있다. 나는 또한 프랑스 여성들과 프랑스 남성들이 프랑스의 역사에 대해 얼마나 열정을 가지고 있는지도 확인했다. 이것은 오늘날 우리의 전 지역에서 경험되는 사건들에 연결 지을 수 있는 확고한 역사적 참고 자료가 된다. 그리고 우리 민족적 삶의 위대한 순간들과 위대한 인물들을 재현하는 텔레비전 프로그램의 성공에까지 이른다. 역사는 우리에게 현재를 검토하고 변화시킬 수 있는 자료와 교훈을 준다. 지스카르 데스탱 씨가 두려워하는 것이 이것이다. 그는 우리가 "기억이 없는 세계"에 진입했다고 주장한다. 또한 학교에서 배우는 프랑스 역사의 가르침을 약화시키기 위해 온갖 일을 한다. 이 역사, 우리는 그것에 애착을 갖고 있다. 역사는 우리에게 프랑스가 지구상에서 가장 오래된 나라 중 하나라고 가르친다. 프랑스는 여기에서 만들어졌다. 유럽 대륙의 서쪽, 인류의 거대한 흐름의 교차로에서, 수 세기 동안 지속되어 온 하나의 운동 속에서."

하지만 우리는 더 이상 1944년에 있지 않았다. 마르셰는 그의 혁명적 국제주의와 애국적 열정을 조화시키는 데 성공하지 못했다.

패배한 슬픈 공산주의자 광대의 가면 아래, 자신이 드골주의자라는 것을 모르는 드골주의자가 숨어 있었다.

1981년 7월

맹게트의 파리 대왕

설명이 많다면, 그것은 아무도 이해하지 못한다는 뜻이다. 불에 탄 차들, 약탈당한 상점들, 바리케이드로 막힌 경찰서들. 이 1981년 여름 이전에 사람들은 이 장면들을 앙시앵 레짐의 "폭동들"이나 미국과 영국의 인종적 소요들에만 속하는 것으로 여겼다. 그러고 나서 청춘의 반란, 청소년기의 위기일 거라 믿고 싶었다. 여름이었고, 학교는 방학인 시기였다. 날씨가 좋고 더웠다. 젊은이들은 지루했다. 그들은 나이트클럽에서 쫓겨났다….

몇 년 전, 가족 재결합은 프랑스 대도시의 교외 지역들을 새로운 시대로 전환시켰다. 매우 빠르게, 원주민들과의 관계가 악화되었다. 원주민들은 농촌에서 이주하거나 유럽에서 이민을 온 노동자들과 그 가족들이었다. 마그레브 아이들은 거칠고 심지어 폭력적인 가부장적인 교육에 익숙했다. 이 교육은 68혁명으로 태어난 프랑스 사회가 인간관계의 평화, 아버지의 죽음, 그리고 아이들이 각성이라는 명목으로 거부하고 있던 것이었다. 각성은 독립적인 인간과 초보적인 소비자로서 아이들이 스스로를 자각함을 의미한다.

1950년대에 출판된 소설 『파리 대왕』[331]은 난파로 인해 무인도에 남겨진 아이들의 이야기를 한다. 그들은 패거리들로 조직된다. 그 패거리들은 거칠고, 계급화되고, 폭력적이며, 잔인하다. 1970년대 프랑스

---

[331] 영국 작가 윌리엄 골딩이 1954년 발표한 소설.

교외 지역은, 청소년들이 가족의 모태에서 빠져나오기 위해 패거리를 이용하는 『단추 전쟁』[332]의 새콤한 세계 속에 여전히 속한다고 스스로를 믿으면서, 『파리 대왕』의 세계에 들어갈 준비를 하고 있었다.

그러나 사보나롤라[333]부터 공산주의자, 파시스트이거나 히틀러주의자 청년들을 거쳐 중국의 문화 혁명에 이르기까지, 편입된 청년들이 혁명 운동 무리 중 가장 끔찍한 경우가 된다는 것을 우리는 알고 있다. 하지만 누구도 아무것도 보지 않았다. 누구도 아무것도 보고 싶어 하지 않았다.

이 1970년대 프랑스 교외에서 권력은 여전히 당에 속한다. 탁아소, 학교, 보건소, 경기장, 체육관, 도서관, 여름 학교, 양로원, 음악원, 출생, 결혼과 장례식 등 공산당은 7세에서 77세까지 각각의 존재를 책임진다. 이것은 1000년 전부터 가톨릭에 의해 만들어진 하나의 프랑스에서 똬리를 트는 데 큰 어려움을 겪지 않았던 프롤레타리아적이고 집단적이며 연대적인 하나의 반사회다. 마르크스주의는 복음을 대체했다.

예전에는 교회가 지역 거주자들을 보호한다는 표시로 마을 중앙에 위치했다.

공산주의자들 역시 권력은 우선 돌에 새겨져 있다는 것을 이해했

---

332 프랑스 작가 루이 페르고가 1912년 발표한 소설. 19세기 말 프랑스 시골 아이들의 이야기로 여러 번 영화화되기도 했다.

333 지롤라모 사보나롤라(Girolamo Savonarola, 1452~1498)는 이탈리아 도미니크회 수도사이자 종교 개혁가다.

다. 1930년대 「아테네 헌장」[334] 이후 공산주의자이거나 공산주의에 물든 건축가들은 대부분 프랑스인들이었다. 그들은 포석들 주위로 건설된 고층 건물들의 도시 계획을 구상했다. 수직적인 오솔길들로 둘러싸인 이 공간들은 당의 세포인 서기관의 통제를 벗어나 어느 누구도 들어오거나 나갈 수 없다. 모든 것이 용이하게 감시된다. 고층 건물의 발밑에 있는 관리인들은 모스크바의 눈이다. 「아테네 헌장」의 건축가들은 그들의 먼 후계자들이 비난할 이 게토들을 직접 세웠다. 당에게 복종하는 사람들을 당이 지배할 수 있게 만들기 위해서였다. 이것이 베를린 장벽의 원리다.

1945년 해방 당시 드골 장군은 우선 내전을 피하는 것을 목표로 삼았다. 공산주의자 프랑스 의용군들은 무장하고 전투를 계속하겠다고 위협했다. 드골은 그들의 항복을 스탈린과 협상했다. 민간 평화의 대가로 그는 프랑스 공산주의자들에게 요새들을 넘겼다. 앙리 4세가 「낭트 칙령」과 함께 개신교도들에게 진지를 제공한 것과 같았다. 이중에는 EDF[335]와 르노 외에도 시설부[336]가 있었다. 그것은 정부를 복원하기를 원하는 드골주의자들과 새로운 교회가 되기를 꿈꿨던 프랑스 공산당 사이에 이루어진 군부와 교회의 쇄신된 동맹이었다.

공산주의자들은 그들의 "베를린 장벽"이 최초로 삐걱거리는 것을 겪었다. 68혁명의 여세를 몰아 "금지하는 것을 금지한다"라는 유명한

---

334 「아테네 헌장(Charte d'Athènes)」은 1933년 아테네에서 개최된 국제현대건축가 회의에서 발표된 도시 계획의 원전(原典)이다.

335 프랑스 전력공사.

336 현재 환경부의 옛 명칭.

슬로건을 내걸고 집단적 구속을 거부했던 1970년대의 젊은이들로 인해서.

아주 빠르게 이민자들이 그들을 대체했다. 가족 재결합으로 등장한 청년들 역시 당에게 굴복하기를 거부했다. 이 청소년들 중 몇몇은 도착한 지 얼마 지나지 않아 첫 번째 암거래, 첫 번째 절도, 첫 번째 폭력을 빠르게 경험했다. 그들은 큰소리를 지르고, 욕하고, 때리고, 한밤중에 작은 오토바이들로 경주를 하고, 되도록 독일 리무진을 골라서 자동차를 훔치고, 상점의 유리창을 깨고, 땅바닥에 병들을 던지기 시작했다. 특별한 이유 없이, 재미로, 공포심을 주려고. 그들의 영토를 더 잘 표시하기 위해 부수고, 훔치고, 강간했다. 그리고 감히 반항하는 모든 것을 보복으로 위협했다. 그들은 나이트클럽 앞에 떼를 지어 몰려와서는 소란을 피웠고, 들어오자마자 소녀들을 괴롭혔고, 제지당했을 때에는 "차별당했다"고 화를 냈다. 이 참을 수 없는 폭력을 완화하고, 반사적으로 최소한의 저항으로 악마화하기 위한 "무례함"이라는 단어는 아직 발명되지 않았다.

일부는 무장하고 총을 쐈다. 그들은 곧 체포되어 유죄 판결을 받았고, "인종 차별적인 파쇼"인 사법과 미디어라는 이중의 지탄을 받았다. 〈뒤퐁 라주아〉.

다른 사람들, 더 많은 사람들은 가능한 한 빨리 떠나는 것을 선호했다. 그것은 진정한 본질을 감추는 집단 탈출이었다. 경찰들은 그들을 보호하려고 했다. 그들은 쓰러뜨려야 할 적이 되었다. 1979년 9월부터, 보앙블랭 구역의 그라피니에르 주택 단지에서, 본국으로 추방될 위기에 놓인 젊은 자동차 도둑 아킴을 뒤쫓던 리옹 경찰은 불쾌한 놀라움을 경험했다. 그들은, 아직 "도시 폭동"이라고 불리지는 않았지만, 경찰력과 자기편을 보호하려는 젊은이들 사이에서의 일반적인 난투극과 유사한 사건을 유발했던 것이다.

공산주의자들만이 무슨 일이 일어나고 있는지 이해했다. 공산당 세력이 강한 행정 구역들의 사회 복지 사업들은 청원들에 파묻혔다. 그들의 예산은 원조 비용의 천문학적인 증가로 부담이 증가했다. 공영 주택은 흑인과 마그레브 가정들에 의해 함락되었다. 당이 건설한 이념적이고 사회적인 게토는 조금씩 그들로부터 멀어지는 민족적-종교적 게토가 되었다.

공산주의자들은 가장 먼저 저항했고 가장 마지막까지 저항했다. 그들은 젊은이들을 정치적 전투성으로부터 멀어지게 하는 약물 반대 운동을 시작했다. 헛수고였다. 마약 밀거래는 이 청년 무리들이 부유해지고, 누군가를 돕고, 다른 누군가를 공포에 떨게 만들면서 그들 지역의 주인이 되도록 만들었다.

사람들이 믿고 말하는 것과는 달리, 베니시유에서 일어난 맹게트의 폭동은 시작이 아니라 끝이었다. 그들의 영토를 지키기 위해 공산주의자들이 주도한 싸움의 종말이었다. 베니시유는 적색 지대의 디엔비엔푸[337]였다.

---

[337] 베트남 서북부의 산간 지역. 1954년 제1차 인도차이나 전쟁에서 프랑스는 디엔비엔푸에 요새를 구축하고 베트민군을 유인하여 섬멸하려고 했으나, 오히려 세계 전쟁사에 남을 역사적인 대패를 당한다. 디엔비엔푸 전투에서 패배한 프랑스는 결국 베트남에서 철수한다.

베니시유의 공산당 조직 서기관이 자기 순서가 되자 지역을 떠난 것은 1981년 여름의 폭동이 한창일 때였다. 마그레브 이민자의 아이들이 승리했고, 권력의 주인이 바뀌었다. 적색 지대의 시대는 끝났고, 새로운 이슬람-마피아 권력의 시대가 열렸다. 이 시기에 마약 밀거래와 그 증가 수익은 공화주의 법으로부터 탈취한 영토에서 머지않아 경제적 동력의 역할을 할 것이다. 이곳은 이슬람의 가르침에 의해 지배되는 반사회로 점진적으로 계획된다. 결코 중단되지 않는 가족 재결합은 이 무리들에 끊임없이 지원군을 제공했다. 한편, 1980년대 후반부터 시작된 탈산업화는 이 저학력 청년들에게 40퍼센트라는 대규모 실업을 안겨 줄 것이다. 그러고는 레지스탕스의 은신처를 부양하기 위해 전쟁 동안 대독 협력 강제노동국이 했던 역할을 유지하게 될 것이다.

계획이나 거대한 음모는 없었다. 단지 앞으로 나아가는 삶일 뿐이다. 마그레브와 아프리카에서 온 이 젊은이들은 역사를 만들었다. 그들이 만든 역사를 알지도 못했을지라도. 가족 재결합을 창시함으로써, 지스카르는 유목민들과 정착민들 사이에서 오랫동안 소멸된 것으로 여겨졌던 아주 오래된 갈등을 되살림으로써 고장 난 역사 기계를 작동시켰다. 곧, 유럽 국가들 사이의 국경 폐지, 연합의 확대와 "세계화"는 이 케케묵은 대립에 있을 법하지 않은 현대성의 색깔들을 돌려줄 것이다.

그들이 알지 못했던 식민 통치에 대한 기억은 이 젊은이들을 사로잡았다. 모든 경찰, 모든 부당함, 모든 모욕, 모든 경찰의 폭력 뒤에서 그들은 식민지 개척자의 손을 보았다. 무의식적으로 그리고 일부는 의식적으로, 옛 주인의 땅에 대한 영토 정복은 반식민화라는 복수를 대신했다. 아름다운 영혼들이 한탄한 "공화국의 잃어버린 영토"는 사실 "프랑스의 잃어버린 영토"였다. 지중해 주변의 모든 곳으로 이주한 그리스의 보병대들을 지칭하기 위해 고대에 먼저 만들어졌던 "식민지(colonie)"라는 단어는, 마르세유에서처럼 프랑스와 모든 북유럽의 주요 도시 교외 지역들에서 이루어지는 그들의 화려한 정착에 부합하는 것처럼 보였다. 19세기 유럽의 인구 혁명은 백인 인구를 다섯 개의 대륙, 특히 "인간이 없는" 두 대륙인 아메리카와 아프리카로 확산시켰다. 백인 의학의 혜택을 입은 아프리카의 인구 폭발은 이주라는 반작용을 초래했다. "인구는 운명이다"라고 미국인들은 당연하게 말한다. 영토 정복은 항상 이념, 정치, 문화 정복에 앞선다. 문명적인 정복보다도.

1981년 5월 10일, 프랑수아 미테랑의 승리는 그들을 은밀히 안도시켰다. 그들은 돌려 보내지지 않을 것이다. 자신들의 운명에 안심하게 된 그들은 이제 주변을 위협했다. 맹게트의 몇몇 마그레브 청년들은 구역에 있던 마지막 경찰차에 화염병을 던지면서 "우리는 더 이상 ZUP[338]에서 경찰을 보고 싶지 않다"고 외쳤다. 경찰이 짐을 쌌다.

정부가 대응했다. 내무부 장관 가스통 드페르는 폭도들을 수용소로 보내겠다고 협박했다. 로베르 바댕테르 법무부 장관이 반대했다. 피에르 모루아 총리가 중재했다. 모든 것은 캠프에서 끝났다… "불량배들"을 하이킹과 암벽 등반에 입문시킨 클럽 메드 스태프들의 지도 아래 이루어진 바캉스 캠프 말이다. 교훈은 잊히지 않았다. 폭력은 더 이상 억압되지 않고 보상받았다. 재능 있는 사회주의 광고 전문가들은 이 타

---

[338] 도시 계획 우선 지구(zone à urbaniser en priorité, ZUP).

협을 "도시 정책"이라는 반짝이는 미사여구로 미화했다. 정책은 없었음에도 그리고 그것은 도시와 관련이 없었음에도 말이다. 방리유, 청소년 범죄, 이민. 과거 별개였던 이 세 개의 영역은 이제 공동의 행정적인 모자 아래 집결되었다. 좌파의 이러한 창조는 우파에 의해 채택되었다. 좌파는 "차이에 대한 권리"를 포기한 반면, 우파는 마그레브인들의 존재를 체념하고 받아들였다. "공화주의적" 합의는 "통합"을 중심으로 이루어졌다. 그것은, 조국에 지대한 공헌을 하고 대중의 호의를 유지했던 선량하고 오래된 공화주의적 동화, 그리고 우리의 모더니스트 엘리트들을 꿈꾸게 하고 마지막으로 도착한 자들의 관습의 영속성을 지켜 준 앵글로·색슨의 다문화주의, 이 둘 사이의 모호하고 불분명한 타협이다.

"도시 정책"은 그곳에서 테크노크라트의 첨병이 될 것이다. 그것은, 난해한 행정 약어(ZEP, DSQ, CNPD, DIV, VVV, PNRU, ZRU에서는 ZFU가 되며 ZUS에서는 ZRU가 된다)[339]들, 그리고 쓸 데도 없으면서 요구만 늘어놓는 단체들에게 지급되는 예산 라인의 거대한 공급자다. 그것은 하나의 습관, 하나의 반사 작용이 되었다. 폭력이 격화될 때마다 약어, 전문가 배치, 공적 자금의 해제가 일어난다. 1990년 보앙블랭 폭동 이후 프랑수아 미테랑은 용인이라는 프랑스적 국가 논리에 따라 도시를 담당하는 부처의 설립을 발표했다. 국토방위를 위한 긍정적인 차별로의

---

339 모두 프랑스 도시 정책과 관련된 약어들이다. 현재 확인 가능한 약어들의 의미들은 다음과 같다. ZEP(zone d'éducation prioritaire): 교육 우선 지역, CNPD(commission nationale pour la protection des données): 정보 보호를 위한 국가 위원회, PNRU(programme national de rénovation urbaine): 국가적 도시 정비 계획, ZRU(zones de redynamisation urbaine): 도시 재활성화 지역, ZFU(zone franche urbaine): 완전 도시 지역, ZUS(-zones urbaines sensibles): 도시 취약 지역.

전환인 "합법적 폭력 독점"에 대한 국가의 단념을 상징하기 위한 것이라는 점만 제외한다면, 공화주의적 평등에 대한 공화국의 엄숙한 포기는 사회적 평화를 구매하고 기일을 늦추는 시도를 위한 것이다. 1분만 더 기다려 주세요, 사형 집행관님….

2003년, 시라크 대통령의 중도파 장관인 장루이 볼루는 자신의 주요 적을 무너뜨리는 일에 착수했다. 모든 악의 원인. 아테네 헌장! 그는 필수적인 "길의 귀환"에 대해 30년 전부터 사회학자들이 되풀이하는 말들, 그리고 계단통의 정비에 대한 전 사회주의 장관 미셸 로카르의 매혹을 합리화하고 급진화함으로써 재개했다. 그는 도시 계획적 고찰에서 벗어나지 않았고, 다른 사람들처럼—어쨌든 공공연하게—주체는 영토가 아니라 인구라는 것을 인정하기를 거부했다. 우리는 고층 건물들을 무너뜨렸다. 부수고, 파괴하고, 재건하고, 다시 거처를 마련해 주었다. 테크노크라트 기구는 엄청난 과업 아래에서 기뻐서 어쩔 줄 몰랐다. 협회들은 요청하고 요구할 수 있는 지치지 않는 새로운 대상을 발견했다. 국가적 도시 정비 계획(PNRU)의 목표들은 달성되지 못했으며, 결코 달성되지 못할 것이었다. 감사원은 평가했고 몰아세웠다. 언론은 파괴된 고층 건물들의 눈길을 *끄는* 이미지들과 숫자들을 걸신들린 듯 집어삼켰다.

쾌활한 장관은 "내전을 피하거나 또는 지연시킨 것"에 비공식적으로 기뻐했다.

트랩프에 거주하는 한 30대 청년은 어느 날『리베라시옹』과『르몽드』의 기자들에게 한탄했다. "모든 것이 재건되고, 모든 것이 새것이다. 하지만 여기에 있는 우리는 잊혀졌다. 우리는 정책들이 도시를 표백하고 싶어 하는 것이 지긋지긋하다.”

1983년, “평등을 위한 행진”, 곧 “뵈르[340]의 행진”으로 불리게 된 이 행진은 베니시우에서 출발했다. 경찰 폭력이라는 전통적 구실 아래, 이 행진은 전국을 끓어오르게 했으며 프랑수아 미테랑에게 10년짜리 체류증을 만들도록 강요했다. 이 체류증은 프랑스 행정부가 만들었던 지리적이고 직업적인 최후의 강제들을 폐지했다. 이 강제들은 남쪽에서부터 오는 흐름을 그럭저럭 제어할 수 있도록 했다. 그들의 선두에는 끓어오르는 이슬람 신앙을 가진 투미 자이자(Toumi Djaïdja)가 있었다. 1983년에 그는 간디의 평화주의적 방식만을 믿었다. 수십 년에 걸쳐 그는 리옹 지역의 주요 이슬람 설교사 중 한 명이 되었다. 그의 곁에서 “맹게트의 신부”로 불리는 크리스티앙 들로름 신부는 알제리 전쟁에서 과거 앙가주망의 이름으로 알제리 민족 운동을 지지했다. 그 후 그가 농락당했고 속았다는 것을 알았기에 그는 오늘날 자신의 순진함에 대해서 숙고할 수 있지만, 침묵한다.

국가가 이 영토들에 대한 통제권을 되찾으려 할 때마다, 어떤 핑계로든 촉발된 폭동들이 그것을 빠르게 후퇴시켰다. 인기 전술을 펴는 협회들의 지위, 피해자의 연설, 그리고 프랑스의 정치적 삶에는 거의 관심이 없는 이민자 인구의 대규모 선거 기권 덕분에 공산당은 이 많은

---

340 beur(뵈르)는 arabe(아랍)을 뒤집었을 때의 발음으로 아랍 출신 이민자들을 부르는 속어다.

1983년 스트라스부르에서 있었던 '평등을 위한 행진(Marche pour l'égalité)'.
© Musée national de l'histoire de l'immigration

도시들의 통제권을 유지했다. 그것은 두목들과 이맘들의 동맹 앞에서 지워진 가짜 권력이다. 더 이상 이 구역들의 현실에 대한 장악력을 갖고 있지 않다. 여전히 이 인구에 쏟아붓는 공금의 은총에 의해서가 아니라면 말이다.

생드니 대성당으로 대표되는 기독교와 이슬람교 사이의 역사적 전환이 될, 좌파 세력이 강한 방리유의 놀라운 운명. 그 지역들은 루터를 스탈린으로 바꿔 버린 새로운 "개신교도들"의 요새로 넘겨졌다. 해가 갈수록 그것들은 우리의 대도시들을 조이고, 포위하고, 협박하는 수많은 이슬람의 라로셸[341]로 변화했다. 리슐리외가 포위했을 그 시절, 사람들은 라로셸을 "개신교의 메카"라 불렀다. 샤토브리앙은 1840년에 예언자였다. "기독교를 파괴하라, 그러면 이슬람을 얻게 될 것이다."

1981년 8월 12일

PC에서 PC로

그 당시 사람들이 PC를 말했을 때, 사람들은 공산당(parti communiste)에 대해 이야기했다. 그리고 나서 용어가 의미를 바꾸었다. 우리는 익숙해졌다. 이 이니셜이 개인용 컴퓨터를 의미한다는 것을 이해하거나 기억

---

341 프랑스 남서부의 항구 도시. 16~17세기 위그노의 주요 거점이었으며, 종교 전쟁 당시 전투가 벌어졌다.

하지 못하면서 IBM PC, 그러고는 더 간단히 PC라고 말하기. 불필요한 정확성이다. 우리는 그 컴퓨터들이 〈2001 스페이스 오디세이〉[342]에서 본 거대한 캐비닛과 전혀 닮지 않았다는 것을 잘 알고 있었다. 1960년대 캘리포니아의 캠퍼스들에서 길러진 장발의 히피들은 자기 부모들의 표준화되고 계층화된 세계를 깨는 기술적 무기를 발견했다. 거대한 방들에 집중된 전후의 엄청난 산업용 컴퓨터는 네트워크로 연결된 개인용 컴퓨터로 대체될 것이었다. 가장 시적인 사람들은 로트레아몽[343]을 생각하고, 타자 기기와 텔레비전의 있을 법하지 않은 결합을 상상했다. 예쁜 아기를 잉태하기 위한 다양한 단계들은 우리를 피해 갔다. 1971년 인텔은 최초의 마이크로프로세서 인텔 4004를 발명했다. 1975년에는 개인들에게 판매된 최초의 컴퓨터 앨테어 8800[344]이 만들어졌다. 1977년에는 애플 II가 출시되었다. 그러고 나서 1981년 8월 12일, 다양하게 호환 가능한 수백만 대의 동일한 제품들의 힘으로, 우리 사무실들의 사장이 될 IBM PC가 등장했다.

나중에 사람들은 프랑스가 이 모험에 참여했다는 것을 알게 될 것이다. 가장 좋은 자리에 있었다. 미니텔을 통해 프랑스는 인터넷과 가까워지려 했다. 미크랄사(社)와 함께 프랑스 회사인 R2E는 1973년부터, 그것을 발명한 프랑수아 제르넬이 "마이크로컴퓨터"라고 불렀던 바로 사용 가능한 완전한 조립품으로 판매된 최초의 기계를 출시

---

342   미국 감독 스탠리 큐브릭이 1968년 연출한 SF 영화.

343   로트레아몽(Comte de Lautréamont, 1846~1870)은 프랑스의 시인이다.

344   앨테어 8800은 MITS사에서 출시한 최초의 상업용 조립식 개인용 컴퓨터다.

'미크랄(Micral)'이라는 이름이 붙은 마이크로프로세서가 내장된 최초의 컴퓨터를
개발한 프랑수아 제르넬(왼쪽에서 두 번째). © Armand van Dormael

했다.

비행기나 자동차와 마찬가지로 프랑스 기술자들은 때맞추어 등장
했지만 상인들이나 기업가들은 아니었다. 프랑스의 흔한 역사다. 컴퓨
터 산업 조성 계획의 모든 노력과 드골 장군에 의해 사용된 수십억 프
랑은 무의미한 것으로 증명되었다. '메이드 인 프랑스'의 잡다하고 소
소한 발명품들은 1975년 빌 게이츠와 폴 앨런에 의해 설립된 마이크로
소프트를 거치며 IBM에서 애플에 이르는 미국의 로드 롤러에 의해 쓸
려 버렸다. 마이크로소프트는 바로 이 1981년에 IBM PC의 세 가지 운
영 체제 중 하나인 QDOS를 내놓았다. 이것은 순식간에 MS-DOS라
는 이름으로 모든 IBM PC와 수많은 호환 가능한 PC를 포괄하는 유일
한 오피스 기반 시스템이 되었다.

운명의 윤곽이 그려졌다. 역사는 쓰여 있었다. 더 이상 어떤 것도
예전과 같지 않을 것이었다. 정책들과 광고인들이 그렇게 더럽힌 이 표
현은 다시 한 번 정당화될 것이다.

우리 세대는 새로운 시대를 살 수 있는 특권과 저주를 동시에 갖게
되었다. 아날학파 역사가들은 인류가 18세기 한복판에서 근본적인 중
간 휴지(休止)를 경험했다고 우리에게 가르쳤다. 기원전 2000년경 고
대 유목민들의 정착에서 시작된 농업 경제에서 산업 경제로의 느린 전
환을 통해서 말이다. 우리는 1975년부터 1981년까지 전산화된 경제로
의 전환과 함께 새로운 근본적인 전환을 경험했다는 것을 점차 이해하
고 인정해야 할 것이다.

1944년 드골은 "그러면 이 모든 것에 있어서 프랑스는?"이라고 자

문했다. 루이페르디낭 셀린[345]이 언급한 값비싼 "서 있는 도시"에 자기도 모르게 감명을 받아서는 1944년 뉴욕을 처음 방문했을 때였다. 그렇다면 이 모든 것에 있어서 프랑스는 어떠한가?

프랑스는 첫 번째 역사적 전환을 매우 잘못 경험했다. 프랑스는 최강의 농업국이자 유럽의 밀 창고였다. 광대하고 풍부한 규모의 경작지가 적은 생산량을 상쇄했다. 유럽 최고의 인구 역량과 군사력을 가졌었다. 중농주의자들은 프랑스에게 농업이 유일한 재산이라는 것을 가르쳤다. 산업과 상업은 천한 잉여였을 뿐이다.

프랑스의 쇠퇴는 1763년의 「파리 조약」[346]과 함께 18세기 중반에 시작되었다. 「파리 조약」은 당시 유일한 새로운 산업 강국인 영국이 세계에서 필요하다고 인정했다.

나폴레옹과 1914년에서 1918년 사이에 등장한 군사적 영웅주의의 보물들은 대대로 내려오는 적의 경제력 앞에서 아무것도 할 수 없을 것이다. 독일과 같은 다른 산업 국가들만이, 그리고 이어서 특히 미국이 영국의 패권에 도전하고 쓰러뜨릴 수 있을 것이다.

프랑스인들은 루이 르노나 앙드레 시트로엥과 같은 위대하고 빛나는 기업가들이 있음에도 불구하고 산업을 결코 좋아하지 않았다. 그들은 공장을 고통, 착취, 추잡함과 소음의 세계로 연결 지었다. 공장은 프랑스인들에게 '제르미날'이다.

---

345 루이페르디낭 셀린(Louis-Ferdinand Céline, 1894~1961)은 프랑스의 작가이자 의사다.

346 7년전쟁과 북아메리카의 프렌치 인디언 전쟁에 대한 강화조약. 이 조약으로 프랑스는 북미와 인도에 대한 영향력을 상실한 반면, 영국은 이 지역에 대한 지배를 인정받았다.

프랑스의 산업화는 매우 늦을 것이다. 그리고 비범한 정치인들의 의지주의에 연결될 것이다. 콜베르, 나폴레옹 3세, 드골과 퐁피두라는 선구자까지 거슬러 올라가지 않고도 말이다. 국가에 의해 형성된 한 나라의 천 년 역사에서 다시 한 번, 모든 것이 국가로부터 나와서 국가로 돌아갔다. 영국, 이탈리아, 독일이라는 우리의 이웃들과는 다르게, 그리고 미국의 예와는 더욱 다르게.

오직 자동차만이 이 프랑스적 원한을 피할 것이다. 아마도 이 프랑스 발명품[347]은 혁명에서 태어난 개인이, 집단적인 촌구석의 가족적이고 종교적인 사회성에서 해방될 수 있도록 해 주었기 때문이다. 이 사회성은 프랑스 시민들이 민법에 의해 해방되었던 것들이다.

자동차는 프랑스인들이 결국 사랑하게 된 산업이었다. 기업들이 민간이든 공공이든, 보편적이고 전능한 하나의 정치 체제가 존재한다. 사장들은 그들의 노동자들에게 관대하다. 공장들은 높은 사회적 지위의 소비재를 만든다. 그 유명한 DS 말이다. 바르트의 유명한 말에 따르면, 그것은 "우리 시대의 대성당"이다.

"나는 내 노동자들이 내 차를 구입할 수 있게 만들기 위해서 높은 임금을 준다"는 포디즘적 종교가 탄생한 자동차 산업은 프랑스의 평등주의 이상에 상응했다. 반면에 이것은 마크 트웨인과 "도둑 남작들"[348]의 시대인, 산업의 첫 번째 불평등의 시대를 멸시했다.

---

347 세계 최초의 자동차는 프랑스 공병 장교였던 니콜라 조제프 퀴노가 1769년에 만든 증기 기관 삼륜차로 알려져 있다.

348 19세기 미국에서 부패한 방식으로 막대한 부를 축적한 기업인들을 의미하는 경멸적 표현이다.

우리는 곧 IT의 시대가 산업의 시대와 같은 대혼란을 일으킬 것임을 알게 될 것이다. 이 시대는 우리를 야만적인 시작으로 다시 데려갈 것이다. 개인용 컴퓨터와 그로부터 파생된 인터넷은 68혁명이라는 이념적 성서의 혁명적 잠재력을 증폭시킬 것이다. 그것은 개인주의적이고, 세계주의적이며, 반계급적이고, 반국가 관리적이다. 신도 지배자도 없고, 국경도 없다. 컴퓨터 과학은 "금지하는 것을 금지한다"와 "구속 없이 즐기자"라는 유명한 슬로건들에 소비 지상주의적 현실을 부여할 것이다. 좋든 싫든 1990년대부터 음악계에서 봤던 것이다. 무료화의 유혹은 음반 산업을 파괴하고, 예술가들이 생계를 위해 공연장으로 가는 길로 돌아오도록 강요했다. LP 디스크가 발명되기 전처럼 말이다. 이 과정에서 저작권이라는 보마르셰[349]가 만든 위대한 프랑스의 발명품을 파괴하도록 강요한다.

모든 산업은 점차 음악에서 일어난 징후의 위협을 받게 될 것이다. 몇몇 은행들은 지점들을 폐쇄할 것이고, Darty나 FNAC[350]과 같은 유통업체들은 흔들릴 것이며, Virgin은 문을 닫을 것이다. 여행사들은 서점이 그랬듯 사라질 것이다. 심지어 국가도 이 혁명에 의해 동요할 것이다. 군청 소재지들은 위태로워질 것이다. 세금이나 심지어 교육을 담당하는 많은 공무원들은 감시 대상이 될 것이다. 시간이 지나면서 과잉

---

349 피에르 보마르셰(Pierre-Augustin Caron de Beaumarchais, 1732~1799)는 프랑스의 극작가다. 〈피가로의 결혼〉으로 널리 알려져 있다. 작가의 저작권 보호의 필요성을 깨닫고 이를 위해 앞장섰다.

350 Darty는 전자 제품, FNAC는 도서와 음반을 판매하는 프랑스의 대형 유통 회사다. 이어 등장하는 Virgin 또한 FNAC와 동종 업계의 회사다.

에 이른 행정은 흔들릴 것이다. 관료 시스템은 확산된다. 그 비용과 과중함, 낭비와 동결을 동반한 채로. 그러나 심각한 위기, 대량 실업이 일어날 경우 충격을 버틸 수 있었다. 초등학교 여교사는 노동자인 남편이 이전된 공장에서 해고되었을 때 그녀의 임금을 유지했다. 광대하고 밀도가 낮은 영토의 정확한 조직망을 보장하는 수많은 행정적 영향력은 모든 시민에게 실질적인 평등한 대우를 제공했다.

IT는 분권화를 장려한다. 우리의 전통에 반하는 의사 결정력의 분산 말이다. 중간 계층은 추월당했다. 권위는 추진으로 바뀌어야 한다. 쿨함의 통치, (사이비) 호감의 통치는 진정한 폭군으로 판명되었다. 스티브 잡스, 빌 게이츠, 그리고 CAC 40[351]의 새로운 거물들은 최고 순도의 포식자임이 드러났다. 다시 한 번, 1970~80년대의 기술은 68혁명의 행동적이고 이념적인 전환을 확인하고 강화한다.

산업 경제는 초기에는 잔인했지만, 생산자와 소비자 사이의 교환에 기반을 두고 있었다. 직원들도 역시 소비자였기에, 이러한 교환은 산업 자본주의를 마침내 문명화했다. 대량 산업 생산에 판로를 강제하기 위해서는, 시장 경제를 구축하고 봉건 체제의 특수성, 특권과 통행료를 폐지해야 했다. 혁명을 일으켜야 했다.

전산화된 경제와 함께, 이 미묘한 균형은 사라진다. 공장들은, 다른 곳에서 제조되고 개인용 컴퓨터에 의해 운영되는 컨테이너 운반선으로 수송되는 부품들의 조립 장소로 전환된다. 세계는 일자리의 이전을 촉진하는 한 점으로 축소되고, 기업의 응집력을 분산시킨다. 또한

---

351 파리 주식 시장 지수.

마피아들이 불법으로 취득한 돈을 세탁할 수 있도록 돕는다. 노동자는 다시 비용이 된다. 자유주의자들은 승리한다. 약탈자들은 부를 축적한다. 프랑스인들은 자본주의가 그들의 가방에 소비 사회를 가져다줬기에 용인했다. 그러나 자유주의에 대한 혐오를 결코 멈추지 않았다. 자유주의 초기 이론가들이 영국인뿐 아니라 바스티아[352], 세[353] 등과 같은 프랑스인이었음에도 불구하고 말이다.

산업용 기계는 인간이 물리적으로 더 유능해지도록 도와주었다. 정보 처리 기계는 인간의 뇌를 보조한다.

이 기계는 구상과 디자인에 대한 실용적 지능을 자극하고 발전시키지만, 명상에 있어서는 그렇지 않다. 수학은 '그것은 무엇인가?'라는 질문에서 출발한다. 컴퓨터 과학은 '어떻게 할 것인가'라는 질문에서 출발한다. 프랑스인들은 후자보다는 전자에 더 많은 재능을 갖고 있다. 프랑스인들은 필즈상을 모으고 훌륭한 엔지니어가 된다. 그러고는 직업 교육과 정보 처리 기술자를 무시한다. IT는, 순수한 사고의 세계에서 보면, 천박하고 실용적인 목적을 지향하는 지능을 격려하고 신성화한다.

컴퓨터 시대의 자본주의는 다시 강자의 법칙이 지배하는 정글이

---

352 프레데릭 바스티아(Frédéric Bastiat, 1801~1850)는 프랑스의 경제학자이자 정치인이다. 자유 무역과 시장 경제를 지지했다.

353 장바티스트 세(Jean-Baptiste Say, 1767~1832)는 프랑스의 경제학자, 기업가, 저널리스트다. 고전 경제학의 중요한 인물이며, '공급은 스스로 수요를 창출한다'는 '세의 법칙'으로 알려져 있다.

된다. 만인에 대한 만인의 투쟁이라는 홉스의 세계가 된다. 봉건적 형태의 폭력이 다시 나타난다. 초자본주의적인 전산화된 경제는 자본주의에 화주(火酒)의 살인적인 소명을 되돌려 준다. 조레스가 말한 "먹구름이 폭풍우를 야기하듯 전쟁을 초래하는" 시스템이다.

프랑스는 정보화 시대의 자본주의가 이 만인에 대한 만인의 투쟁이 다시 되는 것을 보고 싶지 않다. 19세기에 프랑스가 증오했던 것이기 때문이다. 프랑스는 1945년 이후의 평화가 최종적인 "영원한 평화"가 되지 않으리라는 상상을 하고 싶지 않다.

1982

1982년 3월 2일

봉건 영주들의 귀환

아마도 프랑수아 미테랑은 비웃는 기쁨을 느끼며 장군의 발자취를 따라 걸었을 것이다. 엘리제궁에 도착하자마자 그는 "왕가"의 의전 부서에 "모든 것을 드골 때처럼 하라"는 단 하나의 명령을 내렸었다. 그는 이번에도 다시 한 번 눈부신 적수를 참고할 수 있었다. 지방 분권, 지역 분산화, 수천 년 동안 이어진 중앙 집권제의 필연적인 퇴각, 이것이 드골 장군이 주도한 마지막 전투가 아니었던가? 1969년 4월 고난에 지친 노인의 사임으로 그때는 패배한 전투와 전쟁. 장군 그 자신이 페탱이 구상한 프로젝트를 다시 시작했다는 것을 미테랑만은 여전히 기억했다. 비시 정부의 도끼 문장을 가진 남자[354]는 드골을 흉내 내는 척하면

---

354 프랑수아 미테랑은 비시 정부에서 일했으며, 페탱으로부터 비시를 상징하는 도끼

서 페탱에게 경의를 표했다. 피렌체 스타일의 남자[355]는 이 우여곡절 많은 고고학의 재치를 음미했다.

사회주의자들은 여기에, 멸시당하고 질투받는 거물급 장(長)들에 대한 옛 프랑스 사회당 지역 명사들의 복수 본능을 더했다. 권한을 가로채고자 하는 그들의 쾌락적인 성급함 속에는 1848년 2월 튈르리가 약탈당했을 때 루이필리프의 왕좌에서 히죽거리며 뒹굴던 가브로슈[356] 같은 것이 있었다. 피에르 모루아 총리는 릴의 시장이었고, 내무부 '그리고' 지방 분권의 장관인 가스통 드페르는 마르세유의 시장이었다. 프랑수아 미테랑은 1977년 지방 선거에서 사회당의 승리를 통해 엘리제궁으로 향하는 마지막 행진을 시작했다.

임기 초기에 그가 착수했던 다른 개혁들과는 달리, 정부는 자유주의자, 중도주의자, 지역 명사들과 언제나 변함없는 지롱드파 무리들 사이에서 우파와의 동맹을 갖추고 있었다. 지방 의회 의원들을 위한 권한 이양과 지방 분산화라는 이중 작업은 1970년대 테크노크라트 엘리트들 사이에서 거의 만장일치를 얻었다. 어떤 사람들은 공화력 8년에 보나파르트가 복원한 강건한 위계질서를 해체함으로써, 미셸 크로지에[357]가 비난한 "봉쇄된 사회"의 빗장을 부수는 것이라 믿었다. 다른 이

무늬 훈장을 받았다.

355 프랑수아 미테랑의 별명 중 하나가 피렌체인(Florentin)이다. 이는 로렌초 데 메디치나 마키아벨리와 같은 르네상스 시대 피렌체 출신 정치가들이 언급한 회피의 기술을 잘 사용한다는 데에서 붙여진 것이다.

356 빅토르 위고의 『레 미제라블』의 등장인물로 부모에게 버림받고 파리의 거리에서 살아가는 소년이다. 가난하고 어려운 환경에 처해 있지만 영악하고 유쾌하다.

357 미셸 크로지에(Michel Crozier, 1922~2013)는 프랑스 사회학자다.

들은 먼 과거의 지방들을 부활시키고 거기에 "유럽적 규모"로 렌더[358]를 만들기를 꿈꿨다. 더 소수이고 더 공상가적인 마지막 사람들은 미남 왕 필리프[359]도 리슐리외도 콜베르도 보나파르트도 없는 프랑스의 하나의 역사, 영국의 '젠틀맨 파머스'[360]와 이탈리아의 도시들로 이루어진 하나의 이야기를 재해석했다. 그들이 꿈꾸는 유럽합중국에 더 잘 통합될 수 있도록 준연방제 지역들로 이루어진 유토피아 프랑스를 건설하면서.

모든 것이 그들에게 미소 짓는 것처럼 보였다. 과거에는 지방 공공 단체의 탄생이 그 시대의 이동 패턴에 기대고 있었다. 중세의 지방 자유 도시는 걸어서 다니는 농부를 환영했다. 도청 소재지는 하루 동안 말을 타고 온 혁명의 시민을 맞이했다. 외국인 방문객들이 루이 15세의 프랑스를 보고 감탄했던 아름다운 길 위에서. 따라서 지방은 자동차와, 퐁피두 대통령이 영토를 뒤덮은 이 멋진 고속도로들의 시대에 적합한 단계를 상징했다.

장난스러운 운명은 몇 달 먼저 새로운 열차를 개시했다. 그것은 과거에는 이루지 못했던 속도로 거리를 단축시켰다. 랭스, 투르, 샤르트

---

358 렌더(Länder)는 독일 연방의 주(州)를 의미하는 란트(Land)의 복수형이다.

359 미남왕 필리프 4세(Philippe IV le Bel, 1268~1314)는 프랑스 역사가들이 중요하게 언급하는 왕 중 한 명으로 중세 시대 프랑스의 힘을 키우고 경제적인 풍요를 이뤄냈다. 강력하고 중앙 집권적인 국가를 이룩했다고 평가받는다.

360 영미권에서 등장한 용어로, 영지의 일부로 농장을 소유하면서 이윤이나 생계 유지보다는 즐거움을 위해 농사를 짓는 지주를 가리킨다.

르 같은 지방 도시들을 파리의 교외로 변화시켰다. 리옹, 릴, 심지어 마르세유나 스트라스부르처럼 대도시들을 수도로 끌어당기고 빨아들였다. 과거 이 도시들은 파리라는 식인귀와의 관계에서 먼 거리를 완강한 자율성의 담보로 삼았었다. 모든 것이 엉망이었지만 우리의 "현대"는 아직 그것을 알지 못했다. 세월이 흐르면서 파리는 점차 프랑스 "사막"의 진공청소기 역할에서 벗어나 세계화된 대도시가 될 것이다. 지방은 수 세기 동안 수도의 강압적인 지배력을 비난해 왔다. 지방은 곧 수도의 이기적인 경멸을 비방할 것이다. 오늘의 현대는 내일의 낡은 것이 될 것이다.

프랑스의 지방 분권은 너무 새로운 세계에 너무 늦게 도착했다. 그 세계는, 유럽의 국경 철폐, 그리고 장벽 붕괴 후 대륙 동쪽을 향한 유럽의 개방으로 인해 처음으로 혼란에 빠졌다. 그리고 자본, 상품, 사람의 이동이 이루어지는 교차로에 세워진 세계화에 의해 다시 한 번 엉망이 되었다. 대도시들은 주변을 흡수하는 작은 파리처럼 되어 버렸다. 보르도, 스트라스부르, 툴루즈, 낭트, 니스, 마르세유 등에는 수도-도시의 부와 폐해가 초래되었다.

1982년에는 아무도 이 진화(혁명)를 상상하지 못했다. 지방들은 정착되기도 전에 뒤처져 있었다. 지방들은 그들의 정당성을 결코 인정받지 못할 것이었다. 1982년의 같은 법을 통해 수립된 보통 선거로 치러지는 지방 선거는 모두 대규모 기권으로 빛날 것이다. 영토 분할은 신중한 퐁피두 시대를 계승하면서 대중적 동일시를 용이하게 이루지 못한 것이 사실이다. 지역의 고등학교와 기차의 정비, 혹은 지방의 산업적 활력을 위한 지방들의 용감한 노력에도 불구하고, 아무런 조치도 취해지지 않았다. 이 노력들은 무엇보다도 몇몇 일자리를 창출할 가능성이 있는 외국 기업들에게 세금 면제라는 레드 카펫을 깔아주기 위한 것이었다.

1990년대부터 대도시의 시장들은 그것들을 추월했고, 통합된 세계의 지역 지도자들로 인정받았다. 그들은 모든 것에서 멀리 떨어진 농촌 지역에서 사회 복지사의 역할을 수행하는 책임을 데파르트망에 맡겼다. 데파르트망 또한 복수심을 품었다. 1982년, 분별 있는 테크노크라트들은 이 상황이 사라지기를 원했다. 시대에 뒤떨어진 프랑스, 그리고 자코뱅적이고 나폴레옹적인 중앙 집권제를 동시에 상징했기 때문이다. 옛 지방에 집착했던 프랑수아 미테랑만이 거절했다. 그의 후임자인 자크 시라크도 똑같이 굴었다. 2002년 총리였던 장피에르 라파랭 주위에 모인 지방 분권주의자들인 우파 "현대인들"의 공세에도 불구하고 말이다. 역사의 아이러니다. 데파르트망은 1789년에는 현대성의 극치였고 두 세기 후에는 낡아빠진 것들의 극치가 되었다. 레지옹은 1789년의 반동(프로뱅스[361])과 1970년대 진보의 절정을 구현했다. 2000년대의 경계에서, 레지옹은 다시 역사의 문으로 사라졌고, 중세 시대의 근대적 문물인 도시들이 뒤를 이었다.

1982년 법안이 가결되기 전후로, 현대성을 지지하는 무리는 프랑스의 고질적인 "지연들"에 대해 우리에게 귀에 못이 박히도록 말했다.

361 　프로뱅스(provinces)는 구체제에서의 지방 단위다.

스페인의 '제네랄리타트(Generalitat)[362]', 이탈리아의 레지옹, 독일의 '렌더', 그리고 심지어 영국의 지방까지 예로 들면서. 그리고 나서 카탈루냐와 바스크의 분리 독립 요구, 이탈리아 북부 동맹의 아우성, 플랑드르의 느린 파괴 공작, 스코틀랜드의 독립 준비라는 첫 불화의 징조들이 일어났다. 우리가 들은 것과는 달리, 가장 자유주의적이고 가장 연방주의적인 체제들은 분리주의 요구를 억제하지 않고, (독일을 제외하고는) 장려했다. 2008년의 금융 위기와 함께, 우리는 대부분의 제네랄리타트가 파산 직전에 처했다는 것을 알아차렸다. 프랑스의 지방 자치 단체들은 매우 무분별한 채무에도 불구하고 구제받았다. 그들에게 균형 잡힌 예산에 투표할 것을 명하는 자코뱅적인 규제를 유지한 덕분에.

이 지방 분권 혁명은 한 번도 추산되지 않은 엄청난 비용을 수반했다. 레지옹, 데파르트망 그리고 읍면의 새로운 봉건 영주들은 싱싱한 정당성에 대담해지고, 새로운 권력에 도취되었다. 그리고 대개는 사치스러운 행정 건물들에 콘크리트를 쏟아붓도록 했다. 엄청난 홍보 예산이 소국의 태양왕의 영광을 찬양했다.

사람들은 무제한으로 고용되었다. 2000년부터 단 10년 동안에만 영토의 지방 자치 단체들은 거의 50만 명의 인력을 채용했다. 인구의 만성적인 성장을 억제하려는 정부의 모든 노력은 지역 채용의 지나친 확장으로 인해 수포로 돌아가는 것 이상이 되었다. 이러한 일자리의

---

362 1931년 스페인 제2공화국에 반대하여 카탈루냐가 독자적으로 설립한 자치 정부.

생산성은 그들의 본질적인 특성이 아니었다. 병가는 국가 공무원에서 보다 더 많았다. 지방 분권을 주장하는 테크노크라트들의 창의력은 무한한 것으로 드러났다. 많은 코뮌(나머지 유럽 전역에서와 비슷한 3만 6,000개의 유명한 코뮌들)을 보완하기 위해, 우리는 코뮌의 공동체를 만들었다. 언젠가는 레지옹이 불치 선고를 받은 데파르트망들을 통합할 것이라 예상했으므로.

하지만 만약 우리가 새로운 구조들을 만든다면, 우리는 거기에서 어떤 것도 제거하지 않았을 것이다. 사방에 병력이 넘쳐나고 있었다. 공화국은 군주제의 나쁜 습성을 되찾았다. 군주제 역시 행정적 계층을 쌓았었다. 그 "밀푀유"[363]는 소화하기 어려워졌다. 각각의 산업 프로젝트나 부동산 프로젝트는 분명치 않은 방식에 따른 교차 자금 조달에서 비롯되었다. 그것은 모든 통제를 금지하고 혼란스러운 낭비를 조장했다. 예산 지출의 필수적인 감소라는 명목으로, 국가는 연구와 투자 자금을 삭감했고, 레지옹들은 뒤를 잇겠다고 주장했다. 하지만 그것은 같은 목표, 같은 시선의 높이가 아니었다. 국가적 일관성이 결여된 무질서한 노력이었다. 우리는 콩코드 여객기나 원자력을 위한 돈은 더 이상 없었지만, 원형 교차로를 위한 예산은 배분해 놓았던 것이다! 30년 후, 권력을 되찾은 좌파는 지역 명사들에게 그들의 권한을 나누어 가질 권리를 부여하고, 데파르트망들에는 그들의 방식대로 합병하도록 승인했다. 2014년 올랑드 대통령은 개혁적인 단호함을 보

---

363 밀푀유(Millefeuille)는 프랑스의 대표적인 디저트용 빵이다. 얇은 층을 여러 개 쌓아 올리고 중간층에 크림이나 잼 등을 넣어 만든다.

여 줘야 한다는 압박을 받아 레지옹의 지도를 수정하고, 레지옹의 수를 22개에서 14개로 줄였으며, 데파르트망들이 능숙하게 실행하고 있는 데파르트망의 많은 권한을 레지옹으로 이전했다. 그러고는 2020년에 데파르트망 의회가 사라질 것이라고 발표했다.

국가는 점차 게임에서 벗어났다. 우리는 지방 영주들의 자치권으로 느리지만 필연적으로 돌아왔다. 군주제와 공화국이 길들이는 데 1000년이 걸렸던 것이다. 앞으로 하원의원 또는 상원의원과 지방 의회 의원 사이의 직무 겸직을 금지하는 것은 지방과 파리 사이의 연결 고리를 끊을 것이다. 프랑스는 다시, 대혁명 전날 미라보에 의해 비난받은 "사이가 틀어진 민중들로 이루어진 위헌적인 집합체"가 될 것이다. 토크빌의 사이비 계승자들은 『미국의 민주주의』의 저자가 정치적 분권과 행정적 분권을 구분한 이 통찰력 있는 페이지들을 읽지 않았다. 행정적 분권은 지역의 주도권과 경제적 역동성을 촉진함으로써 이로운 반면, 정치적 분권은 국가적인 주권을 해체하기 때문에 해로운 것이다. 레지옹이 "그것을 구성하는 데파르트망들의 합의된 표현"이 아닌 다른 어떤 것이 되기를 끝까지 거부했던 퐁피두 대통령은, 환멸을 느낀 듯한 조소를 띠고 경고했다. "레지옹들로 이루어진 유럽이 이미 있었다. 그것은 중세라고 불렸다. 그것은 봉건 제도라고 불렸다."

이탈리아, 캐나다, 스페인처럼, 프랑스도 지역 시장의 범죄화를 경험했다. 국제적이거나 심지어 국가적인 마피아들은 우리의 코르시카-마르세유 뒷골목에 영감을 주었다. 그들은 부동산과 도로와 관련된 전통적인 시장은 말할 것도 없고, 쓰레기 처리에 대한 계약, 개인 병원, 안전을 보장받는 약국에 순서대로 개입했다. 사건, 스캔들, 경찰 수사에 따라서 우리는 지방 분권의 일탈들을 매일 더 많이 확인할 수 있었다. 1992년 얀 피아트 하원의원의 암살은 모리스 아렉 의회 의장을 매개로 하여 이루어지는 바르(Var) 데파르트망에 대한 마피아의 지배력을 폭로했다. "귀찮은 사람"의 죽음은 "아렉 시스템"의 붕괴로 이어졌다. 그러나 그 이후로 부슈뒤론(Bouches-du-Rhône) 의회 의장인 게리니의 범죄 연루나 사회당 의원 실비 앙드리외의 유죄 판결은—물론 최종 판결은 아니지만—마르세유 지역의 새로운 관행을 드러냈다. 그리고 주택 단지의 패거리들과 대규모 범죄 행위, 반인종주의 단체들, 선거에서의 인기 전술 사이의 의심스러운 연관성을 드러냈다. 이는 프랑스의 방리유에서 그토록 찬양되는 영화 〈스카페이스〉[364]의 영웅 토니 몬태나와 같은 미국적인 모델을 본보기로 삼은 것이었다.

마르세유 지역에서도 1945년 이후로 항상 그랬던 것은 아니었다. 이것은 내무부 '와' 지방 분권화의 장관인 가스통 드페르의 위대한 역설이었다. 물론 게리니 형제단과 가까이 지낸 전직 레지스탕스 도미니크 (닉) 벤투리와 앙투안 파올리니라는 시장의 경호원들을 위시하여, 1960년대에 마르세유의 삶에서 조직범죄의 인물들이 완전히 사라진 것은 아니었다. 그러나 당시 벤투리 자신은 1930년대라는 이제는 멀어진 과거의 유산처럼 보였다. 부시장 시몽 사비아니가 도시의 진정한 주인이 되었을 때, 그리고 마르세유가 "프랑스의 시카고"

---

364 브라이언 드 팔마 감독, 알 파치노 주연의 1983년 영화. 1980년 아메리칸 드림을 찾아 미국에 온 쿠바인이 범죄와 마약을 통해 물질적으로는 성공하지만 결국에는 파멸에 이르는 이야기다.

라는 별명으로 불렸던 시절 말이다. 가스통 드페르 마르세유 시장은, 파리에 의해서 운영되는 그의 영토 개발 정책과 사회 지원 기구라는 산업적 드골주의만이 지역 정치 세력이 인기 전술 논리에서 벗어나게 만들고 깡패 집단의 지나치게 다정한 품에서 빠져나올 수 있게 했다는 것을 누구보다 잘 알고 있었다. 그것은 또한 부동산 건설의 파리 중앙 집권화다. 이것은 옛 항구 도시 중심부에 그의 야심 찬 사회 주택 프로그램을 실현하는 수단들을 그에게 제공한다. 더욱 지방 분산화되고 그래서 지역적인 다양한 "영향들"에 보다 순종적인, 파시즘 이후의 이탈리아, 나폴나 팔레르모에서는 결코 출현하지 않았던 것이다. 마르세유의 두목들은 더 이상 주민들에게 동일한 서비스를 제공하지 못하면서 정치적 영향력을 잃어버리게 되었다. 그리고 칼라브리아와 나폴리 마피아들의 감탄이 대상이 된 유명한 '프렌치 커넥션'을 통해 국제적인 중요한 암거래, 특히 약물 거래에서 시대에 맞게 변화했다.

이 역사적인 승리는 1982년의 지방 분권에 의해 재검토되었다. 드페르는 그 당시, 바로 '그의' 1982년 법 이전에 부슈뒤론과 바르 데파르트망이 이미 영속적인 예외 체제 아래에 남아 있었다고 주장할 수 있었다. 이러한 상황은 도지사들에 의해 내려진 결정에 대한 자유와 심지어 영향력을 지방 의회 의원들에게 남겨 주었다. 따라서 지방 분권의 아버지는 너무 건조한 "프랑스의 사막"에 약간의 유연성, 약간의 생명력, 약간의 활기를 돌려주기 위해서는 프랑스 전역에 이 위반적인 시스템을 일반화하는 것으로 충분하다고 생각했다. 그것은 드골 장군 휘하의 중

앙 정부가 원했던 영토 개발 정책이 19세기에 확인된 사실을 폐지했다
는 점을 잊은 것이다. 국가의 남서부와 북서부에서 기업들을 육성하고,
옛날에는 불이익을 받았던 이 지역들을 영토에서 가장 역동적인 지역
들로 만듦으로써 말이다. 1970년대 후반, 파리는 더 이상 혼자가 아니
었다. 가스통 드페르의 법에 있어서의 불행은 지방 분권이 거대한 유럽
시장에 이어 세계화에 의해 동반되고, 넘쳐흐르고, 악화되었다는 것이
다. 국가는 아래부터 조금씩 갉아 먹힌 후 위에서부터 참수당했다. 콜
베르, 나폴레옹, 드골로부터 계승된 걸리버는 묶이고, 조롱당하며, 모
욕당했다. 암살당했다.

1982년 7월 8일

세비야의 베르됭

달콤한 여름밤 세비야의 전장에서, 프랑스와 독일은 금세기 세 번째로
맞붙었다. 1914년과 1940년에 이어 1982년이었다. 프랑스는 패배했
다.[365] 모든 것이 전쟁이고, 심지어 축구도 그렇다. 특히 축구가 그렇다.
독일 전차 군단(Panzerdivisionen)은 얼룩 하나 없는 흰색 유니폼에 수놓
아진 제국의 검은 독수리[366]였다. 그들은 발톱을 곧추세우고 비오듯 쏟

---

365 1982년 스페인 월드컵 4강에서 프랑스는 서독과 만나 승부차기에서 서독에게
    4-5로 패배했다.
366 독일 축구 국가대표팀의 상징인 검은 독수리는 신성로마제국을 비롯해 독일에 자
    리 잡은 역대 국가들이 사용해 온 문장이다.

아지는 포탄 사이를 자신 있게 진격하는 골루아 수탉[367]에 불과한 우리의 병아리 병사들을 이겼다.

프랑스군은 율리우스 카이사르가 이미 주목했던 불변의 자질인 대담함, 용감함, 창의성을 보여 주었다. 그들의 결점 또한 보여 주었다. 경기에 도취하여 흥분할 때의 순진함, 천진난만함은 그들이 전투에서 필수적인 규율들을 잊게 만든다. 독일군은, 프리드리히 2세 치하의 프로이센식 반복 훈련의 명성을 드높였던 엄격함, 희생, 규율, 그리고 확고한 결의, 적을 박살내는 잔인한 의지라는 미덕을 물려받았다. 당시 독일 축구의 일부 지도자들은 나치 통치하에서 위엄 있게 일했다. 독일 팀은 독일 연방 공화국의 팀이었지만, 라인과 바바리아 지방의 이 선수들은 프로이센식으로 길러졌다.

전후 독일의 가장 위대한 선수인 프란츠 베켄바워는 젊은 동향인들에게 경고했다. "거칠게 경기해라, 프랑스인들은 그걸 싫어한다."

프랑스는 나폴레옹 3세에게 소중한 라틴 연합이었다. 이달고, 플라티니, 아모로스, 장기니, 라리오스, 티가나, 장비옹, 그리고 트레조. 독일은 장신의 금발 장두(長頭)인들이었다.

심판의 이름은 코르버르였다. 그는 네덜란드인이었다. 그의 조상들은 루이 14세의 불구대천의 원수 기욤 도랑주[368]의 신하들이었다. 코

---

367 프랑스 축구 국가대표팀의 상징은 수탉이다.

368 기욤 도랑주(Guillaume III d'Orange-Nassau, 1650~1702)는 네덜란드 총독, 잉글랜드, 스코틀랜드, 아일랜드 국왕이다. 네덜란드에서는 빌럼 3세, 잉글랜드에서는 윌리엄 3세로 불린다. 당대의 복잡한 국제 정세와 맞물려 루이 14세의 프랑스와 반목했다.

르버르는 독일 수비수들이 플라티니와 로슈토의 발목에 스파이크를 문지르도록 두고, 만샤프트[369]의 골키퍼 하랄트 슈마허가 프랑스의 바티스통을 규정된 10초보다 더 오랜 시간 동안 쓰러뜨리면서 축구장을 복싱 링으로 바꿨을 때는 다른 곳을 바라보면서 희극의 악당 역할을 수행했다. 슈마허는 이 시합 후 몇 주 동안 프랑스뿐만 아니라 독일에서도 받은 엄청난 욕설 때문에(나치, SS 등) 아마도 상처받았을 것이다. 몇 년 후 그는 팀 전체가 공격성을 강화하는 약물인 에페드린을 복용했다고 고백했다.

워털루에서처럼 프랑스인들은 막판 지원군에 의해 패배했다. 세비야에서 블뤼허[370]의 역할은 루메니게[371]가 맡았다. 대회 기간 동안 거의 뛰지 않았던 귀걸이를 한 금발 선수가 들어왔을 때, 전투는 영혼을 바꿨고, 희망은 진영을 바꿨다.

그것은 분명히 "세기의 경기" 중 하나였다. 뛰어난 기술적 자질, 플레이의 속도, 두 스타일의 대결, 예측할 수 없는 새로운 전개 등 모든 것이 거기에 일조했다. 지레스가 득점을 하고 기쁨에 취해 동료들을 향해 두 팔을 들고 달렸을 때, 그와 함께 온 나라는 3-1로 앞선 프랑스가 처음으로 월드컵 결승에 진출할 것이라고 확신했다. 4분 후,

---

369 만샤프트(Die Mannschaft)는 병사, 팀을 의미하는 독일어로 독일 축구 대표팀의 별명이다.

370 게프하르트 레베레히트 폰 블뤼허(Gebhard Leberecht von Blücher, 1742~1819)는 프로센의 육군 원수로 워털루 전투에서 프랑스군에게 막대한 피해를 입힌 지휘관이다.

371 카를하인츠 루메니게(Karl-Heinz Rummenigge, 1955~)는 독일의 축구 선수로 발롱도르 2회 연속 수상자다. 최근까지 FC 바이에른 뮌헨의 의장을 역임했다.

플라티니가 거칠게 흔들렸지만 심판은 늘 그렇듯 개입하지 않았고, 이후 독일인들은 이미 점수 차를 줄였다. 피셔가 아크로바틱한 오버헤드 킥으로 동점골을 넣었다. 비통한 승부차기에서 디디에 시스와 막심 보시스가 슛을 실패했다. 이어서 독일 거인 흐루베슈가 승부차기의 결승골을 넣었다.

우리의 패배와 콤플렉스를 다시 불러오는, 외모의 극명한 대비가 있었다. 흐루베슈-지레스, 콜-미테랑, 비스마르크-티에르. 독일 거인과 프랑스 난쟁이.

프랑스 대표팀 선수들은 모두 1940년 6월의 패전으로부터 몇 년 후인 1950년대에 태어났다. 그들은 또한 거리낌도 고통도 없이 외국인을 동화시킨 마지막 세대였다. 우리는 그들이 〈라 마르세예즈〉[372]를 불렀는지 궁금해하지 않았다. 우리는 그들이 모범적으로 프랑스 문화에 적응한다는 것을 알았고, 보았고, 들었고, 느꼈다. 당시 독일 언론은 이 팀에 티가나, 트레조, 장비옹이라는 몇 명의 흑인 선수가 있었다는 점을 들어 비겁하다고 비방했다. 이것은 제1차 세계대전 당시 망쟁 장군의 소중한 "포스 누아르(force noire)"[373]에 대한 독일 선전 만화를 연상시키는 음흉한 지적이다.

---

372 프랑스의 국가(國歌).

373 직역하면 '검은 부대'로 아프리카 식민지인으로 편성한 군대를 의미한다. 제1차 세계대전에서 활약한 샤를 망쟁(Charles Mangin, 1866~1925) 장군은 1910년 『라 포스 누아르』라는 에세이를 발표하여 유럽에서의 전쟁에 프랑스 식민군을 활용할 것을 주장했다.

그들은 몰랐지만, 우리 선수들은 20세기 프랑스 최후의 세대를 구현했다. 그들은 민족적 소설을 배운 마지막 아이들이었다. 우리가 미슐레 이후 교육받은 그대로. 그러나 우리는 이 역사, 이 콤플렉스, 이 트라우마가 대대로 내려오는 적을 "살상"하는 순간에 그들의 양심을 여전히 괴롭히고 있다는 느낌을 받았다. 독일의 해묵은 공포가 그들을 사로잡고 억제하는 동안, 독일인들은 하이델베르크를 불태우고 예나에서 그들을 격파한 "대국"에 대한 그들의 오랜 두렵고 감탄 어린 존경심을 역사의 쓰레기통에 버린 것처럼 보였다.

이 패배는 프랑스 스포츠계를 뒤흔들었다. 우리는 1914년 직후처럼 외쳤다. "결코 더 이상은 안 된다." 야닉 노아[374]는 1983년 롤랑가로스 대회에서 우승했고 플라티니 팀은 1984년 유러피언 네이션스컵에서 우승했다. 이 두 성공은 국가적 저주의 종식으로 체험되었다. 그러나 1986년, 그때 그 프랑스 선수들이 똑같이 월드컵 준결승에서 똑같이 독일 선수들과 맞붙었다. 그리고는 똑같이 패배를 당했다! 프란츠 베켄바워는 "프랑스인들은 독일을 이길 줄 모른다"고 결론지었다.

세비야에서의 패배는 금세기 프랑스의 환상에 종말을 고했다. 6월 13일 스페인에서 열린 월드컵 초반에, 피에르 모루아 총리는 프랑화의 평가 절하와 첫 번째 엄격한 조치들을 발표했다. 이 1982년 여름에, 프

---

374 야닉 노아(Yannick Noah, 1960~)는 프랑스의 테니스 선수로 한국에서는 프랑스 오픈으로 불리는 롤랑가로스(Roland-Garros) 대회의 1983년 우승자다.

랑스는 고집 세고 반항적인 민족이라는 오만함을 내려놓고 염치없이
독일식 모델에 동조했다.

1983

1983년 3월 21일

빛에서 그늘로의 이행

호메로스 풍의 이야기가 곧 쓰였다. 현실에 대한 불가피한 동조가 서술되었다. 더 암울하게는 대처와 레이건이라는 두 개의 머리를 가진 악마가 구현한 자본주의로의 복종이 묘사되었다. "밤의 방문객들"의 공허함, 로랑 파비우스의 변절, 피에르 모루아의 충실성, 자크 들로르의 명석함에 대한 해설이 달렸다. 역사는 항상 승자에 의해 쓰인다.

좌파의 진정한 결정적 도래를 권력에 바친 것은 1981년 5월이 아니라 1983년 3월이었다. 진정한 변화였다. 그늘에서 빛으로, 또는 빛에서 그늘로의 이행이었다. 1981년 5월은 지스카르, 시라크, 미테랑이라는 이름을 가진 프랑스 정치인들이 1945년의 프랑스, 그리고 복지적이며 계획경제적인 그 정부를 복원하기 위한 최후의 시도일 뿐이었다. 그러나 그들은 이해하지 못한 채 권력을 이어받았다. 유럽 내 국경 폐지, 금본위제의 종말, 유가 등의 경제적 격변뿐만 아니라 프랑스 사회에 척추를 제공한 계층적 구조가 68혁명에 의해 참수당한 것이 왕정복고를 불가능하게 만들었다는 사실을 말이다. 이는 대혁명과 제국 이후의 카페 왕조가 증명했다.

망명에서 돌아온 귀족들은 "아무것도 배우지 못했고 아무것도 잊어버리지 않았다"는 점에서 여전히 유명했다. 우리의 옛 왕들을 그토록 사랑했던 프랑수아 미테랑은 1958년 드골 장군의 귀환과 1981년 5월 엘리제궁으로의 입성 사이에 그들만큼이나 오랫동안 권력으로부터의 유배를 경험했다. 최고일 때든 최악일 때든, 그는 모더니스트인 지스카르의 뒤를 이은 과거의 인간이다. 최고는 지스카르가 권력을 잃은 후 새로 선출된 대통령이 대통령직에 그 위엄을 돌려주었을 때였다. 최악은 제3공화국 옛 엘리트들의, 경멸의 태도에 가까운 경제적 무지함이었다. 미테랑은 이들의 마지막 후계자였다. 그는 레옹 블룸으로 유명해진 중절모와 빨간 목도리를 두른 채 사진 찍히는 것을 좋아했다. 드골이 만든 제도들이, 블룸은 결코 누리지 못했던 시간을 그에게 주었지만, 미테랑은 그의 영광스러운 모델의 본원적 실수를 되풀이했다. 블룸은 이미 1936년에 절대적으로 필요했던 평가 절하를 지연시켰고, 낡고 노후한 국가 경제로부터, 외국의 수출업자들을 기쁘게 할 내수를 너무 빨리 활성화시켰다. 2년 동안 세 번의 연속적인 프랑화의 평가 절하가 일어났지만, 매번 너무 느리고 너무 제한적이었다. 프랑스 산업은 노동자들과 경영자들이라는 프랑스 사회의 파트너들이 인플레이션을 선호한다는 사실과 '노동자의 힘'[375]의 리더인 앙드레 베르제롱의 유명

---

[375] 1947년 설립된 프랑스 노동조합. 주로 F.O.로 표기한다.

한 "빵을 곡물"[376]로 인해 지속적으로 약화된 경쟁력을 결코 회복하지 못했다.

1924년과 1936년에 권력을 잡은 좌파의 실험들은 "돈의 벽"에서 좌절되었다. 이 벽을 허물기 위해 미테랑은 은행 시스템 전체를 국유화하는 데 신중을 기했다. 그러나 그는 "국고 순환"[377]에 의해 허용된 옛 편의들을 되찾기 위해서 1973년 1월 3일의 법[378]을 폐기하는 데에는 신중하지 않았다. 옛날에 이 순환은 민간이든 공공이든 경영진과 금융"계"의 이익을 지속적으로 옹호하는 은행들을 거치지 않고 프랑스은행의 금고를 정부 투자로 무상으로 인도했다.

더구나 미테랑은 전후부터 충성스러운 나토 지지자이자 확고한 유럽인이었다. 그는 정부에 공산주의 장관들이 있는 것에 이미 짜증 난 엉클 샘[379]과의 관계를 진정시키기를 원했다. 그는 다른 모든 고려를 넘어 독일과 동맹을 맺었다. 지스카르와 사랑에 빠졌고 "프랑스 사회주의자들의 케인스적 구식 경제"를 비난하기 위해 충분히 거친 말을 내뱉지 못했던 슈미트 총리의 오만한 경멸이 그를 기쁘게 하지는 않았다. 그럼에도 미테랑에게는 독일과의 관계를 깨지 않는 것이 중요했다. 프

---

376 의역하면 '할 일', '생각할 거리'다. F.O의 서기장을 역임했던 앙드레 베르제롱이 노동부와 대화하던 도중 "협상을 하려면 빵을 곡물이 있어야 합니다"라고 했던 말에서 나왔으며, 이 표현은 1988년 그가 출판한 책의 제목으로도 사용되었다.
377 1940년대부터 1960년대까지의 프랑스 거시 경제적 자금의 순환 체계를 일컫는 표현.
378 1973년 1월 3일 파트 참고할 것.
379 엉클 샘(Uncle Sam)은 미국을 의인화한 캐릭터다.

랑스 대통령은 1982년부터 슈미트의 뒤를 이은 보수주의자 헬무트 콜과 더 좋은 사이가 될 것이었다.

미테랑은 우리의 통화를 독일 마르크에 붙잡아 두는 유럽 통화 시스템에서 코르셋을 벗기기를 끝까지 거부했다. 고정 환율제는 독일인들이 매번 프랑스 화폐에 약간의 바람을 불어넣어 산업이 침몰하지 않도록 만들기 위해 치열하게 협상된 조정이었다. 그러나 강력한 경쟁자와 동등한 조건으로 싸우기에는 결코 충분치 않았다. 10년 전부터 독일의 경제부 장관인 오토 람스도르프 백작이 장피에르 슈벤망에게 파렴치하게 털어놓은 것처럼, "유럽공동체 공동 변동 환율 협약은 독일 산업에서 보조금 시스템 역할을 했다."

"변화"가 적당한 상대에게 이루어지지 않았기 때문에, 미테랑과 좌파는 할 수 없이 "현실"에 굴복했다. 미테랑 홍보관들의 당시 모든 관심은 거짓 논쟁들 중 하나를 준비하는 것이었다. 그들이 "유럽"과 "알바니아" 사이, 자본주의에의 복종과 견고한 국경 뒤편의 비참함 사이에 품고 있는 비밀에 대해서 말이다. 이 유럽공동체 공동 변동 환율 협약 탈퇴와 프랑화 변동을 예견한, "또 다른 정책"을 세운 유명한 "밤의 방문객들"(파비우스[380]나 베레고부아[381]와 같은 사회주의 고관들과 대통령의 절친한 경영자 친구들)은 들러리 역할을 맡을 수밖에 없었

---

380 로랑 파비우스(Laurent Fabius, 1946~)는 미테랑 대통령 아래에서 예산처 장관, 산업 연구부 장관, 총리를 역임한 정치인이다.

381 피에르 베레고부아(Pierre Bérégovoy, 1925~1993) 역시 미테랑 대통령 재임 시절 경제 재정부 장관, 국방부 장관, 총리 등을 지낸 정치인이다. 1993년 부패 혐의와 총선 참패로 인해 총리에서 물러난 얼마 뒤 자살했다.

다. 미셸 캉드쉬[382] 재무국장이 1981년 2월 이후 외화 보유고 붕괴를 폭로하고 유럽공동체 공동 변동 환율 협약 탈퇴의 종말을 예언한 후, 기업들, 대량 실업과 IMF의 개입을 저지했던 금리 상승과 함께 로랑 파비우스 재무장관의 캠프 교체가 이루어졌다. 이 상황은 고전 비극과 우스꽝스러움 사이에서 주저했던 연극에 있어 필수불가결한 '데우스 엑스 마키나'[383]였다. 사회주의자들과 보통의 프랑스인들은 레이건과 대처의 트럭들에서 일어나는 금융계에 대해 아무것도 이해하지 못했다. 그곳은 원료나 주식처럼 화폐가 시장의 법칙에 종속되는 도박꾼들의 세계다. 규제가 완화된 신중한 프랑스인들은 앵글로·색슨들이 했던 것처럼 감히 자국 화폐에 베팅하지 않았다. 그래서 그들은 가장 합리적이라고 믿은 해결책, 국가 기관들과 자크 들로르의 해결책에 동조했다. 그리고 운동장에서 꼬마가 큰형 뒤에 서는 것처럼 복종의 대가로 보호받기 위해 마르크에 붙었다. 우리의 통화 정책은 이렇게 독일의 손에 맡겨졌고, 독일의 대포 위에 세워진 단일 유럽 통화는 논리적이고 피할 수 없는 후속 조치가 되었다.

그럼에도 커튼 뒤에서 또 다른 연극이 공연되고 있었다. 하지만 같

382　미셸 캉드쉬(Michel Camdessus, 1933~)는 프랑스의 정치인이자 경제인이다. 대부분의 커리어를 경제·금융 관련 기관에서 보냈다. 프랑스 재무국장과 프랑스 중앙은행 총재를 거쳐 1987년부터 2000년까지 국제통화기금(IMF) 총재를 지냈다. 한국에서는 1997년 외환위기를 맞았을 때 유명해진 인물이다.

383　데우스 엑스 마키나(deus ex machina)는 고대 그리스 연극에서 나온 표현으로, 갑자기 등장한 신이 그동안의 모든 복잡한 문제나 갈등을 해결해 버리는 이야기상의 기법을 의미한다.

은 자들에 의해 쓰인 것이었다. 깃펜을 잡고 있던 자는 최고의 학교를 나온 최고 중 최고, 프랑스 좌파 엘리트였다. 그들의 이름은 라미, 캉드 쉬, 페렐르바드, 라가예트였다. 그들은 자크 들로르와 피에르 모루아 를 둘러싸고 있었다. 그들은, 나중에 들로르가 인정한 대로, 엘리제궁 의 모든 압력과 모든 요구에 저항하기 위해 마티뇽 총리 공관과 리볼리 거리 사이에 "철약"을 수립했다. 그들은 확신에 넘치고 성실한 카톨릭 신자였고, 바티칸 공의회 이후의 경향을 띠었다. 그들은 초기 기독교의 반항적이고 반국가적인, 거의 무정부주의적인 구상을 부활시켰다. 그 들은 인류를 "확산시키고", 세계의 소외된 사람들에게 평화는 물론이 고 부와 행복을 가져다주어야 했던 자유 무역에 대한 종교적 접근 방식 을 가지고 있었다. 그들의 눈에 보호 무역주의는 사탄의 작품, 부도덕 한 행위였다. 그들은 중국, 인도, 브라질, 튀르키예 등의 "신흥 시장"에 서 "중산층"을 풍요롭게 만드는 것을 신성한 보상으로 여기며 살아갈 것이다. 그들은 가난한 나라들의 수백만 노예와 부유한 나라들에서의 실업과 불안정성의 엄청난 확산이 단지 불가피하며 무시해도 괜찮은 동반 효과라고 생각할 것이다. 몇 년 후, 그들은 인터넷과 컨테이너선 의 시대에 보호 무역주의는 터무니없고 순수하게 주술적이라고, 흔치 않은 거만한 경멸을 띠고 설명할 것이다. 그들은 전 세계에 흩어져 있 는 생산 라인들을 오만한 기쁨을 품고 묘사할 것이다. 어디에도 설치되 지 않은 컴퓨터에 의해 주문되고 도처에서 온 부품들을 바이에른, 튀르 키예, 인도의 공장들로 보내어 독일인, 튀르키예인, 모로코인, 인도인, 중국인 노동자들이 조립하도록 만든다. 그리고 이 제품들은 익명의 보 편적인 소비자들에게 팔리기 위해 지구를 다시 가로지른다.

젊었을 때 좌파에 동조했던 이후로 그들은 자코뱅파 사회주의자들에 맞서 싸웠다. 그들은 이 사회주의자들의 애국심과 계획 경제를 "구식"이라고 생각했다. 나중에 세계무역기구 의장이 된 파스칼 라미가 설명한 대로, 그들의 건방진 눈으로 보기에 자신들은 "반동"에 맞서는 "진보"를 구현한 것이었다. 이 대대적인 결사에게, 1981년 5월 케인스주의 부활의 실패와 "외부적 강제"의 충격은 "신격화된 놀라움"이었다. 그들은 맹도견처럼 미테랑과 좌파를 원치 않는 가파른 길로 이끌었다. 그리고 그들은 그곳에 돌아오지 않을 것이었다.

1983년에는 어쨌든 인터넷이 초보적인 단계에 있었고, 1950년대에 발명된 컨테이너선은 바다를 누비고 다니기를 여전히 기다리고 있었다. 세계화는 우선 재정적인 것이었다. 그런 중에 미테랑과 (미래에 카지노 그룹의 사장이 될 장샤를 나우리의 조언을 받은) 피에르 베레고부아 재무장관이 금융을 자유화하도록 설득한 것은 이 프랑스 고위 관료 집단이었다. 프랑스 정부는 바로 이 1983년에 처음으로 빚을 갚기 위해 국제 시장에 모습을 드러냈다. 사실 정부는 여유롭다고 명성이 자자한 국민 저축의 힘을 빌리는 것이 습관화되어 있었다. 비록 금을 담보로 한 피네와 지스카르의 부채에서 보듯 때로는 국민 저축이 비용이 많이 드는 것으로 드러났다고 하더라도 말이다. 프랑스 시민들로부터 국가 부채의 억제 의무를 벗겨내고 그 역할을 국제 금융인들에게 전달함으로써 이렇게 1973년 1월 3일의 법에 대한 전적인 조치가 제공되었다. 수십 년 후 "시장"은 프랑스의 정책을 감시할 권리가 있으며 시민들은 더 이상 혼자서 결정할 수 없다는 것이 설명될 것이다…. "1983년의 전환" 이후 사회주의자들은 우파가 감히 하지 못했던 일을 했다. 사회주의자들은 임금을 인플레이션과 연동시키지 않고, 마진을 진짜로 필요로 하는 기업들에게 돌려주었다. 그러나 이제는 노동자가 급등하는 인플레이션에 대한 대가를 모조리 지불하게 만들었다.

1985년 자크 들로르가 유럽위원회 의장으로 임명되었을 때, 파스칼 라미는 브뤼셀에서 그를 따라 유럽 연합 내에서 자본, 상품, 사람의 이동에 대한 완전한 자유를 확립한 유럽통합법을 조정했다. 그것은 관세, 수출입 할당, 환율 통제, 신용 대출 한도에 (그리고 이민 통제에) 보내는 최종적인 작별 인사였다. 그것은 심지어 국가의 모든 산업 정책을 금지했다.

금융은 국가적이고 민족적인 모든 연계에서 벗어났다. 가장 좋은 것에 이어 곧 가장 나쁜 것이 왔다. IMF의 수장에 오른 미셸 캉드쉬(파비우스의 무녀!)는 이러한 자유주의 원칙을 전 세계로 확대했다. 유명한 인터넷-컨테이너선 커플이 비할 데 없는 규모를 제공하기도 전에 세계화의 공물을 바친 것은 "파리 합의"다. 가장 늦었지만 더 유명한 1989년의 "워싱턴 합의"가 아니다. 세계를 앞서갔던 건 유럽이었고 유럽을 전복시킨 건 세계가 아니었다. 우리의 보호주의 전통(그리고 우리의 국익?)과는 반대로, 유럽과 세계에 이러한 비전을 강요한 것은 소수의 프랑스 고위 관료였다. 수년 후 프랑스어로는 번역되지 않은 하버드 경영대학원 교수 라위 압델랄의 『자본의 규칙: 글로벌 금융의 건설』이라는 저서에서 프랑스인들의 알려지지 않은 역사가 드러나고 벗겨졌다. "장소의 주인은 그것을 조직하는 사람이다"라는 라퐁텐의 문장 인용에 이어지는 하나의 장 전체가 이 "파리 합의"

에 할애되어 있다.

　우리의 자유 무역주의 가톨릭 관념론자들은 항구에 닿았다. 그들은 정치에서 벗어난 세상, 오로지 경제와 금융의 흐름, "제어"와 "지배"에 의해서만 통치되는 세상을 꿈꿔 왔다. 본질적으로 분쟁의 위험성이 있는 국가들이 평화적인 보편주의 아래 잠긴 곳에서, 유명한 "온화한 무역"은 몽테스키외의 아류들에 의해 아주 잘못 이해되었다. 그들은 1982년 프랑스 엘리트들 내부에 자신들의 생각을 강요하기 위해 피에르 로장발롱, 자크 쥘리아르와 같은 중도좌파 지식인들, 사업가들과 함께 생시몽 재단을 설립했다. 17세기 천재적이고 까다로운 소(小)공작의 후손인 생시몽 백작은 오늘날 기술주의라 불리는 광범위한 과학 만능주의 및 산업주의 운동을 19세기에 구상했었다. "사물들의 관리가 인간의 정부를 대체할 것이다"라고 그는 예언했다. 그들은 옛 할리우드 B급 영화배우 로널드 레이건을 이용해 미국에서 성공한 멋진 작전을 모방했다. 옛날에 공산당의 적극적인 동조자였던 매력적이고 인기 있는 배우 이브 몽탕을 발탁하여 정치에 대한 오랜 애착을 본능적으로 간직하고 있던 프랑스 국민들을 세뇌하고자 했다. 그들의 승리는 완전했다. 케인스주의 국가를 청산함으로써, 그들은 강압적이고 규범적인 권력으로서의 국가를 별안간 제거했다. 국가 공권력을 무장 해제함으로써, 그들은 권력을 다른 곳으로 이전하는 것이 아니라 권력의 무력화를 설계했다.

　대처와 레이건은 그들의 자유주의 혁명에 영미의 민족주의에 대한 열광을 동반했고, 독일 지도자들은 1990년의 통일 이후 국가 주권의 기쁨을 재발견했다. 반면 프랑수아 미테랑은, 그가 겪었고 보증했던 ("나 이후로 더 이상 위대한 대통령은 없을 것이다.") 혁명의 규모를 깨달았을 때, 유럽 신화의 방패 아래 사회주의와 국가에 대한 포기를 숨기기를 더 원했다. 프랑스의 애국심을 하나의 단순한 박물관으로 바꿔 버림으로써 말이다. 그 박물관의 왼쪽 일부는 공포 박물관이었으며, "프랑스는 우리의 조국, 유럽은 우리의 미래"라는 그의 유명한 장례 문구와 함께였다. 모두가 이 문구를 이렇게 번역했다. "프랑스는 역사의 쓰레기통에 버릴 우리의 과거다."

이 문장은 헬무트 콜에 의해서도 말해졌었다는 것을 훨씬 후에 알게 되었지만 (누가 누구를 따라한 것인지는 모른다), 독일인들에게 있어서 이 문장은 나치 범죄 속죄와 망각이라는 가치가 있었다. 마치 죄책감과 자기혐오로 마비된 프랑스 엘리트들이, 독일인들과 함께 공개 처형대에 매달리기를 바랐던 것처럼 말이다. 좌파뿐만 아니라 우파 지도자들은 권력이라는 단어(독일어로 히틀러적인 울림을 가진 '마흐트(Macht)')를 피하려는 독일식 편집증을 취할 것이며, "책임에 관한"이라는 끔찍한 표현을 선호할 것이다. 기업들의 단어에서 빌려온 "거버넌스"라는 단어는 "정부"를 대체했다. "국익"은, "유럽의 일반적 이익", "협력"과 "평화" 뒤로 사라져야 하는 "국가 이기주의"가 됐다.

끔찍한 것들을 글로 새기면, 그것들은 결국 일어난다.

1984~1992

"대의를 섬기고 봉사하자!"
― 벤자맹 콩스탕

1984

1984년 10월 15일

SOS 고래

『냉정한 기억』에서 장 보드리야르[1]는 다음과 같이 썼다. "SOS 인종 차별[2]과 SOS 고래. 모호하다. 한편으로 그것은 인종 차별을 비난하기 위한 것이고, 다른 한편으로는 고래를 구조하기 위한 것이다. 그리고 만약 첫 번째 경우, 그것 또한 인종 차별을 구원하라는 잠재의식적인 호소였다면…."

보드리야르는 모든 것을 예상했다. 협회가 극비리에 만들어진 것

---

1   장 보드리야르(Jean Baudrillard, 1929~2007)는 프랑스의 철학자다. 대표 저서로는 『시뮬라크르와 시뮬라시옹』, 『소비의 사회』가 있다.

2   'SOS 인종 차별(SOS Racisme)'은 1980년대 초반 극우파와 인종 차별 범죄 확산에 대한 반발로 만들어진 단체다. 1984년 설립되어 인종주의, 반유대주의를 포함한 모든 형태의 차별에 맞서 투쟁해 오고 있다.

은 엘리제궁에서였다. 정치 고문들과 대통령의 홍보관들이 작업에 참여했다. 그리고 미테랑이 조종했다. "내 친구를 건드리지 마라"는 슬로건은 미래에 사회당 의원이 될 쥘리앙 드레의 친구인 기자 디디에 프랑수아의 발상이다. 지하철 열차 안에서의 절도로 고발된 디에고라는 한 흑인 청년의 실패를 하나에서 열까지 날조했다. 이야기는 모든 미디어를 통해 중계될 것이다.

SOS 인종 차별은 지난해의 사건들에 대한 미테랑의 대답이다. 유럽의 이름으로 이루어진 자유주의적 경제 전환, 국민전선의 선거에서의 쾌거, "톨레랑스의 한계를 넘어섰다"고 냉정하게 인정했던 대통령이 할 수 없이 마그레브 이민을 정착시키도록 만든 뵈르의 행진의 성공은 말할 것도 없다. 이러한 제약들을 성공의 수단으로, 이 핸디캡을 어드밴티지로 뒤집는 것이 중요하다.

좌파는 인종 차별주의자와 반인종주의자, 파시스트와 반파시스트 사이에 헛된 대립을 만들어 냈다. 장마리 르펜[3]의 덩어리를 커지게 만들기 위한 계산된 선동(외국인들의 투표, "외국인들은 여기 자신들의 집에 있다" 등)을 통해 대중의 격분을 드러내도록 만들었다. 한편, 미테

---

3   장마리 르펜(Jean-Marie Le Pen, 1928~)은 프랑스 극우를 대표하는 정치인으로 1972년 극우 정당인 국민전선(Front national)을 설립하여 2011년까지 당수를 지냈다. 식민주의 옹호, 홀로코스트 부정, 인종주의, 동성애 혐오 등 전형적인 극우 담론을 표방하며 거침없는 발언으로도 유명하다. 이후 그의 막내딸 마린 르펜(Marine Le Pen, 1968~)이 아버지의 자리를 물려받아 당을 이끌고 있으며 국민전선은 2018년 국민연합(Rassemblement national)으로 당명을 변경했다. 마린 르펜은 2022년 대선에서 에릭 제무르와 마지막까지 연합을 논의했으나 무산되었다. 1차 선거에서 낙선한 이후 제무르는 2차 투표에서 르펜 지지를 선언했다.

랑은 제4공화국 의회에서 가깝게 지내면서 르펜의 대단한 연설적 재능을 알게 되었다. 그들은 제3인터내셔널 당시 스탈린의 옛 명령에 따라 "파시스트"라는 낡은 누더기로 적을 변장시켰다. 그리고 이미 지스카르의 사교적 개혁에 의해 끓어오른 공화국연합의 대중적 기반과 가톨릭적이고 온건한 부르주아 사이의 모순을 강화시켰다.

작전은 대규모로 멋지게 수행되었다.

미테랑은 드레퓌스 사건에서 나온 반교권주의도 이용했던 제3공화국의 위엄 있는 급진적 모델들을 모방하는 예술의 정점에 있었다. 교회는 대위의 수난에 있어서 아무 관련도 없었다. 그러나 좌파, 심지어 사회주의자들까지 집결시켜야 했다. 권력을 가진 급진주의자들이 "돈"에 굴복했더라도.

1983년 드뢰의 지방 선거 당시 국민전선의 출현은 좌파 입장에서는 통치권을 영속시킬 수 있는 역사적인 기회로 드러났다. 그러나 자크 시라크는 처음에 우파 연합에 동의했다. 심지어 레몽 아롱조차도 『렉스프레스』를 통해 이 동맹을 축복했다. 그리고 좌파를 전체주의적인 파렴치한으로 전락시켰다. "1980년대 파시스트 스타일의 유일한 인터내셔널은 붉은색이지 갈색이 아니다." 그러나 좌파의 도덕주의, 반인종주의, 반파시스트주의 담론은 결국 드골주의 정당의 리더가 죄의식을 느끼게 했다. 그들의 친구들인 시몽 배유와 베르나르 스타시 같은 중도파 동맹들이 사방에서 압력을 넣었고, 미디어들, 그리고 유대인 단체들, 잘 이용된 국민전선 지도자의 도발("역사의 세부적인 사항")도 마찬가지였다. 미테랑은 오랫동안 공산당과 그의 대중 유권자들을 혁명적 게토에 고립시켰던 드골주의자들에게 이렇게 받은 대로 앙갚음했다.

SOS 인종 차별은 1984년 10월 15일에 설립되었다. 쥘리앙 드레와 그의 친구들은 그들의 새로운 아이의 탄생을 알리기 위해, 두 번째 "뵈르들의 행진"을 둘러싼 언론의 열광을 이용한다. 행진자들은 전년보다 다소 줄었지만 방송사들은 몰려든다. SOS 인종 차별은 언론의 이 쿠데타, 영광의 이 노선 전환, 이 찬탈로 그의 훌륭한 경력을 시작했다.

들로름 신부만이 유산의 착복과 일부 유대인 집단의 전투적인 반인종주의에 대한 지배를 용감하게 비난했다. 그러나 베르나르앙리 레비는 제2차 세계대전 동안 유대인들의 몰살에 관한 기독교적 죄책감을 뻔뻔스럽게 이용하며 그를 침묵시켰다. 교회의 대리인은 겁에 질린 채 입을 다물고 가만히 있었다. 그러자 "뵈르들"은, 여전히 더 교활하고 언론의 특혜를 받는다고 의심되는 "유대인들"에 의해 속았다고 생각하고는 게임에서 손을 뗐다.

사회주의 권력의 명령과 SOS 인종 차별 대부들의 미디어적 수완의 특혜를 받아 "공격"은 성공했다. 베르나르앙리 레비와 마렉 할터는 생페르 거리의 트위크넘 카페에서 으스댄다. 이브 몽탕과 시몬 시뇨레처럼 "진보적인" 모든 전투에 참여한 매우 인기 있는 스타들은 『누벨 옵세르바퇴르』의 1면에 작은 노란색 손[4]을 과시했다.

이 노란 손은 광고 전문가인 크리스티앙 미셸의 광고 창작물이었다. 그것은 점령지에서 유대인들이 달아야 했던 노란 별과 이슬람 부적인 파티마의 손을 동시에 떠올리게 했다. 그것은 제2차 세계대전 동

---

4   '내 친구를 건드리지 마라'는 공식 슬로건이 쓰인 노란 손바닥이 SOS 인종 차별의 공식 로고다.

안의 유대인 박해와 1970년대와 1980년대 마그레브인에 대한 외국인 혐오적인 적대감 사이에서 꾸준히 상기되는 연속성을 나타낸다. 독일 점령에 대한 기억과 마그레브인에 대한 폭력 행위는 역사적이고 지적인 대혼란 속에 뒤섞여 있다. 하지만 엄청난 선전 효과를 동반한다. 프랑스 유대인 학생 연합의 트로츠키주의 운동인 유대인 극좌파가 지휘하고 있다. 그들은 프랑스 유대교의 노선 전환을 예상하고 재촉해서는 정치적이고 이념적인 이중의 강도짓을 실행했다. 유대교 신앙을 가진 프랑스 소수 민족은 술책에 걸려들었다. 프랑스 유대인 학생 연합과 SOS 인종 차별 지도자들은 (그들은 같은 사람들이다) 프랑스계 이스라엘인과 외국계 아랍인을 구별하기를 거부한다. 그리고 동일한 희생자적 태도와 필연적으로 외국인을 혐오하고 인종 차별적인 토박이 프랑스인을 향한 동일한 적대감 안에서 그들을 같이 이어 붙인다. 그들은 두 세기 동안의 옛 동화 작업을 파괴하면서 그렇게 프랑스 유대인들이 "프랑스적인 특성을 잃게 만든다."

독일 점령에 대한 집착적인 기억, 희생자에 대한 연민, 레비나스[5]로부터 영감을 받은 이타성(異他性)에 대한 매력적인 담론, 손님맞이의 유대인 전통(그때는 외국인이 단지 "잠시 머무는 손님"이라는 것을 잊은 채), "저쪽의 삶"에 대한 세파르드[6] 유대인의 향수, 마그레브 이민자들이 프랑스에서 유명인이 되었을 때 그들에 대한 아슈케나즈 유대인의 동

---

5   에마뉘엘 레비나스(Emmanuel Levinas, 1906~1995)는 리투아니아 출신 유대인 프랑스 철학자다.

6   세파르드(Séfarades) 유대인은 알제리 지역에서 이주한 유대인들, 이후에 등장하는 아슈케나즈(Ashkénazes) 유대인은 동구권에서 이주한 유대인들이다.

일시 과정, 이 모든 것들로 인해 판단력을 잃은 대다수의 유대인들은 "프랑스적 특징 잃기"라는 가파른 길로 가도록 자신을 내버려 둔다. 피에르 베르제와 베르나르앙리 레비의 재정 지원을 받아 1985년 11월 조르주마크 베나무는 미테랑을 신봉하는 반인종 차별적인 좌파 월간지『글로브』를 창간했다. 창간호 1면에서 우리는 신앙 고백 대신에 다음의 글을 읽을 수 있었다. "당연히, 우리는 단호하게 세계주의자다. 당연히, 고향, 베레모, 부레(bourrée) 춤[7], 비뉴(biniou)[8] 요컨대 보통의 프랑스인다운 것이나 애국주의적인 모든 것이 우리에게는 낯설고 불쾌하기까지 하다."

이 작전은 망설임이나 거리낌 없이 이루어진 것은 아니었다. 저명한 유대교도들은 "프랑스 유대인들을 아랍인으로 만들기를 원한" 이 젊은이들을 개인적으로 격렬히 비난했다. 로제 아냉의 영화 〈지옥 열차〉가 개봉하자, 1985년 1월 11일『유대인 트리뷴(Tribune juive)』의 논설위원은 이렇게 썼다. "세 명의 낙오자들에서 풍기는 이 다양한 인종 차별적 사실에서부터 로제 아냉은 영화를 만들었다. 이 영화에서 그는 이번에는 근원적인 프랑스 전체를 연루시키는 폭넓은 도덕성을 끌어내고 싶어 한다. […] 로제 아냉은 우리가 알제리 유대인에게 어린 시절부터 아랍인들을 사랑하라고 가르쳤다고 확신한다. 아마도, 우리는 그가 프랑스인을 사랑하도록 가르치지 않은 것 같다."

---

7   16세기 이전 프랑스 중남부 지역에서 시작된 전통 춤.
8   프랑스 북서부 브르타뉴 지역의 전통 관악기.

반인종주의 선전 미디어 조직이 폭주했다. 1985년 6월 15일, 콩코르드 광장에서, 기 베도스와 콜뤼슈가 30만 명의 관객 앞에서 진행한 거대한 무료 콘서트가 열렸다. 가장 인기 있는 배우들인 이브 몽탕, 파트릭 브뤼엘, 리샤르 베리, 이사벨 아자니가 복음을 전하기 위해 스크린을 점령했다. 몇몇은 선전 순회를 위해 심지어 학교를 방문하기도 했다. 대부분의 경우, 그들은 이탈리아인, 유대인, 카빌리아 이민자의 아이들이었다. 그때까지 그들은 자신들의 성(姓)을 프랑스화하면서 동화의 모든 규범을 존중했고, 출신은 거의 언급하지 않았다. 이러한 태도 때문에 그들은 프랑스 대중들에게 따뜻한 환영을 받고, 엄청난 직업적 성공을 이룰 수 있었다. 그러나 그들은 매우 오래된 프랑스 전통과 모순되는 이 "차이에 대한 권리"를 찬양했다. 미디어로 매우 잘 알려진 SOS 인종 차별의 경영자 아렘 데지르는 당시 앤틸리스인 아버지와 보주 지방 사람인 어머니 사이에서 태어난 젊고 쾌활한 혼혈로 트로츠키주의 스승들에게 교육받기 전에 가톨릭의 젊은 시절을 거쳤다. 그는 "프랑스 음식은 그저 카술레[9]만 있는 것이 아니다. 피자와 쿠스쿠스도 있다"고 선언했다.

특수성들을 축소시키면서 공동의 틀에 융합되는 것은 더 이상 중요하지 않다. 장자크 골드만의 당시 노래처럼 "반반의 가능성"인 그들의 특수성, 그들의 차이를 긍정하는 것이 중요하다. 거리낌 없이, 원주민들의 반응에 대한 걱정 없이.

대중가요는 반인종주의 선전의 예외적인 매개체임이 확실히 입증

---

9   프랑스 남부 랑그독 지방을 대표하는 전통적인 스튜 요리.

되었다. 카브렐과 르노는 마르세유의 알제리인 가정부나 "범죄자로서의 직업 자격증을 소유한" 알제리 이민자 아들의 처지에 대해 상냥한 연민으로 가득 찬 관심을 가졌다. 그러나 1년 먼저 프랑스식 모델에 대한 진정한 선전 포고에 서명한 사람은 클로드 바르조티였다.

나는 이탈리아 녀석이고 여전히 그렇지 […]
나는 베로나의 연인들을 좋아해
스파게티, 밀라노식 수프
그리고 나폴리의 소녀들
토리노, 로마 그리고 그들의 이탈리아 축구 팬들
그리고 다빈치의 모나리자
슬프게도 그녀는 파리에 있지 […]
내게 주어진 내 이름 바르조티
그리고 나는 내 조국의 억양을 가지고 있어
뼛속까지 이탈리아인.

— 클로드 바르조티, 〈이탈리아 사람〉, 1983.

이탈리아인들이 성공적인 동화의 드문 예였다고 하더라도, 이 이탈리아의 반란은 이상하게 들렸다. 그러나 이 성공적인 동화가 쉽게 이루어진 것이 아니라는 사실을 상기해야 한다. 19세기 말 프랑스 노동자들은 "그들의 빵을 훔친" 혐의로 기소된 "이탈리아인들"에 대한 폭력적이고 신속한 처벌을 계획하는 것을 주저하지 않았다는 것 말이다. 그리고 역사학자 피에르 밀자는 1870년에서 1940년 사이에 우리

나라에 온 이탈리아인들 중 거의 3분의 2가 그들의 고향으로 돌아갔다고 추정했다[10]는 사실도 떠올려야 한다. 1970년대에 미국 영화는 스콜세지, 코폴라를 통해 미국에서 "이탈리아 공동체"의 역사를 찬양하여 민족 영화를 탄생시켰다. 그리고 북아프리카 유대인들에게 바친 전설들로 만든 아르카디[11]의 (생기 없는) 모조품들을 프랑스에 불러일으켰다.

SOS 인종 차별의 후원자들은 쉽게 버는 돈의 기쁨을 발견했다. 배지는 작은 빵처럼 팔렸다. 엘리제궁의 돈 가방은 이브 생 로랑의 오트 쿠튀르 하우스의 부유한 회장 피에르 베르제가 뿌린 파스칼[12]이 그려진 500프랑 묶음들과 뒤섞였다. 그러고 나서 이 기구는 공식화되고, 전문화되었다. SOS 인종 차별은 정치적 투쟁을 계속하기 위해 내각과 지방 자치 단체의 보조금을 잡는 두려운 기계가 되었다. 그리고 부수적으로 기구의 존엄한 경영자들이 사치스럽게 살도록 만들었다.

1980년대의 행복감 속에서 SOS 인종 차별의 경영자들은 그들이 반인종주의, '인종 차별과 반유대주의에 반대하는 국제 연맹'(LICRA), '인종 차별 반대와 민중 간 우호를 위한 운동'(MRAP)의 유력 인사들을 대신할 것이라 믿었다. 그들은 환상을 버려야 했다. 1989년 크레이에

---

10 [원주] Pierre Milza, *Voyage en Ritalie*, Payot, 2004.

11 알렉상드르 아르카디(Alexandre Arcady, 1947~)는 알제리에서 태어난 피에 누아르 출신 프랑스 영화감독이다.

12 블레즈 파스칼(Blaise Pascal, 1623~1662)는 프랑스의 수학자이자 철학자다. 최초의 계산기를 발명했고 유고집 『팡세』를 남겼다.

서의 베일 사건이나 1990년 1차 걸프전을 둘러싼 내부의 분열들, "유대인들"의 장소에 대한 주택 단지에 거주하는 아랍 청년들의 지속적인 적대감, 중동 분쟁을 둘러싼 열정적인 대립, 그들의 사치스러운 경영을 고발한 회계 감사원의 지탄까지, 이 모든 것들은 SOS 인종 차별의 경영자들이 자신들의 "주요 업무"를 되돌아보도록 강제했다. 지칠 줄 모르는 보조금 모금 말이다.

집단이나 "상황"에 대한 실질적인 장악 없이, 그들은 미디어를 통한 액티비즘을 전개했다. 정신 조종에 대한 탁월한 트로츠키주의의 노하우를 사용하고, 반인종주의라는 종교의 새로운 종교 재판관이 되었으며, 설교하고 텔레비전에서 교리를 가르치고 파문하고, 새로운 토르케마다[13]처럼 그들의 이익을 위해 심판부를 민영화했다. 공화국의 이름으로, 그리고 타오르는 듯한 깃발에 담긴 위협받는 신성불가침의 원칙들로, 그들은 프랑스 국가의 토대인 정교분리와 동화를 무너뜨렸다. 그들이 1970년대의 청년 운동가 시절에 "잘 팠다, 두더지야!"[14]라고 말한 것처럼. 그들의 트로츠키주의 스승들은 그들을 자랑스럽게 여길 수 있었다.

---

13   토마스 데 토르케마다(Tomás de Torquemada, 1420~1498)는 스페인 가톨릭 사제다. 종교 재판의 이단 심문관으로 악명이 높았다.

14   마르크스는 보이지 않는 땅 밑에서 부지런히 굴을 파는 두더지를 혁명에 비유했다.

카날 플뤼스, 선한 가톨릭 신전

처음에는 이미지였다. 유료화되고, 구독되고, 뒤죽박죽되고, 민영화되고, 정기권이 팔리고, 현대화되고, 비인습화되고, 미국화되고, 편안해지고, 아나운서가 사라지고, 억제가 풀리고, 변경되고, 노출되고, 성적 매력이 돋보이는 이미지가 된다.

미국의 HBO 채널에서 영감을 받은 카날 플뤼스(Canal+)는 문화와 스포츠에 대한 야망을 가지고 있었다. 고품질의 영화와 농구와 골프 등의 색다른 스포츠 말이다. 그것은 아마도 반대편에서 격렬하게 옹호했던 공영 텔레비전 독점을 깨뜨린 사회주의자들에게는 치러야 할 대가였을 것이다. 프랑스 국영 라디오 텔레비전 방송국 선구자들의 천재성은 얼마 안 되는 돈으로 가장 많은 사람들을 위해 프로그램을 연출한 것이었다. 카날 플뤼스의 재능은 많은 돈을 들여서 소수의 사람들을 위한 프로그램을 제작하는 것이었다. 그러나 기꺼이 엘리트주의적이고자 했던 그들의 초기 목표는 새로운 채널을 급속한 몰락의 경사로로 이끌었고, 채널은 가입자들의 열광적인 환영을 받은 포르노 영화와 축구를 시작하면서 최후의 순간에 회복되었다. 이 채널의 시청자들에 대한 사회학은 거기에서 변화했다. 대도시의 구매력 높은 (유명한 특권층 직업 범주에 해당하는) 학위 있고 교양 있는 엘리트들은, 더 대중적이고 더 촌스럽고 덜 부유하지만 더욱 충성스러운 대중으로 대체되거나 소외되었다.

그렇다고 해서 유료화된 채널의 경영자들은 그들의 프로젝트나 아이디어를 바꾸지 않았다. 프로그램들과 진행자들의 어조는 과감하게 "현대적"이기를 원했다. 즉, 무례하고 쾌락주의적이며 개인주의적이었다. 언어는 옷차림만큼이나 기본을 상실했다. 반말은 필수적이었다. 어휘의 천박함은 생각의 천박함과 같았다. 1984년 11월 4일 채널 개국 당시 만들어진 《대중음악 톱 50》은 시장과 돈을 유일하게 멋을 아는 존재들로 신성화했다. (과거의 인기 순위는 더 수공업적이었고, 때때로 가수와 그 가족들에 의해 원격 조종되는 청취자들의 전화는 총매출과 비슷하거나 그보다 더 많았다. 《톱 50》에서는, 오랜 경력보다는 단기적인, 심지어 일시적이기까지 한 성공을 조장하는 판매 수치만이 증명한다.) 이는 채널에 대해 빈정거리는 사람들이 자본주의를 격렬히 비난하는 것을 막지 못했다. 월스트리트의 미국인 대가들도 마찬가지로 헐뜯기는 동안, 채널은 할리우드 프로그램들을 실컷 맛봤다. 그 시대의 가장 재능 있는 사람들이 초래한 무례와 도발은 트레이드마크, 시스템, 순응주의가 되었다. 카날 플뤼스는 나중에 필리프 뮈레[15]가 비꼰 이 "권력을 가진 반역자들"을 드러냈다. 이어서 그들은 도처로 파견되어 프랑스 미디어계를 지배하기까지 이르렀다.

노동자와 피고용자인 민중은 인류의 천한 존재와 동일시되었다. 코미디 드라마 《데시앙》이나 뉴스의 '기뇰 인형극'의 무수히 많은 촌극에서 조롱당한, 외국인 혐오를 가진 보통의 멍청한 프랑스인들, 어리석은 인종 차별주의자들, 알코올 중독 여성 혐오자들. 진행자들의 파리 스타일의 거만함은 앙시앵 레짐 사회의 특징이었던 이 "계속해서 이어

---

15   필리프 뮈레(Philippe Muray, 1945~2006)는 프랑스의 작가이자 철학자다.

지는 경멸"을 되살렸다.

이렇게 카날 플뤼스는 시청자들에게 침을 뱉으면서 번영하는 세계 유일의 텔레비전 채널이 되었다. 아랍-아프리카 이민자들의 아이들은 일반화된 경멸에서 벗어났다. 거기에서 우리는 자유, 창의성, 농담, 노골성을 질리지 않고 찬양했다. 자멜 드부즈[16]와 그의 아류들은 사랑에 빠진 추종자들에게 부와 찬사를 아낌없이 받았다. 이 추종자들은 의기양양한 다문화주의의 넘을 수 없는 지성적 범위에 대한 고찰만큼이나 빈곤한 통사법에 그들의 사비르어[17]를 승격시켰다. 이 비열한 사이비 엘리트의 눈앞에서, 아랍인은 무기력하고 경멸받는 프랑스 하층민의 외국인 구세주라는 전통적인 역할을 계승했다. 이는 과거에 미국인, 소련인, 독일인, 영국인, 스페인인이나 이탈리아인이 맡았던 역할이다. 우리는 백년전쟁의 최악의 시기로 돌아왔다고 생각했다. 제국에 팔린 거만하고 부유한 부르고뉴인들은 오래된 프랑스에게 충성하는 아르마냑의 가여운 민중에게 속죄받을 수 없는 전쟁―말, 이미지, 생각―을 몰고 갔다. 그들은 이 가여운 사람들에게 단단한 경멸을 더 퍼붓기 위해 축구와 포르노로 유혹했다. 카날 플뤼스는 할리우드와 방리유의 채널이 되었고, 두 가지 측면에서 "세계화"를 이행했다. 미디어에 의해 자유주의자들과 무정부주의자들의 동맹을 실현한 채널이었다. 영어의 채널이자 음절을 바꿔 말하는 은어(隱語)의 채널, 자기 증오의 채널, 프

---

16   자멜 드부즈(Jamel Debbouze, 1975~)는 모로코계 프랑스 코미디언 겸 배우다.

17   사비르(sabir)어는 로망어 계열 언어들에 아랍어와 그리스어 등이 혼합된 언어. 이해할 수 없는 횡설수설이라는 의미도 있다.

랑스 역사를 증오하는 채널, 프랑스를 증오하는 채널이었다. 1960년대 지식인들이 시작한 민족적 소설을 해체하는 채널이며, 민중을 향한 세계화된 대도시들의 경멸의 표현이었다.

카날 플뤼스는 68세대가 기다렸던 대량 살상 무기로 드러났다. 1981년 좌파, 트로츠키주의, 마오주의 엘리트들은 프랑수아 미테랑과 역사적인 타협을 했다. 그들은 오랫동안 미테랑을 얕보고 게다가 경멸했었다. 그는 지배자가 되어, 그들에게 꿈도 꾸지 못했던 멋진 교육 수단을 물려주었다.

아무도 그가 그들에게 준 선물을 제대로 이해하지 못했다. 심지어 그조차도 그랬다. 1982년 말 앙드레 루슬레[18]가 아바스(Havas)[19]와 여전히 중앙 집권화된 프랑스 미디어를 이끌기 위해 엘리제궁을 떠났다. 그때 그는 여전히 대통령과 함께 있었을 때처럼 전화로 국가 기구를 좌지우지할 수 있도록 그의 새로운 사무실로 "공동 부서"를 이전했다. 루슬레는 그의 새로운 동료 중 한 명인 레오 셰르 회사의 종이 상자들 안에서 카날 플뤼스 프로젝트를 발견했다. 이 미래의 편집자는 1974년 미국 여행에서 돌아와, AT&T[20] 독점 붕괴, '마미 벨'이라 불리는 오래된 미국 체신부가 새로운 시대를 열었다고 확신했다. 이 옛 트로츠키주의 운동가는 어린 시절에, 상황주의자들과 들뢰즈, 가타리와 같은 "해체"

18　앙드레 루슬레(André Rousselet, 1922~2016)는 프랑스의 정치인이자 기업인이다.
19　1835년 창립된 프랑스의 커뮤니케이션 그룹.
20　미국의 통신 및 미디어 그룹.

의 거장들과 가까운 폴란드 유대인 사회주의 운동 분트(Bund)에 가입했었다. 그러고는 몽테스키외에서 영감을 받은 온건한 자유주의로 전향했다. 카날 플뤼스의 최초 기획자에게 일어난 이 고귀한 이념 형성이 방송에서 재발견되는 것을 확인하는 건 재밌다. 이 이념은 포스트 68세대의 자유주의-절대자유주의의 혼합으로 가치가 떨어졌다. 몇 달 동안, 자크 랑[21]의 문화부는 아바스가 유로 아르테(Arte)[22]의 일종인 고급문화 채널을 준비하고 있다고 확신했다. 그들은 미테랑 대통령의 지지를 업고 루슬레가 강요한 최종안에 실망했다. 그들은 모든 것을 잃지는 않을 것이다.

정부는 프랑스 영화와 콜베르주의적이고 보호 무역주의적인 그 기계적 효율성을—어떠한 경제 영역을 위한 것도 아니었으며, 심지어 농업도 아니었다—카날 플뤼스의 손에 맡겼다. 그리하여 국가적 전통(공공과 민간의 얽힘, 시장의 법칙과 규정에 의한 명령, 좋은 감정과 인기 전술) 안에 프랑스, 심지어 유럽의 할리우드를 만들었다.

선의 진영은 새로운 숭배가 영광스럽게 거행될 자신의 신전을 건립했다.

---

21   자크 랑(Jack Lang, 1939~)은 프랑스 정치인이다. 여러 직책을 두루 맡았으나 미테랑 대통령 시절 문화부 장관으로 가장 알려져 있다.

22   1992년부터 프랑스와 독일 정부가 공동으로 운영하는 방송국. 연극, 발레, 오페라, 클래식 음악, 예술 영화 등 다양한 장르를 방영하는 예술 전문 채널이다.

1984년 12월 8일

NRJ가 국가를 복종시킨 날

오래 전부터 프랑스는 이탈리아의 영향을 받아 왔다. 마키아벨리, 모나리자, 르네상스 시대의 성들, 마자랭, 륄리의 음악, 파시즘. 그리고 1970년대 영화. 당시 프랑스인들이 어두운 극장에서 비토리오 가스만과 마르첼로 마스트로얀니의 섬세한 입담, 그리고 오르넬라 무티와 모니카 비티의 관능미에 감탄하는 동안, 이탈리아인들은 라디오를 들었다. 프랑스 청취자들이 프랑스 앵테르[23]의 독점을 강요받았을 때, 무수히 많은 방송국들은 RTL와 유럽1과 같은 변두리 방송국들 덕분에 가까스로 축소되지 않았다. 헌법상의 모호함 때문에 이러한 출현이 가능했고, 이탈리아 정부의 타고난 약점이 나머지를 만들었다. 자유는 난투장으로 변했고, 난투장은 무정부 상태가 되었다. 마르코 파넬라와 엠마 보니노의 급진 정당인 무정부주의 극좌 세력권은 오래전 토니 네그리[24]와 붉은 여단[25]과 가까웠던 일등석 좌석에 위치했다. 하지만 토니 네그리와 붉은 여단이 주저하지 않고 적법화하거나 저지를 대학살에 대한 공포로 결국 멀어졌다.

프랑스 좌파, 환경주의자, 아나키스트 들은 그들의 동생들이며, 드

---

23 프랑스 앵테르(France Inter)는 프랑스의 공영 라디오 방송이다.

24 안토니오 네그리(Antonio Negri, 1933~)는 이탈리아 철학자이자 정치인이다. 노동자
    주의를 지지했다. 이탈리아 정치인 암살 기도 혐의를 받게 되면서 프랑스로 망명
    하여 활동하기도 했다.

25 1970년에 결성되어 1980년대 후반까지 활동했던 이탈리아 극좌파 무장 투쟁 조직.

골-지스카르 정권의 탄압과 레몽 마르슬랭의 경찰 작전의 효과로 자라지 못하게 되었다. 프랑스인들은 또한 "자유 라디오"를 꿈꿨고, 이탈리아 선배들에게 더 이상 사용하지 않는 방송국들을 사들였고, 규모에 어울리는 과격한 경주 속에 휩쓸렸다. 판매되고 설치되자마자, 방송국들은 프랑스 경찰에 압류되었지만, FM 대역의 미래의 사장들 중 일부는 거기에서 첫 번째 무기와… 첫 번째 수익을 얻었다.

1981년 대통령 선거 운동 기간 동안, 프랑수아 미테랑은 거기에서 젊은 유권자들을 유혹하기 위한 책임지기 쉬운 명분을 발견했다. 그는 "해커들"[26]을 지지하기 위해 라디오-리포스트[27]에 왔다. 집권한 후 그는 약속을 지켰지만, 1981년 11월의 법은 새로운 라디오들이 광고를 통해 자금을 조달하는 것을 금지했다. 사회주의 명사들은, 그들의 타산적인 이익을 전파하는 협회들의 방식처럼, 보조금으로 살릴 (생존하게 만들) 수 있도록 소규모 지역 라디오 방송국들을 자신들의 수중에서 보호할 작정이었다. 릴의 시장이자 총리인 피에르 모루아는 끊임없이 "라디오의 돈"에 요란하게 반대했고, 마르세유 시장이자 내무부 장관인 가스통 드페르는 지역 언론과 그의 풍부한 광고 수익을 보호했다. 엘리제궁에서는, 고문 레지스 드브레가 1973년 칠레에서 살바도르 아옌데를 상대로 일어난 쿠데타에 사로잡혔다. 그때 가톨릭 민영 라디오가 파업 중인 트럭 운전자들을 결집시키고 지지했

---

26 국가가 독점하던 라디오 방송의 통제에서 벗어나 원하는 대로 외국 음악을 틀고 자유로운 이야기를 하는, 불법 방송을 했던 이들을 지칭한다.

27 사회당의 파리 연합 라디오 방송국.

던 것이다.

이탈리아에서처럼 무정부주의, 절대자유주의, 반군국주의 세력은 1970년대의 반란을 지속시키기 위해 이 새로운 도구에 게걸스럽게 덤벼들었다. 일부 라디오 방송국들은 방송에서 그리고 방송 외적으로도 히피 커뮤니티의 혼란스러운 분위기를 재현했다. 마약이 유통되고, 배설물에 관한 농담이 증가했고, 성적 자유는 포르노그래피에 가까워졌다. 청취자들은 몰려들었지만, 정부 공무원들은 불평했다. 사회주의 정부는 "귀로 당신을 따먹는 라디오"인 '카르본 14'의 스튜디오를 해체함으로써 일벌백계하는 것으로 지난해를 마감했다. 록은 FM 대역에서는 의심의 여지가 없는 지배자로 군림했다. FM에서는 모두가 이웃 방송국을 물어뜯고 싶어했고, 결국 모두 사이가 틀어졌다. 이탈리아 모델은 알프스를 넘었다. 여전히 더 큰 방송국들의 경쟁을 압도하기 위한 무정부주의적인 레이스가 펼쳐졌다. 사회주의 정권은 공공 민영 기구 뒤에 능숙하게 숨었다고 믿었다. 이 최고 기관은 정권에게 주파수 할당과 위반자 제재에 대한 정규 권한을 부여했다. 하지만 아무도 속지 않았다. 가짜 코가 보였다.

갈등은 불가피했다. 무정부 상태의 세계를 규율하고 통제하기 위해, 당국은 파리의 모든 라디오 방송국을 프랑스 방송국(TDF)에 속하는 로맹빌의 유일한 송신기로 모을 것을 제안했다. 사람들은 "독점"의 귀환을 규탄했다. 모든 라디오를 위한 충분한 주파수가 없었다. 배급은 가장 작은 라디오들을 불안하게 만들었고, 가장 큰 라디오들을 분개시켰다. 최고 기관의 선택은 사전에 이의가 제기되었고, 기각되었고, 불법화되었다.

당국보다 더 큰 방송국들로 속임수를 쓴 사람들은 그들의 "투자"에 대한 수익을 높이기를 원했다. 법을 준수한 사람들은 보상받기를 원했다. 모두가 지레 불만족스러워했다.

힘이 권리를 능가했다.

그 힘은 수천 명(10만? 30만?)의 청소년들의 앳된 얼굴을 띠었다. 그들은 잃을 것이 가장 많은 라디오 방송국에 의해 보도 위로 내밀렸다.

젊은이들은 샤틀레-바스티유-레퓌블릭으로 이어지는 신화적인 도로를 그에 새겨진 역사도 모르면서 집단으로 걸었다. 1968년 전후로 태어난 그들은 세대의 유니폼인 블루진, 가죽 재킷, 운동화를 졸라매고 점점 흐려지는 슬로건들을 박자에 맞춰 읽었다. 그들의 조상들이 목숨을 바쳐 얻은 '자유'는 "최고의 라디오 방송들"을 들을 수 있는 자유가 되었다.

달리다(Dalida)는 소형 화물차의 지붕 위에서 으스대며 승리의 "V"를 만들었다. 이 가수는 1981년 5월, 유명한 미테랑의 팡테옹 방문 때 첫 번째 줄에 서 있었다. 그녀를 통해서 가수가 되기를 꿈꿨던 한 젊은 변호사가 베르트랑 들라노에[28]와 다른 정치인들을 알게 되었다. 이 변호사의 이름은 막스 과치니였다. 역시 그녀 덕분에 과치니는 NRJ에 대해 최고 기관으로부터 가해진 제재를 프랑수아 미테랑을 통해 풀 수 있었다. NRJ는 그가 장폴 보드크루와 함께 설립한 라디오 방송국이다.

---

28 베르트랑 들라노에(Bertrand Delanoë, 1950~)는 프랑스 정치인이다. 사회당 소속으로 2001년부터 2014년까지 파리 시장을 지냈다.

12월 8일의 이 시위는 그의 대표작이었다. 그러나 NRJ만이 젊은 청취자들을 파리의 도로 위에 몰아넣은 것이 아니었다. 17개의 다른 라디오들도 "자유 라디오 폐쇄"에 항의하기 위해 다시 모였다. 그러나 막스 과치니와 그의 광고인 친구들은 행렬의 길에 NRJ의 광고판들을 곳곳에 게시하는 기발한 아이디어를 생각해 냈다. 방송국의 진행자들은 "N-R-J"를 또박또박 읽었고, 즉시 수천 명의 순진한 시위자들의 젊은 혈기로 모방되었다. 미디어를 통한 무장 강도질과 침탈이 뵈르의 행진을 동반한 SOS 인종 차별의 방식처럼 행해졌다! 그 시절은 미디어적인 사기꾼들, 광고적인 허세, 내용보다는 형식을 선호했다.

미테랑 대통령은 오래 버티지 못했다. 공립학교법과 언론법 이후, 그는 "자유를 침해하는 사람"이라는 자신의 프로필에 마음을 쓰고 싶지 않았다. 최고 기관은 엘리제궁의 선택을 받아들였다.

이 무력시위를 시작으로, 국가는 납득했고, 패배를 받아들였다. 자유 라디오는 무엇보다도 청취의 편안함과 광고주들의 만족에 관심을 갖는 상업용 라디오가 되었다. 마케팅 연구는 세대와 음악 취향에 따라 청취자들을 단골로 만들었다. 진행자들은 대개의 경우 상업적인 데이터에 따라 컴퓨터에 의해 미리 선별된 음악들의 은밀한 원격 조종기가 되었다. 대규모 기업들이 설립되었다. NRJ는 RTL과 유럽1이라는 주변 라디오 방송국들의 경쟁자가 되었다. 은행들이 자금을 조달하고 광고업자들이 방문 판매를 했다. 초기부터 수치스러웠던 배설물에 대한 어조는 많은 방송국에서 진부한 스타일이 되었고, 젊은 청취자들에게는 유혹이 되었다. 이것은 "자유"라는 이름 아래 건드릴 수 없는 것이었다.

쇼 비즈니스와 광고로 졸지에 부자가 된 자들은 근엄한 척하는 오래된 콜베르주의 좌파를 이겼다. 후자의 젊은 세대 취향의 민중 선동은 자신들에게 해를 끼쳤다. 시장은 좌파들이 스스로 영원한 위탁자라고 믿었던 자유와 젊음을 뒤집어버림으로써 그들을 이겼다. 가장 영민한 정신을 가진 사람들은, 자유의 이름으로 이루어지는 쾌락주의, 개인주의, 해방주의, 진보주의적인 요구들이 항상 결국에는 시장, 돈, "비즈니스"의 힘에 봉사하게 될 것이라 간파했다. 자유주의자들과 절대자유주의자들은 정말로 서로 맞지 않는 동료였지만 쌍둥이였고, 같은 동전의 양면이었다. 그들은 함께 성장하고 지배할 것이다.

1985

1985년 10월 19일

그리고 프랑스 유대인 기관 대표 의회(CRIF)가
나폴레옹을 죽였다

사건은 눈에 띄지 않게 지나갔다. 당시 언론은 가짜 튀랑주 부부, 샤를 에르뉘와 레인보우 워리어 사보타주[29]에 대한 환멸들로 가득 차 있었다. 그러나 1985년 10월 19일 상원에서 약 200명의 손님들과 30여 명의 기자들이 참석한 가운데 열린 만찬은 최고로 성대했다. 프랑스 유대인 기관 대표 의회(Conseil Représentatif des Institutions Juives de

---

29 레인보우 워리어호 폭파 사건: 1985년, 남태평양에서 계획된 프랑스의 핵 실험을 저지하기 위해 뉴질랜드 항구에 정박 중이던 환경 단체 그린피스의 레인보우 워리어호가 프랑스 비밀요원에 의해 폭파되었다. 당시 두 명의 프랑스 요원은 뉴질랜드 당국에 체포되었지만 결국 모두 본국으로 이송되었다. 사건 당시 프랑스 국방부 장관이 샤를 에르뉘였으며, 비밀 요원들은 튀랑주라는 이름으로 위장했다.

France, CRIF)의 테오 클렝 회장이 주도했고, 로랑 파비우스 총리가 초대를 수락했다. 어느 주인공들도 당시에는 이 모임의 깊은 의미를 이해하지 못했다. 해가 지나면서 CRIF의 연례 만찬은 정치, 미디어, 사교적 삶의 등불 같은 순간이 되었다. 장관들, 야당 지도자들, 유럽과 심지어 아랍 국가의 대사들, 쇼 비즈니스와 언론계의 스타들, 그리고 니콜라 사르코지의 당선 이후로는 공화국 대통령까지 그 자리에 몰려들었다. CRIF의 만찬은 존재해야 하는 부분이었을 것이다. 하나의 규범이거나 반(反)규범이었다. 사람들은 그곳에서 만나고, 축하하고, 칭찬했다. 사람들은 위대한 이야기를 나눴다. 사람들은 반유대주의를 비난했다. 사람들은 그곳에서 이스라엘을 강력하게 지지했다. 사람들은 그곳에서 국민전선의 "반유대주의자들"과 녹색당과 공산주의자들인 "반시온주의자들"이라는 민주주의의 적들을 요주의 대상으로 만들어 같은 불명예의 가방에 넣어 버렸다.

몇 년 동안, CRIF 만찬은 "프랑스의 아랍 정책"이 재판받고 유죄 판결을 받은 최고 법원 같은 분위기에서 열렸다. 2005년 2월 12일, 로제 퀴키에르망 CRIF 회장은 프랑스의 외교 정책이 반유대주의와 싸우기 위한 국내 정책과 "양립 불가능하다"고 설명함으로써, 심지어 많은 유대인 인사들에게 모욕당했다는 반응을 야기했다. "프랑스의 외교 정책은 종종 미국과 이스라엘, 시오니즘과 제국주의, 세계주의와 압제를 동일시하는 것처럼 느껴집니다. 우리 외교관들이 원하든 그렇지 않든, 이러한 혼란은 여론에서 매우 현실적으로 일어나며, 유대인들이 해로운 결과를 감내해야 하는 혼합들을 조장합니다. [···] 나는 프랑스의 외교 정책이 얼마나 중요한지 깨달았습니다. 반유대주의에 대한 투쟁을 약화시킬 정도입니다. [···] 왜 프랑스에서 야세르 아라파트[30]의 장례식이 그렇게 장엄하게 치러졌을까요? [···] 매년 당신들을 진력나게 만드는 위험을 무릅쓰고, 프랑스어권에서 이스라엘을 환영하는 것은 정당하다고 우리는 말합니다. 프랑스어권 인구의 20퍼센트가 여전히 우리의 언어를 사용하고 있다고 하더라도 말입니다. [···] 이스라엘은, 이 행성의 192개 국가 중에서 수도를 인정받지 못하는 유일한 국가입니다. 이 거부는 56년 동안 지속되어 왔습니다. 무엇이 예루살렘이 세계 유일의 유대인 국가의 수도로 간주될 수 없다는 것을 정당화합니까?"

"공화주의 대화"의 이름으로, "프랑스 유대인" 대표들은 외교 정책에 대해 프랑스 공화국 정부에게 질의하고 몰아세웠다. 그리고 자국 정치인 대표들에게 국민전선, 녹색당, 공산당이라는 프랑스 민주주의적 공간을 구성하는 당들을 배척할 것을 촉구했다! 프랑스 유대교의 공식 대표들은 이스라엘 국가의 대사로 둔갑했고, 불쌍한 자들을 위한 미국 유대인 압력 단체를 맡았다. 1967년 6월 "자신과 지배자를 믿는 엘리트 민족"에 대한 기자 회견에서의 유명한 발언 이후 프랑스의 대랍비를 맞이하면서 드골 장군이 그에게 이런 말을 던진 것을 기억한다. "제게 유대인 교파의 프랑스인에 대해 이야기하신다면, 환영입니다. 이스라엘 국가와 제 관계를 얘기하신다면, 그 주제는 외무부장관의 몫입니다."

드골 장군은 이런 종류의 "공화주의 대화"를 높게 평가하지 않았다. 그것은 유서 깊은 것이었다. 모든 "국가 내 국가"에 맞서 싸웠던 리

---

30 야세르 아라파트(Yasser Arafat, 1929~2004)는 팔레스타인 정치인이자 초대 대통령이다. 1994년 노벨 평화상을 받았다.

슐리외의 것이었고, 제헌 의회에서 클레르몽토네르 백작의 다음과 같은 쩌렁쩌렁한 경고를 따라 유대인을 해방했던 프랑스 혁명가들의 것이었다. "유대인에게는 국가로서의 모든 것은 거부해야 하고, 개인으로서의 모든 것은 허용해야 한다. 그들은 국가 내에서 정치 단체나 협회를 만들지 않아야 한다. 그들은 개별적으로 시민이어야 한다. 하지만 그들은 그렇게 되기를 원하지 않는다고들 말할 것이다. 글쎄! 만약 그들이 그렇게 되고 싶지 않다고 말하면, 그러면 우리는 그들을 추방한다. 국가에 비시민 사회가 있는 것과 나라 안에 또 하나의 나라가 있는 것은 혐오스러운 일이다."

혁명가들이 선언하고 낭독한 원칙들을 정치적이고 법률적인 화강암 덩어리에 새기는 것은 일상적으로 나폴레옹의 소관이었다. 1807년, 그는 랍비뿐만 아니라 평신도들도 규합한 유대교의 최고 자치 기관 산헤드린을 소집했다. (고대 이래 처음이었다!) 그는 그들에게 결혼, 시민권, 유대교 사제의 권력, 그리고 비유대인과의 경제적 관계에 관한 12가지 질문을 했다. 황제의 목표는, 클레르몽토네르의 원칙에 따라, 유대인 법을 사유화하고, 그것을 프랑스 민법전에 종속시키고, 이를 위해 할라카[31]의 몇몇 조항들을 수정할 것을 각오하고, "유대인 국가"의 구성원들을 프랑스 시민으로 바꾸는 것이었다. 산헤드린은 기대 이상으로 나폴레옹의 도박에 응했다. 프랑스 유대인들뿐만 아니라 전 세계의 유대인들에게 호소하면서, 나폴레옹을 이스라엘을 구하기 위해 신

---

31   유대교의 종교법.

이 보낸 새로운 키루스[32]에 비유하며, 모든 유대인들에게 프랑스 민법전을 따르라고 명령했다. 심지어 대육군의 유대인 병사들에게 필요한 경우라면 코셔 음식[33]에 대한 법을 지키지 않아도 된다고 허용했다. 산헤드린의 이 선택은 역사적인 영향력이 있었다. 서기 70년 티투스의 군대가 이스라엘의 유대인들을 추방한 후, 히브리 법은 국가가 없는 망명 민족들에게 법적이고 민족적인 유대 관계를 대신했다. 슈무엘 트리가노[34]가 그의 저서 『유대 민족의 정치』에서 언급했듯이, "산헤드린은 다윗의 왕국을 나폴레옹의 제국으로, 이스라엘 민족을 프랑스 민중으로 바꿨다. 이는 공공 영역에서의 히브리 법 배제로 나타났다." 유대 민족의 국가법과 정치법은 폐지되었고, 종교법은 그것을 존중하거나 그렇지 않을 수 있는 자유로운 개인의 신앙에 대한 법으로 바뀌었고, 유대인들은 더 이상 "망명" 상황이 아니라 "프랑스 민중 집단"에 가담했다. 유대인들은 이스라엘의 후예들이 되었다. 나폴레옹은 배은망덕하지 않았다. 대육군이 지나는 곳 도처에 게토들이 열렸고, 유대인들은 제국의 시민이 되도록 초대받았다.

---

32 키루스 대제(Cyrus the Great, 기원전 600~530)는 페르시아 제국과 아케메네스 왕조의 시조다. 중동 지역을 통합하고 관대한 통치를 펼쳤다. 바빌로니아를 정복한 후 유대 민족을 해방시켰다.

33 코셔 음식(Kosher Food)은 유대교의 음식에 대한 규범을 준수하여 생산한, '유대교의 율법에 맞는 음식'을 지칭한다.

34 원서에는 슐로모 트리가노(Schlomo Trigano)라고 나와 있으나 뒤이어 등장하는 책의 저자는 슈무엘 트리가노(Shmuel Trigano, 1948~)다. 트리가노는 프랑스에서 활동 중인 사회학자이며 철학자이다. 슐로모 샌드(Shlomo Sand, 1946~)라는 이스라엘 역사학자와 혼동한 것으로 보인다.

그러나 나폴레옹은 패배했다. 이것으로 유대인들의 운명이 다시 한 번 혼란스러워졌다. 독일에서처럼 프랑스의 속박에서 해방된 국가들에서 그들은 "협력자"로 공격받았다. 사람들은 베네치아 게토를 다시 열었다.

파리에 정착한 로쉴드 가족은 루이필리프 왕에 이어 나폴레옹 3세와 교섭하면서 프랑스 유대인들의 상징적인 후원자가 되었다. 그러나 로쉴드 가족은 나폴레옹에 대항하는 모든 동맹에 자금을 조달하는 영국의 은행가들이었다. 사람들은 심지어 워털루의 패배에 대해 그들이 누구보다도 먼저 얻은 정보 덕분에 그들의 재산이 늘어났다고 말했다.

로쉴드는 탈레랑처럼, 패배한 프랑스와 대영제국 사이의 주요 연결 고리 중 하나다. 1860년, 그들은 파리에서 세계 이스라엘 동맹을 설립했다. 이 기구는 프랑스 외무성과 연계하여 외국 국가들과 친교를 맺고 전 세계에서 박해받는 유대인들을 지지하며 진정한 평행 외교를 주도한다. 이렇게 프랑스 이스라엘 민족은 세계 "유대 민족"의 일원이자 프랑스 내부의 프랑스 시민이라는 양면적인 상황에 처하게 되었다. 이 정신 분열증은, 1870년 프로이센 군대만을 상대로 패배한 프랑스가 역사적 쇠퇴를 깨닫고 범인을 찾았을 때, 반유대주의 운동에 의해 고발되었다.

20세기와 1940년의 패배는 프랑스 권력의 종말을 알렸다. 이스라엘의 표본은 프랑스 유대인들(그리고 「크레미외 칙령」[35]에 의해 프랑

---

35 1870년 법령을 제정한 법무부 장관 아돌프 크레미외의 이름을 딴 것으로, 프랑스령 알제리 유대인들에게 프랑스 시민권을 부여한 법이다.

스인이 된 알제리 유대인들)의 마음속에 남아 있었지만, 더 이상 황제 군대의 명성에 의존하지 않았다. 그들의 고장에서 쫓겨난 유대인들이 이주하면서, 독일, 폴란드, 러시아 유대인들이 프랑스에 도착했다. 그들은 프랑스식으로 민족-국가의 모든 엄정성을 내면화하지 않았다. 시간이 지나면서 새로운 시민권과 과거의 공동체 관습 사이의 중간적 위치를 만들었다. 프랑스적 표본은 심지어 폴란드와 러시아에서 동화의 술책에 녹아들지 않기 위해 게토에 틀어박힌 유대교 근본주의의 탄생을 반사적으로 유발했다. 모든 동구 출신 유대인들은 이러한 변형된 경험에서 빠져나왔다. 그들이 게토를 벗어났을 때, 노벨 문학상을 받은 아이작 바셰비스 싱어[36]의 소설 속 이야기처럼, 그들은 민족-국가의 이스라엘 단계를 건너뛰고 사회주의자, 공산주의자 또는 시온주의자가 되었다. 시오니즘은 프랑스적인 민족-국가였지만 유대인들을 위한 것이었다. 공산주의는 대체된 유대교였고, 신이 없는 보편적 기독교였다.

이 아슈케나즈 유대인들은 1930년대에 프랑스에 대규모로 들어왔다. 프랑스는 (미국에서 멀리 떨어진) 세계에서 가장 많은 수의 아슈케나즈들을 받아들였다. 하지만 나쁜 이유들(의사들, 변호사들, 예술가들의 경쟁)과 덜 나쁜 이유들(모든 종류의 암거래, 신속하게 모으고 과시하는 재산, 스타비스키 사건[37])로, 민중들은 그들을 차갑게 맞았

---

36 아이작 바셰비스 싱어(Isaac Bashevis Singer, 1904~1991)는 폴란드 출신 유대계 미국 소설가다. 나치의 유대인 박해를 피해 미국으로 망명했다.

37 1930년대 러시아계 유대인이자 프랑스 금융인 세르주 알렉상드르 스타비스키가 프랑스 사교계를 뒤집어 놓은 사건. 그는 대규모 사기를 쳤고 당시 프랑스 유력 인사들이 그를 통해 금융 비리에 연루되면서 프랑스 경제에도 혼란이 초래되었다.

다. 비시 정부가 그들을 말살한 독일인들에게 그들을 인도하기 전까지는 그랬다. 생존자들과 그들의 자식들은 박해를 받아 기진맥진해진 상태로 1945년 프랑스로 다시 돌아왔다. 그들은 비시뿐만 아니라 그들을 체포했던 프랑스 경찰들, 더 깊게는 그들을 거만하게 거부했던 동화주의 모델에 대해 약간의 원한을 품은 채였다. 그들을 경멸하는 오래된 분파의 프랑스 이스라엘인들에게도 마찬가지였다. 돌아온 유대인들은 그들이 보호의 대가로 자신들을 "넘겨줬다고" 암묵적으로 비난했다.

1944년 CRIF를 설립한 것은 전쟁 기간 동안 저항했던 아슈케나즈들이다. 그들은 사회주의, 분트주의, 공산주의, 시온주의 단체에서 나왔다. CRIF 설립은 너무 프랑스적이고, 너무 이스라엘적이며, 비시에 너무 타협적이라고 생각된 종무국과 구분되기 위해서인 것 같았다. 곧, 그들은 유대인의 옛말을 되찾기 위해 이 이스라엘 단어를 버리고, 프랑스 이스라엘 민족 대표 의회를 프랑스 유대인 기관 대표 의회로 바꾸었다. 1960년대부터 그들은 유력 인사가 되어 "프랑스 유대인 공동체"의 "우두머리들"이 되었고, 종교적 관행에 대한 경멸과 그들의 유대적 특수성에 대한 높은 평가를 뒤섞었다. 그들은 1960년대 아랍 국가에서 온, 같은 신앙을 가진 세파르드계 유대인들의 소란스럽고 시끄러운 출현을 참기 어려웠다. 이들은 목소리가 크고 더 엄격한 유대교를 실천했던 것이다. 마찰이 잦았다.

1985년 CRIF의 이 만찬에서는 로쉴드 가문 사람과 가톨릭 여성의 결혼에 대해 많은 이야기가 있었다. 프랑스의 위대한 랍비(알제리 태생 세파르드인)에게 공개적으로 해가 되는 종무국의 축복을 동반했다. 그러나 피부와 냄새, 요리와 문화의 이 양립 불가능성은 파도의 거품에 불과했다. 진정한 분쟁은 이스라엘 모델의 추종자들(프랑스 유대인과 「크레미외 칙령」의 알제리 유대인)을 아슈케나즈 유대인, 그리고 모로코, 튀니지 유대인과 은밀하게 대립시켰다. 합스부르크, 로마노프, 오스만이었던 제국의 역사적 경험을 제외하고, 이들은 모든 것이 구별되었다. 그러나 아슈케나즈들은 더 신실한 모로코인들이 유대교 회당에 투자할 때 공인된 기관을 유지했다.

결합은 1967년 6월의 6일 전쟁 후, 1970~1980년대부터 이루어졌다. 새로운 대량 학살에 대한 공황과 그들의 전사적 공적에 대한 격렬한 자부심 사이에서 이루어진 운명의 결정적 순간이었다. 거기에서 이스라엘은 세계 유대교의 중심 요소로서 유대인의 마음과 의식에 강요되었다. 그때까지 이스라엘 모델은 시온주의의 유혹에 저항했다.

1953년부터 1959년까지 파리 주재 이스라엘 대사였던 자콥 취르가 1953년 11월 11일 빅투아르 거리에 위치한 유대교 회당에 방문했을 때, 사람들은 그를 과한 열기 없이 맞이했다. "그것은 마치, 파리의 유대인 엘리트와 나의 첫 만남이, 프랑스 유대교가 이스라엘과 과한 친밀함에 빠져들지 않기로 결심했다는 것을 새 이스라엘 대사가 이해하게 만들기 위한 기회로 바뀐 것 같았다." 얼마 후, 그는 스트라스부르 유대인 공동체 대표들을 만났고 그들은 그에게 넌지시 암시했다. "우리는 프랑스 시민이고 당신은 외국 국가의 사절이라는 점을 이해하고 계시겠지요."[38] 같은 시기 이스라엘 기자에게 질문을 받은 자유 프랑스

---

38   [원주] Samuel Ghiles-Meilhac, *Le CRIF. De la Résistance juive à la tentation du*

의 영웅이자 작가인 로맹 가리[39]는 "재미있군요! 하지만 내가 더 좋아하는 외국은 이탈리아입니다"라고 위장된 건방을 떨며 대답했다.

1962년 알제리가 독립하자, 수 세기 동안 알제리에서 살아왔음에도 거의 모든 유대인들은 프랑스 본토로 망명길에 오른 피에 누아르의 비극적인 운명을 선뜻 따르기로 결정했다. 1948년, 상속권을 박탈당한 모로코 유대인 무리는 약속의 땅으로 갔다.

바로 이 1985년, 클로드 란츠만[40]은 "홀로코스트"를 대체하는 '쇼아(shoah)'라는 단어를 영화를 통해 강요했다. 프랑스어 단어를 대신하는 이 히브리어 단어는 집단 학살에 대한 유일하면서도 유대인적인 특징을 더 잘 뿌리내리게 하기 위한 것이다. 집단 학살은 유대인 정신에서 때때로 강박적인 중심 요인이 되었다. 그리하여 프랑스 유대인을 천민 계급의 카스트로 만들고, 집단 학살을 비기독교화된 국가의 새로운 의무 종교로 만든다.

이스라엘의 운명에 묶이고, 미국 모델에 매료되고, 쇼아의 기억에 사로잡혀, 그들은 이스라엘 모델의 실패라고 판단했다. 그러나 오히려 그 반대였다. 뿌리로의 귀환이라는 유행에 영향을 받아, 프랑스 유대교

---

lobby, Robert Laffont, 2011.

39   로맹 가리(Romain Gary, 1914~1980)는 러시아 출신 유대계 프랑스 작가다. 에밀 아자르(Émile Ajar)라는 또 다른 필명으로도 알려져 있다.

40   클로드 란츠만(Claude Lanzmann, 1925~2018)은 프랑스 영화감독 및 제작자다. 동유럽에서 이주한 유대인으로 레지스탕스로도 활동했다. 홀로코스트에 대한 9시간 30분짜리 다큐멘터리 〈쇼아〉를 통해 전 세계적인 명성을 얻었다.

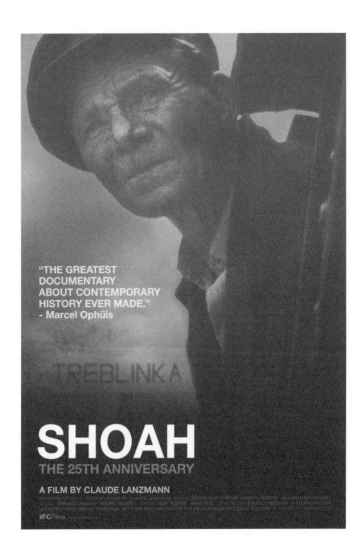

나치의 유대인 집단 학살을 다룬 영화 〈쇼아〉(1985).

지도자들은 점점 더 미국식 압력 단체의 입장에 섰고, 공동체의 요구를 위해 공권력에 압력을 넣었다. "공화주의 대화"는 증가했으며, 점점 더 긴장되고, 점점 더 요구가 많아졌다. 외국 정부 뒤에 결속된 "유대인 공동체"라는 이미지를 제공하고, 자신들의 이익을 지키기 위해 단결하고, 국가를 양보하게 만들 만큼 충분히 강력했다.

이스라엘 교단의 "공화주의" 개념을 구체화하고 강요한 것은 나폴레옹의 제국이었다. 그러나 1980년대부터 유대인들을 모든 제국에서 그들의 것이었던 "민족"이라는 공동체적 특징으로 돌아가게 둔 것은 프랑스 공화국이었다!

1984년부터 1985년까지는 이스라엘 모델의 죽음의 시기였다. 마치 유대인들이 민족-국가가 버림받을 것을 예견하고 악화시킨 것처럼. 이러한 프랑스 유대교의 역사적 전환은, 국경 개방, 세계를 통한 수백만 이민자들의 "분산화", 뉴욕과 같은 몇몇 거대 도시 주위에 유대인 공동체의 집중이 유대교를 미국 재정과 영어의 보호 아래 두었을 때 이루어졌다.

『회고록』에서 레몽 아롱은 드골 장군의 유명한 문구, 당시 그토록 마음에 깊은 상처를 입힌 "자신과 지배자를 믿는 엘리트 민족"에 대해 길게 회상했다. 시간을 두고 보면, 그의 분노는 가라앉았고 그는 비난하기보다는 더 많이 이해하려고 노력한다. 아롱은 드골 장군이 자신을 거역하려 했던 이스라엘 정부의 오만함이 아니라(이스라엘은 주권과 독립에 대한 드골적 가르침을 적용했다), 다윗의 별이 장식된 파란색과 흰색 깃발을 들고 "이스라엘은 살아남을 것이다"라고 외치며 파리 거리에서 벌인 젊은 프랑스 유대인들의 시위에 격노했다고 결론짓는다.

드골은 이 젊은이들에게 교훈을 주고 그들에게 경고를 하고 싶었던 것이라고 아롱은 설명한다. 마치, 그의 관습적인 예언의 재능과 역사에 대한 감각으로, 장군이 이스라엘 군대의 전사적 업적이 프랑스 이스라엘인들에게 있어서 위험에 처한, 같은 신앙을 가진 자들과의 자연스러운 감정적 연대뿐만 아니라, 영광 속에서 부활한 고대 민족의 애국적인 열정을 일깨워주었음을 바로 간파한 것처럼.

우연이든 운명이든, 이스라엘 모델의 이러한 파괴는 수백만 명의 이슬람 인구가 프랑스 본토에 상륙한 바로 그 시기에 일어났다. 이들의 종교는 나폴레옹 이전의 유대교와 매우 유사했다. 그리고 "유대인 로비(lobby)"의 힘을 환상에 이를 정도로 찬양하면서, 그들이 "프랑스의 유대인들"에게 빌려준 것과 같은 권리를 요구했다. 그들은 잘 알지도 못하면서 이슬람 민족(움마)에서 "이슬람 로비"로 그렇게 바로 옮겨 갔다. 두 세기 동안 나폴레옹식으로 종교성을 부여한 것을 무시한 채, 두 종류를 섞어 버렸다.

1985년 9월 25일

게이 권력의 출현

몽마르트르 테르트르 광장의 관광객들은 오랫동안 이런 파티에 참여하지 않았다. 태양은 이 방면에서는 전문가였고, 수천 명의 파리지앵들이 그들과 합류했다. 텔레비전 카메라가 그들 주변을 맴돌았다. 유쾌하고 열광적인 군중들 가운데, 실크 모자를 쓰고 연미복을 입은 작은 남자와 하얀 드레스를 입은 탈색 금발의 뚱뚱한 여자가 모든 시선을 사로잡았다. 그들은 이 9월 25일 몽마르트르 자유 도시의 시장 앞에서 결혼식을 올리기로 결정했다. 사람들의 폭소 속에서, 모든 사람들은 빈정대는 듯 점잔을 빼는 티에리 르 뤼롱과 웨딩드레스에 목이 파묻힌 콜뤼슈를 알아봤다. 두 예술가는 1970년대 프랑스 무대에서 가장 인기 있는 희극 배우였다. 1980년대에 르 뤼롱은 에이즈 바이러스, 콜뤼슈는 약물과 우울증으로 인해 암울했던 시기였다. 르 뤼롱은 슬픈 미소를 드러낸 반면, 콜뤼슈는 과도한 활기를 과시했다. 르 뤼롱은 사려 깊은 남편을 연기했고, 콜뤼슈는 스타킹 고정 밴드를 요구했다. 그들의 옆에서, 심야 파티와 반복적인 결혼의 왕인 음악 프로듀서 에디 바클레가 성전환한 금발의 요부로 분장한 채 증인을 자처했다. 그 사이, 정신 분석가 프랑수아즈 돌토의 아들인 가수 카를로스는 거대한 아기로 분장하고는 이 커플의 아이 역할을 했다. 그들은 흥겨워하고, 갑자기 웃음을 터뜨리고, 축배를 들었다. 그들은 마차를 타고 햇빛으로 빛나는 몽마르트르 언덕을 떠났다. 그들은 파리를 가로지르고, 샹젤리제를 다시 오르고, 푸케에서 점심을 먹었다. 기자들 앞에서 "부부"는 "우리는 아이들을 많이 갖기를 바라는 것이 아니라, 많은 신문 기사를 기대합니다"라고 말하며 폼을 잡았다. 그러고 나서 그들의 "최고의 순간과 웃음을 위한 결혼"에 대해 즐거워하는 방청객들에게 자세히 이야기하기 위해 그들은 몇백 미터를 이동하여 유럽1의 스튜디오에 방문했다.

티에리 르 뤼롱은 "아무리 우리 결혼을 쇼라고 해도 적어도 우리

프랑스 희극인, 콜뤼슈.

는 진심이라고 말한다"라고 불쾌해하며 주장했다. 속임수의 배후에서 목표가 나타났다. 패러디의 몽마르트르적인 전통 아래, 정치적 요구가 뚫고 나왔다. 이 "웃음을 위한" 결혼을 기획하면서 르 뤼롱은, 며칠 후 베로니크 오드마르 달랑송과 정식으로 결혼할 준비를 하던 옛 연인 이브 무루지[41]를 공개적으로 조롱했다. TF1 뉴스의 앵커는 파리 동성애 소수자 네트워크에서 벌어지는 광란의 밤에 적극적으로 참여한 것으로 유명했다. 그의 결혼이 친구들의 관대한 빈정거림을 야기하고 그의 옛 연인에게 깊은 상처를 입히긴 했다. 그럼에도 그는 프랑스 동성애의 위대한 전통에 속했다. 이 전통은 루이 14세의 형제[42]부터 앙드레 지드에 이르기까지 가족과 자녀들을 위한 결혼과, 고대 그리스인과 로마인의 옛 풍속에서 발견되는 쾌락을 위한 소년 취향을 양립시킨 것이다. 프랑스는 청교도적인 영국이 아니었다. 1789년 처벌 대상에서 제외된 후로 어떤 오스카 와일드도 동성애로 유죄 판결을 받지 않았다. 베르사유 궁정에서 사람들이 말한 것처럼, "작은 결점"은 일종의 독특한 간통 (남성들뿐만 아니라 콜레트 같은 여성들도 해당되는)과 비슷한 것으로 다루어졌다. 간통은 스캔들이 결혼, 가족, 이름에 영향을 미치지 않도록 널리 알려지는 것만을 경계하면 됐다.

1970년대는 모든 것을 뒤엎었다. 섹스는 놀이였고, 쾌락이었다. 그것은 하나의 정체성이 되었다. 결혼은 더 이상 제도가 아니라 사랑

---

41 이브 무루지(Yves Mourousi, 1942~1998)는 프랑스의 남성 저널리스트로서, 주요 텔레비전 채널의 뉴스 진행자였다.

42 루이 14세의 남동생 필리프 도를레앙(Philippe d'Orléans, 1640~1701)은 동성애 취향으로 알려져 있다.

이야기였다. 연인들 사이에선, 서로에게 모든 것을 말하고, 아무것도 숨기지 않는다. 우리는 거짓 속에서 살 수 없다. 옛날에는 사랑에 빠진 여성들과 시인들의 좁은 서클에 남겨졌던 이 강렬한 쓸데없는 짓은 국교가 되었다. 위선은 더욱 평판을 떨어뜨리기 위해 부르주아적인 것으로 규정되었다(마치 서민들은 다르게 행동하는 것처럼). 조심성은 개인의 자유를 보호했지만, 그때부터는 개인의 자유에 대한 속박, 감정에 반하는 잘못으로 간주될 것이었다.

열정은 옛날에는 위험하고 파괴적인 것이었지만, 바람직해지고, 존경할 만한 것이 되었다. 동성애자는, 자주 사랑이 바뀐다고 하더라도, 그 역시 "사랑하는 사람을 드러내기"를 원했다. 결혼 자체는 감정에 대해 지수화된 일정 기간 동안의 계약으로 바뀌었다. 감정은 더욱 취약한 경우 욕망이었다. 규범은 주변부의 행동에 가까워졌다.

조심성 측면에서 오래된 방식을 유지하던 동성애자들은 자신을 드러내라고 독촉받았다. "수치스러워지는" 것으로 비난받고, "받아들이지" 않는 것으로 비난받고, 고발되는 것으로(자발적이든 그렇지 않든 화제에 오르는 "아우팅") 비난받지 않으려면 말이다. 무루지는 버릇없는 태도에도 불구하고 (엘리제궁 집무실 책상 위에 무사태평하게 앉아, 프랑수아 미테랑 대통령에게 그가 "유행에 정통한 사람"인지를 물었다), 전통적인 인간, 구닥다리로 드러났다. 착한 아이 같은 얼굴에도 불구하고, 집권 사회주의자들에 대해 가공할 만한 빈정거림을 보인 르뤼롱은 현대적이고 혁명적인 사람이었다. "가짜 결혼"은 자신이 도덕의 교훈이 되기를 바랐다. 패러디는 현실을 흉내 내는 것이 아니라 그것에 이의를 제기하고, 그것을 부정하고, 그것을 대신하고자 하는 야망을 품고 있었다.

우리의 두 희극 배우는 훌륭한 예지력으로 패러디의 시대를 예고
했다. 30년 후 동성 결혼을 허용하는 법률이 그것의 가장 멋진 예였다.
그렇지만 남성과 여성은 아이를 만들고 결혼의 가장 중요한 목표인 가
족을 꾸려야 하므로, 동성 결혼은 패러디적인 시뮬레이션일 뿐이다.

이 "웃기 위한" 결혼은 가치와 권력의 큰 전복을 예고한다. 반동적
이고 자유를 침해하는 기계로부터, 결혼은 욕망의 대상이 된다. 1970
년대에 동성애자들은, 옛날 남자용 공중변소에서부터 캘리포니아에서
수입된 백룸까지, 전복과 언더그라운드의 즐거운 취향을 포함하는 그
들의 불가시성을 누렸다. 1980년대에 에이즈의 유행은 사회의 보살핌
과 연대를 얻기 위해 그들에게 할 수 없이 새로운 가시성을 강제했고,
그들은 연민과 선동의 뒤섞임으로 그것들을 손에 넣었다. 시릴 콜라르
의 『야수의 밤들』(1989년 소설로 출간되어 1992년에 영화화되었다),
에르베 기베르[43]의 저서들(유명한 『내 삶을 구하지 못한 친구에게 보
내는 편지』), 그리고 그보다 앞서 도미니크 페르낭데즈가 1987년에 쓴
소설 『파리아의 영광』 등의 작품들은 19세기 위대한 결핵 환자들의 방
식으로 죽음이 사랑의 연장선상으로 미화되는 에이즈에 대한 낭만적
인 관점을 불러일으킬 것이다. 그러나 성 베드로가 예수 그리스도와 순
교자들의 희생 위에 강력한 로마 교회를 세운 것처럼, 생존자들은 그들

---

43 에르베 기베르(Hervé Guibert, 1955~1991)는 프랑스의 작가다. 스스로 에이즈 환자임
   을 공개했고 자신의 작품들에 자전적 요소를 반영했다.

의 끔찍한 고통 위에 모두가 놀랄 정도로 가공할 만한 게이 권력을 세울 것이다.

페미니스트 역사학자, 1960년대 MLF의 설립자이자 레즈비언으로 알려진 마리조제프 보네가 2014년 출판한 책[44]에서 매우 잘 지적했듯이, 게이들은 1960년대의 전복적인 방법을 계승한다. 그리고 거기에 자유주의적이고 세계화된 새로운 경제의 일환으로 획득된 경제력을 더하면서, 큰 충격을 받은 사회에 그들의 문화적이고 상징적인 모델을 강요한다. "에이즈의 시대 이후 거리, 미디어, 패션, 정치적 상상력을 점령한 승리를 자랑하는 남성 동성애의 이미지가 자리 잡았다. […] "퍼레이드"에 설치된 성적 장치는 주로 시장 가치로서의 남근의 이미지에 따라 전개된다. 그것은 남근 신에 대한 일종의 집단적 오마주로, 발기한 신의 조각상들을 들고 거리를 걷던 고대 로마의 발기 남근상 축제들을 떠올리게 한다. […] "여성 역할 동성애자"의 시대는 지나갔다. 스펙터클을 보장하는 훨씬 더 고귀한 드래그 퀸[45], 트랜스젠더와 트랜스섹슈얼들의 시대다. 하이힐 위에 올라서, 여성스러움을 그로테스크하게 흉내 내고 과시하며 사방에서 자신의 사진을 찍게 만드는 그들을 보아야 한다."

같은 해인 1985년에 영국 밴드 퀸은 〈I Want to Break Free〉라는 곡을 녹음했다. "뮤직 비디오"의 이미지에서 우리는 1991년 에이즈로 사망한 공공연한 동성애자인 가수 프레디 머큐리가 주부로 분장한 모

---

44 [원주] *Adieu les rebelles!*, Flammarion.
45 유희를 목적으로 여성의 옷차림과 화장을 통해 과장된 여성성을 연기하는 남성.

습을 보았다. 프랑스 밴드 앵도신(Indochine)은 〈제3의 성(Troisième sexe)〉이라는 제목의 노래에서 가장(假裝)을 찬양했다.

> 그리고 우리는 손을 맞잡아
> 그리고 우리는 손을 맞잡지
> 남성이 된 소녀
> 여성이 된 소년.
> 모든 소년들은 긴 드레스를
> 내 약혼녀처럼 입었어.
> 모조품이 없는 소녀들은
> 내 약혼자처럼 화장을 했어.
>
> — 앵도신, 〈제3의 성〉, 앨범 《3》 중에서, 1985.

드래그 퀸이 유행했다. 사람들은 그들을 텔레비전에 초대했다. 몇몇은 르 뤼롱-콜뤼슈의 결혼식에 참석했다.

가장(假裝)은 성적 정체성을 어지럽힌다. 성적 정체성의 허약함과 인위성을 드러내는 것이 목적이다. 페미니스트들은 이러한 성 정체성 논쟁에서 남성들의 힘을 꺾을 수 있는 유일한 방법을 발견한다. 동성애 운동가들은 거기에서 소외로부터 벗어날 수 있는 유일한 방법을 발견한다. 1970년대에 가부장적 권력을 무너뜨릴 수 있게 했던 페미니스트와 게이 사이의 이 동맹은 이번에는 게이들의 독점적 이익으로 바뀌었다. 그들의 이론가들은 더 많은 평등을 위한 페미스트들의 요구 사항의 근본인 남성과 여성의 전통적인 대립을 교묘하게 단념했다. 이성애와 동성애라는 섹슈얼리티 사이의 새로운 이분법을 위해서. 더 이상 개인 간이나 성별 간이 아닌 섹슈얼리티 사이의 평등이라는 명목으로, 사람들은 결혼, 가족, 자녀라는 이성 커플과 동일한 권리를 강하게 요구했다. 과학(인공 수정, 대리모)과 돈(미국에서는 부유한 게이들을 위해 카탈로그를 통한 어린이 매매 시장이 발달하고 있으며, 인도에서는 "태내(胎內)" 공장이 생겨난다)이 자연을 대체한다. 평등이라는 이름으로, 게이들은 더 이상 자궁에 지나지 않을 여성들을 제거하거나 굴복시킬 것이다. 2013년 크리스티안 토비라[46]에 의해 시작된 동성 결혼에 대한 논쟁이 한창일 때 이브 생 로랑의 사장 피에르 베르제는 "일손을 임대하는 노동자와 배를 빌려주는 여성 사이에는 어떠한 차이도 없다"고 말할 것이다. 그는 시장과 관용 위에 세워진 새로운 게이 권력의 힘을 보기 드문 거만함으로 구현할 것이다. 평등의 이름으로, 진짜 남자도 진짜 여자도 아닌 새로운 인간을 개량하기 위해 사람들은 가장 오래된 성적 지표의 파괴에 착수했다. 혁명적인 목표는 참여 운동가인 에릭 파생과 같은 사회학자에 의해 『남성, 여성, 어떤 차이가 있는가?』에서 명확하게 드러날 것이다. "문제가 되는 것은 표준으로서의 이성애다. 우리는 이성애가 정상이 아닌 세상을 생각해 봐야 한다."

이성애가 비정상이 되고 동성애가 정상이 되는 세상. 그것은 주변부가 표준을 불법화하고, 산산조각내고, 분산시키고, 매몰시키는 세상이다.

---

46   크리스티안 토비라(Christiane Taubira, 1952~)는 프랑스의 정치인이다.

1981년부터 장 보드리야르는 그의 책『시뮬라크르와 시뮬라시옹』에서 동시대 세상이 시뮬라시옹의 저항할 수 없는 소용돌이 속으로 끌려가고 있다고 우리에게 경고했다. "시뮬라시옹의 시대는 따라서 모든 준거들을 청산하는 것으로 통한다." 그리고 어떤 준거가 남자와 여자의 결혼보다 더 기본이 되고 더 "자연스러운" 것인가? "우리는 그리하여 잃어버린 모든 기준점들의 공상적이고 패러디적인 복권에 초대받는다"고 그는 덧붙인다.

　　패러디가 파괴된 실재를 대체할 수 있는 세상이다.

　　과거의 남성들은 성 정체성의 허약함을 결코 무시하지 않았다. 남성과 여성의 본성에 더해지는 문화적이고 사회적인 기여를 결코 모르는 체하지 않았다. 시몬 드 보부아르와 그의 유명한 "우리는 여자로 태어나지 않으며, 우리는 여자가 된다"는 말 훨씬 전에 블레즈 파스칼은 간파했다. "관습은 자연을 파괴하는 제2의 자연이다. 왜 관습은 자연스럽지 않은가? 나는 관습이 두 번째 자연인 것처럼, 이 자연 자체가 첫 번째 관습일 뿐이라는 것이 매우 두렵다." 그것은 우리의 조상들이 자연적 차이를 "문화적으로" 강조하고 강화하기로 선택했다는 이 허약함을, 남성들은 알고 있었기 때문이다. 남자는 육체적으로 더 강해서 사냥을 떠나는 동안 여자는 동굴에 남아 소중한 불을 유지하고 있기 때문이다. 하지만 사냥꾼으로서의 그의 이미지는 그 자신의 눈에, 그리고 아내와 아이들의 눈에, 그의 남성다움을 공고하게 한다. "문화적인 것"은 선순환 속에 "본성"을 강화하러 온다. 이것이 유명한 "내 아들아, 남자가 되어라"이다. 진정한 남자가 되기 위해 너의 여성스러운 부분을 억누르면서 너의 남성적 자질을 강화해라. 이렇게 해서 마찬가지로 자신의 여성성을 소중히 하는 여성들과 함께 너희들은 서로를 끌어당기고 인류를 지속시킬 수 있다. 이 조상들의 지혜를 우리 시대에는 "스테레오타입"이라 부른다. 우리의 진보주의자들은 문화와 사회가 항상 결정 요인이었고, 그것들이 자기 방식대로 "본성"을 개량했다고 생각한다. 이것은 호모 사피엔스 사냥꾼이 자신이 더욱 강하다고 믿게 만들고 들소 앞에서 죽음의 위험을 감수함으로써 자신의 암컷에 대한 지배력을 주장하기 위한 것이다!

유명한 "젠더 이론"은 이것뿐이다. 파스칼의 순진한 재발견이거나. 또는 젠더 이론이 말도 없이 퀴어 이론으로 기울 때, 우리를 남성도 여성도 아닌 양성, 중성으로 변화시키려는 부정하게 숨겨진 전체주의적 의지이거나.

1992년 여름 어느 날, 절망한 아이와 눈물에 젖은 남편을 남겨 두고 젊은 아내가 뇌막염으로 갑작스럽게 사망할 때까지, 무루지 부부는 모범적인 커플의 이미지를 보여 주었다. "웃기 위한 결혼"이 있은 지 1년 반도 채 되지 않아, 두 "부부"는 죽었다. 르 뤼롱은 이미 자신이 아프다는 것을 알았다. 그러나 우리는 그의 가족에게 구세계의 마지막 "위선"이자 마지막 흔적 같은 죽음의 진짜 원인을 숨겼다. 콜뤼슈는 오토바이 속도에 대한 취향이 그를 트럭과의 치명적인 만남으로 안내하리라는 것을 알지 못했다. 고대에는, 이러한 누적된 죽음들이, 패러디를 죽음의 아우라로 둘러싼 불길한 징조로 여겨졌을 것이다. 하지만 우리는 신들의 모든 저주로부터 안전하다고 믿는다.

1985년 12월 21일

성(聖) 콜뤼슈

"저는 더 이상 아무것도 남지 않은 사람들과 은밀히 만납니다." 그의 비웃는 듯한 목소리는 이목을 끌고 동시에 감동적이었다. 콜뤼슈는 모든 텔레비전과 라디오 무대를 분주히 다니고 있다. 그는 어디에나 있다. 하나의 습관이 삶의 한 방법이 된 것은 광란에 빠진 1985년이었다. 가을에 그는 〈꼭두각시여 안녕〉에서 우울한 주유원 역할로 세자르 남우주연상을 받았다. 9월 26일, 르 뤼롱과의 "결혼" 다음 날, 그는 유럽1의 방송에서 심정을 토로했다. "저는 이렇게 나름의 생각이 있습니다. 처음에는 겨울 동안 하루에 이천에서 삼천 개의 담요를 나눠주는 것을 열망하는 레스토랑입니다." 그는 농부들의 소득을 보호하기 위해 잉여 농산물을 파괴하는 유럽 기관들을 맹렬히 비난했다. "시장 가격을 유지한다는 명목으로 잉여 농산물을 폐기하기보다는, 그것들을 회수해서 배고픈 사람들에게 기부할 수 있는 큰 간이식당을 만들 수 있을 겁니다." 첫 번째 "사랑의 식당"은 1985년 12월 21일에 문을 열었다.

그해 말에, 콜뤼슈는 제니트에서 열린 장자크 골드만 콘서트의 분장실에서 격식을 차리지 않고 그에게 간청했다. "안녕! 우리에겐 사랑의 식당을 위한 노래가 필요해. 성공할 수 있는 무언가, 우리가 많은 돈을 벌게 할 무언가 말이야. 너는 할 수 있어." 이 노래의 뮤직비디오를 찍기 위해서 이브 몽탕, 미셸 플라티니, 나탈리 베이, 미셸 드뤼케라는 매우 인기 있는 네 명의 인물에게 도움을 청할 것이다. 안개 속에서 나오는 트럭 한 대와 바구니들을 내리는 사람들이 영상에 등장한다. 미디어 기구는 콜뤼슈의 걸작에 얌전히 봉사할 것이다. 1986년 초 발매된 때부터 이 곡은 모든 라디오에서 쉬지 않고 방송될 것이다.

"오늘날 우리는 더 이상 춥고 배고플 권리가 없습니다."

쉬운 후렴구는 복음의 말씀이 된다.

콜뤼슈는 1985년을 시작했던 것처럼 한창 격앙되고, 충분히 빛나는 상태에서 그해를 마무리했다. 마치 살 날이 겨우 몇 달밖에 남지 않았다는 것을 느끼는 것처럼. 마치 그의 퇴장에 정성을 들이려 조바심을 내는 것처럼.

1985년 3월, 그는 르노[47]와 40여 명의 예술가, 가수, 코미디언 들과 합류하여, 적도 아프리카의 에티오피아 기아 퇴치를 위한 기금을 모으기 위해 〈SOS 에티오피아〉를 노래했다. 이러한 프랑스의 시도는 영국과 미국의 사례들을 모방한 것이었다. 아일랜드인 밥 겔도프와 그의 밴드 '밴드 에이드(Band Aid)'는 〈Do They Know It's Christmas?〉를 불렀고, 미국인 마이클 잭슨과 그의 그룹 'USA for Africa'는 1985년 1월 〈We Are the World〉를 녹음했다. 프랑스 버전의 모든 것은 앵글로·색슨 모델을 베낀 것이다. 구호의 목적뿐만 아니라 아티스트의 수(약 40명), 이타적인 주제, 국경 없는 보편주의, 스튜디오에서의 녹음 장면과 마이크 앞에서 교대하는 가수들의 꾸민 듯한 공모까지.

그러나 이 자선 거래가 앵글로·색슨 개신교 세계에서 수 세기 동안 이어져 온 전통이었다면, 혁명 이후 국가가 교회를 사회적 자선의

---

47   르노(Renaud, 1952~)는 프랑스의 가수이자 작곡가다.

역할로 쫓아냈던 프랑스 같은 가톨릭 국가에서는 혁신이었다. 우리나라에서는 기부자와 수취인 사이의 창피스러운 충돌을 피하는 재분배 기구들과 세금에 의해 연대가 보장된다.

그러나 제2차 세계대전 이후 태어난 이 세대가 결국 앵글로·색슨 자유주의 개신교와 결합하게 된 것은 아마도 역사적 소명이었을 것이다. 프랑스적인 사회적-가톨릭 국가의 도덕적이고, 게다가 경제적인 토대를 무자비하게 무너뜨린 후에 말이다.

사랑의 식당 이후 2년이 지나, 텔레비전 마라톤인 텔레통(Téléthon)이 우리나라에 자선 사업을 정착시켰다. 이 프로그램에는 예술가들과 유명인들이 24시간이 넘도록 연이어 등장해서 신경 근육 유전병에 대한 연구를 지원하기 위한 기부금을 호소했다.

그러나 자선 사업은 인도주의적이고 상업적인 그만의 논리를 가지고 있다. 프랑스인들은 애쓰면서 그 논리의 기초를 배우고 있다. 대규모 음반 판매로 밥 겔도프는 1985년 7월 13일, 하나는 런던에서, 다른 하나는 필라델피아에서 '라이브 에이드'라는 대서양 횡단 더블 콘서트를 조직할 수 있었다. 이는 선구자 조지 해리슨의 위대한 정치-인도주의적 쇼와 1971년 방글라데시를 위한 그의 유명한 콘서트를 되살린 것이었다.

프랑스인들은 이 세계적인 행사에 거의 관심이 없었지만, 그들 역시 며칠 전 SOS 인종 차별의 명예를 위해서 콩코르드 광장에서 대규모 콘서트를 기획했다. 콜뤼슈는 그곳에서 다시 한 번 박스 좌석에 앉아, 광대와 설교자 사이, 스펙터클과 프로파간다 사이에서 활기를 띠고, 농담을 하고, 조롱하고, 큰 소리로 외쳤다.

사랑의 식당은 그의 걸작이 될 것이다. 인생의 마지막 서명이 될 것이다. 아주 빨리, 그것은 제도화될 것이다. 유럽은 시작부터 이 프로젝트의 공동 책임자였다. 유럽은 잉여 식품을 더 이상 폐기하지 않고 양도했으며 유럽 빈곤 지원 프로그램(Programme européen d'aide aux plus démunis, PEAD)을 통해 사랑의 식당에 자금을 지원했다. 어쨌든 콜뤼슈의 발명품은 풍족한 원조 옆에 나란히 자리를 차지하게 되었다. 인민구호, 구세군, 가톨릭구호 등 수많은 단체들은 프랑스 주요 도시에서 사람들이 굶어 죽는 것을 막았다. 이 놀라운 구호 조직은 이미 매우 관대한 프랑스 사회망을 두 배로 증가시켰다. 아이들을 동반한 많은 외국인들이 단골이 되었다. 새로 온 이들과 가난한 원주민들 사이에 때때로 충돌이 발생했다. 모욕과 주먹다짐은 이 어려운 혼잡을 드러내기도 했다. 그러나 미디어의 도덕적 억압은 몇 안 되는 반대되는 증언들에 무게를 실었다.

시간이 흐르면서 공동체의 돈 낭비에 격분한 독일과 영국 정부는 이것을 끝내기를 원할 것이다. 그러나 프랑스는 매번 스스로 동정적인 반란의 수장임을 드러낼 것이다. 미디어가 함께 합창할 것이다. 유럽은 양보하고 대가를 치를 것이다. 콜뤼슈의 유산은 프랑스에서 칭송된다. 전통을 파괴하려는 희극 배우를 한 시대의 아이콘으로 바꾼 것은 아마도 몇 달 후 맞이한 그의 죽음일 것이다. 성(聖)스러운 속인(俗人).

그러나 이러한 반전은 예상하기 어려웠다. 콜뤼슈는 평생 동안 충격을 주고, 선동하고, 화나게 했다. 사람들은 그를 격찬하거나 증오했다. 1970년대의 촌극에서 그는 시끌시끌한 희극적 혈기, 파괴적인 불손함을 드러냈다. 이탈리아 이민자의 아들인 콜뤼슈는 파리의 건방진 젊은이 역할을 계승했다. 영악하고 모든 것에 무관심하지만, 세상은 그에게 그렇지 않은 젊은이의 모습 말이다. 그러나 그는 68혁명에서 비롯된 광고 슬로건의 의미와 초현실주의적 유산을 섞음으로써, 절대자유주의적이고 무정부주의적인 정치적 의식으로 그 캐릭터를 충실하게 만들었다. 혼란스러운 경력 내내, 그는 약물 사용과 소비주의의 과도함에 의해서 결코 누그러지지 않는 실존적 절망감을 감추는 강렬하고 비정한 허무주의를 드러냈다. 콜뤼슈는 프로이트가 『문명 속의 불만』에서 묘사한 불만족스러운 남자의 화신이었다. 그는 자신을 통해서 프랑스 전체에 절대자유주의적 쾌락주의, 난폭한 개인주의, 경찰, 권력, 교회, 국가, 가족, 자본주의, 광고, 부유한 착취자들뿐만 아니라 착취를 받아들이는 가난한 자들에 대한 경멸이라는 강박과 배척을 강요한 한 세대의 핵무기임이 증명되었다. 프랑스는 정체성과 영광이 없는 나라다. 프랑스는 모든 침략들이 쇄도하는 것을 보았다. 침략자들에게 능욕당하지 않고 그들의 아이를 배지 않은 유일한 여성들은 다음과 같은 것들을 원하지 않았던 여성들이다. 알코올 중독자이자 인종주의자인 게으름뱅이들의 무리, 부패하고 무능력한 정치 계층, 시시하지만 비싼 자동차들.

유쾌한 허풍으로 시작했지만 가혹하게 끝난 그의 1981년 대선 캠페인은 잔인한 정치적 실패였지만, 한때는 그를 소수자와 좌파 지식인들의 영웅으로 만들었다. 그들이 그를 숭배한 것은 옳았다. 그것은 가소롭고 그들에 합당하지 않게 보일 수 있게 했다. 그들의 영웅은 몰락해 가는 옛 세계의 파괴를 완수했다. 그는 방해물들을 치웠다. 새로운 세계는 석회화된 옛 폐허 위에 세워질 수 있었다.

몇 달 후 그가 죽자, 피에르 신부가 장례식을 거행했다. 그의 친구가 된 미테랑 대통령의 고문 자크 아탈리가 추도사를 읽었다. 선동적인 전통 파괴자 콜뤼슈는 결국 68세대의 성(聖) 뱅상 드 폴[48]이 되었다. 68세대는 혁명을 통해 경력을 시작했고, 자선을 통해 그것을 완성했다. 〈사랑의 식당(Les Restos du coeur)〉 노래의 후렴구는 더하여 이 배교를 솔직하게 공표했다.

> 나는 네게 멋진 저녁은 약속할 수 없어
> 하지만 먹고 마시는 것
> 약간의 빵과 열기는 약속할게
> 식당에서, 사랑의 식당에서.
>
> — 장자크 골드만, 〈사랑의 식당〉, 1986.

포석을 던졌던 젊은이들은 노동 계급의 가난한 소녀들을 돌보기 위해 공장을 방문했던 19세기 말 자선 단체의 부인들로 늙어 갔다. 그들은 옛 기독교인들의 미덕을 절대자유주의적이고 쾌락주의적이며, 반인종주의적이고 페미니스트적인 새로운 도덕으로 맞바꾸었다. 자본주의가 19세기 말의 퇴색한 자유주의적 색채를 되찾은 것은 사실이다. 부자들은 더 부유해지고 가난한 사람들은 더 가난해졌다. 규제 완화로 세금 자원이 부족하고, 국경 개방으로 정신을 못 차리던 국가는

---

48 생 뱅상 드 폴(Saint Vincent de Paul, 1581~1660)은 프랑스의 가톨릭 사제로 평생 동안 가난한 이들을 위해 봉사했다. 1737년 성인품에 올랐으며 1885년에는 '자선 사업의 수호성인'으로 임명되었다.

실업 폭발과 전 세계에서 온 가난한 사람들의 이민에 직면하여 무일푼이 되었다. 예술가들이 그 뒤를 이었다. 그들은 1980년대의 양심이었고, 그 시대의 사상가들이었다. 그래서 그들은 옛날의 편협한 신도들처럼 도덕과 자선을 뒤섞었다. 그들의 과시적 너그러움 역시, 고대 로마 귀족들의 자선 행위의 요령, 폴 벤[49]에 따르면 "과자 선물을 널리 나누어 줌으로써 명성을 얻는 기술"을 되살린 상업적 전략의 필수적인 도구였다.

곧 그들은 전체의 일부가 되기 위해 투쟁할 것이고, 장자크 골드만이 그들을 복원시키도록 부지런히 구애할 것이다. 불합격자들이나 잊힌 자들은 죽을 고생을 하면서 "반동분자"로 보인다는 생각에 위축되어서는, 그들이 이해하지 못할 이 추방을 비통하게 개탄할 것이다. 루이 14세에 의해 베르사유에서 쫓겨나 고향으로 추방당한 귀족들처럼!

콜뤼슈는 이 새로운 프랑스 종교의 대사제임이 증명되었다. 이 종교는 68세대의 절대자유주의적이고 개인주의적인 유산과 전 세계에서 온 가장 가난한 사람들에 대한 자선에 가둬진 비기독교화되고 탈국적화된 사회적 사상의 잔재를 뒤섞은 것이다. 다니엘 발라부안의 죽음 몇 달 후 일어난 그의 이른 죽음은 그도 모르는 사이에 그를 일종의 모세로 바꾸었다. 민족을 "약속의 땅"으로 인도했지만 신의 저주에 의해 그 땅을 밟지 못하는 벌을 받은 모세.

---

49 폴 벤(Paul Veyne, 1930~)은 프랑스의 고고학자이자 역사학자로 고대 로마 전문가다.

1986

1986년 5월

루이 슈바이처 또는 서생들의 새로운 배신

1986년 아름다운 어느 봄날이었다. 단정한 옷차림의 한 남자가 경쾌한 큰 걸음으로 길을 가로질러 7구의 한 서점에 들어서더니 서둘러 자동차 섹션을 향해 가서는 『당신의 자동차에 대한 모든 지식과 수리 방법』이라는 마라부 출판사에서 나온 가이드를 재빨리 집어 든다. 그는 그것을 사서 순식간에 터득한다. 루이 슈바이처는 르노에 입사할 준비를 하고 있다. 재능 있는 늦깎이 학생으로서, 그의 방식대로 속성으로 공부한다. 로랑 파비우스 총리의 비서실장은 그가 마티뇽 공관의 부를 누릴 수 있는 마지막 몇 주를 보내고 있다는 것을 알고 있다. 국회의원 선거는 최상의 지원을 받게 되리라 예상되지 않는다. 모든 핑크빛 고위층들처럼 슈바이처도 그의 뒤를 준비한다. 그는 르노에 눈독을 들였다.

　왜 르노일까? 나중에, 그는 유아기부터 자동차에 대한 열정을 간직해 왔고, 당시 모든 모델들을 속속들이 알고 있었으며, 자신의 학습 노트에 매우 빠른 차들을 그리기도 했다며, 그에게 반해 있는 순진한 기자들에게 진지하게 이야기할 것이다. 로랑 파비우스가 이 공기업의 장으로 베르나르 아농의 후임자를 임명해야 했을 때 소년 시절의 독창적인 열정이 되살아났다. 슈바이처는 그에게 조르주 베스를 제안했다. 그 대가로 르노의 새 사장은 그를 짐 가방에 태우기로 약속했다. 이 비서실장은 재정감사국으로 돌아가고 싶지 않았다. 고위 공직자의 용어로 그가 공직을 떠나 사기업에 들어가기를 원했다고들 한다. 그 역시 비슷한 생각을 하는 많은 사람들 중 하나다.

당시 테크노크라트들이 이렇게 기업으로 이동하는 게 놀라운 일은 아니었다. 드골 장군에게 물려받은 콜베르주의적인 세계에서 산업은 국가의 부록이다. "공공" 고위 공무원들의 수입은 당시 "민영" 경영자들의 수입과 같은 수준이다. 이 "공기업"에 있어서는 특히 그렇다. 이 회사는 창립자인 루이 르노에게 그의 "경제적 대독 협력"의 대가를 치르게 하기 위해 해방 당시 국유화되고, 동시에 드골주의 정부의 계획경제의 정수와 사회적 전시품이 되었다.

슈바이처는 자동차와 산업에 대해 아무것도 모른다. 파비우스가 산업부 장관이었을 때, 슈바이처는 샤펠 다르블레(Chapelle Darblay)[50], 크뢰조-루아르(Creusot-Loire)[51], 마뉘프랑스(Manufrance)[52]에 전념했다. 실

---

50 프랑스의 유서 깊은 제지 회사로 1997년에 파산했다.

51 1970년부터 1984년까지 운영되었던 프랑스의 철강 회사.

52 1887년 생테티엔에 설립된 프랑스 최초의 우편 통신 판매 회사.

1992년 레몽 레비의 뒤를 이어 2005년까지 르노 그룹 대표 이사였던
루이 슈바이처. © Wikipedia

패, 극적인 파산이 되어 버린 그르친 구제의 끊임없는 연속이었다. 그는 어느 누구에게도 거물급 경영자로 보이지 않았다. 게다가 베스는 그에게 어떠한 책임도 부여하지 않는다. 그의 운명은 선거 결과에 달려 있다.

그러나 조르주 베스는 1986년 11월 17일 악시옹 디렉트(Action Directe)[53]에게 암살당했다. 레몽 레비가 12월 17일에 그의 뒤를 이었다. 광산 단체의 이 뛰어난 멤버는 재정 감사관과는 거의 친분이 없다. 그러나 미테랑은 대통령 선거에서 승리했고, 슈바이처에게는 정치적 우정이 있다. 이것은 르노가 수년의 혼란 후에 누적된 120억 프랑의 막대한 부채를 놓고 정부와 재협상이 필요할 때 매우 유용하게 드러날 것이다. 슈바이처는 1987년에 계획 경제와 경영 관리 책임자로 임명되었다. 그는 부사장이 되고 나서 사장이 될 것이다. 집행위원회의 비밀회의에서 그는 산업 담당 부사장인 필리프 그라와 격렬하게 충돌했다. 테크노크라트 대 기술자, 지식인 대 실무자, 금융인 대 생산자, 대(大)부르주아 대 라인을 거치지 않은 간부, E.T.(재빠르게 공기업으로 우스꽝스럽게 넘어간 사람을 부르는 별명이다) 대 단순한 지구인의 충돌이었다.

슈바이처는 교육하겠다는 의도를 품고는 가식적인 단순한 방식과 상냥한 척 느린 어조로 끊어 말해서 여러 사람을 매우 화나게 만든다. 이것은 그가 교섭 상대의 수준에 맞춰 스스로를 낮추겠다고 결심했음을 느끼게 만들기 때문이다.

레몽 레비는 야심 찬 2등에게 직위를 양보하라는 엘리제궁의 압력

---

53 프랑스의 극좌 비밀 단체.

에 할 수 있는 만큼 저항했고, 산업부 장관이었다가 총리가 된 에디트 크레송의 지지를 얻었다. 크레송은 슈바이처에게서 오만한 전문 기술 관리 집단의 치욕적인 화신을 보았다. 하지만 크레송은 빨리 항복해야 한다. 그리고 레비는 1992년 5월, 슈바이처에게 자리를 넘겨준다.

그의 임무는 간단하다. 르노를 "다른 회사들과 같은 회사"로 전환하는 작업을 완성하는 것이다.

1986년 이후로 모든 것이 바뀌었다는 의미다. 혁명이 진행되고 있다. 프랑스에서는 아무도 혁명을 원하지 않았고, 이해하지도 않았고, 기대하지도 않았다. 우파에 의해 결정된 민영화는 1981년 좌파의 국유화에 대한 응수에 불과하다. 우리는 이념적이고 역사적인 역할극에 빠져 있다. 미테랑의 사회주의자들이 레닌을 연기했던 것처럼 시라크의 우파는 대처를 연기한다.

동일한 민중 선동이 우파와 좌파에서 유행한다. 1981년 사회주의자들은 매우 오래된 노동의 결실을 "민중에게" 돌려주기를 원했고, 1986년 우파는 민중 지주제(持株制)를 찬양했다. 그리고 그것은 순조롭게 진행된다! 소액 주주들이 유명한 생-고뱅(Saint-Gobain)[54]이나 ELF[55]의 지분을 사기 위해 대거 몰려든다. 그들은 마치 베르사유나 앵발리드의 지분을 취득한 것처럼 국력, 심지어 프랑스 역사의 한 부분을

---

54 1665년 콜베르에 의해 설립되어 현재까지 운영되고 있는 프랑스의 생산, 가공, 유통 전문 기업.

55 1966년부터 2000년까지 운영되었던 프랑스의 석유 추출 회사.

사들이는 것 같은 기분 좋은 느낌을 받는다. 그들은 증권거래소에서 소액 주주들은 반항조차 하지 못하는 "얼간이"와 동의어라는 것을 알게 될 것이다. 그리고 우화 속 까마귀처럼, 조금 늦긴 하지만 그들은 거기에 더 이상은 붙잡히지 않으리라 굳게 결심할 것이다.

이 모든 것은 홍보 담당자들의 허풍일 뿐이다. 두 진영은 "국유화 결산표"와 "민영화 흑서(黑書)"를 둘러싸고 언쟁을 벌인다. 사람들은 과장된 표현에서 문채(文彩)로, 큰 숫자에서 여러 개의 0으로 돌진한다. "돈의 정부", "헐값에 팔아넘기기", "친구들과 악당들이 장악한 정부의 독점적 자본주의"는 1981년 약탈과 집단주의를 비난했던 우파 근위 기병들의 아우성에 대한 반응이다.

정치인들의 거짓된 태도.

사실 두 경우 모두 소유자는 바뀌지 않았고, 여전히 국가에 속해 있다. 공식 소유주는 바뀌지만, 권력은 리볼리 거리[56]에 남아 있다. 이를 당당하게 보여 주기 위해, 민영화를 책임지고 있는 신임 재무장관 에두아르 발라뒤르는 호화로운 청사를 떠나 베르시의 현대적이고 삭막한 건물에서 은둔하기를 거부했다. 이는 루브르 박물관 확장의 여지를 남기기 위한 것이기도 했다. 발라뒤르라는 소스는 자유주의적이지만, 그 스튜는 국가적이고 민족적인 상태로 남아 있다. 그는 조르주 퐁피두 옆에서 특권층으로 자랐다. 그는 콜베르주의 전통에 속한다.

---

[56] 과거 재무부가 위치했던 도로의 이름. 재무부는 1988년에 바로 뒤에 언급될 베르시 거리로 이전했다.

"핵심 주주 그룹"은 발라뒤르 국무장관[57]의 위대한 아이디어다. 민영화된 각 기업 내부에서 그가 구성하는 안정적인 주주 사이의 교차 출자는 우선 국부의 보석인 기업들이 해외에서 발주된 주식 매수 작전에 의해 탈취되고 약탈당하지 않도록 하기 위한 하나의 방법이다. AGF와 GAN 같은 대형 보험사와 (언제나 동일한) 대형 은행 간의 교차 출자는 그들 사이에 이중으로 남는 것을 목표로 한다. 동포들 안에 그리고 테크노크라트와 사업가 부르주아라는 동일한 세계의 사람들 안에. 그러나 두 세기 동안 사업가 부르주아들은 정부와 긴밀한 족내혼 같은 관계에 절여 있다. 핵심 주주 그룹 참여자는 국무장관이 선정한다. 그들은 누가 그들을 왕으로 만들었는지 잊지 않을 것이다. 그들은 기업가의 자유를 모방할 것이다. 그러나 그들의 줄은 재무부까지 다시 올라가고 그들은 이것에 대해 감동하지 않는다.

물론 "그들은" 공화국연합의 친구들에게 특권을 줄 것이다. 1988년 자크 시라크의 대통령 선거 운동(그리고 1995년 발라뒤르의 선거 운동도?)에 대한 자금 지원을, 행복한 당선자들은 무시하지 않을 것이다. 공화국의 관례다. 사회주의자들은 단지 그들이 연회에 초대되지 않았다는 이유만으로 울부짖는다. 그들은 곧 걸신들린 듯 먹을 것이다. 베르시에 있는 사회주의자 피에르 베레고부아의 전 비서실장인 장샤를 나우리는 카지노 그룹을 장악했을 때 거의 콜뤼슈 같은 냉소를 담은 표현으로 이러한 정신 상태를 요약했다. "인생에는 중요한 것이 두 가

---

57   에두아르 발라뒤르는 1986년부터 1988년까지 국무장관과 재무장관을 동시 수행했다.

지 있다. 권력과 돈이다. 우리는 권력을 얻었다. 이제 우리는 돈이 필요하다."

국유화 결산표는 결코 공정하게 작성되지 않을 것이다. 사람들은 낭비, 정치적 압력, 선거 투자, 부실화, 인기 전술을 정당하게 비난할 수 있을 것이다. 국가가 포기했을 때 흔적 없이 사라진 ELF, 페시네(Pechiney) 등 프랑스 경제에 있어 소중한 다수의 기업들을 어쩌면 국유화가 구해냈으리라는 점 역시 지적할 수 있을 것이다.

그러나 타이타닉호와 같은 프랑스식 민영화는 항해도에 없던 빙산을 곧 만난다. 바로 세계화다.

우리의 통치자들은 치명적인 실수를 저지르고 있다. 그들은 자유주의적인 방식을 따르기 위해 전통적인 국가 자본주의를 버렸다. 그러나 연금 기금을 조성하지 않았다. 이것은 국민 저축이 기업들로 흡수되도록 만들었을 것이다. 좌파는 분배를 위한 연금 시스템이 저축을 위해 위험에 빠지는 것을 거부하기 때문이다. 프랑스 자본주의는 벌거벗었다. 핵심 주주 그룹에 대한 취약한 보호가 폭발하면(몇 년이면 충분할 것이다), CAC 40의 프랑스 기업들은 국가 자본주의에 의해서(중국, 러시아, 노르웨이, 걸프 국가, 또는 심지어 독일의 '렌더'), 또는 앵글로·색슨식의 연금 기금에 의해서, 부유한 외국인들의 먹잇감이 될 것이다. 우리의 테크노크라트 엘리트들은, 자본주의는 무엇보다도 자본의 문제라는 것을 잊은 채 자본주의의 깊은 물속에 뛰어들기로 결심했다.

결과는 조금도 기대되지 않는다. CAC 40의 주요 그룹들의 가치의 40퍼센트, 2014년에는 심지어 50퍼센트가 외국의 수중에 다시 들어간다. 드골 장군과 조르주 퐁피두가 세금, 법률, 경제적 특혜를 통해 국가 전체의 노력으로 세운 우리의 유명한 "산업 챔피언들"이 해외로 넘어간다. 그들은 이제부터 더 이상 그들의 모국과 동일한 이익을 얻지 않을 것이다. 주주(株主)의 국제화는 그들의 활동의 국제화에 동반된다. 민영화 이후 거의 20년이 지났고, CAC 40의 회사들은 프랑스 밖에서 수익의 4분의 3을 달성한다. 그들의 소득 성장은 해외 진출에 85퍼센트가 달려 있다. 앵글로·색슨들의 대형 연금 기금은 프랑스 대기업의 주요 주주들이 되었다. 노르웨이와 카타르의 국부 펀드도 그 뒤를 이었다. 프랑스의 주요 투자자들, 이제 국가의 보호를 받지 못하는 핵심 주주 그룹의 옛 왕들은 물러선다. 프랑스는 언제나 만성적인 장기 투자자 부족에 시달렸다. 풍부한 저축은 기업보다 부동산을 선호하기 때문이다. 정부가 자본 없는 자본주의를 더 이상 유지하지 않을 때, 무력해지는 것은 프랑스다.

기업 지배에 대한 앵글로·색슨의 방식들은 의무적인 규범으로 요구된다.

1945년 이후로 소외된 주주들의 임금 노동자에 대한 보복이 곳곳에서 울려 퍼지고 있다. 최고의 경영인들을 유인하고 따르게 만들기 위한 미국의 예를 떠올릴 수 있다. 과거의 소박한 관리자들을 천일야화의 갑부로 바꾸는 부수적인 수익의 증가를 통해 그들을 자본에 연합시킨다. 그러나 그 대가로 그들은 국제 주주들의 단기 이익(그리고 "가치 창출"에 대한 그들의 강박적인 관심)을 기업, 노동자들, 그리고 국가의 장기적인 이익보다 우선시해야 한다. 발라뒤르의 마지노선은 교묘하게 회피되었고 다시 한 번 조롱을 받았다. 그러나 스파이는 유서 있는 집안 출신이었고 넉넉하게 돈을 받았다. 모든 나라에서, 하나의 귀족 계급이 (그 유명한 1퍼센트, 심지어 0.01퍼센트) 재에서 되살아났고, 나머지 인구로부터 고립되어, 지구를 가로질러 그들을 위해 마련된 장소들에서 살고 있다.

프랑스에서는 국가와 민족에 봉사하기 위해 좋은 학업 성취도를 바탕으로 선발된 국가 고위 공직 테크노크라트들, 최고의 인재들, 재정 감사관들, 정부 고문, 그리고 몇몇 엄선된 파리 이공과대학 졸업생들이 절망에 빠져 자기희생을 받아들였다. 공공복지를 위해서 그리고 애국심에 의해서. 민영화 이후 거의 30년이 지나, 400명이 활동 중인 재정 감사관들 중 60명 만이 여전히 재정총감독국을 위해 일하고 있었다. 340명이나 되는 나머지는 민간, 특히 은행과 보험 분야에서 자신의 재능을 발휘하기 위해 공직을 떠났거나 "자리를 제공받았다." 몇 년 후, 프랑스의 대기업 사장들은 유럽에서 가장 많은 보수를 받았다.

그때 루이 슈바이처의 운명은 동요했지만, 그것은 예외가 아니라 그가 속한 특권 계급의 운명의 상징이 되었다. 모든 것이 빨라진다. 르노는 1996년에 민영화되었다. 언론은 바로 "룰루(Loulou)"[58]라는 별명을 붙인 그 남자에게 매우 빠르게 열광했다. 그는 자유다, 룰루! 프랑스 정부는 전(前) 공사의 자본 중 15퍼센트만 소유하고 있다. 옛날에는 힘의 근원이었던 국가는 짐이 되었다. 슈바이처는 오로지 산업부 장관 제라르 롱게의 배려가 1987년 스웨덴 볼보와의 협력을 실패하게 만들었

---

58   루이 슈바이처의 별명.

다고 믿었다. 그는 옛 체코슬로바키아 공산주의자들이 프랑스 정부와 프랑스 노동총동맹의 존재가 두려워서 볼보가 그의 먹잇감인 스코다 (Skoda)를 폭스바겐의 독일인들에게 넘겨주었다고 확신했다.

1997년, 그는 빌보르드에 위치한 벨기에 공장 폐쇄를 발표했다. 벨기에의 노동자들은 너무 돈이 많이 든다. 그러나 그들은 고용을 유지하기 위해… 하루 9시간 근무제로 복귀하는 것에 몇 년 전 동의했다. 슈바이처는 클리오(Clio)의 생산을 위해 슬로베니아로, 메간(Mégane)을 위해서는 스페인으로 르노 공장 이전을 준비한다. 저임금 노동자들의 광활한 세계가 룰루 앞에 펼쳐진다! 프랑스에서는 한창 선거 운동 중이다. 리오넬 조스팽은 르노가 공장을 폐쇄하지 않을 것이라고 약속한다. 마치 1936년 라인란트가 재무장했을 때 (선거 운동은 또 좌파에게 유리했다!), 알베르 사로가 스트라스부르를 독일군의 대포가 미칠 수 있는 곳에 두지 않겠다고 맹세했던 것처럼. 조스팽이 당선되었다. 슈바이처는 굴복하지 않는다. 그는 공장을 폐쇄한다.

루이 슈바이처는 여전히 그를 그의 옛 정치적 멘토들과 연결해 주던 탯줄을 끊어 버렸다. 전 사회주의자 총리의 비서실장은 2002년 대통령 선거에서 사회당 후보 리오넬 조스팽의 주요 암살자 중 한 명이 될 것이다. 조스팽은 빌보르드에 대한 그의 무능력 때문에 부분적으로 힘을 잃게 될 것이다. 그는 몇 달 후, "국가가 모든 것을 할 수는 없다"는 이 유명한 문장으로 세계의 새로운 지배자들을 향한 자신과 프랑스 정부와 정치인들의 항복을 이론화할 것이다.

어설프고 아마추어적으로 경영하는, 집안에 틀어박히기 좋아하는 전직 테크노크라트는 비용 절감으로 승진했다. 그는 빌보르드의 실업자들을 희생시켜서 세계화된 엘리트에 들어서는 입장권을 지불했다. 매년 수백만 유로에 달하는 한 장의 티켓! 그는 언론에 의해 "르노를 구한 사람"으로 찬양될 것이다. 벨기에 법원은 자국의 사회법을 준수하지 않았다는 이유로 그에게 1,000만 벨기에 프랑의 벌금을 선고했기에 찬사받지 못할 것이다. 그러나 사람들이 세상을 외계인의 시선으로 파악할 때 벨기에 (또는 프랑스)와 같은 작은 나라의 법이 어떤 가치가 있을까? 2000년대는 르노에게 거대한 이주의 시대가 될 것이다. 튀르키예, 브라질, 모로코. 어떤 곳도 너무 아름답지 않고, 어떤 곳도 너무 멀지 않다. 르노는 마침내 위대한 외국인과 연합하는 데 성공했다. 그것은 일본의 닛산이 될 것이다. 국내 산업의 옛 기수는 세계화된 그룹이 된다. 옛 사회주의 모델은 저비용을 열심히 쫓는다. 사람들은 빌랑쿠르를 아무렇지도 않게 절망시킨다. 룰루는 독일민주공화국의 오래된 트라반트에서 영감을 받아, 자신의 기술을 압축한 스파르타적인 편안함을 가진 로간(Logan)[59]을 발명했다고 자랑할 것이다. 우리의 통찰력 있는 천재는 자신의 공장을 정착시킨 신흥 시장들을 위해 그것을 마련해 두었지만, 이 차는 실제로 프랑스와 유럽에서 큰 성공을 거두었다. 룰루는 자신을 새로운 포드라고 생각했다. 그는 세계의 새로운 흐름으로 가난해지고 엘리트들로부터 버림받은 프랑스 프롤레타리아들의 돌이킬 수 없는 쇠퇴를 상징하는 자동차를 발명했다.

1986년 그가 국영 르노에 출현했을 때, 프랑스 내 임직원은 8만 5,962명으로 추산되었다. 10만 4,205명이었던 1980년의 최저치에 비

---

59   르노가 루마니아 기업 다치아를 인수한 뒤 만든 저가의 소형차.

해서도 이미 많이 낮아진 상태였다. 그러나 2005년 루이 슈바이처가 사임할 때는, 4만 2,953명밖에 되지 않았다. 룰루가 내세운 후계자 카를로스 곤은 작업을 완료하여 3만 6,304명까지 낮췄다! 르노는 2012년 자동차의 17.5퍼센트만을 본국에서 생산하면서 오늘날 생산 해외 이전에 대한 세계 기록을 보유하고 있다. 르노는 먼저 프랑스 공장들을 자동화하는 것부터 시작했고, 조금씩 직원을 내쫓았다. 이어서 "세계화 적응"의 두 번째 단계에서는, 종종 품질이 떨어지지만 훨씬 저렴한 튀르키예나 폴란드 납품업체의 복제품을 선호하여, 프랑스 제조업체들을 파괴했다. 많은 회사들이 파산했다. 우리의 전직 고위 공무원은 거리낌 없이 국가와 사회 보장 기관들에 이 분할 비용을 떠넘겼다.

루이 슈바이처의 지휘 아래 20년 만에 르노는 프랑스의 실업률을 악화시키고, 우리나라의 탈산업화를 가속화하며, 프랑스의 무역 수지에 손해를 입혔다. 오늘날 애국적인 소비자는 튀르키예에서 왔을 르노 클리오보다는 차라리 발랑시엔에서 생산된 도요타 야리스를 구입해야 한다. 오래 전 좌파에 의해 비난받았던 이 200여 가족의 상속인인 푸조의 사장들은 전직 사회주의 고위 관료들보다 더 많은 양심의 가책을 받았다. 푸조는 르노보다 프랑스와 유럽에 더 많은 공장을 보유하고 있었다. 손해 위험을 무릅쓰면서도. 2012년에 그것을 비난할 사회주의 산업부 장관이 나타날 것이다! 역사적 전통이다. 공화당원 카베냑 장군의 반란군 노동자 학살을 겪은 1848년 6월 봉기 이후 런던 망명길에 오른 루이필리프가 환멸을 담아 말했듯이 "공화국은 운이 좋다. 공화국은 민중에게 총을 쏠 수 있으니까." 국가 고위 공직에서 전향한 좌파 사장들은 프랑스의 위대한 경영자 왕조들의 멸시받은 후계자들이 감당할 수 없는 "고통스러운 조치들"을 취할 권리가 있다.

1988년 푸조의 노동자들은 그들의 사장인 자크 칼베가 멋대로 자신의 임금을 인상한 것에 대해 항의하기 위해 파업에 들어갔다. 당시 그들은 최저 임금의 35배에 해당하는 220만… 프랑의 고용주 급여가 터무니없다고 생각했다. 합당하지 않으며, 모욕적이라고들 말했다. 피에르 드레퓌스 시절에는 공사에서 "역피라미드"의 전통을 존중했다. 낮은 임금은 다른 곳보다는 높았다. 그리고 높은 소득은 줄였다. 소득의 단계는 1에서 10 사이에 포함되었다. 피에르 드레퓌스는 아마도 1만 유로 정도에 상당하는 고위 공무원 봉급을 받았을 것이다. 운전사가 동반된 관용차가 그의 주요 사치품이었다.

1986년 슈바이처가 르노에 도착했을 때, 조르주 베스에 이어서 레몽 레비는 한 달에 100만… 프랑을 벌고 있었다. 슈바이처가 2005년 르노의 현 회장직을 사임했을 때 그의 연봉은 200만… 유로를 넘었다. 거의 명예직에 가까운 르노의 단순한 이사회 의장이 된 그는 여전히 23만 유로를 받는다. 그는 사장직을 사임하기 전에 1,190만 유로의 스톡옵션을 정리했다. 그 다음해인 2008년 5월에는 다시 770만 유로의 스톡옵션을 받았다. 그때부터 르노 이사회는 그에게 연간 90만 유로의 "추가 퇴직금"을 지급했다. 그의 후임자이자 르노와 닛산의 대표를 겸직한 카를로스 곤의 연봉은 1,090만 유로에 달한다. 이는 1만 8,000유로의 세전 연봉을 받는 르노 직원 한 명 급여의 606배다. 그러나 이는 2011년 성대하게 시작된 탕헤르의 다치아 공장의 모로코인 최저 임금 생활자가 받는 월급여 240 유로의 3,785배에 달하는 금액이다….

프랑스 산업계가 외국으로 이전할 때, 그들은 임금 비용이라는 명목으로 그것을 변호한다. 그들은 바보같이 돈에 대해 이야기한다. 루이 슈바이처와 같은 우리의 위대한 좌파 양심들은 반대로 휴머니즘을 위해 이전한다. 보편주의다. 수백만 명의 튀르키예인, 모로코인, 브라질인, 중국인, 인도인 등을 빈곤에서 벗어나게 하기 위해서다. 프랑스 프롤레타리아들이 더 이상 르노 자동차를 살 수 없게 될 때… 르노 자동차를 구입할 수백만 소비자들의 빛나는 미래를 준비하기 위해서다. 천재들, 전략가들, 그리고 위대한 인문주의자들.

젊은 은퇴자인 루이 슈바이처가 당시 시라크 정권에 의해 차별과 싸우기 위해 만들어진 단체인 알드(Halde)의 선봉에 서기 위해 서두른 이유를 더 잘 이해할 수 있다.

위대한 좌파 사장에게 있어서, 알드는 돈 드는 취미가 아니라 금상첨화다. 평생의 가치다. 이것은 세계 시민 루이 슈바이처의 반인종주의적이고 보편주의적인 앙가주망의 절정이다.

이것은 사실 계급 투쟁의 극치다. '메이드 인 프랑스' 프롤레타리아들의 작업 도구를 빼앗은 뒤, 환경, 위치, 신원 보증이 파괴됨으로써 평범한 평화까지도 엉망이 된 그들의 생활 양식을 감히 방어하려 들면, "인종주의자"로 취급된다.

탐욕과 선의. 이 폭발적 혼합은 시대의 집대성이다. 여기서 차별을 옹호하고 저기서 해외 이전을 확대하는 전투적인 반인종주의.

유일한 공통점은, 사회적 경험에 의해 지나치게 보호되고 문화 다양성의 아름다움에 무감각한 보통 프랑스인 프롤레타리아에 대한 경멸이다. 슈바이처는 알드의 회장이자 아비뇽 페스티벌의 위원장이며

케 브랑리 박물관 이사회 회원이다. 문화적 유행과의 일치, 전투적인 반인종주의, 그리고 다양성과 "온화한 무역"에 대한 열정의 순수하고 완벽한 혼합이다. 재정 감사관이자 세기의 대통령인 그는 모든 카드를 가지고 있고, 모든 파벌, 모든 네트워크, 모든 이사회에 소속되어 있다. 그는 특권 계급의 훌륭한 구성원이다.

알드에서 전 사장은 좋은 습관을 잃지 않는다. 파리 9구 생조르주 거리에 위치한 2,000제곱미터의 호화로운 건물에는 연간 거의 200만 유로의 엄청난 임대료가 든다. 몇 년 동안 620만 유로의 터무니없는 통신 예산이 들었다. 반인종주의 협회들에 300만 유로의 보조금이 지급되었다. 회계 감사원은 아직 이곳에 감사를 착수하지 않았다. 하지만 미디어에 드러나는 자신의 최상의 프로필에 항상 정성을 들이는 것이 슈바이처식 방법이다. 우파 언론에서처럼 좌파 언론에서는 적대적인 기사를 찾기가 어렵다. 룰루는 전 세계적이다. 룰루는 기자들을 좋아한다. 그는 기자들과 대화할 줄 안다. 그는 기자들을 기쁘게 하기 위한 모든 것을 가지고 있다. 꾸밈없는 위대한 부르주아. 그는 위대한 알베르트 슈바이처의 후손이자, 장폴 사르트르와 사촌지간이라는 사실을 가장 자랑스럽게 여긴다. 그러나 무엇보다도 그는, 1963년에서 1973년 사이에 IMF 총재를 지낸 피에르폴 슈바이처의 아들이다. 그는 크로이소스 왕[60]처럼 갑자기 부자가 되었고, 특권 계급의 배신자인 마르탱 이르슈가 그

---

60 크로이소스(Crésus, BC 596 ?~BC 546 ?)는 리디아의 마지막 왕으로 유럽에서는 부유함의 상징처럼 여겨지는 인물이다. 세계 최초로 금화를 발행했다고 알려져 있다.

에 대해 자세히 이야기하는 흥미로운 일화[61]를 통해서 알 수 있듯이 인색하다. 그러나 감정을 상하게 하고, 상처를 입히고, 차별하는 것을 걱정하여 아랍이나 흑인이라는 단어를 입 밖에 내지 않는 반인종주의의 위대한 영혼을 가진 좌파다.

알드에서는 월 6,700달러의 팁에 해당하는 급여가 그의 다른 소득에 추가된다. 그러나 당시 그의 보수는 그의 퇴직 연금과 볼보, BNP 파리바, EDF, 로레알, 필립스의 이사직을 포함한다. 아스트라제네카의 사외 의장직에서만 그는 연간 100만 파운드를 번다. 그의 알드 급여는 용돈 수준이지만, 룰루에게 적은 이익이란 없다.

슈바이처는 스스로 "개신교 문화에 매우 젖어 있다"고 주장한다.

---

61 [원주] 2010년 6월 그라세에서 출판된 『날조의 비밀』에서, 마르탱 이르슈는 이름을 밝히지는 않았지만 분명히 루이 슈바이처로 짐작할 수 있는 한 대기업 사장과의 대화를 인용한다. 이르슈가 이야기한 장면은 2007년 파리에서 생테티엔으로 향하는 여정 도중에 일어났다.
"저는 항상 왜 돈을 가진 사람들은 그들이 흥미롭다고 생각하는 대의들에 그렇게 적게 기부하는지 궁금했습니다"라고 나[이르슈]는 가볍게 말을 꺼냈다.
"글쎄요, 저도 마찬가지인 것 같아요." 그가 대답했다.
"네?"
"그래요, 사실 저는 제 수입이 크게 증가한 걸 봤고 (나는 『챌린저즈』에서 그가 지난해에 700만 유로를 벌었다고 읽었기 때문에 이 사실을 알고 있었다.) 제가 왜 더 많이 기부하지 않는지 자문했습니다."
"그래서 왜죠?"
"거 참, 친구여, 뭘 좀 설명해 드리죠. 우리가 관심 있는 상품들은 훨씬 더 빠르게 가격이 오릅니다. 드루오 경매 시장, 이것은 값이 오르고 있어요, 수집용 시계, 이것도 값어치가 오르고 있고, 부동산도 마찬가지죠. 사실 우리는 그것에 직면하지 않을 때는 깨닫지 못하지만, 부유한 사람들의 관심을 끄는 상품들은 높은 인플레이션을 겪습니다."
무적의 논리다.

모두 알다시피 가톨릭과는 달리 개신교는 사회적 성공이 개인에게 신의 은총이 닿았다는 증거라고 주장한다. 그의 엄청난 이득에 따르면, 신은 룰루를 사랑한다.

이 좌파 대기업 사장은 피에르 드레퓌스와 카를로스 곤 사이에 사라진 연결 고리였다. 즉, 드골-퐁피두 시대 노동자의 보루이자 사회주의 모델, 국가적 챔피언이었던 르노의 산업주의자이자 콜베르주의자인 고위 관료, 그리고 세계화되고 외국으로 이전되고 자본화된 르노의 "다국적 귀족과 세계 시민"인 국제적인 코스트킬러[62] 사이 말이다. 슈바이처는 두 세계에 속해 있다. 그는 곤의 세계에 자신을 팔기 위해 드레퓌스의 유산을 배반한다. 아주 비싸게. 그러고는 "새로운 흐름에 적응"한 이상 양심에 거리낌 없이 그것을 실행한다. 그는 "르노를 구하고", 신흥 소비 시장에 더 가까이 다가가고, 전에는 가난했던 나라들에서 중산층이 태어나고 부유해지도록 하고, 다양성을 존중한다. 빌 클린턴과 버락 오바마의 냉소적인 옛 고문 래리 서머스의 잔인하지만 정확한 말에 따르면, 그는 "경제적 세계화에 충성을 서약하고 그들이 살고 있는 국가의 이익보다는 그들 자신의 번영에 충성을 맹세한 조국 없는 엘리트들"의 완전한 자격을 가진 회원이다. 그것은 더 이상 서생들의 배신이 아니라, 세계화된 엘리트들의 일원으로 과두정치가가 된 테크노크라트들의 배반이다. 아무려면 어떤가! 룰루는 좋은 사람이다. 잘 정돈된 자선은 자기 혼자 시작된다.

---

62 코스트킬러(cost-killer)란 비용 절감을 위한 구조 조정에 탁월한 능력을 가진 경영자를 일컫는 말이다. 카를로스 곤의 별명이었다.

1986년 7월

제왕적 뷔랑

이것은 프랑스에서만 일어날 수 있었던 이야기다. 문화가 오랫동안 예술이자 삶의 이유였던 나라, 문화를 위해 내각 부서를 만든 나라, 문학 신구 논쟁[63]의 나라. 처음에는 오늘날엔 잊혔지만 후손들이 기억할 가장 빛나는 천재들인 라신과 라퐁텐은 전통과 창조의 고대적 원천을 옹호하는 고대파 진영에 속한 반면, 자신들의 시대를 넘을 수 없는 영역으로 오만하게 받아들인(루이 14세의 영광스러운 세기였던 것은 맞다) 근대파는 샤를 페로 한 명밖에 없었다. 그러나 20세기는 "백지 상태"의 혁명적인 종교와 함께 보존과 혁신, 전통과 위반 사이의 위태로운 균형을 뒤엎고 폭탄 아래 고대인들을 박살냈다. 프랑스에서, "뷔랑의 기둥"[64] 사건은 역사적인 사건이다. 그것은 고대인들의 최종적인 패배와 근대인들의 절대적인 승리를 나타낸다.

처음에는 주차장이었다. 무질서하게 주차된 차들이 우아한 팔레 루아얄(Palais-Royal)의 안뜰을 혼잡하게 하고 있었다. 문화부 장관 자크

---

63 17세기 말 아카데미 프랑스를 위시한 프랑스 문학계에서 일어난 사건이다. 동화로 유명한 당대의 문인 샤를 페로(Charles Perrault, 1628~1703)는 근대 문학이 고대 그리스 로마 시대의 작품보다 뛰어나다고 주장하여 고전과 근대 문학 사이의 논쟁을 유발했다.

64 프랑스 현대 미술가 다니엘 뷔랑(Daniel Buren, 1938~)의 작품으로 '두 개의 고원(Les Deux Plateaux)'이라고도 불린다. 팔레 루아얄의 안뜰에 흰색과 검은색이 교차된 줄무늬 패턴을 띠는 짧은 원기둥 260개를 배치해 놓은 설치 미술 작품이다.

랑은 그것들을 몰아내고 오를레앙 공작을 위해 혁명 전에 지어진 건물을 수리하기를 원했다. 이 사회주의자는 자신의 전임자 중 한 명인 드골주의자 모리스 드뤼옹이 1973년 5월 23일 국회에서 주장했던 매우 오래된 아이디어를 재개했다. "저는 팔레 루아얄에서 특별한 작업을 구상하고 있습니다. 이 건물을 되살리기 위한 것입니다. 그리고 몇몇 새로운 도시들에서 일어나고 있는 것을 따라서, 우리의 수도에 도시 속의 광장, 걸어 다니는 광장, 단골들, 산책자들, 방문객들, 공무원들과 상인들이 만나는 교류의 장소라는 의미를 새로 부여하기 위한 것입니다."

궁의 안뜰을 위해, 자크 랑은 다니엘 뷔랑에게 "두 개의 고원"이라는 제목의 작품을 의뢰했다. 사회당 장관은 1986년 3월 16일 총선 전에 작업이 완료될 것으로 생각했다. 그러나 팔레 루아얄의 강변 거주자들의 항의에 이은 법원의 결정이 그것을 방해했다. 1986년 1월부터 프랑스 언론의 위대한 전통에 따라 『르 피가로』가 돌격의 나팔을 불었다. 사람들이 약간의 경멸을 담아 "뷔랑의 기둥"이라 불렀던 것을 향해서. 선거 운동은 그것을 장악했고, 정치인들은 언쟁을 벌였고, 여론은 열광했다. 예술적 논쟁은 이념적이고 정치적인 것이 되었다.

다니엘 뷔랑은 전투적인 예술가였다. 1960년대부터 그는 자신을 "지배적 이념 체제의 도발자"로 정의했다. 그는 추상 미술의 아버지인 러시아의 칸딘스키와 말레비치, 그리고 말레비치의 유명한 표현인 "내가 원하는 것은 우리보다 선행한 것에 대한 부정이다"의 먼 계승자였다.

뷔랑에게 의뢰하는 과정에서, 자크 랑은 그가 "전복적 예술"을 두려워하지 않는다는 것을 보여 주었다. 그는 자신의 혁명적 프로필을 소중히 했다. 그것은 화제의 중심에 놓인 최고의 자질이었다. 뷔랑이 첫 번째

팔레 루아얄에 설치된 다니엘 뷔랑의 작품, '두 개의 고원'.
© Wikimedia

가 아니었다. 이 부처의 설립자인 앙드레 말로가 "세기의 싹"이었던 이 "열광적인 논리"를 이미 찬양했기 때문이다. 한편 퐁피두 대통령 자신은 역사적인 파리 중심부에 폐쇄된 공장을 닮은 현대 미술관을 강요했다.

문화부에서는 창립 이래 반 고흐 콤플렉스가 지배했다. 천재성을 놓치는 것에 대한 두려움으로, 발루아 거리[65]의 공무원들은 어떠한 도발도, 위반의 장신구로 꾸민 모든 추악함도 지지한다. 그러나 드골주의 전임자들이 유산에 대한 애착을 통해 현대성의 허무주의를 상쇄하고 그들의 모순을 숨기려 했던 곳에서, 랑은 그의 "진보적인" 정치적 관점 속에 예술적 혁명을 태연하게 되돌려놓았다. 그와 함께, 그리고 실제로 고전에 대한 그의 교양에도 불구하고, 민중 선동적인 "모든 것은 같은 가치를 갖는다"는 통치 원칙이 되었다. 그래피티는 레오나르도 다빈치 의 그림으로 격상되었다. 모든 랩퍼들은 새로운 모차르트였다.

복귀되었다고 비난받았을 때, 뷔랑은 숙련된 수사학자가 되어 자신을 변호했다. "관습의 내부에서 사람들은 그 관습과 관련된 질문들을 가장 잘 제기하지 않는가?" 15년 전, 모리스 드뤼옹[66]은 "동냥 그릇 과 화염병을 동시에 내미는" 사람들을 조롱했다. 그들은 『저주받은 왕들』[67]이 주는 아버지의 교훈을 이해했다. 그들은 더 이상 동냥하지 않고 금고를 탈취하고, 두 손 가득히 싹쓸이하며, 뒤돌아보지 않고 그들 뒤로 화염병을 던진다.

65　문화부는 발루아 거리에 위치해 있다.

66　모리스 드뤼옹(Maurice Druon, 1918~2009)은 프랑스 작가이자 정치인이다.

67　모리스 드뤼옹의 역사 소설로 14세기부터 7명의 왕들이 재위한 기간 동안의 이야기다.

1985년 10월 14일, 역사유적고등위원회는 부정적인 의견을 발표했지만, 장관은 신경 쓰지 않았다. 총선에서 우파가 승리하고, 자크 랑이 발루아 거리를 떠난 후, 뷔랑의 반대자들은 복수할 기회를 잡았다고 믿었다. 미술원은 만장일치로 현장을 원상태로 되돌려 놓는 것에 찬성표를 던졌다. 공화국연합의 태탱제 상원의원과 『피가로 마가진』의 편집장 루이 포웰은 국민 투표를 소집할 것을 제안했다. 뷔랑은 경멸하며 대답했다. "예술은 존재할 권리가 있기에 국민 투표로 결정될 수 없다." 상대의 이야기를 들으려 하지 않는 사람들 사이의 대화였다. 추상 예술은 한 세기 동안 회화적 개인주의를 중시해 왔고, 예술가의 주권을 높였다. 그리고 새로운 관객이 작품의 아름다움보다 창조자의 여정을 더 많이 따르도록 강요해 왔다. 말레비치와 그의 유명한 작품 〈흰 바탕에 검은 사각형〉 이후로, 아름다움은 더 이상 자연스럽게 강요되지 않는다. 니콜라 푸생의 금언에 따르면, 아름다움은 더 이상 "희열"이 아니라 이론적인 설명이 필요하다. 다니엘 뷔랑에게 소중한 개념 예술은 감정을 불러일으키기 전에 사고를 구현해야 한다.

　　1980년대에 자크 랑은 이 혁명을 끝까지 끌고 갔다. 퐁피두의 전통 파괴적인 겉멋은 국교가 되었다. 전복적 예술은 공식 예술이 되었다. 19세기 구식 예술을 경멸하는 반대자들은 그들 시대의 "소방관"으로 바뀌었다. 아카데미즘이 진영을 바꾸었다. "예술은 환심을 사려고 해서는 안 된다"는 슬로건이 "예술은 환심을 사기 위해서는 불쾌를 추구해야 한다"로 수정되었다. 취향의 미학을 거부하는 것은, 장 클레르[68]

68　　장 클레르(Jean Clair, 1940~)는 프랑스의 박물관장, 예술사가, 작가다.

의 표현에 따르자면 "혐오의 미학"으로 변했다. 끊임없이 정신을 도발하고, 흐트러뜨리며, 전복시켜야 한다. 현대 미술은 추악한 것의 무한한 과잉 경쟁에 사로잡혀 있다. 흉하게 만드는 것, 그것이 나타내는 것이다.

이러한 파괴적 허무주의는 근본적으로는, 계승과 추구에 대한 거부, 매 작품마다 예술을 재창조하는 조물주 창조자의 광적인 오만, 과거의 흔적을 더럽히고 파괴하는 궁극적인 수단으로서의 예술로 번역된다. 자본주의의 정수로서의 예술과 슘페터[69]에게 소중한 "창조적 파괴". 사회 계층 간의 근본적인 분열선으로서의 예술. 그들이 좋아하지도 이해하지도 못하는 현대 예술을 거부하는 대중 계급은, 예술을 새로운 힘의 깃발로 만드는 "세계화된 엘리트"라는 소계급에 맞선다.

발루아 거리의 자크 랑의 후계자인 프랑수아 레오타르의 핑계는 마음을 자극하고 흥분시켰다. 『르 피가로』는 "팔레 루아얄의 훼손"을 비난했고, 거기에서 "대전차 기둥"은 비웃음을 샀다. 『글로브』는 뷔랑의 지지자들을 규합했다. BHL은 지식인들이 작업장을 보호하기 위해 교대로 움직일 것을 제안했다. 주요 텔레비전 매체에서 그들은 지배적이었다. 뷔랑의 작품을 위한 발의 단체는 자크 데리다[70], 피에르 불레즈[71], 조르주 뒤비[72], 심지어 공화국연합의 사무국장과 매우 "관계가 깊은" 배

---

69 조지프 슘페터(Joseph Schumpeter, 1883~1950)는 오스트리아 출신의 미국 경제학자다.

70 자크 데리다(Jacques Derrida, 1930~2004)는 프랑스 철학자다.

71 피에르 불레즈(Pierre Boulez, 1925~2016)는 프랑스 작곡가이자 지휘자다.

72 조르주 뒤비(Georges Duby, 1919~1996)는 프랑스 역사학자다.

우자 리즈 투봉의 지원을 받았다. 한편, 클로드 레비스트로스, 자크 수스텔, 앙리 트로야, 미셸 데옹 등의 유산의 친구들 협회는 그 지역의 아름다움을 지키기 위해 공화국의 대통령에게 편지를 썼다.

며칠 전에는 의뢰된 작업이 "그 장소에는 완전히 불필요하다"고 판단 내렸던 프랑수아 레오타르는 1986년 5월 5일 완공을 결정했다. 자신의 작품을 완성하는 예술가의 권리라는 명목에서였다. 그의 작품에 가해질 수 있는 미학적 판단을 조롱하면서, 레오타르는 예술가의 절대 권력을 중시하는 현대인들의 주요 논쟁을 이렇게 다시 시작했다 (자신이 한 짓을 몰랐을까?). 장관은 보상을 위해서 유산 보호를 위한 몇 가지 조치들을 발표하는 것이 재치 있다고 생각했다. 그는 우파와 보수 진영 전체가 돌이킬 수 없는 패배를 당했다는 것을 이해하지 못했다. 그러나 1986년의 이 총선은 공화당연합이나 프랑스민주동맹(UDF), 또는 종종 지방 의회 의원들인 국민전선에 소속된 몇몇 정치인들 사이에서, 좌파의 예술 독재와 추상적이고 전통 파괴적인 모더니즘에 대한 흥미로운 논쟁을 일깨웠다. 아름다움과 고전주의로의 회귀. 국회에서 레오타르의 회피는 빈정거림과 욕설을 불러일으켰다. 5월 28일, 가면을 쓰고 얼룩말 변장으로 괴상하게 꾸민 10여 명의 젊은이들이 기만의 승리에 경의를 표하며 작품 앞으로 열을 지어 행진했다. 건설 현장에는 "부헨발트 강제 수용소"에 대한 반유대주의적인 말장난까지 이르는, 공금 낭비를 비난하는 그래피티가 증가했다.

뷔랑의 기둥 사건은 하나의 전환점이었다. 발루아 거리에는 자크 랑의 클론들만 남아 있었다. 우파의 자유주의는 좌파의 국가 전복에 굴복하고 가담했다. 권력을 잡은 다수가 누구든 상관없이, 베르사유궁처럼 가장 위엄 있고 가장 우아한 박물관, 갤러리와 역사적 기념물들은 "작품과 시대의 대화"를 위해 현대적인 추함과 저속함에 개방되었다. 프랑스 정부는 투기가 되어 버린 현대 미술 시장을 추종하고 봉사한다. 이 시장은 예전의 양식 있는 후원자처럼 보이는 새로운 부자들의 허영심을 아첨할 줄 아는 몇몇 교활한 예술가들을 이렇게 부자로 만든다.

그 이후 팔레 루아얄의 안뜰에서 아이들은 다양한 크기의 줄무늬 콘크리트 조각들 사이에서 공놀이를 한다. 이 조각들은 매력을 찾을 수 없는 폐허를 닮았다.

1986년 12월 6일

어디선가 태어나다

그의 이름은 아직도 많은 회고록에서 울려 퍼지고 있다. 그는 젊은이들이 거리에서 떼를 지어 발버둥을 치자마자 각 내무부 장관들을 계속 만난다. 그는 경찰 고위 간부들을 경직시킨다. 그는 그들이 은밀할 정도로 신중하고 조심스럽게 명령을 내리도록 이끈다. 그러나 그의 이름은 더 이상 젊은 세대들의 흥미를 전혀 끌지 못하며, 이 이야기의 주인공들은 죽거나 은퇴했다. 그들은 미테랑, 팡드로[73], 모노리[74], 시라크, 파스

---

73 로베르 팡드로(Robert Pandraud, 1928~2010)는 프랑스 정치인이다. 경찰청장, 안보부 특임장관 등 정부 내 여러 직책들을 역임했으며 시라크의 측근으로 알려져 있다.

74 르네 모노리(René Monory, 1923~2009)는 프랑스 정치인이다. 여러 부서의 장관을 역

카, 드바케다. 말릭 우세킨은 22세의 고등 부동산 학교 학생으로, 1986년 12월 5일에서 6일로 넘어가는 밤에 파리의 무슈르프랭스 거리의 건물 현관 아래에서 사망했다. 그가 기동타격대에 의한 구타로 사망했는지 아니면 그가 겪고 있던 신부전으로 사망했는지는 결코 알 수 없다. 재즈 클럽에서 나온 이 젊은 알제리계 프랑스인이 왜 경찰에게 쫓겼는지도 알 수 없다. 무엇이 경찰들의 공격성을 유발했는지도 알려지지 않았다. 경찰청 운동 교관들의 미숙함이나, 좌파들이 말하는 인종 차별이나, 경찰 옹호자들이 말하는 시위자들의 폭력적인 공격일 수도 있다.

좌파 언론은 그를 "말릭"이라 불렀다. 분노한 시라크 지지자들은 "이 아랍인"에 대해서 비공식으로는 온화함을 덜 드러냈다. 로베르 팡드로 안보부 특임장관은 "만약 나에게 투석을 받고 있는 아들이 있다면, 나는 그가 밤에 허튼짓하는 것을 막을 것이다"라며, 습관적인 원색적 기질로 그의 신도들을 옹호하고자 했으나 이는 실수에 가까웠다. 좌파는 도덕적인 연민의 보석으로 장식했다. 프랑수아 미테랑 공화국 대통령은 비탄에 빠진 가족을 방문했다. SOS 인종 차별은 "인종주의 범죄"에 공격을 퍼부었다. 위대한 과학자지만 보잘것없는 정치인인 알랭 드바케 교육장관이 사임했다. 자유주의 장관 알랭 마들랭은 『리베라시옹』에서 어떤 개혁도 한 사람의 죽음과 같은 가치는 없다고 설명했다. 말릭을 추모하기 위해 대규모 시위가 준비되었다. 노조들은 연대를 위한 노동자 파업으로 협박했다. 마티뇽에서 자크 시라크는 조르주 퐁피두 곁에서 68혁명을 경험했었다. 그는 이 기억에 사로잡혔고, 그것을

임하고 상원의장까지 지냈다.

다시 체험하지 않기 위해, 무엇이든 타협하고, 모든 것을 포기하고, 얼마든지 비겁해질 준비가 되어 있었다.

이 이야기에는 68혁명의 낙인이 찍혀 있었다.

오토바이를 타고, 복면과 철모를 쓰고, 긴 곤봉으로 무장한 이 무시무시한 기동타격대, "그것"은 "사건들" 이후에 만들어졌다. 전통적인 공화국보안기동대에게는 너무 민첩한 "파괴자들"에게 경찰이 대응할 수 있도록 하기 위해서.

드바케 법은 68혁명의 먼 속편이었다. 당시 교활한 인간인 에드가 포르가 결정한 대학 자율화는 역효과를 내는 눈가림으로 판명되었다. 프랑스 대학이 거부할 수 없는, 구별되지 않는 무수한 학생 인구에 압도당하는 동안, 최고의 학생들은 그랑제콜로 향하기 위해 프랑스 대학을 거들떠보지도 않았다. 최근 앵글로·색슨의 자유주의로 개종한 시라크 우파는 입학 선발을 수립하고 등록금을 인상함으로써 느리지만 분명한 쇠약으로부터 대학을 구해내는 것을 목표로 정했다. 그러나 우리는 미국의 부유한 대학들이 요구하는 사치스러운 비용과는 거리가 멀었다. 그러나 이것은 SOS 인종 차별과 연결된 트로츠키주의 네트워크에 의해 조종되는 학생들, 그리고 곧이어 고등학생들을 거리로 내몰기에 충분하다.

SOS 인종 차별의 창시자 중 한 명인 쥘리앙 드레는 『파리 마치』에서 그들의 피아노를 자처하는 매력적인 학생 꼭두각시들의 끈을 잡아당겨 볼링을 했다. 드바케 뒤에서 그는, 속지주의를 거의 폐지할 것을 계획했던 피에르 마조가 준비했던 국적법을 개혁하는 텍스트를 무너뜨리는 것을 꿈꿨다.

알제리계 프랑스인 말릭 우세킨의 죽음은 그가 최상의 조건에서 이념적 싸움을 시작할 수 있게 해주었다. 젊은이들은 "출신과 상관없이" 형제들과의 연대를 부르짖었다. 이 청년이 죽기 몇 주 전, 내무장관 샤를 파스카는 101명의 말리인을 전세기로 돌려보내어 강한 반발을 불러일으켰다. 좌파들은 파렴치한 짓이라고 소리쳤다. 전세기는 아우슈비츠로 향하는 기차와 동일시되었다. 그들의 고향으로 돌아간 말리 출신 불법 체류자들은 독가스에 질식되도록 추방된 유대인들과 동일시되었다.

반인종주의 선전을 위한 문화와 미디어 기구는 1986년 총선 당시 매우 최근의 민주적 도유(塗油)식을 받았던 정부의 계획들을 저지하는 데 다시 한 번 엄청난 효과를 입증했다.

라디오와 텔레비전은 가수 라시드 타하를 중심으로 하는 그룹 '체류증(Carte de séjour)'에 의해 연주된 샤를 트레네의 〈달콤한 프랑스(Douce France)〉의 후렴을 방송했다. 이는 고집 센 사람들에게 마그레브 이민에 의해 프랑스 동화의 구상이 찢어지지 않았다는 것을 더 잘 납득시키기 위해서였다. 그러나 속지주의에 대한 정부의 계획에 가장 효과적인 대응은 막심 르 포레스티에의 노래 〈어디선가 태어나다(Né quelque part)〉였다. 1970년대의 전직 반체제주의의 사자(使者)는("낙하산 부대") 파도의 파고에 빠져 있었다. 그는 수염과 히피 스타일의 긴 머리를 깎았으나 성공은 돌아오지 않았다. 〈어디선가 태어나다〉로, 그는 정부 계획에 의해 위협받는 속지주의를 재치 있게 옹호하면서 음반 산업과 미디어 기구에 의해 잘 중계되는 정치적 논쟁에 초대되었다.

2022년 드라마화된 말릭 우세킨의 생애.

© 디즈니 플러스

우리는 부모님을 선택하지 않고,

우리는 가족을 선택하지 않아.

우리는 이것 또한 선택하지 않아

마닐라의 거리,

파리 또는 알제리의 거리를

걷는 법을 배우기 위한 곳으로 말이야 […]

어디선가 태어나지,

태어난 사람에게 있어서,

그건 항상 우연이야 […]

사람들은

동등한 권리를 갖고 태어날까,

그들이 태어난

그곳에서,

사람들이

똑같이 태어나든 그렇지 않든…

—막심 르 포레스티에,

〈어디선가 태어나다〉, 1987.

제목은 조르주 브라상스의 유명한 〈어디선가 태어난 사람들의 발라드(La ballade des gens qui sont nés quelque part)〉에서 영감을 얻었다. 막심 르 포레스티에는 브라상스의 열렬한 신봉자였다. 그러나 그 노래에서 무정부주의자 브라상스는 국수주의와 편협한 애향심을 비꼬았다.

그들이 파리 출신이든 로마나 세트 출신이든

보베르의 악마에서 태어났든 잔지바르의 선함에서 나왔든

심지어 몽퀴크에서 태어났든 그들은 우쭐해하지 이것 참,

어디선가 태어난 행복한 얼간이들,

—조르주 브라상스, 〈어디선가 태어난 사람들의 발라드〉,

앨범 《페르낭드》 중에서, 1972.

　　그의 68세대 계승자는 영토에서 태어난 사람이라면 누구나 프랑스 국적을 가로챌 권리가 있다고 주장했다. 프랑스 땅에서 태어난다는 것은 프랑스 국민의 법과 의사에 상관없이 정복권처럼 소유에 대한 절대적인 권리의 가치가 있었다. 경제적이고 문화적인 엘리트들에 의해 강요된 프랑스의 이러한 세계화는 이 노래의 음악적 편곡에 의해 강조되었다. 줄루인의 언어로 반복되는 후렴구까지 포함하여 아프리카적인 음색은 막심 르 포레스티에를 월드 뮤직의 프랑스인 선구자 중 한 명으로 만들었다.

　　프랑스는 더 이상 다른 나라들과 다르지 않았고, 별다를 게 없는 세계의 한 구석이었다. 더 이상 하나의 민족이 아니었고, 파리나 다른 곳의 거리에서 우연히 태어난 구별되지 않는 개인들의 집합체였다. 더 이상 하나의 주권 국가가 아니라, 세계의 다른 시민들을 받아들여야 하는 세계의 시민들, 지구의 익명의 다른 장소들에 자리를 내줘야 한다고 강요받는 지구상의 익명의 점들, 언제든 어디서 왔든지 자신들이 원하는 곳에 정착한 아무나가 되었다.

이 전설적인 이념의 싸움에서 말릭 우세킨의 죽음은 결정적인 무기로 판명되었다. 드레와 그의 트로츠키주의 동료들은 총리와 갈등을 겪던 동거 정부 당시 프랑수아 미테랑에게 봉사했다. 1986년 3월 총선에서 사회주의자들이 패배한 후, 대통령은 마티뇽에서 공화국연합의 수장을 임명했다. 이것은 "그를 길들이기 위해서였다. 왜냐하면 그가 가장 강경했기 때문이었다."

이 새로운 버전의 떡갈나무와 갈대는 라퐁텐의 우화[75]와 같은 결말을 가지고 있었다. 드골-시라크 떡갈나무가 부서졌다. 수액은 더 이상 흐르지 않았고, 껍질은 말라서, 사람들은 뿌리까지 파헤쳤다. 말릭 우세킨의 죽음은 자크 시라크를 완전한 항복으로 이끌었다. 조건 없는 타협. 그는 드바케 법을 포기했고, 위원회의 전통적인 영구대(靈柩臺) 아래에 국적법을 묻었다. 그는 기동타격대 본대를 해산시켰다.

이렇게 자크 시라크는 68혁명 때 소르본을 다시 열었던 퐁피두와 같은 실수를 저질렀다. 그러나 이번에는 처벌이 확정적이었다. 시라크는 1988년 대통령 선거에서 압도당했다. 프랑수아 미테랑은 재선되었고, 쥘리앙 드레는 국회의원이 되었다. 우파는 더 이상 대학에 손을 대지 못했다. 2007년 니콜라 사르코지가 작업에 다시 착수했을 때, 학생들의 세 망령[76]이 거리로 나갈 징조가 보이자, 그는 페크레스의 계획에

---

75 라퐁텐(Jean de La Fontaine, 1621~1695)은 프랑스의 문인으로 특히 우화로 널리 알려져 있다. 그중에서 떡갈나무와 갈대의 이야기는 다음과 같다. 떡갈나무가 갈대에게 약하다고 놀리며 자신의 강함을 과시했다. 하지만 바람이 불자 갈대는 고개를 숙인 채 버텼고 떡갈나무는 뿌리째 뽑히고 말았다.

76 프랑스 조각가 오귀스트 로댕(Auguste Rodin, 1840~1917)의 작품 〈세 개의 그림자〉(또는 〈세 망령〉)에서 가져온 표현으로 보인다. 이 작품은 고통스러워하는 듯한 세

서 학생 선발에 대한 모든 언급을 철회했다.

그 이후로 프랑스는 "불법 체류자"들이 자신들이 받아야 할 것을 요구하기 위해 시위를 할 권리를 갖게 된 유일한 나라가 되었다. 치명적일 수도 있는 질서보다 폭력적일지라도 혼란을 선호해야 하기 때문에 경찰력이라는 용어가 모순 어법이 된 나라가 되었다. 실제로 대부분의 청소년 시위는 해외 언론들을 경악케 하는 약탈과 노략질 장면으로 종료된다. 이것은 방리유의 약탈자들이 파티를 벌이는 동안, 의연하게 그리고 보람 없이, 무기를 발밑에 두도록 명령받은 경찰관들의 환멸 어린 눈앞에서 벌어진다. 말릭은 자신의 뜻과는 상관없이 그들의 수호성인이 되었다.

인물의 모습을 묘사하고 있는데, 다른 작품 〈지옥의 문〉의 일부라는 점을 고려한다면, 해당 문장은 피하고 싶은 사건들이 다시 벌어지는 것을 두려워했다는 의미 정도로 해석할 수 있겠다.

1987

1987년 10월 7일

〈굿바이 칠드런〉

어느 교실. 회색 블라우스를 입은 아이들. 선량한 신부들. 1944년 1월 한 가톨릭 기숙 학교. 게슈타포가 갑자기 들이닥쳐서는 세 명의 유대인 아이들과 그들의 스승인 저항하는 장 신부를 체포했다. 아우슈비츠와 마우트하우젠[77]으로 강제 수용된 그들은 결코 돌아오지 않을 것이다.

오늘날 우리는 이것을 진부한 장면이라고 느낀다. 그 감정적 힘의 일부에 상처를 낼 때까지 보고, 또 봤기 때문에. 1987년 이 해에, 300만 명에 달하는 관객은 밀려들고 헤아릴 수 없을 만큼 감동한다. 익숙한 일이 아니다. 1950년대부터 제2차 세계대전에 관한 수많은 영화들은 군사적 충돌, 처칠, 드골, 루스벨트, 스탈린과 같은 중요한 인물들, 레지

---

77 제2차 세계대전 당시 나치의 강제 수용소가 있었던 오스트리아의 도시.

스탕스와 대독 협력자 사이의 내전, 게슈타포의 비열함을 건드렸다. 유대인들은 배경의 한 요소이며, 서사시적 비극의 단역이다. 그들의 박해는 조금도 무시되거나 은폐되지 않았지만, 종속되었다. 어떤 사람들은 사소한 것이라 이야기할 것이다.

강제 수용소에 관한 그 시대의 몇 안 되는 영화들 중 하나인 1960년에 발표된 이탈리아 영화 〈카포(Kapo)〉는 보통범과 정치범들만을 다루었다. 그리고 속죄를 위해 희생하기 전 사형 집행인들과 협력한 비열한 죄수를 강조하는 편을 선택했다.

1975년, 조포[78]의 소설을 각색한 영화 〈구슬 주머니〉에서, 유대인 아이가 화자로 처음 등장했다. 아이는 도망가고, 숨고, 탈출하고, 처음으로 사랑에 빠졌고, 자신의 노란 별을 구슬 주머니와 교환했다. 특별한 기간 동안의 성장 소설 같았다. 〈굿바이 칠드런〉에서 화자는 유대인이 아닌 아이 쥘리앙이다. 그의 죄책감은 영화를 압도하고, 작가에 의해 격화된다. 책임감과 죄책감을 느끼도록 독촉받는 것은 모든 프랑스 국민이다. 한 영화 잡지와 성사된 인터뷰에서, 어쨌든 자전적 작품임을 주장하는 감독 루이 말(Louis Malle)은 그것을 숨기지 않는다. "아이디어는, 벌어진 일은 극도로 부당한 것이었고, 일어나지 말았어야 했으며, 결국 우리 모두가 책임이 있었다는 것입니다. 저는 쥘리앙을 조금 바꿨습니다. 특히 그는 교실에서 유대인 친구인 보네가 그를 향해 뒤돌아볼 때 보네를 내어준 사람이 자신이라는 느낌을 받습니다. 이 부분, 아마

78　조제프 조포(Joseph Joffo, 1931~2018)는 프랑스 작가다. 원래는 유명한 미용사였으나 1973년 소설 『구슬 주머니』를 발표한 후 작가로서의 커리어를 시작했다.

루이 말 감독의 〈굿바이 칠드런〉(1987).

도 제가 이걸 덧붙였을 겁니다. 하지만 그것은 제 기억이기도 합니다. 왜냐하면 제 기억 속에는 보네의 죽음에 대해서 제가 조금은 책임이 있기 때문입니다….”

영화에서 유대인 아이들과 그들의 선생님은 학교의 잡역부이고 초등학생들의 놀림감인, 장애가 있는 가엾은 인간 조제프에 의해 고발당한다. 그는 암거래로 인해 해고되었기 때문에 끔찍한 범죄를 저지른다. 다시 한 번 루이 말의 독창적 발상이다! 그에 반해 또 다른 장면은 쥘리앙, 그의 어머니, 그의 형제, 그리고 보네가 도시의 고급 레스토랑에 있는 모습을 보여 준다. 민병대는 거물 유대인을 추방하기 위해 난폭하게 들이닥친다. 테이블에 앉아 있던 많은 고객들은 격렬하게 항의하고 민병대를 내쫓은 사람들은 부유한… 독일인 비행사 커플이다.

전쟁이 끝난 이후, 공산주의자들과 드골주의자들은 철도원, 노동자 등 무장한 사람들을 찬양했고, 독일에 협력한 모리배 부르주아 계급을 함께 규탄했다. 드골은 해방 당시 맞이했던 사장들에게 공격의 화살을 퍼부었다. “사장님들, 나는 런던에서 당신들 중 많은 분들을 본 적이 없군요.” 그 영화는 학급의 복수처럼 울린다. 곧 프랑스 국민들은 대독협력의 고소에 파묻힐 것이다. 그리고 유일한 레지스탕스들은 발음할 수 없는 이름을 가진 외국인들이었다고 암시할 것이다. 예를 들면, 마누시앙[79] 그룹의 유명한 “붉은 포스터”….

---

[79] 미사크 마누시앙(Missak Manouchian, 1906~1944)은 프랑스로 망명한 아르메니아인으로 시인이자 공산주의 운동가다. 독일 점령기에 레지스탕스로 활동하던 중 마누시앙 그룹이라 불리는 동료 조직원들과 함께 총살되었다. ‘붉은 포스터’는 이들의 처형 사실을 알리기 위해 나치가 파리 시내에 게시한 벽보를 의미한다.

이 1987년에 사람들은 1944년으로 다시 돌아왔다고 생각했을 것이다. 5월에는 리옹 게슈타포의 수장이자 장 물랭을 고문한 클라우스 바르비의 "인류에 반하는 범죄"에 대한 재판이 열렸다. 그러나 약속된 역사의 교훈은 불발에 그쳤다. 그의 명석하고 악마 같은 변호사 자크 베르제스는 장 물랭을 "밀고한" 레지스탕스들의 이름을 넘기겠다고 단언했다. 그는 늘 그랬듯 프랑스 군대의 식민지 범죄를 고발하는 것으로 만족하고는 말없이 가만히 있었다.

같은 해, 클로드 란츠만의 영화 〈쇼아〉가 처음으로 텔레비전에서 방영되었다.

그리고 1987년 9월에는 장마리 르펜이 RTL에 초청되어 가스실에 대한 질문을 받았다. 이상하게도 그는 질문에 응했다. 대화는 격렬하게 오갔다.

장마리 르펜: 나는 제2차 세계대전의 역사에 심취해 있습니다. 나는 스스로에게 여러 가지 질문을 던집니다. 나는 가스실이 존재하지 않았다고 말하는 것이 아닙니다. 나는 그것을 직접 볼 수 없었습니다. 나는 그 문제를 특별히 공부하지 않았습니다. 하지만 나는 이것이 제2차 세계대전의 역사에서 부수적인 문제라고 생각합니다.

폴자크 트뤼포: 600만 명의 사망자가 발생했는데, 이것이 부수적인 문제인가요?

장마리 르펜: 600만 명의 사망자요? 어떻게요?

폴자크 트뤼포: 2차 세계대전 동안 600만 명의 유대인들이 죽었

습니다. 당신은 이것이 부수적인 문제라고 생각합니까?

장마리 르펜: 제기된 문제는 이 사람들이 어떻게 죽었는지 아닌 지를 아는 것입니다.

폴자크 트뤼포: 이것은 부수적인 문제가 아닙니다.

장마리 르펜: 아니요, 그건 전쟁에 있어서 부수적인 문제예요! 당 신은 이것이 모든 사람들이 믿어야 할 드러난 진실이라고, 도덕 적 의무라고 말하고 싶은 건가요? 저는 이 문제들을 논하는 역 사가들이 있다고 말하는 것입니다.

그 후 며칠 동안, 대대적으로 조직된 미디어의 소용돌이는 국민전 선의 몇몇 간부들까지 뒤흔들었다. "그가 상처를 입혔을 수 있는 유대 인 동포들을 향해" 르펜이 표명한 고심한 흔적이 보이는 해명은 올리 비에 도르메송 유럽 의회 의원이 사임하고 당을 떠나는 것을 막지 못 했다. 장마리 르펜은 반유대주의 혐의로 기소될 것이다. 1991년, 그는 "반인륜적 범죄의 보편화"와 "끔찍한 것에 대한 동의"로 법원에 의해 유죄 판결을 받았다. 르펜은 그의 정치 경력의 나머지 기간 동안 이 "부 수적 문제"를 달고 다닐 것이다. 그는 결코 "반유대주의"의 비난을 씻 어낼 수 없을 것이다.

사람들이 많은 글에서 썼던 것과는 달리, 르펜의 이러한 "페탱화" 는 불가피한 일이 아니었다. 모라스주의자들은 종전 이후로 크게 진화 했다. 이 오랜 스승의 가장 훌륭한 후계자인 피에르 부탕은 6일 전쟁 당시 반유대주의에 반대하고 이스라엘에 찬성하는 입장을 취했다. 르 펜 자신은 알제리 전쟁을 기념하여 민족해방선전(FLN)의 옛 이집트 동

'가스실'이 제2차 세계대전 역사에서 '부수적인 문제'라고 주장하는 장마리 르펜.
© Gettyimages

맹들에 대항하는 시온주의자들에 호의적이었다. "부수적 문제" 전에는 한동안, 올리비에 도르메송이 르펜의 이스라엘 여행을 준비했었다. 이 방송으로 모든 것이 파괴되었다.

장마리 르펜의 생각과 저의, 유대인에 대한 그의 사랑이나 증오, 경탄과 혐오 사이의 최소한 애매하다고 할 수 있는 그의 관련성은 "옛 프랑스"의 반유대주의 전통에서 중요하지 않다. 정치적으로 그는 "유대인 압력 단체"의 힘이 증대하는 것을 억제하려고 어설프게 시도했다. 미테랑 대통령이 몇 년 후, 다른 도르메송[80]에게 말한 바에 따르면 그렇다. 이 도르메송은, 미테랑과 르펜에 따르면, 오늘날 그의 힘을 공고히 하기 위해 어제의 쇼아를 이용한다. 이러한 의견의 결합은 정치와 미디어 계급의 한가운데에서 두 사람에게 타격을 주고 고립시킬 것이다. 그리고 그것은 우연이 아니다. 르펜과 미테랑은 같은 세대이며, 그들은 둘 다 리슐리외에 기원을 두고 "국가 내의 모든 국가"를 거부하는 이 프랑스 전통에 속해 있다. 르펜에게는 그의 몇몇 당원들에게 보내진 당파적인 장사꾼의 윙크―제4공화국의 또 다른 원로인 미테랑은 이해 했을―를 추가할 수 있겠다. 이 당원들은 나치 범죄를 비추는 유일한 프로젝터가 공산주의 범죄를 은폐할 수 있게 만든다고 생각한다. 또한 여기에 약간의 바보짓을 덧붙일 수 있다. 그는 가스실의 존재를 의심하기 위해 가스실을 볼 수 없었다고 우기지만, 그는 잔 다르크도 결코 본

---

[80] 앞서 르펜의 발언에 분노하여 유럽 의회 의원을 사임한 올리비에 도르메송(Olivier d'Ormesson, 1918~2012)과는 다른 인물인 장 도르메송(Jean d'Ormesson, 1925~2017)을 지칭한다. 장 도르메송은 작가, 저널리스트이자 철학자다.

적이 없으면서 매년 5월 1일에 예배를 드린다!

그러나 장마리 르펜은 이 시대착오적인 이야기에서는 누구보다도 유죄다. 그가 윈스턴 처칠이 『전쟁 회고록』에서 유대인 말살을 언급하지 않았다고 회상하는 것은 잘못이 아니다. 그는 드골 장군도 그것을 언급하지 않았다고 덧붙였을 수도 있다.

드골에게 제2차 세계대전은 1914~1918년 전쟁의 속편일 뿐이며, 유럽의 지배라는 같은 쟁점을 갖고 있었다. 6월 18일의 남자는 새로운 "30년 전쟁"에 대해 이야기한다. 프랑스 역사에서 우리나라의 승리와 패배, 영웅과 반역자가 균형을 이루고 뒤섞이게 만들기 위해서, 1940년 5월의 추락이 1918년의 영광과 1944년의 기대 이상의 부활에 의해 기억 속에서 삼켜지게 하기 위해서.

이 웅장한 건축술에서 유대인들의 몰살은 무시되거나 경멸되지 않는다. 그러나 만약 그것이 "부수적 문제" 이상의 것이라고 하더라도, 그것은 전쟁의 전략적 핵심을 차지하지 않는다. 쇼아는 유대인과 인류의 국면을 변화시켰지만, 세계 분쟁의 결과는 전혀 바꾸지 못했다. 독일군은 유대인을 학살하지 않았더라도 패했을 것이다. 연합군은 그들을 구하기 위해 손가락 하나 까딱하지 않았다.

전쟁과 역사에 대한 이 전통적인 개념은 1987년에는 들리지 않게 되었다. 이것은 전후 몇 년간의 불편한 침묵 이후 모든 미디어와 모든 책에서 그토록 언급된 그 유명한 "억압된 것의 귀환"이다. 집단 문화 속에서—또는 차라리 집단적 무지몽매 속에서, 이것은 저것과 연결되어 있으므로—〈굿바이 칠드런〉은 모든 것이 흔들리는 순간에 각인한다. 제2차 세계대전의 역사는 점차 유대인들의 몰살로 축소되는 반면, 이 "쇼아"는 이렇게 다시 세례를 받고 신성화된다. 더 이상 다른 것을 알 수 없는 전쟁의 핵심적이고 독점적인 요소가 되었고, 순서가 되었을 때 유대인 아이들의 살해로 요약되었다. 몇 년 전, 장자크 골드만은 폴란드 유대인 소녀에 대한 매우 아름다운 노래 〈너처럼(Comme toi)〉을 이미 작곡했었다.

> 그녀의 이름은 사라였고, 여덟 살이 채 안 되었어.
>
> 그녀의 삶은 포근했고, 꿈과 흰 구름 같았어.
>
> 하지만 다른 사람들이 그녀의 삶을 다르게 결정했어.
>
> 그녀는 맑은 눈을 가졌고 네 또래였지.
>
> 그녀는 말썽을 부리지도 않는 매우 얌전한 소녀였어.
>
> 하지만 그녀는 너처럼, 지금 여기에 태어나지 않았어.
>
> ― 장자크 골드만, 〈너처럼〉,
>
> 앨범 《소수자》 중에서, 1982.

곧 역사학자들은 예술가들의 뒤를 이을 것이다. 그들은 집단 감정을 합리화할 것이다. 그들은 드골 장군의 연대별 구분을 거부할 것이다. 제2차 세계대전을 선과 악의 대립이 절정에 달한 순간으로 만들고, "쇼아"를 이 아포칼립스적인 형이상학의 핵심으로 만들 것이다. 사람들은 1914~1918년 이후 아이들을 베르됭으로 데리고 간 것처럼 아이들을 아우슈비츠로 안내할 것이다. 방리유의 몇몇 학급들에서는, 아랍과 아프리카 이민자의 아이들이 "팔레스타인 아이들의 고통"이라는 명목으로 교과에서 이 부분을 그들에게 가르치는 것을 격렬하게 거부할 것이다. 아이 대 아이, 고통 대 고통, 그것은 하나의 역사 대 다른 역사다. 굿바이 칠드런….

1988

1988년 12월 1일

베를렌과 반 고흐

어른들은 사람들이 그들을 아이들로 여길 때 절대로 충분히 의심하지 않는다. 1988년 승리한 대통령 선거 운동 동안, 호인이자 아버지인 프랑수아 미테랑은 ("삼촌, 버티세요"라고 몇 달 동안 그의 젊은 지지자들은 울부짖었다) 초가집에 손을 내미는 성(城), 가난한 사람들에게 기부하는 부자들에 관한 매력적인 옛날이야기에 다시 활력을 불어넣었다. 재선된 대통령은 마르크스 계급의 투쟁과 기독교 자선의 교차로에서 있었다. "정부의 문화 정책"을 매우 자랑스러워하는 좌파가 좋아했던 테크노크라트의 용어로, 어린이를 위한 이 이야기는 최저통합수당을 지원하기 위해 연대세(자크 시라크가 폐지한 부유세)의 복구를 이뤄냈다.

공공 지출 전문가들은 관대하게 웃었다. 그들은 지출을 수입에 할

당하는 것이 금지되어 있다는 것을 알고 있었다.

하지만 사람들이 소통을 할 수만 있다면, 법은 중요하지 않다. 관료적 경제 정책이 신속하게 뒤따랐다. 최저통합수당에 대한 법은 국회에서 거의 만장일치로 통과되었고(단 세 명의 의원만이 이 "사회적 정의 행위"를 거부했다), 1988년 12월 1일 관보에 공포되었다. 첫 번째 지불은 연말 전에 수혜자들에게 지급되었다. 본토와 해외의 모든 프랑스인들, 그리고 최소 3년 동안 우리 영토에 합법적으로 거주한 외국인도 혜택을 받을 수 있었다. 당사자는 매달 2,000프랑 미만의 자산을 보유해야 하며 (커플의 경우에는 3,000프랑) 사회적 또는 직업적 통합 활동에 참여할 것을 계약으로 약속해야 했다. 하지만 수당의 'ㅅ'이 즉석에서 깨끗이 지불되었다면, 통합의 'ㅌ'은 지하 감옥에 내던져졌다.

좌파는 자축했다. 리오넬 조스팽 사회당 제1서기장이 이론화했듯이 1983년의 "전환"은 "여담"에 불과했다. 부유세 복구와 최저통합수당의 때를 같이하는 설립은, 회계와 경쟁력 회복의 "진흙 속에서의 일시 정치" 이후, 좌파가 사회적 진보를 향해 앞으로 다시 나아갔음을 증명했다.

이 환상은 지속되지 않았다.

최저통합수당은 제2차 세계대전 이전, 도중, 그리고 특히 이후에 세워진 사회 복지에 대한 프랑스적 시스템의 속편이나 확립이 아니었다. 그것은 정반대였다.

1945년의 제도는 사장과 노동자 간의 연대와 임금 노동에 기초한 사회 보험 모델 위에 세워졌다.

최저통합수당의 논리는 완전히 다르다. 그것은 지스카르 정부의 전 장관이었던 리오넬 스톨레뤼에 의해 프랑스에 도입되었다. 1974년 미국에서 6개월 동안 일하다가 돌아온 그는 역소득세[81]의 시기에 매우 독창적인 아이디어를 다시 가져왔다. 그는 그곳에서 복지 국가의 위기에 대처하기 위해 노력했던 워싱턴 브루킹 연구소의 자유주의 지식인 계층을 자주 만났다. 이 모델은 1970년대부터 완전히 퇴치했다고 믿었던 부유한 국가들에서의 실업, 인플레이션, 그리고 빈곤의 동시적인 증가를 저지할 수 없었다. 당시 스태그플레이션이라고 이야기했던 포드주의의 이 위기는 대처와 레이건에 의해 1970년대 후반 비약적으로 발전될 신자유주의 이론에 기회를 주었다.

최저통합수당은 거기에 감춰진 단계를 구성했다. 역소득세는 더 노골적이지만 더 올바른 표현이다. 미국의 자유주의자들과 그들의 프랑스 학생들이 보기에는 풍요로운 사회의 모든 사람들은 일하든 말든, 임금을 받든 아니든, 최소한의 소득을 받을 권리가 있다. 자신이 프랑스인이라는 사실을 잊지 않은 스톨레뤼는 이 고귀한 야망을 서정적인 용어로 표현했다. "반 고흐나 베를렌이 최저통합수당을 알았다면 그들은 덜 고통 받았을 것이다."

최저 수당은 비용이 들지 않는다. "사회적 비용이라는 바다에 물한 방울"이다. 그것은 차등 소득이다. 지급되는 수당의 금액은 수취인의 잠재적 재산과 고정 최소 재산 사이의 차이를 나타낸다.

---

81 역소득세 혹은 부(負)의 소득세는 정부가 저소득자에게 일정 수준의 현금을 지급하여 가처분소득을 늘리는 제도다.

이것을 발명한 미국인들과 프랑스 해석학자들의 생각에선, 이 "보편적 수당"을 받기 위해 일할 필요가 없다. 스톨레뤼는 "부유한 나라에서는 어떤 시민도 춥고 배고파서 죽지 않도록 하는 것이 국가의 의무"라고 자신했다. 우리는 콜뤼슈의 소중한 '얼간이들(Les Enfoirés)'에 의해 선창된 '사랑의 식당'의 귀에 익은 노래의 메아리를 듣는다. 스톨레뤼는 죽은 희극 배우에 의해 시대의 유행으로 복원된 자선 아이디어를 다시 시작하고는 그것을 국가의 손에 맡긴다. 하지만 이것은 법적인 자선으로 남아 있다. 최저통합수당과 함께 구호 활동은 프랑스 사회 시스템에 침투했다. 미국에서 역소득세는 최저 임금 부재, 국경 개방, 전 세계의 저임금과의 경쟁, 서구 국가들의 탈산업화, 컴퓨터 과학의 발전과 공장의 로봇화, 대량 실업과 불평등의 증가라는 자유주의의 전기 충격을 겪은 사람들을 보호하기 위한 긴장된 안전망이었다. 미테랑의 홍보 전문가들은 다가올 시기를 짐작했다. 성은 명성을 더욱 높였다. 프롤레타리아화된 일부 중산층은 곧 초가집의 낡아빠진 매력을 되찾을 것이다.

이것은 미테랑의 역설이다. 1981년 그의 계획은 프랑스를 1945년으로 되돌아가게 만들고자 했고, 1988년에는 1990년대의 프랑스를 계획했다. 그는 매번 실패했지만, 다른 이야기다.

세월이 흐르면서 그 시스템은 둔해지고, 정체되고, 변질되었다. 창설된 지 20년이 지난 후, 매년 80만 가구가 교도소에서처럼 최저통합수당 안에 머무르고 있다. 최저통합수당은 아버지에서 아들로 전해진다! 25세라는 필수 최소 연령을 달성하는 것은 존재의 목표가 된다. 최저통합수당의 일상성은 불법 노동과 다양한 암거래를 통해 향상된다. 소련의 경험은, 자전거를 타는 것과는 달리, 사람들이 노동을 하고, 아침에 일어나고, 옷을 단정하게 정성 들여 입고, 억지로 뭔가를 하고, 자제하는 습관을 상당히 빨리 잃어버린다는 것을 우리에게 가르쳐 주었다. 점차 최저통합수당과 다양한 부수적 권리들의 수혜자들은, 점점 더 많아지고 있는 "아침 일찍 일어나는" 최저 임금 생활자들에게 증오의 시선을 받는다. 그 혜택을 얻는 자들이 3년의 정규 체류 기간을 충족한 외국인들이거나 속지주의에 해당하는 대단히 많은 수를 차지하는 그 자녀들일 경우, 증오는 현저하게 증가한다. 국가 연대의 원칙은 지적이고 테크노크라트적인 엘리트들에게는 더 이상 아무런 의미가 없다. 그러나 대중들은 "국가는 가난한 자들의 유일한 재산이다"라는 장 조레스의 옛 격언에 따라 원칙의 포기를 받아들이지 않는다.

해외의 데파르트망과 영토들에서, 시라크의 민중 선동은 결국 장벽들을 무너뜨리게 하는 것이 되었다. 이 장벽은 제국주의로 획득한 우리 해외 영토들의 지리적 환경을 고려하기 위해 세워진 것이었다. 최저통합수당은 조금 더 일을 하지 않도록 만들기 위한 유명한 "가족 보조금"에 추가되었다. 이 두 가지는 가족 수당 기금에 의해 지불된다.

이것은 원래부터 최저통합수당의 사각지대다. 역소득세의 일관된 지지자들에게는 노동이 필요하지 않을 뿐만 아니라 계획의 철학과도 반대되는 것이다. 베를렌과 반 고흐에 사로잡힌 스톨레뤼가 말한 것처럼, "팔리지 않는 시를 쓰거나 그림을 그리는 데 평생을 바치기를 원하며 최저통합수당에 만족하는 사람에게, 편입이 무엇을 의미하겠는가?"

그러나 이러한 낭만적인 견해는 "나태죄"에 집착하는 의원들, 심지어 사회주의자들에 의해서도 처음부터 공유되지 않았다. 스톨레뤼와 관료적 기구는 정부가 "통합의 계획"에서 각각의 수혜자를 추적할 수 있는 수단을 갖고 있지 않다는 것을 모르지 않으면서, 그들에게 "통합"을 물어뜯을 뼈다귀처럼 양도했다.

그러나 역소득세의 선동자들은 그들의 성공에 압도되었다. 그들은 수만 명의 보헤미안 대중을 겨냥했다. 그들은 100만 명에 이르렀다.

법률 텍스트의 불명확한 표현은 의회에서의 가결을 가능하게 했다. 그 모호성은 그것의 결함을 두드러지게 할 것이다.

앵글로·색슨 자유주의자들은 적어도 일관성이라는 장점을 갖고 있었다. 최저통합수당의 설립은 기업들에 의해 자금이 지원되는 사회적 보호의 대규모 축소와 함께 이루어져야 했다. 이 기업들은 유럽과 전 세계라는 욕조에 던져져서는 더 이상 방법이 없었다.

이것이 영국인들이 한 일이다. 독일인들은 여러 번의 시행착오와 재통일 이후 한층 더 엄격해졌음을 드러냈다. 우리의 최저통합수당 400유로에 해당하는 금액으로 수백만 명의 독일인과 외국인들이 일을 하도록 강제되었고, 독일의 강력한 산업에 비할 데 없는 경쟁력을 회복시켜주었다. 최저임금은 2014년까지 독일에 존재하지 않았다. 반대로 프랑스에서는 대통령 선거 때마다, 조금씩 압력을 받아 큰 폭으로 재평가되었다. 전통적인 복지 부담 인상은 말할 것도 없다.

프랑스는 비스마르크적인 사회 보험, 베버리지적인 국가 사회주의, 자유주의적인 원조와 같은 다양한 철학들에 바탕을 둔 사회 제도를 축적한 전 세계의 유일한 국가다. 공적 부채의 도움으로 재정 지원을 받는 계층들이 빽빽하고, 숨 막히게 쌓인다.

20년이 지나서 제도의 모순은 유지할 수 없게 되었다. 재미있는 대칭 효과에 의해, 우파(사르코지)는 좌파에서 온 전향자(이르슈)에게, 좌파(미테랑과 로카르)의 요청에 따라 우파에서 온 전향자(스톨레뤼)가 실행한 것을 살리고 수정할 것을 요청했다.

적극적 연대수당은 2008년에 최저통합수당을 대체했다. 그것은 개념의 주요한 단점을 개선하고자 했다. 건강 보험, 지방 단체에 의해서 지불되는 주거 및 다양한 무료 서비스와 같은 모든 귀속 권리들 때문에, 최저통합수당 수혜자는 급여가 낮은 일자리, 근로 시간 단축으로 인해 대개는 삭감된 최저 임금을 되찾는 데에는 전혀 관심이 없었다. 역소득세 주창자들은 프랑스에는 100만 명의 반 고흐와 베를렌이 없었다는 사실에 마지못해서 동의해야 했다. 이러한 빈곤 문제에 대해서는 인정받는 전문가인 마르탱 이르슈는 수혜자들이 일자리에 복귀하도록 부추기는 복잡한 시스템을 구상했다. 모두가 박수를 보냈다. 우리는 시대를 바꿨다. 1990년대에는 제러미 리프킨을 중심으로 하는 (항상 동일한!) 미국의 진보주의자들이 내세운 "노동의 종말" 이데올로기가 지배했다. 1999년 35시간 법으로 프랑스 사회주의자들이 구체화한 이데올로기였다. 반대로 "노동의 가치"는 2007년 대통령 선거 캠페인의 핵심이었다. 그러나 역소득세의 논리는 복수했다. 적극적인 통합은 타의 추종을 불허하는 행정의 개입주의, 채워야 할 끝없는 질문지들, 따라야 할 절차와 교육, 전례 없는 국가의 사생활 침해, 강력한 관료화를 요구했다. 목표로 삼은 대중은 낙담했다. 일부는 행정적인 절차를 이행하지 못했고, 다른 일부는 업무와 관련된 강요들을 거부했다. 공식적으로 적극적 연대수당의 주창자들은 이러한 실패에 대해 불평했다. 비밀스럽게 공무원들은 그것에 대해 만족해했다. 그들은 최저통합수당에서 비용이 많이 드는 것은 '수당'이 아니라 '통합'이라는 것을 알고 있었다.

정치인들은 대량 실업이 "노동의 가치"를 망쳤다는 것을 파악하지 못한 채 노동의 가치에 대해 쓸데없이 논의를 계속했다. 구호 활동, 오랜 농민 기금, 노동자 연대, 그리고 쥘 페리의 교육 공화국이 차례대로 만들어 내고 강화해 온 노동과 능력주의의 매우 오래된 문화를 무력화했다는 것을 이해하지 못한 채로 말이다. 이것은 인구의 한 부분 전체를 "권리"의 계산기로 바꾸는 것이었다. 그들은 임금과 보조금으로 재주를 부리고, "활동"과 "실업"의 기간을 번갈아 쓴다. 이는 오로지 자신의 즉각적인 이익에만 정통한 탐구 속에서 법의 결함에 대한 복잡한 계산이다. 정치인들은 사회 평화 보장에 대한 "구호 활동"의 실효성에 대해서는 언급하지 않은 채 만족해하면서 "구호 활동"의 폐해를 쉬지 않고 규탄했다.

1989

"위대한 민족"의 패배(1)

개선문 아래에서 증기 기관차가 나타났다. 23미터 길이에, 코르크, 플라스틱과 나무로 만들어졌으며, 연기나 나고 털털거리는 소리를 내는, 〈인간 짐승〉[82]에서의 장 가뱅과 꼭 닮은 사람이 모는 기관차. 그것은 장폴 구드가 원했던 쇼의 클라이맥스였다. 그는 프랑스 혁명 200주년을 기념하기 위해 샹젤리제 거리에 인류 전체, 정확히 말해 20세기 후반의 대세인 파리 광고계의 수재가 상상했던 인류를 행진시켰다. 1914년 전쟁의 영국 병사들, 재즈 오케스트라, 마이클 잭슨처럼 문워크를 추는 댄서들, 같은 운반차에 태워진 이스라엘과 팔레스타인인들, 금속 양철

---

82 프랑스 영화감독 장 르누아르가 1938년 발표한 작품으로 에밀 졸라의 동명 소설을 원작으로 한다.

통으로 만든 피라미드 더미들을 두드리는 150명의 기니 타악기 연주자들, 수레에 연결된 얼룩말들, 아래가 넓게 펼쳐진 원피스를 입은 거대한 여성들, 러시아 팝….

광고계의 어떤 사람들은 굉장하고(누군가는 과장되었다고 말할 것이다), 비싸고(이것으로 그는 비난받을 것이다), 훌륭하고 흥미롭다고 생각했다. 다른 사람들은 야심이 지나치고 우스꽝스럽다고 여겼다.

이 프랑스 혁명 기념행사에서 그는 아무것도 놓치지 않았다. 프랑스 혁명의 역사만 빼면 말이다. 프리지아 모자를 쓴 상퀼로트도, 분칠한 귀족도, 쇠스랑도, 창에 꽂힌 머리도, 얼룩말과 코끼리에 둘러싸인 단두대도 전혀 없었다.

구드는―아마도 원하지도 않았을 테고 알지도 못했겠지만―자신의 환경과 시대의 훌륭한 반영을 보여 줬다. 그는 프랑스 혁명에서 인권 메시지만을 지켰다. 여기에서부터 다양성(여전히 위대한 운명에 바쳐진 시대의 단어) 속에 있는 지구를 보여 주고자 하는 야망을 품었던 그의 그림이 계속된다. 바로 거기에 1789년 혁명을 시작하고 모든 사람을 위한 「인권 선언」을 작성한 영웅들에 대한 궁극적인 충성이 있다고 여길 수도 있었다. 두 세기 후, 우리는 보편주의적인 야망만을 유지했다. 우리는 이 프랑스적인 관대함 속에서 영국 혁명이나 심지어 「미국 독립 선언」에 대한 우리의 우월함을 보았다. 이것들은 우리보다 앞섰지만 자유의 영역을 앵글로·색슨 민족에게만 국한시켰다.

우리의 시대는 미라보 같은 인간으로부터 더 거리를 두지 못했다.

「인간과 시민의 권리 선언」의 작성자 중 누구도 "카프라리아[83] 사람이나 에스키모인, 심지어 덴마크인과 러시아인의 권리를 선언할 생각을 하지 않았다"고 비꼬며 비방하는 인간 말이다.

반대로 소음과 분노, 살육, 심지어 집단 학살, 전쟁과 유럽의 군사적 점령으로 가득 찬 혁명의 역사는 우리가 평화주의와 범세계주의의 미사여구 아래 다시 썼던 이 이야기에는 어울리지 않았다.

심지어 〈라 마르세예즈〉조차도—특히 그것이야말로?—"우리의 지척까지 와서 우리의 아들과 아내의 목을 베려 하는 이 흉폭한 병사들"에 맞서 고향 땅을 난폭하게 지키는 피비린내 나는 찬가처럼 보였다. 이 땅은 우리의 진보주의자들이 "세계의 모든 시민들"에게 개방하기를 꿈꾸는 곳이다. 10년 먼저 세르주 갱스부르는 루제 드 릴의 〈라 마르세예즈〉를 레게 리듬으로 치장하여 우리보다 훨씬 더 많은 것을 받을 자격이 있는 남쪽 사람들에게 우리의 혁명적 무훈시를 맡겼다. 우리 국가(國歌)의 호전적인 성격, 특히 땅과 죽은 자들에 대한 거의 바레스적인 참을 수 없는 정착을 박멸하기 위해, 구드는 외국인이며 흑인이라는 대단한 장점(탁월한 음성 이상으로)을 가진 여류 성악가 제시 노먼에게 삼색기 옷을 입혔다.

이것은 프랑스가 자신에게 손을 내밀고 있는 이 거울에서 너무나도 아름다운 자신을 보면서 폼을 잡고, 으스대며, 웃는 자기만족과 환희를 느끼는 드문 순간이었다. 세계의 자유의 어머니, 해방을 향한 여정에 오른 민족들의 위대한 선생, 빅토르 위고가 워털루에서 패배한 유

83 　오늘날 남아프리카 공화국 이스턴 케이프의 남동쪽 지역.

럼에 대한 제국적 지배의 대체물로 꿈꿨던 운명이었다.

범죄자가 중죄의 흔적을 지우듯이 혁명이 애국적으로 품은 모든
것을 체계적으로 없애는 것은 위기에 처한 혁명적 사고의 반영이었다.
1980년대 이후, 공산주의 체제의 심해지는 인기 하락은 마르크스-레
닌주의적 주장들과 프랑스 사료 편찬 신전 수호자들의 후퇴를 간접적
으로 이끌었다. 이들은 자코뱅과 로베스피에르적 측면을 혁명의 뛰는
심장으로 만들었던 마티에, 올라르, 소불[84] 등이다. 93년에 대한 89년
의 복수, "덕"에 대한 인권의 복수, 애국심에 대한 범세계주의의 복수,
평등에 대한 자유의 복수, 루소에 대한 볼테르의 복수, 로베스피에르에
대한 마담 롤랑[85]의 복수는 프랑수아 퓌레라는 당시 미디어로 매우 알
려진 이름과 얼굴을 갖고 있다. 청년 공산주의자들의 정치 참여에서 돌
아온 이 뛰어난 역사학자는 마르크스 종교의 많은 배교자들처럼 스탈
린주의의 피비린내 나는 악습에 멈추지 않았다. 그는 트로츠키와 레닌
이 프랑스 혁명, 특히 공포 정치의 시기에 감탄했다는 것을 확실히 기
억하고는, 로베스피에르의 모태 속에서 전체주의의 근원을 가차 없이
추적했다.

이렇게 옛 마르크스주의자는 대혁명의 공포적 일탈을 거부했던

---

84 알베르 마티에(Albert Mathiez, 1874~1932), 알퐁스 올라르(Alphonse Aulard, 1849~1928),
알베르 소불(Albert Soboul, 1914~1982) 모두 프랑스 역사학자들로 특히 프랑스 혁명
사의 권위자들이다.

85 마농 롤랑(Manon Roland, 1754~1793)은 프랑스 혁명기 지도자로 지롱드파의 핵심
인물이었다. 공포 정치 당시 단두대에서 처형당했다.

버크, 콩스탕[86], 토크빌, 기조[87]의 자유주의 신전에 자리를 잡았다. 정치적으로 이 변화는 퓌레를 중도파, 심지어 중도 우파의 가장자리로 이끌 것이다. 그곳에서 그는 친구인 피에르 로장발롱과 자크 쥘리아르와 함께 국가와 민족을 본토의 풍경으로부터 몰아낸 온건하고 유럽적인 자유주의 중도 공화국의 외관을 심을 것이다. 이는 "통일된 프랑스"는 "중도 공화국"의 광고적이고 정치인다운 버전이라는 노선에 위치한다. 이 방향에서 프랑수아 미테랑은 1988년에 아무런 어려움 없이 스스로 재선되었다. 레몽 바르 계획의 생명력을 빼앗고, 외국인 혐오에 거의 반란분자인 자유주의 극우파의 가장자리로 적수인 자크 시라크를 부자연스럽게 내던지면서.

당시 미테랑 대통령은 프랑스인들에 대해 가장 적게 불평하는 사람은 아니었다. 그는 떨어진 인기를 다시 올렸고, 시라크와 우파를 물리쳤다. 그는 드골 장군에 대한 역사적 복수를 했다. 그는 드골이 보낸 시간보다도 더 오래 엘리제궁에 머물게 될 것이다. 그는 심지어 암까지 물리쳤다. 적어도 그는 당시 그렇게 믿었다. 그는 루이 14세가 자신보다 적은 권력을 가졌지만, 그래도 두 번의 7년 임기는 매우 짧다고 생각했다. 그는 권력의 절정기에 있었고, 프랑스적 취향에 매혹된 세계의 모든 국가 원수들을 맞이했다.

---

86 뱅자맹 콩스탕(Benjamin Constant, 1767~1830)은 프랑스 문인이자 정치인이다.

87 프랑수아 기조(François Guizot, 1787~1874)는 프랑스 역사가이자 정치인이다. 루이 필리프 왕정에서 총리를 포함하여 여러 직책을 지냈다.

오직 영국만이, 총리부터 빈정거리는 언론에 이르기까지, 당시 프랑스인들의 거만함을 비웃었다. 프랑스인들은 1789년보다 한 세기 전 명예혁명 이후, 심지어 1214년의 「마그나 카르타(Magna Carta)」[88] 이후로 영국인들이 지켜온 선(善), 인간의 권리에 대해 감히 이의를 제기한다! 그러나 파리 민중은 마거릿 대처를 공식 리무진이 지나가는 길에 휘파람을 받는 유일한 외국의 지도자로 만들며 복수한다.

프랑수아 퓌레는 곧 『환상의 과거』라는 제목의 소련 혁명에 관한 위대한 책을 썼다. 1989년에 우리는 현재를 환상으로 살았다. 89년의 지지자들과 반대자들 사이에서 두 세기 동안 잠재되어 온 내전을 종식한 누그러지고 합의된 사회라는 환상. 긴장이 완화되고 누그러진 사회에 대한 지스카르의 꿈을 성취하는 것처럼 보이는, 되돌아온 대통령의 뒤에 집결한 프랑스라는 환상. 1990년대의 세계화가 노동자와 피고용자를 프롤레타리아화함으로써 중산층을 파괴할 것인데도, "세 명 중 두 명의 프랑스인"이라는 지배적이고 통일된 중산층에 대한 환상. 그 사이 극소수의 경영자와 금융가는 세계화된 귀족으로 응집할 것이다. 마지막으로 이슬람이 크레이에서 그들에게 베일을 씌우고 있음에도 "계몽주의" 국가라는 환상이 있다.

프랑스는 "인권의 종교"가 품은 모호성을 곧 드러낼 것이다. "법치주의"를 가장한 법률 만능주의의 해로운 결과다. 국가가 무너지는 것을 목격한 사회의 돌이킬 수 없고 불안을 야기하는 분열이 있다. 지난

---

88 1215년 영국의 존 왕이 귀족들의 협박으로 서명한 국왕과 귀족 간의 서약서. '대헌장'으로 불리며 민주주의의 역사에서 중요한 유산이다.

두 세기 동안 이 분열은 국가와 개인 단 둘 사이에만 머물러 있었지만 말이다. 지역 공동체와 부족의 귀환이 일어난다. 프랑스는 이미 포스트모더니티가 모습을 드러냈을 때 모더니티의 "발명"을 축하한다. 미셸 마페졸리[89]처럼 이성에 대항하는 감정, 세속주의에 대항하는 종교, 시민에 대항하는 부족, 여성에 대항하는 남성이라는 이 진정한 반혁명의 껍질을 벗겨낼 지식인은 거의 없다. 1789년에 태어난 모더니티에 대항하는 2000년의 포스트모더니티도 그렇다.

그러나 프랑스, 특히 혁명 200주년을 맞이하여 스스로 자축하는 엘리트들은 아무것도 듣고 싶어 하지 않으며, 그들의 교리를 계속해서 암송하고 있다. 공화국, 세속주의, 시민권, 이성. 그것들이 내부에서 썩고 있는 것을 보지는 못하면서. 그것들이 뒤집어지고, 납땜이 떨어지고, 병에 전염되는 것은 못 보면서 말이다. 공개 토론에서는 여전히 말이 요구되지만, 그 말들의 실체는 비워진다. "17세기의 데카르트, 18세기의 계몽주의 철학, 19세기 사회 시스템으로 모더니티를 발명한 프랑스는, 확실히 더 야만적이지만 더 역동적인 포스트모더니티의 출현을 받아들이는 데 많은 어려움을 겪는다."[90]

프랑스의 혼란 규모를 잘 측정하기 위해서는 자크 쥘리아르의 『좌파의 역사』를 따라야 한다. "프랑스는 이미 데카르트 철학의 나라이고,

---

89 미셸 마페졸리(Michel Maffesoli, 1944~)는 프랑스의 사회학자다. 공동체적 사회 관계에 대한 그의 연구는 포스트모더니즘 이론에 기여했다.

90 [원주] Michel Maffesoli, *Les Nouveaux Bien-pensants*, éditions du Moment, 2014.

아니면 보편주의적 추상화라는 공통 언어 속에서 이루어진 나라다. 여기에 개신교의 추상적 도덕주의를 더한다면 무엇이 남을까? 아무것도 없다."

우리를 깨우쳐 주기 위해 쥘리아르는 발자크의 알려지지 않은 텍스트를 되살린다. 우리는 1786년, 방돔 광장에 위치한 훌륭한 저택에 있다. 생잠므 부인은 단골인 라부아지에[91], 보마르셰, 칼론[92]과 초면인 두 명의 손님을 맞이했다. 한 명은 분칠을 한 변호사이고 한 명은 퉁명스럽고 거친 의사다. 첫 번째 손님은 카트린 드 메디시스[93]가 꿈에서 어떻게 나타났는지를 이야기했다. 옛 대비는 생 바르텔레미 학살을 뻔뻔하게 정당화했다. "나는 위그노들을 가차 없이 비난했지만, 분노는 없었다. 내가 영국 여왕이었다면, 그들이 가톨릭 신자였다 하더라도 같은 판단을 내렸을 것이다. 이 시대에 우리의 힘이 살아 있으려면, 국가에는 오직 하나의 신, 하나의 믿음, 하나의 주인만이 필요하다." 그녀의 유일한 후회는 무고한 사람들을 학살한 것이 전혀 아니라, 반대로 거기에서 도망치게 둔 것이었다. "잘못 지휘된 계획은 실패했다… 「낭트 칙령」을 철회해야 했고, 이는 세 번의 생 바르텔레미보다 더 많은 눈물과 피와 돈을 지불하게 했다." 변호사는 자신의 일부가 점차 "이 이탈리아

---

91 앙투안 라부아지에(Antoine Lavoisier, 1743~1794)는 근대 화학의 아버지로 불리는 프랑스의 과학자다.

92 샤를알렉상드르 드 칼론(Charles-Alexandre de Calonne, 1734~1802)은 프랑스의 정치가다. 혁명 직전까지 루이 16세의 재무 총감을 맡았다.

93 카트린 드 메디시스(Catherine de Médicis, 1519~1589)는 메디치 가문 출신으로 프랑스 왕 앙리 2세의 왕비다. 위그노 전쟁 때 수천 명의 위그노를 학살한 생 바르텔레미 학살의 주범으로 알려져 있다.

인에 의해 결론 내려진 끔찍한 교리"를 택하고 있음을 인정한다.

교황, 즉, 신에 대한 루터의 부인, 성스러운 것들에 이의를 제기하는 개인을 위한 권리는 모든 대립과 모든 혁명의 어머니였고, 국가의 권위와 통합의 근간을 뒤흔들었다. 이야기의 끝에 이르면 의사의 이름이 마라이고 변호사는 막시밀리앙 로베스피에르라는 사실이 밝혀진다.

인권에 대한 개인주의의 해로운 영향에 맞서는 권력의 권위와 민족의 단결에 대한 맹렬한 옹호는 모라스적인 반동분자들과 자코뱅들을 결집시켰다. 이 자코뱅들은 마르크시즘-레닌주의자들이거나, 로베스피에르가 "위험에 빠진 조국"을 구하는 데 공헌했다고 인정한 악착같은 공화주의자들이다. 어린 보나파르트는 '부패하지 않는 자'[94]에 대한 존경심을 결코 숨기지 않았다. 그리고 테르미도르 9일에 역시 처형된 그의 형제 오귀스탱 로베스피에르에 대한 그의 우정은 총재 정부 초기에 약간의 골칫거리를 가져다주었다.

이것은 1960년대 후반까지 우리가 아이들에게 가르쳤던 바로 그 역사다. 프랑수아 퓌레를 둘러싼 새로운 역사 편찬이 점차 인간과 개인, 그리고 민족주의에 대한 적대감이란 명목 아래 무너진 그 역사다.

발자크와 카트린 드 메디시스는 모든 것을 잃지는 않았다. 그들은 인정받았다…. 중국에서. 1989년 천안문 광장에서 일어난, 도시의 교육받은 젊은이들의 위대한 자유주의적 반란은 실패한다. 억압은 무자비했다. 탱크를 마주한 남자의 사진들이 전 세계를 돌아다녔지만,

---

94 '부패하지 않는 자(Incorruptible)'는 로베스피에르의 별명이다.

베이징의 공산주의 수뇌부들은 굴복하지 않았다. 같은 시기에 소련 제국의 평화적 해체를 받아들인 러시아의 고르바초프와는 달리, 그들은 민주개혁을 통해 자유주의의 경제적 경사면에 동행하기를 거부했다. 이 1989년에 중국은 새로운 모델을 만들었다. 경제적 자유가 정치적 폭정과 연관된 피노체트의 칠레와 같은 남미의 독재를 제외한다면 말이다. 역사상 유례가 없는 이 동맹은 매우 빠르게, 무시무시한 효율성을 가진 이념적 패러다임이 될 것이다. 그들에게 제공된 수백만 명의 노예들을 뻔뻔하게 착취하는 서구의 다국적 기업들과, 더 이상 서구의 도덕적 교훈을 받아들이려 하지 않는 아프리카와 아시아의 독재자들에게 큰 기쁨이 될 것이다. 이러한 중국의 위반은 경제적 자유주의가 필연적으로 민주주의적이며 자유주의적인 인권의 정치적 해석을 동반할 것이라는 프랑스와 영국의 모든 이론을 무효화시킨다. 자유주의는 이러지도 저러지도 못하게 되고, 훼손되고, 신용을 잃는다. 중국, 인도, 튀르키예, 아랍 국가들, 브라질 등 각각의 위대한 국가, 각각의 문명은 그들의 철학적이고 정치적인 특수성, 그들의 문화적 뿌리와 역사, 민주주의와 인권에 대한 그들의 개념을 옹호할 것이다. 프랑스 혁명은 끝났다.

1989년 9월 18일

"위대한 민족"의 패배(2)

처음에 사람들은 그것을 뭐라고 부르는지 알지 못했다. 베일. 차도르.

스카프. 천 조각. 불쾌한… 삼각 숄. 이 명명 불능성은 당시 프랑스 사회를 사로잡았던 놀라움과 충격에 대해 여실히 말해 주는 것이었다. 이는 공간과 시간 속으로의 놀라운 여행과도 같았다.

1989년 9월 18일 13세의 파티마와 14세의 레일라, 그리고 사미라가 수업 중 이슬람식 베일을 벗기를 거부했다는 이유로 크레이의 가브리엘-아베즈 중학교에서 쫓겨났을 때, 이 사건은 국가적이고 심지어 국제적 규모로 확대되었다. 프랑스는 드레퓌스 사건 때 발명된 냉정한 내전의 사이코드라마적인 관례를 다시 시작했다. 텔레비전 뉴스들은 이 문제에 대해 "개방했고", 인쇄된 신문의 페이지들은 토론으로 가득 찼으며, 모든 방면의 정책들이 개입했다. SOS 인종 차별과『리베라시옹』은 베일을 쓴 소녀들을 단도직입적으로 옹호했다. 제명 결정을 내린 에르네스트 셰니에르 교장이 앤틸리스 제도 출신이라서 검은 피부색을 갖고 있다는 사실이 반인종주의의 단순한 생각을 혼란스럽게 만들었음에도 불구하고. 당시 SOS 인종 차별 회장이었던 말렉 부티는 "라이시테[95]라는 이름으로 사람들의 사생활에 이렇게 개입하고, 개인적인 신념을 학대할 수 있다는 것은 분노할 만한 짓"이라고 비판했다. 10월 22일, 파리에서 1,000여 명의 사람들이 학교에서의 히잡 착용 금지에 반대하는 시위를 벌였다. 미셸 로카르 총리와 리오넬 조스팽 교육부 장관은 라이시테와 자유 모두를 만족시키기 위해 노력했지만 해결하지 못하고 있었다.

---

95 라이시테(Laïcité)는 프랑스의 세속주의, 정교분리 원칙을 의미한다. 사적인 영역에서 종교 활동은 인정하지만, 학교와 같은 공적인 영역에서는 종교성을 엄격하게 배제하는 원칙이다. 프랑스 헌법 제1조에도 명시되어 있는 공화국의 핵심 가치다.

베일 사건이 학교생활을 오염시킨 것은 이번이 처음이 아니었다. 몇 달 전,『르 코티디앙 드 파리』는 에피날의 한 중학교에서 보주 지역 이슬람 문화 협회 회장의 딸을 둘러싼 비슷한 논쟁을 이미 건드렸다. 그리고 그게 마지막이 아닐 것이다. 그 후 10년 동안 프랑스 전역에서 비슷한 베일 전투가 증가할 것이다.

그러나 국가는 여전히 결단을 내리기를 미루고 있었다. 리오넬 조스팽은 결국 국사원에 결정을 대신해 줄 것을 요청했다. 국사원은 관례에 따라 라이시테와 개인의 자유라는 상충되는 원칙에 대한 존중을 양립시키는 균형 잡힌 교리를 구상했다. 팔레 루아얄의 법관들은 위대한 법률가로서 "히잡을 착용하는 것은 라이시테와 양립할 수 있다"고 간주하고, 중등 교육 과정에서 입학을 거부하거나 퇴학시키는 것은 "기관의 질서나 교육 기관의 정상적 작동에 있어 위협이 되는 경우에만 정당화될 것"이라고 강조함으로써, 중재자라는 그들의 관례적인 역할을 수행한다고 생각했다.

장관은 행정 판사들의 발걸음에 서둘러 자신의 보조를 맞췄고, 교사들이 베일을 받아들이거나 거부할 책임이 있다고 결정하는 공문을 공포했다. 사례별로 말이다. 공무원들에게 스스로 큰 갈등을 해결하는 책임을 맡긴 국가의 책임 전가에 대한 보기 드문 멋진 표본이다. 그것만으로는 충분하지 않을 것이다. 몇 년 후, 중도파인 프랑수아 베이루는 금지된 "과시적인" 종교적 상징과 허용된 다른 상징들을 구별하는 데 있어 더 나은 성과를 거두지 못할 것이다. 하지만 과시적인 종교적 상징은 무엇이었을까?

15년의 망설임 끝에 자크 시라크 대통령은 2004년 학교에서의 히잡 금지를 단행했다. 그러나 그 또한 자신의 법에 너무 눈에 띄는 십자가나 일부 유대인 아이들이 착용한 빵모자를 포함시키는 척하면서 "과시적인 종교적 상징"이라는 말 뒤에 숨었다. 아무도 속지 않았다.

사법부에 이어 입법부에 의해 "공화국"은 이 문제를 두 번 해결했다고 믿었다. 헛수고였다. 공화국은 소용없는 짓을 두 번 한 것이다.

국사원은 법을 내세웠지만, 이 법은 이데올로기와 결코 멀지 않다. 1970년대 이후 행정 판사들은 더 이상 나폴레옹이 만든 국가와 공화주의 민법의 문지기가 아니었다. 프랑스의 행정 엘리트들, 특히 국사원의 최고 자리에 있는 자들은 세계주의와 다문화주의 이념에 동조했다. 클로드 레비스트로스의 작품에 대한 단순화되고 심지어 타락한 독서를 바탕으로 문화의 다양성과 평등을 찬양하면서.

1989년 학교에서의 베일 착용을 허가하는 결정을 내리기 전에, 국사원은 1980년에 일부다처제 아프리카인들의 가족 재결합을 승인했다(몽쇼 판결). 그러고 나서 행정 재판소는 파리 시장 자크 시라크가 프랑스 가족들에게 예정된 보조금을 지급하지 못하도록 했다.

그러나 법원의 업무는 쉽지 않았다는 것을 인정해야 한다. 교회와 국가를 분리하는 유명한 1905년의 법에서 제정된 프랑스식 라이시테 규칙은 학생에 관한 것이 아니라 교사에 관한 것이었다. 교사들은 양질의 종교적 중립을 존중할 의무가 있었다. 기독교 세계(유대인의 소수 영토들은 제외하고)에서, 학생들의 종교는 아무런 관심도 불러일으키지 않았다. 계몽주의 교육을 통해 존중하고 형성해야 하는 것은 그들 정신의 자유였다. 자유와 교화 사이의 공화주의 전통의 이 복잡성은 젊은 영혼들에 대한 종교인의 지배력을 상징했던 히잡에 갑자기 부딪쳤다. 우리는 학교가 결국에는 이러한 고집스러운 생각들을 오픈하기를 바랄 수 있었다. "진보주의 공화당원들"은 이성의 여신은 항상 승리하고 종교의 맹신으로부터 계몽된 개인을 깨어나게 한다고 마음속 깊이 생각했다.

토론은 이어서 여성의 권리로 방향을 바꾸었다. 남성으로부터 억압을 받는 소녀들의 자유라는 1970년대 페미니스트적인 일련의 생각은 지겨워질 때까지 암송되었다. 그러나 그것은 옛 식민지 피지배자의 아이들, "불우한 사람들", "취약한 인구"에 대한 이 좌파 여성들의 동정적인 애정과 모순되었다. 1989년 11월 6일 『리베라시옹』에, 히잡에 담긴 "여성에 대한 억압과 숙련된 강요의 표시"를 모두 인정하면서, 소녀들의 퇴학에서 "최악의 해결책"을 보았다는 탄원서가 발표되었다. 서명자들은 마르그리트 뒤라스[96]부터 카트린 라라[97], 세골렌 루아얄이나 알리마 부메디엔[98]까지 이르는 유명한 페미니스트들이었다.

그러나 국사원의 망설임을 패러디한 것처럼 보이는 이 재주 있는 사람들의 조심스러운 균형 또한 빗나갔다. 페미니스트들의 징후나 강박 관념과는 달리, 문제는 이 소녀들의 자유나 억압에 관한 것이 아니었다. 옛날에 모든 시골에서 할머니들은 그들의 머리를 감추기 위해 비

---

96   마르그리트 뒤라스(Marguerite Duras, 1914~1996)은 프랑스의 문인이자 영화인이다.
97   카트린 라라(Catherine Lara, 1945~)는 프랑스의 바이올리니스트, 가수, 작곡가다.
98   알리마 부메디엔티에리(Alima Boumediene-Thiery, 1956~)는 프랑스의 좌파 환경주의 정치인이다.

숫한 삼각 숄을 둘렀다. 발자크는 이것이 여성적인 머리에 대한 지중해 사람들의 에로틱한 열정의 먼 흔적이라고 말할 것이다.

엄격한 이슬람교도들뿐만 아니라 다른 비이슬람 도덕주의자들, 심지어 일부 페미니스트들에게 여성의 자유와 존엄성은 머리 위의 무해한 숄보다는 광고와 영화의 외설적인 표현에 의해 훨씬 더 경멸된다. 나중에는 히잡이라고 불리게 된 베일과 함께, 이 여성들은 욕망의 명령, 소비주의의 정신 이상 상태, 한마디로 시장의 법칙을 거부한다.

베일은 여성 재장악을 표시한다는 점에서만 여성과 관련이 있다. 이는 남성들이 아니라 신자들의 공동체에 의한 것이다. 이러한 이유로 민주적 토론, 페미니스트들의 매혹, 국사원의 결정이나 법률은 잡을 곳이 없다. 이 베일은 교외 주택 단지의 이슬람 조직이 시작되었다는 징후다. 그들은 베일을 쓴 여성을 모델로 삼고 아직 베일을 택하지 않은 여성들은 후회하게 만든다. 그것은 지역 사회가 책임지고 있는 사람들을 통제하고 감시한다는 것을 의미한다.

이 천 조각에 의해 제기된 질문은 따라서 라이시테에 대한 것이 아니라 동화에 대한 것이었다. 우리가 동화를 포기했기 때문에, 우리는 라이시테가 그 역할을 수행하게 만들고자 노력했다. 그리하여 우리는 공격을 위한 잘못된 무기를 선택하고는 목표물을 놓쳐서 놀랐다.

프랑스에서는 외국인의 공화주의적 통합 모델이 동화를 통해 이루어졌고, 이것은 로마 제국의 먼 예를 모방한 것이었다. "로마에서는 로마인처럼 행동하라." 고대 로마에서, 새로운 시민들은 토가를 입고 이름을, 심지어 성(姓)을 라틴어로 바꾸어야 했다. 로마 제국의 붕괴를 예고하는 첫 번째 이상 징후는 성을 바꾸기를 거부하는 "야만인들"이 증가한 것이었다… 그리고 그들의 무기를 보유하기로 한 결정이었다.

또 다른 시대의 또 다른 세상에서, 즉 1960~70년대까지의 프랑스에서는, 파티마, 레일라, 사미라가 카트린, 나탈리, 프랑수아즈라고 이름 불렸다. 주지사는 달력에 나와 있지 않은 모든 이름을 거부하면서[99] 이를 지켜봤을 수도 있다. 이웃, 친척, 심지어 때때로 가족의 사회적 압력은 완강히 저항하는 부모들이 어쩔 수 없이 따르도록 만들었을 수도 있다. 그들의 이웃은 프랑스 노동자들이나 오래전에 정착한 이민자들이다. 이들은 계속 비꼬면서 이슬람 숭배의 가장 충격적인 표시를 검열했다. 욕조에서의 희생[100]을 역사의 휴지통으로 돌려보냈으며, 일부다처제와 어린 소녀들의 할례를 금지했다. 예언자의 모방된 옷처럼, 유럽의 북부 기후에 더 적합한 서구의 단정한 복장을 받아들이게 만들고자 했던 것이다. 그들은 딸들에 대한 아버지들의 엄격함을 누그러뜨리고 형제들의 권위주의를 조롱했을 것이다. 그러나 항상 그렇듯 아프리카에서 온 이민자들에게는 아무 일도 일어나지 않았다. 우선 공권력과 이민자들 스스로가 그들이 고향으로 돌아갈 것이라고 오랫동안 확신했기 때문이다. 그 후, 동화주의 담론인 "로마에서는 로마인처럼 행동하라"는 말이 식민지화의 비열한 유산, 참을 수 없는 코르셋, 백인 우월감 콤플렉스의 치욕스러운 흔적으로 여겨졌다. 옛 식민 지배자를 거부한

---

99 가톨릭 성인(聖人) 축일이 표시된 달력을 의미한다. 프랑스에는 가톨릭 전통이 깊게 남아 있기 때문에 실제로 프랑스인의 이름들 중에는 반드시 해당 날짜에 맞추지 않더라도 자연스럽게 성인의 이름에서 따온 경우가 많다. 그러나 현대로 오면서 이러한 경향이 약화되고 자유롭게 이름을 짓는 경우가 많아졌다.

100 제물로 양의 목을 따는 이슬람의 희생 제의를 의미하는 것으로 보인다.

다는 명목으로, 우리는 프랑스 땅에서 거꾸로 식민화를 조장하는 위험을 감수했다.

이러한 동화의 원칙들은 공공장소에서의 모든 종교적 상징의 표현을 금지했다. 불문율이지만 존중받는 이 규칙은, 예를 들어 유대인 어린이들이 거리에서는 키파[101]를 머리에서 벗고 다윗의 별은 셔츠 안쪽에 두도록 했다. 그들을 움직이게 만든 것은 두려움이 아니었다. 조롱과 무례함에 대한 두려움이 아니라면 말이다. 그것은 자신의 신앙에 대한 과시적(우리는 이 단어를 다시 생각한다) 표명에 의해 방해받아서는 안 되는 타인에 대한 존중이었다.

1980년대 프랑스에서는 이 존중, 이 신중함, 이 우아함이 버려졌다. 전능한 자아로부터 해방된 표현을 위해서라고들 믿었다. 그러나 이 오만하고 허무주의적인 개인주의의 붕괴로 초래된 열린 상태 속에서, 전능한 자아는 실존적 불안, 외로움, 혼란과 실향을 부추겼다. 이슬람은 강압적이지만 열렬하고, 강제적이지만 든든한, 전체론적 모델을 강요하기 위해 몰려들었다. 마그레브 이민자의 아이들이 자신들의 종교를 정체성의 선언으로 이용하려는 맹렬한 의지를 이용하고, 금지하는 것을 스스로 금지한 공화주의적 정부의 버려진 상태를 이용하고, 바로 그러한 이유로 『코란』 전통의 강력한 정치를 되찾으면서.

질 케펠[102]은 이러한 사건들 이후 20여 년 만에 출간된 책 『93』에

---

101 유대인 남성들이 머리에 쓰는 동그란 모자.
102 질 케펠(Gilles Kepel, 1955~)은 프랑스 정치학자다. 동시대 이슬람 및 아랍 문화 전문가다.

서 크레이와 다른 곳의 히잡을 쓴 소녀들의 그림자 안에서 이슬람 무장 세력들이 분주하게 움직인다고 폭로했다.

케펠은 "공화국의 학교"가 딸들에게 제공하는 사회적 지위 향상의 기회를 이용하려는 가족의 의지로 인한 실패를 설명한다. 그럼에도 이 매력적이고 안심되는 가설은 많은 가족들의 걱정과 상반된다. 가족들은 이슬람 내혼을 엄격히 존중하여, 딸들을 부모 고향의 소년들과 연결함으로써 결혼으로 모든 사회적 해방을 금지한다. 무엇보다도 소녀들의 취학은 20년 전부터 학위 취득자의 수가 감소하고 있는 프랑스의 유일한 지역으로 센생드니를 만든 남학생들의 역행과 교차한다.

그러나 피루스의 승리와 근본적인 패배가 있다.

공화국은 학교에서의 히잡 전투에서 고생해서 승리하는 동안, 할랄 전쟁에서는 지고 있다는 것을 깨닫지 못했다. 이슬람 인구가 다수가 된 지역에서 점차적으로, 그들은 문화적이고 종교적인 지배를 강요했다. 할랄 정육점의 증가는 단순한 식습관을 훨씬 넘어서는 하향 이슬람화의 증상이었다. 그것은 옷, 언어, 성, 사회성, 결혼, 자녀 교육, 가족 등 생활의 모든 영역에 영향을 끼치고, "우리가 먹는 것이 우리가 누구인지 드러낸다"는 격언이 옳음을 인정했다.

공화국은 한 곳의 화재를 그럭저럭 진압하는 데 성공했지만, 곧장 다른 곳에는 불을 붙였다. 학교에서 금지된 히잡은 회사와 탁아소에서 착용되었고, 베일을 쓴 엄마들은 아이들을 찾으러 학교에 왔다. 그들은, 맹렬하거나 혹은 침착한 태도로, 아이들이 학교 식당에서 할랄 고기를 먹을 수 있도록 요구했고, 때로는 "이교도들"과 분리된 테이블을 요구하기까지 했다. 학생들은『코란』의 신성한 가르침을 거부하는 다원주의, 십자군 원정, 무신론자 볼테르, 부정한 아내 마담 보바리, 팔레스타인의 살인자인 유대인들의 쇼아 등 몇 가지 주제를 거부했다. 여학생들은 체육이 금지되었고, 남학생들은 단체로 도망갔다. 흔하지 않은 착한 학생들은 "얼간이", "유대인" 또는 "더러운 프랑스인"으로 취급되었다. 몇몇 운동장에서, 라마단 기간 동안 금식을 지키지 못한 어린 이슬람교도들이 괴롭힘을 당하는 동안, 소수의 기독교 친구들은 소외되거나 더 나아가 멸시받거나 학대당하지 않기 위해서『코란』추종자들을 모방하거나 심지어 개종함으로써 주류를 따르고자 시도했다. 교외 주택 단지에서는 일부 아파트 건물 아래에서 형님들이 치마를 입은, 심지어 정숙하게 입고 나온 소녀들을 냉대하고, 갈보, 창녀, 더 나쁘게는 "프랑스년"으로 불렀고, 그들의 자매들이 남성의 육욕을 자극하지 않게 펑퍼짐한 운동복을 입도록 강제했다.

『코란』을 글자 그대로에 따르자면, 이 이슬람교도들은 어쨌든 불경한 땅에 거주할 권리가 없었다. 세계는 실제로 이슬람의 성전(다르 알-이슬람[Dar al-Islam][103])과 전쟁의 성전(다르 알-하브[Dar al-Harb][104])의 전통에 의해 나눠진다. 둘 사이에는 아무것도 없다. 어딘가에 모스크를 세우면, 이슬람교도들은 그 장소를 신성화하고, 즉시 다르 알-이슬람에 연결된 영토로 바꾸고, 그곳을 절대시하고, 그곳의 죄와 오염을 씻

---

103 이슬람 율법이 지배하는 지역.
104 이슬람 율법에 의해 지배되지 않는 지역으로 이슬람교에서는 전쟁의 영역으로 인식된다.

어 내고, 종교를 믿지 않는 자들을 쫓아내고, 불량한 이슬람교도들을 바로잡는다. 부알렘 상살[105]은 그의 책 『알라의 이름으로 통치하다』에서 이렇게 설명한다. "모든 땅, 모든 장소, 모든 물질적이거나 비물질적인 영역은 현실이든 가상이든 이러한 이중성의 관점에서 고려된다. 지켜야 할 이슬람의 세계가 있고 전쟁을 치러야 하는 악의 세계가 있다." 이슬람에 대해 가장 잘 받아들일 준비가 된 서구의 지성들에게 매우 충격적인 이분법을 감추기 위해, 교활한 인간인 타리크 라마단[106]은 제3의 세계, 증언의 세계를 발명했다. 하지만 무엇에 대한 증언인가? 당연히 예언자의 메시지에 대한 것이다!

1960년대와 1970년대에 이슬람 이민자들은 신성한 법의 지지자들에 의해 패배한 것으로 여겨졌다. 대부분의 이민자들은 카빌리아인들이었다. 1000년 전에 억지로 개종한 이 고대 기독교인들은 종교적 제약을 완화할 수 있게 만든 지리적으로 먼 거리에 매우 만족했다. 케펠이 젊은 방리유 거주자들의 언어를 취하여 말한 것처럼, (아버지들의) "아버지들의 이슬람" 시대였다. 가족 재통합의 일환으로 이루어진 아내와 아이들의 도착은 이 진정한 "통합"을 파괴했다. 아내와 아이들 앞에서 아버지들은 오래된 의례의 전승을 재개해야 했다.

20세기 후반의 테크놀로지는 이러한 재이슬람화를 강화시켰다. 19세기에 조국과의 거리는 이민자들이 그들의 원래 신앙에서 점차 멀어지게 만들어, 엄격한 종교적 관행에 대해 매우 프랑스적이고 매우 기

---

105 부알렘 상살(Boualem Sansal, 1949~)은 알제리의 작가다.
106 타리크 라마단(Tariq Ramadan, 1962~)은 이집트계 스위스 이슬람학자이자 신학자다.

독교적인 거리를 두도록 부추겼다. 반면에 위성 텔레비전과 인터넷의 발달은 이슬람 사원의 관리인들이―무슬림 형제단이나 살라피스트들, 그리고 예언자의 순수성으로 회귀하는 모든 지지자들―멀리서 그들의 신자들의 정신을 제어하고, 종교적인 교화와 세계화되고 종합된 움마의 건설이라는 환상적인 작업에 착수할 수 있게 만들었다. 비록 질 케펠이 비꼬면서 지적한 것처럼, 그것은 재창조되었지만 말이다.

이슬람은 그보다 먼저 있었던 유대-그리스도교의 총합이자 대립이다. 유대교와 같은 순수한 일신교는 무엇보다도 엄격한 의식(의식과 실천의 일치)에 기반을 두고 있으며, 유일 신앙(기독교의 교리)에 기반을 두지 않는다. 유대교와는 달리 이슬람은 기독교와 경쟁하는, 역시 개종자의 종교다. 유대교처럼 그것의 의식(코셔 대신 할랄)은 고립되고 분리된다. 그러나 기독교처럼 보편적인 종교인 이슬람은 좋든 싫든 간에 개종시킨다.

"코셔는 소수의 신앙이 깊은 신자들을 동반한다. 그들 중에는 변조로부터 자신을 지키려고 하면서도 모든 열성적 전도를 삼가고자 애쓰는 종교 계율에 충실한 사람들이 있다. 그와는 달리, 프랑스인 10명 중 1명 정도에 관련된 종교에 속하는 할랄은 몇몇 서민적인 지역들에서는 다수를 차지하며 정기적인 개종으로 드러나는 강한 열성적 포교를 펼친다. 그런 식으로 이루어지는 증명에 대한 감시는 공동체의 정치적 대표성에 대한 헤게모니를 정복하기 위해 특정 집단이 추구하는 전략의 이미지를 나타낸다. 공동체에서 그들은 소비자들의 정체성을 정치-종교적 결집으로 전환하기를 원한다. 할랄의 규범과 추적 가능성에 대한 까다로운 통제를 전제로 하는 이 결집은 […] 학교에서의 베일 착용을 둘러싼 결집의 실패를 대체하는 패권적 전략이다."[107]

수십 년에 걸친 구역들과 도시들의 이 느린 변화 끝에, 미국 흑인들에게 매료된 아프리카 청년들에 의해 영국식으로 9-3이라는 별명이 붙은 상징적인 센생드니[108]가 보여 주듯, 혼란스럽게 이탈한 것은 나라 전체다.

"9-3은 프랑스가 아니며, 심지어 매우 다르다. 어떤 관점에서 9-3은 약간 선진국들의 북반구 속 한 조각의 남반구 같다. 그 지역은 극도로 젊은데, 연령 피라미드는 북아프리카 국가들이나 이집트와 매우 비슷하다. 거기에서는 교육적인 어려움을 가진 대가족들이 발견된다. 그것은 사회적 성공이 밀접한 자손에게 이어지는 사회에 근거한다. 신앙심의 압박이, 개인적 차원에서 불안정성의 경험 앞에서의 위로의 한 형태라는 생각은, 내게는 전적으로 타당하지 않아 보인다. 베일 착용은 선거로 부여되는 선택이 아니라 지역의 공공 공간에서 강요되는 요구다 […] 따라서 결집된 지역 사회는 사회로서 기능하는 것 이상으로 공동체로서 기능하며, 남반구의 가난한 국가들의 구역에서와 마찬가지로 성에 맞는 행실을 강요하는 사회적 규범은 절대적으로 필수적이다 […] 남반구 국가들에서 관찰된 이슬람의 형식들과 사회적 상황 사이의 관계―예를 들면 카이로의 서민적인 외곽 지역에서 무슬림 형제단과 살라피스트들의 장악은 […] 유럽의 이슬람 역학에 대한 이해를 조

---

107 [원주] Gilles Kepel, *Quatre-vingt-treize*, Gallimard, 2012.
108 프랑스 도시나 일정 규모의 지역들은 고유의 번호를 부여받으며 이는 우편번호 앞자리로 사용된다. 무슬림 이민자가 가장 많이 거주하는 방리유의 센생드니 지역의 경우 고유 번호를 그대로 가져와서 간단하게 '93지역'이라 부르기도 한다.

명한다."[109]

이 우상 파괴적인 글의 저자인 위그 라그랑주는 우리의 가장 현명한 사회학자 중 한 명이다. 그는 그가 관찰한 공동체나 진화에 적대적이지 않다. 그는 라이시테가 더 이상 사적 영역에서 종교를 제한할 수 없다고 믿는다. 그는 우리에게 "국가적 한계의 추월"과 "국가 하위 집단 전체에 대한 인식을 촉진하는 관심"을 부추긴다. 그에게 있어서, "더 광대한 전체의 부분들처럼 종교적이고 언어적인 소수 민족들을 함께 살도록 하는 것은 서로 다른 사회적 이해관계를 연결하는 것보다도, 사회를 구성한다는 생각과 더욱 양립할 수 없다." 그는 미셸 마페졸리의 "포스트모더니티"의 추종자들 중 한 명이다.

그러나 사회학적인 용어의 이면에서, 이 성찰은 정치적 올바름을 추구하는 자들의 눈을 뜨게 만든다는 큰 장점을 갖고 있다. 이들은 아프리카에서 온 이민자들의 통합이 그들의 선구자인 유럽인과 기독교인들과 같은 길을 가고 있다고 믿는다. 라그랑주는 프랑스라는 용광로에 이슬람이 섞이는 것에 대한 완고한 거부를 나타낸다. 그의 궁극적인 주창은 이슬람을 국가-민족의 완강한 적들에 ─ 자유주의 세계주의자들에서 극좌과 국제주의자까지 ─ 결합시킨다. 그들은, 역시 국제주의자들인 살라피스트들과 무슬림 형제단이라는 이슬람 근본주의자들에게 그렇게 손을 내민다. 그러나 움마의 범위 내에서. 이는 프랑스가 저절로 파괴되도록 만들기 위한 것이다.

자유의 이름으로, 우리는 사적인 것과 공적인 것이 뒤섞인 각 개인

---

109 [원주] Hugues Lagrange, dans la revue *Le Débat*, mars-avril 2012.

의 "전적인" 존재에 대한 책임을 지는 "전체주의" 사회의 수립을 조장했다. 개인의 우월성이라는 이름으로, 우리는 신의 법에 대한 구성원의 "복종"만 아는 전체주의 조직의 온상이 되었다. 공화국의 이름으로, 우리는 프랑스를 파괴했다. 인권의 이름으로, 우리는 정부 안에 하나의 정부를 건설했다. 이것은 과거 리슐리외가 라 로셸의 끔찍한 포위 공격 당시 개신교와 맞서 싸우게 만들었던 것이다. 이슬람을 "통합"하기 위해서, 프랑스는 미남왕 필리프, 리슐리외, 루이 14세, 나폴레옹, 드골을 부정하고 천 년의 역사를 포기해야 할 것이다. 우리는 점차로 다민족 사회로부터 레바논 방식으로 다종교화되는 다문화 사회로 옮겨갈 것이다.

"크레이의 베일 사건" 이후 20여 년이 지나, 우리는 여행의 끝에 이르렀다. 이슬람은 프랑스 민족에 적응하는 것이 아니라, 이슬람에 적응하는 프랑스에 적응하는 것이다. 이슬람은 민족-국가 해체의 계시자이자 기폭제다.

1970년대의 가족 재결합, 1981년의 폭동과 1983년 뵈르의 행진에서 시작된 토박이 프랑스인과 모든 유럽인의 추방 이후, 크레이의 히잡을 쓴 소녀 사건은 프랑스 방리유의 비프랑스화와 이슬람화 과정의 세 번째 단계였다. 베일을 통한 공격은 실패했지만 "할랄화"를 통해 음식, 친구, 성관계, 결혼, 의복, 사교성 등 사람들의 모든 존재 행위가 점차 종교법의 집착적인 통제에 종속된, 분산되어 있지만 많은 영토의 정복을 가능하게 했다. 초보 단계이지만 맹렬하고 위험한 프랑스 다르 알-이슬람의 탄생을 만들어 내면서.

"위대한 민족"의 패배(3)

신은 날짜에 대한 페티시즘을 가지고 있는 것 같았다. 신에게 89는 혁명에 확실히 완벽한 숫자로 보였다. 1989년 가을, 사람들은 군중들이 바스티유를 되찾은 이 유럽 말고는 아무것도 눈에 들어오지 않았다. 정치, 경제, 미디어, 지성계의 파리 명사들은 불타오르고 있었다. 사람들은 장벽이 무너지는 것을 보려고 베를린으로 달려갔다. 도처에서 공산주의의 폭정을 물리친 자유를 찬양했다. 사람들은 프랑스어로 〈라 마르세예즈〉를 불렀다. 사람들은 독일어로 "우리는 국민이다"라고 외쳤다. 사람들은 군중을 향해 총을 쏘지 않은 독일민주공화국[110]의 병사들에게 꽃을 선물했다. 사람들은 옛날에 바스티유에서 그랬던 것처럼, 벽의 조각들을 남몰래 팔았다.

　같은 원인이 같은 결과를 낳았다. 1789년 혁명은 독일인들이 별명을 붙인 것처럼 프랑스의 "위대한 민족"을 낳았다. 1989년 11월 9일, 베를린 장벽 붕괴는 자유의 종소리일 뿐만 아니라 독일의 역사 무대로의 귀환, 기념하는 역사가 아니라 실제로 행한 진정한 역사를 알렸다. 독일의 문제는 우리의 잔혹한 기억을 상기시켰다.

　말할 것도 없이, 1945년부터 프랑스는 게르만 권력의 복귀를 억제하기 위해 소련에 기대해 왔다. 그러나 1989년 10월 7일, 헝가리와 오스트리아의 국경이 이미 동독이 장벽을 우회할 수 있도록 허용했음에

110　동독(東獨).

도 불구하고, 고르바초프는 군사력의 모든 행사를 거부한다고 발표했다. 우리는 KGB의 비밀 계획이 군중을 겁주고 독일민주공화국 정권을 구하기 위해 1,000명을 죽일 계획이라는 것을 당시에는 알지 못했다. 그러나 마지막 순간에, "햄릿적인" 반사적 움직임에 사로잡혀 고르바초프와 그의 부하들은 계속해서 죽이기를 거부했다. 제국을 잃을 각오를 하고, 이 범죄적 공산주의 정권을 안락사시키고 마무리를 지어야 했다. 어느 날 저녁, 소련의 붕괴 앞에서 우울에 빠진 고르바초프는 우리의 루이 16세가 내릴 수 있었던 이 판결을 그의 측근 중 한 명에게 말했다. "나는 나쁜 차르야. 좋은 차르는 살인자이고."

독일 통일은 베를린 시위대가 그들의 슬로건인 "우리는 국민이다"를 "우리는 하나의 국민이다"로 바꾸면서 피할 수 없게 되었다. 그러나 통일은 사람들이 믿고 선언한 것만큼 불가피한 것은 아니었다. 소련에 의해 베를린 장벽이 세워진 후, 미국의 지리학자 사울 버나드 코헨은 논란이 된 책[111]에서 두 독일 사이의 국경이 중세 시대에 이미 프랑크족과 슬라브족을 분리했기 때문에 "인류의 모든 역사상 가장 오래된 것 중 하나"였다고 상기시켰다. 미국인 지리학자에게 있어서, "지정학적으로 일관되고 전략적으로 필요한" 독일의 분단은 배후지의 해양과 대륙 열강 간의 오랜 대결을 구체화했다. 전략 지정학의 창시자인 유명한 매킨더는, 독일이 비스마르크에게 물려받은 국가 단위의 핵심을 보호하는 데 성공했음에도 1919년부터 다음과 같이 쓰지 않았던가. "독일

---

111 [원주] *Geography and Politics in a World Divided*, New York, Random House, 1963, p. 79-83.

을 갈라놓는 선은 [⋯] 다른 곳에서는 전략적으로 중앙과 해안의 땅을 분리하는 선이다."[112]

하지만 헬무트 콜은 재빨리 역사를 잡는 법을 알았다. 오직 마거릿 대처만이 그것을 막기 위해 전쟁을 할 준비가 되어 있었다. 그녀는 프랑수아 미테랑에게 따라오라고 압박했다. 프랑스 대통령은 무슨 일이 일어나고 있는지 이해하기 위해 영국 총리가 필요하지 않았다. 그는 제1차 세계대전 중인 1916년에 태어났으며, 제2차 세계대전 동안에는 독일군에 포로로 잡혀 있었다. 그는 모리아크가 1963년에 쓴 유명한 문장들에 서명할 수 있었을 것이다. "독일들이 존재했던 동안 우리는 그곳을 돌아다녔다. 마침내 하나의 독일이 태어났을 때, 그것은 우리의 미소를 지웠다. 오늘날에는 두 개로 나누어져 있으니, 우리는 적어도 한쪽 눈이라도 감고 다시 잘 수 있다. 두 조각이 다시 붙으면, 다시 두 눈을 뜨고 자는 토끼가 되어야 할 것이다."

그의 불행은 프랑스에 닥친 이 지정학적 재앙이 그의 대통령직에 떨어졌다는 것이었다.

미테랑은 그가 할 수 없는 말까지도 모두 이해했다. 1989년 11월 동베를린을 성급하게 방문해 미테랑은 마지막 퍼레이드를 시도했다. 이것은 민족 자결권의 열광자들에 의해 그토록 비난받을 것이다. 그 후에는 소련을 구하기 위해 1991년 8월 고르바초프를 전복시키고자 시

---

112 [원주] Halford John Mackinder, *Democratic Ideals and Reality : A Study in the Politics of Reconstruction*, Washington, National Defense University, 1919.

도한 무장 폭동 공산주의자들에 대한 거의 감춰지지 않은 지지로 인해 비난받을 것이다.

그러나 헬무트 콜이 『회고록』에서 "정신 분열증적 행동"을 매우 정교하게 분석하게 될 미테랑은 확신에 찬 유럽인이기도 했다.

그리하여 유럽인 미테랑은 불평등한 싸움에서 애국자 미테랑을 이겼다. 미테랑은 자신의 모순을 넘어서 자신의 내적 갈등을 치료했다. 그에겐 선택의 여지가 없었다. 조지 부시의 미국은 전쟁 기간을 제외한 20세기 내내 미국 지도자들의 변함없는 독일 숭배를 확인하고는 헬무트 콜을 빈틈없이 지지했다. 우리는 바이마르 독일이 프랑스의 발톱과 그들의 유명한 보상으로부터 벗어나게 만든 1924년과 1929년의 도스와 영의 계획[113]을 기억한다. 프랑스는 1923년 루르 점령 동안 미국 언론에서 인정도 연민도 없는 추악하고 난폭한 군인의 모습으로 희화화되었다. 히틀러가 출현한 뒤에도, 차기 대통령 케네디의 부친을 비롯한 많은 미국인들은 게르만 권력의 복귀를 호의적으로 바라봤다.

궁지에 몰린 미테랑은 그의 전략적 교착 상태의 위쪽으로 벗어나고자 했다. 장피에르 슈벤망의 표현에 따르면, 그는 유럽에서 사라

---

113 미국의 정치인 찰스 도스(Charles Dawes, 1865~1951)의 이름을 딴 '도스 플랜'은 제1차 세계대전이 끝난 뒤, 프랑스의 강경한 전쟁 배상금 요구로 심각한 경제 위기에 처한 독일의 상황을 해결하기 위해, 국제 연맹에서 1924년 채택한 해결안이다. 그러나 이후에도 여전히 문제는 해결되지 않았고 이를 보완하기 위해 1929년 제안된 것이 미국의 기업가이자 외교관인 오언 영(Owen D. Young, 1874~1962)이 제시한 '영 플랜'이다. 하지만 독일의 보상금을 다시 한 번 줄여 주는 영 플랜 채택 직후 미국에서 대공황이 시작되었고, 대공황으로 독일은 재앙적인 타격을 입고 채무 불이행을 선언한다. 결국 독일에 나치가 집권하면서 도스 플랜과 영 플랜은 실패로 귀결된다.

질 "국가를 넘어선 것에 대한 파스칼적 내기"를 했다. 그는 불운에 굴하지 않고 독일 통일에 동행하는 편을 선택했다. 그는 그것을 막을 수도 없었고, 막기를 원하지도 않았기 때문이다. 그는 독일 수상에게 폴란드와의 오데르-나이세 국경[114]의 불가침성을 인정하도록 강요했다. 콜은 선거 때문에 곤란하다며 버텼지만, 유고슬라비아를 폭발시킬 슬로베니아와 크로아티아의 새로운 공화국을 인정함으로써 복수했다. 곧, 소련 통치하의 모든 옛 인민민주주의 국가들은 박봉을 경험한 노동자들과 함께 현지에 공장을 설립하는 독일의 경제적 뒷마당을 형성할 것이다.

미테랑은 독일인들에게 도이치 마르크를 빼앗고 강력한 분데스방크를 유럽중앙은행(그래도 프랑크푸르트에 위치해 있다!) 회의에 익사시켜서 프랑스의 파국을 피하리라 생각했다. 미테랑은 강력한 게르만 화폐를 핵무기에 비유했다. 그는 화폐 단일화가 재정의 단일화에 이어서 정치적 단일화라는 나머지 부분을 기계적으로 야기할 것이라고 생각했다. 그러나 모든 술책, 모든 조약, 모든 관료적 규범은 연방이 아닌 통합에 대한 이 연방 화폐의 근본적인 문제를 해결할 수 없었다. 연방 유럽에 대한 모든 꿈은 유럽인의 부재 위에서 실패할 것이다. 미국 국민, 인도 국민, 브라질 국민, 그리고 심지어 독일 국민(1989년에도 여전히 존재했다)은 존재한다. 그러나 유럽 문화가 있음에도, 유럽 국민은 없다.

---

114 제2차 세계대전 직후 만들어진 독일과 폴란드 사이의 국경. 이로 인해 옛 독일 영토 일부가 폴란드와 소련 영토로 할양되었다. 독일은 통일을 승인받는 조건으로 옛 영토 수복을 포기하고 오데르-나이세선을 국경으로 확정했다.

독일은 이렇게 두 번의 군사적 패배라는 20세기의 역사 전체를 지웠다. 그리고 유럽에 대한 경제적, 정치적, 심지어 문화적이고 언어적인 지배를 되찾았다. 독일은 합스부르크와 프로이센의 왕들이 줄줄이 꿈꿨던 것처럼 게르만 신성 로마 제국의 중단된 실을 다시 이었다. 1989년의 통일 독일 지도는 11세기 신성 제국과 거의 동일한 영토를 차지했다. 당시 제국의 땅 주위에는 부르고뉴, 보헤미아, 포메라니아, 에스토니아처럼 많든 적든 종속된 지방-국가의 지위에 만족하는 공국들이 있었다. 천 년 후, 이 카롤링거적인 구상의 핵심은 바덴뷔르템베르크, 론알프, 롬바르디아, 카탈루냐 지역들과 함께 재건되었다. 유럽 건설은 그들로 하여금 각각의 민족 국가의 굴레에서 해방되도록 만들었다. 카탈루냐는 곧 열광적으로 독립을 준비하고 엔지니어들을 독일로 보낼 것이다. 롬바르디아는 같은 운명을 경험하기를 꿈꿨다. 그리고 우리의 레지옹인 론알프는 추진력 있는 리옹 시장의 사주 아래, 유럽의 마지막 단일 국가의 무거운 보호에서 조금씩 빠져나오게 될 것이다. 용담공 샤를[115]이 루이 11세의 철권에서 벗어나려 했던 것처럼.

유럽 역사는 낡은 간이 무대 위에 그것이 가장 좋아하는 작품 중 하나를 다시 상연했다.

수세기 동안 신성로마제국은, 복종하기를 거부하고 "그의 왕국에서 황제가 되기를 바란다"고 주장하는 카페 왕조의 약한 왕과 술래잡기를 했다. 그들의 너무 강력한 이웃을 쓰러뜨리기 위해, 우리의 가장

---

115 용담공(勇膽公) 샤를(Charles le Téméraire, 1433~1477)은 부르고뉴의 공작이다. 영지를 확장하는 과정에서 루이 11세와 맞서 투쟁했다.

대담한 왕들은 신성 제국의 선봉에 서고자 시도했다. 그러나 푸거[116]의 돈은 프랑수아 1세에 맞서 카를 5세를 압도적으로 선출되도록 만들었다. 그리고 루이 14세는 발루아 왕조만큼 독일의 저항을 극복하지 못했다. 결국 프랑수아 1세와 루이 14세가 실패한 곳에서 성공한 사람이 나폴레옹이다. 아우스터리츠 이후 그는 신성 제국을 파괴했다. 프랑스인은 잠시 서양 제국을 건설했다. 그러나 중앙화된 프랑스식의 제국은 여전히 프랑스 공화국에 동전을 바쳤다. 일종의 제국적인 민족-국가는 오늘날 우리가 미국인, 중국인, 브라질인, 러시아인이라고 알고 있는 존재들을 2세기 전에 예고했다.

중부 유럽의 질서를 유지하기 위해, 나폴레옹은 라인 연방을 설립했고, 거기에서 보호자 역할을 했다. 그러나 이 조직은 "전투의 거장"의 군사적 패배를 견뎌 내지 못했다. 그 이후로 많은 독일 역사가들과 자크 뱅빌은 중부 유럽 영토 지도의 이 단순화가 민족 정서와 프랑스 지배의 거부에 의해 작용된 독일 통일의 모태였다고 설명했다.

워털루 이후 19세기의 모든 역사는 프랑스 패권의 느린 침식과 그의 게르만 샴 형제에 의한 대체로 요약될 수 있다. 나폴레옹 1세의 종말은 유럽에 대한 프랑스 지배권의 종말을 알렸다. 그러나 프랑스라는 위협적인 옛 포식자를 탐욕의 대상이 되는 겁이 많은 먹잇감으로 만든 것은 그의 조카의 몰락이었다.

1870년 예상치 못한 패배 이후, 우리나라는 홀로 고립된 상황에

---

116 야코프 푸거(Jakob Fugger, 1459~1525)는 당시 유럽에서 가장 부유했던 독일 은행가로 카를 5세가 신성로마제국 황제가 되도록 도왔다.

다시 놓였다는 강박 관념을 갖고 있다. 그때까지 명예롭고 두려움의 대상이 되었던 루이 14세나 나폴레옹의 군대는 거대한 유럽 동맹과 맞설 때만 패배를 당했다. 프로이센 창기병들의 갑작스러운 성공 이후 세상은 무너졌다. 동시대인들(어떤 이들은 마르크스나 엥겔스처럼 그것에 기뻐하고, 다른 이들은 텐[117]과 르낭[118]처럼 그것을 개탄한다)은 1648년 「베스트팔렌 조약」으로 시작되었던 한 시대의 최종적인 종말, 대륙에 대한 프랑스 패권의 종말을 기록했다.

새로운 약점을 자각한 프랑스는, 프랑스가 모든 것을 희생할 준비가 된 동맹국들에 대한 격렬한 탐색으로 이제부터의 외교를 요약했다. 프랑스는 러시아와의 동맹의 제단에서 (세계 최초로) 저축을 파산시켰다. 제1차 세계대전의 끔찍한 대량 살상에 참여했는데, 여기에 있어서 프랑스는 결코 회복되지 못할 것이었다. 이것은 우리의 친구인 러시아 황제만이 관심을 가졌던 하찮은 발칸 분쟁을 위한 것이었다. 러시아인들은 배은망덕하지 않았다. 동부 전선에서의 그들의 희생이 서부 전선에서 "마른의 기적"[119]을 가능하게 했다. 그러나 볼셰비키 당원들이 서명한 「브레스트-리토프스크의 평화」[120]는 1918년 초 독일에게 승리

---

117   이폴리트 텐(Hippolyte Taine, 1828~1893)은 프랑스 철학자이자 역사학자로 실증주의 사상가다.

118   에르네스트 르낭(Ernest Renan, 1823~1892)은 프랑스 작가, 철학자, 역사학자다.

119   제1차 세계대전 중 프랑스 마른강 근처에서 일어난 두 차례의 전투 중 제1차 마른강 전투를 의미한다. 프랑스가 이 전투에서 승리하면서 독일 제국의 슐리펜 계획이 무산되었고 전쟁은 참호전으로 이어지게 되었다.

120   1918년 3월 볼셰비키 정권과 동맹국 사이에 맺은 평화 조약을 의미한다.

를 가져다 줄 뻔했다. 그때 우리의 "미국인 구원자들"이 라파예트[121]의 빚을 갚기 위해 왔다. 하지만 미국인들은, 자신의 생명을 구한 사람을 미워하고, 자신이 구한 사람을 더 좋아하는 페리숑 씨의 콤플렉스[122]에 걸려 있었다. 윌슨 대통령은 1806년 다부[123]의 방식으로 의기양양하게 베를린 입성을 꿈꿨던 포슈와 페탱의 군대를 제지했다. 이렇게 전쟁에서 지지 않았다고 확신하는 독일 국민들 사이에 "등에 꽂힌 칼"이라는 기만적인 이론을 정당화했다. 그러고는 동일한 미국 동맹국(그리고 나폴레옹의 기억이 집착하는 부하 영국)은 우리가 라인강의 좌안을 되찾는 것을 막았고, 더하여 우리가 비스마르크 이전 공국들의 시대로 독일을 데려가는 것을 금지했다. 이것은, 자크 뱅빌이 그의 책『평화의 정치적 결과』에서부터 매우 확신하는 본능으로 이해한 것처럼, 독일 정부에게 정권과 지도자에 관계없이 언젠가 복수할 기회를 제공한 프랑스의 이중적 후퇴였다. '더 시티'와 '월 스트리트'는 1920년대 동안 프랑스의 악랄한 호전주의자들에 맞서 독일을 다시 일으켜 세웠고 지지했다. 그리고 1936년 라인란트를 다시 군사화한 히틀러를 우리 군대가

---

121 라파예트 후작(Marquis de Lafayette, 1757~1834)은 프랑스의 군인이자 사상가로 미국 독립 전쟁에 미국편으로 참전하여 공적을 세운 전쟁 영웅이다. 프랑스 혁명 때는 국민위병 지휘관을 맡았고 『프랑스 인권 선언』 초안을 작성했다.

122 페리숑은 19세기 프랑스 극작가 외젠 라비슈(Eugène Labiche, 1815~1888)의 작품『페리숑 씨의 여행』의 등장인물이다. 그는 시간이 지날수록 자신에게 도움을 준 사람보다 오히려 자신이 도운 사람을 더 좋게 기억하고자 하는 흥미로운 심리를 보여준다.

123 루이 니콜라 다부(Louis Nicolas Davout, 1770~1823)는 프랑스 혁명과 제정 시기 프랑스 장군이다. 1806년 프로이센과의 전투에서 크게 활약하자 그에 대한 상으로 나폴레옹이 베를린에 가장 먼저 입성할 수 있도록 했다.

소탕할 수 있었을 때 영국은 프랑스의 손을 묶었다. 매번, 다시는 혼자가 되지 않을 것이며 우리의 동맹을 유지해야 한다는 강박적인 걱정은 우리의 제3공화국 지도자들이 결정을 내리도록 부추겼다. 그들은 이 결정이 우리의 국익에 반한다는 것을 알고 있었다. 그리하여 우리를 최종적인 재앙으로 이끌었다.

제2차 세계대전 이후, 우리가 얻은 교훈을 믿을 수 있었다. 그것은 더 나빴다. 미국의 핵 방패는 우리가 인도차이나를 잃는 것을 전혀 막지 못했지만, 수에즈에서 우리에게 등을 돌렸다. 미국은 민족해방전선에 의해 잘 이용되어 결국 드골의 레지스탕스를 극복한 국제적인 항의를 은밀하게 주도했다. 드골은 독일인 아데나워에게서 충실한 동맹을 찾았다고 믿었다. 그는 "워털루에서 잃어버린 지위"를 되찾기 위해 카롤링거 유럽의 재건을 꿈꿨다. 그러나 케네디 대통령은 그로부터 독일 정복을 빼앗기 위해 베를린에 왔다. 독일 의원들은 친프랑스적인 라인란트 사람인 아데나워를 부정하고 미국인들 뒤에서 같은 편이 되었다. 1963년부터 그는 유명한 "프랑스-독일 커플"의 창설로 알제리라는 손실을 보상하기를 희망했지만, 드골은 내기에서 졌다는 걸 인정했다. 보복으로 그는 나토에 통합된 군사 기관들을 그만두고 모든 방위 동맹 정책에 착수하기 위한 "미국의 보호령"에서 벗어났다. 소련, 동유럽(루마니아)과 함께 남미("프랑스인들과 손을 잡은 멕시코인들[Mexicanos con francos mano en la mano]")나 북미("자유 퀘벡 만세[Vive le Québec libre]")에서까지. 그것은 국가적 독립에 대한 드골적 의지의 정점이었다. 샤를 모라스에게 소중한 "오직 프랑스"의 뒤늦은 실행이었다. 그러나 우리의 새로운 핵무기와 무력에 기반을 둔 이 위대한 빛나는 세계 정책은 미래가 거의 없었다.

　프랑수아 미테랑은 드골 다음으로 워털루와 스당 이후 프랑스의 이 비극적인 역사를 알았던 마지막 대통령이었다. 그는 다시 혼자가 될 것이라는 두려움에 사로잡힌 일련의 프랑스 지도자들의 직접적인 후계자였다. 독일이 재통일되자, 그는 교양도 없고 그들을 저지할 의지도 없는 그의 후계자들을 고용하겠다는 결정을 내렸다. 1984년 9월 22일 베르됭에서 콜의 손을 잡으면서 그는 드골이 아데나워와 맺은 프랑스-독일의 화해를 지속하고 심화시켰다. 그러나 독일 통일 이후 힘의 관계는 역전되었다. 드골은 우리의 왕들과 황제가 언어와 무기로 정복한 친불 성향의 해안가 서독과 동맹을 맺었다. 장군의 유명한 표현에 따르면, 당시 프랑스는 "기수, 그리고 말은 독일"이었다. 미테랑은 어쩔 수 없이 통일 독일의 특권적인 동맹이 되었다. 통일 독일은 바다의 독일과 육지의 독일이라는 두 개의 조각을 다시 붙임으로써 유럽 대륙의 중심에서 핵심적이고 지배적인 위치를 되찾았고, 이 독일 연합은 비스마르크의 영광과 빌헬름과 히틀러의 황폐를 이룩했다. 프랑스는 말 계급으로 전락했고 독일은 자랑스러운 기수로 다시 일어섰다.

　더하여, 이듬해부터 미테랑은 큰형 미국의 명령에 따라 제1차 걸프전에 프랑스를 참여시켰다. 거기에서 다시 한 번 그는 전략적이고 외교적인 자율성을 옹호하는 고집 센 동맹으로 드골 장군의 발자취에 걸음을 내딛는 것처럼 보였다. 그가 그 발자취를 지우기 시작했지만. 그는 니콜라 사르코지가 나중에 "서구 가족"이라고 부른 것의 한가운데로 우리를 데려오기 위해 그의 전임자가 시작한 느린 작업을 실제로 계속했다. 미테랑의 담화에 등장한 지스카르의 G5[124]부터 분데스탁 (Bundestag)[125]까지, 걸프전에서 아프가니스탄 전쟁까지, 코소보 그리고 우리의 역사적인 세르비아 동맹국들의 폭격을 거쳐, 지스카르, 미테랑, 시라크의 프랑스는 보호자 미국의 감독 아래 놓였다. 우리의 전통적인 동맹과 우리의 이익에 반하는 군사 개입 당시에. 유일한 예외는 2003년 제2차 걸프전에 맞서 프랑스 시라크, 독일 슈뢰더와 러시아 푸틴 사이에 맺어진 대륙 연합일 것이다. 그러나 대서양 유럽에서 우랄에 이르는 이 드골스러운 꿈은, 2007년 니콜라 사르코지가 이 은밀하고 막연한 작업의 깊은 의미를 드러낼 때까지는 빠르게 꺼진 짚불일 뿐이었다. 이 작업은 나토 통합 군사 기관으로의 복귀다. 프랑스의 이중적인 역설이다. 프랑스 장교들은 바르샤바 조약기구 해체로 적을 박탈당한 기구가 더 이상 존재할 이유가 없을 때 서방의 장교들과 함께 돌아왔다. 사르코지는 다른 유럽 국가들이 북대서양조약기구라고 부르는 프랑스적 망상인, 방어를 위한 유럽이라는 명목으로 그의 드골주의 변절을 알렸다. 그러나 당시 프랑스는 독립 정책을 주도하기를 더 이상 원하지 않았다. 아메리카-게르만 신성 제국이라 지칭할 수 있던 거대한 제국적 총체 속에서, 영국이라는 장남을 대신해서 아버지 미국에게 사랑받는 아들이 될 만큼.

1989년 프랑스 혁명 200주년과 베를린 장벽 붕괴를 잇는 놀랍고

---

124 오늘날 G7의 전신으로 1970년대에 만들어진 미국, 영국, 프랑스, 서독, 일본 5개 국의 재무장관과 중앙은행 총재 회의.

125 독일연방공화국 의회.

아이러니한 우연이 다시 한 번 역사를 뒤흔들게 만들었다. 미테랑과 콜은 독일의 유럽 대신 유럽의 독일이라는 토마스 만의 꿈을 실현한다고 믿었다. 그러나 옛 독일민주공화국이 일단 정리된 후, 우리는 독일의 유럽에서 유럽의 독일과 만났다. 통일된 독일은 연방 집단에서 자연적 지배를 되찾았다. 그것은 프랑스식 민족-국가의 기반을 오히려 침식했다. 거기에서 완강한 주권은 언제나 제국의 게걸스러움에 대한 유혹과 매혹에 맞서는 유일한 안전장치였다.

1991

1991년 1월 10일

에뱅이여 영원하라

그것은 국회의원들의 크리스마스 선물이었다. 과자 장수들의 휴식 직전에 채택된 「에뱅 법」은 1991년 1월 10일에 공포되었다. 미셸 로카르 총리의 친구인 보건부 장관은 담배와 알코올 로비의 압력에 저항한 것을 매우 자랑스러워했다. 이 압력 단체들은 대형 스포츠 행사의 광고나 후원을 통한 자사 제품 선전을 금지한 것을 매우 비난했다. 카멜의 카우보이나 골루아즈 경주[126]는 끝났다. 이후 그들은 익숙해졌다. 그들의 이익은 거의 줄지 않았고, 흡연자 수도 감소하지 않았으며, 젊은이들이 노인들을 대체했고, 여성이 남성을, 아프리카인과 아시아인이 서양

---

126 자연 속에서 여러 종목의 익스트림 스포츠를 펼치는 국제 대회로 유명 담배 회사인 골루아즈의 후원을 받아 진행되었기 때문에 '골루아즈 경주'라고 불린다.

인을 대체했다. 와인 생산자들만 고통을 겪었다. 그러나 기대했던 만큼 알코올 중독 감소로 이어지지는 않았다. 프랑스 젊은이들은 와인을 위스키, 보드카 등과 같은 이국적인 술로 바꿨다.

흡연자들조차 투덜거리면서도 박수를 보냈다. 가장 불안하게 만드는 "흡연은 죽음이다(Fumer tue)"가 "건강에 있어 심각한 밤(Nuit gravement à la santé)"의 뒤를 잇게 될 것이다.[127] 그러나 우리는 모든 것에 익숙해진다. 담뱃갑에 커다란 글자로 새겨진 자신의 죽음에 대한 생각마저도.

최근의 반란자들은 과학적 증거에 의해 파묻히기 전에 간접 흡연의 개념에 이의를 제기했다.

비흡연자들은 안도의 한숨을 쉬었다. 법은 흡연자들을 밀폐된 공간에 가두었다. 흡연실이 재발명되었다. 이 오래된 예의는 매우 남성적이고 부르주아적인 세계의 수치스러운 잔재와 동일시되었다. 새로운 세대는 옛 세계와 함께 오래된 예의를 던져 버렸다. 무례가 공손을 대신했다. 혁명적인 버릇없는 행동이 귀족의 품위를 쓸어버렸다. 비흡연자들이 흡연자들의 뻔뻔함을 더 이상 감내할 수 없을 때까지.

클로드 에뱅은 선구자였다. 프랑스에서만. 하지만 미국인들의 먼 모방자였다. 1980년대부터 미국에서는 모든 공공장소에서 담배가 금지되었고, 뉴욕의 거리는 니코틴으로 검게 물든 손가락을 데우는 흡연자들의 무리라는, 우리 프랑스인들의 눈에는 여전히 무례한 광경을 연출했다. 길이 제시되었다. 우리는 그들의 청교도주의를 비꼰 후에, 곧

---

127   담뱃갑에 인쇄된 금연 캠페인 문구들이다.

그것을 빌려올 것이다.

우리는 잘해오던 대로 계속할 것이다. 법은 점점 더 많아지고, 소위 "공공 건강" 캠페인은 계속해서 뒤따를 것이다. 담배를 끊고, 알코올 소비를 줄이고, 하루에 다섯 개의 과일과 채소를 먹고, 하루에 30분씩 걷고, 움직이고, 에이즈를 피하기 위해 콘돔을 착용하고, 유방암과 자궁암을 예방하고, 콜레스테롤 수치와 혈압을 살피고, 안전벨트를 매고, 오토바이 헬멧을 쓰고, 도로에서는 속도를 줄여야 한다. 국가는 우리의 행복을 원했다. 의료-과학의 힘에 기대어 정치인들은 이 새로운 관할 범위에 투자했다. 경제적 자유주의뿐만 아니라 환경적 자유주의가 그들의 행동 영역을 줄인 만큼 더욱 열정적으로. 로카르 정부는 국가의 역사적 후퇴를 수용하고 심지어 이론화한 최초의 좌파 정부였다. 이 대체를 시작하는 것은 정부의 의무였다. 겨우 재선된 2002년, 시라크 대통령은 시작된 5년 임기의 세 가지 우선순위로 암과의 전쟁, 도로 불안과의 전쟁, 그리고 장애인들의 동화를 발표할 것이다. 이것들은 도의회 의장에게나 어울리는 목표들이다.

1970년대부터 개인은 종교적 전통을 깨면서 해방되었다. 이 종교 전통의 폐허 위에 새로운 도덕이 세워졌다. 국가, 교회, 아버지라는 남성적인 본질을 가진 가부장제 권력 이후, 어린애처럼 만들고 죄책감을 갖게 만드는 어머니 같은 정부가 도래했다. 여성 신문들은 이 "좋은 계획"과 "조언", "비결"을 점점 더 위협적인 어조로 전달하기 위해 적극적이었다. 이 진화는 개인-소비자의, 자칭 합리성을 과시하기 위해 집단 갈등을 배출해 버리는 시장의 계획에 봉사했다. 몸은 관리해야 할 자본이자, 결함 있는 부품을 바꿀 수 있는 기계였다. 의사들은 우리 몸에 우리의 생존에 대한 일종의 부검을 하고 있었다. 이 공식적인 의료화는 개인들이 경제적이고 사회적인 요인을 무시하도록 부추기는 삶의 고통에 대한 체계적인 심리화를 강화했다.

옛날에 사회는 종교적 의식이나 문화적 이야기에 의해 지배되었다. 1970년대의 쾌락적 개인주의는 그것들을 쓸어내어 낡은 민속학 코너에 위치한 역사의 벽장 안으로 보내 버렸다. 그렇게 "해방된" 사회는 더 이상 도덕이나 합법성에 대한 것이 아니라 건강에 대한 새로운 규범들을 만들었다. 평가와 지속적인 감시에 기초한 이 새로운 권력의 출현은 미셸 푸코에 의해 "생명 권력"이라는 개념으로 알려졌다. 우리는 개인에 대한 통치를 포기했지만, 위생, 음식, 성을 통해 공동체를 통제했다. 권력은 전통적인 경찰을 관료적이고 의료적인 수단, 즉, 전문가와 광고 전문가의 위험한 동맹과 교환했다.

1960년대에 공포된 몸의 해방은 위생과 의료에 관한 새로운 규범들을 내면화함으로써 완성되었다. 이것들은 표준화되고 획일화된 행동을 강요했다. "행복할 권리"라는 이름으로, 일탈 행동들을 무자비하게 추적했다. 폐지되었던 검열이 복원되었다. 담배와 술은 텔레비전 무대, 영화, 사진(담배를 물지 않은 말로가 등장한 우표[128]) 또는 심지어 만화(럭키 루크[129]는 담배를 입술 사이의 풀 한 가닥으로 바꿨다)에서

---

128 프랑스 작가이자 정치인이었던 앙드레 말로(André Malraux, 1901~1976)를 기념하여 만든 우표의 원본이 되는 사진에서 말로는 담배를 물고 있다. 그러나 「에뱅 법」으로 인해 우표는 담배를 지운 모습으로 발행되었다.

129 벨기에 만화 제목이자 주인공의 이름. 원래는 카우보이 주인공이 입에 담배를 물

도 금지되었다. 영화에서 무장 강도 행위를 벌인 직후, 오토바이를 탄 도둑은 경찰로부터 도망치지만 헬멧을 미리 착용해야 하며, 전속력으로 그를 쫓는 경찰들은 안전벨트를 매고 있다.

모든 항의는 불가능하며, 사전에 각하되었다. 아무도 건강에 반대할 수 없다. 아무도 도로에서의 사망자 수를 줄이는 데 반대할 수 없다. 아무도 우리가 더 오래 사는 것에 대해 반대하지 않는다. 더 길어진 이 삶이 어떤 내용으로 채워질지에 대해서는 더 이상 알고 싶어 하지 않으면서 말이다. 투명성은 초월성을 대체했다.

1991년 6월

랩(rap)은
모든 것을 할 수 있다

그들의 원래 성(姓)은 확실히 그들에게는 너무 정숙하고, 너무 진부하며, 무엇보다도 너무 프랑스적으로 보였다. 파리 18구에 거주하는 앤틸리스[130] 사람인 디디에 모르빌과 포르투갈 이민자의 아들이자 노련한 축구 선수인 브뤼노 로프는 조이 스타(Joey Starr)[131]와 쿨 셴(Kool Shen)[132]

고 있는 모습으로 등장했었다.

130 카리브해의 소앤틸리스 제도에 있었던 네덜란드 식민지. 2010년에 해체되었다.

131 1989년부터 활동한 프랑스의 유명 랩 밴드 쉬프렘 엔테엠(Suprême NTM)의 래퍼. 본명은 디디에 모르빌(Didier Morville)이다.

132 NTM의 래퍼. 본명은 브뤼노 로프(Bruno Lopes)다.

이 되었다. 그러나 1960년대 초 로큰롤의 침략으로 조니 할리데이, 에디 미첼 그리고 딕 리버스가 등장한 먼 과거부터 이러한 예명들의 미국화는 그 자체로는 거의 독창적이지 못했다. 관심을 끌기 위해 더 도발적이고 충격적이어야 했다. 그래서 그들 그룹의 이름은 "엿 먹어라 (Nique Ta Mère)[133]"를 의미하는 NTM이 되었다.

몇몇 단어에서, 몇 개의 제목들에서, 수단의 놀라운 경제성으로, 프랑스 랩의 모든 규칙들이 제시되었다. 미국, 특히 흑인의 모습에 대한 매혹이었다. 깡패 세계에 항상 감탄하며 종종 이익으로 연결된 관계가 있다. 이 세계는 졸부의 분위기, 법에 대한 과시적 경멸, 넘쳐흐르는 돈의 저속함, 스포츠카와 헤픈 소녀들, 폭력과 총기의 일상화된 사용으로 특징지어진다. 이 관계는 영화 〈스카페이스〉의 유명한 캐릭터로 재현되고 갱스터랩에 의해 음악적으로 구현된다. 정점에 달한 남성성, 먹음직스러운 풍만함으로 대상화된 여성에 대한 과시적 욕망이라는 "남성 우월주의"는 그 외의 다른 모든 것을 금지한다. 희생자적이고 반인종 차별적인 담론은 "많은 고통을 겪은 민족"의 한탄과 여전히 미국 노예 역사에서 영감을 받은 평등주의적 요구들 사이에 놓인다. 마르셀 뒤샹이 여러 번 모방한 현대 미술 초기의 모델에 대한 "부르주아"의 도발은 정화되고, 회복되고, 상업화되고 높은 수익을 가져온다. 이것은 연출된 반란의 냉소적인 상인들인, 자칭 혁명가들에 의해서 질릴 정도로 이용되었다.

랩의 역설은 멜로디를 희생시킨 가사에 대한 강조에서 비롯되었

---

133 정확히는 "Fuck your mother"라는 의미다.

다. 언어의 빈곤함과 비루한 구문을 가지고 단 하나의 명확한 운율로 운을 맞추는 이 호전적이고 끈질긴 과장적 수사. 이는 마치 래퍼들이 그들을 "야만인"으로 취급하는 사람들에게 온 힘을 다해 그 주장이 옳음을 인정받고 싶어 하는 것 같았다. '야만인(barbares)'은 'barbaroï'라는 단어에서 왔다. 뤼시엥 제르파뇽[134]이 우리에게 말해 주기를, 이 단어는 고대 그리스어로 "횡설수설하는 사람들"을 의미한다. 언어의 우아함에 덜 민감한 미국에서도, 'fuck'의 축적과 다른 추잡한 감탄사들은 결국 가장 마음의 준비가 된 가장 쿨한 사람들을 진력나게 하고 매우 화나게 만든다.

프랑스에서는 반대로, 우리는 그것을 예찬하고, 미화하고, 미니멀하고, 명확한, 이야기와 연대기의 예술로 찬양한다. 낙서와 힙합으로 이 하위문화는 시대의 주요 예술의 지위로 승격되었다. 우리는 랭보와 새로운 가브로슈 같은 이들의 반항적인 영혼을 떠올렸다. 우리는 브렐, 브라상스나 페레와 같은 우리 샹송의 가장 위대한 시인들과 그들을 비교했다. 살아 있는 마지막 거인 샤를 아즈나부르는 이들 가사의 퀄리티에 대해 감탄을 늘어놓았다. 하지만 사람들은 〈라 맘마(La Mamma)〉를 만든 이 불멸의 저자에게서는 그것을 알아보지 못했다. 이 노래는 무의식, 자기만족, 비겁함 또는 예수회 지도자들이 비난하지 않을 정신적 제약의 훈련을 담은 것이었다.

카날 플뤼스는 자기 채널에서 NTM의 두 악동들을 《탑 50》의 상

---

134 뤼시엥 제르파뇽(Lucien Jerphagnon, 1921~2011)은 프랑스 역사학자로 그리스 로마 철학 전문가다.

위권으로 끌어올렸다. 1990년 가을, 보앙벨랭 폭동 때 발표된 그들의
대표 타이틀곡인 〈내일의 세상(Le monde de demain)〉은 "방리유의 불안"
을 설명하고 증명하는 사운드트랙으로 승격되었다.

> [⋯] 아주 어렸을 때부터 나는 맴돌았지
> 단 하나의 목표만을 가지고
> 내 존재를 받아들이게 하는 것
> 일하기엔 너무 게으르고
> 적선을 하기엔 너무 건방져
> [⋯] 약속은 지긋지긋해
> 우린 모든 걸 내팽개칠 거야.
>
> ─NTM, 〈내일의 세상〉,
> 앨범 《오탕티크》 중에서, 1991.

1991년에 프랑스 랩은 1980년대의 그늘에서 빛으로 이행했다. 쿨
셴은 이렇게 경고했다. "랩은 반드시 요구적이야 한다." 우리는 이 "요
구"가 혁명적 참여와 전투적인 반식민주의, 프랑스, 프랑스 국기, 프랑
스 역사, 프랑스 애국주의, 무엇보다도 경찰에 의해 구체화된 프랑스
정부에 대한 증오 속에서 원천을 발견했다는 것을 빠르게 깨달았다. 결
코 충족되지 않는 과시적이고 불타는 증오는 수많은 말과 몸짓으로 표
현되었다. 반인종 차별 담론의 완화적인 평화주의("그는 백인, 나는 흑
인 / 차이는 잡종들의 눈에만 보이지"), 국민전선의 표에 대한 필연적
인 비난과 소시민 백인의 인종 차별주의("선거에서 르펜을 위한 10퍼

센트, 그것은 패배다 / 실제로, 네 얼굴에 그것을 드러내라, 네 인종이 무엇이든…"—NTM, 〈백과 흑〉, 앨범《오탕티크》중)는 인종주의적이고 식민주의적인 프랑스에 맞서는 지칠 줄 모르는 무자비한 전투를 강화하기 위해 온 것이다. 랩은 프란츠 파농[135]의 직관을 명확하게 확인한다. "피식민자는 박해자가 되기를 항상 꿈꾸는 학대당하는 자다."

프랑스에게 내가 무엇을 감사해야 할까?

나 조이 스타는 야만인으로 여겨진다

그래서 나는 공무원들의 모든 양들과,

이 모든 군인 호모들을 따먹는다

그들은 거의 1년 동안

나를 감금하고, 학대했다

나를 남자, 진짜 남자로

만든다는 핑계 아래,

베레모를 쓴 불알들과,

외투를 입은 수재들과 함께

그리고 마음 대신에

빌어먹을 깃발.

—NTM, 〈어떤 감사?(Quelle gratitude?)〉,

앨범《오탕티크》중에서, 1991.

---

135 프란츠 파농(Frantz Fanon, 1925~1961)은 알제리 출신 정신과 의사, 작가, 독립운동가다. 대표작 『검은 얼굴 하얀 가면』은 식민지 지배의 인종주의 심리학을 연구한 책이다.

그들의 첫 앨범인《오탕티크(Authentik)》는 1991년 6월에 발매되었고, 9만장이 팔렸다. 밴드는 1992년 6월 파리의 제니트 공연장을 가득 채웠다. "프랑스를 따먹고", 경찰을 죽이고, 국기에 오줌을 싸겠다는 그들의 외침이 울려 퍼진 이후로 "증오와 폭력 선동"은 셀 수 없이 많아졌다. 사법부는 랩은 "어느 정도의 과장을 사용할 수 있는 예술적 스타일"(판결문 그대로)이라는 이유로 이것을 보호한다. NTM의 후계자들과 남동생들은 그들의 선배들을 모방하고, 예상한 대로 격렬함을 한층 고조시켜 그들의 자리를 차지했다.

두 팔 벌려 랩을 환영하면서, 미디어와 음반 기구는 그들이 프랑스 일반 대중의 마음과 주머니를 얻게 만들고자 했다. 이를 위해 메시지를 완화시키고, 일시적 사랑과 일몰을 즐겁게 만들고, 플로우(flow)라는 강박적인 유명한 형식의 거침을 연마하고 부드럽게 만들었다. "시스템"은 정치성이 약하고 덜 요구적인 랩을 하는 MC 솔라르(MC Solaar)[136]를 띄웠고, 그를 "위대한 시인"으로 확고하게 만들었다. 그의 운율이 조금 덜 간결하고 그의 하모니는 더 재즈스러웠기에 이 "직업"은 그에게 빅투아르 드 라 뮤직[137]을 안겨 주었다. 우리는 1960년대의 비틀스와 롤링 스톤스를 넘을 수 없는 본보기로 삼아, 쿨한 랩과 하드코어 랩, 좋은 래퍼와 나쁜 래퍼 사이의 구분을 만들기 위해 노력했다. 라디오는 변화

---

136 MC 솔라르(MC Solaar, 1969~)는 프랑스의 세네갈 출신 래퍼다. 부모님은 아프리카 차드 공화국 출신이다. 프랑스 최고 수준 래퍼로 평가받고 있다.

137 1985년부터 매년 개최되는 프랑스의 대중음악 시상식.

를 뒤쫓았고, "쿨한 랩"만 틀었다. 하지만 계획은 먹히지 않았다. 나머지 국민들은 MC 솔라르에 심취하지 않았다. 그는 그들의 마음속에 새로운 아즈나부르나 레기아니의 후계자가 결코 되지 못했다. 이 가수들은 프랑스 시의 영혼과 재결합한 이민자들의 자녀들이다.

마찬가지로 미국의 흑인 게토에서 온 재즈와 록과는 달리, 랩은 TF1이나 RTL과 같은 국가의 대중적인 주요 미디어에서 절대 중계되지 않을 것이다. 심지어 1980년대 NRJ를 둘러싸고 등장한 라디오들마저도 계속해서 록이나 심지어 프랑스 대중음악을 선호했다.

그러나 1998년에, 1960년대와 1970년대의 록과 팝 음악의 창조적 고갈을 확인하면서, 스카이록 라디오 방송은 추방자에게 방송을 개방했다. 스카이록은 방송 시간의 80퍼센트를 바치기 위해 프랑스 음악 쿼터의 법적 의무를 이용하면서 프랑스 랩의 주요 방송국이 되었다. 당시에는 아무도 스카이록의 위험한 도박에 동의하지 않았다. 프랑스 은행들이 슬쩍 발을 뺐다. 도이치뱅크와 골드만삭스만이 라디오 개발에 자금을 조달했다. 세계화의 주요 행위자들과 프랑스 영토의 랩 문화의 발전 사이에서 나온 상징적인 특징 같았다.

스카이록의 선택은 라디오를 파산에서 구해냈지만, 라디오를 일종의 공동체적 방송국으로 변화시켰다. 그곳에서는 아랍-아프리카 이민자 출신 젊은이들이 항상 열려 있는 마이크에 소녀들의 숨겨진 사랑, 성적 감정의 발견을 의뢰하고는, 이어서 라마단의 지침과 할랄과 하람의 미묘한 구별을 상기시켰다.

이 라디오의 사장은 랩이 대중음악의 연속성에 위치해 있다고 믿는 척했다. 일상의 현실과 소외, 그리고 사랑받지 못하는 소외된 젊은

이들의 반란을 모두 표현하는 프랑스어 텍스트라는 점을 들어서. 그에 따르면, 랩은 세대 고유의 표시를 찍는 역할로, 셰일라나 클로드 프랑수아 등의 프랑스 대중음악을 대체했다. 단순한, 심지어 너무 단순하고 대중적인 멜로디와 가사로 말이다.

그러나 부르주아와 서민층의 자손은 이 우주에서 오히려 멀리 떨어져 있었다. 백인 젊은이들이 부모 세계에 대한 위반을 찾았을 때, 그들은 알코올에 의한 망각에 빠져들었다. 그리고 끝나지 않고 지치게 만드는 레이브 파티에서 가사 없이 쳇소리 가득한 하우스 뮤직에 종종 취했다. 랩에 눈을 돌린 몇 안 되는 사람들은 미국식 모델을 향한 특별한 사랑을 고백했다. 아마도 그들이 가사를 이해하지 못했기 때문일 것이다. 가장 참여적인 래퍼들, 예전에는 가장 "의식화되었다"고 말해졌을 래퍼들은 착각하지 않았다. 그들은 자신들이 국가 안의 국가에 세운 "공동체"에 봉사하기를 원했다. 여기에서 그들은, 한때 공산주의자들이 반란을 일으키고 궁극적인 대립으로 이끌기를 꿈꿨던 분열을 의미하는 계급 의식을 고양시켰던 것처럼, 일체감을 촉진하기를 희망했다. MC 솔라르는 항상 "반역자"로 여겨졌다.

그리고 2007년 상냥하고 장난을 좋아하는 사람이면서 "마리화나"의 애연가인 래퍼 독 지네코(Doc Gynéco)가 니콜라 사르코지에게 가담하고 프랑스 랩의 이슬람화를 비난했을 때, 그는 격렬히 비난당하고, 위협받고, 배척당했고, 조용하지만 효과적인 "직업적인 배척"을 감내했다.

아무도 우리를 존중하지 않고 나는 왜인지 알 것 같아

우리는 인색하고 분열되었어 […]

로비를 조직할 능력이 없지 […]

우리는 인종 차별에 대해 불평하지만, 우리 자신도 그러지 않나 […]

그리고 정치에 입문한 사람들은 우리를 배신해

근무 중인 흑인이나 아랍인의 역할에 만족하면서.

—케리 잠, 〈쓸쓸한 사실(Constat amer)〉,

앨범 《마지막 MC》 중, 2013.

그리하여 케리 잠(Kery James)[138]이 〈공화국에 보내는 편지(Lettre à la République)〉를 썼을 때, 마리안(Marianne)[139]에게 말을 건 것은 프랑스 시민이 아니라 영원한 이방인이다. 최후의 날까지 노예와 피식민자의 후계자로 스스로를 상상한 자. 케리 잠 자신은 그런 과거를 겪어 본 적이 없지만 말이다. 그는 프랑스 역사를 자신의 것으로 만드는 것을 거부하고, 자신의 민족인 이슬람과 아프리카의 이방인이자 심지어 적으로 영원히 생각한다.

부의 약탈자들, 아프리카인의 살인자들

식민지 개척자들, 알제리의 고문자들 […]

---

138 케리 잠(Kery James, 1977~)은 카리브해에 있는 프랑스령 과들루프(Guadeloupe) 태생의 래퍼이며 부모는 아이티인이다.

139 프랑스 공화국을 상징하는 가상의 인물로 프리지아 모자를 쓴 여성의 모습으로 형상화된다.

이제 너희가 받아들여야 한다 [⋯]

나는 프랑스 빈민가 오를리에서 자랐다 [⋯]

마약 밀매, 강도, 폭력⋯ 범죄들! [⋯]

왜냐하면 나는 흑인이고, 무슬림이고, 방리유에 살며 내 존재를 자랑스러워하기 때문이지[⋯]

내일 결국 폭발이 일어난다 해도 아무도 놀라지 않지.

— 케리 잠, 〈공화국에 보내는 편지〉,

앨범 《92.2012》 중, 2012.

"술보다 더욱 나쁜 것은 범죄를 부추기는 글이다."(셀린)[140]

---

140 루이페르디낭 셀린(Louis-Ferdinand Céline).

1992

1992년 5월 11일

엘렌과 소녀들

그들은 천사 같은 얼굴을 갖고 있으며 손을 맞잡는다. 그녀들은 학생들이고, 그 남자들은 뮤지션이다. 하지만 그 반대일 수도 있다. 수업, 시험, 교사들은 그들의 세상에서 부재중이며, 오직 카페테리아, 체육관 또는 룸메이트의 방, 때로는 녹음 스튜디오에만 몰두해 있다. 그녀들은 노래를 뽐내고 그들은 작곡을 한다고 자부한다. 그것은 상냥한 표현과 섬세한 배려일 뿐이다. 사람들은 서로를 발견하고, 즐기고, 키스하고, 사랑하고, 싸우고, 헤어지고, 다시 시작하고 관계를 끊는다. 소녀들은 서로 로맨스를 이야기한다. 소년들도 마찬가지다. 그들은 매우 감상적이다. 그들은 사랑하거나 그들의 사랑에 대해 서로 묻는다. 눈을 감으면 누가 말을 하는지 알 수 없다. 소녀인지 소년인지 구분되지 않는다. 커플은 그들이 추구하는 유일한 것, 그들의 성배, 그들의 유일한 관심사다. 세상은 존재하지 않고, 정치도 존재하지 않으며, 공부도 없고, 역사도 없고, 권력도 없고, 혁명도 없고, 돈도 없고, 사회 계층도 존재하지 않는다. 사람들은 주먹을 들지 않고 손을 내민다. 사람들은 반항하지 않고 친구의 실연에 눈물을 흘린다. 심지어 성별도 존재하지 않는다. 사람들은 순결하게 입을 맞추고, 서로의 어깨에 머리를 기대고, 서로의 눈을 바라본다. "그에게 너를 사랑할 시간을 주렴!"이라고 사람들은 말한다. "네가 사랑하는 여자와 함께 행복해지렴. 하지만 나는 너를 위해 항상 거기에 있을 거야"라고들 말한다. 사람들은 무분별하게 심리학화한다. 소년들은 소녀들의 선한 여자 친구로 변했다. 그들에게는 비밀이 없다. 사람들은 그들 마음의 상태를 드러낸다. 모든 것이 장밋빛이고, 교태스러우며, 상큼해진다.

교육의 목표는 더 이상 "너는 남자가 될 거란다, 아들아"가 아니라 "너는 여자가 될 거야, 아들아!"이다. 소녀는 남자의 미래다.

과거에 텔레비전은 청소년들의 감각과 여성들의 마음을 미치게 만드는 커플과 예상치 못한 두근거림에 대한 시리즈물을 이미 많이 제공하여 성년의 부드러운 기억과 달콤한 노스탤지어를 남겼다. 1960~1970년대의 《인생 만세》나 《억만장자와 결혼하는 법》, 또는 《아비뇽의 아가씨》는 《엘렌과 소년들》과 비견할 만한 성공을 거두었다.

그러나 이 각각의 이야기에서 당연히 거부할 수 없는 사랑은 성격, 사회 계층, 직업적 걱정 또는 가족의 어려움을 극복해야 했다. 사랑은 완전히 분리되어 있는 남성과 여성을 결합시켜야 했다. 성별이라는 변치 않는 차이는 비극이면서 동시에 존재의 원동력이다. 《엘렌과 소년들》에서 성별 간의 관계가 갖는 이 요지부동의 복잡성, 이 근본적인 이 타성(異他性)은 제거되고, 비워지고, 삭제되고, 부정되었다. 소년들의 여성적 모델로의 전환에 의해서.

멍청한 대사와 녹음된 웃음소리를 포함한 《엘렌과 소년들》은 1992년부터 1995년까지 프랑스 스타일 시트콤의 빛나는 기수였고, AB 프로덕션의 금전 등록기였다. 이 시리즈는 7세에서 24세 사이의 소녀 90퍼센트를 포함하여 시청률 50퍼센트를 기록하며 매일 600만 명의 시청자를 끌어당겼다. 그 시대의 청소년들에게 세대 고유의 표식을 찍는 존재였다. 배우 엘렌 롤레스는 가수로서 경력을 시작했고, 빅투아르 드 라 뮤직에 선정되었다(미국식 미디어 용어로는 노미네이션되었다 [nominated]고들 한다). 칸 국제음반박람회로 향하는 그녀의 여정은 팬들의 난리를 유발했고, 『선데이 타임스』는 그녀에게 "새로운 바르도[141]"라는 제목으로 1면을 바쳤다.

이번에는 영국인들이 틀렸다. 롤레스는 안티-바르도였다.

바댕의 뮤즈[142]는 개인과 그 지구적 충동이 커플과 가족을 깨뜨리는 1960년대의 성적이고 절대자유주의적인 폭발을 구현했다. 엘렌 롤레스는 사랑과 커플의 승리, 새로운 세계의 감상주의화를 예고했다. 이미 1930년대에 사랑은 중매결혼을 전복시켰지만, 1960년대의 성(性)

---

141 브리지트 바르도(Brigitte Bardot, 1934~)는 프랑스의 영화배우다. 젊은 시절에는 세계적인 섹스 심볼로 명성을 떨쳤다. 한국에서는 개고기 반대하며 한국 제품을 불매한 일로 유명하다. 프랑스 극우 정당 국민전선의 지지자로 알려져 있다.

142 바르도는 영화감독 로제 바댕(Roger Vadim, 1928~2000)의 영화 〈그리고 신은 여자를 창조했다〉(1956)를 통해 인기 배우로 부상했으며 이들은 한때 부부였다.

혁명은 사랑의 사슬을 끊었다. 그것은 여성 혁명의 뒤를 잇는 남성의 혁명이었다. 18세기의 리베르티나주가 17세기의 갈랑트리에 반박한 것처럼[143] 두 존재는 서로 응수하고, 서로 수정하고, 서로 반대했다. 바르도는 본의 아니게 환희의 추구가 승리한 쾌락적인 세계를 구현했지만, 그곳에서 여성들은 그들의 몫을 차지하기 위해 노력했다. 엘렌은 사랑에 빠진 청교도주의로의 회귀를 구현했지만, 거기에서는 성당의 도덕주의가 여성적 감상주의라는 또 다른 도덕주의로 대체되었다.

새로운 시대가 열렸다. 하나의 페미니즘이 다른 페미니즘을 대체했다.

1970년대에는 요구적이고 절대자유주의적인 페미니즘이 최고의 자리를 차지했다. 그녀들은 "내 몸은 내 것이다"라고 외쳤고, 브래지어와 로맨틱한 환상을 뽑아버렸다. 여성의 감상적 저주라고 자신들이 비난하는 것과의 관계를 청산하기를 꿈꾸었던 것이다. 그녀들은 여자처럼 사랑을 나누기를 더 이상 원치 않았으며, 남자처럼 섹스하고 싶어 했다. 그녀들이 원하는 사람과, 그녀들이 원하는 방식으로, 그녀들이 원할 때, 그녀들이 원하는 만큼. 부정(不貞)해지는 것에서 자유롭고, 열정과 충동을 따르는 것도 자유로웠다. 더 이상 헌신하지 않고, 쟁취했다. 웃으면서, 그녀들 역시 남자를 얻기 위해서는 대가를 치를 수도 있

---

143 갈랑트리(galanterie)는 17세기 프랑스 귀족 사회에서 유행했던 일종의 사교술로 우아하고 정중하게 이성을 유혹하려는 태도를 의미한다. 이후 등장한 리베르티나주(libertinage)는 종교적 윤리와 억압으로부터 벗어나 자유롭게 욕망과 쾌락을 추구하는 태도를 가리킨다. 이러한 방식으로 살아가는 사람들을 리베르탱(libertin)이라고 부른다.

다고 생각했다. 그녀들은 쾌락에 대한 권리를 매우 강력하게 주장했다.

시몬 드 보부아르는 그들에게 우리는 여자로 태어나는 것이 아니라, 여자가 되어가는 것이라고 가르쳤다. 그녀들은 남자들이 될 것이다.

1980년대에 그녀들은 남성성이 심지어 가짜일지라도 가치가 있다는 것을 발견했다. 자유를 위한 고독이다. 그녀들은 "해방된 여성이 되는 것은 그렇게 쉬운 일이 아니다―쿠키 댕글러, 〈해방된 여성〉(1984)", 또는 "그녀는 혼자 아기를 만들었다 […] 그리고 그녀는 아침을 먹으며 담배를 피우고, 담배를 피우고, 담배를 피운다―장자크 골드만, 〈그녀는 혼자 아기를 만들었다〉(1987)"라고 노래했다.

그녀 자신들과 마찬가지로, 시몬 드 보부아르와 같은 위대한 페미니스트 명사들은 여성의 진화 속에, 남성들과의 관계, 보호와 순종의 욕구, 애정 충동과 자애의 욕구를 포함하여 아이 낳기를 포기했다. 아이는 결정적인 단계였다. 행운이자 생명을 부여하는 놀라운 힘과 무거운 짐을 한꺼번에 포기했다. 그러나 이 "죽음" 이데올로기의 엄정성은, 여성들이 출산을 포기하도록 강제했기 때문에, 그녀들 중 극소수에만 관련될 수 있었다. 다른 이들은 "여성들이 하는 모든 것은 종의 번식을 위한 것이다"라는 쇼펜하우어의 여성 혐오적 경고를 완전히 무시하면서 계속해서 자신의 아이들을 안고, 먹이고, 사랑하기를 원했다. 새로운 페미니스트 세대의 가장 지적인 자들은 양립할 수 없는 것을 일치시키고, 보부아르의 유산이라는 어려운 문제에 종지부를 찍지 않은 채 해결하고자 노력했으며, 모성과 독립을 동시에 주장했다. 자녀 양육을 위해 아이 아버지의 재정적 보호가 필요하지 않은 대(大)부르주아 계급의 요구였다.

프랑스 정부는 엘리트 페미니스트들과 여성의 급여 생활자 세계로의 대규모 진출 압력 아래 사회 보호 시스템을 개편했다. 프랑스는 하나의 모델이 되었다. 여성들은 열광적이고 요구가 많은 삶의 방식을 대가로, 가족 생활과 직장 생활을 조정한다. 그들의 삶은 영구적인 곡예가 되었다.

그리하여 전투는 이동했다. 그들의 "투쟁"은 사적인 영역을 차지했다. 여성들이 바깥세상으로 성공적으로 진입했기 때문에, 남자들은 가정으로의 상륙을 더 이상 미루지 말아야 했다. 설거지, 청소, 요리, 아이 돌보기와 같은 일상의 평등주의는 직업적 발전뿐만이 아니라 여성의 개인적인 발전의 필요불가결한 조건이 되었다. 젠더 이론은 이러한 분산된 주장들에 지적이고 전체주의적인 기반을 부여했다. 존재들 사이의 구별은 더 이상 남성-여성이라는 성적 이중성이 아니라, 자신의 선망, 욕망, 욕구, 변덕에 따라 자신의 젠더를 선택할 수 있는 각자의 자유 의지에 기초를 둔다. 노동자들은 주부가 되라고 재촉받고, 아버지는 엄마가 되라고, 남성은 여성처럼 사랑하라는 명령을 받았다.

평등주의가 그것의 독을 퍼뜨렸다. 절대적인 문화주의는 효력을 발휘했다. 여자들은 평범한 남자가 되지 못했기 때문에, 남자들이 평범한 여자가 되어야만 했다. 난폭한 충동과 거리두기 위에 세워진, 조롱하거나 거친 남성적 리비도는 감정 세계의 성격이나 돈에 의해 범죄화되었다. 폭력과 지배로 이루어진 남성 섹슈얼리티에 대한 전쟁이 선포되었다. 사람들은 형법의 영역에 속하는 여성들에게 행해진 폭력과 사생활의 복잡성을 혼동했다. "열정의 첫 번째 씨앗에는 실패의 첫 번째 씨앗이 있다"는 스탕달의 어쨌든 매우 적절한 경고는 무시되고, 이의가 제기되고, 경멸되었다. 여성 동성애가 유행하게 되었다. 밀렌 파르메[144]는 여성 동성애의 영광을 노래했다. 여성 신문들은 고집 센 여성 독자들이 죄의식에서 벗어나게 했다.

이것은 남성에 대한 놀라운 역사적 복수였지만, 최초의 페미니스트들에 대한 복수이기도 했다. 그녀들은 자신들이 매우 혐오하고, 그것으로부터 빠져나오고, 자신들이 근절했다고 믿는 이 미묘하고 감상적이며, 여성적인 세계를 싫어했을 것이다. 어리석은 귀부인들이 학식 있는 여성들을 이겼다.

1992년 9월 20일

민주주의는 다르타냥처럼
마스트리히트[145]에서 죽는다

그는 자신의 대기실에서 담배를 빨며 기다리고 있었다. 그는 쥘리앙 클레르와 조제 반 담과 멀리 떨어져 있지 않았다. 프로그램의 마지막에 둘 중 한 명은 〈프랑스의 땅〉, 다른 한 명은 〈유럽 찬가〉를 부를 것이었다. 그는 텔레비전 화면을 보면서, 아나운서 기욤 뒤랑의 덥수룩한 헤

---

144 밀렌 파르메(Mylène Farmer, 1961~)는 프랑스계 캐나다 작가, 작곡가, 가수다.

145 알렉상드르 뒤마의 소설 『삼총사』의 주인공 다르타냥의 실존 모델인 다르타냥 백작(Charles de Batz de Castelmore, Count d'Artagnan, 1611~1673)은 프랑스-네덜란드 전쟁 중 마스트리히트 전투에서 사망한 것으로 알려져 있다.

어스타일을 비웃었으며, 공화국의 대통령을 거칠게 다루기를 주저하지 않는 몇몇 "대표 패널 프랑스인"들의 대담함에 놀랐다. 세르주 쥘리와 장 도르메송의 질문을 받은 미테랑이 살인마 같은 미소를 지으며 『르 피가로』의 필자에게 "내가 당신을 잘 이해했다면 말입니다, 도메르송 씨, 만약 내가 실패한다면 당신은 내가 떠나길 원할 것이고, 만약 내가 성공한다면 당신은 역시나 내가 떠나길 원하겠지요. 어떤 정중한 형식의 이름으로 말이죠…"라며 조롱했을 때, 그는 '저 늙은이가 아직 죽지는 않았네'라고 생각했다. 그리고 미테랑에 대항하는 최후의 반대자 역할을 받아들이는 경솔한 위험을 감행했다. 필리프 세갱[146]은 처음부터, 「유럽 조약」을 홍보하는 캠페인의 화려한 피날레인 마스트리히트[147]에 관한 국민 투표에 바쳐진 이 특별 방송에서, 축구식 표현에 따르자면, 자신은 "원정 경기를 치르는 것"이라는 점을 이해했다. 정치, 경제, 금융, 미디어, 문화 엘리트들은 "찬성"에 전적으로 호의적이었다. 텔레비전은 좋든 싫든 간에 상관없이 최선의 경우에는 의심 많은 사람들을, 최악의 경우에는 고집 센 사람들의 마음을 바꾸기 위해 자신의 역할을 했다. 기욤 뒤랑이 크리용 호텔에서 빌려 온 유럽을 상징하는 파란색 가구들까지 모든 것이 같은 방향으로 가고 있었다. 그러나 미테랑 대통령의 문학적이고 역사적인 교양에 감탄했기에 미테랑 대통령에 의해 선택되었다는 엄청난 자부심을 억제할 수 없던 필리프 세갱은 용감하게 자신

---

146 필리프 세갱(Philippe Séguin, 1943~2010)은 프랑스의 고위 공직자이자 정치인이다.

147 「마스트리흐트 조약」은 1992년에 유럽 공동체 가입국이 서명하여 1993년에 발효된 조약으로 유럽 연합의 기초가 되는 조약이다. 프랑스는 국민 투표를 통해 조약 비준을 결정했는데, 찬성률은 51.05퍼센트에 불과했다.

의 운을 시험해 보기로 결정했다. 이 토론은 그 자체로 인정이었으며 승리였다. 그는 자기 세대의 라이벌 동지들보다 10년은 더 격차를 벌렸다. 예를 들면, 알랭 쥐페[148], 특히 알랭 쥐페, 유일하게 알랭 쥐페 말이다. 그날 저녁, 세갱은 대통령과 토론을 벌인 테이블을 보존할 것을 요청하고 얻어 내어 그의 사무실에 경건하게 유물을 보관할 것이다.

그러나 그토록 유망했던 대결은 시작되기도 전에 별안간 끝났다. 필리프 세갱이 그의 대기실을 나서다가, 긴, 매우 긴 광고 시간 동안 미테랑 대통령을 "부활시키기" 위해 엘리제궁에서 소르본으로 의료팀이 보내졌다는 사실을 알게 되었을 때였다.

"피렌체인"이라 불린 그 사람은 볼포네(Volpone)[149]의 기술에 능통했다. 그의 암은 꾸며낸 것이 아니었고, 4년 후 끔찍한 고통 속에서 결국 그를 죽음에 이르게 했다. 그러나 대통령은 그의 생애 마지막 정치적 싸움에서 그것을 무기로 선택했고, 이것은 그의 상대를 불안정하게 만드는 결정적인 무기였다. 한 명이 죽거나 둘 다 죽는다. 필리프 세갱은 대통령의 위중한 병세와 방송을 둘러싼 놀라운 의료 지원 체제를 폭로할 수도 있었다. 그는 침묵하고 불공평한 게임을 하는 데 동의했다. 튀니스[150]에서 온 감정적이고 화를 잘 내는 아이였던 예민한 지중해 사

---

148 알랭 쥐페(Alain Juppé, 1945~)는 프랑스의 정치인으로 시라크 대통령 시절 총리를 지냈다. 필리프 세갱과 알랭 쥐페 모두 엘리트 공무원 양성소라 불리는 국립행정학교(ENA) 출신이다.

149 영국 극작가 벤 존슨(Ben Jonson, 1572~1637)이 1606년 발표한 『여우 볼포네』의 주인공. 거짓으로 죽을병에 걸린 척한 부자 볼포네와 그의 유산을 탐하는 주변 인물들의 악행이 결국에는 모두 밝혀지고 벌을 받는다는 이야기다.

150 튀니지의 수도.

람인 세갱은 위독한 병자 앞에서 겁을 먹지 않을 수 없었다. 필리프 세갱은 맞은편에서 더 이상 적이 아니라, 곧 죽을 시체를 보았다. 테이블 주위를 맴도는 이 죽음이 자신에게 예정된 것이라는 사실은 깨닫지 못하면서. 정치적 죽음, 상징적 죽음이었다. 챔피언의 무뎌진 호전성, 지나친 예의, 너무 동조적인 미소, 소매 효과와 잘못된 믿음을 거부하는 너무 이성적인 주장, 이것들은 아마도 운명을 뒤바꾸기 위해 그에게 필요한 수천 표를 반대 지지 캠프에서 빼앗았을 것이다.

그러나 세갱은 누구보다도 쟁점을 알고 있었다. 프랑스 민족의 주권, 정부의 영속성, 민주주의의 활력, 공화국의 생존에 대한 것이었다. 그것은, 몇 달 전 1992년 5월 5일 국회 연단에서 에피날의 국회의원이 제시한 "우리가 직면한 선택의 예외적인 중요성, 근본적인 중요성"이라는 이 엄숙한 용어들에 담겨 있었다. 이것은 세갱을 제3공화국의 위대한 연설가들인 강베타, 조레스, 클레망소, 브리앙의 후계자로 만든 이 위엄 있는 목소리로 표명된 야심 차고 감동적인 연설이었다.

"마스트리히트에서 조정된 경제적이고 정치적인 연속 과정의 논리는 근본적으로 반민주적이고, 거짓 자유주의적이며, 단호하게 기술주의적인 싸구려 연방주의 논리다. 우리에게 제안된 유럽은 자유롭지도, 공정하지도, 효율적이지도 않다. 그것은 국민 주권의 개념과 혁명으로부터 나온 위대한 원칙들을 묻어 버린다. 1992년은 말 그대로 안티-1789년이다. 이 공화국의 위선자들이 200주년을 맞이하여 만들어 준 아름다운 기념일 선물은 그들이 연설에서 예찬하고는 행위에서 망칠 위험이 있다."

필리프 세갱은 모든 것을 파악하고, 모든 것을 이해했으며, 모든 것을 짐작했다. 사람들은 신화적인 유럽에 대해 이야기했지만, 그는 진정한 유럽을 보았다. 사람들은 "우리의 가치를 되찾기 위해 우리의 주권을 공유하는 것"을 높이 평가했지만, 그는 "주권은 분열되거나 공유되지 않으며, 당연히 제한되지 않는다"고 상기시켰다. 그는 경제적이고 통화적인 동맹에 대한 위대한 연설 이면에, 우리에게 마련된 반민주적인, 보다 정확히는 비민주적인 유럽을 밝혀냈다.

사실 그는 그것을 추측하기 위해 마법사가 될 필요는 없었다. 유럽은 장 모네의 매우 오래된 프로젝트를 다시 시작했다. 그를 증오한 드골이 경멸을 담아 말한 것처럼 이 "선동자"는 미국 군대와 동시에 관련된 두 전쟁의 경험에서 나왔으며, 전쟁은 국민들의 민족주의적 열정에서 기인한다고 확신했다. 따라서 민주적인 경로를 간척하는 것을 포함하여 가능한 모든 방법으로 그것들의 접속을 끊어야 했다. 모네와 "유럽의 아버지들"은 프랑스 혁명 이후 자유주의자들의 오래된 결단력을 되찾았다. 그들 역시 공포 정치의 과잉과 학살을 야기한 대중적 열정을 집중시키고자 시도했다. 관료들의 테크노크라트적인 유럽은 국가적이고 민주적인 개가 물지 못하도록 막기에 적합한 구속복으로 확인되었다. 그러나 장 모네의 경쟁자들은 좋은 입마개를 찾는 데 40년이 걸렸다. 유럽방위공동체의 실패, 이어서 프랑스 주권을 회복하기 위해 반대로 민주주의를 이용한 드골 장군의 귀환에 의해 방해받았기 때문이다. 드골은 "나에게 민주주의는 국민 주권과 완전히 혼동된다"고 말했다. 민주주의를 무너뜨리기 위해서는 국민 주권을 무너뜨려야 했다. 그리고 연방 유럽을 건설하기 위해서는 민주주의를 파괴하는 것을 각오하고 국민 주권을 무너뜨려야 했다.

장 모네와 그의 친구들은 유럽경제공동체에 만족하며 드골 장군의 추락을 기다렸다. 즉, 각각의 국가 주권에 의문을 제기하지 않고 6개의 창립 국가 간의 무역을 촉진하는, 여전히 국제적인 관세 동맹에 만족했다. 이 관세 동맹은 1968년경에 체결되었다. 그러나 관세를 박탈당한 각 국가는 유럽의 경쟁자들을 몰아내기 위해 다양한 기술 표준을 통해 자국 산업을 계속 보호했다. 자유주의와 자유무역의 이론가들은 구원은 이러한 "비관세 장벽"을 제거하는 데서 올 것이라고 설명했다. 우리는 "자유롭고 왜곡되지 않은 경쟁"의 원칙이 빈사 상태의 경제 성장을 회복하는 기적을 이룰 수 있도록, 유일하고 획일화된 표준이 지배하는 큰 시장을 만들 의무가 있었다.

더욱 근본적으로, 1960년대의 반체제 운동과 사회민주주의의 발전은 서구의 엘리트들을 걱정 속으로 몰아넣기 시작했다. 1975년 『민주주의의 위기』라는 제목의 3국에 대한 보고서에서 프랑스의 미셸 크로지에, 미국의 새뮤얼 헌팅턴, 그리고 일본의 조지 와타누키라는 3명의 전문가들은 정치적이고 사회적인 생활에 대한 정부의 지나친 장악 때문에 민주 정부가 이제는 통치할 수 없게 되었음을 애석해했다. 유럽은 이제 통제할 수 없는 이 민주주의를 억제해야 했다.

서구 엘리트들의 세 가지 꿈이 이 새로운 유럽을 낳은 것은 1980년대 초다. 그것은 평화주의의 꿈, 테크노크라트의 꿈, 자유주의의 꿈이었다.

이 포스트 민주주의 쿠데타를 성공시키기 위해, 우리의 엘리트들은 "연쇄 상황"이라는 엄청나게 효과적인 방법을 사용할 것이다. 유럽 건설의 각 단계는 하나의 필요성처럼 다음 단계를 이끌 것이다. 여기에서 문제 제기는 너무 많은 비용이 든다. 유럽경제공동체를 단일 시장으로 변화시키는 것은 단일 통화의 창설을 촉구할 것이다. 단일 통화는 순서가 되면 공동의 예산 규정을 요구한다. 철권적 테크노크라트의 후견은 점차 국가들에 지침과 규범의 큰 타격을 가할 것이다.

중앙은행 역시 민주적 통제에서 벗어나기 위해 독립적이 되었다. 우리는 국민들과 그들의 대표자들을 황금 송아지에서 멀어지게 하기 위해 인플레이션에 맞선 싸움의 긴급함 뒤에 몸을 숨겼다. 〈무슈 갱스터〉에서 괴상한 인간인 프랑시스 블랑슈가 말한 것처럼 "돈에 손대지 마, 비열한 놈아!" 같은 것이었다. 세갱은 더욱 세련되게 몇 마디 했다. "누구에게도 보고하지 않을 이 은행의 경영자들이 항상 최선의 정책을 할 것이라고 아무도 우리에게 보장할 수 없다. 아니면 무책임함을 효율성의 가장 확실한 담보로 여겨야 하는가?"

1992년은 더 이상 안티-1789년일 뿐만 아니라 안티-1936년이었다.

유럽 건설은 권력 없는 대표(국가의 정부들)와 대표 없는 권력(브뤼셀의 테크노크라트들, 판사와 로비 단체들) 사이에 벽을 쌓을 것이다.

한탄하는 척하는 유럽의 지지자들로부터 뒤이어 그토록 비난받은 "민주적 결손"은 결함이 아니라 계획이었다. 권위주의적 자유주의는 브뤼셀의 테크노크라트적인 엄격한 감독 아래에서 단결될 대륙의 명백한 체제가 될 것이다.

세월이 흐르면서 코르셋이 더욱 조여졌다. 질식할 정도로.

통합된 유럽은 여전히 불확실한 상태에 있는 세계적 거버넌스의 실험실이 되었다. 이 매우 기발한 도식 안에서, 민족-국가는 사라지지 않고 새로운 테크노크라트의 권력에 세속적 권력을 빌려주었고, 역사적이고 거의 육체적인 정당성의 망토를 덮어 주었다. 그것이 없다면 용납할 수 없는 폭력으로 국민들에게 나타날 유럽의 규범과 규칙에 대한 정당성이었다. 프랑스와 유럽의 역사에서 처음으로, 법은 더 이상 정치에 의해 공식화되지 않았다.

이 마스트리히트 캠페인은 프랑스 민주주의의 마지막 이야기였던 것으로 드러났다. 그것은 석양의 시들어가는 아름다움을 가졌다. 세갱, 파스카, 빌리에, 슈벤망, 다른 이들로부터 배척당한 르펜 같은 인간도 물론 포함하여, 서정적이면서도 범인류적인 반대자들의 재능도 거기에 많이 기여했다. 선거 운동 초기에 자기도취, 심지어 오만함으로 가득 찬 지배자들에 대해 확신한 찬성 지지자들은, 미테랑부터 들로르를 거쳐 지스카르에 이르면서 결국 겁에 질려 미질 지경이 되었다. 사람들은 사회당 총리 피에르 베레고부아가 공화국연합의 수장 자크 시라크에게 '찬성'을 구해내라고 간청하는 것을 보았다.

조약에 반대하는 사람들은 재능, 명료함, 대담함 등 모든 것을 가지고 있었다. 그들에게는 용기, 의연함, 그리고 일관성이 결여되어 있었다.

국민 투표일 저녁, 샤를 파스카는 텔레비전에서 으스댔다. "어떤 것도 더 이상 이전과 같지는 않을 것입니다." 그것은 반어법이었다. 모든 것이 예전과 같을 것이다. 국민 투표와 관련된 투쟁의 격분 속에서, 우파와 좌파의 오래된 대립의 폐지를 보여 주는 새로운 분열이 형성되었다. 찬성과 반대 사이에서, 마스트리히트에서 이데올로기적이고 정치적인 새로운 세계가 탄생했다. 한편에는 모든 방면의 중도주의자들, 사회주의-자유주의자들, 정부 정당들, 미디어들, 경제와 금융, 문화와 예술의 엘리트들, 세계화의 승리자들, 학위자들과 거대한 대도시들이 있었다. 다른 한편에는 반대 지지자들을 중심으로 반자유주의 좌파, 우파의 주권주의자와 드골주의자들, 서민층, 저학력자들, 여성보다는 남성, 혜택받지 못한 소도시와 지방들, 세계화의 패배자들이 그룹을 형성했다. 그러나 이념적, 사회학적이고 문화적인 이 부식토는 결코 정치적이고 당파적인 열매를 맺지 못했다. 슈벤망은 영원한 좌파 대열에 다시 합류했다. 반대를 위한 캠페인을 벌였던 공화국연합의 의원들은 1993년 총선 공천을 위해, 찬성을 구원했던 정당의 수장들인 시라크, 발라뒤르와 쥐페에게 겸손하게 간청했다. 장마리 르펜은 사람들이 가뒀던 게토에서 결코 벗어나지 못했고 거기에서 결국 만족해했다. 모든 게 이전과 같을 것이었다.

국민 투표일 저녁, 한 점의 실패로 화가 난 필리프 드 빌리에[151]는 그의 두 드골주의자 동료들로부터 프랑수아 1세 거리에 위치한 호화로운 캠페인 사령부에서 대접을 받았다. 그들은 손에 샴페인 한 잔을 들고는, 얼큰히 취하고 안도해서는, 어깨를 툭 치며 사악한 기쁨 속에서 그를 설득하려고 시도했다. "우리는 보기 좋게 그것에서 벗어났어요. 만약 우리가 이겼다면 무엇을 할 수 있었을까요? 우리는 정말 곤란해

---

151 필리프 드 빌리에(Philippe de Villiers, 1949~)는 프랑스 정치인으로 1992년 국민 투표 당시 「마스트리히트 조약」 반대파의 대표 인물이었다.

졌을 겁니다." 빌리에는 악몽 속에서 "우리는 보기 좋게 그것에서 벗어났다"고 여러 번 반복하는 파스카의 마르셀 파뇰 같은 목소리를 오랫동안 들었다. 그 말은 마치 그 자신이 더 납득하기 위해서인 것 같았다.

20년 후, 필리프 세갱은 죽고, 장마리 르펜은 자신의 『회고록』을 쓰고, 샤를 파스카는 노쇠해져서 법정에 불려 갔고, 장피에르 슈벤망과 필리프 드 빌리에는 각자의 진영에서 소외된 덕분에 훌륭한 역사책을 썼다. 사형대에서 미남왕 필리프와 그의 왕족 자손을 저주했던 성당 기사단의 마지막 수장인 자크 드 몰레처럼, 자크 들로르는 1992년 캠페인 동안 같은 방식으로 위협했다. "여러분, 태도를 바꾸거나, 아니면 정치를 포기하세요." 안티-마스트리히트파는 정치를 포기했지만, 그들과 함께 정치는 스스로를 포기했다. 그리고 민주주의는 정치와 더불어 그림자 연극이 될 것이다.

1992년 9월
말, 말, 말…

베르나르 쿠슈네르: "마스트리히트와 함께 우리는 훨씬 더 많이 웃게 될 겁니다."

마르틴 오브리: "유럽은 더 많은 일자리, 더 많은 사회적 보호와 더 적은 소외를 갖게 될 것입니다."

자크 랑: "프랑스는 기관차입니다. 프랑스는 마지막 칸에 있을 권리가 없습니다. […] 희망의 열차는 두 번 지나가지 않습니다."

피에르 베레고부아: "마약 밀매나 대규모 범죄는 국경을 알지 못합니다. 지금이야말로 정의와 내정을 위하여 협력을 발전시킬 때입니다. 마스트리히트는 새로운 단계입니다. 프랑스는 비겁한 경쟁을 피하는 것뿐만 아니라, 이 공동체에 진정한 인간적 일관성을 부여하기 위해 유럽의 사회적 공간을 위하여 행동합니다. 빅토르 위고는 말했습니다. '언젠가 미합중국과 유럽합중국이라는 거대한 두 집단들이 서로 마주보고, 바다 위로 손을 맞잡고, 그들의 제품, 무역, 산업, 예술, 천재들을 교환하는 것을 보게 되는 날이 올 것이다 […]. 그리고 그날이 올 때까지는 400년이 걸리지 않을 것이다 […]. 우리가 존재하는 시대에 한 해는 때때로 한 세기의 일을 한다.'고 말입니다."

엘리자베스 기구: "유럽은 당신에게서 아무것도 빼앗지 않을 것입니다. 특히 당신의 사회적 혜택은 아닙니다. 단일 통화는 국제 통화의 혼란과 다른 나라들의 경기 침체의 영향에서 우리를 보호할 것입니다."

미셸 사팽: "유럽은 실업 문제에 대한 미래의 대답입니다. 세계에서 가장 큰 3억 4,000만 명의 소비자 시장, 세계에서 가장 강력한 단일 통화, 세계에서 가장 보호적인 사회 보장 시스템을 기반으로 기업들은 성장하고 일자리를 창출할 수 있습니다. 경제와 통화 동맹은 프랑스가 실업에 맞서 싸우기 위한 가장 확실한 방법입니다. 주식 시장이 다시 활기를 띠기를 원한다면 마스트리히트에 찬성표를 던지십시오."

미셸 로카르: "단일 통화는 더 적은 실업자와 더 큰 번영이 될 겁

니다. 공공 외교 정책은 더 적은 무력감과 더 나은 안보가 될 것입니다. 그리고 시민권은 더 작은 관료주의와 더 훌륭한 민주주의가 될 것입니다.”

발레리 지스카르 데스텡: “「조약」이 시행된다면 유럽 공동체는 결국 더 강력한 경제 성장을 경험하게 될 것이며, 따라서 고용은 더 나아질 것입니다.”

알랭 마들랭: “「마스트리히트 조약」은 강경한 사회주의 경험으로의 회귀에 맞서는 생명 보험 역할을 합니다.”

장뤽 멜랑숑: “다시 한 번 말하지만, 문명의 문제입니다. 베를린 장벽 붕괴가 로스앤젤레스 폭동의 반향을 불러일으키는, 폭력적이고 불공평한 세계의 대안은 평화, 문명, 연대를 주도하는 유럽 국가의 출현입니다. 친애하는 동지 여러분, 우리가 프랑스를 사랑할 때—우리는 여러 가지 방법으로 프랑스를 사랑할 수 있습니다—우리는 단 하나의 국가에서만 사랑할 수 없다는 것을 알고 있습니다. 내가 유럽 시민권에 관한 「마스트리히트 조약」의 진전에 동의한다면, 비록 우리에겐 부족해 보이겠지만, 당신들은 그것을 알아야 합니다. 왜냐하면 우리 중 가장 많은 수의 사람들이 중요한 것, 우리가 원하고 숨김없이 지지하는 것을 향한 과정을 거기에서 보기 때문입니다. 유럽 국가가 탄생하는 것을 보고자 하는 의지, 그리고 그와 함께 유럽 국가가 불러일으키는 새로운 애국심입니다.”

에두아르 발라뒤르: “유럽 통화는 결코 저절로 발명되지 않을 겁니다. … 게다가 각 정부는 현재보다 더 제한되지 않은 한도 내

에서 재정과 세무 정책에 대한 통제권을 유지할 것입니다."

프랑수아 롱클: "[「조약」에 반대하는 사람들은] 속 좁은 소부르주아와 프랑스 중심적인 국수주의자들의 카르텔입니다."

자크 들로르: "우리는 사람, 상품, 서비스와 자본의 자유로운 이동을 통해 큰 시장을 만들기를 원했습니다. 공동 게임 규칙에 대한 요구 사항은 각료 위원회가 280개의 법률을 가결했다는 사실을 설명해 줍니다. 그러나 필수적인 것이 행해진다면, 미래에는 유럽 법률이 줄어들 것입니다."

"1998년에는 국가 법률의 80퍼센트 이상이 유럽 공동체의 법이 될 것입니다."

"유로화(貨)는 우리에게 평화, 번영, 경쟁력을 가져다줄 것이며, 오직 프랑스에서만 100만 개의 일자리를 창출할 것입니다."

"[반대 지지자들은] 마법사 견습생입니다. […] 저는 그들에게 한 가지 조언을 하겠습니다. 선생님들, 태도를 바꾸거나, 정치를 포기하십시오. 시민의 지성과 상식을 존중하는 진정한 민주주의에서는 그런 연설이나 행동을 위한 자리는 없습니다."

1993~2007

"아버지들은 너무 덜 익은 포도를 먹었고,
아이들의 이빨은 시큰거린다"

— 에제키엘

1993

1993년 1월 8일

이름

법안의 제안은 팔레 뒤 뤽상부르의 주인들[1]의 관심을 불러일으키지 못한 채 상원 사무실에서 5년이라는 긴 시간을 끌었다. 센생드니의 공산당 의원 마르슬랭 베르틀로는 1992년 당 동료인 마리클로드 보도의 아이디어를 다시 꺼내 들었다. 토론이 거의 진행되지 않았고 이어지지도 않았지만, 더 성공적이었다.

　의회 토론을 시작하면서, 사회당의 미셸 보젤 법무장관은 망설이는 듯한 긴 소개에서 약간의 당혹감을 드러냈다. 그가 원했던 것을 진심으로 원하지 않는 것 같았다. 이 모습은, 막을 용기도 없이 그가 행하고자 준비했던 일의 해로운 결과를 사전에 예감한 것이었다.

1　상원의원을 의미한다. 파리 6구 뤽상부르 공원 안에 상원 건물이 위치해 있다.

"어떤 제도도 사회생활에서 더 이상 필수적이지는 않습니다. 신분, 성(姓), 이름이 없다면, 사람은 사회 내에서 그가 가진 특수함, 즉 다른 것으로 바꿀 수 없는 인간 존재로서의 개성을 잃게 됩니다. 그리하여 행정 번호를 가진 타인들 속에서 하나의 추상적인 단위가 됩니다. 따라서 이름과 성에 대한 우리 동료 시민들의 특별한 감수성을 확인하는 것은 놀라운 일이 아닙니다. 어떤 사람들은 개인적 의지의 우월함을 기꺼이 권장하고, 적어도 이름과 관련해서는 사생활의 성벽을 내세웁니다. 호적부 공무원들이 이름 선택을 거부할 수 있거나, 여러 단계와 각종 심사를 필요로 하는 긴 소송 후에야 우스꽝스럽거나 터무니없는 이름을 지울 수 있다고 잘못 알고 있기 때문입니다. 우리의 법률은 더 이상 적합하지 않다는 것을 인정해야 합니다. 그것은 프랑스 혁명까지 거슬러 올라갑니다. 하지만 그 혁명성은 공포된 시대에만 유효합니다. 무엇보다도 안정적 신분을 보장하고 사회적 통제를 수행할 것으로 기대되기 때문입니다. 과거의 몇몇 남용에 대한 반작용으로 말이죠. 풍속과 사고방식의 진화는 오늘날 명백합니다. 그리고 이 진화는, 매년 법무부에 들어오는 항의와 민원이 늘어나는 추세로 보면, 이 속박을 견디기 어렵게 만듭니다. 정비가 필요합니다. 하지만 무질서를 철저히 경계하면서 개인의 자유를 보호하는 균형 잡힌 정비가 되어야 합니다."

다시 한 번, 우리는 프랑스 대혁명을 폐기했다. 다시 한 번, 좌파가 은밀하게 그 일을 처리했다. 한 번 더, 거만함이 뒤섞인 무관심으로. 다시 한 번, 정치인들은 그들이 장려하지도 통제하지도, 하물며 방해하지도 않은 사회의 진화를 받아들였다. 다시 한 번, 판사들은 주권에 대한 그들의 법 해석을 법에 강요했다. 다시 한 번, 프랑스인들은 고려되지도 않았고, 심지어 안내받지도 못했다.

이름에 대한 법률은 그때까지 집정 정부 시기 「공화력 11년 제르미날² 11일의 법」³에 의해서 고정되었다. 제1조는 다음과 같이 분명하게 밝혔다. "이 법이 공포된 날부터, 다양한 달력에 사용된 이름과 옛 역사로부터 알려진 인물들의 이름만이 아이의 출생 신고를 위한 호적부에 등록되는 이름으로 받아들여질 수 있다. 그리고 공무원들이 법적 행위 과정에서 다른 어떤 사항에 대해서도 심리하는 것은 금지된다."

보나파르트 정권이 민법, 여러 장(長), 고등학교, 그리고 달력에서 이름을 따오는 일을 동시에 강행한 것은 우연이 아니다. 미래의 황제는 혁명의 아이지만, 그는 요동치는 파도에 휩쓸려 온 사회의 폭력과 해체의 찌꺼기를 없애고 싶어 한다. 나폴레옹은 앙시앵 레짐과 혁명 사이의 화려한 역사적 통합의 실현을 준비하고 있다. 자유와 질서 사이, 평

---

2 프랑스 혁명 후 한동안 프랑스에서는 그레고리력 대신 공화력(또는 혁명력)을 사용했다. 1792년 9월 22일을 공화력 원년 1월로 제정한다. 달의 이름 또한 숫자가 아니라 각 달에 해당되는 계절의 특징을 바탕으로 새로 만들었다. '공화력 11년 제르미날 11일'은 1803년 4월 1일이며, 제르미날은 '싹이 트는 달'이라는 의미다.

3 1803년까지 프랑스에는 이름을 규제하는 법이 존재하지 않았다. 프랑스인들은 아이들의 이름을 자유롭게 지을 수 있었지만, 일반적으로는 세례 시의 종교적 이름을 선택했다. 그러나 혁명을 거치면서 시민들은 종교적 이름 대신 '마라'처럼 위대한 혁명가의 이름을 자식에게 붙이기 시작했다. 이러한 작명 유행이 마음에 들지 않았던 나폴레옹은 1803년 이름 선택 범위를 제한하는 법을 공포했다. 그렇다고 해서 실제로 규정된 이름만 엄격하게 등록이 허용된 것은 아니었지만, 호적 등록 시 이름 등록을 거부할 수 있는 공무원들이 권한을 악용하는 부작용이 생기기도 했다. 그러다가 1964년 이름 등록을 거부당하여 법적 권리를 부여받지 못한 아이들을 둘러싼 논란이 발생하고 이후 법은 유연해진다. 1993년에는 부모가 자유롭게 아이들의 이름을 붙일 수 있도록 법이 전면 개정되었다.

등과 재능의 위계질서 사이, 오래된 가톨릭 전통과 몇 년 전 공포 정치로 변질된 반교권주의적인 볼테르주의 사이. 개인의 자유와, 민중을 결집시키기 위한 군주의 성스러운 인격을 더 이상 갖고 있지 않은 민족의 통일 사이에서 말이다. 나폴레옹은 "위대한 민족"이 혁명 전날 미라보가 비난한 "사이가 틀어진 민중들의 어울리지 않는 집합체"가 다시 되는 것을 절대 원하지 않는다. 「공화력 11년 제르미날 11일의 법」은 거의 언급되지 않지만, 그럼에도 필수적인 연합적 요소다.

그의 다른 "화강암 덩어리들"[4]처럼, 이름의 덩어리는 거의 2세기 동안 지속되었다. 1966년 4월 12일의 내각 훈령은 "관습의 힘"을 고려하여 원칙을 완화했지만, 그것은 여전히 "상식"의 범위 내에 있었다. 1970년대와 1980년대를 시작으로 갈등이 증가하면서, 그 법은 점점 더 논쟁거리가 되었다. 판사들은 국민 통합의 필요성보다 개인의 자유를 우선시하면서, 그 법을 적용하지 않기로 선택했다. 그들은 전적으로 시대의 분위기 속에서 이 정치적이고 자유주의적 선택을 정당화했다. 호적 계원들에게 「제르미날의 법」을 "유연하게" 적용하도록 촉구한 1966년의 공문을 과대 해석해서 말이다. 당시에는 정체성으로서의 이름이나, 미국 문화 숭배와 다른 이국적 정서에 대해서 문제가 제기되지 않았던 시대였다. 판사는 「공화력 11년 제르미날의 법」이 항상 "유

4　나폴레옹 보나파르트의 1802년 선언에서 나온 표현으로 당시 만들어진 민법 제도들을 의미한다. 해당 선언에서 나폴레옹은 혁명 이후 체계를 잡지 못한 프랑스의 상황을 '모래알'에 비유하며, 반대로 이를 타개해 나아가기 위한 단단하고 견고한 체제를 '화강암 덩어리들'이라는 단어로 표현했다.

연하게" 적용되었다는 것을 잊은 척했다.

　판사는 부모들에게 참고가 되는 달력이 더 이상 반드시 공인된 달력이거나 가톨릭의 종교 성인들을 포함해야 할 의무는 없다고 판결함으로써 법을 피해 갔다. 파기원은 이를 위해 "아이의 정당한 이익"에 대한 기준을 만들었다. 개인주의적이고 미적인 기준이 전통과 민족적 소설에서 정착 기준을 대체했다. 그것은 「공화력 11년 제르미날 11일 법」의 예고된 죽음이었다. 판사가 더 이상 그 법률을 적용하지 않았기 때문에 법은 그것을 폐지했다.

　1993년 1월 8일의 법 이후, 이름에 관한 민법 제57조는 "자녀의 이름은 아버지와 어머니에 의해 선택된다"고 규정하는 데 그치고 있다. 호적 계원은 검찰을 이용하여 이름 취득을 여전히 금지할 수 있었지만, 아이의 이익에 반하는 경우에만 가능했다. 예를 들면, 티테프(Titeuf)[5], 마리의 꽃(Fleur de Marie), 지하드처럼 터무니없고, 경멸적이거나 저속한 이름들….

　유럽인권법원은 나중에 프랑스 판사의 파괴 공작에 상을 주기 위해 쓸데없이 참견할 것이다. 1996년 10월 24일, 법원은 사생활과 가족 생활에 대한 존중을 다루는 「유럽인권협약 제8조」에 근거하여 결정을 내렸다. 이는 법원 스스로도 그것에 대해 어떠한 권리도 갖고 있지 않다는 것을 인정한 것이었다! "만약 「제8조」에 이름에 대한 명시적인 조항이 포함되어 있지 않다면, 이름 등록 거부는 사생활을 침해할 수 있고 원문의 적용에 들어갈 수 있다. 그것은 가족과 공동체 내부에서 식

5　어린이들을 위한 스위스 만화 주인공의 이름.

별의 수단이기 때문이다. 그것은 부모를 향한 친밀하고 정서적인 성격을 띠고 있으며 사생활의 영역에 속한다."

유럽 판사는 개인주의적이고 공동체주의적인 그의 이념을 강화할 기회를 결코 놓치지 않았다.

무해해 보이는 이 격변을 받아들임으로써, 프랑스 법과 정치 엘리트들은 말할 것도 없이 동화에서 다문화주의로의 전환을 승인했다. 가장 최근의 이민자들은 그것에 기뻐했다. 동화는 언제나 고통이고, 떼어 놓기였다. 이름이 오래된 정체성, 출신과 신앙에 대한 충실성, 그리고 신앙 공동체에 대한 소속을 표시할 때 더욱 그러했다. 19세기에, 「공화력 11년 제르미날 11일의 법」이 여전히 엄격하게 시행되었을 때, 이스라엘인들은 (당시 소문대로) 아들의 할례나 딸의 탄생 시에 랍비 전통에서 유래한 이름으로 세례를 하지만 그 이름은 회당 안에서의 종교적 행사에서만 사용했다. 반면, 모든 공문서와 일상생활에서는 "프랑스어" 호적 이름을 사용하는 은밀하고 교묘한 대응책을 찾아냈다.

이 마란주의[6]의 은밀한 냄새는 따라서 어떤 콧구멍도 불편하게 만들지 않았다. 가장 민감한 유대인의 코조차도. 시민의 자유와 평등, "위대한 민족"을 향한 동화는 미사를 할 만한 가치가 있었던 것이다!

그러나 1970년대부터 마그레브 이민으로부터 등장한 첫 아이들이 프랑스에 상륙하거나 프랑스 본토에서 태어났을 때, 국민들의 정신

---

6   마란(marrane)은 15세기부터 이베리아반도의 유대인들을 지칭하는 표현으로 이들은 가톨릭으로 개종했지만 비밀스럽게 자신들의 유대교를 실천했다.

은 많이 변화했다. 이제는 개인적 성취를 위한 시간이었다. 가장 사소한 세부적인 것들 안에 둥지를 틀고 최소한의 제약도 더 이상 용인하지 않는 사적 자유, 세계를 향한 개방, 프랑스를 연상시키거나 구체화하는 모든 것에 대한 증오나 적어도 경멸의 시간이었다. 이름을 선택하는 행위는 정치적이거나 어쨌든 전투적인 징후가 되었다. 브르타뉴 사람들은 부끄러움 없이 브르타뉴인의 특징을 드러냈다. 유대인들은 모세 율법에 흠뻑 빠져들었다. 오래지 않아 그들 중 일부는 이스라엘 호적부에 몰두하기 위해 경전마저 버리고, 때때로 약속의 땅으로의 정착에 앞장서는 머릿속의 "알리아(Alyah)[7]"를 그렇게 드러낼 것이다. 텔레비전 드라마 애호가들은 미국화되었다. 그들은 모로코나 태국으로의 매혹적인 여행에서 돌아와서는, 자신의 아이에게 아랍어나 아시아어 이름을 지어 줬다. 이 성들의 문화적 상징성에 대해 아무것도 이해하지 못하면서. 그러나 모든 영향으로부터 자유롭다고 믿었던 이러한 개인의 선택은 사회적이고 정체성에 관한 저의로 가득 차 있다는 것이 드러났다. 전통적인 옛 이름인 루이, 피에르, 폴이 부르주아화된 반면, 케빈이나 엔조는 프랑스적이지 않은 서민층의 이름이 되었다.

판사들은 자신들이 유발한 홍수를 정리하고자 노력했다. 우리의 방화광 소방관들은 익살스럽거나 우스꽝스러운 가시덤불의 불은 껐지만, 공동체가 불타오르는 것은 방관했다.

인구 통계학적이고 지리적인 이유(일부 구역으로의 집중), 게다가

---

7   '승천', '영적 고양'이라는 뜻을 가진 히브리어로, 이스라엘 땅으로의 이주 행위를
     의미한다.

공공 안전의 이유(마그레브나 아프리카계 범죄), 역사적(이슬람과 기독교 사이의 천 년 전쟁) 또는 지정학적(미디어로 전파되는 이슬람 테러)인 명백한 이유로, 무슬림 이름이 증가하자 주의와 걱정이 집중됐다. 많은 프랑스 주택 단지들에서 모하메드(Mohamed)는 호적상 첫 번째 이름이 되었다. 지배와 정복의 약속처럼 울리는 패권의 상징이었다. 다시 한 번, 우위를 점한 개인적 선택의 자유는 자유로운 개인의 출현이 아니라, 국가의 지배와는 다른 공동체의 영향력으로 인도했다.

충실성과 모순적인 요구 사이에 사로잡힌 대부분의 무슬림 가정은 '카림(Karim)'들의 뒤를 잇는 '모하메드'들, '아이샤(Aïcha)'들에서 이어지는 '파리다(Farida)'들이라는 전통에 대한 세심한 존중에 집착했다. 그럼에도 불구하고 가족들 중 소수, 프랑스 사회의 반발을 의식한 소수는 자신의 자녀들이 더 잘 받아들여지기를 바랐다. 하지만 자손에게 "유럽인"의 이름을 주는 것처럼 배교로 여기는 것을 실행하진 못하고, "라이언(Ryan)"처럼 중립적이라 생각되는 선택으로 타협하고자 했다. 그것이 동시에 무슬림과 미국인이라는 이중적으로 혐오되는 진영에 그들을 속하게 만드는 것이라는 사실을 깨닫지 못하고 말이다. 선의를 품고 있는 이 사람들은 본의 아니게, 육각형[8]에 결코 멈추지 않고, 오지의 전통에서 세계화된 움마의 전통으로 이행하는 척했다.

일상생활, 사무실, 카페에서 대중적인 공생은 타협을 받아들였다.

8　프랑스 지도는 육각형의 모양을 띠고 있으며 육각형을 의미하는 'hexagone'의 첫 글자를 대문자로 쓰면 프랑스 본토를 의미한다.

모하메드는 모모가 되었고, 후두 자음[9]도 부드러워지고, 프랑스화되었다. 국민들은 그들의 초라한 무기로 자신들의 민족적인 음조를 지키려 했다. 관대함이 덜한 사람들은 이 무슬림 이름들이 프랑스에 대한 거부의 징조라고 간주했고, 그래서 곁눈질, 이유 없는 싸움, 심지어 고용 거부도 발생했다.

불쾌하지만 피할 수 없는 이 현실에 직면하여, 입법부는 「공화력 11년 법」의 엄격한 시행으로 돌아갈 수 있었을 것이다. 이것은, "로마에서는 로마인처럼 행동하라"는 매우 오래된 원칙에 따라, 지중해 건너에서 온 새로운 이민 세대에게 그들보다 먼저 왔던 이민자들과 같은 대우를 받는다는 것을 보여 주었을 것이다. 이것은 또한 이 이슬람교도들을, 구원의 강요에 의해서, 종교적 전통 위에 세워진 정체성의 지배로부터 벗어날 수 있게 했을 것이다. 입법부는 토박이들이 악의의 대가를 치르게 하는 편을 선호했다. 그것은 프랑스인의 인종 차별에 대한 연설, 차별반대법, 또는 심지어 익명 이력서였을 뿐이다. 매번 우리는 질문을 거꾸로 받아들였다. 프랑스 민족에의 동화를 지연시키고 결국 막는 것은 (경제적) 통합의 결핍이 아니라, 통합을 지연시키고 방해하는 (이 신성한 이름으로 상징되는) 동화에 대한 암묵적 거부이기 때문이다.

조금 늦긴 했지만, 우리는 알게 되었다. 성인들로 가득 찬 달력에서 이름을 선택해야 하는 제약은, 더 잘 환영받을 수 있도록 해주는 국

---

9   아랍어에서 자음을 발음할 때 목을 긁는 소리가 유난히 강조되는 점을 짚어서 '후두 자음'이라고 표현한 것으로 보인다.

가적인 은혜, 가톨릭과 프랑스 교단이라는 후광으로 신참을 둘러싸 준 것이라는 사실을 말이다. 「공화력 11년 제르미날 11일의 법」은 공화국의 모든 학교에서 출신에 관계없이 모든 아이들에게 가르친 "우리의 조상 골루아"와 동등한 것이었다. 그것은 긴급한 동화, 오랜 충성심으로부터의 부드럽지 못한 떼어놓기였지만, 사실은 국가적 공동체로의 진입을 가속화하는 도덕적 완충제였다.

문제는 더 이상 모하메드와 카림의 통합이 아니었다. 서민층 "토박이 프랑스인"이나, 심지어 이민자들의 먼 후손들에 의한 승인이었다. 후자들은 그들의 조상들이 성취해야 했던 노력에서 새로운 이민자들이 면제되는 것을 참을 수 없었다. 겉보기에는 하찮지만 사실은 본질적인 이름에 대한 이 싸움으로, 법적 국가와 실제 국가, 종이상의 국적과 마음의 국적, 법과 형제애 사이에서 단절은 조금 더 깊어졌다. 프랑스 국적의 이민자 자녀들은 그들의 이름 때문에 겪었던 배척을 이해하지 못했고, 토박이들을 인종 차별이라며 비난했다. 프랑스인들은 이민자들이 자식들에게 프랑수아와 마르틴이 아니라 모하메드나 아이샤라고 계속 이름 붙이는 것을 이해하지 못했다. 이 강박 관념 속에서 통합되지 않고, 프랑스인처럼 되지 않고, 영원히 타인으로 남겠다는 맹렬한 의지를 보았다. 모두가 화가 났고, 모두가 불행했고, 모두가 함정에 빠졌다.

이 사건에서 공산당 국회의원들은 센생드니의 인구 통계학적 격변의 결과인 그들의 유권자들을 따랐다.

정치인들은 판사들을 따랐다. 판사들은 자유주의와 공동체주의 이데올로기를 동시에 따랐다. 프랑스인들만이 따르지 않았지만, 그들은 더 이상 할 말이 없었다.

1993년 5월 20일

프랑스판 베를루스코니[10]의 추락

우리는 그의 선의를 절대로 충분히 의심하지 않는다. 베르나르 타피[11]는 명망 높은 챔피언스리그 결승전[12]을 앞두고, 올랭피크 드 마르세유 선수들의 민감한 종아리가 프랑스 선수권 대회의 무명 팀 발랑시엔 선수들의 거친 스파이크에 상처 입는 것을 어떻게 해서든 피하고 싶었다. 그는, 1976년 바이에른 뮌헨과의 결승전을 사흘 앞두고 열린 논타이틀 전에서 생테티엔 선수들이 님[13] 선수의 거친 플레이로 인해 왼쪽 풀백 제라르 파리송과 전방 공격수 도미니크 로슈토를 잃었던 것을 기억했다. 그는 몇 개의 지폐 뭉치가 가장 뒤끝이 강한 성질을 달래줄 것이라

---

10 실비오 베를루스코니(Silvio Berlusconi, 1936~)는 이탈리아의 기업인이자 우파 정치인이다. 세 차례 총리를 지냈다. 이탈리아의 재벌이자 최대 언론 그룹(Mediaset)을 소유했던 그는 언론을 장악하여 수많은 부정부패와 스캔들에도 권력을 유지했다. 정치 권력이 언론을 장악했을 때의 폐해를 상징하는 인물이다. 이탈리아의 명문 축구팀 AC 밀란의 구단주였으나 매각했고, 지금은 AC 몬차를 인수하여 운영하고 있다.

11 베르나르 타피는 1986년부터 1996년까지 올랭피크 드 마르세유의 구단주였다.

12 올랭피크 드 마르세유는 1992/93 시즌 챔피언스리그에서 프랑스 팀 최초로 우승했다.

13 프랑스 프로 축구팀 님 올랭피크(Nîmes Olympique).

고 생각했다.[14]

올랭피크 드 마르세유를 이끌었을 때부터 그는, 프랑스와 국제 축구계가 이 조작된 시합들, 하룻밤을 위해 제공된 아름다운 소녀들에게 농락당한 이 심판들, 체체파리에 물린 이 선수들[15]에게 익숙해져 있다는 것을 발견했다.

바질 볼리가 올랭피크 드 마르세유를 위해 최고의 헤더로 결승골을 넣고 마침내 유명한 빅이어[16]를 그의 손으로 잡을 수 있었을 때, 베르나르 타피는 자신이 옳았고 자신은 "행운의 나나르(Nanard la baraka)"[17]로 남았다고 더욱 확신했다.

몇 달 후, 베르나르 타피는 감옥에 있었고 의원으로서의 임기를 포기해야 했다. 올랭피크 드 마르세유는 1부 리그의 지위를 잃었다.

그 사이에 청렴하고 반듯한 발렌시아인 자크 글라스만은 정원 바닥에 25만 프랑을 묻었다. 축구 리그는 그를 고소했다. 검찰은 "수동적이고 능동적인 부패"에 대한 사법 정보를 공개한 전투적인 검사 에릭 드 몽골피에가 이끌었다. 미디어는 광기에 빠졌고, 거짓 증언, 무죄 선

---

14 1992/93 시즌 올랭피크 드 마르세유가 리그 경기 마지막 상대였던 발랑시엔 FC 선수들을 매수한 사건이다. 이 사건이 드러나면서 마르세유는 1992/93 시즌 디비시옹1 우승 타이틀이 삭제되고 강등되었다. 매수한 이유는 6일 뒤에 열릴 챔피언스리그 결승전을 부상 선수 없이 좋은 컨디션으로 치르기 위해서였다.

15 체체파리는 아프리카에 서식하는 흡혈 파리로 사람이 물릴 경우 수면병에 걸리는 것으로 알려져 있다. 이러한 맥락에서 해당 표현은 열심히 뛰지 않는 아프리카 출신 선수들을 비꼬는 것으로 보인다.

16 챔피언스리그 우승 트로피의 별명. 트로피 손잡이가 사람의 귀 모양과 비슷하다.

17 나나르(Nanard)는 베르나르(Bernard)라는 이름에 붙여지는 애칭이다.

베르나르 타피(오른쪽)와 실비오 베를루스코니(왼쪽). © Gettyimages

서, 협박, 모욕, 허풍이 난무했다. "나는 거짓말을 했지만 그것은 선의였다." 가차 없는 판사들은 2년 징역에 1년 집행 유예, 피선거권 박탈 3년과 2만 프랑(약 3,000유로)의 벌금을 선고했다. "그들이 내 목숨을 원하는 걸 못 봤어? 만약 그들이 사형 제도를 부활시킬 수 있었다면…."

1993년 5월 저녁 올랭피크 드 마르세유가 챔피언스리그 결승전에서 AC 밀란을 이겼을 때, 베르나르 타피는 이탈리아 클럽 회장 실비오 베를루스코니의 축하를 받았다. 마치 기사 서임식 같았다. 배턴 터치. 계승. 타피는 프랑스의 베를루스코니가 될 것이었다. 모든 것이 두 남자를 결합시켰다. 베르나르 타피가 아크로바틱한 시도들을 반복함으로써 이룩한 기업은 이탈리아 거물이 세운 제국의 규모나 견고함은 결코 갖지 못할 것이지만, 타피는 그의 미디어적인 허풍이 보상하고 환상을 만든다고 평가했다. 그의 뛰어난 대담함과 활기에 매료된 미테랑 대통령은 타피를 정계로 끌어들였다. 사회주의자 베티노 크락시가 실비오 베를루스코니를 세상에 내놓은 것처럼. 그 후에는 1985년 텔레비전 프로그램 《5》을 만들기 위한 유능한 방송인을 찾던 그의 친구 프랑수아에게 타피를 추천했다.

텔레비전은 이 두 남자를 만들었다. 베를루스코니는 이탈리아의 미디어 역사에서 가장 큰 개인 그룹을 소유했다. 베르나르 타피는 스크린과 적수들을 터뜨리는 텔레비전의 비범한 짐승임을 드러냈다.

그들은 둘 다 진정한 예술가적 감수성을 가지고 있었고, 그들의 청춘에 짤막한 노래를 불렀다. 그리고 일생 동안 그들은 "예술가가 되기를 원했다 / 세상에 내가 존재하는 이유를 말하기 위해서."[18]

그들은 쇼 세계의 코드뿐만 아니라 사업을 하며 터득한 새로운 형식들을 자기 것으로 만들었다. 그리고 정치적 인기 전술의 오래된 비결을 현대화할 줄 알았다. 축구계로의 외도는 그들에게 엄청난 수의 뉴스 기사, 비교할 수 없는 한결같은 인기, 국제적인 아우라를 주었으며 (유럽 대회에 참가한 그들의 클럽 경기는 대륙 전역에서 수천만 명의 시청자들이 봤다.), 불법적인 세계를 제대로 알게 해 줬다. 1950년대부터 시칠리아 마피아는 이탈리아 축구에 투자했다. FC 나폴리의 계좌를 위해 1980년대 세계 최고의 선수인 디에고 마라도나를 손에 넣은 것은 나폴리 마피아였다. 올랭피크 드 마르세유의 전 사장인 피에르루이 드레퓌스는 죽기 직전에 올랭피크 드 마르세유에 미치는 "뒷골목"의 큰 영향을 언급했다.

두 사람의 운명은 그들 나라 판사들과 연결되지만, 같은 방식으로는 아니었다.

베를루스코니는 모든 것을 이탈리아 판사에, 그리고 1990년대 초 그들의 "마니 풀리테"[19] 작전에 빚졌다. 부패에 넘어간 기독교민주당과 사회당의 주요 지도자들을 제거함으로써, 판사들은 되는 대로 이루어

18　프랑스 뮤지컬 〈스타마니아〉에 등장하는 〈비즈니스맨의 블루스(Le blues du business man)〉의 가사로, 이 노래의 작사를 맡았던 뤽 플라몽동이 2010년 발매된 앨범의 제목이기도 하다.

19　'깨끗한 손'이라는 의미를 가진 마니 풀리테(mani pulite)는 이탈리아 정재계의 부정부패 척결 작업을 지칭한다. 그러나 이를 통해 퇴출된 정치인과 정당의 빈자리를 극우 정당과 베를루스코니가 꿰차는 결과를 가져왔다.

진 정치적 건축물인 베를루스코니의 '포르차 이탈리아'가, 이탈리아의 정당주의 잔해 속에 유일하게 서 있던 공산당의 출현에 반대하는 모든 사람들을 모을 수 있도록 만들었다. 그 후 판사들은 무수한 절차로 베를루스코니를 계속 괴롭혔지만, 그를 쓰러뜨리는 데에는 20년이 걸렸고, 그가 두 번이나 총리가 되는 것을 막을 수 없었다.

프랑스 판사들은 이탈리아 판사들보다 덜 강력하고 동시에 더 신속했다. 1992~93년 같은 해에 카리뇽, 누아르, 보통, 부쉐롱, 이어서 얼마 후, 에마뉘엘리, 쥐페 등 정치인들에 대한 놀라울 정도로 연속적인 기소에도 불구하고, 프랑스식 "마니 풀리테" 작전은 없었다. 그러나 전통적인 프랑스 정당들은 이탈리아 정당들보다 더 잘 견뎠다. 제5공화국에 의한 상대적 소외는 그들을 구했다. 드골 장군에 의해 물려받은 보나파르트식 체제에서, 정당들은 이탈리아 정당들과 달리 체제를 구체화하지 않았다. 프랑스 "시스템"은 더 잘 방어했다. 우리는 몇 개의 나쁜 가지들을 제거했다. 정당 자금 조달에 관한 법률을 개혁했다. 특히 프랑스 사법 기관은 이탈리아와는 달리 재판관석에 앉은 판사들이 행정과 내각 질서의 수중에 남아 있는 경찰에 손을 뻗는 것을 결코 허용하지 않았다.

반면 프랑스 국가주의의 이러한 특수성들은 베르나르 타피에게 등을 돌렸다. 그는 1994년 유럽 선거에서 엘리제궁에 대한 미셸 로카르의 야망을 깨뜨리기도 전에 베를루스코니의 운명을 꿈꿨다. 그러나 당시 그것은 대통령이 증오하고 경멸했던 오랜 이 적수를 향해 프랑수아 미테랑이 발사한 미사일에 불과했다.

타피가 마르세유의 경영에 직접 관여했다는 것이 모두에게 명백하게 드러나자마자, 사회당 지도자들, 고위 공무원들과 판사들의 전례 없는 연합이 자신은 멈출 수 없다고 생각하는 자를 중지시키기 위해 결성되었다.

챔피언스리그 대회에서 올랭피크 드 마르세유가 승리하고 며칠 후, 발랑시엔의 시장인 장루이 보르루는 이 조롱거리가 될 만한 사건에서 벗어나기 위해 타피와 명예로운 타협점을 찾았다. 보르루는 두 사람이 부자가 되기 위해 협력하여 상업 재판소를 휩쓸었을 당시부터 베르나르 타피의 오랜 공범이었다. 그러나 프랑스 축구협회장인 노엘 르 그라에는 소송을 유지할 것을 고집했다. 르 그라에와 타피의 관계는 결코 훈훈하지 않았다. 어느 날 이 브르타뉴인 소사장은 마르세유의 스타에게 "베르나르, 너는 훌륭한 자질을 가지고 있어. 하지만 네 안에는 20퍼센트의 악이 있지"라고 비난했다. 그라에는 더 큰 계획의 명의 대여자였을 뿐이었다.

이탈리아, 스페인, 영국이라는 라이벌들과는 달리, 프랑스 프로 축구는 프랑스와 국제적인 돈과 거물들의 유일한 법에 아직 종속되지 않았다. 그들은 당시 고위 공직자들의 엄격함 아래에서 진화했다. 이 공직자들은 하나의 왕국을 통치하라고 국가로부터 임명되었다. 하지만 그들의 눈에 이 왕국은 올림픽 스포츠에 있어 겉치레에 가까운 부속물일 뿐이었다. 1993년, 축구의 콜베르주의 잔해는 여전히 움직였다. 조르주 불로뉴와… (조르주 퐁피두 아래에서 엘리제궁 사무실에 있는) 필리프 세갱이 클럽의 훈련 조직을 쇄신했던, 좋았던 옛 시절처럼 말이다. 이 클럽들의 가장 아름다운 열매들은 몇 년 후 미셸 플라티니와 지네딘 지단이라 불렸다….

정부의 귀족 계급은, 생시몽 공작이 루이 14세 치하에서 부유해지고 귀족화된 금융계에 대해 표현했던 경멸을 품고, 몇 년 전부터 베르나르 타피를 지켜봤다. 그들은 정말 놀랍게도 축구가 불쾌한 졸부를 무릎 꿇게 만들, 어디에서도 찾아볼 수 없는 무기라는 것을 발견했다. 이어서, 다른 판사들, 다른 고위 관리들은 그가 인색하지 않았던 부정행위와 위법 행위를 추적했다. 타피는 톱밥에 코를 박았다. 몽테크리스토의 방식으로 다시 일어서기 전에.[20] 하지만 어떤 것도 더 이상 예전 같지 않을 것이다.

아무리 파란만장한 모험을 겪었더라도, 타피는 나나르로 남을 것이고 결코 "수아 에미텐자(Sua Emittenza)[21]"가 되지는 못할 것이다.

---

20 프랑스 작가 알렉상드르 뒤마(Alexandre Dumas, 1802~1870)의 소설 『몽테크리스토 백작』은 억울하게 감옥에 갇힌 주인공이 감옥에서 탈출하여, 백작의 지위를 사서 신분을 바꾼 뒤 프랑스에 돌아가 복수한다는 이야기다. 베르나르 타피는 승부 조작 사건 이후 정치와 축구에 더 이상 발을 들여놓을 수 없게 되자 영화부터 시작하여 글을 쓰고 음반을 내는 등 예술계에서 활발한 활동을 벌인다. 그러고는 결국 재계로 돌아온다.

21 이탈리아어로 '방송하는 자'라는 의미로 미디어 제국을 건설한 베를루스코니의 대명사처럼 사용된다.

1995

1995년 7월 16일

벨디브에서 쓸려버린 드골

"한 민족의 삶에서, 사람들이 자신의 나라에 대해서 품은 생각과 기억을 모욕하는 순간들이 있다. […] 계몽주의와 인권의 나라, 환영(歡迎)과 망명의 땅인 프랑스는 그날 돌이킬 수 없는 일을 실행했다. 자신의 약속을 지키지 못한 채, 프랑스는 그들이 보호하고 있던 사람들을 사형집행자들에게 인도했다⋯." 전설에 따르면, 양아들 브루투스는 칼에 찔린 카이사르를 끝내기 위해 돌아왔다. 자신이 드골주의의 상속자라 주장하는 자크 시라크는 드골 지상주의를 파괴하는 일을 맡았다. 이 드골 지상주의는 비시 정권과 자유 프랑스 사이의 구분에 세워졌다. 비시 정권은 합법적이지만 부당하며, 법이 아니라 사실상의 권력체다. 자유 프랑스는 민족적 정통성의 구현, 투쟁하는 프랑스라는 유일한 프랑스의 구현이다⋯.

프랑스가 그날, 벨디브의 대규모 검거가 일어난 1942년 7월 16일 "돌이킬 수 없는 짓을 저질렀다면", 그것은 프랑스가 런던이 아니라 비시에 있다는 뜻이다. 페탱은 프랑스 국가 원수이고 드골은 전과 같이 궐석 재판에서 사형을 선고받은 반역적이고 선동적인 장군이 되는 것이다.

연설 말미에 비르 하켐(Bir Hakeim)[22]과 런던(London)과 "우파적이고 관대하며 전통과 상징에 충실한 프랑스에 대한 어떤 생각"을 언급하며 하나씩 제시한 문장들을 통해서, 시라크 대통령은 그가 말로써 폄하한 신화에 청산금으로 몇 개의 부스러기를 주었다. 신화는 역사는 아니지만 거짓말도 아니다. 그토록 많은 역사학자들이 말한 것과는 다르게, 하나의 강건한 프랑스, 드골이 종종 비꼬았던 레지스탕스들의 프랑스에서 연대감을 갖는 것은 문제가 아니었다. 쟁점은 다른 곳에 있었다. 드골이 보기에, 독일인들의 군홧발에 짓밟히고 승자에게 복종하는 하나의 프랑스는 절대적인 프랑스가 될 수 없었다. 더 이상 주권을 갖고 있지 않기 때문이다. 비시의 기록을 통해 프랑스의 책임을 인정하는 것은, 독일뿐 아니라 루스벨트의 미국이 옳다고 인정하는 것이었다. 루스벨트는 감상적인 처칠이 보호하는 참을 수 없는 "독재자 견습생"과 함께하기보다는 차라리 비시와의 관계를 유지하기를 선호했다.

그것은 정당성과 적법성 사이의 매우 프랑스적인 구분을 망치는 것이었다. 이렇게, 연설의 마법으로, 비시는 더 이상 프랑스 주권에 반하는 범죄가 아니라 인류에 반하는 범죄에 대해 유죄였다. 드골 장군

---

22 제2차 세계대전 당시 1942년 리비아 사막 지역인 비르 하킴(프랑스어로는 비르 하켐이라 발음한다)에서 일어난 전투를 의미한다. 자유 프랑스군과 영국군은 롬멜이 이끄는 독일과 이탈리아 군대를 상대로 승리를 거두었다.

에게 제2차 세계대전은 제1차 세계대전의 복수일 뿐이었다. 두 개의 싸움은 같은 30년 전쟁이라는 하나의 전쟁으로 뒤섞인다. 거기에서 1940년 5월의 패배는 마른, 베르됭에서의 무훈들과 뒤섞이고, 포슈[23], 갈리에니[24], 클레망소[25]… 그리고 페탱이라는 영웅들은 라발[26]… 그리고 페탱이라는 패배자와 배신자와 섞였다.

이 드골 지상주의는 장군의 모든 정치적 업적의 근거를 제공했다. 1961년 장군들의 쿠데타에 맞섰을 때, 드골은 "1940년 6월 18일 심연의 깊은 곳에서 시작된 국가 재건 계획"을 언급했다.

그러나 오직 몇몇 오래된 드골주의 근위병들만이 이 주장에 민감하게 반응했다. 피에르 메스메, 피에르 쥐예, 마리프랑스 가로와 필리프 세갱은 그들이 코레즈의 라스티냐크[27]의 야망을 위한 발판일 뿐이었다는 사실을 뒤늦게 이해했다. 그들은 몇 년 전부터 각성했다. 마리프랑스 가로가 옛 피보호자에게 "나는 당신이 대리석이고, 우리가 그것으로 조각상을 만들었다고 믿었습니다. 당신은 비데를 만드는 도기일 뿐입니다"라고 말했을 때였다. 그러나 그들은 시라크가 변절을 극

---

23 페르디낭 포슈(Ferdinand Foch, 1851~1929)는 제1차 세계대전에서 활약한 프랑스의 장군이다.

24 조제프 갈리에니(Joseph Gallieni, 1849~1916)는 프랑스의 군인으로 식민 통치에 적극 앞장섰다.

25 조르주 클레망소(Georges Clemenceau, 1841~1929)는 프랑스의 고위 정치인이다. 드레퓌스 사건에서 적극적으로 드레퓌스의 무죄를 주장한 것으로 유명하다.

26 피에르 라발(Pierre Laval, 1883~1945)은 프랑스의 고위 정치인으로 제2차 세계대전 당시 페탱과 더불어 비시 체제에서 핵심적인 위치를 담당하면서 대독 협력에 앞장섰다.

27 자크 시라크를 의미한다.

단까지 감히 밀어붙이리라고는 생각하지 않았다. 그들의 말은 들리지도 않았고 이해받지도 않았다. 그들이 사용한 단어들인 독립성, 주권, 위대함, 정당성은 더 이상 그 시대의 어휘에 속하지 않았다.

시라크의 연설은 인간이라는 종에서 거의 벗어난 체제인 나치즘에 맞서는 유일한 투쟁으로 이해된 제2차 세계대전에 대한 새로운 접근 방식을 인정했다. 그것은 독일과 심지어 역사의 외부에 위치하며, 유럽과 세계 패권에 대한 국가들의 투쟁과는 거리가 멀었다. 미래의 회피를 허용한 편리한 시나리오였다. 미테랑은 「마스트리히트 조약」에 서명함으로써 프랑스 주권의 본질적인 면을 폐기한 대통령이었음에도, 이 상징적인 포기에 대해 격분했다. "프랑스의 사과를 요구하는 사람들은 그들의 나라를 사랑하지 않는 것이다."

질병으로 쇠약해진 미테랑은 결코 양보하지 않고 발버둥쳤다. 그는 양보가 충분할 것이라고 믿으며 "비시 정권(1940~1944)이라는 사실상의 권력체 아래에서 저질러진 인종 차별적이고 반유대주의적인 박해를 추모하는 국가 기념일"을 인정했다. 피에르 페앙이 벨디브 대량 검거의 주최자인 르네 부스케와 미테랑의 끈질긴 우정에 대해 폭로한 후, 그리고 1965년의 대통령 선거 기간 동안 드골 장군이 공개하기를 거부한 유명한 사진, 젊은 미테랑이 늙은 원수(元帥)의 손에서 비시 정부의 도끼 문장을 받는 것이 드러난 그 사진이 출판된 이후, 그는 장피에르 엘카바크[28] 앞에서 길고 열정적으로 자신의 무죄를 증명했다.

---

28 장피에르 엘카바크(Jean-Pierre Elkabbach, 1937~)는 프랑스의 언론인이다.

1994년 7월 16일, 미테랑이 젊은 유대인 운동가들의 야유를 눈 한 번 깜박이지 않고 견뎌내는 동안, 로버트 바댕테르는 격노하여 "당신들은 나를 부끄럽게 합니다!"라고 그들을 비난했다. 최악의 공격은 그가 행했던 것들에서 왔다. "조사권"을 서둘러 구체화한 리오넬 조스팽의 비난은 약했다. "사람들은 1970년대와 1980년대 프랑스 좌파 지도자였던 사람에게 더 단순하고 더 분명한 여정을 꿈꾸고 싶어 합니다. 내가 이해할 수 없는 것은 1980년대까지 유대인 대규모 검거의 주최자인 부스케와 같은 인물들과의 관계를 유지했다는 것입니다."

기진맥진하여 엘리제궁을 떠나는 날, 미테랑은 장 도르메송의 귀에 대고 그를 그토록 괴롭혔던 "유대인 로비"에 대해 다시 한 번 비난을 퍼부었다.

그 표현은 사람들에게 충격을 주었고, 격분하게 만들었고, 미테랑 대통령의 억제할 수 없는 반유대주의에 대한 수천 개의 신랄한 특징들을 불러일으켰다.

세르주 클라스펠드가 대상이었다. 미테랑은 자신을 복종하게 만들기 위해서, 클라스펠드가 프랑스와 미국의 유대인들을 동요시키고, 국가적·국제적 압력을 넣는 등 갖은 애를 다 썼다고 비난했다. 미테랑은 결코 굴복하지 않았다. 시라크는 결코 저항하지 않을 것이다. 클라스펠드가 승리했다. 그것은 그의 인생의 싸움이었다.

시라크는 미디어와 거의 만장일치로 하나의 정치 계급에 의해 갈채받고, 예찬되었다. 미디어와 좌파는 자신들이 4년 전, "소음과 냄새"에 대한 그의 발언을 두고 "외국인 혐오자"와 "인종 차별주의자" 시라크를 비난한 것을 벌써 잊었다. 그 발언은, 다양한 수당으로 살아가는 아프리카에서 온 같은 층의 이웃보다 일찍 일어나지만 적게 버는 프랑스 노동자의 분노를 묘사한 것이었다. 1991년 같은 해, 시라크의 위대한 라이벌 지스카르는 "침략"의 적용 범위를 흔들어서, 기다리고 있는 비극적 운명에 처한 국가를 경고하고, 여론 조사에서 그의 인기도가 다시 오르게 만들었다. 그러나 1995년에 선출된 시라크는 그의 변함없는 적과 악마 들을 물리쳤다. 이제 심기일전할 때가 되었다. 우리는 이국적인 문명과 원시 미술 애호가인 반인종주의자 시라크, "빛과 그림자와 함께 프랑스 역사를 바라보기"를 서슴지 않는 조정자 시라크의 무훈시를 다시 쓰기 위해 "파쇼 시라크"의 먼 흔적들을 지워 버렸다.

시라크는 하찮은 정책을 결코 잊지 않고, 부풀려서 말하며, 수용소로 보내진 유대인들의 고통을 장 마리 르펜(이름은 밝히지 않은 채)의 악취미적인 농담들과 섞었다. 그는 심지어 인권제일주의의 잡탕 속에서, 유고슬라비아를 분열시킨 충돌들에 대한 설교까지 완성했다. 그러나 아무도 그에게 불만을 품지 않았다. 벨디브의 이 연설은 그의 가장 격렬한 비방자들에 의해서조차 여전히 그의 명망으로 평가될 것이다. 그는 자신의 걸작, 감사를 표하는 후대에게 전하는 그의 유산, 그의 사형 제도 폐지처럼 남을 것이다.

세르주 클라스펠드의 승리, 그리고 그의 뒤에서 "인권"의 나라라고 자부하는 거만한 프랑스가 마침내 자신의 범죄를 인정하기를 기다렸던 모든 사람들의 승리는 완전했다. 하지만 그것은 피루스의 승리였다.

미테랑의 오랜 저항 이후, 이 프랑스의 속죄는 일부 사람들에 의해 "세계 5대 강국"의 지도자를 굴복시킬 수 있는 압도적이고 뻔뻔한 유대인의 지배라는 맹목적인 증거로 경험될 것이다. 수년 동안, 최악의 범죄로서의 "쇼아", 절대적인 희생자로서의 유대인의 더딘 격상은 역사의 다른 학살들의 생존자들과 상속자들을 이미 매우 괴롭혔다. 1976년부터 아르메니아계인 샤를 아즈나부르는 그의 노래 〈그들이 쓰러졌다〉를 언급하며 "모든 대량 학살을 자신의 것으로 삼지 않는 사람은 어떤 것도 자신의 것으로 삼지 않는다"고 주장했다.

앤틸리스인들은 "이중 잣대처럼" 느끼는 것에 대해 점점 더 불쾌해할 것이다. 알랭 브장송[29]이 언젠가 "역사적인 기억 상실증과 기억 이상"이라고 불렀던 기억들의 희생자 경쟁은 프랑스 공화국의 공식 종교로서 쇼아가 등장한 이래 불가피한 결과였다. 콜베르의 「코드 누아르(Code noir)」[30]의 역사에 바치고 싶었던 영화에 필요한 자금을 찾지 못해 화가 난 엘리 세문의 옛 동료 희극 배우 디외도네(Dieudonné)[31]는 이 희생자적 경쟁의 주역이 될 것이다. 신성 박탈에 대한 재주 있는 노골성으로, 디외도네는 비속어와 도발을 축적할 것이다. 수용자처럼 줄무늬 파자마를 입고는 홀로코스트를 부정하는 로베르 포리송[32]에게 수여한

---

29 알랭 브장송(Alain Besançon, 1932~)은 프랑스의 역사가다.

30 루이 14세의 명령으로 콜베르에 의해 행해진 「아메리카 섬의 노예들에 관한 1685년 3월의 칙령」을 의미한다. 앤틸리스의 사탕수수 농사를 촉진하기 위한 맥락에서 원주민 처우에 대한 내용이 담겨 있다. 그중에는 유대인 추방도 포함되어 있다.

31 디외도네 음발라 음발라(Dieudonné M'Bala M'Bala, 1966~)는 프랑스의 코미디언이며 정치 활동가다. 인종적 고정 관념을 유머의 소재로 삼아 인기를 얻었으나 반유대주의로 인해 유대인들에게 격렬한 비난을 받고 법원에서 유죄를 선고받기도 했다.

32 로베르 포리송(Robert Faurisson, 1929~2018)은 교육자였으나 1980년대부터 홀로코

"교제 불가 상(賞)"처럼 말이다. 유대인 단체들은 절규하고, 반격하고, 법정에서 그의 유죄 판결을 얻어 내고, 텔레비전과 라디오에서 이 희극 배우를 내쫓고, 심지어 그의 공연장을 폐쇄하게 만들었다. 디외도네와 특히 방리유의 젊은 아랍인들과 흑인들 사이에서 점점 더 많아지는 그의 숭배자들은 "공동체"의 저항할 수 없고 종파적인 힘에 의해 설득되었다. 신과 『구약성서』처럼 사람들이 자신의 이름을 말할 권리를 갖지 못할수록 더욱 위험해졌다.

디외도네가 지른 화재는 잠깐은 번지지 않았지만, 인터넷 덕분에 그의 성공은 계속되었다.

그럼에도 시라크 대통령은 흑인 이익 운동가들의 이러한 좌절감을 고려해야 했다. 그들 역시 흑인과 노예 조약 추모일과 역사적 기억과 관련된 법을 얻어 냈다. 이 연쇄적 상황은 매우 위험한 것으로 확인되었다. 아르메니아인 집단 학살에 대한 법도 통과되었고, 식민지 정복은 낙인이 찍혔다.

각각의 "공동체"는 역사적 기억에 대한 법과 추모일, 반인륜적 범죄, 대량 학살을 주장했다. 각각의 "공동체"는 프랑스 정부가 자신들에게 진 빚을 갚으라고 요구했다. 프랑스는 더 이상 공적을 찬양받고 숭배되는 성모 마리아가 아니라, 범죄와 부정을 축적한 미움받는 계모였다. 까다로운 채권자들은 프랑스에 대해 악랄하고 보복적인 회계를 유지했다. 우리는 "프랑스로 인한 죽음"의 가혹한 시기로 들어가기 위해

스트를 부정하는 세력의 아이콘이 되었다.

"프랑스를 위한 죽음"의 영광스러운 시간을 버렸다.[33]

각각은 희생자가 되고, 이 희생자적 조건이 유대인에게 가져다 준 현실적이면서도 환상적인 힘을 얻기를 꿈꿨다.

한 역사학자는 흑인 노예 매매의 "집단 학살적" 성격을 인정하기를 원하지 않았기 때문에 소송의 위협을 받았다. 그럼에도 그는 "노예는 수익성을 위해 살아 있는 상태로 유지되어야 한다"고 당연하게 결론지었다. 가장 위대한 역사가들은 그들의 젊은 동료를 옹호했다. 정치인들은 마침내 동요했다. 역사학자 앙드레 카스피는 프랑스에서의 추모 문제를 연구하도록 위임받았다. 그는 매년 열리는 국가 추모일을 문제 삼을 것을 권했다. "반세기 동안에 추모식의 수가 두 배로 늘어난 것은 정상적이지 않다. 국가가 공동체주의적인 이익에 굴복하고 희생자 집단을 만족시키기 위해 회개하는 날을 늘리는 것은 용납될 수 없다."

이런 호언장담이 있은 후, 우리는 아무것도 하지 않았다. 추모일은 이제 "기억의 화해"라는 이름으로 기득권이 되었다. 아름다운 반어적 표현이다.

2012년 7월 16일, 최근 엘리제궁에 입성한 것을 화려하게 축하하고, 더하여 회개를 조롱하는 것이 옳다고 믿었던 전임자에 반대하기 위해, 프랑수아 올랑드는 "프랑스에 의해 프랑스에서 저질러진 범죄"를

33　[원주] Serge Barcellini, in *Les Guerres de mémoires*, Pascal Blanchard et Isabelle Veyrat-Masson dir., La Découverte, 2008.

비난했다. 한 문장으로, 새 대통령은 자신의 코레즈 친구[34]의 위반에 대해 전적인 조치를 취했고, 시라크가 여전히 자신의 연설에 많이 사용했던 몇몇 연설의 신중함을 지워버렸다. 올랑드는 독일, 나치, 전쟁, 패배에 대한 모든 언급을 제거했다. 마치 히틀러, 힘러, 아이히만의 몰살 의지가 대수롭지 않은 것처럼, 마치 모든 역사적 맥락화가 무의미한 것처럼. 드골의 행적은 명예를 구하기 위해 신화로 되돌려 보내졌다. 프랑스 유대인 중 4분의 3이 생존한 일은 이 "익명의 영웅들", 이 '정의의 사람들'이라는 프랑스인들의 완전한 공적이 되었다. 이렇게 세르주 클라스펠드의 어쨌든 현실적으로 불가능한 주장을 다시 취하면서 말이다. 프랑스는 그 자체로, 언제까지나, 영원히 유죄인 국가였다. 아주 옛날부터.

1995년 12월 12일

12월의 5월

그는 술통에 올라타지 않았고 공장에서 나오는 노동자들에게 연설하지는 않았지만, 넥타이가 없는 소박한 재킷을 우스꽝스럽게 입고 연단에 앉았다. 말을 더듬고, 때로는 단어들에 부딪히며, 파업 중인 철도원들로 가득 찬 리옹 역의 기업 위원회 극장 앞에서 이렇게 말했다. "저는 공공 서비스의 존속과 관련된 문명의 파괴에 맞서 3주 동안 투쟁한 모

---

34   시라크를 의미.

든 사람들에게 우리의 지지를 전하기 위해 여기에 왔습니다. 이것은 권리에 대한 공화주의적 평등의 파괴이며, 이 권리는 교육, 건강, 문화, 연구, 예술, 그리고 무엇보다도 노동의 권리입니다."

사회학자 피에르 부르디외는 장폴 사르트르의 아우라나 문학적 재능을 갖고 있지 않았다. 그의 산문은 복잡하고 때로는 난해했다. 그러나 공공 교통 서비스 파업 3주 뒤인 1995년 12월 12일 철도원들 편에 그가 유일하게 가담한 것은 전문가들의 "이성의 순환", 그리고 "특권에 기댄 동업조합주의"에 대한 비합리적인 대중적 열풍 사이의 불평등한 대결을 무너뜨렸다. 이 대립은 운동 초기부터 미디어들이 연출했던 것이다. 자기도 모르게 민중을 행복하게 만든 엘리트들과, 무지로 자신의 불행을 만들어 내는 민중 사이의 대립 말이다.

그것은 이 갈등의 심층적인 독창성이었다. 사회 보장 개혁에 대한 쥐페의 정책은 11월 15일 다수당 의원들뿐만 아니라 좌파 의원들의 기립 환호를 받으며 국무총리에 의해 국회에 제출되었다. 저녁에 텔레비전에서 로카르 정부의 전 보건부 장관 클로드 에뱅은 이 계획을 옹호하기 위해 열의를 보였다. 의료 지출에 정량화된 한도를 제시할 뿐만 아니라, 무엇보다도 연금 개혁(37.5년에서 40년으로 납입 기간 변경)을 감행하는 것이었다. 또한 50세부터 은퇴할 수 있도록 철도 노동자들에게 허용된 특별 규정을 삭제하는 내용이었다. 이 궁극적인 대담함은 공화국 대통령 자크 시라크를 망설이게 만들었지만, 그는 자신의 오만한 총리를 그냥 놔두었다. 미셸 로카르 전 장관의 열정은 일관성이 있다는 장점이 있었다. 쥐페는 로카르 정부 시기에 작성된 『연금에 관한 백서』가 권장한 조치들을 적용했다. 이에 대해 로카르 그 자신이 "여러 정부들을 요동치게 만드는 무언가"가 포함되어 있다고 예언했다.

11월 24일, 『에스프리』의 주도로, "사회 보장 기초 개혁을 위한 요구"가 다수의 지식인, 교수, 전문가들에 의해 서명되었다. 피에르 로장발롱 주변에는 자크 쥘리아르 또는 장폴 피투시, 온건 좌파, 민주사회당원, 로카르주의자들이 있었다. 이들은, 쥐페 계획을 승인한 프랑스민주노동동맹(CFDT)의 지도자 니콜 노타를 누구보다도 지지하고자 했다. 그러나 그는 노동총동맹(CGT)에 의해 강하게 비판받았을 뿐만 아니라 노조 본부 내부에서도 비방과 모욕을 당했다.

쥐페의 계획은 실제로 합리적이고 이성적이었다. 〈인간 짐승〉가뱅의 시대는 잘 끝났고, TGV나 지하철 운전자들은 더 이상 비인간적인 근무 조건에 고통받지 않았다. 그들의 요구들은 과도하고 시대에 뒤떨어진 것으로 보였다. 우리는 그들의 시대에 뒤떨어진 방식과 보수주의를 비난할 수 있었다. 이번에는 변화, 진보, 특권 계층에 대한 투쟁이 진영을 바꾼 것 같았고, 지도자와 전문가들의 진영에 자리 잡았다.

이것은 전대미문의 의미론적 전환이었다. 파업 중인 철도 노동자들, 땅의 벌을 받은 선배들, 배가 불룩 나온 중도파 보수주의자들로 갑자기 희화화된, 소설 『제르미날』에서 튀어나온 인물들, 자신들의 기득권과 특권을 옹호하는 도미에의 그림 속 인물들이 있다! 그리고 강의 다른 편에는, 공공의 이익과 진보라는 이름으로 특권을 폐지하는 과감한 개혁자로 스스로를 찬양하는 좌파와 우파 통치자들이 있다! 지옥 같은 이데올로기적 기계는 더 이상 정지되지 않을 것이다. 가장 덜 정당화되고 가장 덜 적법한 것이라고 해도 사회적 편익의 모든 감소는

"개혁"의 장신구로 치장하는 반면, 수혜자에 의한 사회적 기득권의 방어는 "보수주의"라는 용어 아래 악마화될 것이다.

이 테크노크라트적인 은총은 한때 "원칙에 충실한" 파업의 소요에 맞섰던 알랭 쥐페를 지탱하는 것 같았다.

그는 모든 분야의 엘리트들로부터 만장일치의 지지를 받았다. 그들은 모두 "이성의 순환"을 표방하고, "대안이 없다(There Is No Alternative)"라는 마거릿 대처의 유명한 자유주의 약자 TINA의 프랑스 버전인 "유일한 생각(une pensée unique)"을 여전히 옹호할 것을 주장했다. 그러나 파업자들은 일드프랑스의 수백만 급여 생활자 인구에 의해 묵묵히 지지받았다. 이 사람들은 직장까지 걸어서 출근하고, 곧 눈 속을 걷게 되겠지만, 미디어가 특권을 누리는 오만한 계급으로 소개한 사람들을 저주하지 않는다.

정국이 긴장 상태가 되었다. 쥐페 계획 몇 주 전, 자크 시라크는 텔레비전에서 자신은 "사회적 격차 해소" 프로그램을 포기했다고 설명했다. 바로 그 프로그램이 그를 공화국 대통령으로 뽑히도록 만들었음에도 말이다. 그는 "적자 규모를 과소평가했다." "프랑스에게 유럽 단일 통화의 자격을 주기" 위해 그는 긴축 경제 정책으로 나아갔다.

이와 같은 조용한 냉소주의는 1995년 대통령 선거에서 후보자 시라크가 옹호한 "사회적" 캠페인이 그의 "30년 지기 친구"인 에두아르 발라뒤르를 물리치는 것 외에는 다른 전술적 목적이 없었다는 것을, 그점을 의심했던 모든 사람들에게 확인시켜 주었다. 발라뒤르는 그의 반복된 약속들에도 불구하고 시라크에게 도전을 단행했었다. "나의 민중 선동으로 당신들을 놀라게 할 것입니다"라고 시라크는 질겁한 마지막

지지자들 앞에서 예고했다.

12월의 파업은 시라크의 이러한 기만에 대한 대중의 첫 번째 대답이었다. 이것은 국회 해산 때문에 야기된 1997년 총선에서 다수당의 참담한 패배로 이어질 것이었다.

3주간의 봉쇄 끝에 프랑스 경영자들은 알랭 쥐페에게 항복을 강요했다. 총리의 아킬레스건은 그가 여전히 권력의 외양을 소유하고 있다는 것, 보다 정확히는 그것에 대한 흔적을 가지고 있다는 것이었다. 옛 방식을 따르는 프랑스 테크노크라트였던 쥐페는 자신의 정책을 강요하고 책임지는, 개인화되고 위계적인 권력을 구현했다. 드골 장군이 물려준 권위적이지만 민주적인 도식에서, 국민은 누가 지휘하고 누구에게 반대하는지 알고 있다. 1995년 12월의 파업은 피에르 부르디외가 매우 잘 진단한 과도기였을 것이다. "국가의 쇠퇴, 그리고 시민의 상업적 대리인인 소비자와 시장의 공유 없는 통치를 설교하는 이 정부 귀족은 국가를 훔쳤다. 그들은 공공재로 사유 재산을 만들고, 공공의 이익과 공화국으로 그들의 것을 만들었다. 오늘날 문제가 되고 있는 것은 테크노크라트 지배 체제에 대항하는 민주주의의 회복이다. "금융 시장"이라는 새로운 리바이어던의 판결을 논의 없이 강요하고, 협상하는 대신 "가르치려는" 세계은행이나 IMF 스타일 전문가들의 횡포와 관계를 끊어야 한다."

알랭 쥐페의 친구들과 모든 총리 후임자들은 거리의 시위가 그들을 후퇴시킬 때마다 이렇게 말할 것이다. "정책은 좋지만 설명이 충분하지 않았다."

쥐페 계획을 지지했던 지식인, 전문가, 논설가들이 치명적인 톱니바퀴 장치에 손가락을 얹었다는 사실을 인정할 때까지 거의 15년이 걸릴 것이다. 유럽과 세계화가 급여 생활자들의 사회적 보호를 무너뜨리고 극소수 부자들을 위한 불평등을 증가시키는 전쟁 기계라는 것을 깨닫는 것 또한 그렇다. 15년 후, 로장발롱과 그 일당은 자본주의에 대한 적대적인 연설을 다시 찾을 수 있을 것이다. 생시몽 재단의 호의적인 분석을 통해, 그들이 자본주의가 영광의 30년으로 이룩한 것들을 파괴하도록 만든 뒤에야 말이다.

부르디외는 이 점에서 틀리지 않았다. 그는 어느 인터뷰에서 "세상에 대한 이성적인 이해와 사람들의 깊은 욕망 사이의 구렁텅이"를 비난했던 피에르 로장발롱이라는 이름을 거론하지 않고 공격했다. 그러나 피에르 부르디외와 그의 극좌 동맹들은 그들의 때 이른 명석함을 거의 이용하지 않을 것이다. 우리는 삼부회를 소집하고, 토론하고, 이론화하고, 청원했다. 우리는 노조, 당원, 대학 기관들의 끊임없는 투쟁을 주도했다. 우리는 평등주의자와 국제주의자들의 대규모 투쟁에 참여했다. 우리는 "불법 체류자", "노숙자", 여성의 대의, "젠더", 동성애자, 이민자를 위해 여러 갈래로 분산되었다. 우리는 세계화된 자본주의가 "자칭 땅의 형벌을 받은 대표자들"보다 훨씬 더 효과적이고 일관되게 이 동일한 국제적이고 진보적인 목표들을 충족시켰다는 것을 이해하지 못한 채, 보편주의적 연대를 계속 추구하고 있다. 리옹 역의 화해는 일시적인 순간으로 남았다.

프랑스 국민들은 세계화에 직면하여 홀로 남겨졌다.

보스만 판결 이후 축구의 슬픈 여행

디 스테파노, 펠레, 크루이프, 베켄바워, 마라도나, 플라티니, 지단을 합친 것보다 세계 축구 발전에 더 큰 영향을 끼친 사람은 한 벨기에 선수다. 그러나 그의 명성은 리에주 시(市)의 경계를 거의 넘지 않았었다. 리에주의 지도자들이 그가 프랑스의 됭케르크 클럽으로 이적하는 것을 반대하면서 그는 충격을 받았다. 대단한 이적 건도 아니었고, 심지어 상대가 레알 마드리드인 것도 아니었지만, 장마르크 보스만[35]은 까다롭게 굴 형편이 아니었다. 갈등은 악화되었다. 각자 자신의 입장을 고수했다. 보스만은 리에주에서 제외되었고 됭케르크나 다른 어떤 팀에서도 뛸 수 없게 되었다. 그는 사법 기관을 이용했다. 사건은 유럽 공동체 사법 재판소까지 올라갔다.

1995년 12월 15일, 법원은 유럽축구연맹의 규정이 회원국들 내 노동자의 자유로운 이동에 관한 「로마 조약」 제48조에 위배된다고 간주하여 보스만이 옳다고 인정했다.

---

[35] 유럽 축구에서 선수의 권리를 보호하는 판결을 뜻하는 보스만 룰(Bosman ruling)은 바로 이 선수 때문에 만들어진 것이다. 보스만은 리에주와의 계약이 만료된 뒤 됭케르크로 이적하고자 했으나 됭케르크가 이적료를 지불하지 못했고, 외국인 쿼터제까지 걸려서 이적이 불발되었다. 리에주에서 계약 기간이 만료되어 버린 보스만은 1군 선수가 아니라는 이유로 연봉까지 삭감되었다. 이에 보스만은 유럽사법재판소에 이적 규정에 대한 소송을 걸어 1995년에 승소했다. 이 판결로 유럽연합 회원국 소속 축구 선수들은 계약이 만료되면 이적료 없이 다른 유럽연합 축구팀으로 이적할 수 있게 되었고, 외국인 쿼터제에도 영향을 받지 않게 되었다.

유럽 축구 시장의 흐름을 바꾼 장마르크 보스만.
© footballmakehistory.eu

축구는 여러 해 동안 유럽 통합 기관들의 감시 대상이 되었다. 자유주의 이데올로기에 도취된 브뤼셀의 테크노크라트들은 이 "시장"이 경쟁법의 지배를 받는 다른 것들과는 다르다는 사실을 이해하지 못했다. 제약과 금지의 이 괴상한 뒤범벅, 이 부자연스러운 노동 계약, 모든 이적 시 이행되는 훈련 보상금, 클럽 회장들과 코치들의 뻔뻔한 간섭, 그리고 마지막이지만 중요한, 유럽 재판소들에서 말하는—클럽 당 두 명에서 나중에는 세 명이 된—외국인 선수 쿼터. 테크노크라트들은 이 모든 것이 자유주의 이론이나 유럽의 정신에 부합하지 않는다고 생각했다. 이것들은 낡고 구식인 다른 시대에 속하는 것이었고, 동업 조합들과 관련된 위험한 상황이기에, 바스티유의 벽처럼 제거되고, 무너지고, 파괴되어야 했다고 간주했다. 위원들은 선수들의 자유로운 이동(상품, 자본, 서비스, 그리고 사람의 이동은 유럽 단일법을 선포했다)에 대한 이 "장벽"을 깨기 위해 여러 차례 시도했다. 그러나 각 정부의 지원을 받는 각국 축구 협회들은 프랑스의 문화계와 마찬가지로 가장 시대에 뒤떨어지고 가장 겉치레에 치우친 그들의 특수성, 그들의 "예외"에 집착했다. 조국이라는 가장 거대한 마을에까지 이르는 국지적인 평화적 싸움을 둘러싸고 이렇게 구성된 축구는 양질의 경기를 제공하고, 그들의 도시, 그들의 지역, 그들 국가의 클럽에 자신을 동일시하는 군중을 열광시켰다. 이 군중들은 자신을 닮은 선수들, 그들 같았던 선수들, 그들의 자식일 수 있었을 선수들, 세상 모든 여자와 결혼했던 선수들을 동일시했다. 그리고 축구는 선수들이 돈을 아주 잘 벌게 해 주었지만, 르노나 폭스바겐의 고위 간부 이상은 아니었다.

영국 귀족들에 의해 발명되어 20세기 초 영국에서 체계화된 이후로, 축구는 매우 빠르게 노동자들이 가장 좋아하는 게임이 되었고, 교회와 멀지 않은 곳에서 자신이 관리하는 자들의 여가를 위해 사장이 만든 공장 옆 경기장에서 펼쳐졌다. 노동 계급에서 가장 재능 있는 아이들은 프로가 되었다. 그리하여 레몽 코파[36]는 폴란드에서 온 아버지를 다시 만난 광산에서 벗어나게 되었다. 축구는 자식들이 노는 것을 보러 온 서민 계급의 일요일 오후의 기분 전환이었다. 이렇게 우리는 후원(가톨릭이거나 세속적인)에서 프로 클럽으로, 장이 서는 도시들의 대결에서 1950년대에 설립된 유러피언컵[37]으로 이행하여, 아무것도 변질되지 않은 상태로 "유럽적 건설"의 시작을 수행했다. 축구계 또한 68혁명의 숨결에 휩쓸렸고, 선수들은 더 이상 그들을 발견하고 훈련시킨 클럽의 "노예"가 되지 않기 위해 그들의 경력 관리 측면에서 조금 더 유연성과 자유를 요구하고 허가를 받았다. 그러나 대중적이면서도 국가적인 정착이 그럭저럭 유지되었다.

유럽 규제 완화의 역사에서 흔히 일어나듯, 가공할 만한 효율성의 완전한 역할 분담에 따르면, 판사들은 위원들이 실패한 곳에서 성공하게 될 것이다. 보스만 판결은 프랑스 미디어에 의해 "자유"의 위대한 승리로 축하받았고, 극좌파와 반인종주의 단체들은 외국인 혐오와 인종차별의 후퇴를 기뻐했다.

---

36 레몽 코파(Raymond Kopa, 1931~2017)는 폴란드 이민자 가정에서 태어난 프랑스 축구 선수다. 1958년 프랑스인으로는 최초로 발롱도르를 수상했다.

37 UEFA 챔피언스리그의 전신.

결과는 그들의 기대와 일치했다. 몇 년 만에 유럽 축구는 자유주의 세계화의 냉정한 진열장이 되었다. 이적료는 점점 더 많이 올랐고, 선수들의 몸값은 급증하여, 현기증을 일으킬 정도로 절정에 이르렀다. 마거릿 대처의 격려로 대담해진 영국 클럽들은 선제적으로 보스만 판결의 자유주의적 논리를 끝까지 밀어붙였고, 영국 선수들은 영국 챔피언십 팀들 안에서 소수자가 되었다.

때때로 토박이의 이러한 급진적인 도태와 이와 연결되는 국가대표팀의 수준 저하에 항의하는 목소리가 높아졌다. 우리는 그들을 외국인 혐오와 인종 차별주의자로 취급함으로써 침묵시켰다. 서민층은 매우 오래된 그들 클럽의 전통적인 색깔로 장식된 국제적인 이 억만장자들에게서 더 이상 자신과 비슷한 점을 발견할 수 없었다. 우리는 좌석 가격을 인상하면서 경기장에서 그들을 추방하기 위해, 악명 높은 훌리건들의 폭력이라는 구실을 찾아냈다.

가장 높은 사회적 부류들과 여성들은 달갑지 않은 노동자 계급의 젊은 백인 남성을 대체했다. 축구 경기장의 계단식 좌석은 세계화된 대기업들로부터 초청받아 최고의 자리를 사유화한 행복한 소수들로 가득 찼다.

모든 유럽 클럽들이 영국의 예를 따랐다. 선수들은 이탈리아 팀에서 스페인의 라이벌 팀으로 이적했고, 튀르키예나 중국 클럽에서 경력을 마쳤다. 그들은 거리낌 없이 최고 입찰자에게 자신을 팔았다. 새로운 국제 노동 분야는 선수 구매 국가(잉글랜드, 이탈리아, 스페인)와 가난한 공급 국가(남미, 아프리카)를 구별했다. 일종의 향토 축구로 선수 양성에 모든 것을 걸었던 프랑스는 자유주의 파도에 의해 배후에서 공격당했다. 프랑스의 교육 센터는 보존되었지만, 가난한 국가들, 특히 아프리카에서 온 수많은 선수들을 맞이했다. 그곳에서 프랑스식으로 훈련받은 선수들은 유럽 대회에서, 모든 스카우터들의 눈앞에서 재능을 폭발시킨 후 돈 많은 클럽으로 다시 출발할 것이었다. 일부 프랑스 클럽 회장들은 경기의 최종 단계에 도달하자마자 그들을 압도하는 영국이나 스페인 클럽들을 위한 "노예 상인"으로서의 지위를 꺼렸다. 그들이 유럽의 주요 포식자들과 동등한 무기로 경쟁하는 것을 막는 세금에 대해 불평하는 것은 일리가 있었다. 그러나 이 전통적인 고용주 담론은, 보스만 판결 이전에도 프랑스 클럽들이 이웃 유럽 국가들의 부와 힘을 소유하지 못했다는 점을 잊고 있었다. 그들은 이탈리아, 영국, 스페인 팀들을 따르는 유명한 "소시오(Socio)" 같은 서포터들의 무리를 결코 모으지 못했다.

축구 사회학은 혼란에 빠졌다. 지도자들은 폴 스미스[38] 옷을 입은 "코치들"이 되었다. 클럽 회장들은 최고의 경우에는 석유나 금융의 대부호들, 최악의 경우 마피아들이 되었으며 때로는 둘 다이기도 했다. 선수 에이전트들은 최고의 경우 큰형들, 최악의 경우 마약상과 포주들이었다. 선수들은 인형 같은 여자 모델들과 페라리를 수집하며, 세계화된 엘리트들의 성공을 멋스럽게 구현했다.

축구는 금융과 함께 1990년대의 세계화된 규제 완화의 또 다른 위대한 승리자로 확인되었다.

스포츠 윤리는 깨졌고, 경기 결과는 투자금 곡선을 따랐다. 축구의

---

38   영국의 의류 브랜드.

신이 두꺼운 수표책을 가진 쪽으로 넘어갔다. 최고의 클럽들이 가장 부유했다. 쿠프 드 프랑스[39]에서도 그렇지만 유로피언컵에서는 더욱, "엄지 동자들"의 시대는 지났다. 거대한 기계들에게 패배는 금지되었고, 그들에게 패배는 너무 비싼 것이었다. 축구는 게임이 되기를 멈추고 쇼가 되었다. 때로는 매우 퀄리티가 높은 쇼였지만, 무엇보다도 수익성 있는 투자가 되어야 했다.

축구는 빅토리아 여왕 시대 귀족 발기인들에 의해서, 노예화된 서민 계급의 폭력의 배출구로 개념화되었었다. 축구는 점차 일요일 휴식의 세속적인 버전과, 학교에서 빛을 발하지 못하는 자들을 위한 사회적 지위 향상의 수단으로 문명화되었다. 보스만 판결로 어제의 스포츠는 로마 검투사들과 외국인 용병들의 전투로 바뀌었다. 중세 기사가 싸움에서 자신의 귀부인이나 왕의 리본을 달았던 것처럼, 대중은 자신의 색깔을 대변하는 과거의 선수들에 스스로를 동일시했다. 대중은 오늘날 선수들의 쾌거를 정중하게 존경하지만, 공손하면서도 냉정하게 거리를 둔다.

국가대표팀이 참가하는 모든 대회에서, 우리는 그들의 관례적인 상업적 기준에서 멀어진, 패배한 선수들을 느낀다. 민족적 열정의 상상은 더 이상 그들의 것이 아니며, 그들은 너무 크고 오래된 옷을 입고 느슨해져 있다. CAC 40의 사장들이나 더 시티의 금융인들의 방식으로, 그들을 괴롭히고 이제는 외국인 용병으로 뛰는 국가들의 일류 선수로 탈바꿈하라고 그들에게 명령하는 것은, 미디어를 통해 전해지는 각 국

---

39 프랑스의 FA컵 대회 이름.

가의 대중적인 열정이다. 유권자, 가맹사, 고객, 광고의 대상을 잃을 것을 두려워하는 연방 지도자들, 그들의 대리인들, 정치인들, 채널의 사장들은 선수들에게 대중의 의지에 복종할 것을 강요한다. 그들은 보란 듯이 그들의 국가를 부르고 (큰 소리로 부르든, 떠듬떠듬 부르든), 그들의 애국적인 믿음, 동포들 사이에서 다시 발견되는 기쁨을 선언하도록 강요받는다.

이 모든 것이 점점 더 만들어지고, 가장(假裝)되고, 부자연스러워지고 있다.

유럽의 판사가 이겼다. 축구는 생산자와 소비자들로 구성된, 이 모두가 "이기적인 계산이라는 얼음물"(마르크스)에 빠진, 가능한 자본주의 세계 중 최고가 되었다. 축구는 더 이상, 대중의 열정을 업고 아이들의 꿈을 가득 채웠던, 어린이를 위하는 영웅적인 마법 세계가 아니다. 우루과이 작가 에두아르도 갈레아노의 아름다운 표현에 따르면, 축구는 환멸을 느낀 열광적인 팬들을 "아름다운 게임의 거지"로 바꾼다. 오랫동안 향토적인 특징을 유지해 온 럭비에 이르기까지 모든 집단 스포츠가 축구를 맹목적으로 따라했다.

축구는 "민중의 아편"이 되었다. 축구가 이토록 치욕을 당하기 전에는, 이 빵과 서커스는 지식인들, 특히 거만한 프랑스인 지식인들에게 비난받았다. 이 지식인들은, 우리의 오만하고 건방진 엘리트들이 초심자의 열의를 품고 이제는 환영에 불과한 축구라는 종교로 개종한 바로 그 순간에, 결국 옳은 것으로 드러났다.

"축구의 역사는 즐거움에서 의무로 가는 슬픈 여행이다. 스포츠가 산업으로 변모함에 따라, 그것은 유희를 위한 놀이의 즐거움에서 생겨 난 아름다움을 금지했다. 이 세기말의 세계에서 프로 축구는 쓸모없는 것을 비난하고, 돈벌이가 되지 않는 것을 쓸모없는 것으로 만든다. 그 것은, 소의 창자로 만든 공을 갖고 노는 아이처럼, 털실 뭉치를 갖고 노 는 고양이처럼, 어른이 노는 아이로 잠시 돌아갈 수 있도록 유도하는 이 광기를 누구에게도 용납하지 않는다."[40]

40　[원주] Eduardo Galeano, *Le Football, ombres et lumières*, Climats, 1997.

1996

1996년 2월 22일

루이 18세부터 자크 시라크까지

이번만은 그는 망설이거나 상의하지 않고 혼자 결정했다. 그는 돌아보지 않고 "우리 역사의 한 페이지를 넘겼다." 그는 "엎지른 우유를 두고 슬퍼하는 것"을 결코 좋아하지 않았다. 알제리 전쟁 동안 오레스(Aurès)[41]에서 보낸 젊은 시절부터 시라크는 "전투광"이었다. 군대는 그의 비결이다. 그리고 그의 전문 영역이며, 그가 즐겨하는 이야기다. 병역 의무를 폐지함으로써 그는 노조의 대규모 시위가 거리에서 펼쳐질 위험 없이 젊은 세대로부터 쉽게 인기를 얻을 수 있었다. 군대는 별 이유 없이 "큰 벙어리(grande muette)"[42]라 불리는 것이 아니다. 한 번만으로

---

41 알제리의 북동쪽에 위치한 지역의 명칭.

42 제3공화국 당시 군인은 선거권이 없었던 데에서 나온 표현이다. 오늘날 군인은 원

는 관례가 될 수 없었지만, 시라크는 대부분의 미디어와 논설위원들의 지지를 받았다. 우리는 "공동체주의"의 위험이 그의 주둥이를 괴롭히기 시작한 순간에, 프랑스 공화국의 사회적이고 인종적인 혼합 기계의 종말에 대해 잠시 궁금해했다. 그러나 논의는 빠르게 회피되었다. 이민은 "프랑스에게 기회"가 될 수 있을 뿐이었다. 징병제는 시간이 흐르면서 터무니없는 위선적 농담이 되었다. 거기에서 공화주의 용광로가 품은 평등주의 환상이 뒷배와 관계들에 항복하는 동안, 과거의 "무장 국가"는 오랜 평화 기간의 완화적인 안일함 속에 무미건조해졌다.

징병은 발미(Valmy)에서 프로이센인들을 그토록 두렵게 만들었던 1792년 "소집령"의 계승자였다. 이어서 징병은 1798년의 「주르당 법」으로 성문화되어 "전투의 거장"에게 위임된 프랑스의 검을 만들었지만, 외력을 너무 받았던 이 검은 결국 깨졌다. 워털루 이후, 왕정복고는 대육군을 해체했다. 새로운 평화적 소명을 보여 주기 위해, 루이 18세 체제는 상비군이라는 낡은 여정을 되찾았다. 대규모 의회 토론에서 "질"의 지지자들과 "양"의 지지자들이 서로 대립했다. 정권은 이 축소된 병력이 더 잘 정비될 것이라고 확언했다. (나폴레옹은 병참의 불운이라고 속였다. 잘못은 다른 데 있었음에도. 러시아에서, 그의 병사들은 엄청난 추위에 대처할 수 있는 옷과 신발이 부족했다. 라이프치히에서 그들은 굶주렸다.) 1818년의 이 「구비옹생시르(Gouvion-Saint-Cyr)

칙적으로 민감한 정치적 주제에 대해서는 개인적 의견을 표명하는 것이 금지되어 있다.

법」[43]은 1996년 개혁의 선조다. 양에 맞서는 질, 그것은 자크 시라크가 제안한 것이다. 대통령은 "받아들이는 사람만을 고용한다"는 약속을 아끼지 않는 버릇이 있었다.

싸움은 제2제정 말기에 다시 시작되었다. 1866년 사도와에서 오스트리아가 패배한 후, 프로이센이 위세를 떨치자, 나폴레옹 3세는 그의 친애하는 삼촌에게 그토록 힘이 되어 준 "양"으로 돌아가고 싶어 했다. 그는 잘못하지 않았다. 양은 아마도 그에게 스당의 항복을 피할 수 있게 했을지도 모른다. 그러나 그는 그것을 강요할 수 있는 육체적(그는 병들었다)·정치적(그는 자신의 체제를 자유화하고 "의회화"했다)인 힘을 더 이상 갖고 있지 않았다. 거기에서 그는 왕위를 잃었다. 그리고 1889년에 징병제를 제정했던 사람은 공화당원들(황실에 반대했던 의원들, 그들은 황실과 싸웠다!)이었다. "군대의 나라"는 1914년에 견뎌내고 이길 수 있게 해 주었지만, 1940년의 패배를 막지는 못했다. 1960년대부터 핵무기는, 조국의 신성한 땅에 대한 궁극적 방어와, 갈루아 장군[44]의 표현에 따라 "예측 불가능성에 대한 보험"을 위해 징병제를 폐기할 것처럼 보였다. 그러나 드골 장군은 냉전 중에 징병제를 역사의 쓰레기통에 버리기를 거부했다.

1996년, 시라크는 자신이 루이 18세의 발자취를 따르고 있다는 것을 몰랐다. 그는 경솔하고 방탕한, 시대에 뒤떨어진 왕정의 유산을 자

---

43 징병을 자원과 추첨 형식으로 바꾼 법이다. 1872년까지 유지되었다.

44 피에르 마리 갈루아(Pierre Marie Gallois, 1911~2010)는 프랑스 공군 여단장이었다.

신이 소탕했다는 것은 알았을 것이다. "그것은 다른 것은 가만히 두면서 나를 건드린다." 프랑수아 퓌레가 혁명이 끝났다고 발표한 것은 옳았다.

1889년에 집권한 기회주의자 공화당원들은 같은 해 6월 26일에 가결된 국적법의 군대에 관한 법조문을 두 배로 늘렸다. 프랑스에서 태어난 외국인 부모들이 프랑스에서 낳은 자녀들에게 프랑스 국적을 부여하는 것이었다. 당시 공화주의자들은 그들의 생각에 집요함과 일관성을 보였다. 이 "이중 속지주의"는 19세기에 독일의 인구 팽창에 비해 급락한 프랑스의 출산율에 직면한 군대의 요구에 대한 대답이었다. 정권은 공장의 이탈리아와 벨기에 동료들을 더 이상 용인할 수 없는 젊은 프랑스 노동자들의 분노를 진정시켰다. 그들은 프랑스인들이 국방의 의무를 수행하는 동안, "직장과 아내를 품고" 집에 머무른다.

그러나 이 명백한 연계—징병 군대와 속지주의, 직업 군인과 속인주의—는 자크 시라크는 물론이고 어떠한 논객에 의해서도 언급되지 않았다. 심지어 속지주의와 그것의 잠재적인 억압이 지난 10년 동안 사람들을 동요시켰음에도 말이다. 그러나 우파는 이 싸움을 포기했고, 다시 한 번 좌파의 이념적 통치권에 굴복했다. 우리는 공리주의적이고 군국주의적인 저의를 더 잘 감추기 위해, 속지주의 제정을 거의 신화적인 아우라—"관용적이고 개방적인 프랑스" 등—로 감싸는 편을 선호했다.

공화주의자 선조들이 거부했을 공화국의 잘못되고 타락한 견해의 미명 아래, 우리는 프랑스의 이익에 대해 이성적으로 의문을 제기하는 것을 거부했다.

원칙의 논쟁과는 거리가 먼 군대의 수장은 "관리자들"이 '다운사이징'이라고 부르는 것을 실행하는 데 만족해했다. 병력수를 도끼로 잘라버렸지만, "새로운 시작", "해외 병력 재배치", "새로운 산업 연맹의 일환으로의 시너지 효과"에 대한 흥분되는 거대 담론들을 통해 고통을 마취시켰다. 시라크의 말은 지구상의 모든 작전 극장의 무대 위에 "현대화된 장비를 갖춘" "콤팩트한 군대"를 올려서 "프랑스는 여전히 강대국"이라는 것을 증명할 것이다.

　　1996년의 개혁은 우리 군대의 규모를 강력히 축소하는 데 국한되었다.

　　거의 20년 후, 우리의 전투 공군은 항공기 300대로, 우리 해군은 단 한 척의 항공 모함을 포함한 30개 미만의 주요 해군 부대로 축소되면서, 우리는 세계적인 해군의 지위를 잃었다.

　　다수결로 인해, 국방 예산은 리오넬 조스팽에서 니콜라 사르코지를 거쳐 프랑수아 올랑드에 이르는 동안, 국민 총생산의 2퍼센트라는 위태로운 한계 아래로 떨어질 때까지 지속적이고 끈질기게 감소된 유일한 예산이었다. 드골 장군부터 프랑수아 올랑드까지 50년 동안, 국방 예산은 국내 총생산의 5.44퍼센트에서 2012년 1.56퍼센트까지 떨어지고, 2020년에는 1.26퍼센트라는 아사 상태에 이를 것이다.

　　2008년 장클로드 토만 장군은 병력 감축이 진행됨에 따라 육군은 곧 수용 인원 8만 1,338석인 스타드 드 프랑스에 모두 수용할 수 있게 될 것이라 설명하며 쓴웃음을 지었다.

　　6,000명의 비전투원과 9,000명의 육군 군무원까지 합친다면, 10

만 3,000명에 이른다. 우리의 최근 역사에서 10만 명이라는 병사의 수는 무고(無辜)하지 않다. 그것은 1919년 「베르사유 조약」이 독일군을 감축했던 때의 굴욕적인 최저 수위(水位)다. 그것은 논쟁을 종결하는 결정적 대답이다. 1940년 비시가 서명한 휴전 협정의 일환으로, 패배한 프랑스 군대에게 허가된 수치다!

그 당시 10만 명의 군대는 내부 질서를 회복하는 정도로는 아주 적합했다.

우리는 몇 년 전부터 "비대칭적인" 전쟁의 시대로 접어들었다. 따라서 우리의 긴축된 병력은 "테러리스트들"을 뒤쫓고, 민주주의를 회복하며, "학교 가기를 원하는 아프간 소녀들"을 보호하고, 전투원들을 갈라놓거나, 폭군에게 위협받는 무고한 사람들을 구하기 위해 전 세계의 모든 곳으로 파견된다. 우리 군대는 "이상적인 군인"이 되었다. 우리의 좌파와 우파 지도자들은 아리스티드 브리앙[45]과 국제연맹(SDN)[46]의 꿈을 실현하여, 우리 부대를 추상적인 법질서의 지상군 부대, 국토방위에서 벗어난 부대들로 변화시켰다.

우리 군대는 더 이상 영토를 방어하지 않고(임무는 오직 핵무기에만 귀속되었다), 경찰 활동을 수행하는 일종의 국제 헌병대가 되었다. 그러나 군사 용어로 외부 작전을 의미하는 OPEX(Opérations Extérieures)의 다양성은 결국 점점 더 부족한 장비를 갖춘 축소된 병력의 군대를

---

45 아리스티드 브리앙(Aristide Briand, 1862~1932)은 프랑스의 정치인이다. 제1차 세계 대전 이후 국제 관계의 평화를 구축하는 데 결정적인 역할을 수행한 공로로 1926년 노벨 평화상을 받았다. 또한, 1929년에 유럽연방을 제안하기도 했다.

46 국제연맹은 영어로는 'League of Nations', 프랑스어로는 'Société des Nations'이다.

약화시킨다. 예산 삭감의 낫도 투자에 타격을 주었다.

이번만은 우리 정치인들이 예상했었다. 우리의 "긴축된" 군대는 더 이상 혼자 행동하지 않을 것이며, 그들의 장비는 미국이나 다른 곳에서 이미 수행된 프로그램의 "필요 없는 연속적인" 구매로 보완될 것이다.

1996년의 개혁은 생각했던 것과는 달리, 병역 의무 폐지와 관련 지역의 지역 경제에 고통스러운 일부 병영 폐쇄에 국한되지 않았다는 것을 우리는 이렇게 깨달았다. 그것은 드골 장군으로부터 물려받은, 완전히 뒤집어진, 우리의 모든 방어 정책이었다.

오래전 프랑스 군대는 우리 산업이 군대의 의도에 따라 차근차근 준비했던 장비들을 가지고 프랑스의 이익을 방어하기 위해 단독으로 개입했다.

완전한 관점의 변화가 일어났다. "상호운용성"이 규칙이 되었고, 우리의 설비들은 나토의 것들과 조정되어야 했다. 징병 폐지는 따라서 불가피하게 나토 통합 군사 기관들로 프랑스의 복귀를 이끌었다.

이 결정은 사르코지 대통령에 의해 2007년에야 발표되었지만, 실제로는 그의 전임자에 의해 준비되었다. 1996년부터 프랑스는 38개의 나토 위원회 중 36개에 복귀했으며, 그중에는 신성불가침의 군사 위원회가 있다.

무기의 "상호화"와 "상호 운용성"에 대한 새로운 숭배는 모든 포기의 구실이 되었고, 미국에만 이익이 되어야 하는 프랑스 산업의 기술적 후퇴를 초래했다.

"예외 없이, 우리의 모든 군사 작전은 다국적 범위 안에서 진행될 것이다. 이 범위는 대서양 동맹이나 유럽 연합의 경우 사전에 설정될 수 있으며, 일시적인 연합의 경우에는 특별히 임명될 수 있다."(『2008년 국방백서』).

"자유민들에게 있어서, 안보는 다른 모든 것들 중 첫 번째이자 국가의 독립이라고 불리는 이 근본적인 자유의 수호와 혼동된다."(『1972년 국방백서』).

역사는 다양한 소스와 향신료와 함께 요리를 다시 돌린다. "양"에 대한 "질"의 승리는 항상 동일한 원인과 결과를 가지고 있다. 왕정복고 아래에서 나폴레옹에 대항하여 연합한 유럽에게 패배한 프랑스는 대륙 지배의 꿈을 포기하고, 최초의 세계화가 예고한 영국이라는 패권적 힘의 굴레 아래 결집한 승리자들에게 굴복했다. 프랑스는 평범한 위치로 돌아갔지만, 늘 그렇듯이 이 새로운 반에서 최고의 학생이 되기를 바랐다. 신성 동맹의 시기였다. 우리는 기독교와 군주적 정당성을 옹호했었다. 우리는 1823년 자유주의 혁명으로 위협받는 부르봉 가문을 보호하기 위해 스페인에 개입했다.

우리는 같은 역사를 다시 체험한다. 드골 시대 이후로, 우리는 미국이라는 두 번째 세계화의 패권적 힘의 진영에 가담했다. 우리는 우리의 국익을 지키기 위해가 아니라 군주제와 기독교를 대체한 인권과 민주주의의 이름으로 모든 곳에서, 아프가니스탄이나 코소보에서 싸울 것이다. 탈레랑이 프랑스가 왕족 내에서 "부르주아의 권리"를 마침내 갖는 것을 보기를 꿈꿨던 것처럼, 우리는 다시 한 번, 사르코지의 표현에 따르면, "서구 가족"이 가장 좋아하는 아들이 되기를 꿈꾼다.

프랑스는 워털루 이후 시대착오주의에 대해 유죄 판결을 받은 것 같다. 세기는 유럽 전역에 왕들의 죽음을 알렸는데, 우리는 그때 위대한 왕가로 복귀했다. 프랑스는 바르샤바 조약의 해체로 서구 동맹이 기반을 잃었을 때 나토에 재투자했다. 미국 전략가들에게, 그들의 유럽 파트너들은 지지자보다는 귀찮은 짐이 되었다. 과잉 무장하고 과잉 장비를 갖춘 그들은 어디에도 그것을 필요로 하지 않는다. 그들은 원하는 대로 개입하면서 그것에 거의 관심을 두지 않는다. 1999년 코소보에 있었던 연합군 지도자들 사이의 끝없는 논의는 우리의 훌륭한 지도자들을 이미 화나게 했다. 아프가니스탄에 파견된 프랑스인들은 아무 쓸모가 없었고, 어떤 것에도 고려되지 않았고, 어떤 것도 통제하지 않았으며, 미국이 일으킨 전쟁에서 죽음을 맞이했다는 점만 훌륭했다.

게다가 오바마 대통령 이후로, 미국인들은 유럽, 아프리카, 심지어 중동이라는 부차적인 무대에 대한 흥미를 잃으면서, 강박에 이를 정도로 중국의 위협을 평가해 왔다.

미국의 공백으로 우리가 지중해와 아프리카라는 우리의 지리적 영역에서 다시 유일한 헌병이 될 수 있는 시기에, 우리는 군사 도구를 모든 한도를 넘을 정도로 축소하고, 상호 운용성, 유럽 방위, 국제법, "테러"에 대항하는 투쟁만을 맹목적으로 따른다. 우리는 뒤늦게 미국과의 동맹, 전략적인 복종이라는 영국 모델을 모방하고 싶어 한다. 영국 모델은 영국 군수 산업을 망쳤고, 제한된 능력이 폭발할 때까지 여왕 폐하의 군대를 이라크라는 광란의 원정으로 이끌었다.

1940년 6월의 붕괴 이후, 처칠은 영국 동맹국의 지지를 호소하기 위해 온 프랑스 관리들에게 물었다. "예비군들은 어디에 있습니까?"

이번에도 다시 한 번, 우리는 우리의 평화적 환상과 이데올로기적 망상에 그것들을 팔아치웠다. 우리는 역사가 전략적 놀라움의 연속이라는 것을 잊었다.

1996년 4월
리치D(Ritchie'D)의 영광

그는 자신의 거주하던 렌 거리에서 개를 산책시켰다. 그는 예전의 포마드 바른 머리와 포니테일은 포기했지만, "록 스타 같은 외양"으로 꾸미는 것은 그만두지 않았다. 그는 마키아벨리로부터 영감을 받은 "사자의 힘과 여우의 책략"의 필연적인 동맹을 더 잘 보여 주기 위해 자신의 페이스북에 장난감 사자 인형 옆에 자신의 모습을 게시했다. 마수필라미(marsupilami)[47]도 있었다. 그의 개인 프로필은 시와 인용문, 때로는 에로틱한 문구들의 한가운데에, 그의 사무실과 학교의 계단에서 학생들과 함께 있거나 수영장 옆에서 아내와 함께 찍은 자신의 사진들로 가득 차 있었다. 그는 학생들과 교수들 모두에게 직접 답장했다. 그는 새벽 3시에 철자와 심지어 구문 오류로 가득 찬 이메일들을 보냈다. 그는 생기욤 거리[48]의 복도를 돌아다니며, "큰 신발"을 신고 오래도록 서

---

47 벨기에 만화의 캐릭터로 여러 동물의 특징을 섞어 놓은 외양을 갖고 있다.

48 사회학 관련 그랑제콜 중 하나인 파리 정치대학(또는 시앙스 포[Sciences Po])을 의미한다. 해당 건물은 생기욤 거리 27번지에 위치해 있다.

성거리고, 학생들과 접촉을 유도하고, 토론하고, 말다툼을 하고, 그들에게 "나는 당신보다 더욱 마르크스주의자입니다"라고 말했다. 그는 자기 사무실에서 허물없이 사람을 맞이하는 것을 서슴지 않았다. 그는 불규칙하고 발작적인 발성, 구조가 없는 언어, 어린아이 같은 말하기에서 도용한 감탄사로 인해 여전히 깜짝 놀라게 했다. 이러한 특징은 1968년 이전 초등 교육에서 이어지는, 1958년에 태어난 국립행정학교(ENA) 졸업생이라는 그의 과거와 함께 충격을 주었다. 반면 프랑스적 엘리트주의의 순수한 생산품인 공화국의 학교(몽테뉴 고등학교, 루이르 그랑 고등학교, 앙리 4세 고등학교, 문학 전공 프레파, 이어서 파리 정치대학, 국립행정학교, 국사원)는 그의 마지막 불꽃으로 빛났다. 피터 팬의 환상 속에서 회춘하기 위해, 그리고 그렇게 새로운 세대와 형식적인 거침없음을 공유하기 위해, 그에게 사람들이 가르친 것을 마치 배우지 못한 것처럼 구는 것 같았다.

그는 배후 조종자의 재능과 덜떨어진 청소년의 천진난만함을 결합시켰다. 그는 연기하고 무대에 서는 것을 좋아했고, 세상은 그에게 넓은 극장, 영구적인 퍼레이드였다. 그의 공공연한 모델은, 빌 클린턴의 장관이 되기 전 하버드의 교수였던 래리 서머스로 그 또한 그렇게 으스대기를 잘했다. 그는 학생들 사이에서 춤을 추기 위해 테이블 위에 올랐던 베를린에서의 그날 저녁처럼 자기도취적이고 축제적인 동성애를 드러내면서 시앙스 포의 총장이 되었다. 거의 20년 후 그는 자신의 네 번째 임기를 마쳤다. 나디아 마리크와 결혼했지만 그는 영원한 동반자인 SNCF의 사장 기욤 페피에게 여전히 충실했고, 난잡한 열정을 드러냄으로써 오스카 와일드를 매혹시킬 부르주아 트리오를 만들었다. 생기욤 거리에서 즉위하기 전, 그는 좌파였으며 자크 랑과 미셸 샤라스의 협력자였다. 그는 다루기 힘든 공무원들에게 자신의 의지를 받아들이게 하기 위하여 이 존엄한 우정을 이용함으로써, 나중에는 니콜라 사르코지를 향한 열광적인 사랑을 자기 안에서 발견했다. 인생은 게임이었다.

학생들은 그를 리치D라고 불렀다. 어쨌든 그것은 사람들이 그렇게 알거나, 믿어 주기를 그가 원했던 것이다. 2000년대의 옛 학생이었던 젊은 작가 토마 가예는 그의 별명이 실제로는 닉슨처럼 트리키 딕(Tricky Dick)이었다고 빈정대면서 단언했다. 그가 이 사실을 알았더라면 그는 기뻐했을 것이다. 핵심은 그의 성(姓)이 미국화되었다는 것이기 때문이다.

1996년 리샤르 데쿠앙(Richard Descoings)이 시앙스 포의 수장이 되었을 때, 전임 알랭 랑슬로의 노력에도 불구하고 학교는 여전히 그랑제콜 중에서는 가장 평판이 낮았으며(ENS나 폴리테크니크[Polytechnique]에 비해서), 국립 대학 중에서는 가장 세련된 학교였다. 데쿠앙은 내부에서는 매우 잘 알고 있던 프랑스적 특수성을 활용하여, 이 핸디캡을 장점으로, 이 양면성을 성공의 수단으로 바꾸는 능숙한 솜씨를 가지고 있었다. 1986년 드바케의 화려한 실패 이후, 프랑스 고등교육의 두 가지 금기는 여전히 대학 입시 선발과 높은 등록금으로 남아 있었다. 이것들은 앵글로·색슨의 주요 대학들의 두 가지 주요 특징이었다. 데쿠앙은 학생 수를 4,000명에서 9,600명으로 두 배 늘렸고, 시앙스 포에서 가장 많은 수에 해당하는 부유한 가정의 경우 연간 최대 1만 2,000유로까지

프랑스의 전통적인 고등 교육 모델에 균열을 가한 리샤르 데쿠앙.

© Gettyimages

등록금을 부과했다. 그의 새로운 부 덕분에, 데쿠앙은 그의 "새로운" 학생들에게 거처를 마련해 주기 위해 부동산 구매를 늘렸고, 상당한 급여를 제공함으로써 경제나 법 분야에서 최고의 교수들을 끌어들였다. 시앙스 포는 민간 재단을 통해 공적 자금을 지원받는 특수성도 갖고 있었다. 그것은 1945년 "국영화된" 옛 자유정치대학 유산의 결실이었다. 이 매우 프랑스적인 혼종을 데쿠앙은 사용하고 남용했으며, 자신을 위한 연간 50만 유로라는 터무니없는 임금을 가결하게 만들었다. 보수 위원회는 데쿠앙과 몇몇 엄선된 교수들에 승인된 관대함을 괘씸하게 느낄 수 없는 사람들, 르노-닛산의 전 사장인 루이 슈바이처, BNP의 전 사장 미셸 페브로, 또는 악사(Axa)의 경영권자 회의장인 앙리 드 카트스리 등 100만 유로를 계산 단위로 삼는 사람들로 구성되었다. 2012년 4월 그가 죽기 몇 달 전, 그의 네 번째 임기의 끝에, 메디아파르(Mediapart)[49]의 폭로 후 감사원에게 설교를 들었을 때, 그는 천문학적인 봉급을 비난받았던 CAC 40의 프랑스 사장들과 같은 대답을 할 것이다. 이것은 앵글로·색슨 대학들에서는 표준이라고!

　　데쿠앙은 그가 흥얼거렸던 조 다생의 노래 속 젊은이라고 생각했다. "아메리카, 아메리카 […] 나는 그것을 가질 거야! […] 그것이 꿈이라면, 나는 알게 되겠지."(조 다생, 〈아메리카〉, 앨범 《입에 물린 꽃》 중, 1970) 전후 프랑스 테크노크라트적 엘리트들에 의해 재해석된 미국의 꿈이다. 그는 소련 공산주의 몰락 이후 1990년대에 세계를 지배하고 있는 것처럼 보이는 그의 미국 언니들의 방식으로, 먼지 쌓인 파리 정치대학

49　2008년 자유로운 언론인들이 설립한 인터넷 사이트.

을 현대적인 '유니버시티', '비즈니스 스쿨'로 바꾸려는 야망을 가지고 있었다. 시앙스 포는 "시장의 학교"가 될 것이었다. 데쿠앙은 1870년 독일의 과학과 대학이 스당에서 프랑스를 이겼다고 확신한 자유정치 대학의 설립자 에밀 부트미의 행동을 부활시켰다. 데쿠앙은 그의 영광스러운 승리자를 모방하여 프랑스 엘리트들이 다시 태어나기를 열망했다. 그러나 데쿠앙의 모델은 서부와 동부 연안에 위치한, 자유주의적이면서 자유 지상주의적이고, 개인주의적이고, 불평등하며, 다문화주의적이고 페미니스트적인 (그리고 게이 친화적인), 쿨하고 축제 같은 프로테스탄티즘의 신봉자인 미국이었다. 거기에서는 돈에 대한 숭배가 창립자 아버지들의 아주 오래된 도덕, 그리고 오래된 공동체적 연대를 파괴했다. 에밀 부트미의 거만한 애국심은 주권적 경멸을 감추지 않는 반인종주의적인 범세계주의로 대체되었고, 프랑스와 그 국민에 대한 프랑스 엘리트들의 조롱 섞인 증오로 변했다.

데쿠앙은 가르침을 변화시켰다. 어느 날 그는 93지역[50] 브레이크 댄스 협회와 "명백한 소수자들" 만남을 조직했다. 다른 날에는 장애 학생들과의 만남이 있었다. 미국 대학의 젠더 스터디 방식으로, 여성들이 감내해 온 차별에 대한 수업들이 도입되었다. 그는 영어를 주요 과목으로 삼았다. 이것은 아무것도, 어떠한 요구도 결코 충족시킬 수 없는 거의 강박 관념일 뿐이었지만, 선발의 주요 기준, 학교의 최고 준거가 되었다. 그때까지 외국어는 불필요하고 최고들에게는 경멸받는 장식에 불과했음에도 말이다.

---

50   센생드니 지역.

학생들의 바이블은 더 이상 석간신문 『르 몽드』가 아니라 매일 아침 읽는 『파이낸셜 타임스』[51]였다.

생기욤 거리의 문이 세계에 열렸다. 데쿠앙은 지체된 지방색, 더 나쁘게는 용서할 수 없는 프랑스인스러움에 대해서 그가 항상 의심을 품었던 젊은 프랑스인들이 전 세계의 젊은이들과 관계를 맺도록 요구했다. 데쿠앙은 세계 여행자가 되었고, 해외 대학과의 협력에 대한 수많은 협정을 과시했다. 이 젊은이들을 세계 각지로 보내기 위해 초기 3년에 2년의 학업 기간이 추가되었다. 시앙스 포는 클라피쉬의 영화 〈스페니쉬 아파트먼트〉[52]가 되었다.

긍정적 차별이 없는 미국 대학은 없었다. 그래서 2001년, 리샤르 데쿠앙은 지식의 신전에 젊은 흑인들(노예의 먼 상속자들!)의 입학을 돕기 위해 1960년대의 이 미국적인 발명을 시앙스 포에 수입했다. 미국의 일부 지성들이 거기에서 실패를 확인하고 그 원칙에 의문을 제기했을 바로 그때였다. 데쿠앙이 결정을 내리고 몇 년 후, 위대한 소설가 톰 울프는 이 조치로 인해 미국 대학들의 지적 수준이 받은 커다란 피해를 묘사한 노골적인 소설 『나, 샬롯 시몬스』를 출판했다. 어쨌든 게다가 아이비 리그는 부유한 상속자들을 위한 탁아소에 불과했다. 그러나 우리의 프랑스 엘리트들은 여전히 60년대 미국에 연결되어 있었다.

---

51 영국의 경제 신문.
52 한 프랑스 청년이 교환 학생 프로그램을 통해 스페인 유학을 떠나고 전 세계에서 온 룸메이트들과 어울리면서 겪는 청춘의 이야기를 담은 코미디 영화.

이 소식은 프랑스에서 큰 파문을 일으켰다. 미디어와 정부 부처에 많이 포진해 있는 모든 옛 학생들은 자신들이 관련되어 있다고 느꼈다. 우리는 맞서고, 싸우고, 대원칙을 두고 서로 치고받았다. 우리는 사회적 불평등에는 경쟁의 보편성으로, 공평에는 재능으로 싸웠다.

이 웅장한 전투는 리샤르 데쿠앙의 첫 번째 승리였다. 시앙스 포와 그 자신에 대해 이야기하게 만드는 것이 그 자체로 목표였다. "제프(ZEP) 협정"[53]은 그의 천재적인 솜씨였다. 데쿠앙은 좌파 엘리트들에게 국제화와 긍정적 차별을 통해 시앙스 포가 비즈니스 스쿨로 변하는 것을 정당화했다. "데쿠앙은 성공으로 잘난 체했고 분별을 잃었다"고 한 교수는 비웃었다. 그는 더 이상 비판을 받아들이지 않으면서 권위주의적이고 거만해졌다. 그는 틀릴 수 없었다. 그는 다른 학생들처럼 교육 기간을 따라가는 "비정형적이지만 끈질긴" ZEP 출신 젊은이들을 열정적으로 칭찬했다. 그들도 역시 입학시험을 통과했다. 비록 그 입학시험이 모든 학생들의 시험인 것은 아니었지만 말이다. 매년 약 100명 정도의 이 학생들은 "새롭게 목표를 세운" 방리유의 교사들에게는 많지만, 학교 입장에서는 얼마 되지 않는 수였다. 그는 학생들의 사회적 출신에 대한 사회학적 조사에 반발했어야 했다고 지치지 않고 설명했다. 시앙스 포는 언제나 부르주아의 땅이었고, 그곳에서 아름다운 파리 지역 아이들은 편안함을 느낀다. 그리고 생기욤 거리를 엘리트들의 재생산에 관한 피에르 부르디외 이론의 기준과 실험 모델로 만들었다. 그러나 상

---

53 일종의 소수자 우대 정책으로 상대적으로 열악한 지역 학생들에게 선발 인원의 일정 비율을 배분하는 것이다. 이들은 기존의 입학시험과는 다른 별도의 평가를 통해 입학할 수 있으며 장학금 혜택도 누린다.

황은 더욱 악화되었다. 1970년대까지 교회의 역할을 이어받은 제3공화국 능력주의 시스템의 상속자인 프랑스 학교는 서민 계층 최고의 아이들을 그랑제콜에까지 끌어올리는 것을 여전히 그럭저럭 달성했다. 그것은 아마도 충분하지 않았고 그래서 마르크스주의와 부르디외를 지지하는 진보주의자들의 빈정거림을 불러일으켰다. 그러나 1980년대부터 공화국의 학교가 불평등에 맞선 싸움이라는 명목으로 현대적 교육방식에 심취하면서 상황은 더욱 악화되었다. 수준은 모든 곳에서 떨어지고, 서민 동네의 학교 시설들에서는 무너졌으며, 그중에 가장 좋은 학교에서조차도 우수한 고등학교 수준을 더 이상 따라잡지 못하게 되었다. 예전에는 생기욤 거리에 도착한 빈곤한 환경의 아이들은 사회적 규범들을 몰랐고, 그래서 때로는 더 나은 환경에서 태어난 아이들의 조롱을 받기도 했다. 하지만 1980년대부터 그들의 후계자들은 그들을 거기에 합류할 수 있게 만들었을 학교 교육의 규범들조차 더 이상 가지고 있지 않았다. 이민자 자녀들에게는 상황이 더욱 심각했다. 부동산 투기로 인해 도심에서 멀리 밀려난 교수들과 중견 간부들의 자녀들조차 거기에 도달하기 위해 낑낑댔다. 시앙스 포는 부자들의 학교가 되었다. 이러한 부정적 차별은 긍정적 차별로 대응해야 했다.

그것은 완전히 진실되고, 강경한 미국식 스타일은 아니었지만, 그렇게 보였다. 젊은이들은 농구나 축구에서는 그들의 업적에 대해 인정받지 못했다. 하지만 우리는 심사위원들이 "비정형적인" 후보자들, 선동자들, 예술가들, 운동선수들을 특별 대우하도록 장려했다. "공부벌레"라는 좋은 학생의 전통적인 프로필을 갖고 있지 않은 모든 사람들 말이다. 한때는 열등생들이 안경을 쓴 소심한 우등생들을 놀리고 거부했다. 이제는 교사들 스스로가 그들을 경멸적으로 거부했다! 예전에 시앙스 포 입학시험의 꽃이었던 일반교양은, 이민자 자녀들이 프랑스 엘리트로 진입하는 입구에 놓인 참을 수 없는 장벽의 상징이 되었다. 파스칼, 볼테르, 몰리에르는 인종 차별 혐의를 받았고, 시험은 폐지되었다.

데쿠앙과 생기욤 거리 학교의 지도자들은 모더니티의 냉혹한 악순환에 사로잡혀 있었다. 하나의 기관의 위대함을 만든 원칙들을 포기하기 시작하면, 더 이상 되돌릴 수 없다. 위반은 더 많은 위반을 부른다. 포기는 언제나 더 많은 포기를 부른다. 공화국의 학교는 새로운 교육 방법, 공통 대학, 대중화, 이민의 결합으로 인해 피해를 입었다. 하지만 이러한 파괴의 해로운 결과에 일시적으로 대처하기 위해 우리는 전통적인 원칙의 파괴를 계속해서 더 멀리 밀고 나가야 했다. 이 경우에는 평등의 이름으로, 우리는 입학시험에서 평등의 원칙을 폐지했다. 리샤르 데쿠앙의 사망 얼마 후 그의 명성을 지키기 위해, 그의 옹호자인 미셸 페브로는, 입학시험 앞에서의 평등이 공화국의 주요 업적 중 하나였다는 것을 잊은 채 "진정한 공화주의 프로젝트"를 언급했다.

그러나 이 포기는 그들에게 그다지 고통스럽지 않았다. 리샤르 데쿠앙과 최고 프랑스 엘리트들의 모든 대표자들인 그의 지지자들은 그들을 만든 신조에 대한 신념을 더 이상 갖고 있지 않았다. 그들은 선발시험과 능력주의의 정당성을 더 이상 인정하지 않았다. 그들은 더 이상 복음서나 신조차도 믿지 않는 혁명 전날의 가짜 신부들 같았다. 볼테르는 그들의 순수함을 잃게 만들었다. 부르디외는 우리의 현대적인 고위 성직자들의 볼테르였다. 그는, 능력주의란 우수성에 대해 자신의 양심을 속인 부르주아 엘리트들의 재생산의 방패막이에 불과하다고 설명했다. 재능이라, 무슨 재능 말인가? 그들은 빈정대면서 질문했다. 그리고 그들은 "선발 시험 페티시즘"을 조롱하듯이 거론했다.

그의 방법과 임금에 대한 궁극적인 논쟁과 뉴욕의 한 호텔에서의 그의 수수께끼 같은 죽음에도 불구하고, 리샤르 데쿠앙은 승리했다. 시앙스 포의 학생들은, 국립행정학교에 들어가고 국가를 위해 봉사하는 것을 꿈꾸는 에르메스 스카프를 두른 소녀들과 다소 우스꽝스러운 로덴 망토를 입은 소년들이 더 이상 아니었다. 그들은 사업과 돈에 대해서만 이야기하고, 글로벌화된 세계에 자신을 투영하고, 글로비시 잉글리시(globish english)[54]로 생각하며, 행정부를 구멍 난 양말처럼 거부했다. 국립행정학교 지원자들은 해마다 감소한 반면, 시앙스 포는 숫자로 파묻혔다. 시앙스 포는 "필수적인 것"이 되었다고, 리치D가 으스댔을 것이다.

그의 죽음에 거의 200명의 사람들이 계단마다 촛불을 놓으며 안뜰에 모였다. 모든 수업이 취소되었다. 우리는 창문에서 "고마워요 데쿠앙!"이라고 외쳤다. 한 학생은 "데쿠앙이 없는 시앙스 포는, 덤블도어 없는 호그와트다"라고 썼다. 촛불들은 고인의 영정 앞, 로비에 한 달

---

54 글로비시는 Global과 English의 합성어로, IBM 유럽 본부 부사장을 지낸 프랑스 경영인 장폴 네리에르(Jean-Paul Nerrière)가 2004년 제안한 것이다. 글로비시는 비영어권 사람들이 쉽고 효과적으로 의사소통을 하기 위해 최대한 간단하게 만든 영어다. 최소한으로 선별된 1500개의 단어를 기초적인 문장 구조로 조합하면 누구나 쉽게 영어로 말할 수 있다는 아이디어를 바탕으로 한다.

동안 남아 있었다. 부족이 시민을 대체하고 감성이 이성을 대신하는 "포스트 모더니티"의 세계에 온 것을 환영하는 바다. 그의 장례식에서의 연설은 "친애하는 나디아, 친애하는 기욤"으로 시작되었다. 어떤 지성인들은 소련적인 인물에 대한 이 숭배를 조롱했다. 그들은 틀렸다. 다이애나 왕세자비가 사망했을 때 이미 우리 자유사상가들을 놀라게 한 것은 감상적인 군중들의 숭배였다. 리치D는 엘튼 존이 그의 무덤 앞에서 〈캔들 인 더 윈드〉를 불러 줬다면 틀림없이 좋아했을 것이다.

1996년 8월

불법 체류자들의 발명

그녀는 매력적이었다. 슬픈 미소, 붉어진 눈과 토라진 듯한 아랫입술을 가진 소녀 같았다. 비록 몇몇 독설가들이 성형외과 의사가 그녀를 망쳤다고 생각하더라도. 에마뉘엘 베아르는 뽀얗고 비단결 같은 피부를 가지고 있었고, 연한 황금색 머리는 간이침대에 누워 있는 말리인들의 검은 손과 스크린에서 대조를 이루고 있었다. 그들은, 여배우와 카메라들의 동정적인 시선 아래, 그들이 자격이 있다고 생각한 "체-류-증"을 얻기 위해 교회 내부에서 단식 투쟁을 이어 갔다. 그녀는 건물 내부의 무질서, 소변과 대변으로 더럽혀진 예배 물품들, 망가지거나 조롱거리로 전락한 가톨릭 의식과 관련된 각각의 상징들을 못 본 척했다. 텔레비전 카메라 또한 시선을 돌렸다. 에마뉘엘은 텔레비전에서 보이지 않는 것은 존재하지 않는다고 생각한다.

우리는 오를레앙공의 섭정 아래 생메다르의 얀센파 광신자들 이후로 성당에서 이렇게 훌륭한 숙녀들과 신사들을 본 적이 없다. 까다로운 사람들은 이렇게 지적할 수 있었다. 이 아름다운 숙녀들 중 어느 누구도, 이 훌륭한 신사들 중 그 누구도 교회에서 밤을 보내지 않을 것이며, 동정의 빛과 영광을 현금으로 지불한 후 밤이 되면 자신들의 집으로 돌아갈 것이라고. 이 불쌍한 사람들 중 단 한 명도 마레에 있는 그들의 대저택이나 생트로페에 있는 그들의 빌라에서 묵게 하지 않을 것이라고. 그들의 자녀들은 학교에서 어린 말리인들과는 절대 가까이 지내지 않을 것이며, 그들 중 누구도 서민 임대 아파트의 수령인 목록에서 경쟁하지 않을 것이라고 말이다. 그러나 까다로운 사람들은 그것을 말할 권리가 없었다. 말리인들의 대표자들은 아리안 므누슈킨에 의해 뱅센느의 탄약통 저장소(Cartoucherie de Vincennes)[55]에서 승리자들로 맞아들여졌다. 몇 달 후, 아르노 데플레생과 60여 명의 감독들이 시민 불복종을 호소했다. 다른 배우들과 반인종주의 운동가들은 줄무늬 파자마를 입고 모든 카메라에 의해 촬영된 상태로 동역(Gare de l'Est, 아우슈비츠로 가는 추방 열차가 출발한 곳)으로 향했다.

파리 18구의 생베르나르 교회가 체류 합법화를 요구하는 대다수 말리뿐만 아니라 모리타니아인과 세네갈인으로 이루어진 300명의 불법 노동자 "집단"에 의해 점거되어 있는 동안, 세속적 이데올로기 운동

---

55   프랑스의 연극 연출가 아리안 므누슈킨(Ariane Mnouchkine, 1939~)의 '태양 극단'을 비롯해 다섯 개의 극단이 모여 있는 건물.

인 "불법 체류자 지지 운동"은 1996년 8월 마지막 며칠의 열기 속에서 탄생했다.

"불법 체류자 지지 운동"은 68혁명 이후로 극좌파의 글쓰기 작업 장이 결코 문을 닫은 적이 없었다는 것을 증명하는 의미론적 창의성 의 좋은 예다. "그들은 불법적인 자들에 대해 말하기 위해 '신분증이 없 는 자들'이라는 완곡한 표현을 발명했다. '불법적인 자들'은 사기 행위 를 가리킨다. '신분증이 없는 자들'은 '가족이 없는 사람'처럼 중요한 것 의 상실을 가리킨다. 이것은 언어 조작의 좋은 예다"라고 1993년에서 1995년 사이 샤를 파스카 내무부 장관의 고문이었던 전직 신부 장클로 드 바로가 1997년 2월 1일 『르 피가로』에서 설명했다.

신분증을 갖고 있지 않아서 잘못을 범한 사람은 더 이상 불법 체류 자가 아니라, 신분증을 그에게 주지 않은 잘못을 저지른 정부였다. 철 학자 자크 데리다는 궤변가들의 이 놀라운 전복을 요약했다. "신분증 이 없는 자들은 불법 체류자가 아니다 […] 그들 대부분은 일하고 살고 있으며, 수년간 대낮에 살고 일했다 […] 원래 존재하지 않던 곳에 종 종 은밀성을 발생시키는 것은 신분증이 없는 자들에 대한 정부 탄압의 불공정성이다."

1968년 때처럼 이 "신분증 없는 사람들을 옹호하는 휴머니스트" 젊은이들은 자신이 가족으로부터 벗어나 있다고 믿는 부르주아 계급 의 자식들이었다. 이 선량한 아이들은 의식하지 못한 채 부모들을 위 해 작업했다. 그들의 부모들은 건물이나 대형 체인 레스토랑의 사장이 거나, 너무 비싸지는 않은 설계도의 아파트, 중국, 일본, 이탈리아 식당, 심지어 세계화된 대도시에서 저렴한 금액으로 우리나라 고유의 비스트로를 자신을 위해 마련할 수 있는 제3차 산업의 간부들이다. 그리하여 그들의 부모들은 자손들의 의미론적인 재능 덕분에 이렇게 손댈 수 없고 추방할 수 없게 된 "불법 체류자들"을 고용할 수 있었다.

그것은 언제나 다시 시작되는 오래된 이야기였다. 1846년, 루베(Roubaix)의 방적 공장 주인 오귀스트 미므렐은 최초의 프랑스 경영자 조직을 설립했다. 그는 두 가지 주요 원칙을 세웠다.

1) 요구를 억제하기 위해 지속적인 실업 위협으로 노동자들을 압박해야 한다.
2) 임금 상승을 억제하기 위해서는 외국인 노동력이 들어오게 두어야 한다.

1924년 유럽 전역에 고용 사무소를 개설한 우이에르(Houillères) 위원회에 의해 종합이민자협회(SGI)가 설립되었다. 우리는 1950년대에 마그레브 국가들과 함께 다시 시작했다. 퐁피두 대통령은 그의 말년에 경영자들에게 너무 많이 양보했다는 것을 인정했다. "그들은 항상 더 많은 것을 원한다."

IMF에 따르면 2009년에 지하 경제는 프랑스 국부(國富)의 14.8퍼센트를 차지했다.

2009년에도 여전히 『캐피털』의 한 기사에서 저널리스트 마리 샤렐은 공공 재정에 있어서 불법 노동 비용을 250억 유로로 추산했다. 사기는 사기로 이어진다. 마피아 네트워크에 속하는 소규모 사기꾼들의 사회적 사기는 가짜 급여 명세서와 가짜 병가를 산업화한다.

이 국제기구들에 따르면, 지하 경제의 두 축은 불법 노동과 마약 밀매다. 국토에 불법으로 들어온 우리가 매우 사랑하는 "신분증 없는 사람들"은 그들을 프랑스로 데려온 탐욕스러운 범죄 네트워크에 가능한 한 빨리 돈을 갚아야 한다. 그들이 건설이나 외식 산업에서 충분히 빨리 일자리를 찾지 못할 때, 마약 밀매는 그들에게 돈벌이의 손을 뻗는다. 세월이 흐르고 자리를 잡으면서 연결 고리는 지속되고 강화된다. 그것은 같은 밀입국 브로커, 같은 가족, 같은 민족, 같은 지역들이다. 여기저기에 있다. 많은 이민국들에게, 이민자들이 그들의 가족에게 보내는 수입은 그들의 국제 수지의 첫 번째 수입이다. 우리는 많은 국가들이 재외 자국민을 제지하거나 되찾기 위해 어떠한 노력도 하지 않는 것을 알고 있다. 압두 디우프 세네갈 대통령은 기진맥진해진 프랑스 장관들에게 숙명론과 빈정거림의 중간으로 대답했다. "우리는 팔로 바다를 막지 않는다. 우리의 지구 마을에 북반구의 부유한 지역과 남반구의 가난한 지역이 있는 한, 세계의 모든 장벽은 사람들이 부유한 북구에 이끌리는 것을 막을 수는 없을 것이다."

8월 23일 금요일 이른 아침 7시 30분, 생브뤼노 거리를 지나 교회 뒤편에서, 공화국보안기동대는 벨디브의 일제 검거에 참석한다고 상상하는 카메라와 해설자 들의 극성스러운 활발한 움직임 앞에 도끼질로 길을 열었다. 게다가 일제 단속이라는 단어는 모든 미디어에 의해서 냉정하게 사용되었다. 교회의 종들이 울리기 시작했다. 쿠앙데 신부가 즉흥적으로 기도를 했다. 불법 체류자들의 대변인인 아바바카르 디오프는 기동 헌병대에 의해 체포되었다. 사람들은 나중에 그의 체류 합법화를 알게 되었다.

공화국보안기동대는 단식 투쟁자, 불법 체류자, 그리고 "1세대, 2

세대, 3세대, 우리는 모두 이민자의 자녀다!"라고 외치는 그들의 지지자들을 가능한 한 분류했다.

아이를 등에 업고 있는 한 아프리카 여성은 텔레비전 카메라 앞에서 "프랑스의 존엄성을, 당신들은 오늘 우리에게 보여 주었군요. 감사합니다, 우리가 알던 식민지 개척자 여러분. 감사합니다, 시라크, 쥐페, 드브레의 프랑스"라며 귀에 거슬리는 반어법을 구사했다.

그 주변에서 시위자들은 "우리는 여기 있다"며 구원자의 응답으로 크게 외쳤다.

8월 28일 수요일, 전세기가 바마코[56]로 불법 체류자들을 데려갔고, 그중 일부는 생베르나르 교회의 점거자들이었다. 때를 같이 하여 수천 명의 사람들이 이 추방에 항의하기 위해 레퓌블릭 역에서 스탈린그라드 역으로 행진했다. 첫 번째 줄에서 우리는 미우-미우, 파트리스 셰로, 마리나 블라디, 알랭 크리빈, 자크 랄리트, 로베르 위, 마르틴 오브리, 도미니크 부아네, 알렘 데지르, 가이요 주교, 테오도르 모노, 그리고 레옹 슈와젠베르[57]를 발견했다. 생베르나르 교회 주변에서는 수백 명의

---

56 말리의 수도.

57 매우 다양한 분야를 대표하는 각계각층의 인물들이 섞여 있다. 순서대로 보자면, 미우-미우(Miou-Miou, 1950~)는 배우, 파트리스 셰로(Patrice Chéreau, 1944~2013)는 연극 및 영화감독, 마리나 블라디(Marina Vlady, 1938~)는 배우이자 가수다. 이후 언급된 알랭 크리빈(Alain Krivine, 1941~2022), 자크 랄리트(Jack Ralite, 1928~2017), 로베르 위(Robert Hue, 1946~), 마르틴 오브리(Martine Aubry, 1950~), 도미니크 부아네(Dominique Voynet, 1958~), 알렘 데지르(Harlem Désir, 1959~)는 모두 정치인이다. 마지막으로, 테오도르 모노(Théodore Monod, 1902~2000)는 자연주의 생물학자이며, 레옹 슈와젠베르(Léon Schwartzenberg, 1923~2003)는 암 전문의다.

젊은이들이 경찰과 충돌했고, 돌과 모욕을 퍼부었다.

공화국보안기동대는 결국 거의 30년 전부터 존재했다고 사람들이 단언한 나치 친위대(SS)가 되었다. 내무부 장관 장루이 드브레는 능숙한 선전 활동으로 나란히 묶인 나치 지도자 힘러의 이미지에서 결코 완전히 회복되지 않았다. 그 이후로 그는 정치적 올바름, 이민이나 동성 결혼에 대한 PC적 발언, 심지어 범죄 소설로부터 응용된 글쓰기의 힘으로 그 이미지를 계속해서 지우고 싶어 했다. 한참이 지난 뒤, 그는 모든 것을 초탈한 자의 환멸을 느낀 아이러니를 담아, 뤼스티제 파리 추기경의 반복된 격노 전화를 지치지도 않고 이야기했다. "생베르나르 교회의 신부가 하는 말을 들어보세요, 아무것도 하지 않는 것이 불가능합니다!" 그러고는 철수 작전이 시작되고 몇 분 뒤 주교단에 의해 발표된 비난의 감정으로 가득 찬 보도 자료를 보고는 "뭐라고? 경찰이 문을 부수고 교회로 들어갔다고?!"라고 말했다.

그들의 편을 자처했던 모든 아름다운 여배우들에게, 법원에서 나가는 수감자 이송 트럭을 막은 "모두를 위한 신분증" 위원회에게, 경찰의 법적 절차의 오류를 추적하는 판사들에게, 쫓겨난 "불법 체류자"들을 비행기에 태우기를 거부한 모든 승무원들에게, 보조금을 받는 주택들을 그들에게 찾아 주고 그들을 먹여 살리고 그들에게 추방되지 않을 수 있도록 법적 자문을 해 준 모든 단체 활동가들에게, 불법 노동자들을 강력하게 통제하기를 거부한 모든 노동 검사관들에게, 그들과 함께 학교를 다니는 "동무"의 추방에 항의하는 모든 중학생들에게 "불법 체류자"는 뜻밖의 행운임이 증명되었다. 나치 친위대나 친독 민병대의 총탄에 쓰러질 위험이 없는 "정의"의 화려한 보석으로 치장할 수 있는 이상적인 "유대인"인 것이다. 1942년에 유대인들을 구할 수 없었거나, 구할 줄 몰랐거나, 구하기를 원하지 않았거나, 감히 구해 내려 하지 못했거나, 구하기를 염원하지 않았던 모든 프랑스인에게 착한 딸인 역사는 두 번째 기회를 주었다.

　"불법 체류자"는 단순히 이상적인 유대인이 아니었다. 그는 많은 죄를 지은 퇴폐적이고 부패한 프랑스 사회를 자신도 모르게 구하러 온, 박해받은 가련한 외국인 그리스도 형상의 귀환이기도 했다. "불법 체류자"는 G.K. 체스터턴[58]이 발표한 이 훌륭한 "미쳐 버린 기독교 사상들" 중 하나다. 불법 체류자는 문명의 도덕적이고 생태학적인 모든 오점들을 범하지 않은, 루소의 선량한 미개인의 귀환을 알렸다. 그는 착취당한 노동자이자 공산주의 구원의 혁명 대리인인 마르크스-레닌주의를 실행하는 프롤레타리아를 부활시켰다. 반면 서구의 프롤레타리아는 소부르주아적인 소비에 빠졌고, 과거 러시아의 타오르는 프롤레타리아는 자신의 비열한 소련 독재 정권이 무너지는 것을 보았다. "불법 체류자"는 우리로부터 영원히 속죄받아야 할 옛 식민지 피지배자였다. 그는 자신의 가벼운 범죄를 상대화하고 변명하기 위해 우리의 원죄를 상기시키는 것을 잊지 않았다. 그는 우리 영토에 대한 현재 침략의 죄를 사하고 감추기 위해 그의 영토에 대한 과거 우리의 침략을 방패로 삼았다.

58　길버트 키스 체스터턴(Gilbert Keith Chesterton, 1874~1936)은 영국 작가이자 철학자다. 종교에 관한 저작을 포함하여 다양한 분야의 글을 남겼다.

"불법 체류자"는 우리 1000년의 모든 유토피아, 우리의 꿈, 우리의 신화, 우리의 환상, 우리의 의심, 우리의 되풀이되는 죄책감, 우리의 수치심과 자기혐오의 궁극적이고 가소로운 아바타, 즉 정수다. "한 민족이 우월성의 의식을 유지하는 한, 그것은 무자비하며 존중받는다. 그것을 잃자마자, 그 민족은 인간화되고 더 이상 중요하지 않게 된다"고 시오랑[59]은 말했다.

"불법 체류자"는 프랑스산업연맹(MEDEF)과 단기유동성비율(LCR) 사이, 자유주의자들과 자유지상주의자들 사이, 고용주 세계와 협회 세계 사이, 스리피스 정장과 재킷-워커 사이의 명백한 동맹의 상징적인 현신이다. 한쪽은 "돈을 벌기" 위한 것이다. 다른 편은 그들이 말하는 대로 "이성주의자 백인 남성"의 조국을 아프리카로부터 온 무리 아래 침몰시키고, 정부와 지방 자치 단체들에서 지급되는 "넘쳐 나는 보조금을 긁어모아서" 상상의 낙원에 끌리는 이 가난한 집단을 유지하기 위한 것이다. 그러나 너무 변질되어 프랑스에 불법 입국한 외국인들이 얼굴을 드러내고 심지어 파업을 할 수 있게 만든다. 생베르나르 교회의 철수 몇 달 후, 아바바카르 디오프는 『불법 체류자 되기』라는 제목의 책을 출판했다.

한 편에 의해 (아낌없이) 지불되고, 다른 편에 의해 이념적으로 길러지는 코미디언, 가수, 감독, 작가, 철학자, 사회학자들의 계급, 하나의 세계 전체와 종종 세금을 덜 내기 위해 스위스나 벨기에에 거주하는 자기중심적이고 거만한 상류 사회 언저리의 세계. 이들은 이민과 프랑스

---

59   에밀 시오랑(Emil Cioran, 1911~1995)은 루마니아 철학자이자 작가다.

시민에게 부과되는 세금과 사회 보장 부담금의 지속적인 증가 사이에 관계가 없는지는 잠시도 고민하지 않는다. 이 계급은 이 있음직하지 않은 동맹들을 연결하고, 텔레비전의 교단에서 선량한 민중들에게 설교함으로써 정치적 올바름과 죄책감에 잠기게 만든다.

1997

1997년 11월 6일

1억 명의 사망자⋯
그리고 나, 나, 나

리오넬 조스팽은 매우 기뻐했다. 그는 의회의 논쟁을 희열과 함께 맛보았다. 논쟁 동안 그는 우파의 사자들을 조련하기 위해 손에 채찍을 들고 경기장의 한가운데에 앉아 있었다. 조스팽은 고문인 도미니크 드 빌팽의 권유에 따라 시라크 대통령이 결정한 괴상한 해산의 결과로 임명된 우연의 총리였다. 하지만 그는 자기 직책의 옷을 능숙하게 입었다. 조스팽은 사실 영국 의회주의에 집착한 루이필리프를 지지하는 대부르주아였으며, 제5공화국의 군주제적이고 보나파르트적인 정신을 혐오했다. 그가 보기에 국회는 프랑스 정치 생활의 중심이 다시 되어야만 했다. 그는 방리유 지역을 흔들었던 지적, 이념적, 역사적 논쟁들을 반원형 회의실에서 가라앉히며 생각에 전념했다.

스테판 쿠르투아[60]가 주도한 『공산주의 흑서(Le Livre noir du communisme)』가 나왔을 때, 그는 전혀 망설이지 않고 전투에 뛰어들며 선언했다. "공산주의는 나의 정부에서 다시 등장했고 나는 그것이 자랑스럽다!" 그가 언제나 기쁘게 도발했던, 대립적인 책걸상의 열 사이에서 벌어진 소동과 소란의 한가운데에서 말이다. 그는 혼자가 아니었다. 지적이고 미디어에 영향력을 끼치는 파리의 명사들은 열광적인 토론회들을 더럽혔다. 이 집단 저서의 많은 저자들이 행한 역사적 작업의 심각성에 대해서는 아무도 논하지 않았다. 니콜라 베르트[61]의 텍스트(『공산주의 흑서』 속의 책)는 아낌없는 찬사를 받았다. 그러나 1953년 스탈린의 죽음과 그의 후계자 흐루쇼프에 의해 범죄가 폭로된 후, 우상 파괴적인 역사학자는 공산주의의 주요 방어선이었던 것을 파괴했다. 그것은 레닌과 스탈린, 선과 악, 진심과 위선, 낭만적 혁명가와 편집증적인 관료 사이의 난해한 경계였다. 그러나 구별은 헛된 것으로 드러났다. 레닌은 우두머리 학살자로 알려졌다. 공포 정치의 역사적 인물에 사로잡혀서는 로베스피에르가 실패한 곳에서 성공하기를 원하는 블라디미르 일리치[62]가 예상했던 과격화를 내전이 정당화하기도 전에. 그러나 우리의 공산주의 소송인들은 긴급 조치를 취해야 했다. 공산주의를 구하기 위해 레닌을 희생하고, 작품의 책임자인 스테판 쿠르투아를 고립시키기 위해 공동 작업에 협력한 자들을

---

60   스테판 쿠르투아(Stéphane Courtois, 1947~)는 프랑스 역사가다. 공산주의 운동사에 대한 도서 컬렉션의 책임 편집자다.

61   니콜라 베르트(Nicolas Werth, 1950~)는 프랑스 역사가로 소련사 전문가다.

62   블라디미르 일리치 레닌을 지칭한다.

『공산주의 흑서』를 주도한 스테판 쿠르투아.

© Stéphane Courtois

분열시키고 대립시켜야 했다.

순결한 영웅으로서의 레닌을 예고 없이 대체하기 위해, 독일 혁명가 로자 룩셈부르크 띄우기가 즉흥적으로 추진되었다. 그는 회고할 수 있는 이중의 기회를 가지고 있었다. 1917년부터 레닌의 독재적 방식에 이의를 제기했으며, 1919년의 스파르타쿠스단 혁명 때 독일 사회민주주의 권력자들에 의해 슈프레 강의 매우 차가운 물에 빠졌던 것이다. 무엇보다도 그녀는 당시 더없이 귀중해지기 시작했던 여성이라는 이점을 가지고 있었다. 이렇게 로자 룩셈부르크 이후 올랭프 드 구주는, 아마 그녀를 알아보지도 못한 채 단두대로 인도한 로베스피에르의 형상을 프랑스 역사책에서 대체할 것이었다….

이 예방 조치가 취해졌고, 사람들은 쿠르투아를 비난했다. 역사학자는 서문에서 이중의 신성 모독을 저질렀다. 우선 그는 비범한 상업적 재능을 보여 주었다. 약간의 사악함을 품고는, 나치즘에 의해 야기된 2,500만 명의 죽음에 대립되는 1억 명 공산주의 희생자들의 수치를 공공의 통찰력에 넘겨준 것이다. 이렇게 당근과 토마토를 더하는 것은 그 자체로는 큰 의미가 없었다. 그러나 즉시 그를 경멸하는 사람들은 식민지 전쟁, 광산 사고 또는 심지어 두 번의 세계대전에서부터 만들어진 훨씬 더 신화적인 수치인, "자본주의"에 의한 수백만 명의 죽음을 그에게 내세움으로써 우스꽝스럽게 더 높은 수치를 불렀다.

하지만 숫자에 대한 논쟁은 안주에 불과했다. 저항의 요리는 스테판 쿠르투아가 공산주의와 나치즘 사이에서 확립한 비교에 의해 구성되었다. 물론 그가 처음이 아니었다. 한나 아렌트는 두 전체주의를 연관시켰다. 이후 바실리 그로스만은 걸작 소설『삶과 운명』의 이데올로기적인 토대에 당시에는 금기시된 접근을 했다.『공산주의 흑서』가 나오기 2년 전, 프랑수아 퓌레는 자신의 책『환상의 과거』에서 위험한 비교를 다시 시도했다. 그러나 그는 나치의 유태인 몰살 범죄의 어떤 예외적 상태를 인정하면서 좀 더 조심성을 가지고 작업했다. 그의 책은 더 큰 존경을 받았다. 게다가 퓌레는『공산주의 흑서』의 서론을 작성할 뻔하기까지 했다. 그러나 쓰기 전에 사망했다. 스테판 쿠르투아는 선배의 신중함을 취하지 않았다. 그는 두 개의 주요 전체주의 간의 비교를 체계화하고, 공산주의 범죄를 특징짓기 위해서 뉘른베르크 법원에서 만들어진 법적 범주들을 다시 취했다. 그것은 평화에 반하는 범죄, 전쟁 범죄, 반인륜적 범죄였다. 그는 감히 "계급" 집단 학살과 "인종" 집단 학살 사이의 상징적 평등, 최고의 위반을 확립했다. 그것은 "스탈린 정권에 의해 고의적으로 꼼짝없이 기근에 시달린 우크라이나 쿨라크(koulak)[63] 어린이의 아사가 나치 정권에 의해 의도된 기근에 몰아넣어진 바르샤바 게토 유대인 어린이의 죽음에 "비할 만"하다"는 것이었다.

이렇게 그는 악의 존재론적 정수인 아우슈비츠의 가스실에서 몰살될 유대인 아이를 바르샤바 게토에서 나오게 만든 20년에 걸친 학식 있고 대중적인 교양의 배후를 공격했다.

쿠르투아는 단호하게 신성을 박탈했다. "1945년 이후, 유대인 대량 학살은 20세기의 집단 테러에 대한 인식에 할애된 모든 여지를 차

---

63   러시아의 부농(富農).

지하기에 이를 때까지 현대적 야만성의 패러다임으로 드러났다."

그에 따르면, 공산주의 범죄가 최저 수위까지 다시 오르도록 두기 위해 나치 범죄를 상대화해야 했다. 가장 격렬하게 그를 경멸하는 사람들은 서둘러 쿠르투아 냄비에 "쇼아의 돌이킬 수 없는 특수성"의 뚜껑을 다시 놓았다. 그들은 엉터리 주장들로 현실을 왜곡하기를 주저하지 않았다. 우크라이나의 기근이 우연한 것이었고―스탈린에 의해 조작되었음에도―, 우크라이나인이나 쿨라크가 만약 공산주의 권력에 복종했다면, 그들의 목숨을 구할 수 있었을 것이라고(여전히 거짓말!) 설명했다. 러시아 공산주의자들에 맞서는 반란들을 프랑스 혁명에 맞서는 방데 반란[64]과 비교하면서(의회 의원들이 여성과 어린이를 포함한 모든 방데 사람들의 몰살을 결정했음에도 불구하고!) 말이다.

이러한 기만의 급류에 직면하여, 쿠르투아가 "쇼아"의 준(準)신학적 신성화가 공산주의 범죄의 규모를 감추기 위해 대대적으로 조직되었다고 주장한 것은 유일한 잘못이었다. 유대인과 심지어 유대인 아이들의 말살에 대한 제2차 세계대전, 심지어 20세기 역사를 둘러싼 공적 토론의 감소는 1970년대가 되어서야 실현되었다. 그것은 1980년대의 집단 기억 속에서 강박적으로 되기 전이었다. 즉, 거대한 공산주의의 대량 학살로부터 수십 년 후이며, 소련의 테러 조직이 잠잠해졌을 때였다. 그러나 쿠르투아는 프랑스 극우파의 일부를 나치 독가스실의 존재를 부인하는 주장으로 몰아넣은 논쟁을 되풀이했다. 그것이 바로 사람

---

64 1793년부터 3년에 걸쳐 일어난 사건으로 혁명 정부에 반발한 농민들의 주도로 프랑스 서부 방데 지역에서 시작된 내전이다. 엄청난 수의 사망자를 기록한 대학살의 역사로 남아 있다. 방데 '전쟁'이라고도 불린다.

들이 그를 비난한 지점이다. 2년 전 1995년 대통령 선거 당시 극우파와 국민전선에게 걸려든 것은 프랑스 정치 인생에서 그의 위치를 견고하게 만들었다. 태양 아래 새로운 것은 없다. 공산주의의 변호사들은 스탈린이 예전에 만든 오래된 논쟁을 다시 생각해 냈다. 그는 1930년대부터 공산주의 인터내셔널 회원들에게 그들의 적들이 파시즘에 속아넘어갔다고 비난할 것을 권고했다!

유대인이나 쿨라크의 몰살에 의한 "우회"를 넘어, 그것은 계속해서 부정되는 두 전체주의의 유사성이다. 나치즘은 공산주의와는 달리 진보주의가 아니었다. 우리는 이상 때문에 히틀러의 뒤에 줄을 서지 않았지만, 레닌과 스탈린을 따르기 위해서는 그렇게 했다. 공산주의자들은 공산주의 범죄를 뉘우쳤지만, 나치의 고위 관료들은 결코 아우슈비츠를 규탄하지 않았다.

장프랑수아 르벨이 그렇게 했듯, 잘 길들여진 이 논쟁은 뒤집힐 수 있었다. 르벨은 공산주의는 "진보적이고 인도주의적인 담론 뒤에 숨지만, 적어도 나치즘은 자신의 의도를 밝히기" 때문에, 공산주의가 자신의 분신인 나치보다 실제로 더 타락했다고 반박했다.

공산주의처럼 나치즘은 또 다른 혁명적 유토피아였다고 반박할 수도 있었다. 그것은 새로운 인간을 만들기를 바랐고, 프롤레타리아 독재가 아니라 자신의 계급, 민족, 전통적인 계급 질서에 대한 낡아 빠진 집착의 반대편에서 상위 민족의 독재를 강요하기를 원했다. 인류의 빛나는 두 개의 미래, 천 년의 두 제국, 니체가 예언적으로 "죽음"을 알렸던 유대-기독교적 "신"의 폐허 위에 피로 목마른 그들의 끔찍한 신들을 세우는 두 개의 새로운 종교.

파리의 명사들이 동요하고, 서로 치고받고, 서로 욕하고, 분노하는 것을 보면서, 사회주의의 조국 소련이 몰락한 지 거의 10년이 지나서, 그리고 프랑스에서 공산당이 국가 정치적 삶의 한계 세력이 되었을 때, "환상"을 이렇게 끈질기게 지키려는 이유에 대해 사람들은 의아해했다.

아마도 우리의 좌파 지식인들은 공산주의와 진보적 역사관, 믿음을 지속할 가능성, 천년지복설의 메시아 신앙의 원칙 자체, 그리고 수단과 저항과 상관없이 신이 모든 사람에게 강요하는 정당성을 그다지 옹호하지 않았을 것이다. 그들이 좋아했던 것은 공산주의가 아니라 전체주의였다. 그리고 그들은 플라톤 이래로 동굴의 그림자 뒤에 숨어 있는 것을 불쌍한 사람들에게 쉬지 않고 드러내기를 원했던 심지어 타락한 "철학자"들의 이 고집을 모르는 사이에 드러냈다. 그것은 "왕"으로서 그들을 지배하기 위함이었다. 오웰은 이미 그의 시대에 좌파가 여전히 "반파시스트"지만 "반전체주의"인 경우는 좀처럼 없다고 개탄했다.

우리의 진보적인 지식인들은 무엇보다도 계속해서 거드름을 피우고, 훈계하고, 호통치고, 설교하고, 교화시키고, 강요하고, 지휘하고, 개조하고, 단죄하고, 파문하기를 원했다.

"사제(司祭) 정당"이라고 미슐레는 말했다.

1998

1998년 7월 12일

흑인-백인-뵈르

조지 오웰은 "지배자들의 극도의 무례함"에 대해 이야기하는 것을 좋아했다. 우리는 1998년 7월 12일의 온화한 여름밤에 그것의 멋진 증거를 경험했다. 100만 명의 사람들이 샹젤리제를 가득 채우는 동안(파리해방 때의 드골 장군에게 소중했던 이 "바다"), 개선문은 이번 결승전의 최고 득점자(그러나 토너먼트에서는 다소 부진했던)의 영광에 빛을 비추었다. 대통령 지단! 지금까지 이 "촌스러운 사람들의 스포츠"에 대해 경멸만 보였던 모든 분야의 정치인들, 모든 종류의 지식인들은 "흑인-백인-뵈르" 프랑스의 승리를 떨리는 목소리로 찬양했다.

진정한 축구 애호가들이 50년 동안 기다려 온 예상치 못한 승리였다. 티에리 롤랑[65]은 "이제 이걸 봤으니, 나는 죽을 수 있다!"라고 소리

---

[65] 티에리 롤랑(Thierry Roland, 1937~2012)은 스포츠 저널리스트이며, 축구 해설자로

를 질렀다. 1982년과 1986년의 프랑스가 스쳐 지나갔고 매번 독일인들이 플라티니 팀의 손에서 가로챘던 이 승리, 프랑스 축구 역사상 가장 재능 있는 팀이 아니라 가장 끈질기고 전투적인 팀을 축성한 이 승리, 에메 자케[66] "코치"(비로소 우리는 이 단어를 발견했다)가 아기처럼 품에 꼭 안고 있던 작은 수첩을 통해 체계적인 관심으로 준비되었던 이 승리, 경기 전 몇 달 동안 프랑스 팀에 대한 엄청난 양의 모욕을 쏟아낸 스포츠 매체들이 예상하지 않았던 이 승리, 1970년대 초 몇몇 고위 관리들의 머릿속에서 나온(아 그렇다!) 프랑스 축구 훈련 시스템을, 우리가 본 것처럼, 왕위에 오르게 만든 이 승리, 모든 국민이 환희에 차서 축하한 이 승리. 이 승리는 어느 여름날 저녁, 우리의 정치, 지성, 미디어의 엘리트들에 의해 도용되고, 가로채어지고, 변형되고, 미화되었으며, 선전의 환상적인 대상이 되었다.

광란의 밤, 우리는 이데올로기 전쟁에 들어가기 위해 축구 전쟁에서 나왔고, 윤리를 파고들기 위해 게임을 벗어났다. 우리의 세 가지 색은 더 이상 파란색, 흰색, 빨간색이 아니라, 검은색-흰색-뵈르였다. 그것은 더 이상 세계 최고 팀의 승리가 아니라 혼혈과 프랑스식 통합의 승리였다. 지단은 카빌리아인이었고, 드사이(Desailly)는 아프리카인, 카랑뵈(Karembeu)는 뉴칼레도니아인, 뒤랑(Thuram)은 과들루프인, 심지어 바르테즈(Barthez)도 다시 피레네인이 되었으며 자케는 다시 루

유명하다.

66 에메 자케(Aimé Jacquet, 1941~)는 프랑스의 축구 감독으로 1998 프랑스 월드컵에서 프랑스 대표팀 감독을 맡아 우승했다.

1998년 월드컵에서 우승을 차지한 프랑스 축구 국가대표팀.

아르의 포레즈인이 되었다. 프랑스 땅 출신이라는 것만 제외하고, 다른 모든 곳의 국적으로 귀환하는 전시회였다. 흥분한 반인종주의 운동가가 아시아 선수를 포함했다면 팀이 훨씬 더 좋았을 것이라고 단언하는 것이 들렸다. 독일 신문들조차 만샤프트(Mannschaft)의 이례적인 이른 탈락[67]으로부터 게르만 혈통주의의 긴급한 폐지라는 결론에 도달했다. 프랑스의 관념론자들과 지식인들은 그들이 완전히 솜씨를 잃지는 않았다는 것을 다시 한 번 증명했다. 그들은 아무것도 예상하지 않았고 준비하지도 않았으며 하물며 음모를 꾸미지도 않았다. 그러나 그들은 뛰어난 기회주의자, 회복의 예술에 있어서 전문가임을 드러냈다. 30년 된 반인종주의적이고 다문화주의적인 모든 파괴 공작은 갑자기 탈출구, 운명적인 순간, 기회의 시간을 찾았다.

가장 침착한 지식인들의 열광적인 무아지경, 심지어 가장 따분한 정치인들의 억제할 수 없는 열광의 한가운데에서, 오드센의 공화국연합 소속 국회의원 파트릭 드베지앙의 말은 모든 것을 요약한다. "오늘 밤 정말 바보처럼 보이는 한 사람이 있다면, 바로 르펜이다."

이념적, 민족적, 정치적 선전이라는 목표를 위해 축구를 이용하는 것은 지금까지 권위주의, 파시즘, 프랑키즘, 브라질이나 아르헨티나 장군들의 독재 정권의 전유물이었다. 동일한 방법이, 기적을 믿고 싶어 했던 1998년의 프랑스에서 반인종주의와 다문화주의 세력에 의해 차용되었다.

---

[67] 1998년 프랑스 월드컵 8강에서 독일은 크로아티아에게 패배하여 토너먼트에서 탈락했다.

몇 년 후, 일단 열광이 진정되자 매우 PC적인 좌파 사회학자(동어 반복일까?) 스테판 보는 『민족의 배신자들』이라는 제목의 책에서 민족적인 추시계의 사회적 시간을 맞췄다. 1998년의 우승 팀 선수들을 배출한 환경을 진지하게 연구했을 때, 우리는 그들 모두가 마지막 불꽃을 발한 프랑스 시골 노동자 출신이라는 것을 확인했다. 거기에서 명예의 의미, 선배들에 대한 존경, 방황하다가 집단 내에서 성장한 개인적인 겸손은 물론 조국에 대한 사랑은 아직은 무의미한 말들이 아니었다. 출신과 출신지에 상관없이, 이 선수들은 전통적인 프랑스의 가치에 의해 결집되었다. 그러나 1980년대 이후 지배적인 반인종주의에 근거한 뿌리, 기원, 인종본질주의적 집착에 대한 프랑스의 지적이고 정치적인 엘리트들의 저항할 수 없는 열정은 사회 계층을 밝히고 조명한 오랜 마르크스주의적 모태를 덮고 지웠다. 우리는 우리 사회학자의 매우 적절한 성찰을 밀고 나갈 수 있었을 것이다. 1998년의 팀은 1982년이나 심지어 1958년 팀의 영광스러운 선배들보다 더 혼혈적이지 않았다. 프랑스 축구는, 공장에서 일어나는 일처럼, 벨기에, 폴란드, 이탈리아, 스페인, 카빌리아, 아프리카 등 당시의 이민에서 항상 끌어왔다. 바뀐 것은 그것에 대한 우리의 시선이었다. 코파(Kopa)와 플라티니 (또는 티가나[Tigana], 아모로스[Amoros], 피앙토니[Piantoni], 장기니[Genghini], 장비옹[Janvion], 트레조[Trésor])는 폴란드, 이탈리아, 스페인, 앤틸리스, 아프리카인의 후손이 아니라 프랑스인으로 간주되었다. 우리는 그들이 프랑스에게 "행운"이었다는 것이 아니라, 그들이 그렇게 될 수 있었던 행운을 우선 강조했다. 1998년의 팀은 감독(코치!)인 에메 자케와 주장 디디에 데샹 두 사람에 의해 단단한 권위로 이끌어졌다. 프랑스 시골 노동자의 순수한 산물인 두 명의 "토박이 프랑스인"은, 그들의 노동자, 농민 조상들이 했던 것처럼 행동했다. 새로 온 사람들을 종종 엄격하게 맞이하고, 그들에게 프랑스식 예절과 자질을 가르쳤으며, 오랜 나라에 동화되는 그들의 느리고 까다로운 작업에 있어서 참고적인 역할을 수행했다. 자케 공화국의 흑인 기병과, 축구에서—공장에서처럼 말한다면 소위 "여관 주인"으로 불리는—작업장의 장 사이에서 전통이 유지되었다.

에메 자케는 월드컵 우승 날 저녁 자신의 직위를 그만두었고, 디디에 데샹은 2년 후 유러피언 챔피언십에서 (한층 빛나는) 승리를 이루고 프랑스 팀을 떠났다. 그 이후로 프랑스 축구는 국제 대회에서 단 한 번도 우승하지 못했다.[68]

하지만 이상화하지 말자. 다문화주의의 유충은 동화주의의 과일 속에 이미 들어 있었다. 승리한 날 저녁, 프랑스 팀의 라커룸에서, 시라크 대통령이 그들을 축하하러 오고 샴페인이 철철 쏟아졌을 때, 릴리앙 튀랑은 "흑인들끼리의 사진"을 요구하여 그의 "백인" 파트너들 중 몇몇의 눈이 휘둥그레지게 만들었다. 튀랑은, 그리고 나서는 참여 지식인인 체하면서, 이후 몇 년 동안 반인종주의 운동가의 중심인물이자 지긋지긋한 훈계자가 되었다. 그의 파트너 카랑뵈는 뉴칼레도니아 독립주의의 선구자가 되었다. 유리 조르카에프(Yuri Djorkaeff)는 아르메니아 대량학살의 기억을 수호했고, 베르나르 라마(Bernard Lama)는 아프리카의 학

---

68 이 책이 출간된 2014년까지의 이야기다. 프랑스는 2018 러시아 월드컵에서 다시 우승했다.

교를 후원했다. 오직 지단만이 신중한 침묵을 지켰다. 우리는 그의 침묵이 무엇을 의미하는지 알지 못했다. 월드컵 결승전에서 골을 넣고 유니폼에 가한 맹렬한 키스로 프랑스적 애국심이나 잠재된 애착이 드러났다. 그러나 이러한 감정은 조심성 많은 에이전트들에 의해 금지당했다. 지단이 알제리 방문 당시 조상들의 고향에 대한 애국심을 과장스럽게 떠들어댄 것을 보면 알 수 있다.

이야기는 거기서 끝날 수도 있었다. 영광스러운 우승자들은 파티와 예쁜 여자들 한가운데에서 전사의 여름 휴식을 취했고, 프랑스 축구 선수는 모델들의 마음속에서 자동자 경주 선수와 테니스 선수를 즉시 대체했다.

하지만 포스트맨은 항상 벨을 두 번 울린다.[69]

첫 번째는 2001년 10월 6일이었다. 프랑스축구협회는 프랑스(1998년의 우승을 보여 주는 별 하나가 찍힌 파란색 유니폼을 입은)와 알제리의 친선 경기를 기획하는 좋은 아이디어를 떠올렸다. 결과는 별로 중요하지 않고, 세계 챔피언의 우위는 너무나 명백하다. 프랑스축구협회의 순진한 지도자들이 두 민족, 두 문화 사이의 "가교"인 지단을 통해 장려하기를 원했던 것은 두 국가 간의 우애다. 두 국가들은 이용될 것이다. 스타드 드 프랑스는 근처의 센생드니에서 온 젊은 관중들로 가득 차 있다. 그들은 대부분 프랑스 국적을 가지고 있지만, 알제리 팀

---

69 미국의 소설가 제임스 M. 케인(James M. Cain, 1892~1977)의 범죄 소설『포스트맨은 벨을 두 번 올린다』의 제목에서 차용한 표현으로 보인다. 두 차례 영화화되었으며, 탐욕과 불륜으로 점철된 범죄를 보여 준다.

에게 환호를 보내고, 그 상대 팀을 야유했으며, 지단이 공을 건드릴 때마다 "반역자"라고 야유했다. 알제리 팀의 진짜 "서포터즈"는 초청국에 대한 이 "프랑스인" 젊은이들의 이러한 몹시 무례한 태도에 경악했다. 깜짝 놀란 "파란 유니폼의" 선수들은 "원정 경기를 하는" 불쾌한 느낌을 받는다. 시작부터 〈라 마르세예즈〉는 야유를 받고 욕설과 빈정거림으로 덮인다. 관람석에서는 리오넬 조스팽 총리와 스포츠부 장관인 공산당의 마리조르주 뷔페가 억제된 분노와 무한한 이해 사이에서 어떤 태도를 취해야 할지 모른 채 경기장을 떠나기를 망설이다가 머무른다. 그들은 쓸쓸하게 후회했다. 후반전에 알제리 골키퍼의 골네트에 공들이 쌓였다. 프랑스 팀의 승리는, "그들의 국가대표팀"의 참을 수 없는 굴욕을 멈추기 위해 갑자기 그라운드에 난입한 알제리의 젊은 팬들에게는 너무 힘든 일이다. 치안 기관(그 유명한 "경기장 보안 요원")은 놀랐거나 또는 공범인 듯 아랑곳하지 않았는데, 그들 중 대부분은 관중들과 같은 방리유 지역에서 온 자들이었다. 그라운드와 관중석 모두에서, 혼란이 지배한다. 심판이 경기를 중단시키고, 격노한 튀랑이 젊은 "서포터"를 팔로 붙잡고 욕설을 퍼부었다. 마리조르주 뷔페는 재빨리 마이크를 잡고는 "즐거움을 존중할 것"을 간청한다. 온 힘으로 던져진 물병 하나가 소수의 즐거움을 저버렸다. 작고한 필리프 뮈레[70]는 며칠 후 흥미로운 칼럼을 하나 썼다. 이 글에서 그는 옛날에 우리는 애도나 민족은 존중했지만 즐거움은 결코 존중하지 않았다고 빈정거리며 상기시켰다. 오직 지네딘 지단만이 라커룸에서 그의 사진을 찍은 알제리 선

---

[70] 필리프 뮈레(Philippe Muray, 1945~2006)는 프랑스의 작가이자 철학자다.

수들과 유니폼을 교환하고 농담을 주고받으며, 소동의 한가운데에서 안전한 곳에 있는 것처럼 보인다.

흑인-백인-뵈르의 프랑스라는 환상은 찢어졌다. 반인종주의적 이데올로기는 사기라는 게 적나라하게 나타났다. 그것의 고안자들은 술잔을 남김없이 마실 것이다.

프랑스-튀니지 경기와 프랑스-모로코 경기가 이어서 수년간 열렸다. 같은 원인이 같은 결과를 낳았다. 그라운드는 침략당하지 않았지만, 〈라 마르세예즈〉는 휘파람으로 야유를 받았고 파란색 유니폼을 입은 아랍 선수들에게는 욕설이 퍼부어졌다. 마그레브 여가수에게 국가 선창을 요청하고, 두 팀의 선수들이 경기장에 입장할 때 섞이도록 했지만, 아무 소용이 없었다.

천상의 벌은 항상 악한 자들을 그들이 죄 지은 곳에서 괴롭힌다.

흑인-백인-뵈르의 담론은 사람들의 지지를 수반했다. 축구계에서 트레이너, 스카우트, 감독은 경기장 한가운데의 "작은 아랍인"이 지단의 재능을 갖고 있기에 충분하고, 뒤편의 "키 큰 흑인들"이 수비를 난공불락으로 만들 것이라고 확신했다. 자료를 기초로 쓰인 원색적인 책 『불량배 축구 클럽』에서 기자 다니엘 리올로는 지롱드 리부른에 있는 랑스 출신 스카우트의 고녀를 상세히 이야기한다. "키 크고 힘센 흑인들을 보유하고 있나요? 그들이 작은 발을 갖고 있더라도 괜찮습니다, 우리는 그들을 다시 일으켜 세울 겁니다." 또는 리옹 근처의 한 방리유 지역에서 선수를 물색하고 있는 리옹 출신 감독의 이야기를 듣는다. "여기서 우리는 한 바퀴를 돌릴 겁니다. 거기에서 이렇게 10명이 걸러

집니다!" 그는 프랑스 최고의 젊은 선수들의 국가 훈련 센터인 클레르퐁텐에서 어떻게 "백인 대 흑인" 경기를 조직하는지 이야기한다. 시험 삼아….

마치 우리 프랑스 축구 지도자들이 그들의 스포츠에서 망쟁 장군의 "포스 누아르"와 몬테카시노의 총사령관 쥐앵의 모로코 원주민 부대를 부활시킨 것 같다.

축구는 전쟁이다. 우리는 곧 알게 될 것이다.

"방리유"의 젊은이들은 프랑스와 나바르의 훈련 센터에서 다수가 되고, 그들의 난폭한 품행을 그곳에 들여온다. "훈련 센터는 정글이다. 나는 그렇게 경험해 왔다며, 아마도 보복이 두려워서 익명을 지키기를 원하는 한 젊은 선수가 고백한다. 그것은 적자생존이다. 그 지역들에서 온 남자들은 이런 정신 상태를 강요한다. 그들은 어려운 상황에서 벗어나고, 그들이 겪을 수 있던 힘든 일들을 잊으려는 의지인 분노를 품고 있다. 많은 이들이 배제의 한 형태인 거부를 경험했다는 생각으로 살고 있다. 축구에서, 그들은 단숨에 다수이자 지배자들이 된다. 그리고 강요되는 것은 그들의 규칙이다. 규칙이 잘못된 교육이 된 것처럼 보이기 때문에 교육에 대해 말하기는 어렵다. 그러고 나면 나 같은 놈들은 백인이 아닐 때도 프랑스인이 된다. 백인이 아닌데도. 이 세계에서는, 네가 다르다면 그 상황에서 빠져나오기 위해 힘이 세야만 한다."[71]

10년도 채 되지 않아, 프랑스 축구는 프랑스 방리유의 축구가 되었다. 프랑스–알제리 경기에서의 그라운드 난입은 전조였다. 같은 사

---

71   [원주] Daniel Riolo, *Racaille football club*, Éditions Hugo et Cie, 2013, p. 146.

람들―또는 그들의 형제들―이 프랑스 본토의 모든 클럽에서 프랑스 대표팀에 이르기까지 "방리유"의 풍습과 버릇을 가져오면서 진화할 것이다. 훈련 센터의 지도자들은 그것을 신랄하게 평가했다. "아이가 자기 집에 가면 걔는 결코 자신이 프랑스인이라고 말하지 않을 겁니다, 그건 수치니까요!" 거친 젊은이들은 더 이상 감독이나 트레이너를 존중하지 않는다. 그들은 영국이나 이탈리아 또는 독일 클럽들에 속해서 외국에 있을 경우에만 권위에 복종하는 것을 받아들인다. 마치 문제를 제기하는 것이 권위 그 자체가 아니라 프랑스인 것처럼 말이다. 이슬람은 라커룸에서 널리 퍼지고, 사람들은 부끄러움 때문에 반바지를 입은 채 샤워를 하고, 할랄 음식을 요구한다. 이것은 외국인 선수들에게는 매우 놀라운 일이다. 예를 들어, 남미 선수들은 가장 광신적인 이슬람교도의 열성적 포교에 용감하게 반발하는 유일한 외국인 선수들이다.

프랑스 축구의 이러한 변화는 일반 대중에게는 알려지지 않은 시간으로 남아 있었지만, 지도자들의 사적인 대화와 전문가 회의들에 이야깃거리를 제공했다. 2000년부터 10년 동안, 보스만 판결의 열매를 게걸스럽게 씹어 먹은 지도자, 감독, 선수 들은 황금알을 낳는 닭을 죽이고 싶지 않을 것이다. 그리고 스포츠 기자들은 "국민전선에게 득이 되도록 행동하는 것"에 대한 공포를 숨길 것이다. 이 조직이 폭발하는 데에는 10년이 걸릴 것이다. 2010년 남아프리카 공화국 월드컵 때, 반항적인 선수들은 훈련을 거부하고 전 세계의 카메라 앞에서 버스에 틀어박혀 있을 것이다. 그때 프랑스는 프랑스 축구와 프랑스 대표팀이 무엇으로 변했는지, 부끄러움도 없이 알게 될 것이다. 좌파에 가담하고, 평균보다 더 교양 있고 재능 있는 선수인 비카슈 도라소(Vikash

Dhorasoo)는 비밀을 누설할 것이다. "이 팀은 매우 어려워진 서민 지역인 방리유의 프랑스, 게토의 프랑스를 대표합니다. 저는 노동계 출신입니다. 저희 아버지는 데샹이나 블랑의 아버지들처럼 노동을 하셨습니다. 하지만 오늘날 서민 동네들에서 권력은 두목들에게 내맡겨졌고, 이것이 우리가 프랑스 팀에서 발견하는 것입니다."[72]

우리는 프랑스 팀 선수들에게 식탁에서 제공된 식사가 할랄이었다는 것과 선수들이 우리가 "두목들"이라고 부르는 자들의 지배 아래 있었다는 것을 알게 될 것이다. 리베리, 에브라, 아넬카, 세 명 모두 이슬람교로 개종했다. 아넬카는 그의 "코치"를 "개새끼"라고 불렀고, 너무 잘 자란 "너무 프랑스적인" 선수 구르퀴프(Yoann Gourcuff)는 난폭한 추방의 희생자가 되었다. 2010년의 이 팀은 1998년의 팀, 그리고 자케-데샹이라는 "전통적" 듀오의 정확한 반대임을 드러냈다. 진보적인 "보보(bobo)"이자 "배우를 꿈꾸는" 좌파 운동가인 선수 선발자, 2010년 팀의 레몽 도메네크(Raymond Domenech)는 자신의 팀이 패배한 날 저녁 텔레비전에서 약혼녀에게 청혼했고, 한마디 말도 없이 독점적 할랄을 받아들였다. 한편, 팀의 새로운 "여관 주인" 프랑크 리베리(Franck Ribéry)는 거의 문맹이었기에 어설픈 언어로 자신의 생각을 표현했다. 그는 21세기 프랑스 룸펜 프롤레타리아의 빛나는 화신으로, 우리 방리유에 남아 있는 젊은 "토박이 프랑스인들"을 이기는 반대 방향으로의 동화에 대한 완벽한 예다.

---

72 [원주] *Ibid.*, p. 49.

거대한 상업적 이익과 결합한 보호와 반인종주의적 대의를 위해 과도하게 미디어로 전파된 축구는 미디어가 숨기곤 했던 프랑스의 치명적인 병을 노골적으로 조명했다. 정치가들, 언론인들, 지식인들의 공식 해명에서 축구는 더 이상 도덕이 아니라 다시 게임이 되었다. 선수들은 더 이상 "프랑스적인 통합"의 예가 아니라, "돈과 현대적 개인주의로 부패한 더러운 아이들"일 뿐이었다. 사회학자 스테판 보가 1998년 축복받은 선수들의 사회학에 대한 연구를 발표한 것은 이념적이고 미디어적인 긴급한 정정의 맥락에서였다. 하지만 너무 늦었다. 광고주들과 사업가들은 그들의 돈을 가슴에 껴안으며 몹시 당황했다. 축구는 1980년대부터 수공업적이고 비밀스러운 경기장으로 돌아온, 전쟁 전의 인기 있는 대중 스포츠였던 복싱의 불길한 운명을 겪을 위험이 있었다. 프랑스 백인 중산층은 오락의 원천인 축구에서 공공 안전과 정체성에 대한 불안을 발견했다. 그들은 더 이상 자신의 자녀들을 축구 클럽에 보내지 않았고, 농구나 테니스를 선호했다. 더 이상 텔레비전에서 경기를 보지 않았다. 그들을 향해 파란 유니폼을 입은 선수들이 드러냈던 경멸과 증오를 되돌려줬다. 시장은 이념적 속임수와 함께 붕괴될 위험이 있었다.

지배자들의 터무니없는 파렴치함이 부메랑이 되었다.

1999

1999년 11월

조제 보베 또는 아스테릭스[73]의 배신

그는 그 역할에 적임자였다. 땅딸막한 몸매, 타고난 익살, 뻑뻑한 콧수염. 조제 보베는 아스테릭스의 모습을 하고 있었다. 자신의 친구들과 함께 그가 아베롱 중심부의 밀로에 건설 중인 맥도날드를 약탈했을 때, 프랑스 전체가 그를 좋아하게 되었다. 로크포르[74]는 강자를 두려워하지 않는 이 약자, 우리 시대의 로마 군단에 용감하게 대항하는 이 골루아의 마법 물약이었다. "정크 푸드"에 맞서는 그의 싸움은 세계 최고의 요리를 가지고 있다고 확신하는 나라에서 인기를 끌 수밖에 없었

---

[73] 프랑스의 국민 만화 『아스테릭스』의 주인공을 가리킨다. 『아스테릭스』는 로마군에 대항해 싸우는 골루아들의 이야기로 1959년부터 만화 잡지에 연재되었고 현재는 단행본의 형식으로 출간되고 있다.

[74] 양젖으로 만든 프랑스의 대표 치즈로 아베롱 지역의 대표 특산물이다.

프랑스 농부이자 정치인이며 반세계화 운동가인 조제 보베.

다. 그는 체포되고, 유죄 판결을 받고, 수감되었다. 몽펠리에 법정의 엄격함은 그의 기회였다. 프랑스 전역은 물론 유럽, 아프리카, 아시아, 심지어 미국에서도, 그의 친구들이 "몸값"이라고 말했던 그의 보석금, 그의 석방을 위해 법원이 요구했던 10만 5,000프랑을 지불하기 위해 수표를 보냈다.

그의 이야기는 전 세계에 유명해졌다. 그 이야기는 미국 농부들이 소들을 살찌우기 위해 호르몬 주사를 놓았던 1980년대에 시작된 오랜 싸움의 절정이었다. 소비자의 압력 아래, 유럽 보건 당국은 1988년에 호르몬 주사를 맞은 쇠고기를 금지했다.

타이슨 푸드(Tyson Foods)나 카길(Cargill)과 같은 농산물 가공 대기업들은 미국 정부를 설득하여 그들의 첫 번째 제도적 무기를 만든 세계무역기구(WTO) 법원에 제소했다. 1999년, 유럽은 유죄 판결을 받았지만, 규제를 유지했다. 이에 대한 보복으로 미국은 로크포르를 포함하여 수입에 100퍼센트 과세할 60종류의 프랑스 농산물 블랙리스트를 작성했다.

1999년 8월 12일, 라르작의 농부들과 양 치즈 생산자들은 밀로의 맥도날드 공사장을 약탈했다.

그의 재판에서 보베는 "이것은 호르몬 쇠고기에 맞서는 로크포르입니다"라고 내질렀다. 그는 유죄 판결을 받았지만, 그의 승리는 완전한 것이었다.

조제 보베는 언론의 "단골"이 되었다. 그의 가공할 만한 웅변술, 카메라 앞에서의 여유, 유창한 영어까지. 특권층의 유년기, 미국에서 방랑하던 청년기, 극좌 계급의 이념적 훈련을 드러냈다. 이것은 양심적

병역 거부자인 부르주아의 아들이 1970년대 중반에 그의 많은 동족들처럼 등장해서 라르작의 군사 캠프와 싸우고, 여전히 히피라고 불리는 사람들 사이에서 당시 유행하던 "땅으로의 귀환"의 화려함과 비참함을 발견하기 전의 일이었다.

그러나 보베는 집념이 있었다. 그는 로크포르의 유명한 생산자가 되었다. 그리고 생산 제일주의와 드골-시라크 세력과의 동맹의 시작부터 우위를 차지한 전국농업조합연맹(FNSEA)의 경쟁자인 농민 조합을 설립하기도 했다. 밀로 맥도날드의 "해체"로, 그는 희귀한 전략적 술책으로 개척했던 앤디 워홀적인 유명세를 한때 경험했다. 그는 간디 같은 평화주의 이론가들의 후원을 받아 싸움을 걸었다. 그는 맥도날드 프랑스가 고소를 취하한 후에야 감옥에서 나오는 것을 받아들였다. 그는 곧 유전자 변형 쌀 모종들의 비닐하우스를 약탈했다. 그는 자크 시라크와 리오넬 조스팽에 의해 엘리제궁과 마티뇽 총리 공관에 초대되었다. 그는 시애틀에서 열린 WTO 정상 회의로 서둘러 달려갔다.

1999년 11월, 우리의 아베롱의 아스테릭스는 자신이 혼자가 아니라는 것을 알게 되었다. 전 세계에서 온 수천 명의 젊은 반대자들은 시애틀에서 열린 WTO 무역 회의의 개최를 막으려고 시도하며, 압도당한 미국 경찰이 국제 미디어의 고발 카메라들 앞에서 곤봉과 가스를 꺼내도록 압박했다.

이런 종류의 무역 협상이 이렇게 여론의 주목을 받은 적은 없었다. 우리는 보베의 소송 방침에 따랐다. "정크 푸드"를 훨씬 넘어, 초국가적인 대기업들의 지휘 아래에서 세계 무역의 무제한적인 확장에 반대하는 움직임이 나타났다. "글로벌리제이션(globalization)"이라는, 영어로 부르는 것이 훨씬 더 적절한, 프랑스어로 "세계화(mondialisation)"라고 불리는 것에 대한 국제적인 청년들의 반대가 일어났다.

시애틀의 이 폭동은 "탈세계화"의 출생증명서를 구성했고, 2년 후 2001년 1월 브라질 도시 포르투 알레그리에서 첫 번째 세계 사회 포럼을 조직했다.

조제 보베의 새로운 친구들은 마르크스주의자, 사회주의자, 평화주의자, 자유주의자, "세계 시민", 페미니스트, 환경주의자, 1970년대 모든 극좌 사상의 후계자들이었다. 경찰과 맞서기 위해 매번 시위에 모여드는 피할 수 없는 "파괴자들"도 함께였다.

그들은 스스로를 "반세계주의자"라고 칭했다. 그들은 "세계화"가 자본주의의 경제적이고 기술적인 진화의 "자연적" 결과라고 생각하는 자유주의 이론가들과 싸웠다. 자유 무역의 이론가들 사이에서는 원래부터 섭리주의의 유혹이 있었다. 그들은 교역의 자유가 인간들 사이에 번영과 평화를 가져다주기 위해 신으로부터 받은 민족들의 축복이라고 생각하는 경향이 있었다. 적대적이거나 유보적인 모든 사람들은 악마의 발현인 것이다. 19세기 자유주의의 위대한 프랑스 사상가인 프레데리크 바스티아가 동업 조합주의자들과 보호 무역주의자들의 반응을 비웃고 싶었을 때, 그들을 태양의 터무니없는 경쟁으로부터 보호해 줄 것을 국가에 간청하는 촛불 상인들의 반란을 언급하지 않은 것은 우연이 아니다! 19세기에 곡물법을 폐지하고 영국을 자유 무역 시대로 이끌었던 리처드 코브던[75]은 거의 성직자로 추앙받을 정도였고, 그의 정치적 행동에 대한 메시아적 비전에 내맡겨져 있었다. 20세기의 정말 말기에는 신의 기운이 여전히 불고 있었고, 오직 기준만 바뀌었다. 우리는 1930년대의 역사를 해석하고, 그로부터 결론을 짓는다. 미국 보호 무역주의의 반사적 행동이(유명한 스무트-홀리[Smoot-Hawley] 관세법[76]) 히틀러의 집권과 제2차 세계대전의 원인이었다고 말이다. 자유 무역주의의 파도에 저항하는 사람들은 전쟁 도발자, 파시스트, 나치다. 그들은 잘해야 이기주의, 오래된 난간 위의 위축된 후퇴의 지지자들, 아프리카와 아시아의 가난한 국가들의 경제 발전을 거부하고, 무의미한 마지노선에 의해 시대에 뒤떨어진 국채와 산업을 보호하는 무능한 인간들이며 낡아 빠진 반동분자들로 비난받는다.

이 놀라운 화력의 폭격은 "반세계주의"를 최고 순도의 "탈세계화"와 교환했던 적들의 방어를 포기하게 했다. 그람시[77]의 상속자들은 그들의 의미론적 선택의 결과를 무시할 수 없었다. 이 새침한 이름 변경은 그들의 항복 서명이었지만, 그들은 악마화로의 복종을 선호했다. 자유주의 관념론자들은 모든 복종에 대한 옛 마르크스주의자들에 대항하여, 적의 "파시스트화"라는 스탈린의 낡은 전술을 성공적으로 뒤집었다.

---

75 원문에는 로버트 코브던(Robert Cobden)으로 나와 있으나 곡물법을 폐지한 인물은 리처드 코브던(Richard Cobden, 1804~1865)이다. 저자의 착각으로 보인다.

76 1930년 미국의 산업을 보호하기 위한 관세법으로 수입품에 매우 높은 관세를 부과하도록 했다.

77 안토니오 그람시(Antonio Gramsci, 1891~1937)는 이탈리아 철학자이자 정치 이론가이며 마르크스주의자다.

오래된 국가들에 대한 소심한 후퇴로 비난받지 않기 위해 "탈세계주의자"가 됨으로써, "반세계주의자들"은 적들의 추상적인 보편주의에 굴복했다. 이 사회주의자들은 자유주의자들처럼 자신들이 계몽주의 사상의 공동 상속자라고 고백했다. 그들은 자본주의를 비방할 것이지만, 거기에서 모태를 구성하는 인권 보편주의를 계속 따랐다. 그들은 "또 다른 세계화", "더 인간적인 세계화", "시민적인 세계화"의 선구자가 되었지만, 그것은 여전히 세계화의 "체계적인" 성격에 복종하는 세계화였다. 그들은 그 표현이 중복법이라는 것을 이해하지 못한 채 "신자유주의 세계화"에 반대했다. 그들은 IMF, G7, WTO 등 자유주의의 집행자에 의해서만 실행될 수 있는 "세계적인 거버넌스"의 틀 안에서 "시장"을 제어하기를 원했다. 그들은 경제적 자유주의를 비난했지만, 장클로드 미셰아[78]의 날카로운 분석에도 불구하고, 두 개가 연결되어 있다는 것을 이해하지 못한 채 사교계의 자유주의를 옹호했다. 그들은 정크 푸드와 지구 온난화에 맞서기 위해 지역 생산물로의 복귀를 찬양했지만, "이질적 문화의 수용"이라는 이름으로 가장 거대한 이주 운동을 열정적으로 장려했다. 그들은 스스로 열정적인 "세계시민"이기를 바랐다. 그래서 민족, 문화, 뿌리, 삶의 방식을 위해, 그들이 공개적으로 모욕한 세계화된 대기업들의 사장들을 경멸하는 범세계주의에 동참했다.

---

[78] 장클로드 미셰아(Jean-Claude Michéa, 1950~)는 프랑스의 철학자로. 절대자유주의 사회주의자다.

조제 보베의 개인적인 운명은 이 의미론적, 이데올로기적, 정치적 패배의 반영이었다. 그는 녹색당의 기치 아래 유럽 의회 의원이 되었고, 다니엘 콘벤디트와 친분을 맺었다. 2005년 국민 투표에서 반대표를 던진 후, 그는 이 새로운 친구의 영향을 받아 연방 유럽의 혼으로 개종했다. 그는 자신의 투쟁 중 어떤 것도 부인하지 않았다. 그는 담배, GMO 또는 제약 산업 대기업들의 로비, 부패, 공중 보건 훼손 등을 내몰기 위해 자신이 호전적인 유럽 의회 의원임을 보여 줬다. 그의 투쟁은 헛된 것은 아니었지만, 제한적이었다. 그는 오직 "자유롭고 변질되지 않은 경쟁"에 집착하는 하나의 유럽으로부터 소외된 의회 속의 외로운 의원이었다.

그는 "정크 푸드"와의 싸움으로 유명해졌다. 정크 푸드는 전에 없이 널리 퍼졌다. 1992년 공동 농업 정책(CAP) 개혁 이후로, 유럽은 접시들의 "미국화"를 위한 트로이 목마가 되었다. 우리는 호르몬 주사를 맞은 소고기도 GMO도 갖고 있지 않았지만, 프랑스(브르타뉴!)와 유럽(동프로이센이나 스페인) 농산물 가공 산업의 과도한 생산제일주의와 최저 가격을 "짜내기" 위한 대형 유통의 무서운 효율성은 갖고 있었다. 이 억누를 수 없는 변동은 프랑스인과 유럽인의 식단을, 제약 산업이 주주들의 최대 이익을 위해 수많은 약으로 다루는 질병들(비만, 콜레스테롤, 암, 당뇨병, 심혈관 질환)을 만들어 내는 미친 기계로 변화시켰다.

보베는 결코 인정하지 않겠지만, 그는 자신의 영원한 적들의 "유용한 바보", "민주적인 보증인"이 되었다. 마치, 이야기의 마지막에, 전통적인 골루아 연회가 열렸을 때, 모든 사람들이 실컷 먹고 마시고, 오벨릭스가 멧돼지를 포식하고, 입에 재갈이 물린 아쉬랑스투릭스는 노래를 부르지 못해서 실망하고 있을 때, 아스테릭스가 로마인들의 기지로 간 것 같았다.

2000

2000년 7월 10일

에어버스(Airbus) 스토리

남자들은 오랫동안 어린아이로 남아 있다. 그들은 점점 더 복잡하고, 점점 더 크고, 점점 더 장중한 레고를 만드는 것을 좋아한다. 이것은 사이즈에 맞는 경기다. 규모의 경제 이론으로, 경제학자들은 이러한 유아적인 충동에 합리적 외양을 부여했다. 우리가 신화적인 2000년에 가까워지고 "컴퓨터 버그"에 대해 두려워하면서 놀 때, 세계 항공술의 지배자들은 레고를 가지고 논다. 우리는 이것을 인수 합병이라고 부른다.

　게임은 1997년 보잉사가 경쟁사인 맥도넬 더글러스사를 삼킨 미국에서 시작되었다. 즉시 유럽 3대 강국인 프랑스, 영국, 독일의 정부들은 차례로 이 주요 작전에 착수한다고 발표했다. 유럽항공방위우주회사(European Aeronautic Defence and Space Company, EADS)가 2000년 7월에 탄생할 것이다. 그동안에, 예전에 퐁피두 대통령에게 그토록 소중했던 국가적 챔피언들의 전략에 따라, 각 국가는 자국 내 기관들을 정리하고 통합했다. 프랑스의 아에로스파시알(Aérospatiale)[79]과 라가르데르(Lagardère)는, 이미 10년 전에 다임러(Daimler)가 낡은 메서슈미트(Messerschmitt)를 매입하면서 탄생한 독일의 다사(DASA)에 합류하기 전에 결합했다. 몇 달 동안, 독일인들은 프랑스인들을 받아들이기로 선택하기 전에 브리티시 에스파스(British Espace)[80]의 영국인들과 합치는 것을 고려했었다. 이 마지막 망설임이 요구자의 가격 올리기를 위한 전술적 수완일 뿐이었는지는 알 수 없었다.

한 세기 전, 동일하게 영국인, 프랑스인, 독일인, 미국인들은 그들의 흔들리는 낡은 비행기를 타고 대서양을 횡단하는 특권을 두고 이미서로 다투었다. 산업은 우리가 생각하는 것보다 훨씬 더 역사에 의해결정된다. 이제는 더 이상 블레리오[81]와 린드버그[82]의 업적이 아니라, 대형 여객기 관리와 캐시 플로우(cash-flow)의 시간이다. 수십 년 만에유럽인들은 상상할 수 없는 성공을 거두었고, 미국의 거대 기업과 경쟁하고 능가했다.

그리하여 이 모든 것은 하늘의 기사들의 업적과 함께 세기 초에 시

---

79 1970년 설립된 프랑스의 항공기 및 로켓 제작 회사. 콩코드 개발에 참여했고 아리안 로켓을 개발했다. 2000년에 EADS로 합병되었다.

80 문맥상 브리티시 에어로스페이스(British Aerospace, BAe)의 오기로 보인다.

81 루이 브렐리오(Louis Blériot, 1872~1936)는 프랑스의 항공 기술자다. 1909년 세계 최초로 영국 해협 횡단에 성공했다.

82 찰스 린드버그(Charles Lindbergh, 1902~1974)는 미국의 비행가, 탐험가다. 1927년 미국에서 프랑스 파리까지 최초로 무착륙 단독 횡단에 성공했다.

작되었다. 그러나 두 번의 세계대전은 비행기가 관측하고(1914~1918), 폭격하고, 공포에 떨게 만들고, 파괴하기(1939~1945) 위한 훌륭한 장난감일 수 있음을 드러냈다. 독일 조종사들은 그들의 업적을 통해 그들이 최고의 프랑스 및 영국 조종사와 비길 만하다는 것을 보여 주었다. 그리고 강력한 독일 항공 산업은 오직 미국의 거대 기업 앞에서만 굴복했다. 제2차 세계대전을 치른 연합군은 교훈을 기억하고 독일에게 항공기 제작을 금지시켰다. 이 강제 조약은 1955년까지 지속되었다. 많은 '닥터 스트레인지러브[83]'들이 워싱턴이나 모스크바로 향했던 것처럼, 할 일이 없는 독일 최고의 항공 기술자들은 프랑스에 정착하기 위해 라인강을 건넜다.

우리는 모르지만 에어버스가 태어났다. 마침내, 아직 아니다. 지금 우리는 지그재그로 나아가고 있다. 1958년 프랑스와 독일은 군용기 트란잘(Transall)을 함께 만들었다. 1962년, 프랑스인들은 석유 위기와 특히 미국의 보호 무역주의에 의해 상업적으로 암살당할 기술적 경이로움인 콩코드(Concorde)를 낳기 위해 영국인들과 협정을 맺었다. 1970년, 에어버스 산업 이익 단체(GIE)는 프랑스인들과 독일인들에 의해 설립되었다. 스페인과 영국은 에어버스 A310을 제작하기 위해 그들과 합류할 것이다.

프랑스는 이 모든 국가 동맹의 안정적인 중추다. 드골 장군을 중심으로 프랑스인들이 구상한 유럽은 민족-국가들 간 동맹의 유럽이다.

---

83 〈닥터 스트레인지러브〉는 1964년 발표된 스탠리 큐브릭 감독의 핵전쟁을 소재로 한 반전(反戰) 영화다. 이 영화의 등장인물인 닥터 스트레인지러브는 나치수의 천재 과학자다.

에어버스의 성공은 확실히 국가의 기술과 기질과 가장 관계가 깊은 경제 활동 중 하나임에도, 유럽에 반한 아첨꾼들에 의해서 찬양된다. 우리는 이것을 전진하는 유럽의 모델로 제시했다. 1980년대 이후로 경쟁이라는 신조에 의해 지배된 유럽 연합에서 금지되었을 민족적이고 국가적인 동맹의 산물임에도 말이다.

당시 국토 개발 정책은 빈말이 아니었다. 드골 정권은 툴루즈에 국립 항공 산업 시설을 갖추었다. 장밋빛 도시[84]는 그때 들판 한가운데 있는 매력적인 시골 마을일 뿐이었다. 아무도 지방의 중심 도시가 수십 년 안에 에어버스의 은총으로 좋든 나쁘든 세계화된 대도시가 될 것이라고 생각하지 않았다. 고국을 떠난 독일 기술자들로 이루어진 "외국인 군단"은 프랑스 지방 생활의 매력을 즐겼다. 그들은 프랑스인 로제 베테이와 함께 에어버스의 산업 조직을 만든 천재적인 펠릭스 크라흐트 주위로 다시 모였다. 이 독일인은 효율성에 대한 걱정을 국가적인 자존심보다 우선하게 만들었다. 그는 양국 산업계 간의 분업이 그들의 역량에 따라 이루어지도록 부과한다. 따라서 아에로스파시알의 프랑스인들은 시스템, 조립, 전반적인 디자인 등 "정교한 조각들"을 확보해 두고 가장 좋은 부분을 차지하는 반면, 독일인들은 내부 설비와 동체 실린더 같은 하급 조각에 만족한다. 이 분업화는 예민한 자존심, 불화, 논쟁, 고함을 불러일으킨다. 독일인들은 오래지 않아 "연통" 만드는 일에 지쳤다. 프랑스인들은 그들을 거만하게 내려다보며, 카라벨

---

84   툴루즈는 오랜 역사에 걸쳐 분홍색 벽돌로 집을 지어 왔기 때문에 분홍빛, 장밋빛 도시라는 별명을 갖고 있다.

(Caravelle)과 특히 콩코드로 하늘을 찢는 자신들의 기술적 우월성을 확신하면서, 빈정거리는 조롱 뒤에 오만함의 극치를 숨길 수 없었다. 프랑스인들은 리슐리외, 루이 14세, 또는 나폴레옹으로부터 물려받은 역사적 성찰들을 다시 발견한다. 이 조상들은 라인란트, 바덴, 작센 등 독일과의 동맹을 독일인들이 "위대한 민족"의 영광을 위해 일하는 한 호의적으로 여겼다. 아에로스파시알의 프랑스 기술자들은 사람들이 프랑스에서 일한다는 것, 즉 유럽이 거대한 프랑스처럼 보인다는 의미에서 열광적인 유럽인들의 시대에 속한다. 크라흐트에게 훈계를 들은 독일인들은 반응하지 않고 비판을 흘려들으며 새로운 비행기가 나올 때마다 추가적인 산업 노동을 조금씩 갉아먹는다.

첫 번째 파열은 1989년에 일어났다. 베를린 장벽이 무너지고, 독일은 통일되어 다시 국제 관계와 역사의 주체가 된다. 같은 해, 독일 항공 산업(DASA)은 명망 높은 다임러의 메르세데스(Mercedes)에 의해 인수되었으며, 베를린은 함부르크에 첫 조립 공장을 설립했다. 새로운 독일 사장 위르겐 슈렘프는 크라흐트 같은 진심 어린 겸손함을 가지고 있지 않다. 엄격하고 비타협적이며 애국적인 사장인 그는 거만한 프랑스인들을 관대하게 대하지 않았다. 마치 시대가 변했고 그의 통합된 동포들이 전쟁 전의 지배권을 되찾기로 굳게 결심했다는 사실을 그들에게 이해시키고자 하는 것처럼. 프랑스의 우위는 단지 역사의 불운한 우연과 독일인의 강요된 탈퇴의 산물이었을 뿐이라는 사실을 암시하면서 말이다. 마치 독일인들이 1945년 5월 8일 베를린에서 독일이 항복할 때 카이텔 장군의 과도한 성찰을 지겹게 되풀이하는 것을 결코 멈추지 않은 것처럼. 당시 카이텔은 미국인, 러시아인, 그리고 영국인들 옆에 드라트르 드 타시니[85] 장군의 모습을 알아보고는 "뭐! 프랑스인도?"라고 말했었다.

그리하여 오만함은 진영을 바꾸고, 싸움은 영혼을 바꾸었으며, 헤게모니 추구는 독일인의 강박이 되었다.

불행은 결코 혼자 오지 않는다. 독일 엘리트들이 주권과 권력의 남성적 감각을 환희적 황홀과 함께 재발견하는 동안, 그들의 프랑스 동료들(정치인들은 물론이고, 경제적이고 지성적인 우파와 좌파 모두)은 천 년이 넘은 오랜 국가 주권을 헐값에 팔아치웠다. 마치 편안함과 세련된 디자인으로 칭찬받는 현대적인 가구를 위해서, 더 이상 품위도 쓸모도 찾을 수 없는 앙리 2세의 옛 식탁을 팔아치우는 것처럼. 이 현대적인 가구는 바로 유럽이다.

유럽항공방위우주회사의 탄생을 둘러싼 협상들에서 모든 것이 동요한다. 자산의 3분의 2와 전문가들 대부분을 공급했음에도, 프랑스는 50 대 50 합병과 엄격한 권력 평등을 받아들인다.

다른 때라면 우리는 그것을 배신이라고 불렀을 것이다. 2000년에 프랑스 미디어들은 리오넬 조스팽 총리와 그의 경제부 장관 도미니크 스트로스칸의 "유럽 건설"에 호의적인 이 "강력한 행위"를 찬양했다. 드골주의자인 자크 시라크 대통령은 반발하지 않았다.

---

85 장 드 라트르 드 타시니(Jean de Lattre de Tassigny, 1889~1952)는 양차 세계대전에서 활약한 프랑스의 군인이다.

그 후 몇 년 동안 독일인들은 이 새로운 균형에 법적이고 산업적인 현실을 부여하고, 역량과 고용으로부터 끝없이 소소한 이득을 얻음으로써 컨소시엄 내의 헤게모니 정복을 멈추지 않을 것이다. 그동안 프랑스 지도자들은 서로 싸우느라 너무 바빴고, 2003년 수술대에서 사망한 빛나는 장뤽 라가르데르의 유산을 놓고 서로 다퉜다.

2007년, 우리는 프랑스인들의 거만함이 모래 위에 세워지지 않았다는 것을 발견했다. A380은 함부르크 현장에서 작업된 배선 오류로 인해 발생한 대규모 산업 사고로 드러났다. 툴루즈에서는 프랑스 노동자들과 배선 작업을 다시 하러 온 독일 노동자들 사이에 난투극이 벌어졌다. 싸움은 국가적 사건이 되었다. 이제 막 당선된 니콜라 사르코지는 앙겔라 메르켈을 만난다. 두 정상은 "이중 명령권"의 종결을 결정한다. 프랑스인 루이 갈루아는 EADS의 유일한 사장이 되는 반면, 독일인 톰 엔더스[86]는 주요 자회사인 에어버스의 경영을 맡는다. "어울리지 않은 머리를 한 거대한 독일 여자"를 기꺼이 비웃는 사르코지는 전투에서 승리했다고 믿는다. 그러나 프랑스인들이 "민족주의의 독"(루이 갈루아)으로 그것을 끝내기를 원했음에도, 다임러의 협상가들은 일자리, 임명 등 모든 분야에서 독일의 지배를 강요한다.

불과 몇 년 만에 독일은 1976년 28퍼센트와 대비되는 39퍼센트의 생산을 점유함으로써 에어버스의 첫 번째 산업국이 된 반면, 프랑스는 42퍼센트에서 37퍼센트가 되었다. 오늘날 프랑스에 여전히 더 많은 일

---

86   토마스 엔더스(Thomas Enders, 1958~)는 독일의 기업가다. 2012년부터 2019년까지 에어버스 CEO였다.

프랑스와 독일 간의 싸움으로 비화된 에어버스 A380 결함 문제.

자리가 있다면(2만 2,000 대 1만 9,000), 그 차이는 툴루즈에 에어버스 본사가 위치해 있다는 점에 있다.

에어버스의 영광스러운 이야기는 여기서 끝나지 않는다. 톰 엔더스는 갈루아를 EADS의 수장으로 교체했다. 프랑스와 독일의 주주인 라가르데르와 다임러는 막대한 시세 차익을 얻기 위해 그들의 지분을 매각하는 데 급급했다. 엔더스는 이것을 이용하여 회사의 "거버넌스" 개혁을 협상한다. 이는 거부권을 포기하고 있는 정부들의 영향력을 축소시키는 것이다(처음으로 독일 정부가 자본으로의 진입을 받아들였다고 하더라도). "톰 소령"의 목표는 그가 역사로부터 물려받은 괴상한 조직을 "정상적인" 기업으로 바꾸는 것이다. 이 용어는 국가적인 구속이 없는 전 지구적이고 세계화된 하나의 사회를 의미한다. 그것은 수익성에 대한 유일한 관심만을 추구한다. 무엇보다도 주요 주주들의 만족을 추구하고, 직원들의 운명, 근무 조건, 연구 등 나머지 모든 것을 그들에게 종속시킨다.

2013년, 에어버스의 판매가 세계 도처에서 증가하고 있음에도 불구하고, 엔더스는 직원들에게 5,000개의 직책을 없애겠다고 영어로 발표했다. 자신이—그리고 그와 함께하는 증권거래소가—불충분하다고 판단한 회사의 재무 수익성을 개선하기 위해서. 2014년에 우리는 EADS가 에어버스라고 불릴 것이라는 사실을 알게 되었다. 가장 유명한 제품을 국제적인 브랜드로 삼는 오랑주(Orange)나 다논(Danone) 등 세계화된 그룹의 통상적인 커뮤니케이션 전략이다.

톰 엔더스는 지체하지 않고 결심의 증거를 보여 줬다. 그는 툴루즈에 EADS의 파리 본사와 바바리아 본사를 통합하여 뮌헨의 과격한 항의를 유발했다. 그는 EADS를 영국 브리티시 에어로스페이스(BAe)와 합병하기 위해 고집 센 독일 정부를 구속하려 시도했다. 앙겔라 메르켈의 거부권 앞에서 물러섰지만, 그는 자신의 정부에 반대하는 것을 주저하지 않았다. 그는 수상이 요구하는 베를린으로의 연구소 이전을 거부했다.

상황이 이상하다. 오직 한 명의 독일인만이 베를린에 재수립된 민족-국가의 회복된 힘에 저항할 수 있다. 독일인들은 그들의 압력을 늦추지 않는다. 그들은 기술이라는 최후의 복수를 찾고 있다. 이것으로 A320은 독일에서 구상된 최초의 에어버스가 된다. 얼마 전에는 사르코지, 지금은 올랑드 아래의 프랑스 경영자들은 솔직하게 국익을 옹호할 용기를 갖지 못한 채 톰 소령 뒤에 숨어 있다.

그러나 에어버스의 사장이 양보하거나 교체[87]된다면 독일은 승리할 것이다. 만약 그가 계속 저항한다면, 승자는 프랑스가 아니라 회사의 앵글로·색슨적인 발상이다. 프랑스에게, 이것은 양쪽 모두에서 확실한 패배다.

---

87   2022년 9월 현재 에어버스 CEO는 프랑스인 기욤 포리(Guillaume Faury)다.

2001

2001년 3월 25일

파리가 항상 파리이지는 않을 것이다

우리는 열정에 눈이 멀었었다. 우리는 거품과 파도, 장식과 방, 형식과 내용을 혼동했다. 일화적인 것과 역사적인 것. 우파의 불화, 필리프 세갱의 의기소침해진 마음 상태, 퇴임하는 장 티베리[88]가 과시한 "좋은 결산표", 또는 상대보다 총 득표율이 낮음에도 불구하고 파리 시청을 사회당의 들라노에[89]에게 넘겨준 「PLM법」[90]에 의해 부과된 교묘한 선거

---

88 장 티베리(Jean Tiberi, 1935~)는 1995년부터 2001년까지 파리 시장을 지냈다.

89 베르트랑 들라노에(Bertrand Delanoë, 1950~)는 2001년부터 2014년까지 파리 시장을 역임했다.

90 1982년에 통과된 '파리(Paris)-리옹(Lyon)-마르세유(Marseille)의 행정 조직에 관한 법'. 프랑스에서 가장 인구가 많은 이 세 도시에 다른 도시들과는 구별되는 특별한 지위를 부여한다. 이에 따라, 구에 해당하는 아롱디스망(arrondisement)으로 해당 도시 내의 지역을 구분하게 되었는데, 이는 선거와 관련된 모든 행정적인 부분들에

적 계산. 우리는 계산하고, 해설을 붙이고, 논평했다. 가장 정치인다운 사람들은, 의심 많은 경쟁자의 경합을 따돌리기 위해 사회당 상대자의 선정에 도움을 준 자크 시라크의 악마 같은 술책을 즐겼다. 우리 중 가장 역사가적인 사람들은 좌파의, 수도로의 위대한 귀환을 알렸다. 이곳에서 그들은 모든 혁명을 일으켰지만, 19세기 말에 쫓겨났었다.

변화는 훨씬 더 근본적이었다. 베르트랑 들라노에의 승리는 즉각 해독할 수 있는 의미를 품고 있었다. 파리는 세계-도시가 되었다.

세계-도시라는 개념은 위대한 역사학자 페르낭 브로델의 걸작 『물질 문명, 경제와 자본주의―15~18세기』에서 형성되었다.

세계-도시는 브로델이 세계-경제라고 부르는 것의 두근거리는 심장이다. "정보, 상품, 자본, 신용, 사람, 주문, 상품 서신들이 그곳에 몰려들고 그곳에서 다시 출발한다." 세계-도시에 가까워질수록 더 부유하고 강해지며, 동심원을 그리는 원들의 테두리에서 더 멀리 떨어져 있을수록 더 약하고 가난하다.

시대에 따라 세계-도시는 변한다. 이 브로델의 척도에서는 제노바, 베네치아, 암스테르담, 런던, 뉴욕은 이미 세계화되었지만, 아직 "통합되지" 않은 경제의 세계-도시들로서 차례로 이어졌다. 파리는 결코 이 상류 범주에 속하지 않았다. 파리는 변화 중인 민족-국가의 정치적 수도라는 또 다른 등록부에 속했다.

브로델에 따르면, 우리나라의 역사는 유별나 보이며 태만으로 설명된다. 파리는 당시의 "세계-도시"를 조사하고, 정복하고, 길들이고,

---

영향을 끼친다.

소유하기 위해 군인들을 보냈다. 그것은 이탈리아의 프랑수아 1세, 루이 14세와 네덜란드 전쟁, 나폴레옹과 영국으로 향하는 불로뉴 기지다. 그러나 매번 왕, 공화국이나 제국의 군대는 너무 늦게 도착하여, 보물이 더 이상 그곳에 없을 때 먹이를 잡았다(나폴레옹의 군대는 이탈리아와 암스테르담은 점령했지만, 런던은 아니었다).

이 프랑스 역사는 세계-도시의 횃불이 뉴욕을 지나갈 때 막을 내렸다.

그러나 파리는 브뤼셀, 베를린, 마드리드, 로마, 빈, 부다페스트, 상트페테르부르크, 모스크바, 부쿠레슈티, 이스탄불이나 워싱턴처럼, 프랑스의 예 위에서 만들어진 모든 민족-국가 수도들의 정치적, 행정적, 건축적 모델인 수도-도시의 상태로 한 세기를 더 머물렀다.

파리처럼 이 도시들은 경력이 만들어지고 무너지고, 야망이 충돌하며, 꿈은 잃어버린 환상으로 전락하는 발자크적인 소굴들이 되었다. 그러나 파리는 요지부동의 두 가지 특성을 유지했다. 첫째, 작은 사이즈다. 마드리드가 608제곱킬로미터, 모스크바는 2,511제곱킬로미터로 펼쳐져 있지만, 파리는 105제곱킬로미터의 둥글고 폐쇄된 도시다. 제곱킬로미터당 2만 1,347명인 인구 밀도는 아시아의 도시들…의 밀도와만 견줄 만하다. 언론, 패션, 정치, 경제, 영화, 금융, 의학에서 중요한 모든 사람들은 서로 가깝게 연결되고, 같은 카페, 같은 식당, 같은 부유한 건물, 같은 유흥가를 자주 들락거리며, 같은 거리에서 서로 교차하고 산책한다.

파리는 다섯 개의 연속적인 성벽(필리프 오귀스트, 샤를 5세, 루이 13세, 징세 청부인들, 티에르의 성벽)을 뛰어넘으면서 커진 둥근 거품이다. 마지막 성벽은 1973년에 세워진 외곽의 금속성 울타리로, 거대한 파리를 주창하는 모든 이들이 차례로 뛰어넘기를 꿈꾸는 것이다. 예전에는 "성벽의 흔적"이 있었고 그 너머에는 그 구역이 있었다. 그 구역은 수도를 침략하고 현 정권을 위협한 "이방인들"의 무리가 발원한 곳이다.

바스티유 점령 이후 고조되었던 두 번째 파리의 특색인 이 혁명의 전통은, 군주제든 제정이든 공화정이든, 중앙 권력이 매혹적이면서도 동시에 걱정스러웠던 도시의 덜미를 항상 잡고 있었음을 설명한다. 호화스러운 "권력의 축"(루브르에서 개선문까지, 대저택들이 지어지고 부자들, 권력자들, 멋쟁이들이 자리 잡은)과 항상 그들을 전복시킬 수 있는 위험한 계급인 노동 계급 사이의 거리는 너무 줄어들었다. 우리는 시장들이 더 이상 임명되지 않고 선출되기까지 혁명 이후 한 세기를 기다렸지만, 파리 시장이 그의 특수한 예속 상태에서 해방되기까지는 100년을 더 기다려야 했다.

지스카르는 자신의 최악의 적에게 본의 아니게 열쇠를 건네주었기 때문에 자신의 관대함을 후회할 것이었다. 그러나 당선되긴 했지만, 긴 이를 드러내고 웃는 정치인의 껍질 아래 고위 공직자의 영혼을 간직한 시라크는 자신을 파리 데파르트망의 특별 감사로 간주한다. 그는 오직 형식을 위해서만 다른 위원들과 상의하고, 도시의 엄선된 공무원들만을 신뢰한다. 이 공무원들의 채용과 양성은 시라크의 요청에 따라 국립행정학교에 연결되어 있었다. 시라크는 외국의 고위 관료들을 맞이하기 위해서만, 그의 정적인 지스카르, 이어서 미테랑, 마침내 발라뒤르와 싸우기 위해서만, 그리고 시청을 그의 패배와 배신의 상처를 치료하기 위한 요새, 충실하고 신뢰할 만한 사람들에게 출자하는 금고로 바꾸기 위해서만 파리 시장의 번쩍거리는 옷을 입었다. 이 사람들은 시라크가 화려하고 사치스러운 주권자로서 다양한 수입, 일자리, 주거, 보조금을 제공해 주는 폭넓은 지지자들이다.

　테크노크라트, 드골주의자, 산업주의자, "나폴레옹"파의 우두머리, 코레즈의 국회의원이자 장관, 게다가 대식가에다 엄청난 술꾼이자 바람둥이인 자크 시라크의 심리적이고 정치적인 프로필은 그를 제3공화국의 정치인[91]에 직접적으로 연결시켰다. 선거로 뽑힌 파리의 첫 번째 시장이면서 19세기 파리의 마지막 시장이었던 인물. 직무 겸직을 거부한 시라크의 사회당 후임자는 쇼 비즈니스의 친구이자 몽마르트르 언덕에 살고 있는 전직 광고인이고, 더구나 인정받은 동성애자였다. 그는 3차 산업화되고, 보보화되고, 학위화되고, 친환경적이고, 보행자 전용이고, "벨리브(Vélib')화되고"[92], 여성화되고, 세계화되고, 탈정치화되고, 혼혈화되고, 공동체화된 21세기의 파리를 예고했다. 들라노에 이후, 두 명의 여성이 2014년에 그의 후계자의 자리를 간청했다. 자명한 이치와도 같다….

　이 21세기 초, 파리는 세계-도시에 대한 브로델의 성배에 접근했지만, 다른 맥락에서였다. 거대한 역사학자가 묘사한 세계-경제는 "통합화"에 의해 변화되었다.

　오늘날의 세계-도시에는 뉴욕, 런던, 도쿄, 프랑크푸르트, 그리고

91　쥘 페리를 의미한다.
92　벨리브는 파리시에서 운영하는 자율적인 자전거 대여 시스템이다. 서울시의 '따릉이'와 비슷하다고 보면 된다.

파리가 있다. 또는 상하이도 있다. 이 도시들은 더 이상 시간적으로는 연속되지 않지만, 공간적으로 연결된다. 그것들은 국제기구들에 의해 확립된 미묘한 서열에 포함된다. 그리고 "세계화된 엘리트들"에 의해 유심히 탐색된다. 이 엘리트들은 그들 각각을 둘러싼 영토들을 더 이상 보지 않고 한 곳에서 다른 곳으로 이동한다.

이 도시들은 네덜란드계 미국인 경제학자이자 사회학자인 사스키아 사센의 『세계 도시』라는 제목의 책에서 묘사된다. 이 제목은 "세계적인 도시"가 아니라 차라리 "세계화의 도시"로 번역해야 한다. 프랑스의 지리학자들은, 세계화된 대도시라고 결론을 내렸다.

오늘날의 세계-도시는 더 이상 그곳의 역사, 그곳의 거주자들, 심지어 그 도시가 종종 수도인 국가에 속하지 않는다. 그곳의 부유함은 더 이상 도시를 둘러싼 국토가 아니라, 도시가 전 세계를 통해 그 자매들과 맺고 있는 관계에서 비롯된다. 전문가들은 이 관계를 "흐름"이라 부른다. 상품, 자본, 정보, 이주의 흐름. 부는 이 "세계화"의 산물이며, 세계화는 부가 이끌고, 방향을 잡고, 형성하고, 모두에게 강요하는 것이다. 부는 대규모 국제 그룹의 본사, "세계적 거버넌스" 기관들, 연구 및 혁신 센터들을 중앙 집중화한다. 그랑 뉴욕의 GDP는 스페인보다 높고, 그랑 시카고의 GDP는 스위스보다 높다. 세계-도시는 세계화된 엘리트들이 주위의 구성원 및 영토와 가능한 한 적게 접촉하면서 다른 세계-도시들로 다시 출발하기 전에, 그곳에 상륙하고, 그곳을 산책하고, 그곳에서 일하고 그곳에서 소비할 수 있도록 만드는 교통과 통신 인프라(공항, 역, 도로, 인터넷 네트워크)를 갖춰야 한다.

그것들의 최우선 사항은 3차 산업화, 수직화, 젠트리피케이션, 축출, 그리고 분리다.

세계-도시는 그곳의 구성원을 변화시켜, 심지어 새로운 사회학-언론적 유형인 "보보"를 만들어낸다. 2000년에 미국에서 탄생한 이 개념은 프랑스인들에게 매우 빠르게 채택되었지만, 런던, 프랑크푸르트, 베를린, 상하이에도 보보들이 있다. 저널리스트 데이비드 브룩스가 한 세기 후에 발명했다고 믿는 이 문학적 모순어법을 탄생시킨 사람은 1885년 발표된 『벨아미』에서의 모파상이다. "그때 그의 손을 매우 강하게 매우 오랫동안 잡은 것은 그녀였다. 그리고 그는 이 조용한 고백에 동요되는 것을 느꼈고, 천진한 이 프티 부르주아 보헤미안을 향한 갑작스러운 연정에 다시 걸려들었다. 그녀는 그를 정말 사랑했을지도 모른다, 아마도."

이 보보들은 부르주아화를 거부하는 부르주아들이다.

언론인 로르 와트랭과 토마 르그랑은, 『보보 공화국』이라는 제목의 매우 훌륭한 저서에서, 전문 사회학자들의 눈에 여전히 의심스러운 이 개념을 규명하려고 노력했다. "보보는, 자신의 삶의 터전과 그들이 긍정적이거나 부정적으로 생각하는 가치들을 규명하기 위해 가변적인 경제적 자본보다 고급 문화적 자본이 더 많은 비중을 차지하는 사람이다."

이것은 재구성된 가족들, 공정 무역, 유기농과 옛날식 바게트의 소비, 인권, 환경 보호와 사회당이나 녹색당 투표의 세계다. 19세기 중반, 부르주아들은 더 이상 "노동 계급, 위험한 계급"[93]과 가까이 지내지 않

---

93   [원주] Titre de la thèse de Louis Chevalier, en 1958 chez Plon.

으려고 도시의 서쪽에 정착하고자 파리 중심부와 동쪽 동네를 떠났다. 한 세기 후, 보보들은 그곳에 정착했다. 미국인들은 젠트리피케이션에 대해 이야기한다.

마르크스주의 지리학자 안느 클레르발은 젠트리피케이션이 무엇보다도 계급 투쟁의 새로운 표시라고 타당하게 지적한다. 이것은 "도시 계급 관계에 있어서 더 좋은 위치에 놓인 또 다른 사회 계층에 의한, 거주와 생산에 대한 대중적 공간의 물질적이고 상징적인 점유"[94]다.

탈산업화와 새로운 경제의 발전은 광고인, 언론인, 패션 디자이너, 수입이 불규칙한 공연가, 교사, 하급 공무원, 연구원, 대학 교육자 등 (어쨌든 교육과 수에 의해서) 떠오르는 계층에게 혜택을 주었다. 보보라는 용어를 처음으로 도입한 사람들 중 하나이며 2001년 지방 선거에서 들라노에의 승리를 예측한 지리학자 크리스토프 길뤼도 같은 이야기를 한다. "서민 지역에 투자함으로써, 떠오르는 계층은 노동자들과 피고용자들을 도시 주변부로 추방하는 움직임에 참여한다."

옛날에는 공장들이 도시에 있었고, 노동자들은 그 옆에 살았다. 그것이 19세기 파리의 위상을 유지하게 했다. 1930년대에도 여전히, 공산주의 운동가들은 시위를 소집하기 위해 HBM(HLM의 조상)의 마당에서 나팔을 불었다. 오늘날 서민층은 세계-도시에서 내쫓겼다. 역사상 처음으로 서민층은 부가 창출되는 곳에 거주하지 않는다.

보보들은 달콤한 말의 포식자다. 그들은 아마도 민중을 쫓아냈다는 죄의식을 지우기 위해 또는 그들의 예전 선거지인 마레, 포부르 생

---

94   [원주] *Paris sans le peuple. La gentrification de la capitale*, La Découverte, 2013.

앙투안, 벨빌, 메닐몽탕, 생마르탱 운하에서 어쨌든 그들을 대체하기 위해 "민중"을 떠받는다. 그들은 여러 개의 전자 코드와 함께 사치스러운 로프트의 안식처에 "다양성"을 고양시킨다. 그들은 공립 학교, 그리고 "함께 살기"를 찬양하지만, 그들 자녀들의 학교가 이민자 자녀들로 덮이는 순간 학군 지도를 교묘히 회피하기 위해 그들의 인간관계를 이용한다. 그들은 그들 자신이 일으킨 그들 구역의 정체성 상실을 개탄한다. 마레 지구에서 그들은 유대인 레스토랑 골덴버그의 폐업을 슬퍼하지만, 사실 이것은 우리의 친애하는 보보들에 의해 대체된 서민 유대인들의 시작이었다. 그리고 이는 옷가게에 의한 그들의 대체까지 이어졌다.

현존하는 유일한 서민 계층은 프랑스인이 아니다. 그러나 정치적 올바름에 빠진 담론은 "인간들" 사이에 최소한의 차이를 만드는 것을 거부한다. 테크노크라트적이고 안심시키는 횡설수설은 이 현실을 은폐한다. 우리는 "매우 많은 원조"를 받지 않거나 "매우 부유"하지 않은 모든 사람들이 빠져나간 도시를 두고 한탄한다. 파리 시의회 의원들이 "파리는 사회적 혼합을 포기하지 않았다"고 단언할 때, 그들은 감히 인종적 혼합에 대해 말하지는 못하고 "다양성"의 이름으로 아랍-아프리카 인구가 파리 북부와 동부의 많은 구들에서 다수가 되었다는 생각을 받아들인다. 그들이 스스로를 자랑스러워하며 "파리는 「SRU법」[95]에 따라 사회 주택을 건설한다"고 덧붙일 때, 그것은 그

---

95 "연대와 도시 쇄신"법. 프랑스의 도시 계획과 주거법을 수정한 것으로 2000년에 적용되었다. 일정 규모 이상의 도시는 최소 20퍼센트의 사회 주택을 의무적으로 갖춰야 하며 이것은 전체적인 연대를 증대시키고자 하는 목적을 갖는다.

들이 건설하고 개조한 사회 주택들을 이민자들에게 우선하여 준다는 것을 의미한다. 하지만 그들이 약간 화가 나서 그들의 목표는 "부동산 투기에 의해 쫓겨난 중산층을 다시 파리로 데려오는 것"이라고 결론 내릴 때, 그들은 책임지지는 않으면서 "가난한 백인", "토종 프랑스인" 노동자들과 피고용자들의 귀환을 희망한다고 고백한다. 하지만 그들은 고집하지 않는다. 그들은 자신들이 그것을 절대 강요하지 않으리라는 것을 알고 있다.

좌파는 위선에 있어서는 일관성이 있다. "가난한 백인"이라는 이 서민 유권자를 좌파의 위선 때문에 잃게 되지만, 그들의 대리인들(보보와 이민자 자녀)은 도시에 대한 좌파의 정치적 지배를 보장한다.

보보는 그들을 위해 버스 전용 차선, 파리 플라주(Paris Plages)[96], 백야 축제[97], 벨리브와 오토리브(Autolib')[98], 포장도로와 작은 광장의 파리, 조용하고 차 없는 녹지 구역, 나무 보호를 만든 들라노에 시(市)의 이념적 나침반이었다. 이 모든 것들은 부동산 가격 상승에 기여했으며, 서민 계층의 마지막 대표자들뿐만 아니라, 더 이상 배달하고 주차하고 통행할 수 없는 상인과 수공업자 들로 이루어진 모든 소규모 경제 활동을

---

96 2002년부터 파리시가 주최하는 연례행사다. 매년 7월 중순부터 9월 초까지 센강을 따라 3.5킬로미터에 걸쳐 휴양지의 해변 모습을 조성해 놓는다. 이 기간 동안에는 해당 구역에 자동차 출입이 금지된다. 바캉스를 떠나지 못한 파리지앵들에게 여가를 즐길 수 있는 기회를 제공하기 위해 시작되었다.

97 박물관을 포함한 여러 문화 공간들을 하룻밤 동안 무료로 개방하는 행사다. 해당 장소들에서는 공연이나 전시 등이 펼쳐지기도 한다. 2002년 파리에서 처음 시행되었으며 다른 프랑스 도시들로 확산되었다.

98 벨리브의 연장선상에 위치한 시스템으로 전기 자동차를 자율적으로 대여하여 사용할 수 있는 제도다.

결국 몰아냈다. 파리에서는 상점들이 콘셉트 스토어로 바뀌고 식품 가게들이(정육점, 생선가게, 유제품 판매점, 돼지고기 가공식품점) 차례로 문을 닫는 동안, 스포츠 센터, 데이트 중개 회사, 통신 대리점, 여행사들이 문을 열었다. 레스토랑업은 담배를 파는 작은 바를 빠르게 대체했고, 바디 케어나 비디오카세트 대여점은 철물점을 대체했다.

어떤 사람들은 보보를 "젠트리피케이터"와 "믹서"로 세세하게 구별한다. "젠트리피케이터"들은 그들이 (용어의 모든 의미에 있어서) 투자한 구역을 부르주아화하는 악당들의 역할을 한다. 반면에 "믹서"들은 공화국의 새로운 기병들, 이민자 인구와 접촉하여 살고 이렇게 게토들을 막는 것에 동의하는 유일한 사람들이 될 것이다. 그들은 지리학자 자크 레비에 의해 찬양되는 "게토 해체자"들이 될 것이다.

하지만 이러한 구별은 기만적이다. "믹서"라는 괄호는 불안정하며 억지로 다시 닫히게 된다. 또는 젠트리피케이션이 앗아가거나, 또는 자신의 자녀들에게 너무 불친절하고 너무 폭력적인 땅을 포기하는 믹서 보보의 저항을 게토는 결국 극복한다.

사실 보보는 이전 이민자들의 물결을 받아들인 옛 프랑스 노동자와 결정적인 차이를 가지고 있다. 후자는 동화주의자였고, 때때로 거칠게 새로운 이민자들에게 삶의 방식과 프랑스 문화를 강요했으며, 우월함의 콤플렉스로 교배된 아주 약간의 외국인 혐오증이 있었다. 보보는 다문화주의자다. 보보는, 생의 말년에 자신의 유사-계승자들을 격렬하게 부인한 클로드 레비스트로스의 작품에서 영감을 받은 구별주의적인 라틴어 성서의 신봉자이며, 죄와 똑같이 프랑스인다움을 싫어한다. 그는 동화를 신식민주의적인 개념으로 본다. 그는 동등한 존엄성을 가진 문화들의 교환만을 맹목적으로 믿는다. 그는 "함께 살기"를 장려하는 것을 자랑스럽게 여긴다. 그것은 최선의 경우 나란히 위치하는 것일 뿐이다. 그는 2004년 11월 19일 채택된 이민 문제에 관한 유럽 연합의 "공통 기본 원칙" 제1조를 알지도 못하면서 적용한다. "통합은 모든 이민자와 회원국의 거주자 간 상호 타협의 이중의 의미를 지닌 역동적인 과정이다."

공화국의 이름으로, 공화력 2년 군인들의 열정과 함께 선언한 것을, 보보는 공화국의 모든 역사에서 부정한다. 공화국은 귀족, 왕, 외국인들에게 맞서서 민족, 국경과 그 완벽함, 기독교적이고 그레코로만적인 문화를 맹렬하게 옹호했다. 보보는 프랑스를 인도주의적이고 세계주의적인 추구 속에 녹여 버린다. 그는 자신이 무의식적인 행위자임에도, "게토의 해체자", 영웅이라고 자부한다. 이민자들은 보보에 의해 구현된 프랑스의 가치를 거부한다. 그리고 대개 무슬림은—심지어 종교적 실천과 거리가 먼 사람도—재구성된 가족, 동성애자에 대한 관용, 남녀평등, 그들 자녀들의 현대적인 교육을 배척한다.

도시의 서쪽에서, 프랑스인이든 외국인이든 진정한 부르주아들은 은행과 조세 피난처 사이에서 돈에 의해 세계화된다. 동쪽에서 보보들은 머리로 세계화되고, 이민자들은 마음으로 세계화된다. 이민자들끼리는, 그들이 여전히 말하는 언어들, 그들이 시청하는 (위성) 텔레비전, 그들이 실천하는 종교(이슬람), 그들을 둘러싸고 있는 친구와 가족, 심지어 그들이 먹는 음식이나 그들이 입는 옷을 통해서, 모국의 색채를 취한다.

이 "세계-도시"는 자신을 품은 국가가 낯설게 느낄 정도로 조금씩 프랑스적인 치장을 벗는다. 파리에게 이것은 천 년의 역사를 부정하는 것이다. 세계의 도시가 된 파리는 프랑스에서 멀어진다. 끊임없이 주장되는 계몽주의의 범세계주의는 프랑스적 사상을 세계에 널리 퍼뜨렸다. 보보의 범세계주의는 반대의 현상을 나타낸다. 전 세계의 문화, 가치, 상품, 음식 등을 수입하는 것은 프랑스 수도의 프랑스적인 특징 중 남아 있는 것을 더 잘 파괴하기 위한 것이다.

파리는 리옹, 보르도, 툴루즈, 몽펠리에, 스트라스부르, 릴과 같이, 큰언니를 모방한 어린 자매들을 곳곳에 갖고 있다. 오직 마르세유만이 선두 그룹에 합류하지 못했으며, 여전히 진정한 서민의 도시로 남아 있다. 이것이 바로 국민전선(FN)이 완전히 진정으로 세계화된 대도시에서 예상할 수 없는 득표수를 기록한 반면, 사회주의자들이 우파로부터 그 도시를 되찾을 수 없는 이유다.

그러나 파리는 국가적인 상상 속에서 별개의 지위를 가지고 있다. 프랑스를 만든 것은 바로 이 도시다. 파리는 철권으로 프랑스를 이끌었고, 파리의 생활 방식, 파리의 언어, 파리의 사상, 파리의 패션, 그리고 당연히 파리가 겪은 혁명의 고통, 파리의 이념적이고 정치적인 열정을 프랑스가 받아들이게 만들었다.

세계-도시가 됨으로써 파리는 정신 분열증에 걸렸다. 민족-국가에 대해 독립성을 취하고, 점점 더 본질이 비워진 국가 권력의 장소를 계속해서 완전히 보호하면서. 파리와 그 지역은 국가의 규모에 따라 재분배를 계속 보장하지만, 그곳의 부와 주민들은 나라의 나머지 지역에 있어서 점점 더 무관해지고 있다.

파리는 세계화의 긍정적인 영향의 혜택을 받는 이 현대적인 프랑스를 구현하며, 이것은 세계화된 엘리트들과 프랑스 정부의 대표자들 모두에게 소중하다. 그리고 정부의 대표자들은 이제 세계화된 엘리트들에게 종속된다. 이전에는 파리가 있었고, 그 너머에는 요새와, "빈민촌"이 있었다. 오늘날에는, 세계-도시가 있고 나머지는 "빈민촌"이다.

파리는 연분홍색 사회당원[99]들을 지도자로 임명하고 유럽 통합과 관련된 모든 국민 투표에 찬성표를 던지며, 다양성과 다문화주의만을 숭배하는 혜택 받은 학위 취득자 젊은이들을 맞아들인다. 파리는 세계화되고 고위층과 이민자들을 사이에서 집중화된 대도시들의 프랑스를 구현한다. 프랑스의 나머지, 즉, 예산 절약이라는 명목으로 산업 이전과 우체국, 법원, 병영, 병원 등 공공 서비스의 폐지로 고통받는 도시 주변부와 소도시들의 중산층과 서민층은 부러움, 원망, 슬픔, 소외감과 불신감이 뒤섞인 눈으로 파리를 바라본다. 동성애 결혼에 반대하는 "모두를 위한 시위"의 분노, 또는 환경세에 반대하는 브르타뉴의 "빨간 모자"의 분노는, 2013년 세계-도시 파리와 세계화된 그 여동생들에 대해 최하층민들의 프랑스가 품은 분노를 드러냈다. 이전에는 파리와 프랑스의 사막이 있었다. 이제부터 그것은 점점 더 파리와 프랑스의 절망일 것이다.

---

99 프랑스 각 지역의 정치적 경향을 드러내는 지도나 국회 의석수 등을 나타내는 그림에서 사회당은 연분홍색으로 표시된다.

메초조르노(Mezzogiorno)의 운명

그것은 2001년의 또 다른 사건이었다. 21세기로의 또 다른 진입이었다. 덜 화려하고 더 결정적인. 중국인들은 15년 전부터 협상을 해왔다. 2001년 11월 도하(카타르) 협정에 의해 승인된 세계무역기구 가입은 1970년대 말에 시작된 자유주의적 세계 개방 정책의 대관식이었다. "국제 사회"로의 이 성대한 즉위는 옛 중화 제국에게 있어서 경제적, 정치적, 심지어 철학적인 혁명이었다. 그들은 곧 "세계의 공장"으로 변모하여 금 더미에 앉게 될 것이다. 다른 나라의 지도자들 또한, 심지어 미국이나 강력한 보호 무역주의 전통의 프랑스인들조차도 서둘러 체결했다. 자유 무역의 혜택에 대한 믿음은 그 당시엔 저항할 수 없었다. 그 것은 미국인 후쿠야마[100]에게 소중한 "역사의 종말"의 또 다른 버전이었으며, 평화, 민주주의, 그리고 자유 무역이었다. 서구 엘리트들은 중국의 WTO 가입이, 시장, 법, 민주주의의 융합적 발전에 의해, 그들의 경제이고 정치적인 모델과 함께 느리지만 냉혹한 화해로 인도할 관계 개선의 현상이라고 생각했다.

프랑스와 서구의 엘리트들은 자기들의 속셈을 공개적으로 인정하지는 않지만, 아는 체하면서 거만한 비꼼이 묻어나는 낮은 목소리로 털어놓았다. 중국이 저가 산업에서 "비교 우위"를 누리는 데 만족하고,

---

100 프랜시스 후쿠야마(Francis Fukuyama, 1952~)는 일본계 미국인 정치학자다. 자유주의와 공산주의의 대결에서 자유주의가 승리했다고 평가하며 이로써 역사의 변동을 일으킬 만한 투쟁이 더 이상 없을 것이라는 역사의 종말을 고했다.

어쨌든 인구 규모에 의지할 거라는 전제 때문은 아니지만, 고가 제품에서는 결코 경쟁할 수 없으리라고 확신했던 것이다. "그들에게는 양말과 티셔츠를, 우리에겐 에어버스와 TGV를!"

이 예언이 기대를 저버리기까지는 몇 년밖에 걸리지 않았다. 프랑스는 노동 산업 최후의 유산을 희생했다. 그렇다고 해서 첨단 기술의 보물을 보존한 것도 아니었다. 그것은 루즈(lose)-루즈(lose) 게임이었다. 동일한 자유주의 이론가들은 리카도의 정리와 수학적 방정식을 확신하면서, 중국 통화의 낮은 가치(1994년 위안은 평가 절하되었다)가 비참한 임금과 낮은 생산성을 동반한 중국 경제의 특정 시점에 부합한다고 확신했다. 그들에 따르면, 국제 수지의 무역 흑자 누적은, 중국과 나머지 세계 간의 무역을 균형 상태로 만들 중국 통화의 상승 조정을 매우 빠르게 초래할 것이었다. 그렇게 1980년대의 식인귀였던 일본은 그때까지 국가가 축적한 어마어마한 무역 흑자를 줄이는 '엔다카(円高)'[101]라는 엔화의 재평가로 인해 1990년대부터 그들의 요구를 재검토해야 했다.

중국에서는 이런 "균형 회복"이 결코 일어나지 않았다. 일본의 선례를 통해 경계하게 된 베이징 통화 당국은 위안화가 절상되도록 결코 내버려 두지 않았다. "세계의 공장"의 무역 흑자는 해소되지 않았다. 중국에서 만들어진 상품들의 경쟁력은 더 강한 통화로 보상되지 않았다. 국제적 대기업들의 최대 이익을 위해, 그리고 서구 노동자들과 실업자들의 최대 불행을 위해서. 다국적 기업들은 선진국의 쇼핑센터에서 완

---

101 엔고, 즉 일본 엔화의 가치가 다른 통화에 비해 높은 상태를 의미한다.

성품을 판매하기 전에, 대개는 아프리카에서 얻어지는 원재료, 아시아에서의 부품, 중국에서의 제조를 연결하는 "세계적 제조 체인"을 발명했다. WTO 의장 파스칼 라미에 의해 맹목적으로 찬양되고, 대개는 캘리포니아의 초강력 컴퓨터들에 의해 조종되는 이 "메이드 인 월드"는 경제학자 폴 크루그먼이 옳음을 인정했다. 크루그먼은 세계화를 "월마트와 중국 공산당의 동맹"이라 요약했다. 빌 클린턴 대통령이 민주당 출신임에도 불구하고 미국 블루칼라들의 이익을 희생하여 백악관이 중국의 WTO 가입을 호의적으로 수용한 것은 미국 정계에 대한 빅 비즈니스의 결정적 영향과 정계의 부패가 증가하고 있음을 보여 주는 분명한 신호였다.

중국은 가격, 모든 가격, 심지어 노동 가격마저 박살 냈다. 2001년 중국의 WTO 가입은 미국이나 유럽처럼 부유한 나라들에서 10년 내내 계속된 임금 침체의 주요 원인이었다.

중국 경제의 보통 이상의 비중으로 인해 더욱 악화된 이 디플레이션의 광풍에 저항하고, 중산층의 구매력을 유지하기 위해, 우리는 빚을 조장했다. 앵글로·색슨 국가들뿐만 아니라 스페인에서도, 거의 비용이 들지 않고 풍부한 신용 정책을 통해 개인들이 빚을 지도록 유도했다. 프랑스에서는 사회 보장에 계속 자금을 대기 위해 정부가 국제 시장에 빚을 졌다.

바로 그때 프랑스 사회주의자들이 노동시간을 주당 35시간으로 줄이기로 선택했다. 마르틴 오브리[102]에 의해 거침없이 운영된 이 "케이

---

102 마르틴 오브리(Martine Aubry, 1950~)는 사회당 소속으로 노동고용부 장관을 지냈

크 나누기"는 임금의 상대적인 하락을 더욱 악화시켰다. 시간은 주어 졌지만, 돈은 주어질 수 없었다. 기업들에게 이 조치에 따른 비용을 보상하기 위해, 정부는 그들의 복지 부담을 경감시켰다. 정부는 국채 신규 발행으로 이 결정에 자금을 조달했다.

우리는 아무것도 눈치채지 못했다. 전 세계의 동료들과 마찬가지로 프랑스 소비자들은 가격 인하를 최대한 활용했다. 그들은 소비자로서 누리는 만족이 직원의 급여 명세서를 위태롭게 만들고, 잠재적으로 자신들일 수 있는 실업자의 고용을 위협한다는 것을 깨닫지 못했다. 미디어의 경제학자들은 국제 무역 수치를 누적하는 자유 무역에 대한 찬양을 노래했다. 이 상승의 대부분이 생산 체인의 새로운 세계적 편성의 일환으로 같은 회사 내부의 컨테이너 운반선을 통한 주요 글로벌 그룹의 내부 여행에서 비롯되었다는 것을 보지 못하고. 합리적인 자유 무역에 찬성하고 자유주의적인 집단에 속했던, 당시 살아 있는 유일한 프랑스인 노벨 경제학상 수상자인 모리스 알레는 쇠귀에 경을 읽었다. "브뤼셀이 추구하는 세계주의 자유 무역 정책은 1974년부터 일자리 파괴, 산업 파괴, 농업 파괴, 성장 파괴를 초래했다. […] 세계화는 다국적 기업에게만 이익이 된다. 그들은 그것으로부터 엄청난 이익을 얻는다."

2002년 1월 1일 중국이 WTO에 가입한 지 몇 주 뒤, 유럽의 시민들은 주머니에서 유로[103]를 발견했다. 우리는 역사적 인물이나 실제 기

다. 2001년부터 현재까지 릴의 시장을 맡고 있다.

103　유럽 연합 공식 통화인 유로(Euro)는 2002년 1월 1일부터 법정 통화가 됐다.

넘물을 지폐에는 새기지 않도록 주의를 기울였다. 뿌리가 없는 화폐가 허공에 떠다니고 있었다. 그것을 보증할 국가가 없다. 문화와 역사가 없는 화폐. 우리는 가상적 "현대성"의 절정에 있었다. 우리는 이렇게 과거, 민족, 알력 관계의 무게를 회피한다고 믿었다. 현실은 복수할 것이지만, 자신의 시간을 기다리고 있었다.

다른 국가 통화들 간의 환율은 1999년에 동결되었다. 환율은 당시의 경제적 강약에 부합했다. 도이치 마르크의 도입 수준은 다른 유럽 통화들에 비해 낮았다. 독일은 여전히 허약한 거인이었다. 10년 전 독일의 통일은 독일에게 엄청난 금액(1,500억에서 2,000억의 도이치 마르크가 서독에서 동독으로 이전되었다)을 지불하게 했다. 그래서 서쪽의 연방 공화국은 콜 수상에 의해 동독의 1도이치 마르크를 서독의 1도이치 마르크로 교환하기로 한 결정에 터무니없는 가격을 지불했다. 공산주의 경제의 붕괴에 비추어 볼 때 정치적으로는 근거가 있지만 경제적으로는 미친 결정이었다. 그리고 이것은 유럽 중앙은행을 위해 강요된 분데스방크의 독립 신화가, 독일을 숭배하는 프랑스 엘리트들이 말한 것처럼 절대적이지 않다는 것을 입증했다.

통일의 무게는 서독 기구에 중요한 결과를 초래했다. 인플레이션의 충동을 피하기 위해, 독일 통화 당국은 1990년대 초부터 금리를 인상했다. "공동 변동 환율제" 협정에 묶여 있는 단일 통화 논리에 이미 속해 있었기 때문에, 프랑스 중앙은행은, 인위적인 경기 불황과 1992년과 1993년에 몇몇 사람들이 100만 개의 일자리를 잃었다고 평가한 실업 증가를 초래하면서 뒤따랐다!

환율 시장에서 공격을 받은 영국, 이탈리아, 스페인 통화는 결국 굴복하고, 분데스방크가 지원하는 프랑스 통화와는 달리, 평가 절하해야 했다. 독일 당국은 그때까지 마르크에 대한 감상적인 애착이라는 명목으로 꺼려했던 단일 유럽 통화의 모든 유용성을 포착했다. 이것은 유럽 이웃들이 독일 산업과의 경쟁에서 벗어나기 위해 평가절하하는 것을 금지한다. 교훈은 사라지지 않을 것이다.

반면 1992~1993년의 파멸적인 위기에도 불구하고 프랑스의 테크노크라트와 정치 엘리트 들은 유럽 통화의 이념적 접근을 계속해서 중시했다.

10년의 끝에 독일 경제의 취약한 상황은 그들의 근시안을 악화시켰다. 오랜만에 처음으로 프랑스인들은 거대한 라인강의 이웃에게서 무역 흑자를 냈다. 좌파와 우파는 1983년부터 시작된 "경쟁적 디스인플레이션[104]"의 미덕을 축하했고, "강력한 프랑"이 프랑스 산업의 경기 지배를 보장했다고 믿었다. 골족의 순진함과 자만심은 절벽을 향해 뛰기 위해 서로 손을 잡았다. 게다가 "IT 버블"은 정신을 더욱 혼란하게 만들었다. 돈이 미국으로 흘러들어가 달러화를 급등시켰고, 이는 우리의 수출 산업 중 가장 큰 이익을 위해, 새로운 유럽 통화가 탄생부터 가치가 떨어지게 만들었다.

2003년부터 모든 것이 동요했다. 슈뢰더 사회민주당 총리에 의해 시작된 개혁은 한 달에 400유로에 "미니 잡"을 제공하는 처지가 된 저숙련 노동자들을 희생시켜 독일의 경쟁력을 회복시켰다. 독일 산업에

---

104 디스인플레이션(disinflation)은 인플레이션을 극복하기 위하여 통화 증발을 억제하고 재정·금융 긴축을 주축으로 하는 경제 조정 정책이다.

있어서, 부가가치세 인상과 기업 부담 감소는 경쟁적 평가 절하로 작용했다. 그동안 프랑스 기업들은 그들의 이윤을 줄이고, 그들의 투자를 이전하거나 줄이도록 강요하는 35시간을 견뎌냈다. 독일 기계가 서서히 좋은 풍채를 회복하고 있었다. 독일의 고급 자동차는 유럽인들, 프랑스인, 스페인인, 이탈리아인, 심지어 그것을 얻기 위해 빚을 진 그리스인뿐만 아니라, 중국의 신흥 부자들에게도 한꺼번에 불티나게 팔렸다. 독일의 무역 흑자는 천문학적인 액수에 달했다. 연간 2,000억 유로였다.

경제 논리적으로 당연히 독일 화폐는 재평가되어야 했다. 하지만 유로화는 그것을 금지했다.

독일은 경쟁적 평가 절하 정책과 무역 흑자 사이에서 유럽 지역을 디플레이션 과정으로 몰아넣었다. 유럽에서 독일은, 세계에서 중국의 존재와 같았다. 왕뱀들처럼 경쟁 산업들을 삼킨 동일한 상업적 포식자였으며, 동일한 디플레이션 효과, 경제적 조정을 막는 동일한 이념적 톱니 효과[105]를 발생시켰다.

우리는 유로존에서의 무역 증가가 단일 통화가 무르익었다는 신호라고 믿고 싶었다. 비록 그것이 독일 산업이 프랑스와 이탈리아라는 경쟁자들을 삼키는 중이라는 것을 의미함에도. 2000년에는 자동차의 3분의 1이 독일에서 생산되었다. 10년 후에는 49퍼센트에 달했다. 유로화가 도입된 지 15년 후, 이탈리아 산업 생산은 21퍼센트, 스페인 15퍼센트, 프랑스 12퍼센트, 유로화가 없는 영국은 5퍼센트 감소했다. 같

---

105 톱니 효과(Ratchet effect)는 한쪽 방향으로만 도는 톱니처럼, 한번 어떤 상태에 도달하면 다시 뒤로 돌리기 어려운 특성을 의미한다.

은 기간 독일 생산은… 34퍼센트 증가했다!

그럼에도 불구하고 프랑스 엘리트들은 맹목적으로 밀고 나갔다. 유로화는 유럽이었고, 유럽은 평화였다. 우파와 좌파는 이 종교적 교리를 위반하기를 거부했다. 그것은 오래된 습관이었다. 이미 1930년대에 우리의 지도자들은 유로와 동일한 경기 침체 효과를 가진 금본위제에서 가장 마지막으로 벗어난 자들이었다. 그들은 당시 1914년 이전 세계의 낡아 빠진 매력을 불러일으킨 "야만의 유물"에 대한 강력한 향수를 떨쳐낼 수 없다는 것을 드러냈다.

그러나 권위자들, 종종 자유주의적이기까지 한 이들은, 유로존은 먼델[106]의 최적 경제 지역이 아니라고 경고했다. 경쟁력의 수준은 너무 다양했다. 자본의 이동은 용이했다. 2010년 그리스 부채 위기 이후 공황 속에서 우리가 은행 신용의 재국유화를 지원했음에도 말이다. 그러나 노동자들의 이동은 국가 문화에 의해 둔화되었다. 스페인 경제가 겪고 있는 긴축 충격에 대한 처리가 2010년대부터 이베리아의 엔지니어들을 바바리아의 공장들로 밀어 넣었음에도 불구하고.

신케인스 성향의 미국인 폴 크루그먼은 노벨 경제학상을 수상했다. 특히 공동 통화에 의해 통합된 모든 지역, 이미 가장 잘 갖추어져 있고 가장 부유한 지역들이, 그들의 이익을 위해 지역 전체의 경제 발전의 핵심을 열망한다는 것을 보여 줬기 때문이다. 전통적인 민족-국가에서, 중앙 예산은 특권을 누리는 지역들에서 창출된 부의 일부를 혜

---

106 로버트 먼델(Robert Mundell, 1932~2021)은 캐나다 출신 경제학자로 컬럼비아 대학교 경제학과 교수였다. 1999년 노벨 경제학상 수상했고, 유럽 단일 통화시스템을 설계하여 유로의 아버지로 불린다.

택받지 못한 지역으로 재분배한다. 로제르(Lozère)[107]나 서인도 제도를 가진 프랑스, 이스트 코스트와 웨스트 코스트 사이의 가난한 지역을 가진 미국, 또는 이탈리아 통일 초기부터 북부 산업에 의해 지배되고 파괴된 메초조르노(Mezzogiorno)[108]를 가진 이탈리아의 경우가 그렇다. 그러나 유럽에서는, 지역의 중심인 독일이 먼저 남부의 "매미들"을 위한 재분배 창구 역할을 수행하기를 거부했다. 그리고는 2010년 그리스 부채 위기 이후, 앙겔라 메르켈이 지중해 국가들의 빚을 보증하는 것을 받아들였다고 하더라도, 잔혹한 사회적 결과에 따른 유로화 최후 순간의 이 구제는 궁여지책일 뿐이었다. 폴 크루그먼이 예고한, 프랑스를 포함한 남유럽이 유로존의 거대한 메초조르노로 변화하는 것은 불가피해 보였다. 우리는 심지어 이것이 독일 전략의 궁극적이고 비밀스러운 목표가 아닌가 하는 의심을 할 수도 있었다. 20세기 동안 두 번에 걸쳐 무기로 얻을 수 없었던 독일의 헤게모니를 산업과 통화를 통해 유럽에게 강요하는 것 말이다.

그러나 프랑스의 테크노크라트 엘리트들은 흉조의 예언에서, 대륙의 화폐가 더 시티와 달러의 패권을 위험에 빠뜨릴 것을 걱정하는 앵글로·색슨들을 해칠 원한과 분노만을 본다. 이 경쟁은 여전히 공상적으로 남아 있었다.

---

107 프랑스 남쪽의 데파르트망으로 농촌 지역이다. 프랑스 내에서 인구수나 인구 밀도에 있어 가장 취약하다.
108 이탈리아 남부 지방을 가리키는 말이다. 이탈리아 남부는 부유한 이탈리아 북부는 물론, 유럽 연합 회원국 평균에 비해서도 GDP가 낮은 곳이다.

프랑스는 독일-중국이라는 이중고를 겪었다. 프랑스의 저가품 산업은 중국과의 경쟁으로 황폐화되었다. 프랑스의 자동차(중형차)는 독일의 놀라운 번영으로 인해 유로화가 매우 높아지면서 너무 비싼 것으로 드러났다. 유럽 시장 내에서 적자가 누적되었다. 강력한 독일의 산업에 직면하여, 임금 비용이 풀리게 두고, 투자를 위해 주주들에게 지급되는 배당금 수준을 낮추기를 거부한 프랑스 산업은 더 이상 생명을 살리기 위해 통화의 평가 절하를 기대할 수 없었다. 유로존에서 프랑스의 수출 시장 점유율은 1999년 17퍼센트에서 2013년 12.8퍼센트가 되었다. 재무부의 조사에 따르면, 프랑스는 1980년부터 2007년 사이에 200만 개의 산업 일자리를 잃었다. 그리고 이 현상은 2000~2007년의 기간 동안, 신흥국으로의 해외 이전과 함께 가속화되었다. 일자리 감소의 63퍼센트는 외국과의 경쟁으로만 설명되었다. 이 기간 동안 일자리가 사라진 속도는 1980~2000년 동안에 비해 두 배나 빨라진 것으로 드러났다.

중국과 독일에 대한 우리의 대외 적자는 우리의 막대한 무역 적자의 핵심을 구성했다. 2013년 중국에 대한 적자는 216억 유로로 프랑스 전체 무역 적자의 40퍼센트를 차지했다. 독일에 대한 적자는 164억 5,000만 유로로 밝혀졌다. 해마다 이 적자들은 다시 한 번 정부―그리고 정부의 빚!―로부터 자금을 지원받았고, 이것은 가계 소득의 3분의 1에 달하는 사회적 이전을 통해 소비를 지원했다.

프랑스 산업은 드골과 퐁피두 이전의 출발점으로 돌아왔다. 제5공화국의 첫 두 대통령의 콜베르적인 권위 아래 형성된 대기업들은 사라졌거나, 삼켜졌거나, 대규모 해외 이전의 은총에 의해서만 살아남았다. 그들은 죽거나, 점점 덜 프랑스적이 되었다. 1960~1970년대의 국토 개발 정책으로 재설계된 산업 지리는 탈산업화로 인해 (툴루즈의 항공 산업은 차치하고) 망했다. 2000년에서 2013년 사이에 프랑스는 두 개로 나눠진 수출의 세계적인 중요성을 이해했다. 프랑스 산업은 이 위대한 농업 국가가 세계 산업 경쟁에서 거의 비중이 없었던 19세기 말 수준으로 되돌아갔다.

2002

그들은 지나가지 못할 것이다

"그들은 지나가지 못할 것이다.(No pasarán.)"[109] 올해의 히트곡, 올해의
차, 올해의 영화가 있듯이 이것은 올해의 슬로건이었다. 몇몇 사람들
은 스페인 전쟁을 약간 지나치게 과장한 오래된 외침을 수선하려고 했
다. 2002년 4월 21일 일요일, 투표소가 폐쇄되기도 전에, 장마리 르펜
의 대통령 선거 2차 투표 진출 자격에 대한 "뉴스"가 이미 2시간 가까
이 편집진을 휩쓸고 있을 때, 카날 플뤼스 뉴스의 기뇰(Les Guignols)[110]은
프랑스인들에게 "저항으로 들어가라"고 부추겼다. 그러나 그 발상들은

---

109   원어는 스페인어로 스페인 내전 당시 제2공화국의 지지자들이 외치던 말이다.
110   정치인의 모습을 닮은 인형들로 연출되는 카날 플뤼스 채널의 유명한 풍자 코너다.

여전히 빈곤했고("수치", "F-증오[111], 파쇼의 F, 나치의 N) 여전히 제2차 세계대전의 추억에 집착했다.

장마리 르펜의 점수가 1988년과 1995년 대통령 선거에서의 결과에 비해 거의 높지 않았다는 점, 그리고 이것이 무엇보다도 사회당 후보 캠페인의 시시함, 권력을 잡은 테크노크라트-유럽 통합 지지자 계급의 이념적이고 사회적인 고립(피에르 모루아는 "후보자의 계획에 노동자라는 단어는 존재하지도 않았다. 이것은 욕이 아닌데도 말이다!"라고 지적했다.), 그리고 리오넬 조스팽을 탈락시킨 여러 후보들로 흩어진 좌파의 극단적인 분열이라는 점을 지적할 만큼 충분히 냉정함을 유지한 분석가는 거의 없었다. 수년이 지난 후, 리오넬 조스팽은 단도직입적으로 그것을 인정했다. "미테랑 체제의 모든 기간 동안 우리는 파시스트의 위협에 결코 직면한 적이 없었기 때문에, 모든 반파시즘은 연극에 불과했다. 우리는 극우 정당, 자신의 방식으로 포퓰리스트 정당이었던 국민전선과 마주했지만, 파시스트가 위협하는 상황에는 결코 처한 적이 없고 심지어 파시스트 정당과 마주하지도 않았다."

이 반파시스트적인 연극에서 조스팽은 부차적이고 눈에 띄지 않는 역할을 맡아, 사방의 우호적인 압력에 강제되고 강요받아서야 자크 시라크에게 자신의 표를 가져다주었다. 시라크의 오랜 적수 지스카르와 함께 그 혼자만이 나라를 사로잡은 이 광기에 피해를 입지 않은 것처럼 보였다. 매일 저녁 텔레비전은 나치의 집권, 유대인의 몰살, 제2차

---

111   원어는 'F-Haine'로 프랑스어에는 h가 묵음이므로 발음이 국민전선을 의미하는 FN과 같아진다.

세계대전을 되새겨 이야기하면서 기록 이미지를 방송했다. 고등학생들은 교사들이 강요하지 않았음에도 용기를 얻어 거리로 몰려나왔다. 그들의 슬로건은 휴머니즘적이었다. "히틀러, 한 가지 좋은 것은 그의 자살, 르펜, 우리는 기다리고 있다", "르펜 나쁜 놈", "르펜을 불태워야 한다" 등. 모든 정치 계층은 "파시즘을 막기 위해" 자크 시라크에게 투표할 것을 촉구했다. 며칠 전 시라크를 도둑 취급하며 "불안"에 초점을 맞춘 그의 캠페인을 비난했던 고매한 영혼들, 예전에 그에게 "파쇼 시라크"라는 별명을 붙이고 "이웃에 사는 프랑스 노동자를 미치게 만드는 이민자들의 소음과 냄새"에 대한 그의 발언에 기분이 상했던 이 사람들은 "민주주의의 보루"를 찬양했다. 프로파간다 기계는 전속력으로 돌아가고 있었고, 복수심을 품은 일체감이 잘못된 생각을 가진 사람이나 고집 센 사람들을 몰아세웠다. 각 노조, 각 동업 조합, 각 권력 기관은 공화국을 구하기 위한 그들의 호소를 전했다. 주교, 랍비, 이맘, 운동선수, 배우, 법관, 우체국 직원, 변호사, 프리메이슨, 노동총동맹(CGT), 프랑스민주주의노동동맹(CFDT), 프랑스노동조합(FO), 관리직총연합회(CGC), 반인종주의 연맹, 동성애 운동, 심지어 몇 달 전 파리 시의 자금 지원 사건의 일환으로 엘리제궁에 등기 우편으로 소환장을 보냈던 할펜 판사마저 그의 작은 호소를 보냈다! 시라크는 "민족의 아버지"라는 그의 아주 새로운 코트를 더럽힐까 두려워, 장마리 르펜에게 전통적인 2차 선거 전의 텔레비전 토론을 허락하지 않았다. 그러나 이 회피는 그에게 한꺼번에 쏟아지는 갈채의 가치가 있었다. 생쥐스트가 말했듯이, "자유의 적에게는 자유가 없다." 또는 영화 〈대통령〉에서 가뱅이 말한 것처럼 "나쁜 일이 꾸며질 때는 항상 구제해야 할 공화국이 있다고 말하시오." 그가 진정한 친구가 되어 주었던 아프리카 세력가들의 득표수를 상기시킨 그의 승리한 선거(표의 82퍼센트)는 강렬한 감탄과 무한한 인정만을 불러일으켰다. 모든 사람들은 1차 투표에서 그가 제5공화국에서 배출된 대통령으로서 가장 낮은, 거의 굴욕적인 결과인 20퍼센트의 유효표만을 얻었다는 사실을 이미 잊었다.

울기 전에 서둘러 웃어야 했다. 그의 습관적인 비꼬는 재능과 우리 시대의 교훈적인 흥분 뒤에 소비자주의의 패러디를 드러내는 이 흉내 낼 수 없는 방식으로, 필립 뮈레는 이 "혐오의 2주"를 비꼬았다. 그는 기다리는 동안 아무것도 잃지 않았다. 그의 차례가 올 것이었다. 그의 차례와 다른 이들의 차례. 공화국은 이제 구원되었고, 우리는 범인들을 추적해야 했다. 복수심에 불타는 사회주의자들은 미디어, 특히 TF1에게 먼저 책임을 돌렸다. 대형 방송사는 선거 운동 기간 동안 수많은 사회면 기사들을 "연출"했다는 이유로 비난을 받았다. 특히 "파피 부아즈"의 이야기, 자신의 집에서 젊은 불한당들에 의해 도둑맞고 고문당한 이 가여운 노인의 이야기를 두고 우리는 방송사를 비난했다. 그 비극적인 봉변은 이 저주받은 4월 21일부터 며칠 동안 지칠 줄 모르고 상세하게 보도되었다.

하지만 좌파는 고집하지 않았다. 정치적 올바름을 갖춘 엘리트들이 격렬히 비난하기를 좋아하는 "불안감"은 좌파의 서민 유권자들에 의해 공유되었다. TF1은 너무 강력해서 추방당하지는 않았다.

우리는 더 약한 범인들을 찾았다. 이 2002년 가을에, 쇠이(Seuil) 출판사에서 작은 풍자문이 출판되었다. 제목은 강압적이었고, 게다가 협박처럼 보였다. 『경고. 새로운 반동분자들에 대한 조사』. 저자인 다니엘 린덴베르는 대중에게 알려지지 않은 이름이었다. 그러나 그의 소책자는 국가의 주요 사건으로 홍보되어 『르 몽드』의 1면에 실렸다! 반파시즘의 콜롬보는 4월 21일의 범인들을 그들의 소굴에서 찾아냈다. 지난 몇 년 동안 "대중문화, 68혁명, 페미니즘, 반인종주의, 이슬람"을 비난했던 "지식인들"이었다. 그들은 처음에는 좌파 출신이었지만, 민주주의, 평등주의, 인권만능주의, 교육 시스템, 페미니즘 등의 역효과를 오랫동안 조사했던 우파의 옛 고전 주제들을—그것들에 좌파의 정당성을 부여함으로써—밀수했다고 비난받았다.

그 텍스트는 짧고, 피상적이며, 대단한 재능도 없고, 깊이도 없었다. 지적인 혼란이 지배했고, 악의가 눈길을 끌었다. 우리는 레지 드브레, 피에르 마낭, 피에르앙드레 타기에프, 알랭 핑켈크로트, 마르셀 고셰, 필리프 뮈레, 모리스 단텍, 미셸 우엘벡, 슈무엘 트리가노, 그리고 다른 이들처럼 서로 다른 작가들을 연결하는 것이 무엇인지 때때로 식별하기가 어려웠다. 중요한 것은 범인을 지목하고, 『뒤셴 신부』에서의 마라의 방식으로 "귀족들과 혁명의 적들"의 목록을 발표하면서 언론과 도덕의 단두대에서 그들을 처형하는 것이었다.

"반동적"이라는 수식어는 "파시스트"를 대체했고, 그에 상응하는 불명예를 가졌다.

한때 확립된 질서의 전복이었던 "진보주의"는 확립된 질서가 되었고, 본래의 것보다 더욱 강압적인 새로운 절대 군주제는 어떠한 항의도 견딜 수 없었다. 68혁명을 받드는 사람들은 지난 수 세기 동안 가장 신성했던 것을 조롱했지만, 우리가 68혁명을 조롱하는 것은 용납하지 않았다.

당시 세계는 새로운 르네상스를 경험했다. 이 "마법의 여담" 이전에, 프랑스는 인종 차별주의, 외국인 혐오, 여성 혐오, 동성애 혐오의 어두운 중세 시대에 살고 있었으며, 거기에서 병영 같은 고등학교를 방패삼아, 고문 교사들은 프로이센의 반복 훈련법을 사용하여 학대당하고, 편입되고, 교화된 학생들을 조련했다.

전투적인 비종교성은 가톨릭 교회의 솔기 없는 드레스를 찢는 데 효과적인 전쟁 무기였지만, 이슬람의 신성을 박탈하기 위해 다시 사용되어서는 안 되었다. "혼혈"에 대한 강압적인 집착은 "인종의 순수함"에 대한 집착을 대신했다. 페미니즘은 비열하고 저속한 "마초들"에 의해서만 거부될 수 있는 인류의 빛나는 미래였다. 스피노자에서 루소나 마르크스를 거쳐 니체에 이르기까지 우리 진보주의자들의 가장 위대한 사상적 지도자들의 글이 여성 혐오적인 고찰을 드러냈을 때, 신, 종교, 민주주의, 자본주의 등에 대한 그들의 통상적인 선견지명이, 오직 그 주제에 있어서는 길을 잃었고 그들 시대의 편견에 순응했다고 간주하는 것은 예의 있는 것이었다!

복수가 넘쳐났다. 린덴베르는 "우파 되기"라는 용서할 수 없는 범죄를 저지른 유대인 지식인들을 비난하기를 주저하지 않았다. 약간의 섬세함으로, 그는 이스라엘의 창조와 건설이 디아스포라 유대인 사회를 민족-국가의 필요와 구속에 적응시켰다고 언급했다. 또한 모라스나 바레스 같은 프랑스 민족주의의 옛 선구자들의 두려움과 욕구라는 걱정을 이스라엘의 가장 맹렬한 광신자들 사이에 확산시켰다고 적었다. 그러나 몇몇 파리의 유대인 지식인들 사이에서 주요한 고통과 모순이었던 이 공정한 직관은 린덴베르로 인해 가엾은 팔레스타인인이나 방리유에 사는 이민자 출신 젊은이들에게 보내는 희생자에 대한 하나의 서정시로 변했다. 그러고는 "음모론"이라는 갑작스러운 접근으로 바뀌어서는, "유대인들은 모라스적인 새로운 공세의 대대(大隊)를 강하게 만들려 한다"고 애석해하면서 그의 적들을 비난하는 데 쓰였다 .

우리는 작가가 그가 공격하는 현실적 쟁점들을 모두 파악하지 못한 상태에서 직권으로 임명되고 사절로 파견되었으며, 그가 온건한 풍자문에 대한 문학적 호기심을 저술했다는 느낌을 때때로 받았다. 피에르 로장발롱은 쇠이 출판사에서 자신이 관리하는 총서 "이념의 공화국"을 위해 그에게 그 책을 지시했다. 이 중요한 거물은 1980년대 말 "중도의 공화국"의 명목으로 자유주의 우파와 반전체주의 좌파의 결혼을 축하한 생시몽 재단의 사무국장이 되었을 때 미디어-정치적 영광의 시기를 누렸다. 10년 후, 거장은 바람의 방향이 바뀐 것을 느꼈다. 이 "좌파"의 지성과 그의 동료들이 초기에 사랑했던 세계화는 덜 매력적이게 되었다. 그는 이전의 의견을 취소하지 않고 자신의 오래된 심취에서 구분되어야 했다. 그는 순진함과 부족한 자신감을 연기했다. 그가 "반전체주의 좌파"가 전혀 없다고 확신하는 그의 소굴에는 그가 규탄할 의무가 있는 몹쓸 반동분자들이 숨어 있었다. 그는 린덴베르에게 그들을 처형하도록 위임했다. 옛날에 볼테르가 그의 철학적 적들에 대항하여 모를레 신부를 도구화했던 것처럼 말이다. "어서, 그들을 물어뜯으시오." 범죄는 스스로 조용하기를 바랐다. 로장발롱은 얼룩 하나 없기를 바랐던 그의 좌파의 튜닉 위에 이제는 자유주의 과거의 불명예 자국이 된 생시몽 재단을 해산시켰다. 그는 자신의 학문적 경력에 부분적이지만 어쨌든 덕을 봤던 옛 스승 프랑수아 퓌레까지 부인하면서, 당시 그의 "좌파" 감수성이 얼마나 고통스러웠는지를 공범 기자들에게 이야기했다.

이 위대한 역사학자의 호의적인 지도 아래 그 역시 빛나는 대학 경력을 성취했던 란 알레비[112]는 깊은 상처를 입고는, "고인들과 관계를 끊는 사람을 본 것은 처음이다!"라고 말하며 목이 메었다.

이 멍청한 전투들은 생미셸 분수의 물속에서 몇 바퀴를 돌았다. 우리는 맞붙어 싸우고, 흥분하고, 절교했다. 이 "반동적"이라는 단어는 "진보주의자들"이 그들을 불쾌하게 하는 현실을 비난하고 싶을 때, 파리의 지적이고 정치적인 논쟁에 대한 최고의 모욕이 된 채로 남았다. 그것은 증인의 이행이었다. 파시스트는 스탈린 이후 병역의 의무를 다했고, 반동주의자들은 현역에 복귀했다. 20세기는 닫혔고, 19세기는 있는 힘을 다하여 다시 돌아왔다.

린덴버그는 곧 무명으로 돌아갈 것이었다. 그는 라바이약[113]의 일시적인 영광을 경험했다. 라바이약은 영원히 그를 무명으로 남겨 둔 거물들에 의해 조종된 광신자였다. 그는 자신의 능력을 넘어선 분쟁 속에서 현혹된 대의를 위해 앙리 4세를 암살했다.

---

112 란 알레비(Ran Halévi, 1950~)는 프랑스 역사학자다. 앙시앵 레짐부터 대혁명까지의 프랑스 역사, 그리고 이스라엘의 정치사를 연구한다.

113 프랑수아 라바이약(François Ravaillac, 1577~1610)은 가톨릭 광신자로 1610년 앙리 4세를 암살한 인물이다.

2003

2003년 2월 14일

아리스티드 브리앙[114]의
머리 위에 놓인 드골의 군모

이날은 그가 유아기부터 기다려 온 날이었고, 그가 역사에 진입하는 날이었으며, 이 불타오르는 나르시스가 거울에서 자신과 자신의 운명을 만든 아이디어에 걸맞은 이미지를 마침내 바라볼 수 있는 날이었다. 그는 틀리지 않았다. 프랑스인들은 그에게 감사했다. 이 소중하고 오래된 나라는 여전히 과장된 말들과 위대한 서사시들로 진동할 필요가 있었다. 우리는 그 무훈시의 가장 작은 세부 사항들을 이야기하는 기사들과 책들을 썼다. 풍자적이면서 동시에 감탄 어린 만화가 그에게 바쳐졌다.

---

114 아리스티드 브리앙(Aristide Briand, 1862~1932)은 프랑스의 정치인이다. 제3공화국의 총리였다.

결국 만화에서 한 편의 영화도 나왔다. 좌파들조차 그에게 찬사를 보냈다. 심지어 이라크에서의 미국 전쟁을 승인한 몇 안 되는 프랑스인들조차도 그의 탁월한 관점과 그의 위엄의 우아함을 칭찬했다. 도미니크 드 빌팽[115]은 2003년 2월 14일 유엔 안전보장이사회에서 연설의 주인공으로 영원히 남을 것이다. 사람들은 텔레비전 채널과 뒤이어 나온 수많은 회고들에서 그의 마지막 말을 반복해서 방송했다. "그리고 프랑스는, 나의 대륙인 유럽처럼 오래된 대륙의 오래된 나라입니다. 프랑스는 오늘날 당신들에게 말합니다. 전쟁, 점령, 야만을 경험했다고…." 그리고 탁탁 소리를 내는—유엔 안전보장이사회에서만 나온—박수갈채. 빌팽은 역사에 등장했고 시라크는 그의 5년 임기를 공허함과 망각으로부터 구했다.

드골적인! 이 형용사는 자발적이고, 만장일치로 그에게 연결되었다. 드골적인: 한 프랑스인이 오만하고 위협적인 미국에 마주하여 일어섰다. 드골적인: 프랑스 외교는 "대서양에서 우랄에 이르는 유럽"에서 독일과 러시아와의 전선을 형성했고, 아프리카, 아시아, 그리고 "손에 손을 잡은(la mano en la mano)" 남미의 국가들과 연합했다. 드골적인: 타오르는 듯한 어조, 빌팽 총사(銃士)의 외관까지. 드골적인: "아니오"라고 말하는 남자.

최종 화두에서 나온 것을 제외하고는, 아무도 말에 주의를 기울이

---

115 도미니크 드 빌팽(Dominique de Villepin, 1953~)은 프랑스의 외교관이자 전 총리다. 시라크 정부에서 외교부 장관과 내무부 장관을 지냈고, 2005년부터 2007년까지 총리를 지냈다.

지 않았다. 그러나 그것들은 무시되어서는 안 되었다. 텍스트는 가상의 이라크 원자 폭탄이 제조된 장소에 대한 유엔 전문가들의 추가 조사를 중심으로 구성되었다. 빌팽은 이라크에게 폭탄 제조를 금지하는 유엔의 권리에 이의를 제기하지 않았고, 잠재적인 군사적 개입을 불법화하지도 않았으며, 그것을 뒤로 미루고 싶어 했다. 그는 "검열 과정을 계속하는 것은 군사적 개입을 막기 위한 일종의 지연작전일 [아닐] 것"이라는 점을 증명하려고 노력했다.

그것은 외교관의 글이었다. 그것은 "국제 사회, 그 통일성, 그 합법성, 그 미덕"과 유엔의 "신전"에 대한 찬사의 문장으로 구석구석 가득 차 있었다. 우리는 드골 장군이 유엔을 "그거"라고 비꼬면서, 알제리 문제에 개입을 금지했던 것을 기억한다. 드골 장군이 베트남에 평화를 요청했을 때, 유명한 프놈펜 연설에서, 드골은 유엔을 "국제 사회"의 대변인으로 만들지 않았다. 그는 국제 사회가 이상주의자, 순진한 사람들에 의해 발명되고, 냉소적인 사람들에 의해 이용된 신화, 엉터리라는 것을 알고 있었다. 드골은 마키아벨리와 리슐리외의 모방자였다. 그는 국가들 간 관계, 국가 주권, 그리고 현실 정치만을 알았다. 그는 체제를 몰랐고, 소련을 러시아로 부르면서, 그 순간의 그의 이념적 색채가 천 년의 국가 정체성에 조만간 복종할 것임을 잘 보여 주었다. 그는 인권이라는 명목으로 훈계하지 않았다. 안전보장이사회에서 프랑스의 존재는 그에게 있어 "국제 사회" 내에서의 특별한 책임을 수반하지 않았다. 그것은 1940년 5~6월 이 세계의 강자들끼리의 클럽에서 패주한 후, 프랑스의 최후 순간의 복귀를—그는 이 점에 대해서 뜻밖이며 심지어 부당하게 얻어진 양상을 누구보다도 더 잘 알고 있었다—내포했다. 프랑수아 모리아크는 당시 그의 『블록 노트』에서 괴로움, 그의 것이었고 드골의 것이었던 극도의 고통을 뛰어난 섬세함으로 서술했다. 이것은 프랑스가 얄타에서 러시아, 미국, 영국 사이에서 행해진 세계 분할에 초대받지 않았다는 것을 확인하는 고통이었다. 우리나라는 세계의 지배자들 사이의 이 결정적인 흥정에서 언제나, 심지어 나폴레옹의 궁극적인 패배 후에도 존재했음에도 말이다.

빌팽은 이 모든 것에 대해 다 알고 있었다. 그의 유엔 숭배는 부분적으로 미국인들을 그들의 모순에 가두기 위한 전술이었다. 그들은 자신들에게 도움이 될 때는 (그리고 그들의 라이벌이나 파트너들을 방해할 때) 국제법을 사용하고, 그들의 주권을 속박할 때는 버리기를 멈추지 않았다. 그것뿐만이 아니었다. 우리 외무부 장관 연설의 골조에는 이용되지 않은 평화주의적 영감이 있었다. 두 차례의 세계대전 이후, 전쟁은 프랑스와 유럽 대륙 전체에서 금기가 되었다. 우리는 유럽에서 (그리고 오직 그곳에서만) 미래가 권리, 규범, 그리고 시장에 속한다고 확신했다. 대포는 낡았고 역사의 쓰레기통에서 녹슬 수밖에 없게 되었다. 브뤼셀에 있는 사람들의 용어에서는, 소프트 파워가 하드 파워를 대체한다고들 한다.

그것은 수세기 동안 그토록 전쟁을 했던 유럽 국가들 사이의 규칙이 되었고, 그들에게 남아 있는 이 약간의 오만으로 유럽인들은 자신들이 계속해서 세계의 미래가 되리라 확신했다. 드골적인 포즈 이면에서, 빌팽의 연설은 브리앙적인 사고에 젖어 있었다. 전쟁은 그 자체로 악이다. 평화는 항상 더 좋다. 빌팽적인 과장 행위들 각각에서, 아리스티드 브리앙의 "전쟁에 전쟁을 선포한다"와 "대포는 치우자"라는 유명한 표현의 메아리가 들렸다.

이 텍스트에 스며 있는 심오한 평화주의는, 전쟁이 상처를 태우는 것보다 상처를 더 많이 감염시킬 수밖에 없다고 반복했다. 이라크 문제에서 프랑스인들은 백 번 천 번 옳았다. 미국인들조차도 10년 후에는 인정했다. 전쟁은 이라크를 석기 시대로 되돌려 놓았고, 다수인 시아파에 이어, 미국이라는 거대한 사탄의 맹목적인 관조자인 이란이라는 이웃에게 권력을 주었다. 이후 프랑스-영국의 식민지에서 물려받은 민족-국가들과 국경으로 남아 있는 것들을 분열시킨 수니파 지하디스트들의 반란을 결국 촉발시켰다.

"오래된 국가와 구대륙"을 찬양하는 빌팽의 궁극적인 비상은, 경멸을 담아 프랑스와 독일을 겁이 많고 비겁한 "늙은 유럽"으로 분류한 조지 부시의 장관인 도널드 럼스펠드의 모욕에 대한 첫 번째 반응이었다. 이 모욕은 영국이라는 전통적인 동맹국과 함께, 미국이라는 새로운 보호자 뒤에 선 폴란드나 스페인 같은 나라들의 "젊은 유럽"을 더욱 찬양하기 위한 것이었다. 그러나 빌팽은 또한, 유럽인들이 어떤 대가를 치르더라도 피하겠다고 맹세한 그들의 공포와 불행, 두 번의 세계대전을 언급했다. 이것들은 프랑스에서, 그리고 더 나아가 독일에서, 실존적이고 난공불락이 되어버린 평화주의를 힘들게 만들어냈다.

빌팽의 연설은 오르세 강변에 위치한 프랑스 외무성 내에서의 역사적 전환의 순간에 등장했다. 나이 많은 드골주의 세대들은 사라지고 있었고, 쿠슈네르[116]화된 어린 새싹들이 대거 들이닥쳤다. 빌팽은, "초강대국"이 된 제국에 대한 가장 상징적인 민족-국가들의 저항이라는 명목으로 미국에 맞섰던 프랑스의 드골에 대한 향수와, 미국의 제국적 품속에서 인권과 인도주의적 간섭이라는 종교의 이름으로 우리나라를 이끌 기독교 이후의 지복천년설 사이의 균형점에 자리 잡고 있었다.

오래지 않아 사르코지는 나토의 통합 조직에 우리 군대를 데려올 것이었다. 그의 지휘 아래, 이어서 그의 후계자인 사회주의자 프랑수아 올랑드의 지휘 아래, 프랑스는 리비아, 이란, 시리아에서 테러와의 싸움, 폭군과의 전쟁, 그리고 시민 보호의 명목으로, 군사적 개입에 참가하거나 밀어붙이는 호전적인 신보수주의의 마지막 보루가 될 것이었다. 그리하여 우리는 주권과 국가적 독립을 존중하는 드골적인 원칙과는 상당히 거리가 멀어질 것이었다. 우리는 심지어, 최후의 역설이지만, 사르코지에 이어 올랑드 정권 아래서, 우리나라가 미국의 마지막 신보수주의자들의 극찬을 받으며, 오바마 같은 사람의 평화주의적인 과장된 태도에 짜증을 내는 것을 보게 될 것이었다. 오바마는 미국의 이익 수호를 위해서는 무력을 더욱 신중하게 사용할 필요가 있다고 생각했다.

빌팽과 시라크 같은 사람들의 드골적인 태도는, 장군의 시절처럼 현실 정치의 쟁점에 확실하게 접근하는 것으로 지지받지 못하고 빠르게 지워졌다. 또한, 기억 속에 영원히 남아 있는 연설의 평화주의적이

---

116 베르나르 쿠슈네르(Bernard Kouchner, 1939~)는 프랑스의 정치인, 외교관이다. 국경 없는 의사회를 설립했고, 프랑수아 피용 내각에서 외무부·유럽 장관을 지냈다.

고 국제주의적인 어조만 남았을 뿐이었다. 그러나 그들의 후계자들은 비현실적 인도주의와 인권지상주의의 호전적 경향을 위해 태도를 완전히 바꾸었다. 그의 영광에 바쳐진 만화에서처럼, 빌팽의 말들은, 그를 들썩들썩하는 경련적인 움직임으로 동요하게 두고서, 공중에 회전 장치를 만들고, 쓸데없이 허공에 이야기하면서, 쾅 닫힌 문들과 함께 거품이 되어 사라졌다.

2003년 5월 28일

보나파르트는 원하지 않는다

그것은 그의 전임 사회주의자들이 물려준 수많은 기록들 중 하나였다. 장피에르 슈벤망의 다소 역설적인 이상한 아이디어는 수년간 자신이 감동적이고 유능한 화신이 되었던 준엄한 공화주의의 이름으로 이슬람 종교를 "정비"하는 것이다. 니콜라 사르코지는 그 시절이 끝났다고 설명함으로써 사회주의 전임자와는 구분될 수 있었을 것이다. 그는 공화주의, 자유주의, 모더니즘을 겨루고, 종교적 자유를 고양하기 위한 정교 협약의 낡은 방법을 거부할 수 있었을 것이다. 결국 우리는 교회와 국가를 분리하는 「1905년 법」의 100주년을 성대하게 축하할 준비가 되어 있지 않았는가? 이슬람은 이 모델을 바탕으로 완전히 독립적으로 살아갈 수 있었을 것이다.

　　그러나 사르코지는 슈벤망의 발자취를 따라갔다. 그보다 앞에, 피에르 족스와 샤를 파스카가 같은 야망을 가졌다고 사람들은 그에게 알려줬다. 사람들은 그에게, 프랑스의 이스라엘 종무국을 만들기 위해서 고대부터 더 이상 모이지 않았던 이국적인 산혜드린을 부활시킨 보나파르트의 넘을 수 없는 모델을 자세히 묘사했다.

사르코지는 작은 키와 푸른 눈동자만 황제에게 물려받은 것이 아님을 보여 주는 것을 좋아한다. 그는 머리에 삼각모를 썼다. 이슬람의 고위 성직자들도 수년 전부터 통합의 모델로 그들에게 제시되어 온 이 유대인들처럼 그들의 종무국 장난감을 요구했다. 감탄, 질투, 증오의 어수선한 혼합인 모방의 욕망은 전력을 다하여 작동했다. 그러나 그들은 "유대인의 힘"이 먼 과거에 더 불쾌한 약간의 보상을 치렀다는 것을 예감할 시간이 있었다. 슈멘망이 보보 광장을 점령했을 때, 그는 남녀 평등이나 비종교성 위에서 프랑스적 망탈리테에 적응하기 위해, 그들에게 교리 변화를 요구했다. 협상은 격렬했다. 분열된 이슬람교도들과 싸움꾼들. 극단적 과격주의자들은 전 세계의 카메라들이 지켜보는 가운데 보보 광장에 그들의 기도용 양탄자를 꺼낼 것이라고 위협했다. 내무부 관리들은 이 세속적인 신성 모독을 끝까지 두려워했지만, 장관은 저항했다. 그는 특히 배교에 그의 공세를 집중했다. 코란에 따르면, 다른 종교로 개종하는 모든 이슬람교도들은 사형 선고를 받는다. 슈멘망은 이 위협의 폐지를 얻어내기를 원했다. 토론이 거칠었다.

교양 있으며 역사에 심취한 슈멘망은 황제의 화친 조약에 대한 방법들을 잘 알고 적용했고, 명망 높은 산혜드린에 대해서도 마찬가지로 질문과 요구 사항을 늘렸다.

그는 간신히 약속을 얻어냈다. 이슬람교도들은, 그중에서도 특히 1950년 11월 4일에 조인된 「인권과 기본적 자유의 보호를 위한 협약」[117]을 참조한 원칙들의 선언에 서명했다. 그러나 전 내무부 장관이 그의 저서 『공화주의자들의 도전』에서 자랑스럽게 강조했듯이, "이 협약은 종교를 바꿀 수 있는 모든 사람의 권리를 명시적으로 언급하고 있다."

슈벤망은 타협을 받아들였다. 그는 이 구체성이 없는 법적 기준이 매우 하찮은 양보였다는 것을 모르지 않았다. 하지만 먹을 만한 더 나은 것을 가지고 있지 않았다. 그의 대화 상대들은 섬세하게 연기했다. 이슬람교는 약한 위치에 놓인 모든 신자들에게 "그들이 움켜쥘 수 없는 손[118]으로 먹는 것"을 허용하고, 은폐와 교활을 행사할 수 있도록 허용했다. 이것이 바로 유명한 타키야(taqiyyah)[119]다. 그들은 원칙주의자 슈벤망의 후계자로부터 그의 전임자와 합의한 결론을 쓰레기통에 버리겠다는 약속을 받아내는 데 어떠한 어려움도 없었다.

사르코지도 과거를 백지화하는 것에 더 이상 불평하지 않았다.

그는 교섭 상대들의 마음에 들기를 원했다. 당시 그는 이미 2007년 대통령 선거 운동을 준비하고 있었다. 그는 미국적인 방식의 자유주의적이고 다문화적인 그의 연설에 유혹되었을, 그리고 당시 시라크의, 비종교성을 강하게 옹호하는 프랑스인다운 촌스러움에 반대한, 이슬

---

117 간단하게 「유럽 인권 조약」이라고도 부른다. 1950년 11월 4일 유럽 평의회에 의해 조인되어 1953년 9월 3일 발효되었다.

118 왼손을 의미한다. 이슬람교에서는 식사를 할 때 항상 오른손을 사용해야 한다.

119 타키야(taqiyyah)는 이슬람교에서 박해를 피하기 위해 종교를 드러내지 않고 숨기는 행위를 지칭한다.

람교 유권자를 자신의 뒤에 결집시키기를 꿈꾸고 있었다.

니콜라 사르코지 역시 그의 시대, 그의 세대의 산물이었다. 그는 미국의 멜팅 팟(melting pot)에 대한 순진하고 종종 무지한 경탄과 열광적 개인주의를 찬양했던 그런 1970년대에 청춘을 보냈다. "알렉산더의 모든 승리에는 아리스토텔레스가 있다"고 드골은 말했다. 제1집정관 보나파르트의 모든 결정에서, 우리는 볼테르와 루소라는 그의 젊은 시절 독서의 반향을 발견했다. 사르코지의 선택, 혹은 모순에는, 종종 68 혁명이 있다.

사르코지의 몇몇 참모들은 반대와 좌절, 심지어 분노를 감추지 못했다. 그들은 슈벤망이 옳았다는 것과 배교가 결정적이었다는 것을 깨달았다. 배교는 종교적 자유의 문제를 제기했다. 만일 한 명의 이슬람교도가 자유롭게 종교를 바꾸고 이슬람교를 포기한다면, 그의 자율적인 결정은 집단의 결정을 밀어낸다. 왜냐하면 프랑스 시민인 이슬람교도는 이슬람이 그에게 인정하지 않는 권리를 획득하기 때문이다. 이슬람교도는 아랍어로 신에게 복종하는 것을 의미한다. 그래서 개인은 신자들의 공동체인 움마에 복종한다. 이 "이슬람 민족"은 개인에게 뿐만 아니라, 이슬람교도가 머무를 수 있는 국가들에도 강요된다. 신을 통한 공동체로의 개인의 이러한 예속은 이슬람교에서 강하다. 그리스인으로부터 "사람"이라는 개념을 물려받은 기독교에서보다 훨씬 더 강하며, 끊임없는 토론, 그 유명한 "공공 토론"을 통해 교리의 경직성을 비옥하게 만든 유대교에서보다도 훨씬 더 강하다. 하나님이 아브라함에게 소돔과 고모라의 파괴를 그의 백성에게 알리라고 명령하셨을 때, 『토라』는 태조 아브라함이 하나님과 맺은 끝없는 협상을 이야기했다.("도시에 100명의 현자가 있다면, 그것을 파괴할 것입니까? 그렇다면 90명, 80명, 70명이 있다면…" 등등)『코란』에 의해 동일한 이야기는 하나의 간결한 문장으로 귀결된다. "그리고 아브라함은 하나님께 순종한다."『코란』은 게다가 잘 듣지 못하는 사람들에게 그것을 강조한다. "토론하고 논쟁하는 자들은 잘못 생각하는 것이다. 오직 순종만이 논란의 여지가 없다."『코란』은 유대인들이 논쟁한 것을 비난한다. "우리는 모세에게 이 책을 주었으나, 이『성서』는 논의의 대상이 되었다."

어떤 사람들은 이슬람(islam)이라는 단어가 평화를 의미하는 살람(salam)과 같은 아랍어 뿌리를 가지고 있다고 상기시킨다. 그것은 반박할 수 없다. 모든 사람은 신에게 순종하면 평안해진다. 그가 이슬람교도라면 그렇다. 그렇지 않으면 이슬람교도들이 그와 전쟁을 벌인다.

그것은 예언자 마호메트의 본래적인 언어적 능숙함이다. 그의 계시는 최후의 것이었고, 그의 기독교적 위반(하나님의 아들인 인간과 율법을 전복시키는 사랑)에서 벗어나 엄격한 유대교 일신론으로의 회귀만을 초래했다. 그러나 마호메트는 연대기적 질서를 전복하고(이슬람의 계시는 다른 두 가지보다 앞선다) 그의 약점을 의미론적 마술을 통해 강점으로 만들었다. 무슬림(muslim)은 신과 이슬람교 모두에게 복종하는 것을 의미한다. 아브라함, 모세, 그리고 예수는 하나님께 순종했다. 그러므로 그들은 무슬림이었다. 유대인들과 기독교인들은 이슬람교로 개종하기를 거부했다. 그러므로 그들은 모세와 예수의 가르침을 배반했다!

이런 상황에서 이슬람교도가 유대교나 기독교로 개종하는 것은 마호메트에 대한 모욕으로 간주되지 않을 수 없다. 개종은 무슬림을 둘러싼 미묘한 의미론을 무의미하게 만든다. 정신 분석학자 다니엘 시보니는 자신의 저서 『이슬람, 공포증, 죄책감』에서 이 분석을 매우 잘 상술했다. 『코란』에서 "타락한 자, 부당한 자, 위선자, 거짓말쟁이", "신을 믿지 않았기 때문에 신의 저주를 받은 자", "그들을 저주한 신에 의해서 돼지와 원숭이로 변한 자"들로 취급되는 유대인과 기독교인에 대해 발견할 수 있는 이렇게 셀 수 없이 많은 격렬한 비난들을 설명하고 있다. 요컨대, 유대인과 기독교인들은 쉴 새 없이 "싸워야" 할 자들이다. (아랍어 사용자인 시보니는 만약 프랑스어로 번역된 『코란』이 "싸우다"라는 단어를 선택했다면, 그것은 "죽이다"라는 단어를 포함할 수도 있다고 상기시킨다. "그들과 싸워라"에 대한 아랍어 'qatilou'는 "죽이다"와 같은 어원을 가지고 있기 때문이다.)

외무성의 뛰어난 많은 아랍 전문가들은 보보 광장에 있는 그들의 동료들에게 이러한 미묘한 뉘앙스를 드러낼 수 있었을 것이다. 두 세기 전, 보나파르트는 이슬람 신학자들에게 자국민 기독교인과 유대인에 반대하여 선호되는 이러한 모욕, 저주, 위협을 철회할 것을 요구했을 수도 있다. 전통적인 구별법에 따르면, 『코란』에는 메디나의 계시와 메카의 계시 사이에 이슬람 땅에 대해 강조했을 더 친근한 문장들이 있었다.

다니엘 시보니에게 있어서, "극단적 보수주의자"라고 불리는 사람들은 같은 종교를 가진 자들에게 신의 말을 매우 엄격하게 상기시킨다. 우리는 그들을 차라리 "직역주의자"라고 불러야 한다. 그들이 행동을 취하거나 "이교도의 개나 돼지"를 공격하거나 죽일 때, 우리의 정신 분석가들에 따르면, 그들은 "원문에 일치하고자 하는 충동"에 잡혀 있다.

클로드 레비스트로스는 1955년에 출판된 그의 유명한 『슬픈 열대』에서 이미 이슬람에 대해 동일하게 환멸을 느낀 분석을 했다. "계시의 증거보다는 외부에서 관계를 맺지 못하는 무능력에 더 의거하는 거대한 종교. 불교의 보편적 자비심과 대화에 대한 기독교적 욕망 앞에서, 이슬람교의 편협함은 죄인이 되는 사람들 사이에서 무의식적인 형태를 취한다. 왜냐하면 그들이 항상 난폭한 방식으로 타인이 그들의 진실을 공유하도록 이끌려고 하지 않는다면, 그들은 어쨌든 (그리고 이것은 더 중요한 것인데) 타인으로서의 타인의 존재감을 견딜 수 없기 때문이다. 그들에게 있어서 의심과 굴욕을 피할 수 있는 유일한 방법은 다른 믿음과 다른 행위의 증인으로 간주되는 타인의 "소멸" 안에서 이루어진다. 이슬람의 형제애는, 스스로 인정할 수 없는, 이교도들에 대한 배척의 환위(環衛)다. 배척으로 스스로를 인정함으로써, 이교도들이 존재한다는 것을 스스로 인정하는 것과 마찬가지가 되기 때문이다. […] 이슬람교는 남성의 방향 결정에 따라 발전한다. 여성들을 가둠으로써, 이슬람교는 어머니의 품에 대한 접근을 차단한다. 남성은 여성들의 세계를 닫힌 세계로 만들었다. 이 방법으로, 아마도 이슬람교는 또한 평온을 얻기를 바랄 것이다. 그러나 이슬람은 소외 위에서 평온을 장담한다. 사회생활에서 벗어난 여성들과 영적 공동체에서 벗어난 이교도들의 소외 위에서."

산헤드린에 보낸 질문서로, 나폴레옹은 이스라엘 시민들을 프랑스 국민으로 결집하기 위해서 유대교를 "비국유화"하는 것을 목표로 삼았다. 목표가 달성되었다. 사르코지는 이슬람교도들과 같은 작전을 수행하는 것을 이해하지 못했거나 원하지 않았다. 나폴레옹이 유대교를 프랑스화했던 것처럼, 그는 이슬람화의 스펙트럼을 프랑스에서 멀어지게 하기 위해 이슬람을 프랑스화해야 했다. 그는 문화나 집요함의 부족으로 역사적 쟁점을 파악하지 못해서 실패했다. 하지만 어쩌면 그게 더 이상 가능하지 않았을 수도 있다. 정부의 협상가들은 새로운 종무국을 구상했다. 이슬람교의 고위 성직자들은 새로운 프랑스 유대인 기관 대표 의회(CRIF)를 꿈꾸었다. 그 모델은 유대교의 경우와 마찬가지였지만, 똑같지는 않았다. 이슬람 성직자들은 그들의 다양한 출신 국가들로부터 프랑스에 파견된 중계 지점인 공동체 로비를 상상했다. 정부 협상가들은 비종교적인 국가의 호의적이지만 엄격한 통제 아래 "이슬람교"를 사생활의 왕국으로 다시 돌려보낼 수 있다고 생각했다. 사르코지는 그에게는 습관적인 지적 혼란 속에, 그리고 그가 "정치적 의지주의"라고 부르는, 망설임과 운명을 강요하고 모든 것을 서둘러야 한다는 끊임없는 걱정 속에 두 모델을 섞었다.

프랑스 이슬람 종교 회의의 창설과 함께, 그는 어떠한 대가도 없이 하나의 국교로서 이슬람이 보호받을 수 있게 만들었다. 이렇게 이슬람교는 「정교 협약」과 「1905년 법」의 특혜를 축적한다. 이슬람교는 자신의 성서와 교리를 그대로 유지하면서 그들의 (자칭 문화적 시설이라는 얇은 소형 팬티 아래 거의 숨겨지지 않은) 모스크에 대한 공적 자금 지원을 받는다.

이 역사적 실패 이후, 분쟁의 주제들은 축적되었다. 학교에서 베일 착용을 둘러싼 논쟁들, 프랑스적 정체성에 대한 토론들, 병원·학교·회사·교육 기관·교도소 식당에서 이슬람의 요구들. 또는 스위스의 첨탑 금지에 관한 주제도. "이슬람교에서는 모든 것이 정치적이다"라고 이맘 호메이니가 말했다. 이러한 갈등은 민법과 코란, 두 개의 규범, 두 개의 교리 사이의 필연적인 충돌을 드러냈다. 두 개의 역사, 두 개의 전통, 두 개의 기원 이야기, 두 개의 상상력, 두 종류의 영웅, 풍경, 거리 사이의 충돌. 하나의 동일한 영토 위에 두 개의 문명이 있다.

회의에서, 제네바의 이슬람 센터장인 하니 라마단은 이슬람을 "정치 없는 단순한 믿음이나 행동 없는 종교"로 축소하는 생각을 거부했다. 하니 라마단은 무슬림 형제단의 이슬람 평신도회의 이집트인 설립자의 손자이자, 당시 미디어적인 놀라운 쾌거를 이루어 프랑스 본토에서 이슬람화 중인 방리유 청년들의 멘토가 된 타릭 라마단의 형이다. 하니 라마단은 말했다. "이슬람은 삶의 모든 측면을 포괄하는 완전한 조직이다. 그것은 동시에 국가와 민족, 정부와 공동체, 도덕과 힘, 또는 용서와 정의다. 동시에 이슬람은 문화와 재판권, 과학과 사법관, 물질과 자원, 또는 이득과 부(富)다."

프랑스의 공공 토론은 이 근본적인 질문에 여성의 자유, 비종교성 등의 잘못된 관점과 잘못된 논거를 가지고 간접적으로 접근했다. 그것은 주제의 핵심이 아니었다. 에르네스트 르낭은, 끊임없이 비난받지만 부분적으로만 이해된, 「국가란 무엇인가?」라는 그의 유명한 글에서, 유산, 핏줄, 언어에 기초한 독일의 개념을 당연히 거부하고, 유명한 "일상의 국민 투표"라는 개인적이고 자발적인 가입을 격찬한다. 그러나 이 국민 투표는, 우리가 항상 잊어버리는 것이지만, "풍부한 추억의 유산을 공동으로 소유하는 것, 즉 우리가 공동으로 받은 유산을 계속 행사하려는 의지"에 기초한다.

프랑스는 메카와 살라딘의 유산이 아니라, 데카르트와 파스칼의 유산을 받았다. "이 풍부한 추억의 유산"은 전능함의 망상 속에서 무한히 늘어나고 확장될 수 없다.

작은 키에, 파란 눈을 가지고 있고, 기억력이 극도로 좋고, 엄청난 에너지를 발산하는 것만으로는 보나파르트로 불리기에 충분하지 않다.

2003년 11월 1일

장클로드 트리셰
또는 제국적 과두 정치 로마의 승리

그의 공식 방문을 받은 도시들은 봉쇄되었지만, 그는 알아차리지 못했다. 그가 탄 리무진의 검은 유리창들은 무장되어 있었지만, 그는 거기에 주의를 기울이지 않았다. 10여 대의 오토바이 대원들이 그를 경호했지만, 그는 그들을 더 이상 보지 않았다. 프랑스 공화국 대통령의 임기는 7년에서 5년으로 단축되었지만, 그의 임기는 8년이었다. 그러나 그는 누구도, 어떤 의회도, 어떤 국민에 대해서도 책임이 없었다. 그는 시인인 아버지에게 받은 단어와 구문에 대한 취향을 간직했다. 그러나 그래프와 숫자의 과도한 사용은 그가 테크노크라트의 뛰어난 일원임을 상기시켰다. 흰색 칼라와 소맷부리와 더불어 파란색 줄무늬가 있는 그의 셔츠는 1970년대에 유행한 것이었지만, 그는 그것을 개의치 않았다. 그는 항상 극도의 예의를 갖췄지만, 그의 차가운 분노는 칼날을 품고 있었다. 장클로드 트리셰는 프랑크푸르트의 회색 하늘에 고딕 양식의 대성당처럼 우뚝 솟은 그의 유로타워에 프랑스 고위 행정부의 왕정적인 기품을 옮겨놓았다. 그는 평화의 이름으로 주권을 폐지했던 유럽 대륙 최후의 통치자였다. 그는 샤를마뉴 황제이자 프랑스 정부의 마지막 수장이었다.

그는 유럽 중앙은행의 초대 총재로 역사에 기록되었어야 했다. 헬무트 콜 수상은 기꺼이 그를 지지한 반면, 프랑수아 미테랑 대통령은 독일에게 자리 선택을 맡겼다. 잘 속는 자들의 합의였다. 이에 해당하는 프랑스인들은 다른 모든 국가적 고려 사항보다 주요 국제기구들에서 그들 전문 기술 관리 집단의 (많고 풍부하게 갖춰진) 자리를 우선시하는 전문가들이었다. 그러나 "작은 판사" 장피에르 자노토의 무례한 대담함은 그의 대관식을 연기했다. 자노토는 크레디 리오네 은행 계좌의 "위조"와 관련하여, 장클로드 트리셰를 재무부 이사에 이어 프랑스 은행 총재라는 그의 자리를 이유로 1998년 입건했다. "섭정"은 호감 가지만 어설픈 네덜란드인 빔 다위센베르흐[120]에 의해 보장되었다. 생시몽이 오를레앙 공작에 대해서 말했던 것처럼, 그는 자신의 "너그러움"이 그의 역할이 지닌 전례 없는 힘과 맞지 않는다는 것을 이해하지 못했다.

2003년 불기소 처분을 받은 후, 장클로드 트리셰는 마침내 프랑크

---

120 빔 다위센베르흐(Wim Duisenberg, 1935~2005)는 네덜란드의 금융 정책가다. 1998년 부터 2003년까지 초대 유럽 중앙은행 총재를 지냈다.

푸르트에 승자로 입성할 수 있었다. 새로운 유럽 중앙은행 총재의 첫 번째 공식적인 한마디는 프랑스 엘리트들의 전통적인 교육에 사후의 오마주를 보내는, 감탄할 만한 간결함으로 드러났다. 그것은 바로 "나는 프랑스인이 아니다(I'm not French)"였다. 앵글로·색슨 금융과 게르만의 질서-자유주의 모두에 있어서 언어-이데올로기적인 충성 행위였다. 우리는 유럽 위원회의 전 영국인 부위원장인 크리스토퍼 소암스의 빈정거리는 표현을 떠올린다. "국제기구에서는 항상 프랑스인을 두어야 한다. 그들은 자국의 이익을 옹호하지 않는 유일한 사람들이기 때문이다."[121]

장클로드 트리셰는 이 악의적인 아이러니를 거만하게 밀어냈을 것이다. 그는 프랑스의 우월한 이익을 옹호해야 한다고 확신했다. 그는 1992년 통화 대위기 때 그것을 보여 주었다. 그리하여 프랑스 은행 총재로서, 그 유명한 투기꾼 조지 소로스의 공격에 저항한 사람은 바로 그였다. 트리셰는 마른의 조프르이자 베르됭의 페탱이었다. 그러나 이번에는 택시 운전사나 병사들의 용기 덕분이 아니라 최후의 순간 분데스방크의 지원 덕분에 그가 승리했다. 트리셰는 미래의 유럽 중앙은행의 총재라는 계급장을 거기서 쟁취했다. 유럽 중앙은행에서 독립성은 같은 시기에 비준된 「마스트리히트 조약」의 핵심 조항이었다.

1992~93년의 끔찍한 경기 침체로 인해 어려운 상황에 놓인 수십만 명의 실업자들(일부 경제학자들에 따르면 최대 100만 명)은, 1914

---

121 [원주] Cité par Philippe de Saint-Robert dans *Le Secret des jours*, Jean-Claude Lattès, 1995.

년 전쟁의 큰 공격에서 장교들에 의해 희생된 수많은 병사들처럼, 장클로드 트리셰에 의해 무시해도 좋을 수로 여겨졌다. 독일의 독점 모델에 따르면, 경쟁적 디스인플레이션은 그가 보기에는 프랑스가 마침내 경쟁 경제가 될 수 있고 "경쟁적인 평가 절하"의 "안이한 정책"을 끝낼 수 있는 유일한 방법이었다. 프랑스 매미들은 독일 개미들로 변해야 했다.

트리셰는 재정적 혼란 속에서 미래 유럽 통화의 운명과 프랑스의 신성한 소모임으로의—"클럽광의 나라"에 붙은 오명으로부터는 거리가 있는—흠잡을 데 없는 진입을 이렇게 지켜 냈다. 그는 유럽 중앙은행 총재로서 독일인들에 의한 그의 기사 서임식을—부수적으로?—확보했다. 우리가 열대야 때 모기의 공격을 짜증내면서 물리치는 것처럼, 그는 독일 산업의 이익을 당시 잘 이용했다는 생각을 거만하게, 심지어 경멸적으로 거부했다.

트리셰는 1960년대부터 민주적 열정과 정치인다운 민중 선동으로부터 멀리 떨어진, 합리성과 전문성의 이름으로 운영되는 공공 정책의 이상을 보여 준 프랑스 고위 공직의 가장 성공적인 화신이었다.

국립행정학교를 "우등"으로 졸업한 재무 검사관들이자 정부 의원들로 이루어진 이 화려한 모임은 "사람의 통치"를 "사물의 행정"으로 대체하려는 반복적인 계획들을 이렇게 부활시켰다. 이것은 나폴레옹 3세 시대의 생시몽주의자들이나 1930년대 "과두 지배"의 "이성"과 "객관성"을 토대로 권력을 구축한 것이다. 역설은, 프랑스의 위대함을 회복하기 위해 위인에 의해 세워진 드골 장군의 권위와 제5공화국의 제도들 덕분에 이 이상이 꽃피웠다는 것이다. 비시 정부 아래에서, 피에르 퓌슈[122]처럼 에콜 폴리테크니크나 파리고등사범학교 졸업생들인 그 유명한 "자전거 타는 사람들"[123]과 함께 이상이 처음 비상했었다. 그러나 일단 "늙은이"의 까다로운 감시가 제거되면, 우리의 고위층들은 그들의 이상을 유럽의 규모에 따라 옮긴다. 그들에게 이것은 하찮은 "작은 프랑스"보다 광대한 세계에 더 적합해 보였을 뿐만 아니라, 이 "귀족 계급"이 자신의 가치를 실현하고 있다는 높은 평가에도 더 적합해 보였다.

"법적 연방제"(1963년 2월 5일의 반 겐트 앤 로스 판결과 1964년 7월 15일의 코스타 대 에넬 판결)라는 명목으로 국가적인 법적 주권에 대항하여 룩셈부르크에 위치한 유럽 공동체의 사법 재판소에 첫 번째 공격을 가한 것은, 이렇게 프랑스 판사들이었으며, 어쨌든 완전무결한 프랑스어로 표현되었다.

같은 기간 동안 브뤼셀의 유럽 위원회의 구성을 확립한 것은 결국 프랑스 테크노크라트들이었다.

종종 고급문화의 향유자들인 이 사람들은, 칸트와 빅토르 위고 사이에서 로마 제국과 예언적 평화주의가 혼합된 통합 유럽의 이상에 자신들의 행동 기반을 두었다. 그들은 또한, 종종 의심 없이, 나폴레옹이 민법과 부패하지 않은 효율적인 행정이라는 프랑스 규범에 따라 프랑

---

122 피에르 퓌슈(Pierre Pucheu, 1899~1944)는 프랑스의 기업가이자 정치인으로 비시 정부에서 내무부 장관을 지냈다.

123 비시 정권 내부에서는 일종의 세대 간 대립이 있었던 것으로 보인다. 전문가들을 통한 국가의 현대화를 주장했던 그랑제콜 출신의 테크노크라트들은 '자전거 타는 젊은이들(jeunes cyclistes)'로 불렸다. 다른 한편에는 전통적인 방식을 고수하는 집단이 있었는데 이들에게는 '늙은 로마인들(vieux romains)'이라는 별명이 붙여졌다.

스 제국의 연합 왕국들을 통치하고 현대화하기 위해 유럽 전역에 파견한 서른 살 정부 의원들의 순발력과 야망을 발견했다.

그 당시 황제는 이 똑똑한 젊은이들이 그들이 선택한 국민을 위하여 소위 "옛 프랑스"의 이익을 너무 많이 잊었다고 판단했다. 함부르크와 밀라노 사이의 도로 건설은 보르도와 툴루즈 사이의 도로보다 제국 유럽의 이익에 훨씬 더 유용해 보였다. 그들은 브르타뉴인들보다 네덜란드 상인들의 이익을 훨씬 더 해치는 대륙 봉쇄의 효과에 이의를 제기했다. 나폴레옹은 당시 그들에게 위협적인 편지를 보냈다. 나폴레옹은 그들을 비호하던 왕 루이를 폐위시키고, 네덜란드를 프랑스 제국에 직접 병합할 것을 명령했다.

150년 후, 드골은 보나파르트를 대신했지만, 분쟁은 같은 명부에 속했다. 드골은 프랑스 고등 법원을 유럽 판사의 감독하에 두는 것을 거부했다. 1965년의 궐석 전술과 1966년 1월 "국가 이익"의 우위를 인정하는 룩셈부르크 중재 채택으로, 그는 위원회의 권력 상승에 대한 대항 조치를 했다. 잠정적인 대항 조치였다.

20년 후 마거릿 대처가 드골의 위대한 장면을 재연했을 때, 우리는 두꺼운 수표책으로 청산했다("I want my money back"[124]). 영국은 연합에서 프랑스의 중심적인 위치를 갖고 있지 않았다.

무엇보다도 유럽의 과두 정치 기구는 영국의 보수주의자들이 유럽 대륙에 도입했던 신자유주의 이념으로 전향했다. "더 많은 시장과 더 많은 규칙을(More market, More rules)"이라는 이 사법적이고

---

124 대처가 유럽 공동체에 영국이 기여한 돈을 환급해 줄 것을 요구하며 했던 말이다.

관료적인 구조의 슬로건은 대처의 유명한 "대안이 없다(There is no alternative[TINA])"와 만난다. 영국인들은 그들의 전설적인 실용주의로 모든 것을 고려했다. 그들은 법원이 선조의 라이벌인 로마와 나폴레옹의 이익을 위해 앵글로·색슨의 법을 우선시할 것이라는 사실을 깨달았다. 브뤼셀의 위원회를 둘러싼 로비의 확산은 그들이 냉소적으로 필요악으로 간주했던 "부패"의 위험을 무릅쓰고 "비즈니스"의 발전을 가능하게 할 것이다. 브뤼셀의 위원회와 영국 보수주의자들은 영어라는 같은 언어로 이야기했다. 최소한의 정부와 어떤 사람에게는 잘못되지 않은 자유 경쟁은 "사회는 존재하지 않는다"와 마거릿 대처의 친구들의 규제 완화를 결합했다. 위원회의 자유주의자들처럼 영국의 보수당원들은 그들 공동의 아버지인 디즈레일리[125]의 가르침을 잊고 부인했다. "나는 그들이 약속하는 자유주의보다 우리가 누리는 자유를 선호하고, 인권보다 영국인의 권리를 더 좋아합니다." 그들의 동시적인 공조는 불가피하지는 않았지만, 뜻밖에도 불시에 도착했고, 미테랑, 들로르, 콜에 의해 건설된 라인 강 유럽의 취약한 구조를 파괴했다.

1960년대부터 프랑스 테크노크라트들이 독일과 이탈리아 동료들을 만난 것은 브뤼셀, 또는 룩셈부르크, 그리고 마침내 프랑크푸르트에서였다. 이 동료들은 전쟁 전의 권위주의적인 체제들에 대해 종종 면밀히 알고 있었다. 그들은 전쟁과 폐허 속에서 대륙 전체를 그들의 기상천외함으로 휩쓸 수 있는 정책들을 무시하고 권리 존중에 집착하는 필

---

125 벤저민 디즈레일리(Benjamin Disraeli, 1804~1881)는 영국의 작가이자 총리까지 지낸 정치인이다. 영국 보수주의를 대표하는 인물이다.

요성에서 대조적인 교훈들을 얻었다. 그들은 고등 법학자이자 경제학자였다. 각자 부르주아 계급의 최고 대표자인 독일 박사(Doktor)와 이탈리아 박사(Dottore) 들은 그들의 장점과 결점으로 그들의 역사와 한계를 구현했다. 자신들의 출신 도시, 그리고 이탈리아가 알았던 스페인, 오스트리아, 프랑스 제국의 지도자들에 너무 결속되어 있던 북부 이탈리아 부르주아 계급은 민족적 성격을 결코 가져보지 못했다. 스탕달이 『파르마의 수도원』에서 보여 준 것처럼, 그들은 어떤 부분들에서는 이념에 의한 것이 아니라 로마 제국 이후 역사의 유산에 의해 너무 유럽적이었다. 반대로 독일 부르주아 계급은 너무 민족적인 마음을 가지고 있었다. 비스마르크, 빌헬름, 그리고 마침내 히틀러의 민족주의에 대한 그들의 동의는 독일과 유럽 전체를 황폐화로 이끌었다. 이 모든 이유로, 독일 박사들과 이탈리아 박사들은 자유주의적이고 귀족적인 대항세력의 모델 위에 여전히 불확실한 상태에 있는 그들의 힘을 구축하는 동일한 관심 속에서 우리의 프랑스 테크노크라트들과 합류했다.

확장과 동시에, 유럽 연합은 고위 인사들을 같은 독일-이탈리아 사장들 중에서 채용했다.

창립 이래로 유럽 중앙은행 경영권자 회의의 82퍼센트의 멤버와 전 멤버들은 경제학 박사들이었다. 사법 재판소의 전·현직 재판관들은 55퍼센트가 법학 박사들이었다. 그리고 유럽 의회의 많은 수가 유럽 대학의 전통에서 모두가 같은 명문 학위를 가지고 있다.

유럽은 박사들의 독재 체제를 구축했다. 한나 아렌트가 예언한 관료들의 포스트 민주주의적 폭정이었다.

여러 해에 걸쳐 역할 놀이가 펼쳐졌다. 정부의 수장들은 그들의 "국익"을 옹호하면서 미디어로 전파되는 "유럽 정상 회담"에서 갈등을 연출했다. 그러나 이 연극 무대 뒤에서는, 진정한 권력이 모두에게 강요되는 규칙과 규범들을 확립했다.

우리의 은밀한 실력자들에 의해 사용되는 용어들의 (우리는 "자유의견서[non-papiers]", 항목 A와 허위 항목 B에 대해 끝없이 이야기하고, 투팩[Two-Pack], 유럽연합상임대표위원회[Coreper I, II], REV2, Antici, Nicolaïdis 또는 Mertens 조직을 승인한다…) 조롱과 과장은 몰리에르의 트리소탱[126]을 연상시킨다. 이 용어는 미디어적이고 대중적인 입이 가벼운 사람들의 시선으로부터 스스로를 지키기 위한 명백한 방법이다. 이 사람들은 그럼에도 불구하고 큰 위험을 무릅쓰지 않는다. 영국의 타블로이드를 제외한 대부분의 유럽 주요 미디어들은 유럽 통합이라는 위대한 과업에 몸과 마음을 바쳤다.

점차적으로 유럽 과두 정치의 힘은 18세기 계몽 전제 군주들의 근본적인 특징을 되찾았다. 그것은, 신비 그 자체인 비밀, 일반 대중이 접근할 수 없는 합법성, "그들의 권한을 해석하는 완전한 주권, 그들의 진단과 그들의 판결의 과학적 객관성에 대한 요구, 대면하고 있는 사회적이고 정치적인 이해관계와의 거리 두기로 이해되는 그들의 독립성에 대한 어떤 생각"[127]이다.

유럽 연합은 '권리'와 '시장'을 중심으로 조직되었다. 그것의 철학

---

126 몰리에르의 희곡 『여학자들(Les femmes savantes)』(1672)에 등장하는 문인의 이름.

127 [원주] Antoine Vauchez, *Démocratiser l'Europe*, Le Seuil, 2014.

적인 영감은, 개인의 자유를 보호하기 위해서 당시 절대 군주제의 악습에 맞서 싸우고 견제 세력을 구축하고자 노력했던 몽테스키외나 로크의 작품에서 영감을 얻은 수준 높은 자유주의였다. 그러나 자유주의 사상가들의 이 고귀한 유산은 제2차 세계대전 이후 유럽 대륙에서 (그리고 유일하게) 출현한 새로운 종교에 의해 보완되고 타락했다. 이 종교는 기독교 모델에서 영감을 받은 보편주의였지만, 그것의 종교적 뿌리들과 단절되었기 때문에 교리가 없었다. 종교적 실천의 하락과 동시에 일어난 포스트 기독교적인 지복천년설은 처음에는 유럽을 만든 민주주의-기독교 엘리트들에 의해서 유도되었다. 그리고 모든 유럽 엘리트들의 인권이라는 종교가 되었다. "이 포스트 기독교는 오늘날 유럽 국가들의 주권에 매우 적대적인 보편의 독실한 지복천년설이다. 유럽 통합의 건설에 영감을 주는 것은 바로 이것이다. 민주적 제도들을 그들의 정치적 함의에서 벗어나게 하는 것은 바로 그것이다. 자기 멸시에 이를 때까지 타인의 사랑을 보편적인 방식으로 권장하는 것은 바로 그것이다."[128]

그리고 그것의 보편주의 철학을 규칙과 법적 규범의 혼란에 새김으로써―예수 그리스도의 메시지는 현세가 아니라 저세상에 헌정되었더라도―대항 세력의 아첨하는 태도를 과시하는 유럽의 과두 정치에 전체주의 권력을 부여한 것은 바로 그것이다.

법원, 위원회, 유럽 중앙은행이라는 각 기관은 나름의 방법을 가지고 있었지만, 모두 동일한 목표와 결과를 가지고 있었다.

---

128 [원주] Jean-Louis Harouel, *Revenir à la nation*, J.C. Godefroy, 2013.

위원회는 1984년부터 자크 들로르에 의해 시작된 "단일 시장" 구축에 대한 어젠다를 사용했다. 이는 국가들에게 자유롭고 왜곡되지 않은 경쟁 이념을 받아들이게 하기 위함이다. 국가들은 특권을 포기해야 하고, 자신들의 법률, 공공 서비스, 국가 산업의 챔피언들을 보호하기 위한 지연 공작을 하지 않을 수 없게 된다. 유럽 경쟁 위원회는 대기업들에 대한 생사 여탈권을 갖고 있었다. 세계 시장이 아닌 유럽 시장에 대해 판결된 "지배적 지위 남용"은 면제나 유예 기간 없이 그들에게 유죄 판결을 가져다주었다. 이렇게 프랑스는 페시네(Pechiney)[129]를 잃었다! 유럽 경쟁 위원인 호아킨 알무니아는 그의 존엄한 판단으로 관련 기업의 사장들을 단 한 번만 보겠다고 결정했다. 베르사유의 루이 14세가 더 관대했다. 국가들은 이민자들의 흐름도 제어할 수 없었다. 정부의 수장이 계속 고집하면, 그는 법, 인권, 시민권 집행 위원인 비비안 레딩으로부터 "나치"로 취급당했다.

유럽 연합 사법 재판소는 인권과 이동의 자유라는 명목으로 무수한 불법 체류자를 송환하는 모든 경찰과 사법 수단을 반복된 결정으로 박탈했다. 그리고 유럽 연합 내에서 파업권보다 서비스의 자유로운 제공을 우선시하거나, 국가 단체 협약보다 기업 설립의 자유를 우선시함으로써 국가적인 노동의 권리를 은밀하게 파괴했다.

마지막으로 도착한 유럽 중앙은행은 과두 정치 왕관의 보석이었

---

129 페시네(Pechiney)사(社)는 프랑스 국영 알루미늄 생산업체로 세계에서 네 번째로 큰 규모였으나 2003년 캐나다의 알캔(Alcan)사에 인수되었다.

다. 마스트리히트는 유럽 중앙은행에 유럽 경제의 조종석을 내주었다. 조약에 의해서, 그리고 유로존 회원국 각각의 헌법에서 신성화된 그것의 독립은 절대 주권의 표시였다. 미국인, 일본인, 영국인, 중국인은 말할 것도 없고, 이들과 반대되는 유럽인들은 화폐와 금융을 국민과 정부에 맡기기에는 너무 심각한 일이라고 여겼다. 유럽 중앙은행은 화폐 발행, 은행들에 대한 감독, 은행들에 대한 제재와 구제 권한 등 아득한 옛날부터 왕들에게 돌아갔던 왕권에 속하는 중요한 권력들을 되찾았다. 심지어 2010년 위기 이후 법령에 의해 어쨌든 금지된 국가의 자금 조달도 되찾았다.

2013년에 결정된 은행 연합의 틀 안에서 설립된 은행에 대한 감독으로 유럽 중앙은행은 유럽을 지배한다.

이 과두 정권은 어느 누구에 의해서도 선출되지 않으며, 어떤 국민에게도 돌려주어야 하는 계좌를 갖고 있지 않다. 그 구성원들은 그들 권력의 공허함을 점점 더 잘 알고 있는 유권자들 앞에 놓인 정부 수장들에 의해 임명된다. 우리는 유권자인 왕자들이 그들의 황제를 선출했을 때, 신성 로마 제국의 오래된 전통을 부활시킨다.

유럽 중앙은행 총재는 유럽에서 가장 높은 보수를 받는 공무원이다. 2013년 그의 급여는 월 3만 1,177유로로, 즉 연간 37만 4,124유로에 달했다. 집행위원회 위원장은 연간 32만 1,238유로로 아주 많이 운이 없는 건 아니다. 유엔 사무총장은 유럽 중앙은행 총재보다 27퍼센트 낮은 보수를 받는다. 독일 수상과 프랑스 대통령의 급여는 유럽 위원보다 21퍼센트와 30퍼센트 낮다. 많은 것을 말해 주는 차이다. 좋든 싫든, 돈은 우리 사회에서 사회적이고 상징적인 위계질서의 최고 척도다.

몇 년 동안, 우리의 과두 정치와 미디어를 통한 중계는 기술 기관들에 주권을 단순히 위임한다는 허구를 옹호했다. 이 기관들은 민주적으로 합법적인 당국의 호의적인 권위 아래 주권을 행사한다. 그리스 부채로 촉발된 2010년 유로 위기 때 가면이 벗겨졌다. 그리하여 사람들은 그리스 의회가 유럽 중앙은행-IMF-유럽 의회 의원회라는 "트로이카"에 의해 결정된 세금, 예산 및 사회적 조치들의 패키지를 수정 없이 채택해야 한다는 것을 처음으로 이해했다. 2009년 비준된 「리스본 조약」[130] 이후 국가들은 이 독립적인 기관들에 대해 이미 영향력이 적었다. "기술적" 기관들의 "비정치화"라는 명목 때문이었다. 그러나 2010년부터 "유로화 구제"를 위해 우리는 마지막 대비책들, 마지막 조심성을 파괴했다. 그리고 국가 의회 위원회의 예산 감독 아래, 그리고 유럽 중앙은행의 권위 아래, 은행 연합의 이름으로 모든 유럽의 은행들을 두었다.

마지막 환상은 흩어졌다. 베일이 벗겨졌다. 눈을 떴다. 판사, 위원, 은행원이 유럽을 경영했다.

수년에 걸쳐, 저항과 실패에 직면하여, 인권과 시장의 포스트 기독교적 지복천년설은 연합의 종교가 되었다. "사물들의 행정"은 선교가 되었고, 법은 교리가 되었으며, 우월한 이성은 믿음이 되었다. 과두 정치는 신정 정치가 되었다. 브뤼셀과 프랑크푸르트는 새로운 로마가 되었다. 심지어 연방의 그날에 대한 꿈도 민주적이고 시대착오적인 충성

---

130 2005년 프랑스와 네덜란드의 국민 투표에서 유럽 헌법 채택이 부결되자 2007년 유럽 연합 회원국 대표들이 모여 유럽 헌법의 대안으로 만든 '미니 조약'이다. 회원국들의 비준 절차를 거친 후 2009년 발효되었다.

모델처럼 보였다. 우리의 실력자들은 유럽의 크리스토퍼 콜럼버스였다. 유럽에서 미국으로 떠나면서 그들은 카이사르들과 교황들의 로마를 발견했다. 위원, 판사, 은행원이 추기경의 자줏빛 옷을 입고 있었다. 그들은 스스로 아주 잘했다고 생각했고, 2013년 "유럽 시민의 해"를 진지하게 기념했다.

장클로드 트리셰는 그때 더 이상 중앙은행 총재가 아니었다. 그는 왕좌를 마리오 드라기라는 교활한 이탈리아인에게 맡겼다. 그는 재무성의 마자랭 추기경 같은 인물이었다. MIT와 하버드의 우수한 졸업생이지만, 강력하고 위험한 미국 비즈니스 은행 골드만삭스의 옛 일원이었다. 그는 그리스 정부가 막대한 공공 재정 적자를 유럽 연합에 숨길 수 있게 해 주었다. 이 적자는 그리스가 단일 통화로 진입하고 여러 해가 지나 드러났으며, 2010년에 자칫 유로를 날려 보낼 뻔했던 위기의 근원이었다.

장클로드 트리셰는 상속자의 선택을 통제하지 못하는 모든 왕과 황제의 운명을 알고 있었다. 전 고위 공무원 장프랑수아 부샤르는 자신의 저서 『유럽의 부정한 황제』에서, 어느 날 한 프랑스 텔레비전 채널에서 골드만삭스에게 할애된 프로그램에 게스트로 초대된 장클로드 트리셰가 어떻게 질문을 받았는지를 이야기한다.

"골드만삭스 은행과 당신의 후계자 마리오 드라기 사이에 존재하는 연관성에 대해 어떻게 생각하십니까?

—어… 잠시만요… 생각을 좀 하겠습니다… 저는 당신의 질문을 예상하지 못했습니다… 카메라 좀 꺼 주세요!"

작가는 빈정거리며 이렇게 덧붙인다. "불굴의 트리셰는 불안정하다. 능숙한 의사소통의 달인인 그는 비참하게 말을 더듬는다."

이 낭패 이후, 트리셰는 텔레비전 카메라를 피했다. 그는 분주하게 강연을 하고, 종종 보수가 좋은 주요 국제 기구들에서 여러 명예직들을 맡고, 현명한 조언을 제공하고, 과거 자신의 행동을 옹호하고, 프랑스에게 "너무 늦게 시행한 필수적인 개혁들"을 장려하고, "엄청난 성공"인 유로화의 영광을 노래하기를 선호한다. 그는 거기에서 자신처럼 미국, 일본 또는 영국 중앙은행의 총재였던 그의 옛 동료들과 가깝게 지낸다. 자신이 전부였을 때 어떻게 더 이상 아무것도 되지 않기로 결심했을까? 아마도 그는, 자신의 소중한 시인들에게서 이 실존적 질문에 대한 답을 찾을 것이다. 그중에는 그가 아이였을 때 그가 작품들을 발견하도록 만들었던 아버지의 친구 레오폴 세다르 상고르가 있다. 그는 이런저런 시를 다시 읽으면서 아마도, "태양이 결코 지지 않았던" 제국의 주인이었지만, 수도원에서 말년을 보내며 죽음을 기다리고 권력의 한계와 인간의 하찮음에 대해 성찰했던 카를 5세의 운명을 우울하게 떠올렸을 것이다.

2005

2005년 10월 27일

세 청춘들의 프랑스

그것은 언제나 같은 이야기였지만, 아직까지는 완전히 똑같지는 않았다. 2005년 10월 27일, 지에드 베나와 부나 트라오레라는 두 명의 10대들은 경찰의 대수롭지 않은 순찰 앞에서 도망쳤다. 그들이 하찮은 좀도둑질로 얻은 물건을 숨기고 싶어 했는지, 아니면 라마단의 가족 식사에 그들을 지체시킬 "경찰관과의 혼란"을 걱정했는지 우리는 모른다. 그들은 서둘러서 EDF 변압기로 피신했고 전기 충격을 받아 사망한다. 소요는 곧 그들의 동네인 클리시수부아의 주택 단지에 번진다. 모욕, 분노, 자동차뿐만이 아니라 버스, 학교, 체육관이 불탄다. 루틴이다. 그러나 결코 멈출 것 같지 않은 연속된 미친 무질서 속에서 폭동의 밤은 폭동의 밤으로 이어진다. 화염병, 배수구 뚜껑, 건물 꼭대기에서 던져진 세탁기, 프랑스 경찰 철모를 쓴 "침략자"를 쫓아내기 위해서라면 모든 것이 좋다. 그것은 동시에 게임, 리얼리티 방송, 농민 폭동이다. 젊은 전투원들이 때리고 익명의 군중 속으로 숨어들어 가는 도시의 게릴라전. 아주 빠르게 클리시수부아(Clichy-sous-Bois)[131]는 일파를 형성한다. 경찰력은 더 이상 헬멧을 어디에 써야 할지 모른다. 200개에 이르는 코뮌들이 분노와 도취의 이 밤들에 참여한다. 프랑스 방리유의 대부분은 분노와 힘 모두를 보여 준다. 텔레비전의 이미지들은 그들에게 모방할 모델의 역할을 하고, 인터넷과 소셜 네트워크는 연락 수단이 된다. 주최자도, 대표자도, 슬로건도, 요구도, 이념도, 해결책도 없다. 파괴하고 싸우는 것이 유일한 기쁨이다. 이 "동요"는 3주 동안 지속되었다. 1970년대 말의 첫 도시 폭동 이후로 우리는 이렇게 오랜 시간 동안 이와 같은 동시성을 경험한 적이 결코 없었다. 매일 저녁 텔레비전 뉴스에 중계되는 이미지들은 프랑스 국민들과 전 세계 미디어에 엄청난 충격 효과를 일으켰다.

"방리유"는 불에 탔지만 유혈 사태는 아니었다. 나머지 프랑스 사람들은 전통적 활동에 열중했다. 그들은 폭도들에게 동정이나 연대를 느끼지 않았다. 공포가 섞인 막연한 이해 부족만이 있었다. 연대의 부재는 게다가 이 운동의 주요 단어였으며, 불타는 각 주택 단지는 동네, 거주지, 건물 블록을 장악하는 그들의 영토적 논리에 끝까지 남아 있었다.

극좌파와 일부 미디어 아티스트들만이 떠들썩하게 동정적인 지지

131　클리시수부아는 프랑스 일드프랑스 센생드니 데파르트망에 위치한 작은 도시다. 2005년 파리 교외 소요 사태의 도화선이 된 곳이다.

를 표명했다. 그 후 몇 달 동안, 크리빈과 브장스노[132]의 트로츠키주의 자들은 이 혁명적인 반죽의 효모가 되려고 시도했다. 그들은 팔레스타인의 방리유 "형제들"을 더 잘 유혹하기 위해서 반시온주의의 열정을 밀고 나갔다. 그리고 그들의 시위에서 "유대인에게 죽음을"이라고 외치는 소리가 안 들리는 척했다. 그러나 거친 이슬람 정체성을 가진 "아랍인" 젊은이들과 마호메트의 『하디스(hadith)』[133]보다 브라상스와 레오 페레의 무정부주의적인 단조로운 노래를 더 좋아하는 오래된 극좌파 사이에서, 베일을 쓴 소녀들과 오래전 그들의 브래지어를 버렸던 옛 페미니스트들 사이에서, 소스는 결코 굳지 않았다.

아르장퇴유의 포석 위에서 두 명의 도망자 청소년들이 사망하기 며칠 전, 정치-미디어 계층 전체가 연설문을 두고 명청이 사르코지를 공개적으로 규탄했다. "당신들은 이 모든 불량배가 지긋지긋한가요? 우리가 당신이 거기에서 벗어나도록 만들겠습니다." 그의 반대자들, 그리고 특히 그의 "친구들"은 미디어로 그토록 퍼진 이 허풍이 과했다고 한때는 믿었다. 시라크 대통령과 빌팽 총리는 이 내무부 장관을 최전선에 두었다. 폭도들 사이에서의 공교로운 하나의 "죽음"은 이 야심가가 대통령이 될 기회를 망쳤을 수도 있다.

전혀 그렇게 되지 않았다. 사르코지의 허풍들은 당시에는 여전히 믿을 만했다. 오직 시라크라는 "게으름뱅이 왕"만이 그가 효과를 발휘

---

132 알랭 크리빈(Alain Krivine, 1941~2022)과 올리비에 브장스노(Olivier Besancenot, 1974~) 모두 극좌파 프랑스 정치인으로 특히 트로츠키주의 성향이다.

133 마호메트의 언행을 기록한 책이다. 코란에 대한 해설과 이슬람의 생활 지침 등이 담겨 있다.

하지 못하도록 막았다고 우리는 믿었다.

사르코지의 발은 말릭 우세킨의 피에 미끄러지지 않았다. 아무것도 부족하지 않았다. 10월 31일, 최루탄 한 개가 클리시의 모스크 앞에 떨어졌고, 이 "이슬람에 대한 모욕"에 대한 폭도들의 분노를 더욱 자극했다. 의연하고 조직적인 프랑스 경찰은 충격에 휘청했지만 어떠한 무모함이나 권력 남용도 저지르지 않았다. 당시 경찰 기동대의 프랑스적 교양은 더 본능적으로 무기를 꺼내는 앵글로·색슨들과의 차이를 감탄하게 만들었다. 그들의 이야기는 같지 않다. 제2차 세계대전 후에야 공화국 보안 기동대는 "무차별 사격 가하기"를 결코 주저하지 않았던 군대를 대체했다.

그러나 프랑스 경찰은 라탱 지구에서의 충돌을 위해 구상된 것이지, 대단지에서의 게릴라전을 위한 것이 아니다. 그들은 전 구역을 장악할 수 없다. 화염병을 던지자마자, 대개는 미성년자들인 히죽대는 구경꾼들의 군중 속으로 자취를 감추는 폭도들을 체포할 수도 없다. 누구를 체포할 것인가? 누구를 겨냥할 것인가? 누구를 쏠 것인가?

시라크와 빌팽은 비극적인 과오는 없을 것이며 그들의 공공연한 적이 언어적 단호함으로 인기를 얻었다는 사실을 이해했을 때, 11월 8일 25개의 데파르트망에 비상사태를 선포함으로써 경쟁을 고조시켰다. 동요의 강도가 약해진 순간이었다. 몇몇 신랄한 사람들은 비상사태에 대한 1955년의 법이 알제리 전쟁에서 사용되었다고 지적했다. 더 정치적인 다른 사람들은 니콜라 사르코지가 이 혼란한 가을 동안 확실히 공화국의 대통령이 되었다는 것을 깨달았다.

화재 차량 1만 대, 검게 탄 공공건물 300개, 파괴된 학교들과 약탈당한 연합 주택들, 부상당한 130명의 경찰과 폭도 들, 구류 상태의 2,700명의 사람들이 추산되었다. 피해는 2억 유로 이상으로 추산되었다.

그 후 몇 달 동안, 수많은 텔레비전 프로그램, 학술대회, 강연 중에 전문가들, 사회학자들, 해설가들, 좌파 정치인들은 "사회적 반란"에 대해 빠르게 공식적이고 절대적인 독사(doxa)가 된 이론 안에서 공감했다. 그들은 그 어떤 것도 표명하지 않은 반란에 "정치적 의미"를 부여하고자 차례대로 시도했다. 거기에서 프랑스의 혁명적 낭만주의는 완전히 굴복했다. "공화국"의 결함들이 많이 고발되었다. 식민 통치의 기억은 프랑스의 영원한 재판에 소환되었다. 그럼에도 불구하고, 다른 이민자 자녀들이(포르투갈인이나 중국인) 폭도들에게 가담하지 않는 동안, 다른 "식민지"의 소산들도(인도차이나인) 그들의 아랍-아프리카 "형제들"의 대열에 합류하지 않았다.

우리의 자칭 반란의 대변인들은 이 3주간의 폭동을 몇 달 전 대학 개혁에 대한 「피용 법」에 반대해서 일어난 시위들과 연결 지으려 노력했다. 몇 달 후인 2006년에는, 도미니크 드 빌팽에 의해 거칠게 수립된 일종의 청년 최저 임금인 최초고용계약(CPE)을 없애게 될 시위들과도 연결시키고자 노력했다. 시라크 대통령이 이미… 공포된 법률의 적용을 포기하기 전에.

사실 거기에는 연관성이 있었지만, 그들이 이론화하고 기대했던 것은 아니었다.

소녀들이 열광적인 미디어에 의해 연출된 첫 번째 역할을 맡았던

2005년 3월 「피용 법」에 반대하는 시위들이 일어났을 때, 프티 부르주아 출신의 한 학생 청소년은 방리유에서 온 소년들의 무리에 의해서 폭행당하고 약탈당했다. 이 소년들은 클리시수부아의 감전사를 당한 두 명의 동료들의 추억을 지킬 바로 그자들이었다. 그들의 폭행에는 자신을 보호할 수 없는 이 "멍청이들"에 대한 냉소적인 경멸과 증오가 뒤섞여 있었다.

빌팽이 최초고용계약을 수립했을 때, 그는 무능한 방리유 젊은이들의 대량 실업(소년의 40퍼센트)을 줄이기를 바랐다. 그들에게 있어서, 그들의 낮은 생산성에 비해 너무 높은 최저 임금이 고용에 장애가 되었다. 그러나 반항한 것은 학위가 있는 청년들인 반면, 방리유의 청년들은 여전히 무관심한 채 조용히 있었다.

이 두 타입의 청년들은 알려지고, 인정받고, 미디어에 의해 전파된다. 이들은 세계화된 대도시의 산물이다. 그들은 둘 다 수혜자들이다. 왜냐하면 일자리(서비스직에서)와 부(불법적인 것을 포함하는)가 존재하는 곳, 생산과 교역의 주요 장소들에 살고 있기 때문이다. 학위를 가진 젊은이가 방리유의 젊은이에게 훌륭한 먹잇감이 된다는 점에서, 그들은 동시에 공범이자 적이다. 도심의 학위를 취득한 젊은이들은 소수에 대한 반인종주의와 관용을 직업으로 삼는다. 표적이 되고 지레 관대함을 품은 피해자는, 마치 남성적인 사냥꾼 앞에서 여성적인 사냥감 역할을 하는 것처럼 일종의 스톡홀름 증후군에 이른다. 부유한 청춘은 방리유의 청춘에 매료되어, 그로부터 고전적인 모방으로 복장과 언어 코드들을 차용한다. 그리고는 마약을 구매한다. 영화 〈클래스(Entre les murs)〉(프랑수아 베고도의 책에서 가져온 이야기로 칸 황금종려상을 받았다)에서, 우리는 혐오를 품고 거부하는 학생들에게 프랑스 언어와 문화를 전달하는 데 있어서 교사들의 무능함을 찾아냈다. 그럼에도 불구하고, 교사들은 이 "차별받는" 구성원들을 위한 정치적 올바름의 공감을 가진 책의 작가처럼 빚어지긴 했다. 그들의 입장에서, 부모들과 학교 기관들에 의해 장려된 학교의 부유한 청년들은 런던, 뉴욕, 싱가포르, 몬트리올에서 공부하는 것만을 꿈꾼다. 프랑스 소속에 대한 이러한 거부감은 아마 다른 점에서 모두가 구분하는 이 두 청춘들 사이의 주요 연결 고리일 것이다. 학교의 청년들은 방리유의 청년들이 포위한 국토에서 도망친다.

그러나 세 번째 청춘은 다른 두 청춘의 그늘에서 모두에게 무시당하며 살고 있다. 보잘것없는 교육, 실습, 아르바이트를 누적한 프랑스 서민 계층 출신으로, 많은 경우에 대도시 중심지에서 멀리 떨어져 있다. 이 청춘은 자신이 자기 나라에서 점점 더 이방인이 되어 가는 것을 느낀다. 미디어의 엘리트들에 의해 경멸당하고, 그에게 우호적인 "긍정적 차별"을 발휘하지 않는 대학 엘리트들과 "그의" 일자리를 외국으로 이전하기를 선호하는 경제 엘리트들에 의해 무시당한다. 이 "작은 백인" 청년은 자신의 상징적 거리를 되새긴다. 그는 자신의 몸(치아, 피부, 체중)에서조차 프롤레타리아화의 피폐함을 본다. 그는, 그보다 학교 청년들의 감언이설이나 심지어 방리유 "불량배"의 과시적인 남성성을 더 좋아하는 소녀들을 유혹하는 데 어려움을 겪는다. 많은 경우 국민전선의 유권자인 이 프롤레타리아 청년들은 "아랍인"과 엘리트들에 대한 그들의 증오를 점점 덜 감추고, 마린 르펜과의 만남에서 "여기는 우리 집이다"를 외친다. 오랫동안, 혁명에서 태어난 프랑스는 가톨릭과 비종교성이라는 두 파에서 온 "두 청춘"의 충돌을 두려워하고 감내했다. 우리의 미래는, 어떻게 쓰이게 될지 모르는 채로, 모든 위험으로부터 대비가 된 지옥의 삼각형을 우리에게 예고한다.

2년 후, 우리는 모든 것이 다시 시작된다고 생각했다. 빌리에르벨에서는 두 명의 청소년이 또 사망했다. 규정에 맞는 헬멧을 착용하지도 않은 상태에서, 그들의 오토바이는 순찰차를 들이받았다. 그러나 폭동은 이번에는 빌리에르벨로 제한되었다. 전통적인 폭동처럼. 반면 처음으로 폭도들은 엽총과 산탄총을 꺼내어 경찰력을 겨냥하기를 주저하지 않았다. 한 경찰관은 한쪽 눈을 잃었고, 다른 경찰관은 고환을 잃었다. 경찰은 아무런 반격도 하지 않았다. 장교들의 명령은 형식적이었다. 아무도 총을 쏘고 싶은 충동에 굴복하지 않았다. 때로는 일촉즉발의 상태가 되었다. 학살을 피한 경찰들의 침착함을 높이 평가해야 할지, 아니면 모든 것이 허용된다고 폭도들에게 주어진 신호를 높이 평가해야 할지 모르겠다. 1871년, 티에르는 1789년부터 파리를 점령한 혁명의 열기를 일소하겠다는 목적으로 파리코뮌 가담자들을 학살하도록 베르사유 군대를 보냈다. 루이 16세는 1789년 10월 5일 군중을 향해서, 그를 거의 포로 상태로 튈르리에 데려오기 위해 성으로 찾으러 온 여성들을 향해 용감하게 발포하지 못했기에 왕위를 잃었다. 역사가 뒤집어졌다고 느끼며 절망한 "왕정주의자" 국회의원 무니에는 당시 왕과 그의 "의지 없음"을 씁쓸하게 조롱했다. 빌리에르벨 이후, 눈도 깜빡이지 않고 폭동의 포화를 받아낸 많은 경찰들은 공화국이 공화국의 그림자에 불과하다는 비통한 느낌을 받았다. 공화국은 "합법적인 폭력의 독점"을 포기했으며, 이제는 무슈 티에르보다 루이 16세에 더 가까워진 것이다.

몇 년 후인 2013년 7월 18일 목요일 트라프에서, 경찰은 최근 법에 의해 금지된, 몸 전체를 가리는 베일인 니카브를 착용한 젊은 여성의 조서를 작성하려고 시도한다. 남편이 개입하고, 경찰관에게 덤벼든다. "여기는 카불이 아니오"라고 경찰이 소리를 질렀다. 목요일 저녁부터 많은 젊은이들이 동요한다. 현지에 급파된 『르 몽드』의 기자에게 한 주민이 말한다. "동포가 그의 종교적 소속으로 인해 곤경에 처했다는 소식을 듣게 되면, 나는 무관심하게 있을 수 없습니다." 금요일, 이슬람 사원에서 기도한 후, 사람들은 카산드라와 그녀의 남편 미카엘에 대해서만 이야기한다. 이슬람 사원은 원칙주의적이며 직역주의적인 이슬람을 가르치는 살라피스트들에 의해 오래전부터 장악되었다. 시간이 지남에 따라, 젊은이들은 그곳에 점점 더 많아지고, 점점 더 열성적이 된다. 날씨는 덥고 라마단의 단식은 때때로 고통스럽다. 약 20명의 젊은이들이 모스크에서 나가 경찰서로 가서 그들의 "형제들"의 석방을 요구한다. 경찰은 그들을 거칠게 돌려보낸다. 언성이 높아진다. 사람들은 흥분한다. 저녁에는 트라프뿐만 아니라 인근 코뮌들에서 온 150명의 사람들이 경찰서 앞에 밀려든다. 많은 젊은이들이 예언자의 전통적인 흰옷인 카미스(kamis)를 입고 있다. 전투복을 입은 경찰들이 줄지어 늘어서서 그들을 마주하고 있다. 로켓 폭죽이 경찰들의 발밑에 떨어져 터진다. 사람들은 "알라후 아크바르"[134]라고 목이 쉴 때까지 외친다. 권

---

134 "신은 위대하다"는 의미.

총이 보란 듯 드러나 있다. 무료 경고처럼.

　베일을 쓴 여자의 남편 미카엘은 개종자이고, 23세의 앤틸리스인인 그의 아내 카산드라는 15세 때 이슬람교로 개종했다. 이 모든 것이 열성적인 훌륭한 이슬람교도를 만든다. 이것은 1970년대 말에 시작된 인구 변화의 결말이다. 프랑스의 방리유들은 이제 민족적으로 그리고 종교적으로 동질적이다. "백인" 서민 계층은 거의 사라졌다. 영화인 알렉상드르 아르카디는 (그는 2014년 4월 26일 토요일《우리는 잠들지 않는다》라는 프로그램에서 일란 할리미[135]의 살해를 추적하는 자신의 영화〈24일〉을 소개했다) 여전히 얼빠진 듯이 털어놓았다. "나는 센생드니의 한 대학 책임자에게 들었습니다. 이 데파르트망의 공립 학교에는 더 이상 유대인 신앙을 가진 학생이 단 한 명도 없다는 것을 알고 계십니까? 더 이상 한 명도 없다고요! 그들은 어쩔 수 없이 사립 학교에 가야 합니다." 프랑스 방리유의 이슬람화는 완전하거나 거의 다 이루어졌다. 이 지역들 내에서의 동화, 통합, 격식화는 이제 다른 사람들처럼 이슬람교도가 될 것을 요구한다. 이슬람교는 이 구성원들의 넘을 수 없는 정체성의 지평선이다. 조작된 이슬람, 신화화된 이슬람, 아마도 인터넷에 의해 단순화된 이슬람, 그러나 그들의 정치적 신분이 되기를 열망하는 이슬람. 2007년에 이미 일부는 "라마단 폭동"을 언급했지만, 이슬람 투사들은 여기에 전혀 참여하지 않았다. 프랑스 방리유에서 이자들의 삶은, 이슬람 윤리가 비즈니스의 필요성과 반대될 때 마약 두목들과 유지하는 동조적이면서도 긴장

135　2006년 일란 할리미라는 이름의 유대인 청년이 파리 남쪽 방리유에서 참혹하게 살해당한 채 발견되었다. 범인들은 반유대주의를 이유로 해당 범죄를 저질렀다고 진술했다.

된 양면적 관계에 의해 리듬이 맞춰진다. 일부 종교 고위급들이 "불신자"에 반대하여 저질러진 강탈을 용서하는 동안, 밀매업자들은 그 동기를 조장하는 것을 결코 주저하지 않는다. 이슬람교가 정신적이고 도덕적인 생활뿐이 아니라 의복, 성(性), 상업적인 생활도 다듬는 동안, 두목들은 수많은 방리유 주택 단지의 주인들이 되어 법을 결정하고 그것을 위반자들에게 적용하며(사형 포함) 공공 서비스와 사회적 활동을 대체한다.

　　트라프는 3억 5,000만 유로의 금액에 해당하는 보를루 도시 재정비 계획의 혜택을 받았다. HLM 아파트들이 철거되었고, 3층의 세련된 건물과 나무가 우거진 거리가 그것들을 대체했다. 그곳의 실업은 상당하지만(인구의 17퍼센트), 인근 코뮌인 샹트루레빈느(25퍼센트)보다는 적다. 2011년, 트라프는 번영 도시 일등상을 받았다. 하지만 인구는 그대로였다. 몇 년 전에는 또한, "파피"라 불리는 알랭 드고아에 의해 변함없는 열정으로 이끌어진 지역 극단이 자멜 드부즈, 오마르 시, 소피아 아람과 같은 배우들을 세상에 알릴 수 있었다. 점차 이슬람 사원은 연합하여 도시의 젊은이들을 모은다. 트라프는, 공화국의 법이, 인구의 대다수가 그들을 내려다보는 종교법과 모순된다는 것을 받아들이지 않는 영토에서는 적용되기 어렵다는 증거이기도 하다.

　　"추종자들의 특수한 옷차림에 의해 조장되는 살라피즘의 과시적인 존재감은 새롭고 강렬한 징후다. 그것은 프랑스 사회와 가치에 있어서의 단절, 도덕적이고 법적으로 그것을 전복하려는 의지를 표현한다. 그것을 은폐하는 것은 헛된 일일 것이며 그것은 본질적인 질문들을 제기한다."[136]

마지막 단계(아직 먼?)는 자발적이고 잡다한 이 운동들의 정치적 연합이 될 것인가? 트라프의 경종 이후 1년이 지나, 이슬람은 지하드의 이름으로 시리아에서 서로 싸우도록 수백 명의 "프랑스인" 젊은이들을 보낼 만큼 충분히 정착되었고 강력했다. 프랑스의 민족적 소설에 대한 증오 속에서 자란, 느리게 이탈 중인 방리유라는 빙산의 돌출부처럼.

2005년 12월 2일
아우스터리츠, 모르겠다!

"아무것도." 우리는 1789년 7월 14일의 루이 16세의 일기에서 발견된 간략한 이 유명한 단어를 알고 있다. 공화국 사료 편찬은 그날 왕의 사냥에만 관련되어 있는 이 단어를 많이 조롱했다. 아무것도. 2005년 12월 2일에, 제5공화국은 사람들이 혼동하지 않도록 붉은 잉크로 세 번 강조해서 대문자로 썼다. 아무것도(RIEN). 두 세기 전 1805년 12월 2일 프라하에서 멀지 않은 잘 알려지지 않은 감자밭에서 아무 일도 일어나지 않았고, 오늘날 파묻어진 세 개의 제국 사이에 아무 일도 없었다. 공식적인 기념식도 전혀 아니었고, 제국 독수리의 영광을 위해 유럽 전역을 "돌아야" 했던 군사 박물관이 계획한 대규모 전시회도 아니었다. "아우스터리츠, 모르겠다"라고, 마치 집단 기억에서 지워야 할 부끄러

---

136 [원주] Gilles Kepel, *Passion française. La voix des cités*, Gallimard, 2014.

운 패배였던 것처럼 최고 당국이 함께 대답했다. 아우스터리츠는 패배보다 더 나쁘다. 프랑스의 승리이기 때문이다. "우리는 유럽 친구들에 대한 승리를 축하하지 않는다"는 결정적인 논거로 그것은 한 방 먹었다. 우리는 용감하게 아우스터리츠를 강조하는 사람들에게, "시라크 대통령은 나폴레옹을 증오한다"고 잘 알고 있는 듯한 태도로 중얼거렸다. 나폴레옹의 업적에 대한 역사가가 되었노라 자부하는 도미니크 드 빌팽에게 여전히 기대를 건 사람들에게 그는 "총리는 지방에 있다"고 대답했다.

모두 안전한 곳에 있다. 생시르 군사 학교의 전통적인 기념식―아우스터리츠에서 포획한 적포의 청동으로 만들어진 방돔 기둥에서의 열병식!―은 "국가-방위 회담의 날"로 변모되고 변질되었으며, 그곳에서 우리는 아우스터리츠라는 이름을 절대 입 밖에 내지 않도록 주의했다. 체코의 슬라브코프에는 어떠한 정부 대표자도 파견되지 않았다. 그곳에선 웅장하게 차려입은 3,000명의 "복원자"들이 다시 한 번 프라첸 고원에서 뮈라의 공격을 재연하여 5만 명의 대중 관객들에게 가장 큰 기쁨을 안겨 주었다.

사람들은 그러나 12월 1일 저녁에 국방부 장관이 (나폴레옹이 전투를 지휘했던 곳이며 프랑스 기념물이 세워져 있는) 쥐랑 언덕에 꽃다발을 놓고 아우스터리츠 성에서 열리는 만찬에 참석할 것이라 잠시 예상했다. 드골 재단과 재단 회장인 옛 레지스탕스이자 드골 장군의 장관이며 헌법 위원회 회장인 이브 게나에 의해 이 만찬은 기획되었으며, 그는 우리 장관이 아랍에미리트로 가는 길에 체코에서의 짧은 경유에 응할 것을 끈질기게 요구했다.

그 이후로, 미셸 알리오마리[137]는 전투 200주년 기념식에 참석했다고 자랑한다. 마치 그녀가 대담함, 무모함, 말로 표현할 수 없는 용기를 보여 주기라도 한 것처럼.

파리의 분위기는 한 세기 전을 지배했던 분위기와는 아무 상관이 없던 것이 사실이다. 애국적 열정이 한창이던 1905년 우리는 황제의 군사적인 천재성을 축하했다. 이미 위협적인 전쟁에서 멀리 떨어져 있는 후계자들에게 그가 영감을 주기를 바랐던 것은 우리의 잘못이었다. 반면 이 2005년 말에 편집증적인 피해망상으로 가득 찬 그로테스크한 비방문이 나폴레옹을 히틀러로 분장시켰다. 그가 대서양 너머의 식민지들에서 노예 제도를 부활시켰기 때문이었다. 끝나가는 시라크 정국의 분위기는 뉘우침에 이르렀다. 우리는 거기에 나폴레옹을 기꺼이 희생시켰다. 그 전해부터 적대 행위가 시작되었다. 시라크의 충실한 근위병 중 한 명인 당시 국회의장이었던 장루이 드브레는 약 20분간의 연설에서 나폴레옹의 이름을 언급하지 않고 민법 200주년을 기념하는 기적을 이뤄냈다. 나폴레옹 재단이 대관식 미사를 재연하기 위해 노트르담 대성당 임대를 요청했을 때, 뤼스티제 추기경은 분명하게 거절했다. 추기경 예하께서는 "나폴레옹을 싫어하셨다."

몇 주 전, 영국인들은 우리가 존경했던 하나의 본보기를 우리에게 보여 주었다. 우리가 더 잘 단념하게 만들기 위해서였다. 10월 21일, 트

137　미셸 알리오마리(Michèle Alliot-Marie, 1946~)는 미테랑, 시라크, 사르코지 대통령 시절 여러 부서의 장관을 역임한 정치인이다.

라팔가 전투는 아름다운 해군 퍼레이드로 기념되었다. 프랑스 당국은 핵 잠수함 '샤를 드골'과 위엄 있는 호송 함대를 매우 기꺼이 보내 주었다. 영국 해군 박물관은 "넬슨-나폴레옹" 전시회를 기획했고, 프랑스 기관들(루브르, 베르사유, 군사 박물관 등)은 거기에 원조를 제공했다. 프랑스인들을 건드리지 않는 것처럼 보이면서 모욕하는 비겁한 방법이었다. 유명한 선원이지만 난폭한 군인인 넬슨과 프랑스인들의 황제를 동등한 입장에서 비교한 것이다! 2012년 올림픽 개최에서 런던이 파리를 간신히 이기고 지정된 바로 그날, 전시회가 개최된 것은 매우 영국적인 유머의 우연이었다. 발표는 영국인들의 기쁨의 함성으로, 그리고 아이러니하게도 친근감의 표시로 프랑스인들의 등을 툭 치는 것으로 기념되었다.

스탕달의 성적인 의미에서 이 완전한 실패는 프랑스의 "자기혐오"의 가장 성공적인 표현으로 분석되었다. 프랑수아 퓌레가 혁명 후 부르주아 계급에 부여한, 처음에는 우상 파괴적이고 반체제적이었던 이 분석은 너무 빨리 진부해졌다. 이 "프랑스의 자기혐오"는 게다가 19세기 유대인의 자기혐오라는 그 전형과는 약간 다르다. 우리나라의 과거에 더 많이 영향을 미치기 때문이다. 우리의 정치적 올바름의 엘리트들은 프랑스였던 것을 혐오하고 있으며, 오늘날 프랑스인 것을 경멸할 뿐이다. 우리의 PC들은 자신들의 부모와 조상을 증오하고 조롱하지만, 서로를 매우 사랑하고 존경한다. 나폴레옹은 멸시받았다. 우리나라가 무엇이었는지, 그리고 전투의 영광이라는 우리나라의 위대함이 무엇을 행했는지를 풍자화에서까지 구현했기 때문이다. 중학생이나 고등학생용 역사 교과서에는, 그 무수한 전투들이 언급조차 되지 않는다. 때때로 유일하게 선택된 것들은 패배들이다. 라이프치히는 독일 민족을 만들어 냈기 때문에, 워털루는 영국의 헤게모니를 세웠기 때문이다. 우리는 나폴레옹으로부터 민법, 도지사, 프랑스 은행만을 기억하기를 원한다. 그의 평화적인 업적 말이다. 전쟁은 반감을 갖게 만든다. 그리고 그 뒤에는 사람이 있다. 전쟁, 인류, 조국, 이것은 우리 시대의 악마화된 삼위일체다.

그럼에도 불구하고 전 세계적으로 수많은 애호가들이 황제 숭배에 공감한다. 그의 전투는 역할 놀이에서 끊임없이 연구되고 있다. 발자크와 19세기의 모든 위대한 작가들, 심지어 톨스토이와 같은 가장 비판적인 작가들도 즉시 이해했듯이, 보나파르트는 모더니티의 인간을 구현한다. 오래된 속박으로부터 해방되어 자신의 운명 끝까지 가서 이카로스처럼 날개를 불태우려고 떠난 인간. 보나파르트는 과거의 위대한 정복자인 알렉산더와 카이사르의 시대를 끝내고, 포드에서 빌 게이츠에 이르는 산업 사회의 자수성가한 사람들의 시대를 예고한다. 그는 여전히 바레스에게는 가장 위대한 "활력 넘치는 스승"이지만, 우리는 젊은 프랑스인들에게 그것을 숨기고 금지한다.

자크 시라크 뒤에 있는 우파와 좌파 엘리트들은 나폴레옹이 유럽에서 여전히 미움을 받고 있다고 믿고 싶어 한다. 그가 1812년에 모든 곳에서는 아니지만 어쨌든 미움을 받았던 것처럼 말이다. 그들은 황제에 대한 프랑스의 찬사는 골루아 수탉의 거만함의 잔재로 해석된다고 확신한다. 잘해야 우스꽝스럽고, 최악의 경우 파렴치하다고 비판한다. 그들은 유럽이 프랑스의 위대함을 부인하는 것 위에서만 세워질 것이라고 생각한다.

2014년에 출판된 소책자[138]에서 리오넬 조스팽은 황제가 남긴 해로운 유산을 비난할 것이다. 그의 눈에 나폴레옹은 브뤼메르 18일의 쿠데타로 혁명을 파괴하고, 끊임없는 전쟁과 정복욕으로 19세기 영국의 패권을 싹트게 한 점에서 유죄다. 그런데 역사적 현실은 전 사회주의자 총리의 이러한 신념과 반대다. 보나파르트는 총재 정부의 부패한 쇠락과 루이 18세를 다시 데려올 수 있었을 왕정 쿠데타로 죽음의 위기에 처한 혁명을 구했다. 그는 더 이상 왕정복고가 문제 삼을 수 없는 민법에서 평등과 재능이라는 그의 이상을 공고히 했다. 카를 마르크스가 이해했듯이, 그는 국유 재산의 판매를 보장함으로써 부르주아 계급의 출현을 완성했다. 영국의 별은 루이 14세의 전쟁이 끝날 때쯤 한 세기 먼저 떠올랐다. 그리고 프랑스의 별은 루이 15세가 캐나다와 인도를 포기했을 때, 1763년 「파리 조약」이 끝나면서 희미해졌다. "프랑스는 무엇을 잃었는가?" 미슐레가 물었다. "아무것도, 세상을 제외하고는." 혁명과 제국의 전쟁들은 알맹이 없는 나라를 버린 프랑스가 유럽의 지배자로서의 지위를 되찾기 위한 최후의 노력이었다. 루이 14세와의 전쟁에 자금을 지원한 후, 더 시티는 "식인귀 나폴레옹"을 이긴 연합에 비용을 지불했다. 나폴레옹은 무기를 손에 들고 금융과 싸우는 유일한 프랑스인이었다. 나폴레옹의 프랑스와 피트[139]의 영국 사이의 충돌

138　[원주] *Le Mal napoléonien*, Le Seuil.

139　윌리엄 피트(William Pitt the young, 1759~1806)는 영국의 정치인으로 1783년 가장 젊은 영국 총리가 되었다. 동명인 아버지도 총리를 지냈기에 아버지를 대(大) 피트, 아들을 소(小) 피트로 구분한다.

은 예상된 민주주의의 모더니티에 대한 두 가지 개념의 충돌이었다. 그것은 프랑스의 국가 관리주의적이고 평등주의적인 모델, 그에 반대하는 영국의 자유주의적이고 불평등한 모델이었다. 이 사건에서 역사에 의해 형을 선고받은 오래된 유럽 군주국들은—이것들이 죽기까지는 한 세기가 걸릴 것이다—두 진영 사이에서 망설였다. 알비옹(Albion)[140]의 위엄에 동조하기 전에, 고양이의 교활한 술책으로 하나에서 다른 하나로 오가면서. 스탕달의 관점에서 나폴레옹은 이것들을 끝내는 대신 살려줬기 때문에 유죄다. 탈레랑이 그에게 간청을 부추겼던 이 "부르주아의 권리"를 그들로부터 헛되게 얻으려고 했던 것조차 유죄다.

우리의 정치인들은 탈레랑에게 만장일치로 찬사를 보내고, 나폴레옹을 혐오스럽게 거부한다. 그들이 미묘하다고 믿는 세세한 구별을 확립하여 보나파르트를 존경한다고 인정할 때조차도 말이다. 나폴레옹이 그들의 역사적 무지몽매를 만들었다고 하더라도 말이다.

리오넬 조스팽을 변호하기 위해, 2002년 대선에서 그를 이긴 자크 시라크는 그 외에 다른 것은 생각하지 않았다. 우리의 우파와 좌파의 두 챔피언들은 프랑스의 위대함과 그 고유한 천재성에는 관심이 없으면서, 영국의 경제력을 부러워하는 루이필리프를 지지하는 부르주아들이었다.

더구나 나폴레옹의 유골을 앵발리드로 데려온 사람은 루이필리프다. 빅토르 위고는 그의 탁월한 『목격담』에서, 대중적인 열정(그의 관아 아래에서 잠든 대육군의 생존자들)과 정권 엘리트들의 거만한 냉담함

---

140 영국의 옛 이름.

사이의 차이를 묘사했다. 그때 이미 말이다.

이 역사는 더 이상 가르쳐지지 않으며, 현대인의 귀에도 더 이상 들리지 않는다. 아우스터리츠 전투 기념은 우리나라가 여전히 그것을 들을 수 있다는 사실을 보여 주었을 것이다. 여전히 그것의 존재를 지속하고, 그것의 본질을 인내할 의지를 여전히 갖고 있다는 것도. 프랑스는 전복된 시신이 아니라 아직 살아 있다는 것을 말이다.

2015년 6월 18일, 우리는 감사하는 마음으로 워털루를 축하할 것이다.

2007

2007년 12월 13일

리스본을 보고 죽다

2007년 대통령 선거 캠페인 기간 중이었다. 사람들은 친구 사르코지의 애국적 서정성을 두고 알랭 맹크[141]를 놀렸다. 이것은 사르코지의 드골주의 "대필(代筆)자" 앙리 게노가 날마다 연설마다 그에게 불어넣는 것이었다. 그러나 "행복한 세계화"의 예찬자는 당황하지 않았고, 의연한 냉소주의로 조롱을 박살냈다. "게노, 우리는 개의치 않습니다. 그것은 여론을 위한 것입니다. 중요한 것은 단순화된 미니 조약입니다."

알랭 맹크는 그가 생각하는 것보다 더 자주 실수하지만, 그를 경멸하는 사람들이 주장하는 것보다는 덜 잘못한다. 그는 아무도 주목하지

---

[141] 알랭 맹크(Alain Minc, 1949~)는 프랑스의 언론인, 에세이스트이자 정치 컨설턴트, 기업인이다.

않았던 사르코지 후보 캠페인의 핵심을 가리켰다. 그것을 숨기기 위해 그의 친구 니콜라가 모든 것을 했다고 말해야 한다. 그는 "작은 혼혈 프랑스인들"의 출신을 찬양했고, 좌파에게 불리하게 조레스와 블룸을 소환했고, 서민 계층의 환심을 사기 위해 매력적인 "더 많은 돈을 벌기 위해 더 열심히 일하기"를 보여 줬다.

유럽에 대한 질문을 받았을 때, 사르코지는 "찬성의 프랑스와 반대의 프랑스를 화해시키기"를 원한다고 말했다. 그리고 2년 전 국민 투표로 거부되었던 「유럽 헌법 조약」을 대체하기 위해 "단순화된 미니 조약"을 의회가 채택하게 만들 것이라고 설명했다. 그는 그 문제를 길게 늘어놓지 않았고, 기자, 지지자, 반대자 그 누구도 그것을 강요하지 않았다.

2005년 국민 투표는 프랑스 엘리트들에게 엄청난 트라우마였다. 공화국 대통령과 그의 의회 다수당, 즉 자크 시라크와 대중운동연합(UMP), 그리고 주요 야당(사회당 운동가들은 화려하고 강력하게 미디어를 탄 캠페인 이후에 이루어진 2004년 12월 2일 내부 의견 조사에 55퍼센트가 찬성표를 던졌다), 거의 모든 주요 고용주들, 논설위원들, 신문, 라디오, 텔레비전, 경제학자, 지식인, 교회와 프리메이슨, 노조(CGT의 수장조차도)는 찬성을 위한 열렬한 캠페인을 벌였다. 반대 지지자들은 더 이상 1992년의 열정이나 아우라를 가지고 있지 않았다. 국민전선(그리고 여전히 주권론자로 남아 있는 우파)과 좌파 "반대주의자"(슈벤망은 물론 멜랑숑도, 사회당과 녹색당의 일부, 미디어 곤돌라를 이끄는 브장스노와 함께하는 트로츠키주의자들)들은 서로 모르는 척했다. 한쪽은 헌법의 대리석에 신자유주의를 새기는 것을 규탄하는 반면, 다른 쪽은 연방 유럽의 건설을 거부했다. 반대주의자 좌파는 공공 서비스 규제를 완화하는 볼켄슈타인(Bolkenstein) 지침, 그리고 유명한 저비용 "폴란드 배관공"처럼 동쪽에서 온 노동자들의 대량 유입으로 논의를 이끄는 데 성공했다. 로랑 파비우스[142]는 "계급의 배반자"라는 혐오스러운 모사꾼으로 취급당했다. 그가 캠페인 말미에 반대 진영에 섰기 때문이었다. 초기 여론 조사는 찬성의 압도적인 승리를 예상했다.

2005년 5월 29일, 「유럽 헌법 조약」은 유효표의 54.68퍼센트로 거부되었다. 15년 전에 마스트리히트에 찬성했던 노동자, 피고용자, 심지어 사회주의 공무원들인 서민층은 반대표를 던진 반면, 고위 간부, 학생, 퇴직자들은 유럽 통합 건설에 여전히 충실한 채였다. 8일 후, 네덜란드인들은 60퍼센트 이상의 득표로 같은 법안을 거부함으로써 프랑스인들을 지지했다. 「유럽 헌법 조약(TCE)」은 이미 유럽 8개국이 비준했음에도 불구하고 묻혔다.

대통령 선거 기간 동안, 후보 사르코지는 자신을 열심히 지지해 준 발레리 지스카르 데스탱의 오베르뉴 지역에 많은 미디어를 동반하여 방문했다.

몇 년 전, 전 대통령은 새로운 유럽 헌법 작성의 책임을 맡았던, 27개 유럽 연합 국가에서 온 국회의원들을 모아 유럽 협약의 업무를 주도했다. 법률 본문은 2004년 10월 29일 로마에서 만장일치로 채택되었다.

지스카르는 그것을 두고 잘난 체했다. 그는 자신이 작성한 텍스트

142　로랑 파비우스(Laurent Fabius, 1946~)는 사회당 소속으로 미테랑 대통령 시절 총리를 포함한 다수의 경력을 쌓았다.

의 문학적 우수성, 명료성, 명쾌함, 가독성을 칭찬하기를 좋아했다. 자신의 탁월한 안목도. 지스카르는 발레리로 만족했다. "나의 도입 연설에서, "유럽을 꿈꾸게 하기"에 대한 나의 호소는 일제히 쏟아지는 자발적인 박수갈채를 촉발시켰고, 회의장에서 본문에 서명하는 최후의 순간에는 감동을 느낄 수 있었고, 그 감동은 1789년 테니스 코트의 서약을 생각나게 했다." 그는 유럽 연합국을 탄생시킬 새로운 워싱턴을 이미 상상했다. 그는 자신의 소중한 "유럽-권력"에 모든 연방적 속성을 할당하는 데 신경 썼다. 유럽 평의회 의장, 유럽 연합 외무 장관 (지스카르는 "고위 대표자"의 "신식민적인" 명명을 요구했던 영국인들을 조롱했다), 그리고 진정한 의회의 능력을 갖춘 유럽 의회. 깃발, 찬가, 표어. 더 이상 "지침"과 "규정"이 아니라, "법"이다.

"2005년 국민 투표에서 프랑스인들이 불운하지 않은" 것은 지스카르에게는 개인적인 비극이었다. 이것은 합리주의적 냉철함 아래 숨겨진 이 감상적 인간에게 1981년 패배의 달랠 수 없는 고통을 아마도 되살아나게 했을 것이다. "그의 문제는 바로 국민이다"라고 드골은 잔인하게 비웃었다. 국민은 지스카르의 저주를 드러냈다. 그의 영원한 고통. 그리고 이제 그의 먼 후계자가 되기를 열망하는 한 젊은이, 외모가 믿게 만드는 것 이상으로 훨씬 더 그를 닮은 한 젊은이가 그에게 예상치 못한 복수를 제공했다. 그러나 함께 만든 패키지가 일단 완성되자, 지스카르는 감탄이 섞인 빈정거림으로 비웃는 것을 잊지 않았다. "'단순화된 조약'이라는 표현은 교묘했다. 그것은 표현이 내용의 분석을 대체하는 미디어 사회의 산물이었다." 그가 "복잡한 최고 조약"을 언급했을 때, 장피에르 슈벤망은 더 신랄했지만 덜 빈정거렸다.

수많은 홍보 전문가들 사이에서 지스카르와 사르코지는 서로를 이해했다.

2007년 12월 13일, 유럽 국가들은 리스본의 "수정된" 제도 조약에 서명했다. 2008년 2월, 국회는 반대 52표와 기권 22표에 찬성 336표로 공화국 대통령이 「리스본 조약」을 비준할 수 있도록 승인했다. 대중운동연합(UMP) 의원들은 그들의 표를 사회당의 표에 보탰다. 오직 9명의 우파 의원들만이 반대표를 던졌고, 25명의 사회당 의원들도 마찬가지였다. 상원은 곧 하원의원들을 따라갔다.

2009년 12월 1일, 「리스본 조약」은 유럽 연합 전체에서 발효되었다.

그 집단 기만 계획은 교묘하게 추진되었다. 프랑스 국민들이 거부한 헌법 텍스트는 오래된 인형처럼 망가졌다. 하지만 얼마 안 되는 조각들만 쓰레기통에 버려졌다. 가장 눈에 띄는 것들, 상징들 말이다. 모든 경우에 연주되는 베토벤의 〈유럽 찬가〉, 또는 좋든 싫든 간에 모든 공공건물에 게양되는 유럽기가 그렇다. 니콜라 사르코지는 그의 공식 사진에 이르기까지 각각의 공적 참여마다 삼색기 옆에 유럽기를 전시했었다. 법은 다시 지침과 규정이 되었다. 나머지들은, 쓸데없는 솜씨를 가진 법률가들에 의해 텍스트 전체가 해체되고, 조각으로 잘라지고, 분쇄되고, 퍼즐처럼 분산되었다. 이어서 그들은 1957년의 「로마 조약」과 1992년 「마스트리히트 조약」이라는 옛 조약들의 수정을 통하여 서로 어울리지 않는 조각들을 감추면서 다시 붙였다. 초안 제2조에 쓰인 "자유롭고 왜곡되지 않은 경쟁"이라는 표현은 니콜라 사르코지의 요청에 따라 철회되었다. 그러나 영국의 요청에 따라 조약에 첨부된 6번으로 협정서에 다시 포함되었다. 이 조항은 "조약 제3조에 정의된 대로 국내 시장은 경쟁이 왜곡되지 않을 것을 보장하는 시스템을 포함한다"고 규정한다. 국가법에 대한 공동체 법의 우월성 원칙에 있어서도 마찬가지다. 거기에서 준거 텍스트는 변경되지 않은 채 조약 내에 남아 있었다. 또는 나토가 회원국들에게 그들의 방어 범위로 남는다는 것을 반복하는 제27조도 그렇다.

「리스본 조약」은 이전 조약들의 수정안 카탈로그처럼 모습을 드러냈다. 시민들로서는 그것을 읽기 힘들게 되었다. 이 시민들은 좌절한 모파상인 지스카르에는 크게 분노하지만, 브뤼셀의 테크노크라트 엘리트들에게는 크게 안도한다.

그것은 유럽 통합 지지의 신격화로서 거대한 역설이었다. 유럽 연합국의 실패는 유럽의 테크노크라트적인 과두 정치에 권력을 다시 부여했다. 브뤼셀의 기관들은 국회의원과 정치인들의 시의적절하지 않은 간섭에 화가 났다. 그래서 자신들이 통제한 언어와 자신들이 지배하는 절차로의 회귀에 의해서 지배력을 되찾은 것에 대해 불만스럽지 않았다.

정치인들과 테크노크라트들은 모두 납득했다. 국민 투표는 시대에 뒤떨어진 장신구 코너에 분류되었다. 물레를 사용하는 것을 상상이나 할 수 있는가? 스위스의 이 미련한 사람들이 첨탑을 가진 모스크들이나 외국인의 출입 제한에 대해 계획했을 때, 유럽 기관과 정부들은 그들을 꾸짖었다. 이미 얼마 전부터 우리의 현명한 고위층들은 국민 투표를 모든 손에 넘기지 않아야 할 폭탄 같은 위험물로 여겼다. "유권자들은 절대 제기된 질문에 대답하지 않는다"고들 한다. 국민들은 그렇게 복잡한 문제들을 해결할 수 없었다. 그들은 억누를 수 없는 악랄한 민주적·민족주의적인 열정에 의해 선동되었다. 독일 국민이 아돌프 히틀러를 민주적으로 선택했다는 사실을 잊지 말자. 국민은 다시 종신 미성년자, 정처 없는 방랑자, 그의 기분과 원한에 종속된 하인이 되었다. 납세자만의 투표가 복구되었다.

1992년부터 「마스트리히트 조약」에 대한 프랑스인들의 하찮은 찬성은 즉시 유효해졌다. 그러나 반대에 투표한 덴마크인들은 다음 해에 다시 투표하도록 유도되었다. 아일랜드인들은 2001년 「니스 조약」[143]에 반대했다. 그들은 올바른 선택을 할 때까지 투표를 다시 시작해야 했다. 2010년 그리스 총리는 유로화 탈퇴에 대한 국민 투표를 제안했다. 니콜라 사르코지와 앙겔라 메르켈은 그가 유로화 탈퇴를 포기하고 사임하도록 강요했다.

2005년 「헌법 조약」에 대한 프랑스 국민 투표를 위한 선거 캠페인 동안, 당시 유로그룹 의장이자 유럽 주요 고위층들 중 한 명인 룩셈부르크인 장클로드 융커는 신랄한 반어법 덕분에 기자들에게 높이 평가받았다. 그는 "만약 찬성이라면, 그래서 우리는 밀고 나간다고 말할 것입니다. 만약 반대라면, 우리는 계속한다고 말할 것입니다"라며 냉소주의가 섞인 쾌활한 솔직함으로 경고했다.

국민 주권의 종말을 고하는 종이 울렸다. 우리가 「마스트리히트

---

143 2000년 12월 프랑스 니스에서 열린 정상 회담을 통해 결정된 조약으로 2003년부터 발효되었다. 새로운 12개국을 점차적으로 회원국으로 받아들임으로써 유럽 연합을 확대하고자 하는 내용이 골자다.

조약」으로 국가 주권의 죽음을 축하한 지 겨우 15년이 지나서야. 두 주권 사이의 싸움은 혁명과 19세기에 대한 최고의 지성들을 사로잡았다. 루소, 그리고 강제 명령 위임과 국민 투표의 추종자들인 자코뱅파가 격찬한 국민 주권. "대중의 열정"에 대항하여 의회의 대표성을 증진하려는 온건파가 옹호한 국가 주권. 이후 드골 장군은 "국가 주권은 대표자들에 의해 그리고 국민 투표에 의해 그것을 행사하는 국민에게 속하는 것이다"라며 제5공화국「헌법」에서 그것들을 양립시켰다. 그럼에도 불구하고 드골은 자신이 수립한 체제의 범위 안에서, 그리고 이 공화국 대통령의 사주로, 분쟁이 재개될 것이라고는 상상하지 못했다. 그는 "책임을 맡은 프랑스"를 얻기 위해 보통 선거에 의한 선택을 공화국에 강요한 것이었다. 그는 또한, 유럽 연합을 지지하는 엘리트들이 프랑스 국민들에 대항하여 그들의 "쿠데타", 그들의 "무장 폭동", 그들의 "군부 항명"의 성공을 위해 국회의원들의 호의를 이용할 것이라고도 상상하지 못했다. 그러나 아마도 프랑스 역사에 의해 골수까지 적셔진 드골은 의심했을 것이다. 1814년 나폴레옹의 폐위를 선언한 자는 나폴레옹에 의해서 영예를 가득 얻은 상원이 아닌가? 그리고 1940년 7월 페탱 원수에게 전권 위임을 투표한 대다수의 인민전선은? 니콜라 사르코지는 국민에 대한 엘리트의 복수심으로 무장했을 것이다. 그는 이 상징적인 파리코뮌의 "무슈 티에르"다. 그의 "단순화된 미니 조약"은 "베르사유 군대"의 파리 탈출만큼 능숙한 우회 작전임이 드러났다.

국회에서 압도적인 다수였음에도, 체제의 정신을 마지막으로 표명하기 위한 국민 투표에 의해 부정되자마자, 1969년 드골 장군이 사임한 것은 분명히 이 불길한 운명을 피하기 위한 것이었다. 공화국의 대통령이고 하늘이 내린 사람이었던 그는 스스로를, 프랑스 국민이라는 위엄 있는 모습으로 표현되는 보다 압도적인 주권자의 권력 기반으로만 여겼다. 투표 결과는 그에게 어떠한 이의도 허용하지 않았다. 그러나 드골의 궁극적인 예방책은 헛된 것으로 드러났다. 주권을 가진 국민은 살아 있었다. 어제의 귀족적인 유럽과 오늘날의 테크노크라트적인 과두 정치가 마침내 이 치유 불능인 프랑스인들에게 복수했다.

그리고 그 이후…

드골은 실패했다. 그가 죽고 40년이 지난 후, 그의 걸작은 폐허가 되었다. 그는 프랑스의 주권을 국민의 주권 위에 세움으로써 회복시켰다. 1992년부터 프랑스는 우리가 그 혜택을 이해하려고 애쓰는 브뤼셀의 관료적 괴물을 위해 국가 주권을 포기했다. 2007년 이후, 이 "제국주의 없는 제국"의 환심을 사기 위해 프랑스의 정치 계층은 거의 만장일치로 국민 주권을 역사의 쓰레기통으로 보내 버렸다. 드골 장군이, 국민의 의사를 몰수하는 매우 오래된 습관을 가진 모든 "저명하고 유명한 자들"에게 국민의 의사를 강요하기 위해 수립한 국민 투표의 솔기 없는 튜닉을 잘게 찢어버리면서.

국민은 교훈을 이해했다. 국민은 토라졌다. 국민은 더 이상 투표하지 않는다. 국민은 공화국에 있어서는, 그들 스스로 대립 상태가 되었다.

또한 드골은 1793년 기요틴에서 처형된 왕의 머리를 공화국 대통령의 어깨에 얹어 줌으로써 159년 묵은 문제를 해결했다고 생각했다.

그는 폐기의 빛나는 문구를 실현시켰다. "공화국은 불가분하며, 이것은 우리의 프랑스 왕국이다." 그는, 『반월 수첩』 창간자의 신비주의와 정치 사이의 미묘한 차이를 현실화하기 위해, "필수적인 책임을 가진" 공화국 대통령과 총리를 분리했다. 그러나 이러한 구별은 시간이 지남에 따라 그리고 그의 후계자들에 의해 점점 더 효과가 없는 것으로 드러났다. 마치 공화국의 대통령들이, 특히 5년 임기가 제정된 이후로, 총리들과 다를 수 없었던 것처럼. 마치 평등주의와 개인주의로 40년 동안 씻긴 사회가 "민족의 아버지"와 같은 유형에 머물 수 있던 인간 종류를 더 이상 양산할 수 없었던 것처럼 말이다. 아나톨 프랑스가 말한 것처럼 프랑스인들은 여전히 "군주의 반영" 속에 살고 있지만, 아무도 더 이상 그것을 구현하지 않는다.

우리는 사육제의 시대에 살고 있다. 니콜라 사르코지는 사육제의 보나파르트였다. 프랑수아 올랑드는 사육제의 미테랑이고, 마뉘엘 발스[144]는 사육제의 클레망소다. 제5공화국은 최악의 급진 공화국이 되었다. 옛날에 클레망소, 조레스, 발데크루소[145], 푸앵카레[146], 브리앙 등은 여전히 점잖고, 품위 있고, 기개가 있었지만, 체제는 그들을 방해했고 그들을 질식시켰다. 오늘날 옛 여성들의 코르셋 같은 제도들만이 우리의 무른 명사들을 똑바로 서게 지탱한다. 시라크는 경기병 같은 용모 아

---

144 마뉘엘 발스(Manuel Valls, 1962~)는 스페인계 프랑스 정치인이다. 올랑드 대통령 시절 총리를 지냈으며 이후 스페인에서도 정치 활동을 했다.

145 피에르 발데크루소(Pierre Waldeck-Rousseau, 1846~1904)는 온건 공화파를 대표하는 정치인이다.

146 레몽 푸앵카레(Raymond Poincaré, 1860~1934)는 프랑스 제3공화국 대통령이다.

래 저명한 급진 사회주의자의 교활한 조심성을 숨겼다. 사르코지는 매우 바쁜 어수선함과 자기중심적인 권위주의로, 거리에 대한 비이성적인 두려움과 청소년의 감수성을 감추었다. 올랑드는 10대 같은 유머 뒤에 무정한 냉소주의와 철 장갑 속에서 떨리는 벨벳 같은 손을 감춘다.

대부분의 엘리트들은 포기했다. 우리의 정치 엘리트들은 그들의 거대한 유럽 통합 프로젝트의 이름으로 주권과 국가적 독립을 저버렸다. 우리의 경제 엘리트들은 세계화와 필연적인 국제화의 이름으로 프랑스의 이익을 배반한다. CAC 40 기업의 절반 이상이 외국계 펀드에 속해 있다. 산업적 프랑스는 더 이상 프랑스에 속하지 않는다. CAC 40은 20년 동안 새로운 기업을 더 이상 받아들이지 않았다. 사장들은 프랑스를 떠나, 런던, 뉴욕, 몬트리올, 로스앤젤레스에서 공부하는 자녀들을 따르거나 앞서서 영국, 네덜란드, 미국, 싱가포르 또는 상하이에 그들 회사의 본사를 정착시킨다. 마치 그들 미래의 성장이 신흥 시장들에만 달려 있는 것처럼, 마치 그들의 과거 성장이 소중한 옛 국가에는 아무것도 빚지지 않은 것처럼.

우리의 미디어 엘리트들은 이러한 위대한 포기를 정당화하고 찬양하고, 소수의 반군을 질책하고 몰아내며, 대중의 정신에 죄책감을 주는 "올바름"의 흐름을 계속 쏟아낸다.

그들의 공통 목표는 프랑스를 동쪽, 특히 중국에서 오는 새로운 위협에 맞서 단결할 서구 집단에 묶어두는 것이다. 「대서양 횡단 자유 무역 조약(TAFTA)」은 미국 협상가들의 말에 따르면, "무역적 나토"를 세우는 것을 목표로 한다. 이 협정은 유럽 경제를 미국의 보건, 기술, 환경, 법률, 문화 규범에 종속시킨다. 그것은 응집되고 독립적인 유럽의 최종적인 종말을 고할 것이다.

프랑스 엘리트들은 유럽 지배를 포기했고, 대륙의 나머지는 이제 모든 헤게모니를 거부한다. 심지어 사라진 "위대한 민족"의 문화적이고 이념적인 헤게모니조차도 말이다. 그러나 이 거절의 결합은 유럽 통합 프로젝트를 파멸로 이끈다. 프랑스적 유럽의 죽음이 유럽 전체를 몰락으로 끌고 갔듯이. 이것은 역사학자 피에르 가소트가 잘 본 것이다. "유럽은 존재했다. 유럽은 우리 뒤에 있다. 그것은 문명의 공동체였고, 그 문명은 프랑스적인 것이었다."

프랑스인들은 오랫동안 유럽이 거대한 프랑스가 될 것이라고 믿었다(60년대에 그들은 여전히 옳았다). 그들은 유럽이 거대한 독일이 될 것이라는 사실을 뼈저리게 이해하기 시작한다. 유명한 유럽 연합 지지 슬로건인 "함께 더 강하게"는 이제 반어법의 잔인한 냄새를 풍긴다. 유럽은 경제, 경쟁, 대항, 대립의 광활한 전쟁터가 되었다. 독일 통일, 유럽 연합의 확장, 그리고 단일 통화의 역사적 결합은 독일이 대륙 전체를 자신의 중상주의 모델을 위한 하나의 거대한 플랫폼으로 바꿀 수 있게 했다. 독일 산업은 그토록 유명한 노하우를 추가하기 전에 유럽 전역에서 (그리고 필요하다면 나머지 세계에서) 온 요소들을 통합한다. 효율적이고 조직적인 이 "시장의 산업"은 그들을 세계 1위의 수출 강국으로 만들었다. 많은 경제학자들이 예측한 바와 같이, 단일 통화는 라인강 지역의 중심부와 메초조르노의 비극적인 운명에 처한 외곽 지역을 중심으로 산업 집중을 강화한다. 프랑스는 결국 이 주변 지역에 위치해 있다. 단일 통화는 프랑수아 미테랑에 의해 구상되었다. 통일 독일인에게서 그들의 "원자 폭탄"인 마르크를 빼앗기 위한 것이었다. 경쟁적 평가 절하로 더 이상 극도의 중압감에서 빠져나올 수 없던 프랑스와 이탈리아 산업을 질식시키기 위해 독일인들은 그들을 묶을 수밖에 없는 밧줄을 사용했다. 독일의 우위는 프랑스가 더 이상 예속화에서 벗어날 수 없을 정도로 강하다. 제1차 세계대전 개시로부터 한 세기 후, 우리는 빌헬름 2세가 구상한 독일 지도자들의 계획을 받아들인다. 그는 게르만 패권을 중심으로 하는 대륙의 통일을 이미 예견했었다. 이 불길한 운명을 피하기 위해, 프랑스는 유로를 청산하고, 마지막 국가적 기업들이 유럽 외의 동맹들을 맺도록 촉진해야 했다. 독일 권력의 배후를 공격하기 위해, 그리고 국가 자본주의의 골조를 다시 짜기 위해서. 국가 자본주의는, 우리가 원하든 원하지 않든 간에, 국가가 진정한 경제적 활력을 겪었던 역사의 놀라운 시기들을 만들었다. 그것은 바로 제2제정과 영광의 30년이다. 성공은 보장되지 않을 것이고, 리스크는 엄청날 것이고, 과업은 막대할 것이다. 그러나 우리의 정치와 경제 엘리트들은 원칙에 따라 그것을 거부한다. 대부분의 경우, 그들은 주권 국가의 운명을 수용하는 프랑스의 능력을 더 이상 믿지 않는다. 나치즘의 악마화는 민주적인 독일의 지배를 역설적이게도 부드럽고 용인할 수 있도록 만들었다.

사람들은 매일 아침 우리가 신성불가침의 "개혁"에 복종하도록 명한다. 이러한 현대화의 머리말은 항상 부당하거나 근거가 없는 것은 아니다. 그러나 그것은 중대한 난관에 부딪친다. "지식인"과 "전문가"가 뭐라고 말하든, 국민은 더 이상 믿지 않는다. 주권의 테이블을 깨뜨리면서, 우리의 통치자들은 프랑스 국민과의 천 년이 넘은 계약을 파기했다. 정치는, 르 타스[147]의 기사들처럼, 죽었는데도 여전히 행군하는 시체가 되었다. 영국의 지도자들, 그들은 "현대화"에 대해 이야기한다. 개혁이라는 단어는 프랑스의 영혼 속에 야릇하게 울려 퍼진다. 거기에서 이 단어는 개신교 분열, 종교 전쟁, "파리는 미사의 가치가 있다", 그리고 "반개혁"의 최종적인 승리의 기억을 상기시킨다. 우리에게 "개혁"을 요구함으로써, 우리의 "좋은 지배자"들은 우리의 경제적 경쟁력을 향상시키거나 더 유익한 사회적 대화를 만들어 내는 데 그치지 않고, 우리를 재교육시키고, 우리를 개종시킨다. 우리의 지도자들은 성직자가 되었다. 그들은 더 이상 통치하지 않고, 설교한다. "역할의 분담이 있습니다. 좌파는 우리를 가까이에서 감시합니다. 인종 차별과 외국인 혐오의 경향이 있다고 그들이 위험하게 간주하는 대중을 적당히 감시합니다. 우파는 결국 우리를 일하게 만드는 결정적인 개혁들을 가지고 끊임없이 위협합니다. 이는 우리가 겉보기에 엄청난 게으름뱅이들이기 때문입니다. 결국 우파든 좌파든, 그들은 우리의 대표자와 통치자이기보다는 우리의 미덕의 수호자입니다."[148]

그들은 "외부의 압박"을 우리의 허리에 칼처럼 휘두르고, 유럽을 무수한 희생으로 얻은 성배처럼 여긴다. 그들은 한탄한다. 프랑스는 고

---

147 토르콰토 타소(Torquato Tasso, 1544~1595)는 이탈리아의 시인이다. 예루살렘 정복에 나선 십자군 전쟁을 배경으로 기사들과 무슬림과의 전투에 대한 무훈 서사시 『해방된 예루살렘』(La Gerusalemme liberata, 1581)으로 유명하다. 프랑스에서는 르 타스(Le Tasse)라고 부른다.

148 [원주] Pierre Manent, *Le Figaro*, 18 janvier 2014.

칠 수 없다. 프랑스는 개혁보다 혁명을 선호하고, 그렇지 않으면 왕의 머리를 친다! 지난 40년 동안 "개혁"의 지루한 열거는 농민, 소상인, 노동자들을 이미 안락사시켰다. 농산물 가공업 그룹, 대형 슈퍼마켓, 은행원, CAC 40의 사장, 중국 노동자와 폭스바겐 경영자들을 위해서. 대살육에서 살아남은 사람들은 죽기를 원하지 않는다. 이 강박 관념은 그들을 고약하고 사납게 만든다. 택시 기사, 약사, 철도원, 공증인, 피고용자들은 베르됭의 군인들처럼 서로 싸운다. 대부분 고위 공직 출신이며 프랑스식 특권 지식 계급 시스템의 혜택을 받은 우리의 엘리트들은 그들 자신을 제외한 모든 국민들에게 "생존 경쟁(struggle for life)"이라는 앵글로·색슨 모델을 강요하고 싶어 한다. 그것은 하층의 사람들에게 있어서는 평등주의적 개신교이지만, 추기경들에게는 바티칸의 화려한 의식이다. 왜 택시 운전사의 직종별 이해관계는 불법이고 은행 사장의 직종별 이해관계는 건드릴 수 없는가?

매일 아침 개혁에 대해 이야기하자, 항상 뭔가가 남아 있을 것이다. 적어도 죄책감을 느끼는 국민은 자신이 실수하고 있다는 것을 알게 될 것이며 조심할 것이다.

하지만 어떤 진실, 어떤 개혁, 어떤 모델인가? 독일식, 영국식, 미국식, 일본식, 스웨덴식, 덴마크식, 핀란드식 모델? 우리의 엘리트들은 모순을 두려워하지 않고 되는 대로 패를 골라잡는다. 어느 날 우리는 독일인들처럼 경쟁력을 갖춰야 한다는 말을 듣는다. 하지만 독일인들은 토요일 오후부터 백화점을 닫는다. 또 다른 날에는, 일본인들처럼 수출해야 한다는 말을 듣지만, 일본인들은 대형 마트, 많은 농민과 이민자를 소유하고 있지 않다. 우리는 덴마크식 유연 안정성, 영국식 금융, 스위스식 국민 투표, 스웨덴식 매춘 고객 처벌, 캐나다식 적자 감축, 이탈리아식 세금 인하, 우리 자동차 산업에 대한 미국식 구제, 그리고 말할 것도 없이, 스페인식 급여 하락이 수립될 것이라는 말을 듣는다. 하지만 우리의 모델들은 그 자체로 모델을 바꾸고 있다. 우리는 독일인들이 최저 임금을 도입할 때 그것을 폐지할 것을 주장하고, 미국인들이 긍정적 차별을 폐지할 때 그것을 발전시키고, 스페인 사람들이 그것에 후회할 때 광역 지방을 꿈꾼다.

우리는 고칠 수 없는 것이 아니다. 우리는 일관성이 없다. 너무 많은 모델들이 그 모델을 죽인다. 그리고 너무 많은 약이 환자를 죽인다. 그것은 숨겨진 목표다. 한편으로는 통치하는 국가, 그리고 모터로서의 개인의 자유가 있는 프랑스 모델보다는 차라리 아무거나라는 것이다. 우리의 콜베르-보나파르트-드골 모델은 시대에 뒤떨어지고, 낡아 빠졌으며, 구식이고, 촌스러울 것이다. 전제적이며 자유를 침해한다. 결국 도덕적으로도 비열하다.

아무것도 바꾸면 안 된다는 말인가? 당연히 아니다. 하지만 그것은 이 책의 목적이 아니다. 우리는 목적을 잘 이해하게 될 것이다. 개혁하기 전에 진단에 대해 합의해야 한다. 그러나 이 점에서 40년 동안 좌파와 우파는 서로 거짓말을 하는 모험을 한다. 우리에게도 거짓말을 한다. 아마도 좌파와 우파는 똑같이 포기했기 때문일 것이다. 발자크 작품 속 탕자들이 뒤늦게 부유한 상속녀와 결혼하듯이, 프랑스는 마무리를 짓는다. 프랑스는 정렬한다. 프랑스는 눕는다.

우파는 세계화의 이름으로 프랑스를 배신하고, 좌파는 공화국의 이름으로 프랑스를 배신한다. 우파는 자유주의라는 명목으로 국가를 포기했고, 좌파는 보편주의라는 명목으로 민족을 버렸다. 우파는 CAC 40을 대표하여 국민을 배신했고, 좌파는 소수를 대표하여 국민을 배신했다. 우파는 자유의 이름으로 민중을 배신했다. 약자를 억압하고 강자를 공고히 하는 잘못 이해된 자유. 모든 공동체 로비에게 받아들여질 수 있도록 만들기 위해 "긍정적인"이라는 형용사로 비종교성을 장식하도록 강요하는 타락한 자유. 좌파는 평등의 이름으로 국민을 배신했다. 부모와 아이들 사이의 평등은 교육을 죽이고, 교사와 학생들 사이의 평등은 학교를 죽이며, 프랑스인과 외국인 사이의 평등은 민족을 죽인다.

카페[149] 왕조에 있어서의 1789년처럼, 드골의 공화국에 68혁명은 거대한 용해제였을 것이다. 에르네스트 르낭이 1789년 땅의 흔들림에 사용한 말들은 1968년에도 여전히 유효하다. "프랑스는 일류 투기꾼인 카페 왕가에 의해 형성된 거대한 주주 회사였다. 주주들은 우두머리 없이 지낼 수 있으며, 혼자서도 사업을 계속할 수 있다고 믿었다. 장사가 잘되는 한 잘되겠지만, 장사가 안 되면 정리 요구가 있을 것이다." 그러나 1789년이 군주와 귀족 및 성직자 특권 계급에 대항하는 민중 혁명이었다면, 68혁명은 민중에 대항하는 사회의 혁명이었다.

민중은 반항하지만, 어쩌면 너무 늦었는지도 모른다. 민중은 그리스-로마와 유대교-기독교 문명의 궁극적인 파괴와 싸우고 있지만, 그들의 무기는 나무로 만든 칼이다. 그들은 인상파 전시회에 몰려들고, 억만장자들의 속물근성만을 유혹하는 현대 미술의 숨겨진 아름다움

---

149 1789년 대혁명이 일어났을 때는 부르봉 왕조였으나, 부르봉 왕조는 카페 왕조의 부계 혈통으로 이어진다는 점에서 보다 역사가 깊은 카페 왕조를 언급한 것으로 보인다.

에는 무관심한 채로 남아 있다. 그들은 1960년대와 1970년대의 "히트 곡"들의 개성 없는 후렴만을 듣는다. 그들은 〈무슈 갱스터〉를 "컬트 영화"로 여기고, 루이 드 퓌네스[150]에게 찬사를 보낸다. 좌파 비평가들이 보기에 지금은 이 배우에게서 발작적인 프랑스인적 특성이 돋보이지만, 이 비평가들은 배우가 스페인 태생이라는 점 때문에 그의 생전에는 무시했었다. 민중은 짓누르는 듯한 정치적 올바름으로 무거워진 대부분의 프랑스 영화를 경멸한다. 그러나 어제의 귀족적 가치(〈비지터[Les Visiteurs]〉), 어제의 파리(〈아멜리에[Améile Poulain]〉), 어제의 학교(〈코러스[Les Choristes]〉), 어제의 노동자 계급(〈레 슈티[Les Ch'tis]〉), 어제의 연대(〈언터처블: 1퍼센트의 우정[Intouchables]〉), 어제의 통합(〈컬러풀 웨딩즈[Qu'est-ce qu'on a fait au bon Dieu?]〉)를 고양시키는 예외적인 대담한 영화들에게 갈채를 보낸다. 매번 좌파 언론은 파렴치한 짓, 낡아 빠진 것, 외국인 혐오, 인종 차별, 산패한 냄새가 나는 프랑스라고 외치지만, 쇠귀에 경 읽기다. 매번 더 이상 존재하지 않는 프랑스, 이전의 프랑스가 필름에 펼쳐지는 것을 보기 위해 온 열정적인 관객들로 상영관들은 가득 차 있다.

1970년대에 대중적인 큰 성공을 거두었던 영화들은 기성 질서를 비난하고, 해체하고, 파괴했다. 40년 후 극장을 가득 메운 사람들은 더 이상 존재하지 않는 기성 질서에 대한 향수를 느낀다. 게다가 1970년대의 작품들은 그들의 먼 경쟁자들보다 훨씬 더 높은 품질을 보여 줬다. 마치 기억하는 것보다 파괴하기 위해서 더 많은 재능이 필요한 것

---

150 루이 드 퓌네스(Louis de Funès, 1914~1983)는 150편 가까이 되는 영화에 출연한 프랑스의 매우 유명한 코미디 배우다. 프랑스에서 태어났으나 부모가 모두 스페인 사람이다.

처럼. 마치 엄격함과 제약, 가부장제와 금기를 동반한 어제의 세계가 에너지와 활력, 창의력을 만들어 냈던 것처럼. 이것들은 오늘날의 세계, 극단적인 개인의 자유, 오락, 여성화된 무관심의 세계가 더 이상 만들어 내지 않는 것이다. 마치 1970년대의 해방된 자유가 2000년대의 편협한 교리 교육으로 바뀐 것 같다. 40년 전, 가부장적, 농민적, 가톨릭적인 옛 질서가 더 이상 존재하지 않는 동안, 도시적, 모계적, 반인종주의적인 새로운 질서는 아직 존재하지 않았다. 그 간격을 이용하여, 전통 파괴적인 환희의 반란이 고개를 들었지만, 수십 년 만에 그것은 부담스럽고, 의심스럽고, 교화적이며, 전체주의적인 권력이 되었다. 『감정 교육』[151]의 젊은 반란자는 파렴치하고, 잘난 척하며, 복수심 강한 무슈 오메(Monsieur Homais)[152]로 늙었다.

기회가 있을 때마다, 민중은 영원한 계급 투쟁의 새로운 조건을 이해하지 못한 좌파의 냉혹한 경멸을 각오하고 거리를 점령한다. 브르타뉴의 "붉은 모자들"은 새로운 세계 질서의 공동 희생자들을 노동자들과 작은 사장들의 동일한 항의에 끌어들였기에 유죄다. 또는 "모두를 위한 결혼"에 반대하는 시위대들은 전통적인 가족을 대개는 조용하지만 열렬하게 옹호하기 때문에 "동성애 혐오"에 있어 유죄다. 영화, 전시회 또는 거리에서, 프랑스 국민을 흔드는 것은 동일한 진정한 반동 운동이다.

---

151 귀스타브 플로베르(Gustave Flaubert, 1821~1880)가 1869년 발표한 소설.
152 귀스타브 플로베르의 대표작 『마담 보바리』의 등장인물.

68혁명의 여세를 몰아 정부, 국민, 사회 사이에서 만들어진 지옥의 삼각관계가 사방에서 흔들린다. 정부는 약화되고 무력해져서 국민을 보호할 수 없지만, 여전히 그들이 말하는 소위 위반에 대해서는 국민을 처벌할 수 있다. 국민은 포스트모더니티에 거슬러 오르고 악마화된 슬로건인 "그때가 더 좋았었다"를 둘러싸고 결속된다. 그러나 그들은 다수결의 정치적 방출물을 갖고 있지 않다. 여전히 사회가 지배한다. 사회는 모든 인도주의 협회들, 반인종주의, 게이, 페미니스트, 공동체주의 로비들로 구성되어 있다. 이들은 의지 결핍에 인기 전술을 펴는 국가, 이 모든 정치적 올바름을 추구하는 미디어들, 이 모든 테크노크라트들, 권력적 지식인들, 영향력 있는 언론인들, 사회학자들, 인구 통계학자들, 경제학자들에 의해 분배된 공공 보조금으로 살아간다. 이들은 여전히 도덕의 교훈과 정리된 통계를 사용하여 여론을 만들 작정이며, 수많은 교육 위원회 내에서 학교 프로그램을 구상하고, "프랑스를 만들기 위해 그것을 공동으로 만드는"(원문 그대로) 최선의 방법에 대한 보고서를 작성한다. 그들에게 있어서, 19세기부터의 상당한 이민에도 불구하고 우리 국민이 보존할 수 있었던 문화적 일관성은 의심스럽다. 동화 요구는 외국인 혐오가 된다. 우리의 역사, 우리의 위인들, 우리의 민족 소설은 우리의 인종 차별적 오만함의 증거다. 모든 것은 파괴되고, 짓밟히고, 훼손되어야 한다. 미국의 다문화주의는, 비록 노예제도에서 왔고 오랫동안 사실상 아파르트헤이트와 가까워지려 했지만, 우리에게 새로운 모델 구실을 해야 한다.

　　사회가 이겼다. 사회는 국가를 구속함으로써 노예화한다. 그리고 문화적 동질성의 상실에 의해 민족적 기억을 빼앗음으로써 국민을 분열시켰다. 이민을 통해 단일성을 완전히 깨뜨리면서 말이다. 사회는 혼돈 위에 군림하고 있다. 우리는 역사학자 마르크 블로크의 유명한 문장을 알고 있다. "프랑스의 역사를 결코 이해하지 못할 두 가지 범주의 프랑스인이 있다. 랭스의 대관식에 대한 기억에 감동하기를 거부하는 사람들, 그리고 대혁명 1주년 기념 축제에 대한 이야기를 마음의 동요 없이 읽는 사람들이다." 『이상한 패배』에 짓눌린 이 저자는 오늘날 이 수백만 프랑스인들에 대해서 뭐라고 말할까? 특히 무지나 거부로, 한 사건에도, 다른 사건에도 감동하지 않는 젊은이들에 대하여.

우리는 경제적인 1940년 5월, 그리고 준비 중인 종교 전쟁, 비꼬아지고 경멸받고 조롱당한 국가에 맞서는 반복적인 반항으로 점철된 모든 것을 결합한다. 그러나 이 안에서 우리는 과거의 위대함에 대한 고통스러운 향수를 가슴 깊이 간직하고 있다. 우리 역사는 그것을 더 이상 알지 못하는 자들마저도 사로잡고 있다. 프랑크 왕국은 로마 제국이 몰락했을 때 게르만 정복자들과 갈로-로마 엘리트들의 동맹에서 탄생했다. 이들은 이어서 동쪽, 남쪽(아랍) 그리고 북쪽(바이킹)에서 온 유목 민족들에 맞서 연대했다. "프랑크" 사람들이 기독교와 로마라는 그들의 특수성을 알게 된 것은, 그들을 거의 삼킬 뻔했던 이 웅장한 싸움에서였다. 당시 유럽 전체가 파란만장한 같은 출생증명서를 인정했다. 게다가 우리의 지성적이고 정치적인 엘리트들이 주권의 원칙을 만들어 낸 것은 16세기 종교 전쟁의 붉은 불 속에서였다. 국가를 피로 물들이는 종교적 교리에 국가의 중재적 법을 강요하기 위하여. 우리의 리바이어던은 부르봉 왕조와 함께 절대적인 군주제의 호사로움을 과시했다. 프랑스는 1648년 「베스트팔렌 조약」으로 유럽 전역에 이 모델을 받아들이게 했다. 이것이 우리가 40년 만에 처분해 버린 천 년의 유산이다. 우리는 국경을 폐지하고, 우리의 주권을 포기했으며, 우리의 정치 엘리트들은 유럽이 "그들의 기독교적 뿌리"를 따르는 것을 금지했다. 이 삼중의 변절은 그 역사와 함께 프랑스의 천 년의 협정을 파괴했다. 이 자발적인 박탈, 미리 계획된 자살은 우리가 오래전에 단념했던 대이동과 종교 전쟁이라는 파란을 다시 데려왔다.

우리의 사랑하는 프랑스의 미래는 거대한 관광용 놀이공원과 이슬람의 요새들 사이, 디즈니랜드와 코소보 사이에 자리 잡고 있다. 국가는, 놀라운 효과를 보지 못하는 최악의 드골식 결점(엘리트들의 오만)만을 유지한 빈껍데기일 뿐이다. 잃어버린 우리 산업이 재에서 부활하려면 콜베르나 퐁피두 같은 자들의 강력함이 필요할 것이다. 영토 전체에 건설된 이슬람의 라 로셸을 격퇴하기 위해 "국가 내 국가"와 "외국인의 정당"과 쉬지 않고 싸우는 냉혹한 리슐리외 같은 인물이 필요할 것이다. 그러나 우리는 우리가 번영하도록 내버려둔 내부의 적에게 굴복하고, 보조금과 종교적 선전으로 그들을 먹여 살리는 외국인의 위력과 타협한다. 걸프의 아랍 왕자들이 버킹엄 공작을 대체했다. 그리고 우리는 사랑에 빠진 안 도트리슈[153]처럼 두 팔을 벌리고 반짝이는 눈빛으로 그들을 맞이한다.

반인종주의적이고 다문화주의적인 세계화의 이데올로기는, 19세

---

153 안 도트리슈(Anne d'Autriche, 1601~1666)는 루이 13세의 왕비이자 루이 14세의 어머니다. 영국의 버킹엄 공작과 내연 관계였던 것으로 알려져 있다.

기의 민족주의처럼 그리고 20세기의 전체주의처럼, 21세기에는 전쟁에 대한 메시아적 진보주의가 될 것이다. 국가들 사이의 전쟁은 국가들 내부의 전쟁으로 옮겨 가게 될 것이다. 그것은 "온화한 무역"과 내전의 동맹이 될 것이다.

기준, 정체성, 확실성의 상실 사이에서 세계의 이 거대한 이전을 겪고 있는 것은 서구 전체다. 그러나 프랑스는 다른 나라들보다 더 많은 고통을 겪고 있다. 프랑스는 17세기부터, 프랑스 혁명 이후로는 더욱, 그렇게 많은 경이로움 앞에서 몽롱해진 우주에 그들의 생각, 그들의 변덕, 그들의 세계관, 그들의 언어를 강요하는 데 익숙해졌다. 프랑스는 더 이상 그렇게 되지 않을 뿐만 아니라, 수 세기에 걸쳐 이룩한 것과 정반대의 가치관과 풍습을 억지로 삼켜야 하는 상황에 빠졌다. 마르셀 고셰[154]는 우리의 불행을 잘 요약했다. "우리의 유산은 세상에 대하여 우리를 부적합하게 만든다. 세상은 우리가 자연적으로 높은 가치를 부여하도록 이끌린 것은 과소평가하고, 우리가 무시하던 것을 전면에 내세운다."

프랑스는 죽어 가고 있으며, 프랑스는 죽었다.

우리의 정치, 경제, 행정, 미디어, 지성, 예술의 엘리트 들은 프랑스의 무덤에 침을 뱉고 연기가 나는 그 시체를 짓밟는다. 그들은 그것으로부터 사회적이고 재정적인 보상을 받는다. 그들 모두가 빈정대고 거

---

154   마르셀 고셰(Marcel Gauchet, 1946~)는 프랑스의 철학자이자 역사학자다.

짓으로 가슴 아픈 척하면서, 쓰러진 프랑스를 지켜본다. 그러고 나서 그들은 싫증나고 경멸적인 표정으로 "프랑스 역사의 마지막 페이지"를 쓴다.

감사의 말

올리비에 뤼뱅스타인, 리즈 보엘, 쥘리앙 콜리아 그리고 나의 친구 자크에게 감사의 마음을 전한다.

프랑스의 자살

68혁명 이후 프랑스는 어떻게 자멸에 이르렀나

1판 1쇄 발행   2022년 12월 16일

지은이	에릭 제무르
옮긴이	이선우
펴낸이	이민선
편집	홍성광
디자인	박은정
제작	호호히히주니 아빠
인쇄	신성토탈시스템
펴낸곳	틈새책방
등록	2016년 9월 29일 (제25100-2016-000085)
주소	08355 서울특별시 구로구 개봉로1길 170, 101-1305
전화	02-6397-9452
팩스	02-6000-9452
홈페이지	www.teumsaebooks.com
인스타그램	@teumsaebooks
페이스북	www.facebook.com/teumsaebook
네이버 포스트	m.post.naver.com/teumsaebooks
유튜브	www.youtube.com/틈새책방
전자우편	teumsaebooks@gmail.com

ISBN   979-11-88949-43-4 03340